ⅮUMBARTON OAKS
ℳEDIEVAL ℒIBRARY

Jan M. Ziolkowski, General Editor

ALLEGORIES OF THE *ILIAD*

JOHN TZETZES

DOML 37

Allegories of the *Iliad*

JOHN TZETZES

Translated by

ADAM J. GOLDWYN
and
DIMITRA KOKKINI

DUMBARTON OAKS
MEDIEVAL LIBRARY

HARVARD UNIVERSITY PRESS
CAMBRIDGE, MASSACHUSETTS
LONDON, ENGLAND
2015

Library of Congress Cataloging-in-Publication Data
Tzetzes, John, active 12th century, author.

[Carmina Iliaca. English]

Allegories of the *Iliad* / John Tzetzes ; Translated by Adam J. Goldwyn,
Dimitra Kokkini.

pages cm. — (Dumbarton Oaks Medieval Library; DOML 37)

This is a facing-page volume: Greek original on the verso; English
translation on the recto.

Includes bibliographical references and index.

ISBN 978-0-674-96785-4 (alk. paper)

1. Homer. Iliad. 2. Homer—Criticism and interpretation. 3. Allegories.
4. Epic poetry, Greek—History and criticism. I. Goldwyn, Adam J.,
translator. II. Kokkini, Dimitra, translator. III. Title.

PA5390.A6313 2015

883'.01—dc23   2014032672

Contents

Introduction   *vii*

ALLEGORIES OF THE *ILIAD*   2

Abbreviations   *515*

Note on the Text   *517*

Notes to the Text   *519*

Notes to the Translation   *523*

Bibliography   *559*

Index   *563*

Introduction

The *Allegories of the* Iliad by John Tzetzes is a twelfth-century paraphrase of Homer's *Iliad,* whose apparent main purpose was to introduce his patroness, the foreign-born empress Eirene (born Bertha von Sulzbach in Bavaria), to a foundational text of Greek literature and culture. In the long prolegomena, which comprises nearly one sixth of the work, Tzetzes demonstrates the two elements of his didactic approach: first, he summarizes the major mythical events leading up to the Trojan War and, more importantly, uses this summary to demonstrate the allegorical method by which he believes the epic is best understood. This practice of summary and allegorical interpretation is applied in an abbreviated and simplistic fashion to the first fifteen books of the *Iliad.* An introductory addendum to Book 16 notes a change in patron, from the empress to a certain Konstantinos Kotertzes, and from that point on, the work becomes much more intellectually sophisticated: direct quotations from the Homeric epic replace Tzetzes's own summaries, while his allegorical discourse becomes both more prominent and more opaque, and his allusions to relatively obscure ancient authors become more numerous.

THE DATE OF THE WORK AND THE
CIRCUMSTANCES OF ITS COMMISSION

Bertha arrived in Constantinople in 1142 to be wed to Manuel Komnenos, though the marriage did not take place until 1146. Her husband, the future Manuel I (1143–1180), was the fourth son of the emperor John II Komnenos (1118–1143) and, at his father's death, the younger of the two surviving sons; he was thus perceived as unlikely to accede to the throne at the time when the marriage was contracted. It is tempting to believe that *The Allegories* was commissioned in the early 1140s,[1] perhaps not by Bertha herself, but rather on her behalf by those who realized that the Bavarian princess would soon (or had recently) become the empress and therefore needed a proper introduction to Byzantine Greek language and culture and its most important literary works. Even Tzetzes himself seems unsure about the work's aim (pro.488–504) and repeatedly expresses his frustration with the vagueness of her request and her delays in responding to him (pro.1207–14), signs, perhaps, of her own indifference to a work in which she may not have been particularly interested.[2] These frustrations may also suggest the financial realities under which Tzetzes was working: since payment was to be rendered on completion of the work and the eventual payment was often less than the agreed upon price, Tzetzes had every incentive to work quickly.[3]

The primary problem with assigning the 1140s as a date for the work's composition, however, is that the work changes patrons at Book 16. If the change was a result of the empress's death in late 1159,[4] then the 1140s would be too early as a date of composition, since Tzetzes would have worked at the uncharacteristically slow pace of about one book a year. If, however, the shift in patronage was caused by her indifference or cessation of payment, then a date in the 1140s would still work. If in fact the change was the result of her death, a date in the late 1150s seems probable. Under these circumstances, it is most likely that Bertha commissioned the work as part of her imperial duties as a patroness of the arts. Since Tzetzes remains vague about the reason for the change in patron and gives no hint about the dates, the dating must remain speculative. Though it seems most likely that the work was commissioned in the early 1140s, Tzetzes changed patrons before Bertha's death, and yet nevertheless mentioned her in the dedication.

Regardless of why he switched patrons, Tzetzes was fortunate in finding Konstantinos Kotertzes to fund the completion of the work. Though his identity is uncertain, he may be the field marshal mentioned in John Kinnamos's account of Manuel I's campaign against the Turks. As a high ranking military officer, this Kotertzes would have had the resources to fund the completion of such a project; that both he and Tzetzes had Georgian roots provides an avenue through which the two could have come to know one another.[5]

The new source of funding, however, also complicated the project, since with a new patron inevitably came a new set of expectations for the work's aims: Books 16 to 24, under Kotertzes's patronage, feature significantly more allegorical analysis and less plot summary,[6] a circumstance owing, perhaps, to Kotertzes's more thorough knowledge of the original epic poem (and thus less need for summary) or the freer hand he allowed Tzetzes in the composition of the work.

The Life of John Tzetzes

The details of Tzetzes's life are uncertain; almost all of what is known is derived from his own writings and therefore must be understood in light of Tzetzes's own rather constant self-mythologizing as a misunderstood genius forced into poverty by an anti-intellectual and corrupt world. Tzetzes was most likely born in Constantinople around 1110 CE[7] to "a second class aristocracy of families which had known better days, or had at least enjoyed a long and continuous tradition of modest inherited wealth and salaried employment," and he had distant blood ties to the imperial family through his maternal grandmother.[8] Tzetzes's paternal line came from less distinguished stock: his paternal grandfather was an illiterate man who had nevertheless amassed a significant fortune—enough to buy a five-story house[9]—and passed on to his son, Michael Tzetzes, a fierce devotion to education. John was himself given a rigorous education by his father and in a letter compared their relationship to a more famous father who taught his son, Cato the Elder, a reference that finds its way obliquely into *The Allegories* when Tzetzes describes his physical resemblance to Cato the Younger (pro.724–39).[10]

For a twelfth-century man of little means but solid education and access to high society, the life of the scholar and the grammarian was one of sufficient opportunity if not always of sufficient remuneration;[11] indeed, Tzetzes has been called "one of the first men of European society to live by his pen."[12] While Tzetzes's complaints about his own poverty and that of intellectuals more generally are frequently found in his work,[13] he partook of his poverty voluntarily, as it allowed him to remain a scholar rather than a bureaucrat.[14]

Tzetzes was among a class of educated grammarians whose income came primarily from two sources: first, they could make some money by teaching classical literature and rhetoric to students aspiring to serve in the imperial administration.[15] The second income stream came from the intensely competitive world of imperial patronage for literary works. Modern scholars have called Tzetzes "an irritating literary polymath who felt his ability was insufficiently recognized,"[16] and who was "always taking the reader behind the scenes of his own genius, always commenting on himself, always right, always taking issue with something or somebody: fraudulent holy men, conniving clerics, fornicating bishops, ungrateful students, stingy and philistine patrons, even the emperor himself, and most all fellow intellectuals, who are airily dismissed as 'buffaloes,' or paranoically identified as the 'gang' (κουστωδία) out to get [him]."[17] If true, this was surely in part due to the scarcity of commissions and the surplus of writers seeking them out,[18] a situation which led too often to verbal excess and combativeness: "Tzetzes did not control the violence of his language, particularly in praising himself or attacking others."[19] Tzetzes's personal failings have been magnified as well by the pettiness of the subject of his literary feuds: "Most of the controversies in which he participated concerned the diachronic vowels, a fairly trivial metrical issue."[20] Ultimately, Tzetzes left the world of patronage and the performance culture of the Byzantine *theatron*—the competitive literary gatherings hosted by a patron where authors recited their works—and made an "ostentatious withdrawal from the courts of the powerful to the security of an independent existence on the margins of monasticism,"[21] that is, by leasing rooms in a monastery.

It is in the context of this competitive world of imperial patronage, and the particular circumstances of the twelfth-century Komnenian court, that Tzetzes produced *Allegories of the* Iliad and his other works, the majority of which were on classical themes, including works on Homer, such as *Exegesis of the* Iliad and *Allegories of the* Odyssey; scholia on authors such as Pindar, Aeschylus, Euripides, and Thucydides; and commentaries on, for instance, Aristophanes, Lykophron, and Ptolemy. A prolific letter writer, Tzetzes wrote 107 letters, addressed to fictional and historical characters and to his contemporaries, many of which survive in whole or in fragments. Tzetzes is perhaps most famous for *The Histories,* often referred to as *The Chiliades* (i.e., *The Thousands [of verses]*), a monumental commentary in verse on his own letters, which contains much information about his own times and the classical past.

Tzetzes's Allegorical Method

Just as Dante, the far more famous allegorist who lived a century after Tzetzes, did not outline his allegorical method in *The Divine Comedy* itself, but rather detailed it in the ancillary *Letter to Can Grande,* so too does Tzetzes provide a detailed analysis of his method not in the *Allegories* themselves, but rather in his *Exegesis,* a commentary on *The Iliad* meant as an aid to the schoolchildren who had to memorize Homer for their daily lessons.[22] Here he asserts that since [Homer] knew how rare wisdom was in life, and unwise men are much more numerous, he abstained from believing that he was writing about great things, if not about the truth itself, I mean, of natural and astronomical and magical things and the like, because such things were pleasing to the few, and, besides, Orpheus and other men have written about such things; and he judged in circumspection of his excellent goal to write about the events of the Trojan war, so that his poems might also become pleasing to everyone.[23]

This allegorical method has the advantage of luring readers in with an exciting tale, from which the poet hopes that they will also learn something: "Having made their subject-matter altogether twofold," he writes, "at the same time legendary (as an enchanting attraction to young men and as a pastime) and also mathematical and natural and philosophical as bait for more divine souls."[24]

Tzetzes defines the three kinds of allegory as rhetorical, natural, and mathematical.[25] The rhetorical rationalizes mythology as stylistic literary flourish: centaurs become allegorized as the first men on horseback, the winged horse Pegasus as a ship with fast sails. The natural type of allegory explains the poem in terms of its climatological, etiological, and environmental features: Tzetzes gives the example of Apollo as the plague-bringer, because the sun (the natural allegory for the god) is the actual cause of the disease. The final type, what Tzetzes calls the mathematical, is derived from the subject matter of the quadrivium, and thus allegorizes the poem in astrological and astronomical terms. This last may be seen as a particular interest of Tzetzes, who "seems to have served (or wished to serve) as personal diviner to members of the court, perhaps because this was one of the services that professional polymaths could provide to aristocratic clients."[26]

The most important application of allegory is in its treatment of the gods, for the ideologically motivated reason that this was the only way the pagan text could be assimilated into a Christian belief system. The comparison, however, is implicit rather than explicit, as Tzetzes's references to Christianity are extremely sparse. Indeed, the only explicit mention of Christianity occurs at the beginning of Book 13, when Tzetzes offers a digression on Skythian *mores* regarding justice and poverty, comparing them favorably with sinning Christians, and a now obscure reference to two oath-breaking bishops. This, along with scattered, insignificant and undeveloped references to the Christian god (see, for instance, pro.488, where it is used idiomatically in the expression "God willing"), suggest an author whose interest in the *Allegories* was antiquarian and literary rather than theological.

Indeed, Tzetzes's focus on the pagan gods is reflected in the detailed rubric for understanding their allegorical treatment he offers in *The Exegesis*. He lists five methods by which the gods are allegorized: first, as natural elements,[27] as at pro.271, where the goddesses are layers of air; second, as psychological characteristics "such as knowledge, prudence, anger, desire, and the rest."[28] Both the third and fourth ways apply a Euhemeristic approach rationalizing the gods as (third) ancient kings and (fourth) wise men. The last allegorical interpretation of the gods is as planets; thus, Hermes is the planet Mercury, Aphrodite is Venus, and so on. This last method of interpretation, much of which is derived from Ptolemy's second-century work on astrology and astronomy, the *Tetrabiblos,* is particularly significant for Tzetzes, as evidenced by his detailed astrological readings in, for instance, Book 18.[29]

The story of Paris's exile in Parion at the beginning of the work offers Tzetzes the chance to provide a programmatic example of how this theoretical approach is put into practice in *Allegories of the* Iliad. Tzetzes describes a book Paris wrote (pro.241–45) in which the young Trojan allegorizes the Judgment of Paris: Athena is wisdom, Hera is bravery, and Aphrodite is desire. The golden apple is victory, suggesting the primacy of desire over the other attributes. Though important as the first allegorical moment in the text, this interpretation is not Tzetzes's own; rather, he attributes it to John of Antioch, by whom one can understand either John Malalas, a sixth-century chronicler from Antioch who was an important source for much of the prolegomena—the allegorization of the Judgment of Paris offered by Tzetzes appears in his work as well[30]—or another John of Antioch, who, following Malalas, offered the same allegory.[31]

For these earlier chroniclers, however, this allegorical moment is an anomaly in their otherwise historically oriented narratives; Tzetzes claims that they speak "allegorically about this alone, omitting the rest . . . but Tzetzes subtly allegorizes everything" (pro.247–50). Having offered a brief introductory allegory drawn from his sources, Tzetzes then attributes to Paris a book that allegorizes the wedding of Peleus and Thetis as the creation of the universe (pro.251–333). While Tzetzes's Judgment of Paris allegorized the gods as personal qualities or attributes (wisdom, bravery, desire), the allegory of the wedding of Peleus and Thetis lays out the meteorological or climatological interpretation, which is Tzetzes's primary interpretative mode. Thus, Athena is the "low-lying and moist air" (271) and the "gloomy, low-lying, muddy" air (294), Hera is "the finer state of the ether" (272) and "the fiery air" (295), and Aphrodite "the harmonious mixture of all the bonded elements" (280). The creation of the universe occurs when Peleus (land) marries Thetis (water), thus ending the state of elemental turmoil that had existed previously. The golden apple, therefore, is allegorized as the world, and the three goddesses compete to see which is the most powerful element: had the low-lying air represented by Athena won, "darkness would again shroud this shining world" (303); had the fiery air represented by Hera won, "all-consuming fire would overwhelm the whole world" (305). The harmonious mixture of the elements represented by Aphrodite, however, was the most powerful, and thus the world exists in a balanced and ordered state (309).

Tzetzes and Homer

Homer was at the center of the Byzantine educational system, and thus also a central influence on Byzantine literary production: authors intentionally quoted Homer as a way to demonstrate their own erudition and unintentionally quoted him through the poet's general permeation of the Byzantine literary milieu, while emperors and other historical personages were measured against the standards set by their Homeric predecessors, especially in the twelfth century.[32] Homer's centrality to Byzantine education and culture, moreover, made interpretation of the poems a central concern. Because of both his own highly stylized language pattern and the considerable evolution of the Greek language generally over the course of nearly two millennia, reading the poems themselves had become quite difficult for a twelfth-century Byzantine readership. As a result, the task of Homeric exegesis fell to grammarians and scholiasts such as Tzetzes and his more famous contemporary Eustathios of Thessalonike. Eustathios's commentaries on *The Iliad* and *The Odyssey* share with Tzetzes the fundamental task of explicating the Homeric poems. Where Tzetzes's primary focus, however, is allegorical interpretation, Eustathios is more concerned with the nuances of Homeric Greek itself: though he does offer excursuses on mythical and historical themes, his commentary primarily addresses philological issues of grammar, morphology, and etymology.

For all his criticism and rewriting of Homer, Tzetzes's admiration for the poet shines through from the opening lines of praise, and his subsequent depiction of Homer's career as that of a poor scholar wandering from court to court in search of royal patronage also suggests the Byzantine writer's identification with his literary ancestor.[33] Indeed, in addition to his *Allegories of the* Iliad and *Allegories of the* Odyssey, many of Tzetzes's other works, including his *Antehomerica, Homerica,* and *Posthomerica,* address the Trojan War and the Homeric epics. Thus, Tzetzes's criticisms and revisions of Homer can also be read as an attempt to save the epics by modifying them to suit their new cultural and literary context: Homer could still be read and enjoyed, while his theological and ideological faults could be explained away through the sophisticated application of allegory.

Tzetzes's modification of the Homeric epic extends beyond the higher-order concerns of allegory and religious and cultural appropriation to its aesthetics and literary style. At the level of poetics, Tzetzes acquiesced to his patron's request and wrote the *Allegories* in fifteen-syllable political verse, thus abandoning the heroic register of dactylic hexameters.[34] Nevertheless, Tzetzes was still able to incorporate all or part of a dactylic hexameter into the decapentasyllabic line, as, for example, in the dense network of Homeric quotations at 21.18–50. On those occasions where the Homeric line did not contain fifteen syllables, Tzetzes simply altered the Homeric verse so that it did.

Tzetzes also preserved some elements of Homeric style. He retained, for example, the second person address of Patroklos at 16.270, mirroring *Il.* 16.692, and what Irene de Jong defines as the "if-not" situation,[35] as, for instance, in the three uses clustered at 16.276, 372, and 378. The Homeric simile is preserved as well, as in 8.119, where Teukros shoots Gorgythion, who "bowed his head like a dewy poppy," mirroring, though without the aesthetic power or the pathos of the original, the famous lines in Homer:

> And his head bowed to one side like a poppy that in a garden
> is heavy with its fruit and the rains of spring;
> so his head bowed to one side, weighed down by the helmet."[36]

Tzetzes also employs the lion simile, so frequent in the *Iliad*, though, again, with less frequency and elaboration. A notable example occurs at 15.105–15:

> And seeing the weather and such signs,
> as a stabled horse after eating barley in the manger
>   rushes out,
> breaking his tether and bounding across the plains,
> as if accustomed to bathing in river streams,
> spirited and lifting his head high,
> thus did Hektor rush out and urge on the cavalry.
> And just as hunters chasing a deer,
> when a lion suddenly appears, escape wherever they can,
> thus the Greeks charged in dense formation for a while,
> but when they saw Hektor setting out to battle,
> they shuddered and everyone's soul fell down into his
>   feet.

Tzetzes here employs a double simile, first describing Hektor as a horse breaking free of the stable, then as a lion who frightens hunters with his sudden appearance. Though elaborate by the standards of Tzetzes's similes, it pales in comparison to the original, at *Il.* 15.263. Tzetzes also adopts the lion simile from *Il.* 16.756: at 16.297–301, Tzetzes describes Hektor and Patroklos fighting over the body of the Trojan Kebriones as like "two lions around a slaughtered deer." Tzetzes elaborates on this, adding an erroneous zoological insight: "But lions never eat dead bodies, / and this did not elude Homer, who knew everything in detail" (16.302–3). Despite his attempt to exonerate Homer from a perceived mistake in this description of leonine diets, Tzetzes instead displays his inferior knowledge of the natural world; the ancient poet was in fact correct in noting that lions are indeed scavengers.

The *Allegories* can be seen, then, as fulfilling a variety of literary, cultural, ideological, and stylistic purposes. At the most basic level, it is a didactic work explaining a foundational text of Greek culture to a foreign-born patroness. On another level, it is a personal project, part of Tzetzes's career-long project of explaining the Homeric corpus—and ancient Greek literature more generally—to a Byzantine audience. In this context, it is also part of a longer tradition of Homeric revision and criticism that began in antiquity and continues to this day.

Note on the Translation

As we prepared this translation of the *Allegories,* the first into any language, we encountered a number of challenges due to the difficulty of the text. Although Tzetzes was commissioned to produce a work for a patron who may have read little Greek, it seems as though he could not overcome his natural intellectual and literary bravura. As a result, the text seems to oscillate between relatively simple narrative summaries of the Homeric poems and cryptic, complex, and opaque allegorical and astrological interpretations. For the former, we did our best to capture Tzetzes's didactic and at times almost condescending style; for the latter, we attempted to clarify the often syntactically messy allegorical sections and to offer consistent renderings of the discourse-specific vocabulary of allegory and astrology, always with the goal of providing a clear and comprehensible English verse.

This means in practice, for example, that we used the Greek names of the gods except when Tzetzes refers to their astrological aspect as planets; in such cases, we opted for the Latin-derived English counterparts, that is, Mars for Ares, and Venus for Aphrodite. Last, in order to capture the tenor of Tzetzes's extensive quotations from the *Iliad,* which would have sounded archaic to Tzetzes's twelfth-century audience, we have used A. T. Murray's similarly old-fashioned 1923 Loeb translation. We have sometimes modified Murray for stylistic reasons to provide a similar juxtaposition in English. We have put in single quotation marks and italicized Tzetzes's direct citations of the poem, while using single quotation marks alone for his rewordings in twelfth-century Greek, and his frequent misquotations, which may have arisen from his reliance on his own memory rather than on texts (see, for example, his reference to this practice at 15.87–89), or from the compression resulting from transferring the epic hexameters of Homer to Tzetzes's own political verse. To the extent possible, we have endeavored to preserve intact the wording of individual verses, although sometimes the differences between Greek and English grammar have necessitated some transposition of words. We have also occasionally moved words from one line to another in order to equalize verse lengths.

We are glad to have the chance to offer our thanks to Alice-Mary Talbot, who first invited us to submit a proposal for DOML, and who, along with Anthony Kaldellis, has painstakingly reviewed our translation; their suggestions were both innumerable and invaluable, and we offer our deepest gratitude as much for their expertise and guidance as for their patience and encouragement. We have also benefited greatly from our fellow Byzantinists at Uppsala University, in particular Ingela Nilsson and Eric Cullhed, who read more than their fair share of drafts and have been more than generous in sharing their knowledge of Homer, Homeric reception, and twelfth-century Byzantine literature and culture. For her frequent help with the finer points of Greek, we would also like to acknowledge Triantafyllitsa Maniati-Kokkini. Thanks to Donald Mastronarde, whose September 2015 review in *BMCR* identified several corrections we have incorporated into the second printing. All mistakes, of course, remain our own.

NOTES

1 Andreas Rhoby suggests a date between 1142 and 1146; see Rhoby, "Ioannes Tzetzes als Auftragsdichter," 160.

2 Tzetzes's uncertainty and impatience are also discussed in M. Jeffreys, "The Nature and Origins of Political Verse," 151.

3 "In the *Historiae* the reader is twice challenged to visit him at work, to see his independence from books, and to watch him composing so quickly that copying quotations would slow him down" (M. Jeffreys, "The Nature and Origins of Political Verse,"149), for which, see Tz. *Chiliades* 8.173–81 and 10.357–61.

4 M. Jeffreys, "The Nature and Origins of Political Verse," 151.

5 Rhoby, "Ioannes Tzetzes als Auftragsdichter," 164.

6 E. Jeffreys, "Constantine Hermoniakos and Byzantine Education," 83.

7 His date of birth is derived from the somewhat more certain dates of his other relatives, while his death date of sometime after 1185 is based on a possible reference to the coup of that year, the latest datable reference in his oeuvre (*RE* 7A² 1960).

8 Magdalino, *The Empire of Manuel I Komnenos,* 321. Much biographical information is also found in *ODB,* 3:2136; Gautier, "La curieuse ascendance

de Jean Tzetzès," 207–20; Browning, "Homer in Byzantium," 26–28; and Wendel, *RE* 7A² 1959–2011. Tzetzes discusses his own lineage, on both his father's and mother's sides, in Tz. *Chiliades* 5.585–630.

9 Gautier, "La curieuse ascendance de Jean Tzetzès," 219.

10 Tzetzes makes the same comparison at Tz. *Chiliades* 5.615.

11 Budelmann, "Classical Commentary in Byzantium," 165.

12 Browning, "Homer in Byzantium," 26.

13 M. Jeffreys, "The Nature and Origins of the Political Verse," 154; and *ODB* 3:2136.

14 Magdalino, *The Empire of Manuel I Komnenos,* 348.

15 Ibid., 329.

16 E. Jeffreys, "The Judgement of Paris in Later Byzantine Literature," 126.

17 Magdalino, *The Empire of Manuel I Komnenos,* 402.

18 Though there is evidence, too, that Tzetzes himself had "contempt for gifts and the flattery needed to win them" (M. Jeffreys, "The Nature and Origins of the Political Verse," 154), for which, see Tz. *Chiliades* 10.851.

19 M. Jeffreys, "The Nature and Origins of the Political Verse," 149.

20 Ibid., 150.

21 Magdalino, *The Empire of Manuel I Komnenos,* 403. For the specific circumstances of Tzetzes's patronage, see Budelmann, "Classical Commentary in Byzantium," 166.

22 Browning, "Homer in Byzantium," 26.

23 Tz. *Exegesis of the* Iliad, 42.

24 Ibid., 43.

25 See also the note in *ODB* 1:68 and, for a more expansive discussion, Cesaretti, *Allegoristi di Omero a Bisanzio,* esp. 127–95.

26 Mavroudi, "Occult Science and Society in Byzantium," 77. For Tzetzes as a practitioner of astrology and dream divination and for an analysis of his writings on these subjects, see Mavroudi, op. cit., 73–79.

27 The word translated here as "elements" is *stoicheia,* the use of which does not invoke the fundamentals of mathematics as in Euclid's work of the same name, but rather the composite materials of the physical world. For a history of the changing meaning of the word and its associations with both demonology and astrology, see Greenfield, *Traditions and Belief in Late Byzantine Demonology,* esp. 191–95.

28 Tz. *Exegesis of the* Iliad, 46.

29 For an outline of the relevant aspects of Ptolemy's theories, see, for example, Sassi, *The Science of Man in Ancient Greece,* esp. 164–72.

30 Malalas, *Chronicle,* 5.2.

31 The relevant passage survives in John of Antioch's otherwise fragmentary work and is published in U. Roberto, *Ioannis Antiocheni Fragmenta ex Historia chronica. Introduzione, edizione critica e traduzione* (Berlin, 2005), 80–89.

32 Browning, "Homer in Byzantium."

33 Cullhed, "The Blind Bard and 'I.'"

34 M. Jeffreys, "The Nature and Origins of the Political Verse," 150–54.

35 De Jong, *Narrators and Focalizers,* xiv.

36 *Il.* 8.306.

ALLEGORIES OF
THE *ILIAD*

Ὑπόθεσις τοῦ Ὁμήρου ἀλληγορηθεῖσα
παρὰ Ἰωάννου γραμματικοῦ τοῦ Τζέτζου
τῇ κραταιοτάτῃ βασιλίσσῃ καὶ ὁμηρικωτάτῃ
κυρᾷ Εἰρήνῃ τῇ ἐξ Ἀλαμανῶν

Ἐπεὶ φαιδρά, πανσέληνε, σελήνη σελασφόρε,
οὐκ ἐκ ῥοῶν ὠκεανοῦ φαίνουσα λελουμένη,
ἀλλ᾽ ἐκ πορφύρας τῆς κλεινῆς, ὡς ἔπεισιν εἰκάσαι,
ἀνασκιρτῶσα φεραυγὴς καὶ πλέον τοῦ φωσφόρου,
5 χρῄζεις ἐλαύνειν πόρρω ποι σαῖς ψυχικαῖς ἀκτῖσι
τὸ σκοτεινὸν τῶν λέξεων καὶ βίβλων τὴν ἑσπέραν·
οὐ κατὰ Κλεοπάτραν δὲ βασίλισσαν τὴν πάλαι,
ᾧ Ἐφεσίῳ ἰατρῷ τῷ Σωρανῷ χρωμένην,
μετέρχῃ τὰ καλλύνοντα μορφὰς τὰς τῶν προσώπων·
10 οὔτε χερσοῦν τι πέλαγος βραχύτατον ἐθέλεις,
ὥσπερ ἐκείνη πρότερον ἐν τῇ Ἀλεξανδρείᾳ,
τῷ Δεξιφάνει τῷ σοφῷ μηχανικῷ Κνιδίῳ
χερσώσασα τὴν θάλασσαν μέχρι τετρασταδίου·
ἐπεὶ τοιοῦτον οὐδαμῶς βούλεταί σου τὸ Κράτος,
15 οὔτε τὸν Ἄθω θάλασσαν ὄρος ποιῆσαι μέγα,
ἢ τὴν Ἀβύδου θάλασσαν ὁλκάσι γεφυρῶσαι,
ὥσπερ ὁ Ξέρξης ἔδρασεν ὁ Πέρσης πρὶν ἐκεῖνος,
ἐκ τῆς Περσίδος στράτευμα κινῶν πρὸς τὴν Ἑλλάδα·

THE SUBJECT MATTER OF HOMER ALLEGORIZED BY JOHN TZETZES THE GRAMMARIAN FOR THE MOST POWERFUL AND MOST HOMERIC QUEEN, LADY EIRENE OF THE GERMANS

Prolegomena

O bright full moon, light-bringing moon, when
you appear bathed not by the ocean's currents
but by the famed purple, we like to portray you,
leaping for joy, bringing even more light than the morning
      star;
you desire with the rays of your soul to drive far away   5
the dark obscurity of words and the evening of books;
you do not, like Queen Kleopatra of old,
who used Soranos the Ephesian doctor,
take up practices that beautify your facial appearance;
nor do you wish to dry up some narrow sea,   10
as she formerly did in Alexandria,
using Dexiphanes, the clever Knidian engineer,
to reclaim four stades of dry land from the water,
since in no way does your majesty wish such a thing,
nor to ring with sea the great Mount Athos,   15
nor to bridge the sea of Abydos with ships,
as the Persian Xerxes once did,
marching his army from Persia to Greece.

3

ἀλλ' ὡς ἀθέατος θεὰ τῇ θέσει, κἂν οὐ φύσει,
20 ἐπεντρυφῶσα ταῖς μορφαῖς καὶ κάλλεσι τῶν λόγων,
διὰ βροντῆς καὶ λαίλαπος, ὁμοῦ καὶ τῆς νεφέλης,
θείαν φωνὴν προπέμπουσα, γέμουσαν ὅλην φρίκης,
χειροτονεῖς τὸν δοῦλον σου, τὸν τίνα, τὸν ὁποῖον,
γενέσθαι τύπον ἀκραιφνῆ τοῦ πάλαι Μωϋσέως,
25 οὐχὶ φυγάδα σῴζοντα λαὸν Ἰσραηλίτην,
τὸ Ἐρυθραῖον πέλαγος τεμόντα βακτηρίᾳ·
οὐδὲ Περσίδος θάλασσαν, οὐδὲ τὴν Ὑρκανίαν,
ἀλλὰ τὸν μέγαν τὸν βαθὺν ὠκεανὸν Ὁμήρου,
τὸν πᾶσαν περισφίγγοντα κύκλῳ τὴν οἰκουμένην,
30 βατὸν κελεύεις ἅπασι καὶ πορευτὸν ποιῆσαι,
ὡς Μωϋσῆς τὴν Ἐρυθρὰν Ἰσραηλίταις πάλαι·
ἤδη χωρῶ πρὸς τὸν εἱρμόν, καὶ γλώττης βακτηρίᾳ
πλήξας αὐτὸν τοῖς σύμπασι πορεύσιμον ποιήσω,
καὶ βάθη τὰ ἀθέατα τούτου φανεῖται πᾶσιν.
35 Ἀλλ' ἀναχαιτιζέσθωσαν αἱ μωμοσκόποι γλῶσσαι,
ἐξυλακτεῖν τι καθ' ἡμῶν οἰστρούμεναι τῷ φθόνῳ.
Ὡς γὰρ αἱ πάλαι γράφουσι τὸν Δία μυθουργίαι
μεταβαλεῖν εἰς μόρφωμα πιθήκων τοὺς Τιτᾶνας,
οὕτω κἀγὼ νῦν βούλομαι τρόποις οἰκονομίας
40 μεταβαλεῖν τοὺς ἥρωας συγγράμμασι πιθήκων.
   Καὶ δὴ λοιπὸν πετάσασα τὰς θείας ἀκοάς σου,
πρὸ πάντων πρῶτον μάνθανε τοῦ ποιητοῦ τὸ γένος,
πατρίδα, καὶ γεννήτορας, μετὰ τῶν διδασκάλων,
καὶ χρόνους οἷς ἐτύγχανε, καὶ πόσας γράφει βίβλους,
45 καὶ ποῦ καὶ πῶς ἐξέλειψε τὸν βίον τελευτήσας.
   Καὶ δὴ καὶ τὴν ὑπόθεσιν μάθε τῆς Ἰλιάδος

But like an unseen goddess in status, even if not by nature,
you revel in the shapes and the delights of words;   20
through thunder and storm as well as clouds
sending forth a divine voice, extremely terrifying,
you appoint your slave, this someone, this anyone,
to become a pure image of Moses of old,
to save the fleeing Israelite host not by   25
dividing the Red Sea with his staff,
nor the Persian nor the Hyrkanian Sea,
but the great and deep Ocean of Homer
which tightly binds in a circle the whole world round;
you order it to be made accessible and passable to all   30
as Moses made the Red Sea to the Israelites long ago.
I am already advancing sequentially, and with the staff of
        my tongue
I strike it and will make it passable for everyone
and its invisible depths will be revealed to all.
But let the critical tongues be deflected: 35
stung by jealousy they burst out in rage against us.
For just as the ancient fables write that Zeus
gave the Titans an ape-like form,
so too here I wish, following the doctrine of discretion,
to change heroes into apes in my work.   40
    So now open wide your divine ears,
learning first of all the lineage of the poet,
his native land, his parents, along with his teachers,
and when he lived, and how many books he wrote,
and when and how he died at the end of his life.   45
And learn also the subject matter of the *Iliad,*

κατὰ λεπτὸν τὴν σύμπασαν, καὶ τὰς μορφὰς Ἑλλήνων.
Εἶτα δ᾽, εἰ θέλεις, μετ᾽ αὐτὰ καὶ πᾶσαν Ἰλιάδα,
ὥσπερ κελεύει θέλημα τὸ σόν, μεταποιήσω.
50 Τέως πρὸ πάντων μάνθανε τοῦ ποιητοῦ τὸ γένος.
Ὁ Ὅμηρος ὁ πάνσοφος, ἡ θάλασσα τῶν λόγων,
πλὴν γέμουσα τοῦ νέκταρος, οὐχ ἁλμύρων ὑδάτων,
ἑπτὰ πατρίδων λέγεται τυγχάνειν ἀμφιβόλων,
ἑπτὰ πατέρων γέννημα, καὶ τούτων ἀμφιβόλων.
55 Λέγεται γὰρ ἐκ τῶν Θηβῶν ὑπάρχειν τῆς Αἰγύπτου·
ἑτέροις Βαβυλώνιος, Χῖος δοκεῖ τοῖς ἄλλοις,
Ἰήτης, Κολοφώνιος, Σμυρναῖος, Ἀθηναῖος.
Σὺ δὲ Σμυρναῖον γίνωσκε τὸν Ὅμηρον ὑπάρχειν.
Ἑπτὰ πατέρας λέγουσι πάλιν ὑπάρχειν τούτου.
60 Οἱ μὲν γὰρ τούτου λέγουσι πατέρα Μενεμάχην
Αἰγύπτιον τυγχάνοντα ἱερογραμματέα·
οἱ δὲ πάλιν Δαήμονα, τινὲς δὲ Μασσαγόραν,
ἀνθρώπους ἄμφω ζήσαντας ἐμπορικὸν τὸν βίον·
Τηλέμαχον καὶ Θάμυριν ἄλλοι ληροῦσι πάλιν·
65 ἄλλοις δὲ Μαίονος υἱὸς καὶ Ὀρνιθοῦς καλεῖται·
οἱ πλείονες δὲ Μέλητός φασι καὶ Κρηθηΐδος.
Διδάσκαλος δὲ γίνεται Ὁμήρου Προναπίδης.
Ὁ Κάδμος ἐξ Αἰγύπτου γὰρ ἐλθὼν εἰς τὴν Ἑλλάδα
τὸν Λίνον ἐξεπαίδευσεν ἐν γράμμασι Φοινίκων·
70 ὁ Λῖνος δ᾽ ἐξεπαίδευσεν, ὁ μαθητὴς τοῦ Κάδμου,
Ὀρφέα Ἡρακλέα τε, καί γε τὸν Προναπίδην·
τὸν Λῖνον τὸν διδάσκαλον ὁ Ἡρακλῆς φονεύει,
ὁ δὲ Ὀρφεὺς διδάσκαλος γίνεται τοῦ Μουσαίου·
ὁ Προναπίδης οὗτος δὲ τὸν Ὅμηρον διδάσκει.

all of it, in detail, and the bodily appearance of the Greeks.
Then, if you wish, after this, also the entire *Iliad,*
as your wish commands, I will rewrite and recast.

    First of all, you must learn the poet's lineage.   50
Homer the all-wise, that sea of speech
(except that he was filled with nectar, not salt water),
seven places have dubious claim to be his fatherland,
seven fathers claim to have sired him; they too are dubious.
For it is said that he was from Egyptian Thebes;   55
but others say from Babylon, others from Chios,
Ios, Kolophon, Smyrne, and Athens.
But you should know that Homer is from Smyrne.
Again seven fathers they say he had.
Some say his father was Menemaches,   60
an Egyptian sacred scribe.
Others say Daemon, others Massagoras;
both men lived the life of a merchant.
Others absurdly say Telemachos and Thamyris;
still others call him the son of Maion and Ornitho.   65
Most, however, say he was the son of Meles and Kretheis.
Homer's teacher was Pronapides.
For Kadmos, coming from Egypt into Greece,
taught Linos in Phoenician letters;
Linos, the pupil of Kadmos, taught   70
Orpheus and Herakles and Pronapides.
Herakles killed Linos his teacher;
Orpheus became the teacher of Mousaios;
that man Pronapides taught Homer.

75 Καὶ δὴ μαθὼν ὁ Ὅμηρος πάντα τὰ Προναπίδου,
χρήζων καὶ πλείονα μαθεῖν, εἰς Αἴγυπτον ἀπῆλθε,
κἀκεῖ λοιπὸν ἐτρύγησε πάσης σοφίας ἄνθος·
σοφὸς δ' ἄκρως γενόμενος ὑπὲρ ἀνθρώπου φύσιν
τρία καὶ δέκα γέγραφε μνημόσυνον βιβλία,
80 Μαργίτην καὶ τὴν Αἶγα τε, καὶ τῶν μυῶν τὴν Μάχην,
τὴν Ἐπιγόνων Μάχην τε· γράφει καὶ Θηβαΐδα,
τὴν Οἰχαλίαν, Κέρκωπας, εἰς τοὺς θεούς τε Ὕμνους,
καὶ τοὺς Ἑπτὰ ἐπάκτιον, καὶ τὰς Ἐπικιγκλίδας,
καὶ Ἐπιγράμματα πολλὰ σὺν Νυμφικοῖς τοῖς Ὕμνοις,
85 καὶ τὴν Ὀδύσσειαν αὐτὴν μετὰ τῆς Ἰλιάδος.
    Ἀλλὰ καὶ χρόνον μάθε μοι τὸν τοῦ Ὁμήρου πρῶτον,
καὶ τὴν ἐκείνου τελευτήν· εἶτα σαφῶς ἀκούσεις
τὸν νοῦν καὶ τὴν ὑπόθεσιν πάσης τῆς Ἰλιάδος.
Οἱ μάτην γράφειν θέλοντες ἱστορικὰ βιβλία
90 ὁμόχρονον τὸν Ὅμηρον λέγουσιν Ἡσιόδου,
ἐπὶ τῷ Ἀμφιδάμαντος τάφῳ δοκιμασθέντας.
Ἀλλ' οὗτοι μὲν ἠγνόησαν εἶναι πολλοὺς Ὁμήρους,
Ὅμηρον τὸν Βυζάντιον, υἱὸν τὸν Ἀνδρομάχου,
καὶ τὸν τοῦ Εὔφρονος υἱὸν Ὅμηρον τὸν Φωκέα.
95 Κἄν περ τι παρεσφάλησαν, οὕτω συμπαθητέον,
ὡς καὶ οἱ ὕστερον αὐτὸν εἰπόντες Ἡσιόδου.
Ἐπὶ τῆς βασιλείας γὰρ λέγουσι τῆς Ἀρξίππου
Ἡσίοδον καὶ Ὅμηρον ὑπάρχειν ἀμφοτέρους·
ἀλλὰ τὸν μὲν Ἡσίοδον ἀρχῇ τῆς βασιλείας,
100 τὸν Ὅμηρον πρὸς τέλος δὲ τοῦ κράτους τοῦ Ἀρξίππου
χρόνοις ὁμοῦ τριάκοντα κρατήσαντος καὶ πέντε
τῆς βασιλείας Ἀθηνῶν. Ἀλλ' ἀγνοοῦσιν οὗτοι

8

And Homer, learning everything from Pronapides,   75
yearned to learn more, so he departed for Egypt,
and there he plucked the flower of every kind of knowledge.
Being at the height of knowledge beyond what was
        humanly possible,
he memorialized it in thirteen books:
The Margites, The Goat, and *The Battle of the Mice,*   80
The Battle of the Epigonoi; he also wrote *The Thebaid,*
The Sack of Oichalia, The Kerkopes, and the hymns to the gods,
and *The Seven on the Shore* and *The Epikinglides,*
and many epigrams in addition to the *Hymns* to the Nymphs,
and the *Odyssey* itself along with the *Iliad.*   85
    But first learn from me about Homer's early years
and his death; then you will hear clearly
the sense and meaning of the whole of the *Iliad.*
Those who want in vain to write books of history
say Homer lived at the same time as Hesiod,   90
and they were put to the test at the tomb of Amphidamas.
But they did not know that there are many Homers:
Homer of Byzantion, son of Andromachos,
and the son of Euphron, Homer the Phokian.
Even though they erred in this matter, they should be   95
        forgiven,
just like those who say that he lived after Hesiod.
For they say that during the reign of Arxippos
Hesiod and Homer both lived,
but Hesiod was at the beginning of that reign,
while Homer was toward the end of the rule of Arxippos,   100
who ruled for thirty-five years
the kingdom of Athens. But they are ignorant

ποῖος ὑπῆρχεν Ὅμηρος τοῖς χρόνοις τοῦ Ἀρξίππου.
Κατὰ δ' ἡμᾶς ὁ Ὅμηρος χρόνοις τετρακοσίοις
105 τοῦ Ἡσιόδου πρότερος. Καὶ σκόπει μοι, καὶ μάθε.
Ἐπὶ τῶν δύο στρατειῶν ὁ Ὅμηρος ὑπῆρχε,
Θηβαϊκῆς καὶ Τρωϊκῆς· οἶδας ἐκ Προναπίδου,
καὶ Διονύσιός φησιν ὁ κυκλογράφος τοῦτο.
Μάθε καὶ ἄλλοθε καλῶς ἀκριβεστέρως τοῦτο.
110 Ὁ ποιητὴς Στησίχορος υἱὸς ἦν Ἡσιόδου,
ἐν χρόνοις τοῦ Φαλάριδος ὢν καὶ τοῦ Πυθαγόρου·
οὗτοι δ' Ὁμήρου ὕστεροι χρόνοις τετρακοσίοις.
    Ἐπεὶ γοῦν ἔγνωκας καλῶς καὶ χρόνον τοῦ Ὁμήρου,
τὴν τούτου μάθε τελευτὴν ποίῳ συνέβη τρόπῳ.
115 Πένης ὑπάρχων, καὶ τυφλὸς γενόμενος ἐκ γήρως,
ἀπανταχοῦ διήρχετο τὰς χώρας τῆς Ἑλλάδος,
λέγων αὑτοῦ ποιήματα, δεχόμενος ἐντίμως.
Ὡς δ' ἦλθε παρερχόμενος περὶ τὴν Ἀρκαδίαν,
ξενίζεται παρά τινι κἀκεῖσε Κρεωφύλῳ,
120 ἐν ᾧπερ μένων φιλικῶς ἡμέρας ἐπὶ πλείστας,
περιπατήσων ἔρχεται παρὰ τὴν παραλίαν.
Ἦσαν δ' ἐκεῖσε ἁλιεῖς ἄγραν οὐκ ἠγρευκότες,
μόνον δὲ φθειριζόμενοι καὶ κτείνοντες τοὺς φθεῖρας·
ὧν ἁλιέων Ὅμηρος ἀκούσας συλλαλούντων,
125 "Ὦ ἄνδρες," εἶπεν, "ἁλιεῖς Ἀρκάδες, ἔχομέν τι;"
Οἱ δ' ἀπεκρίναντο αὐτῷ περὶ φθειρῶν λαλοῦντες·
"Τοὺς οὓς μὲν ἐκρατήσαμεν οὐκ ἔχομεν εἰσέτι,
οὕσπερ δ' οὐκ ἐκρατήσαμεν ἔχομεν μᾶλλον τούτους."
Ὁ μὴ νοήσας Ὅμηρος, λυπούμενος ἀμέτρως,
130 πρὸς ἣν τότε κατέμενεν ὑπέστρεφεν οἰκίαν,

of which Homer lived in the time of Arxippos.
In our view, Homer lived four hundred years
before Hesiod. Listen to me and learn.   105
Homer was alive during the two campaigns,
the Theban and the Trojan, which you heard about from
    Pronapides,
and Dionysios the cycle writer says this.
Learn this well and more accurately from another source
    also.
The poet Stesichoros was the son of Hesiod   110
and lived in the times of Phalaris and Pythagoras;
they lived four hundred years after Homer.
    And since you have learned well Homer's dates,
now learn in what way he died.
He was impoverished and, having gone blind from old age,   115
roamed through all the lands of Greece
reciting his poems and being received with honor.
During his travels he arrived in Arkadia
and was the guest there of a certain Kreophylos.
While enjoying his hospitality for many days,   120
he went walking on the beach.
There were fishermen there who had not caught any fish;
they were only picking lice off themselves and killing them.
Homer, having heard the voices of the fishermen,
said, "Arkadian fishermen, did we catch anything?"   125
They replied to him, talking about the lice:
"Those we have caught we don't have anymore,
but those we did not catch we very much still have."
Homer, not understanding, was immeasurably sad.
He returned to the house where he was then staying,   130

πηλοῦ δ᾽ ὄντος ὠλίσθησε, καί, κεκρουκὼς εἰς πέτραν,
κλᾶται πλευρὰν τὴν δεξιάν, καὶ τελευτᾷ τριταῖος.
  Ἐπεὶ λοιπὸν μεμάθηκας καὶ θάνατον Ὁμήρου,
μάνθανε τὴν ὑπόθεσιν τῆς ὅλης Ἰλιάδος.

135 Οἱ μὲν ἀγροικικώτερον γράφοντες καὶ χυδαίως
γάμους Πηλέως λέγουσι καὶ Θέτιδος γενέσθαι,
καὶ συμπαρεῖναι τοὺς θεοὺς τοῖς γάμοις ἐν Πηλίῳ,
καὶ σὺν αὐτοῖς καὶ τὰς θεάς, κατ᾽ ἐξοχὴν δὲ ταύτας,
Ἥραν ὁμοῦ καὶ Ἀθηνᾶν, καί γε τὴν Ἀφροδίτην·
140 τὴν δ᾽ Ἔριν οὖσαν μάχιμον καὶ φιλονεικοτάτην
τούτων ἀπεῖναι λέγουσι τῶν γάμων μὴ κληθεῖσαν.
Αὕτη δέ, ζέσασα θυμῷ καὶ λύπῃ βεβλημένη,
μῆλον ἐσκεύασε χρυσοῦν, ἔγραψε δὲ τῷ μήλῳ·
"Λάβε, καλὴ τῶν θεαινῶν, λάβε, καλή, τὸ μῆλον·
145 σοὶ τῇ καλῇ τῶν θεαινῶν ἔστω τὸ μῆλον δῶρον."
Οὕτως ἡ Ἔρις, ὥς φασι, ποιήσασα τὸ μῆλον,
ἀπὸ τοῦ στέγους ἔρριψε μέσον τοῦ γάμου τοῦτο.
Εὐθὺς δὲ Ἥρα, Ἀθηνᾶ, μετὰ τῆς Ἀφροδίτης,
τὴν γαμικὴν τὴν τράπεζαν ἀφεῖσαι καὶ τὸν πότον,
150 περὶ τοῦ μήλου μάλιστα τὴν μάχην συνεκρότουν,
ἑκάστη τούτων λέγουσα κάλλει νικᾶν τὰς ἄλλας.
Τέλος λαβόντα τὸν Ἑρμῆν ταύτας ὁ Ζεὺς κελεύει
πρὸς τὸν Ἀλέξανδρον αὐτὸν ἀπαγαγεῖν εἰς Ἴδην·
ἣν δ᾽ ἂν αὐτῶν Ἀλέξανδρος ὡραιοτέραν κρίνῃ,
155 ταύτην τὸ μῆλον ἔπαθλον λαμβάνειν εὐμορφίας.
Ὡς δὲ ταχέως πρὸς αὐτὴν ἐγένοντο τὴν Ἴδην,

but because of some mud, he slipped and, striking a rock,
broke his right rib; he died three days later.
    Well, since you have learned the details of Homer's
        death,
learn the subject matter of the entire *Iliad*.
Those who write in a vulgar and coarse manner   135
say that a wedding of Peleus and Thetis took place
and that the gods attended their wedding on Mount Pelion,
along with the goddesses, in particular these:
Hera, Athena and Aphrodite;
but Eris, being warlike and combative, was absent,   140
they say, from this wedding, since she was not invited.
And fuming in her heart and struck with sorrow,
she prepared a golden apple, and wrote on it:
"Take it, beautiful one among the goddesses, take, O
        beautiful one, this apple;
for you who are the most beautiful goddess let this apple be   145
        a gift."
Thus Eris, so they say, made the apple,
and threw it from the roof into the midst of the wedding.
Immediately Hera, Athena and Aphrodite
left the wedding table and the drinks,
and joined in fierce battle over the apple,   150
each of them saying her beauty would surpass the others.
Finally, Zeus ordered Hermes to take them
and lead them away to Alexandros on Ida;
whomever Alexandros judged to be the most beautiful
would take the apple as the prize for her beauty.   155
As he went swiftly to Ida,

Ἥρα μὲν πρὸς Ἀλέξανδρον τάδε φησὶ κρυφίως·
"Εἰ κρινεῖς ἐμὲ κρείττονα καὶ δώῃς μοι τὸ μῆλον,
ἄρχειν ἐγὼ ποιήσω σε δύσεως καὶ τῆς ἔω."
160 Ἡ δ᾽ Ἀθηνᾶ κατάρχοντι Φρυγῶν τῆς στρατηγίας
Ἑλλάδα πᾶσαν ἔλεγε δούλην αὐτῷ ποιῆσαι.
Ἡ δ᾽ Ἀφροδίτη πρὸς αὐτὸν Ἀλέξανδρον εἰποῦσα,
"Εἰ κρίνεις τούτων κρείττονα, δώσω σοι τὴν Ἑλένην,"
λαμβάνει νικητήριον καὶ ἔπαθλον τὸ μῆλον.
165 Ἀλέξανδρος, Φερέκλου δὲ πλοῖα πεποιηκότος,
εἰς τὴν Ἑλλάδα κατελθών, ἁρπάζει τὴν Ἑλένην·
ὅθεν ὁ μέγας πόλεμος ἐκεῖνος ἀνερράγη,
καὶ πόλις ἡ περίβλεπτος ἡ Τροία κατεσκάφη,
καὶ πάντες παρανάλωμα γεγόνασι τοῦ ξίφους.
170 Ταῦτά φασιν οἱ ἀμαθῶς λαλοῦντες καὶ νηπίως·
τὸ δ᾽ ἀληθὲς νῦν μάνθανε λεπτῶς ἠκριβωμένος.
Ὁ Λαομέδοντος υἱὸς Πρίαμος καὶ Λευκίππης,
εἴτε Ῥοιοῦς κατά τινας, Στρυμοῦς δὲ καθ᾽ ἑτέρους,
γήμας Ἑκάβην Δύμαντος, κατά τινας Κισσέως,
175 υἱοὺς ἐγέννησε πολλούς, ναὶ μὴν καὶ θυγατέρας.
Ἐπεὶ δὲ καὶ Ἀλέξανδρον ἔγκυος ἦν Ἑκάβη,
γεννῆσαι φλέγοντα δαλὸν ἐδόκησεν ὀνείροις,
ὃς πάσας ἐπυρπόλησε τὰς Τρώων περιχώρους.
Οἱ τῶν ὀνείρων δὲ κριταὶ τοῦτο μαθόντες εἶπον·
180 "Τὸ βρέφος ὅπερ ἔνδοθι φέρεις ἐν τῇ γαστρί σου
τῇ περιχώρῳ γίνεται πάσῃ τῶν Τρώων βλάβη."
Οὕτω μὲν εἶπον οἱ κριταὶ τότε τῶν ὀνειράτων·
γεννήσασα τὸ βρέφος δέ, Πάριν κατονομάζει.
Ὁ δὲ πατὴρ ὁ Πρίαμος τῷ φόβῳ τῶν ὀνείρων

Hera said this to Alexandros in secret:
"If you judge me superior and give me the apple,
I will give you sovereignty over the west and the east."
And Athena said to the commander of the Phrygians   160
that she would make all of Greece his slave.
But when Aphrodite said to Alexandros:
"If you judge me superior to them, I will give you Helen,"
she received the apple as the victor's reward and prize.
After Phereklos made ships, Alexandros   165
went to Greece and seized Helen;
this was why that great war broke out
and the renowned city of Troy was razed to the ground,
and everyone was put to the sword.

   This is what the unlearned and foolish said;   170
here learn the truth in detail and accurately.

   Priam, the son of Laomedon and Leukippe,
or of Roio according to some, or Strymo according to
    others,
married Hekabe, daughter of Dymas, or of Kisseus
    according to some,
and sired many sons, yes, and daughters too.   175
When Hekabe was pregnant with Alexandros,
she dreamed that she gave birth to a flaming torch,
which burned all the Trojan territory.
The dream readers, learning this, said:
"The child you carry inside your womb   180
will be the destruction of the entire Trojan land."
Thus spoke the dream readers;
when she gave birth to the child, she named him Paris.
His father Priam, fearing the dream,

185 μετὰ τὴν βρέφους γέννησιν ἦλθεν εἰς τὸ μαντεῖον,
ἀνερωτήσων ποταπὸν ἐκβήσεται τὸ βρέφος.
Ἐδόθη τούτῳ δὲ χρησμὸς τοιουτοτρόπως λέγων.
"Πρίαμε Τρώων βασιλεῦ, σύζυγε τῆς Ἑκάβης,
δύσπαρις Πάρις σοι υἱὸς ἄρτι κακῶς ἐτέχθη,
190 ὃν μὴ γεννῆσαι κρεῖττον ἦν ἢ συμφορὰν γεννῆσαι.
Ὁ παῖς γὰρ οὗτος, γεγονὼς τριάκοντα τῶν χρόνων,
ὀλέσει τὰ βασίλεια τῶν Τρώων καὶ τὰς πόλεις."
Ὅπερ μαθὼν ὁ Πρίαμος τρόμῳ πολλῷ καὶ φρίκῃ
τὸν Πάριν μετεκάλεσεν Ἀλέξανδρον εὐθέως,
195 καὶ Ἀρχελάῳ δέδωκεν οἰκέτῃ τὸ παιδίον,
ὡς ἂν εἰς ὄρος που ῥιφὲν καταβρωθῇ θηρίοις.
Καὶ δὴ λαβὼν Ἀρχέλαος ἀπέρριψεν εἰς Ἴδην·
ἄρκτος δ' ἐθήλαζεν αὐτὸν ξένως ἡμέρας πέντε.
Ἐν μέσῳ τούτων τελευτᾷ τὸ βρέφος Ἀρχελάου·
200 ὁ δὲ τὸ πᾶν τῇ γυναικὶ συμβουλευθεὶς ἐμφρόνως,
τὸν μὲν νεκρὸν ἀπέρριψεν εἰς Ἴδην ἀντ' ἐκείνου,
τὸ βρέφος δὲ βασιλικὸν αὐτὸς ἀναλαμβάνει,
καὶ ἀνατρέφει πατρικῶς ποιμαίνειν τε διδάσκει,
ὥσπερ τινὲς ἱστορικοὶ γράφουσι περὶ τούτου.
205 Ἕτεροι πάλιν λέγουσι πιθανωτέρως τάχα,
Πρίαμον τὸν Ἀλέξανδρον μὴ δοῦναι Ἀρχελάῳ
εἰς βρῶσιν ῥίψαι τοῖς θηρσίν· ἀλλ' ἐλεῶν τὸ βρέφος,
νομίζων οὕτω τε φυγεῖν καὶ τοῦ χρησμοῦ τοὺς λόγους
τῷ Ἀρχελάῳ δέδωκεν τρέφειν ἐν τοῖς χωρίοις
210 βασιλικαῖς ἀνατροφαῖς παιδεύσει τε παντοίᾳ.
Ὁ δὲ λαβὼν εἰς Ἄμανδρον ἀπήγαγε χωρίον·

went to the oracle after the child's birth   185
to inquire how the child would turn out.
A prophecy was given to him, saying this:
"Priam, king of the Trojans, husband of Hekabe,
this Paris, Paris of ill-omen, was born unluckily to you as a
        son just now;
 it was better not to have sired him than to create this   190
        disaster.
For this child, when he is thirty years old,
will destroy the royal capital of the Trojans and their cities."
Being greatly afraid and terrified when he heard this, Priam
immediately changed Paris's name to Alexandros
and gave the boy to Archelaos, his household servant,   195
to be exposed somewhere in the mountains and devoured
        by beasts.
And indeed Archelaos took him and exposed him on Ida;
but, amazingly, a bear suckled him for five days.
Meanwhile, Archelaos's own child died;
and after he prudently discussed everything with his wife,   200
he exposed on Ida his own dead child instead of Paris
and took on the royal child as his own.
And he raised him like a father and taught him to shepherd,
just as certain historians write concerning this.
Others say again, perhaps more plausibly,   205
that Priam did not give Alexandros to Archelaos
to expose the child to be eaten by beasts, but pitied the baby
and, thinking in this way also to escape the oracles,
gave him to Archelaos to raise in the countryside
and to give him a royal education in every respect.   210
And Archelaos, taking Paris, led him to the village of
        Amandron,

ὅπερ χωρίον Πρίαμος πόλιν ποιήσας τότε
Πάριον μετωνόμασεν εἰς ὄνομα τοῦ βρέφους.
Ἐκεῖ γοῦν ἐκτρεφόμενος Ἀλέξανδρος, ὡς ἔφην,
215 λέγεται κρῖναι τὰς θεὰς ἐν γάμῳ τοῦ Πηλέως,
καὶ δοῦναι νικητήριον τὸ μῆλον Ἀφροδίτῃ.
Τοῦτο δ᾽ ὅτι ψευδές ἐστι δῆλον ἐκ τῶν πραγμάτων.
Τοῦ Ἀχιλέως γὰρ πατὴρ ἦν ὁ Πηλεύς, ὡς οἶδας,
ὁ δ᾽ Ἀχιλεὺς γεραίτερος ὑπῆρχεν Ἀλεξάνδρου.
220 Καὶ γὰρ ὁ Νεοπτόλεμος υἱὸς τοῦ Ἀχιλέως
πολεμιστὴς ἦν τέλειος τῷ Τρωϊκῷ πολέμῳ,
αὐτῷ σχεδὸν ἰσόχρονος ὑπάρχων Ἀλεξάνδρῳ.
Καὶ πῶς οὐκ ἔστιν ἄλογον Ἀλέξανδρον δικάζειν
γάμοις τινὸς τοῖς ἑαυτοῦ πάπποις ἰσοχρονοῦντος;
225 Τοῦτο μὲν λῆρος καὶ ψευδές, τὰ δ᾽ ἀληθὲς τοιοῦτον.
Ὡς ἀπελθὼν ὁ Πρίαμος ἤκουσεν ἐκ μαντείου
τριάκοντα γενόμενον Ἀλέξανδρον τῶν χρόνων
ὀλέσαι τὰ βασίλεια τῶν Τρώων καὶ τὰ πέριξ,
ἅμα τὸ βρέφος ἐλεῶν μηδ᾽ ἀποκτεῖναι θέλων,
230 καί γε τὴν ἄφυκτον φυγεῖν ἐλπίζων Εἱμαρμένην,
εἰ τὸ τριακοντάχρονον Ἀλέξανδρος ἐκδράμοι,
τῷ Ἀρχελάῳ δέδωκεν ἐν τοῖς ἀγροῖς ἐκτρέφειν,
εἴς τι χωρίον Ἄμανδρον καλούμενον τὴν κλῆσιν,
ὃ νῦν καλεῖται Πάριον, πόλις ἀντὶ χωρίου,
235 εἰς κλῆσιν τὴν τοῦ Πάριδος κτισθὲν ἐκ τοῦ Πριάμου.
Ὁ Πάρις οὖν Ἀλέξανδρος ἐκεῖσε διατρίβων,
μέχρι τῆς παρελεύσεως τῆς τριακοντουτίας,
πάσας ἐξεπαιδεύετο βασιλικὰς παιδεύσεις,
ἱππεύειν, ἀκοντίζειν τε, τοξεύειν, σφαῖραν παίζειν,

which village Priam then developed into a city,
and changed its name to Parion after the child.
Indeed, it was when Alexandros was being raised there, as I
    mentioned,
that he is said to have judged the goddesses at Peleus's   215
    wedding
and to have given the apple as a prize to Aphrodite.
But that this is a lie is clear from events,
for Peleus was the father of Achilles, as you know,
and Achilles was older than Alexandros.
For Neoptolemos, the son of Achilles,   220
was a mature warrior during the Trojan War,
and he was almost equal in age to Alexandros.
And how is it not illogical for Alexandros to be the judge
at the wedding of someone equal in age to his grandfather?
While that is nonsense and false, this is the truth: 225
after Priam left, having heard from the oracle
that when Alexandros reached thirty years of age
he would destroy the Trojan royal capital and its
    surroundings,
at the same time pitying the child, and loath to kill him,
and hoping thereby to escape ineluctable fate   230
if Alexandros should reach thirty,
he gave him to Archelaos to raise in the countryside,
in a village called Amandron,
which is now called Parion, a city rather than a village,
named after Paris and built by Priam.   235
And so Paris Alexandros lived there
until thirty years had passed by,
receiving a complete royal education
in riding, throwing the javelin, shooting a bow, playing ball,

240 καὶ πᾶσαν ἄλλην παίδευσιν πρέπουσαν βασιλεῦσι.

Καὶ ῥήτωρ μὲν γενόμενος γράφει πολλὰ μὲν ἄλλα,
εἰς ἓν δὲ τούτου σύγγραμμα τὰς τρεῖς θεὰς συγκρίνει,
τὴν Ἀθηνᾶν, τὴν φρόνησιν, τὴν Ἥραν, τὴν ἀνδρείαν,
καὶ τὴν ἐπιθυμίαν δέ, φημί, τὴν Ἀφροδίτην,
245 ἣ καὶ τὸ μῆλον δέδωκε, τὴν νίκην, τὰ πρωτεῖα,
ὡς Ἰωάννης χρονικὸς Ἀντιοχεύς που γράφει,
αὐτὸ μόνον ἀλληγορῶν, τἄλλα παραλιμπάνων,
γάμον Πηλέως Θέτιδος, Ἑρμῆν τε καὶ τὸν Δία,
τὴν Ἴδην, οὗπερ ἔκρινε θεὰς τὰς θρυλλουμένας·
250 ὁ Τζέτζης δ' ἅπαντα λεπτῶς ἀλληγορεῖ. Καὶ πρόσσχες.

Μέχρι τοῦ παρελθεῖν, φησί, τὴν τριακοντουτίαν
Ἀλέξανδρος, ὡς ἔμαθε διάγων ἐν Παρίῳ,
πάσας καλὰς βασιλικὰς μετήρχετο παιδεύσεις·
καὶ δὴ καὶ λόγιος ἀνὴρ γενόμενος συγγράφει
255 βίβλον, τοῦ κόσμου γένεσιν αἱρέσει τῇ Ἑλλήνων
πῶς ἐν ἀρχῇ τὸ Ἔρεβος ὑπῆρχε καὶ τὸ χάος,
καὶ σκότωσις καὶ σύγχυσις τὰ σύμπαντα κατεῖχε·
ῥαγέντος τοῦ Ἐρέβους δὲ καὶ βαθυτάτου σκότους,
ἐφάνη γῆ καὶ θάλασσα, ῥυθμῷ διηρθρωμένα,
260 ὅπερ φασὶ τῆς Θέτιδος γάμους καὶ τοῦ Πηλέως
χαύνη πηλώδης γὰρ ἡ γῆ τὸ πρῶτον ἀνεφάνη,
ὡς ἐν τοῖς φυσικοῖς αὐτοῦ φησιν Ἀναξαγόρας.
Ἐν τῷ Πηλίῳ δέ φασι τὸν γάμον γεγονέναι,
ἐν κόσμῳ, οὗ τὸ πήλινον ἀνθρώπων ἐσμὲν γένος.
265 Τοῖς γάμοις τοῦ Πηλέως δὲ καὶ Θέτιδος τῷ τότε,
ἤγουν ταῖς διαρθρώσεσι τῆς γῆς καὶ τῆς θαλάσσης,
παρῆσαν πάντες οἱ θεοί, ἤγουν στοιχεῖα τἄλλα,

and all the other skills appropriate for kings. 240
And, becoming a rhetorician, he wrote many works.
In one of them he compares the three goddesses,
Athena, who is wisdom, Hera, who is bravery,
and lust, by which I mean Aphrodite,
to whom he gave the apple, the victory, the first prize, 245
as the chronicler John of Antioch writes somewhere,
speaking allegorically about this alone, omitting the rest,
the wedding of Peleus to Thetis, Hermes and Zeus,
and Ida, where he judged the goddesses of legend.
But Tzetzes subtly allegorizes everything. So pay attention! 250
    Until the thirty years had passed, he says,
Alexandros, as he pursued his studies while in Parion,
acquired all the good royal skills;
and, indeed, becoming an educated man, wrote a book
about the origins of the world according to the Greeks: 255
how in the beginning was Erebos and Chaos,
and darkness, and confusion held everything in its grip;
when Erebos and the deepest darkness were broken
        asunder,
the earth and the sea appeared fully formed and ordered,
which is, they say, the wedding of Thetis and Peleus; 260
for the earth first appeared porous and muddy,
as Anaxagoras says in his *Physics*.
They say the wedding happened on Pelion,
that is, in the world where we, the race of clay men, are;
for the wedding of Peleus and Thetis was the moment when 265
the earth and the sea were articulated.
All the gods were present, that is, the other elements,

χωρὶς μόνης τῆς Ἔριδος τῆς φιλονεικοτάτης·
διαρθρωθείσης γὰρ τῆς γῆς ὁμοῦ καὶ τῆς θαλάσσης,
270 καὶ τὰ λοιπὰ συνέδραμε πάντα καλῶς στοιχεῖα
ἡ Ἀθηνᾶ, ὁ πρόσγειος ἀὴρ καὶ ὑδατώδης,
ἡ Ἥρα τὸ λεπτότερον κατάστημα αἰθέρος,
ἡ τοῦ πυρὸς οὐσία τε, ταύτης ἡ λεπτοτέρα,
ἣν λέγουσιν υἱὸν αὐτῆς, Ἥφαιστον παντεργάτην.
275 Ἐκ τῆς οὐσίας τοῦ πυρός φασι γὰρ γεγονέναι
σελήνην, ἥλιον, ὁμοῦ καὶ τοὺς λοιποὺς ἀστέρας.
Οὕτω τὰ πάντα γαμικῶς ἐν τῇ κοσμογενείᾳ
εὐρύθμως παρυπέστησαν φαιδρῶς ὡραϊσμένα.
Ἡ Ἀφροδίτη γὰρ παρῆν τούτοις ἑστιωμένη,
280 ἡ εὐκρασία τοῦ παντὸς συνδέσμου τῶν στοιχείων.
Μόνη δ᾽ ἡ Ἔρις οὐ παρῆν, ἡ σύγχυσις καὶ ζάλη·
πᾶσα φαιδρότης γάρ, ὁμοῦ πᾶσα συναρμοστία
κατεῖχε τὸν περίγειον τοῦτον ὑλαῖον κόσμον·
τοῦ πρωτογόνου ζοφεροῦ, χάους, εἰς γῆν ῥαγέντος,
285 ὃ Κρόνον λέγουσι σοφοὶ Διῒ ταρταρωθέντα
ἀέρος φάναντος λαμπροῦ, τὸ σκότος γὰρ ἐκρύβη.
Τὸ μῆλον τὸ τῆς Ἔριδος ὅπερ ἐστὶ νῦν μάθε.
Μετὰ τὴν κοσμογένειαν καὶ τὴν εὐαρμοστίαν,
ἥνπερ καὶ γάμους εἴπομεν Θέτιδος καὶ Πηλέως,
290 ὡς ἔγραψεν Ἀλέξανδρος ἐν τῷ αὐτοῦ βιβλίῳ,
ζάλη δεινὴ καὶ σύγχυσις γέγονε τῶν στοιχείων,
ὡς καὶ ὁ φυσικός φησιν Ἐμπεδοκλῆς ἐκεῖνος·
ποτὲ μὲν γὰρ ὁ κάθυγρος ἀὴρ ὑπερενίκα,
ὁ ζοφερός, ὁ πρόσγειος, ὁ συντεθολωμένος,
295 ὃν Ἀθηνᾶν εἰρήκειμεν, ὅτε δὲ ὁ πυρώδης

excepting only Eris, the lover of strife;
for when the earth was articulated together with the sea,
all the remaining elements assembled;   270
Athena, the low-lying and moist air,
Hera, the finer state of the ether,
and also the substance of fire, finer than it,
which they say is her son Hephaistos, the master craftsman.
From this fiery substance, so they say, came   275
the moon, the sun and also the other stars.
Thus everything in the creation of the universe arose from
this marriage, in orderly fashion, joyously adorned.
For Aphrodite was present, feasting among them,
being the harmonious mixture of all the bonded elements.   280
Only Eris, the confusion and storm, was not present,
for every joy and every harmonious joining together
held together this material world of the earth.
When the firstborn gloomy chaos was sundered into the
        earth,
which the wise say was Kronos sent to Tartaros by Zeus,   285
the radiant air shone forth; for the darkness was hidden.
    Learn now what Eris's apple was.
After the creation of the universe and its harmonious
        joining together,
which, as we said, was the wedding of Thetis and Peleus,
as Alexandros wrote in his book,   290
terrible distress and confusion arose among the elements,
as that natural philosopher Empedokles also says.
For sometimes the completely moist air would prevail,
the gloomy, low-lying, muddy one,
which we have said was Athena; while other times, the fiery   295
        air,

23

ὑπερνικῶν τὰ σύμπαντα καὶ μέλλων καταφλέγειν,
ὅνπερ καὶ Ἥραν εἴπαμεν μητέρα τοῦ Ἡφαίστου·
ποτὲ δὲ εὔκρατος ἀὴρ ὑπέλαμπε βραχύ τι.
Ἐν οὖν τοιούτῳ κλύδωνι καὶ ζάλῃ τῶν στοιχείων,
300 ὁ κόσμος οὗτος, τὸ χρυσοῦν τὸ μῆλον, τὸ ὡραῖον,
ἔπαθλον τοῦ κρατήσαντος ὑπέκειτο στοιχείου.
Εἰ γὰρ ὁ πρόσγειος ἀὴρ ἐνίκησε τελέως,
σκότος ἂν τοῦτον τὸν λαμπρὸν πάλιν κατέσχε κόσμον·
εἰ δὲ λεπτομερέστερος ἐκράτησε πυρώδης,
305 πῦρ ἂν τὸν κόσμον ἅπαντα κατέσχε καταφλέγον.
Ἐπεὶ δ᾽ ὑπερενίκησε σύγκρασις Ἀφροδίτης,
ἔπαθλον νίκης ἔσχηκε, καὶ νῦν ἔτι κατέχει
τὸν κόσμον τοῦτον τὸ χρυσοῦν τὸ μῆλον, τὸ ὡραῖον,
συγκεκραμένον εὔρυθμον θεοῦ τῇ κυβερνήσει.
310 Τοιαῦτα μὲν Ἀλέξανδρος περὶ κοσμογενείας
ἐκεῖσε συνεγράψατο τελῶν ἐν τῷ Παρίῳ·
ὅπερ ἐστὶ τῶν θεαινῶν ἡ κρίσις ἡ μυθώδης
ἐκ τῆς κελεύσεως Διὸς Ἑρμῇ προστεταγμένη
παρ᾽ Ἀλεξάνδρου Πάριδος ἐν Ἴδῃ γεγονέναι.
315 Ὁ Ζεὺς γάρ, νοῦς, ἐκέλευσε τοῦ Ἀλεξάνδρου πάντως
Ἑρμῇ, λόγῳ προφορικῷ, καὶ γέγονεν ἡ κρίσις·
οἷον, ἵνα σαφέστερον πᾶν σοι διαρθρώσω,
πεισθεὶς οἰκείοις λογισμοῖς Ἀλέξανδρος ὁ Πάρις
λόγοις γραπτοῖς καὶ συλλαβαῖς, καὶ λέξει μετρουμένῃ,
320 ἐν Ἴδῃ ταύτας ἔκρινε τὰς τρεῖς θεὰς ἃς ἔφην,
τουτέστι συνεγράψατο, δηλοποιῶν βιβλίοις
τοῖς φανεροῦσι σύμπαντα τὰ παλαιὰ καὶ νέα,
ὅπως, μετὰ διάρθρωσιν γῆς ἅμα καὶ θαλάσσης,

which we have said was Hera, the mother of Hephaistos,
overwhelmed everything and caused it to burn;
sometimes the mild air began to shine for a moment.
And so in such turmoil and disturbance of the elements,
this world, the golden apple, the beautiful one,   300
was established as the prize of the most powerful element.
For if the low-lying air prevailed completely,
darkness would again shroud this shining world,
and if the fiery thinner air prevailed,
all-consuming fire would overwhelm the whole world.   305
But because the mixture of Aphrodite prevailed,
she took the prize of victory, and now still holds it,
this world, the golden apple, the beautiful,
blended and harmonious through the governance of God.
Such things regarding the creation of the universe did   310
Alexandros write while he was there in Parion.
This is the mythical judgment of the goddesses which,
at Zeus's behest and ordered by Hermes,
Alexandros Paris rendered on Ida.
For Zeus, <that is,> the mind, definitely ordered Alexandros   315
through Hermes, <that is,> the uttered speech, and the
        judgment was rendered;
in what way—that I may describe everything more clearly
        to you—
Paris Alexandros was persuaded by his own arguments
and by written words and phrases and measured speech,
to judge these three goddesses on Ida, as I have said.   320
That is, he wrote, making clear through books
that reveal everything old and new,
how, after the articulation of earth and sea

καὶ εὐκρασίας τῶν λοιπῶν, ὡς ἔφημεν, στοιχείων,
325 παλιντροπία γέγονε καὶ σύγχυσις ἐκείνων,
ποτὲ μὲν λάβρων ὄμβρων τε καὶ σκότους γενομένων,
ποτὲ δ' ἀτάκτων κεραυνῶν καὶ χύσεως πυρώδους,
ὑφ' ὧν ἐκλυδωνίζετο πάλιν δεινῶς ὁ κόσμος,
ἢ σκότους παρανάλωμα γενέσθαι καὶ τῶν ὄμβρων,
330 εἴτε πυρὸς ἐκχύσεσι σφοδραῖς πυρποληθῆναι,
εἰ μή που τοῦτον ἔπαθλον ἔλαβεν Ἀφροδίτη,
τουτέστι κατεκράτησεν ἡ νῦν εὐαρμοστία,
καλῶς αὐτὸν κατέχουσα θεοῦ τῇ κυβερνήσει.

Τοιαῦτα μὲν Ἀλέξανδρος ἔπραττεν ἐν Παρίῳ
335 μέχρι τῆς παρελεύσεως τῆς τριακοντουτίας
ὡς δὲ μετὰ τριάκοντα δύο παρῆλθον χρόνοι,
νομίσαν τὸ γερόντιον, ὁ Πρίαμος ἐκεῖνος,
ὡς ὁ χρησμὸς παρέδραμεν, ὁ χρόνος παρερρύη,
βλάβη λοιπὸν οὐ γίνεται Τρωσὶ παρ' Ἀλεξάνδρου,
340 τὴν γερουσίαν, τὸ κοινὸν ἅπαν λαβὼν τῶν Τρώων,
μετὰ θυμέλης καὶ χορῶν καὶ μουσικῶν ὀργάνων
τὴν Τρωϊκὴν τὴν συμφορὰν ἐπὶ τὴν Τροίαν φέρει,
τοῦ Ἀπριλίου τοῦ μηνὸς ἐν εἰκοστῇ δευτέρᾳ.
Τότε θυσίαι πανταχοῦ θεῶν τῶν ἐγχωρίων,
345 ἁπανταχοῦ δὲ τράπεζαι, θέαι καὶ πανηγύρεις.
Τῇ ὀκτωκαιδεκάτῃ δὲ μηνὸς τοῦ Ἰουνίου
κελεύει τοῦτον ὁ πατὴρ πλεῦσαι πρὸς τὴν Ἑλλάδα,
καὶ θῦσαι λύσιν συμφορῶν Ἀπόλλωνι Δαφναίῳ,
δοὺς ἄνδρας Φρύγας ἑκατόν, καὶ γράμματα καὶ δῶρα
350 πρὸς τοὺς Ἑλλάδος βασιλεῖς καὶ πρὸς τοὺς τοπαρχοῦντας,
ἅπερ λαβὼν Ἀλέξανδρος ἔπλει πρὸς τὴν Ἑλλάδα,

and the harmonious mixture, as we said, of the remaining
    elements,
their reversal and confusion happened: 325
sometimes there was violent rain and darkness,
sometimes erratic lightning and rain of fire
by which the world was convulsed again, fiercely,
and would have been laid waste by darkness and rain
or consumed by the violent spewing forth of fire,   330
had Aphrodite not taken this prize,
that is, had the present balance not prevailed,
holding the world firmly by the governance of God.
    Alexandros was doing such things in Parion
during the passage of thirty years.   335
When thirty-two years had passed,
the old man, that is, Priam, thinking
that the oracle had expired, that the time had elapsed,
that no harm would come to the Trojans from Alexandros,
convened the council of elders, all the citizens of Troy.   340
With performances and dances and musical instruments
he brought the Trojan disaster upon Troy
on the twenty-second of the month of April.
Then they made sacrifices everywhere to the local gods;
everywhere there were banquets, theatrical performances,   345
    and fairs.
On the eighteenth of the month of June,
his father ordered him to sail to Greece,
to make sacrifices to Apollo Daphnaios for deliverance
    from misfortune.
He gave him a hundred Phrygian men and letters and gifts
for the kings of Greece and the local rulers,   350
which Alexandros took and sailed for Greece,

διδοὺς ταῦτα πρὸς ἅπαντας χωρῶν τοὺς τοπαρχοῦντας.
Ὡς δὲ καὶ πρὸς Μενέλαον κατέπλευσεν εἰς Σπάρτην,
εὕρηκε τοῦτον μέλλοντα πρὸς Κρήτην ἀποπλέειν·
355 θῦσαι γὰρ ἔμελλεν ἐκεῖ τῷ πάππῳ τῷ Κατρέϊ,
καὶ τούτῳ δὲ τὰ γράμματα παρέσχε καὶ τὰ δῶρα.

Ὁ δὲ Μενέλαος, λαβὼν τὰ δύσδωρα τὰ δῶρα,
αὐτὸς πρὸς Κρήτην ἔπλευσεν ἕνεκα τῆς θυσίας,
Ἀλέξανδρον τὸν Πάριν δὲ κατέλειψε τοῖς οἴκοις,
360 τριάκοντα καὶ δύο μὲν ὑπάρχοντα τῶν χρόνων,
ὡραῖον πάνυ καὶ λευκόν, εἰς ἡλικίαν οἷον,
χρυσότριχα, δασύτριχα, καὶ τῶν ἀβροβοστρύχων,
χαροποπρόσωπον πολύ, καὶ ὑπομειδιῶντα,
συντομολόγον, εὔλαλον, τῷ τάχει δὲ τῶν λόγων,
365 πολλάκις ἀποπτύοντα λεπτότατον σιέλου,
κατὰ τὰς ὄρνεις ἃς φαμὲν κλῆσιν ἀκανθυλλίδας·
ὃς τὴν Ἑλένην κατιδὼν τὸ δειλινὸν ἐν κήπῳ
μετὰ δουλίδων τῶν αὐτῆς καὶ γυναικῶν ἑτέρων,
εἰκοσιὲξ ὑπάρχουσαν χρόνων τὴν ἡλικίαν
370 κάλλος οὖσαν ἀμίμητον, ξένην τὴν ἡλικίαν,
ὑπὲρ χιόνα δὲ λευκήν, καὶ τρυφερὰν τὸ σῶμα,
εὐπρόσωπον καὶ εὔρινα, καὶ τῶν καλλιοφρύων,
εὐόφθαλμον, ὑγρόφθαλμον, χαροποπροσωποῦσαν,
εὔχειλον, ἀνθηρόχειλον, καὶ μελιτοφωνοῦσαν,
375 εὔμαστον, πυρρακίζουσαν, καὶ καλλιτραχηλοῦσαν,
πᾶσι τερπνοῖς πᾶσι καλοῖς πασῶν ὑπερτεροῦσαν,
ὅσον ἡ πληροσέληνος φαιδρόκυκλος σελήνη
ὑπερτερεῖ τῶν ἀμυδρῶν νυκτερινῶν ἀστέρων.
Τοιαύτην οὖσαν κατιδὼν Ἀλέξανδρος Ἑλένην,

and gave them to all the rulers of the lands.
But when he sailed to Menelaos in Sparta,
he found the latter about to sail for Crete
to make sacrifices there for his grandfather Katreus,   355
and gave him the letters and gifts.

    And Menelaos, taking the ill-omened gifts,
sailed to Crete for the sacrifice,
leaving Alexandros Paris in his house.
He was thirty-two years of age,   360
very handsome and pale, in the prime of life,
with thick and delicate golden hair,
a very cheerful demeanor, and gentle smile,
concise yet eloquent, swift in speech,
often spitting out very refined spittle   365
like the birds we call goldfinches.
At sunset, he saw Helen in the garden
with her slave girls and other female attendants.
She was twenty-six years of age,
inimitably beautiful, of unusual stature,   370
her skin whiter than snow and tender of body,
with a pretty face and nose and beautiful eyebrows,
and pretty eyes, liquid eyes, with cheerful demeanor,
beautiful lips, flowery lips, and honeyed voice,
with beautiful breasts, ruddy complexion and graceful neck,   375
surpassing all women in every delight and every beauty,
as much as the full moon, the shining orb of the moon,
surpasses the dim stars at night.
Such was the Helen upon whom Alexandros gazed;

380 ἐπλήγη ταύτης ἔρωτι, καὶ ταύτην ἀφαρπάξας,
ἀντερασθείσης καὶ αὐτῆς, τῆς Αἴθρας συνεργούσης,
σὺν χρήμασι, ποσότητι τριῶν κεντηναρίων,
καὶ διαφόροις εἴδεσιν ἑτέρων κοσμημάτων,
καὶ σὺν δουλίσι τῆς αὐτῆς Ἑλένης πρώταις πέντε,
385 καὶ σὺν αὐτῇ τῇ Αἴθρᾳ δὲ τῇ συνεργῷ μοιχείας,
ἐμβὰς εἰς πλοῖον, ἔφευγεν, οὐχὶ τὸν πλοῦν ὃν ἦλθεν,
ὑπάρχοντα τριήμερον ἢ καὶ βραχύ τι πλέον,
ἀλλὰ διὰ Σιδῶνός τε καὶ Τύρου τοῦ πελάγους,
ὅθε καὶ ἥρπαξέ τινας γυναῖκας Σιδωνίας
390 τεχνίτιδας, ἐργάτιδας καλλίστων ὑφασμάτων,
μόλις εἰς Τροίαν πεφθακὼς ἐν ὁλοκλήρῳ χρόνῳ.
Ὁ δὲ Μενέλαος, ἐλθὼν εὐθέως ἀπὸ Κρήτης,
εἰς μάτην κατεδίωξεν, ἐκείνων διὰ Τύρου
ἐν ὅλῳ χρόνῳ πρὸς αὐτὴν τὴν Τροίαν πεφθακότων.
395 Οἱ Τρῶες δέ, καὶ σύμπασαι τῶν Τρώων αἱ γυναῖκες
ἰδοῦσαι κατεπλάγησαν τὸ κάλλος τῆς Ἑλένης.
Ἑκάβη κατεφίλει δὲ ταύτην περιβαλοῦσα,
ἄρρητον σχοῦσα τὴν στοργὴν καὶ σέβας πρὸς ἐκείνην.
Οἱ δ᾽ Ἕλληνες ὡς ἔμαθον οὖσαν Ἑλένην Τροίᾳ,
400 ἐν διαφόροις τοῖς χρόνοις καὶ γράμματα καὶ πρέσβεις
ὡς πρὸς τοὺς Τρῶας ἔπεμπον, Ἑλένην ἀπαιτοῦντες.
Πρῶτον μὲν τὸν Ἀκάμαντα μετὰ τοῦ Διομήδους,
τὸν Παλαμήδην τὸν σοφὸν ἐξέπεμψαν δευτέρως,
αὐτὸν δὲ τὸν Μενέλαον, μετὰ τοῦ Ὀδυσσέως,
405 τῆς Κλυταιμνήστρας γράμματα φέροντας πρὸς ἐκείνην
οὕς τις Ἀντίμαχος ἀνὴρ ἔμελλεν ἀποκτεῖναι,
ὑπ᾽ Ἀλεξάνδρου προτραπεὶς ἐν χρήμασιν εἰς τοῦτο,

he was smitten with love for her and stole her away,   380
and she loved him in return with Aithra's cooperation.
With money, as much as three hundredweight,
and with various kinds of other jewels,
and with Helen's five best slaves,
and with Aithra herself, accomplice to the adultery,   385
embarking on the ship, he fled, not by the route on which
        he came,
which would be a three-day voyage or even shorter,
but by way of Sidon and the Tyrian sea,
where he seized some Sidonian women,
craftswomen, makers of the finest textiles;   390
it was almost a full year before he arrived in Troy.
Menelaos, meanwhile, returning immediately from Crete,
pursued them in vain for a whole year,
whereas they had come by Tyre and arrived at Troy.
The Trojan men and all the Trojan women,   395
on seeing Helen, were struck by her beauty.
Hekabe embraced and kissed her,
having immense affection and respect for her.
But the Greeks, learning that Helen was in Troy,
at various times sent both letters and envoys   400
to the Trojans, demanding Helen's return.
First they sent Akamas with Diomedes,
second, the wise Palamedes,
then Menelaos himself with Odysseus,
bearing letters from Klytaimnestra for her;   405
those men a certain Antimachos intended to kill,
prompted by Alexandros to do this for money

εἴπερ μὴ ὑπεδέξατο τούτους Ἀντήνωρ τότε,
ὅστις ὑστέρως ἔλαβε καὶ δωρεὰς πρεπούσας·
410 τῆς Τροίας πορθουμένης γὰρ ἔσωσαν πάντα τούτου,
καὶ πλεῖστα δῶρα καὶ τερπνὰ δεδώκασιν ἐκείνῳ.
Ἀλλὰ μετὰ τὴν πόρθησιν ταῦτα συνέβη τούτῳ.
    Τότε δ' οὗτοι, τὸν θάνατον μόλις ἐκπεφευγότες
ὅνπερ αὐτοῖς Ἀντίμαχος ἐσκεύασεν ἐν δόλοις,
415 τοῖς Ἕλλησιν ἀπήγγειλαν ἄπαντα τὰ πραχθέντα.
Καὶ τότε πᾶν τὸ στράτευμα, διὰ τοὺς πρώην ὅρκους,
ἀπὸ θαλάσσης καὶ δυσμῶν, ἀπὸ βορρᾶ καὶ νότου,
εἰς ἓν πάντες ἠθροίζοντο πρὸς πόλεμον τῶν Τρώων.
Δέκα μὲν οὖν παρέδραμον χρόνοι τῶν ὁλοκλήρων,
420 ἀφ' οὗ καιροῦ παρήρπαξεν Ἀλέξανδρος Ἑλένην,
εἰς τὴν ἀπόπλευσιν αὐτῶν τὴν διὰ τῆς Σιδῶνος,
εἰς τὰ Τρωσὶ στελλόμενα γράμματα παρ' Ἑλλήνων,
εἰς στρατευμάτων συλλογήν, εἰς κίνησιν τῆς μάχης.
Καὶ τότε πάντες σὺν ναυσὶν ἦλθον εἰς τὴν Αὐλίδα,
425 καὶ Ἀχιλεὺς δὲ σὺν αὐτοῖς, υἱὸς ὢν τοῦ Πηλέως
καὶ Θέτιδος τῆς θυγατρὸς Χείρωνος φιλοσόφου,
Οὔννων Βουλγάρων στράτευμα καὶ Μυρμιδόνων ἄγων
πεντακοσίους ἀριθμῷ μετὰ καὶ δισχιλίων,
στόλον νηῶν πεντήκοντα, στρατοπεδάρχην ἔχων,
430 τὸν Μενοιτίου Πάτροκλον υἱὸν καὶ Φιλομήλας
σύμβουλον δὲ καὶ παιδευτὴν εἶχεν αὐτοῦ τροφέα
Φοίνικα, τὸν Ἀμύντορος υἱὸν καὶ Κλεοβούλης,
πολλαῖς δὲ παρακλήσεσιν ἦλθεν εἰς συμμαχίαν·
ὁ Ὀδυσσεὺς καὶ Νέστωρ γὰρ μετὰ τοῦ Παλαμήδους

had Antenor not welcomed them then;
he later received commensurate gifts.
After the capture of Troy they spared all his goods,   410
and gave him many delightful gifts.
But this happened to him after the conquest.
   Then they, having just barely escaped the death
which Antimachos had treacherously prepared for them,
reported to the Greeks all that had happened.   415
And then the entire army, because of their earlier oaths,
from the sea, from the west, from north and south,
they all assembled for war against the Trojans.
And so ten whole years passed
since the time Alexandros stole Helen away,   420
and sailed with her by way of Sidon,
since the letters sent to the Trojans by the Greeks,
the assemblage of the troops, their mustering for war.
And then they all came by ship to Aulis,
and Achilles was with them, the son of Peleus   425
and Thetis, daughter of Cheiron the philosopher,
leading an army of Huns, Bulgarians and Myrmidons,
two thousand five hundred in number,
a fleet of fifty ships, and having as its field marshal
Patroklos, son of Menoitios and Philomela;   430
he also had as councilor and servant his own tutor
Phoinix, the son of Amyntor and Kleoboule.
<Achilles> joined the alliance after much imploring,
for Odysseus, Nestor and Palamedes

435 μόλις ἐξέπεισαν αὐτοῦ πατέρα τὸν Πηλέα
τοῦτον προπέμψαι σύμμαχον τῷ πλήθει τῶν Ἑλλήνων.
  Ἅπερ δὲ πεφλυάρηνται περὶ τοῦ Ἀχιλέως,
ὡς φοβηθεὶς τὸν πόλεμον ἐφόρει γυναικεῖα
καὶ σὺν παρθένοις ἱστουργῶν κρυπτόμενος ὑπῆρχε,
440 τοῦ Ὀδυσσέως ξίφη δὲ ῥίψαντος σὺν ἀτράκτοις,
κατάδηλος ἐγένετο τὸ ξίφος προτιμήσας,
τοιαύτην ἔχουσί τινα σοφὴν ἀλληγορίαν.
  Ὁ Χείρων ὁ φιλόσοφος πάππος τοῦ Ἀχιλέως
ἐκ λεκανομαντείας τε καὶ σκέψεως ἀστέρων
445 τοῦ Ἀχιλέως τῇ μητρὶ τῇ Θέτιδι προεῖπε·
"Θέτι, θυγάτριον ἐμόν, μάθε πατρός σου λόγους·
ὁ σὸς υἱὸς ὁ Ἀχιλεύς, μένων ἐν τῇ πατρίδι,
ἔσεται πολυχρόνιος, πλὴν ἐκ τῶν ἀδοξούντων·
εἰ μετὰ τῶν Ἑλλήνων δὲ κατὰ τῶν Τρώων πλεύσει,
450 ἔνδοξος ἔσται καὶ λαμπρός, ἀλλὰ συντόμως θνήσκει."
  Τοῦτο μαθοῦσα τοιγαροῦν ἐκ τοῦ πατρὸς ἡ Θέτις,
ἄδοξον πολυχρόνιον θέλουσα τοῦτον ἔχειν,
εἰς ἐκστρατείαν οὐδαμῶς ἤθελεν ἀποπέμπειν,
ἀλλὰ κατεῖχε μητρικῷ καὶ διαπύρῳ πόθῳ·
455 ὃ γυναικείαν ἔνδυσιν ὠνόμασαν οἱ μῦθοι.
  Ὡς Ὀδυσσεὺς καὶ Νέστωρ δὲ μετὰ τοῦ Παλαμήδους
ἁπανταχοῦ διήρχοντο πάντας στρατολογοῦντες,
οἱ μὲν γυναικωδέστεροι καὶ τῶν δειλῶν ἀνθρώπων,
οἷος ὁ Σικυώνιος Ἐχέπωλος ἐκεῖνος,
460 ὁ Κύπριος Κινύρης δέ, καί τινες τῶν ἑτέρων,
ἀτράκτους ἐπελέγοντο, ἤγουν τὴν οἰκουρίαν.
  Καὶ γὰρ ὁ μὲν Ἐχέπωλος διὰ τὸ μὴ στρατεῦσαι

only with difficulty convinced his father Peleus   435
to send him forth as an ally of the multitude of the Greeks.
   This nonsense has been said about Achilles,
that, being fearful of war, he dressed up as a woman
and concealed himself among the girls at the loom,
but when Odysseus tossed swords along with the spindles   440
he revealed himself, by preferring the sword.
But this tale has the following wise allegorical explanation.
Cheiron the philosopher, Achilles's grandfather,
through dish divination and by star gazing,
prophesied to Achilles's mother Thetis: 445
"Thetis, my little daughter, hear your father's words:
your son Achilles, should he stay in his fatherland,
will live many years, but without glory;
but, should he sail with the Greeks against the Trojans,
he will become glorious and radiant, but will die soon."   450
And so Thetis, learning this from her father,
wanting him to have an inglorious but long life,
did not want to send him off on the expedition at all,
but held him back with her fervent maternal love,
which the myths call women's clothing.   455
When Odysseus, Nestor and Palamedes
were going around to recruit everyone for the army,
some more effeminate and cowardly men,
such as Echepolos from Sikyon,
Kinyres from Cyprus and some of the others,   460
chose the spindles, that is, housekeeping.
For Echepolos, to avoid going to war,

Αἴθην ἵππον ἐξαίρετον τῷ βασιλεῖ δωρεῖται,
ὁ Κύπριος Κινύρης δὲ θώρακα, θαῦμα ξένον.

465 Ὁ δ' Ἀχιλεύς, ὡς ἤκουσε δι' ἐκστρατείαν λόγους,
ἡρωϊκὸν ἀναπηδᾷ καὶ τρέχει πρὸς τὴν μάχην,
ἀφροντιστήσας καὶ μητρὸς καὶ ταύτης μαντευμάτων.

Οὕτω μὲν πᾶν τὸ στράτευμα συνήχθη πρὸς Αὐλίδα,
εἰς δισχιλίας ἀριθμῷ προβαίνων χιλιάδας,
470 διακοσίας ἄλλας τε πεντήκοντα πρὸς ταύταις·
ὁ πᾶς δὲ στόλος ἦν αὐτῶν ἐκ μακροτάτων πλοίων
ἕξ τε καὶ ὀγδοήκοντα χιλίων ἑκατόν τε.

Οἱ βασιλεῖς καὶ ναύαρχοι καὶ στρατηγοὶ δὲ τούτων
ἦσαν ὡσεὶ πεντήκοντα καὶ πλείονες ὀλίγον,
475 κἂν Ὅμηρος ἐλάττονας καὶ τούτων διαγράφῃ.

Μάθε τὰς τούτων κλήσεις δὲ πρῶτον καὶ ναυαρχίας
καὶ τὰς μορφὰς εἰσέπειτα τὰς τῶν ἀριστοτέρων·
εἶτα λοιπόν μοι μετ' αὐτὰ μάθῃς τὰ τοῦ πολέμου
κατὰ λεπτὸν τὰ σύμπαντα στενῶς πεπλατυσμένως,
480 οὕτως ὡς ἂν ἀνέγνωκας Ὁμήρους, Στησιχόρους,
Εὐριπίδας, Λυκόφρονας, Κολλούθους τε καὶ Λέσχας,
καὶ Δίκτυν συγγραψάμενον καλῶς τὴν Ἰλιάδα,
Τριφιοδώρους, Κόϊντον, κἂν ἑκατὸν βιβλία,
.οὐκ ἂν λεπτομερέστερον οὕτως ἐξηκριβώσω,
485 καὶ τότε τμήματι βραχεῖ πάντα συγκεκλεισμένα,
ὅπως πᾶς ὁ βουλόμενος ἐν πόνῳ βραχυτάτῳ
ἀνεγνωκέναι τοῖς πολλοῖς δοκῇ βιβλιοθήκας.

Οὕτω θαρρῶν σὺν τῷ θεῷ προσφθέγγομαι σῷ Κράτει.

Ἂν οὖν σκοπήσῃς ἀκριβῶς τὸν δουλικόν μου τρόπον,
490 ὅτι μοχθήσας περισσά, χάριν σοῦ θείου Κράτους,

gave the king a gift of an excellent red-brown horse, and
Kinyres the Cypriot gave a breastplate, incredibly
    wondrous.
But Achilles, when he heard talk of an expedition,   465
heroically leaped up and ran off to war,
heedless of his mother and her prophecies.
    Thus the whole army gathered at Aulis,
and <Achilles> added two thousand in number
and in addition to them two hundred and fifty others;   470
their entire fleet was made of very long ships,
there were one thousand, one hundred eighty-six of them.
Their kings, captains and generals
numbered slightly more than fifty,
although Homer writes there were fewer than that.   475
First learn their names and the ships under their command
and then the appearance of the leaders;
after that you may learn from me the rest about the war
in detail, everything, in a compressed and an expansive way.
Thus not even if you had read Homer and Stesichoros,   480
 Euripides, Lykophron, Kollouthos and Lesches,
and Diktys's well-written *Iliad,*
Triphiodoros and Quintus, even a hundred books, not
even then would you have learned the story in greater
    detail,
since I have incorporated everything in abbreviated form,   485
so that anyone who wishes may seem to the masses
to have read whole libraries with minimum effort.
Thus encouraged, God willing, I address your Majesty.
If then you look carefully at my hardworking ways,
how, after toiling much for your divine Majesty,   490

καὶ μὴ μοχθηρευσάμενος ἐκ τοῦ πολλὰ συγγράφειν,
ὡς ἄλλος ἂν ἐποίησε πολλὰ λαμβάνων δῶρα,
τὰ πάντα περιέκλεισα τμήματι βραχυτάτῳ,
ὁπόσα οὐχ εὑρήσει τις οὐδ᾽ ἑκατὸν βιβλίοις,
495 καὶ ἀρκεσθῇ τὸ Κράτος σου τοῖς οἷσπερ διαγράφω,
μικροῖς, μεγάλοις τμήμασι, στενοῖς, πεπλατυσμένοις,
καὶ μᾶλλον ἕνεκεν αὐτοῦ καὶ δωρεὰ δοθῇ μοι
τῆς σῆς ψυχῆς ἐπάξιος τῆς βασιλικωτάτης,
ἔστω καὶ χάρις τῷ θεῷ, καὶ χάρις σου τῷ Κράτει.
500 Εἰ μέχρι δ᾽ οὗπερ γράψαιμεν τμήματος σμικροτάτου
τὸ θεῖον καὶ φιλάνθρωπον οὐκ ἀρκεσθῇ σου Κράτος,
θελήσει δὲ μετάφρασιν καὶ στίχων τῶν Ὁμήρου,
καθὰ προεῖπόν μοί τινες, ὡς ἐκ τοῦ σοῦ τοῦ Κράτους,
ὡς Ἡρακλῆς, τὸν ἄεθλον καὶ τοῦτον ἐκτελέσω.
505 Νῦν δέ μοι μάνθανε καλῶς λεπτῶς ἠκριβωμένως
τὰ στρατηγῶν ὀνόματα, τὰς τούτων ναυαρχίας,
καὶ καθεξῆς καὶ τὰ λοιπὰ μέχρι τοῦ τέλους πάντα.
   Δύο μὲν ἦσαν βασιλεῖς Ἑλλήνων οἱ κρατοῦντες,
ὁ Ἀγαμέμνων ὁ κλεινὸς μετὰ τοῦ Μενελάου,
510 υἱοί, κατὰ τοὺς πλείονας, Ἀτρέως, Ἀερόπης,
Πλεισθένους καθ᾽ ἑτέρους δὲ παῖδες καὶ τῆς Κλεόλας.
Ὁ Ἀγαμέμνων ναυαρχῶν ἦν ἑκατὸν ὁλκάδων,
τοὺς Κορινθίους ἦγε δὲ μετὰ τῶν Μυκηναίων.
Ἑξήκοντα Μενέλαος ἦν ναύαρχος ὁλκάδων,
515 τοὺς Σπαρτιάτας, Λάκωνας, καὶ Ἀμυκλαίους ἄγων.
   Νέστωρ υἱὸς Νηλέως τε καὶ Χλωρίδος ὑπάρχει,
κατά τινας ἑτέρους δέ, Νηλέως Πολυμήδης.

and not having become wickedly greedy from writing a lot,
as someone else might have done who received many gifts,
I included everything in a very short section,
containing more than one would find even in a hundred
    books,
and let your Majesty be content with everything I write   495
    down,
small and large sections, compressed and expansive ones,
and, moreover, because of this, a gift should be given to me,
as I am worthy of your most imperial soul:
let there also be thanks to God and thanks to your Majesty.
If, up to now, your divine and benevolent Majesty is not   500
    content
with this very small section we have written,
and wishes additionally a translation of Homer's verses,
as many have previously told me on your Majesty's behalf,
like Herakles, I will complete this labor as well.
Learn now the details from me better and more precisely   505
and the names of the generals, the fleets under their
    command,
and thereafter all the rest, up to the very end.
    The Greeks were commanded by two kings:
the famous Agamemnon and Menelaos,
sons, according to most authorities, of Atreus and Aerope;   510
according to others, the children of Pleisthenes and Kleole.
Agamemnon was captain of one hundred ships;
he led the Corinthians and the Myceneans.
Menelaos was captain of sixty ships,
leading the Spartans, Lakonians and Amykleans.   515
    Nestor was the son of Neleus and Chloris,
but according to some others, of Neleus and Polymede;

Ἦν ἐνενήκοντα νηῶν ναύαρχος στρατηλάτης,
Πυλίους ἔχων ὑπ' αὐτὸν καί τινας τῶν ἐτέρων.

520 Ἦν Ἀχιλεὺς τῆς Θέτιδος υἱὸς καὶ τοῦ Πηλέως,
στόλου πεντήκοντα νηῶν ἄρχων τῶν Μυρμιδόνων,
καὶ τοῦ Πελασγικοῦ παντὸς Ἄργους ἡγεμονεύων,
ἔχων τροφέα Φοίνικα, Πάτροκλον στρατηλάτην,
τὸν μὲν υἱὸν Ἀμύντορος, μητρὸς δὲ Κλεοβούλης,
525 τὸν δὲ τοῦ Μενοιτίου δὲ παῖδα καὶ Φιλομήλας.

Ἦν Αἴας Τελαμώνιος, ὁ παῖς τῆς Ἐριβοίας,
ναύαρχος δώδεκα νηῶν ἐκ νήσου Σαλαμῖνος.

Πηνέλεως καὶ Λήϊτος σὺν τῷ Ἀρκεσιλάῳ
καὶ Προθοήνωρ, Κλόνιος, οἱ πέντε ναυαρχοῦντες,
530 πλοίων ἦρχον πεντήκοντα τῆς χώρας τῶν Θηβαίων.

Υἱὸς ἦν ὁ Πηνέλεως Ἱππάλκμου Ἀστερόπης,
οἱ δ' ἄλλοι πάντες ἀδελφοί, πλὴν τῶν ἀμφιμητρίων·
Λήϊτος παῖς Ἀλέκτορος ἅμα καὶ Πολυβούλης·
τούτου καὶ Ἀρκεσίλαος, μητρὸς δὲ Κλεοβούλης·
535 ὁ Προθοήνωρ δὲ μητρὸς ἐξ Ἀρτηΐδος ἔφυ,
ὁ Κλόνιος γεννᾶται δὲ μητρὸς ἐξ Ἀκτηΐδος.

Ἀσκάλαφος, Ἰάλμενος ἦρχον Ὀρχομενίων,
υἱοὶ μὲν ὄντες Ἄρεος μητρὸς ἐξ Ἀστυόχης,
στόλου νηῶν τριάκοντα κατάρχοντες οἱ δύο.

540 Σχέδιος καὶ Ἐπίστροφος ἦρχον δὲ τῶν Φωκέων,
τῆς Θρασυβούλης παῖδες μὲν ὄντες καὶ τοῦ Ἰφίτου,
στόλου δὲ τεσσαράκοντα δεσπόζοντες ὁλκάδων.

Καὶ Αἴας τεσσαράκοντα πλοίων Λοκρῶν κατῆρχε,
παῖς ὢν τῆς Ἐριώπιδος ἅμα καὶ Ὀϊλέως,

he was captain and commander of ninety warships,
having under his command the Pylians and some others.

There was Achilles, the son of Thetis and Peleus,   520
leader of the Myrmidons' fleet with fifty ships,
and ruling over all of Pelasgian Argos,
accompanied by his tutor Phoinix and his lieutenant
    Patroklos,
the first the son of Amyntor, and Kleoboule was his mother,
the other the child of Menoitios and Philomela.   525

There was Telamonian Aias, the son of Eriboia,
captain of twelve ships from the island of Salamis.

Peneleos, Leïtos and Arkesilaos,
Prothoenor and Klonios, the five captains,
led a fleet of fifty ships from the land of Thebes.   530
Peneleus was the son of Hippalkmos and Asterope,
all the others were brothers, excepting the paternal half
    brothers:
Alektor had Leïtos by Polyboule
and Arkesilaos by Kleoboule;
Prothoenor's mother was Arteïs,   535
Klonios was born from his mother Akteïs.

Askalaphos and Ialmenos led the Orchomenians,
they were the sons of Ares by Astyoche;
these two commanded a fleet of thirty ships.

Schedios and Epistrophos led the Phokians;   540
they were the sons of Thrasyboule and Iphitos
and the commanders of a fleet of forty ships.

And Aias led forty of the Lokrians' ships;
he was the son of Eriopis and Oïleus,

545 κατ᾽ ἄλλους Ἀστυόχης δὲ τῆς θυγατρὸς Ἰτύλου,
ἢ Ἀλκιμάχης, ὥς φασί τινες, τῆς τοῦ Φυλάκου.

Τῶν Εὐβοέων ἦρχε δὲ τῆς νήσου Ἐλεφήνωρ
ὁ παῖς ὁ τοῦ Χαλκώδοντος ἅμα καὶ Ἀλκυόνης,
εἴθ᾽, ὡς οἱ πλείονές φασιν, υἱὸς τῆς Μελανίππης,
550 σὺν ᾧπερ συνεστράτευσαν καὶ συμπαρῆσαν τότε
Ἀκάμας τε καὶ Δημοφῶν, οἱ παῖδες τοῦ Θησέως,
δεσπόζεσθαι μὴ θέλοντες παρὰ τοῦ Μενεσθέως.
Εἶχε δὲ τεσσαράκοντα τὰς ναῦς ὁ Ἐλεφήνωρ.

Ὁ Πετεῶο Μενεσθεὺς υἱὸς καὶ Πολυξένης,
555 ἢ Μνησιμάχης, ὥς τισιν ἱστορικοῖς ἀρέσκει,
ἦν Ἀθηναίων ναύαρχος πλοίων πεντηκοντάδος.

Ὁ Διομήδης ὢν υἱὸς Τυδέως, Δηϊπύλης,
εἴτε, κατὰ Θεόκριτον, Τυδέως καὶ Ἀργείας,
δὶς τεσσαράκοντα ναυσὶν Ἀργείων ἐναυάρχει,
560 Εὐρύαλον καὶ Σθένελον ἔχων συνναυαρχοῦντας,
Σθένελον Καπανέως μὲν καὶ τῆς Εὐάδνης παῖδα,
τὸν δὲ τῆς Ἀστυόχης τε καὶ Μηκιστέως παῖδα,
τοῦ Μηκιστέως ἀδελφοῦ Ἀδράστου βασιλέως.

Ὁ Ἀγαπήνωρ ὁ υἱὸς Ἀγκαίου, Διομήδης,
565 Τεγεατῶν, Ἀρκάδων τε καὶ Μαντινέων ἄρχων
ἦν στραταρχῶν καὶ ναυαρχῶν νηῶν ἑξηκοντάδος.

Τῶν Ἐπειῶν Ἠλείων δὲ τέσσαρες ἐναυάρχουν,
Ἀμφίμαχος καὶ Θάλπιος, Πολύξενος, Διώρης·
Ἀμφίμαχος Κτεάτου μὲν παῖς καὶ τῆς Κλεοβούλης,
570 ὁ Θάλπιος Εὐρύτου δὲ υἱὸς καὶ τῆς Κλυτίας,
Πολύξενος δὲ Μάριδος υἱὸς καὶ Ἀγασθένους,
ὃς Ἀγασθένης ἦν υἱὸς Αὐγείου βασιλέως·

according to others, of Astyoche daughter of Itylos,   545
or, as some say, of Alkimache, daughter of Phylax.

Elephenor was the ruler of the island of Euboia,
the son of Chalkodon and Alkyone,
or, as most say, son of Melanippe;
Akamas and Demophon, the sons of Theseus,   550
campaigned with him and accompanied him then,
not wishing to be ruled by Menestheus.
And Elephenor had forty ships.

Menestheus was the son of Peteos and Polyxene,
or Mnesimache, as it pleases some historians to say;   555
he was the captain of fifty Athenian ships.

Diomedes, the son of Tydeus and Deïpyle,
or, according to Theokritos, of Tydeus and Argeia,
was captain of twice forty ships of the Argives,
having Euryalos and Sthenelos as his co-commanders;   560
Sthenelos was the son of Kapaneus and Euadne,
the other the son of Astyoche and Mekisteus;
Mekesteus was the brother of King Adrastos.

Agapenor, the son of Ankaios and Diomede,
led the Tegeans, Arkadians and Mantineans   565
and was commander and captain of sixty ships.

Four men were captains of the Epeian Elians,
Amphimachos, Thalpios, Polyxenos and Diores;
Amphimachos was the son of Kteatos and Kleoboule;
Thalpios the son of Eurytos and Klytia;   570
Polyxenos the son of Maris and Agasthenes;
Agasthenes was the son of King Augeios;

ὁ τέταρτος δὲ ναύαρχος Ἠλείων ὁ Διώρης
παῖς ἦν τῆς Μνησιμάχης τε καὶ τοῦ Ἀμαρυγκέως·
575 πλοῖα δὲ τεσσαράκοντα τοῖς τέσσαρσιν ὑπῆρχον.

Ὁ Μέγης τοῦ Φυλέως δὲ υἱὸς καὶ τῆς Ἀγνήτης,
Κτημένης καθ᾽ ἑτέρους δέ, κατ᾽ ἄλλους Κτησιμάχης,
νηῶν ἦν τεσσαράκοντα ναύαρχος στρατηλάτης,
ἄρχων τοῦ Δολιχίου τε καὶ νήσων Ἐχινάδων,
580 περὶ τὸν Ἀχελῷον τε καὶ τόπους τοὺς ἐκεῖσε.

Ὁ τοῦ Λαέρτου Ὀδυσσεὺς παῖς καὶ τῆς Ἀντικλείας
δώδεκα πλοίων ναύαρχος ὑπῆρχε Ζακυνθίων.

Ὁ Θόας τοῦ Ἀνδραίμονος καὶ Γόργης τῆς Οἰνέως
ἀρχὸς ἦν τεσσαράκοντα νηῶν ἐξ Αἰτωλίδος.

585 Τῶν Κρητικῶν δὲ πόλεων τῶν ἑκατὸν ἐκράτουν
Ἰδομενεὺς σύναμα δὲ τούτῳ καὶ Μηριόνης·
ὁ μὲν τοῦ Δευκαλίωνος υἱὸς καὶ Κλεοπάτρας,
ὁ Μηριόνης δὲ υἱὸς Εὐίππης καὶ τοῦ Μόλου,
οἷς πλοίων ὀγδοήκοντα συμπαρυπῆρχε στόλος.

590 Ὁ Ἡρακλέος δὲ υἱὸς ἅμα καὶ Ἀστυόχης
Τληπόλεμος Ῥοδίων ἦν πλοίων ἀρχὸς ἐννέα.

Νιρεὺς ὁ τοῦ Χαρόπου δὲ υἱὸς καὶ Ἀγλαΐας,
ὁ πάντων ὡραιότερος μετὰ τὸν Ἀχιλέα,
καὶ πάντων ἀσθενέστερος στρατηλατῶν Ἑλλήνων,
595 τῶν ἐκ τῆς Σύμης ναύαρχος τριῶν ὑπῆρχε πλοίων.

Ὁ Φείδιππος καὶ Ἄντιφος τοῦ Θεσσαλοῦ οἱ παῖδες,
ὅστις ὑπῆρχε Θεσσαλὸς υἱὸς τοῦ Ἡρακλέους,
Κώων καὶ Νισυρίων τε καὶ Καρπαθίων ἦρχον·
τριακοντὰς ὑπῆρχε δὲ τούτοις τῶν πλοίων στόλος.

the fourth captain of the Elians was Diores;
he was the son of Mnesimache and Amarynkeus;
these four had forty ships.   575
    Meges the son of Phyleus and Agnete,
or, according to others, of Ktemene, and yet others, of
        Ktesimache,
was captain and leader of forty ships,
being the ruler of Dolichion and the Echinadai islands
around Acheloös and the places there.   580
    Odysseus, the son of Laërtes and Antikleia,
was the captain of twelve ships from Zakynthos.
    Thoas, the son of Andraimon and Gorge daughter of
        Oineus,
was commander of forty ships from Aitolis.
    Idomeneus ruled the one hundred Cretan cities   585
and together with him Meriones.
The former was the son of Deukalion and Kleopatra,
while Meriones was the son of Euippe and Molos;
they had joint command of a fleet of eighty ships.
    Tlepolemos, the son of Astyoche and Herakles,   590
commanded nine Rhodian ships.
    Nireus, the son of Charopos and Aglaïa,
the most handsome of all after Achilles,
and of all the Greek commanders the weakest,
was captain of three ships from Syme.   595
    Pheidippos and Antiphos were the sons of Thessalos,
the Thessalos who was the son of Herakles;
they led the Koans, the Nisyrians and the Karpathians,
with a fleet of thirty ships.

600 Ὁ πρῶτος πάντων δὲ πεσὼν τῇ συμβολῇ πολέμου,
ὁ ἥρως Πρωτεσίλαος, ἀνὴρ Λαοδαμείας,
Ἰφίκλου Διομήδης τε τερπνὸς υἱὸς ὑπάρχων,
τῶν ἐκ Φυλάκης, Ἴτωνος, καὶ τῶν ἐξ Ἀντρωνείας
ἦν στρατηγὸς καὶ ναύαρχος σὺν ἀδελφῷ Ποδάρκει·
605 ὁλκάδες τεσσαράκοντα τούτων ὑπῆρχε στόλος.

Εὔμηλος τῆς Ἀλκήστιδος υἱὸς καὶ τοῦ Ἀδμήτου
ἔνδεκα πλοίων ναύαρχος ὑπῆρχε καὶ στρατάρχης,
Βοίβης, Φερῶν καὶ Γλαφυρῶν καὶ Ἰολκοῦ κατάρχων.

Ὁ Φιλοκτήτης Ποίαντος υἱὸς καὶ Δημωνάσσης
610 ἑπτὰ νηῶν ἦν στρατηγὸς τῶν ἀπὸ τῆς Μεθώνης·
ὡς δὲ δηχθεὶς ὑπ' ὄφεως ἦν ἐκριφεὶς ἐν Λήμνῳ,
τούτου τὸ στράτευμα λαβὼν παρέταττεν ὁ Μέδων,
ὅστις ἐκ Ῥήνης ἦν υἱὸς νόθος τοῦ Ὀϊλέως.

Ὁ Ποδαλείριος ὁμοῦ πάλιν δὲ καὶ Μαχάων
615 οἱ τῶν Ἑλλήνων ἰατροὶ καὶ στρατηγοὶ γενναῖοι,
Ἀσκληπιοῦ καὶ Ξάνθης τε ἢ Ἱππονόης παῖδες,
κατ' ἄλλους Ἠπιόνης δέ, κατῆρχον τῶν Τρικκαίων,
στόλον ἐκ πλοίων ἔχοντες μιᾶς τριακοντάδος.

Εὐρύπυλος Εὐαίμονος παῖς καὶ τῆς Δηϊτύχης,
620 εἴτε, καθὼς συγγράφουσί τινες, τῆς Δηϊπύλης·
ἦρχε τῶν Ὀρμενίων τε καὶ τῶν ἐξ Ὑπερείας,
ὁλκάδας τεσσαράκοντα τὸν στόλον κεκτημένος.

Δύο τῶν ἐκ Γορτύνης δὲ ἦσαν οἱ στρατηλάται,
ὁ Πολυποίτης δισκευτὴς μετὰ τοῦ Λεοντέως·
625 ὧν ὁ μὲν παῖς Πειρίθου τε καὶ τῆς Ἱπποδαμείας,
ὁ Λεοντεὺς Κορώνου δὲ υἱὸς καὶ Κλεοβούλης·

The first of all to die at the outbreak of the war,   600
the hero Protesilaos, husband of Laodameia,
was the son and joy of Iphikles and Diomede.
With his brother Podarkes he was the general and captain
of the men from Phylake, Iton, and Antroneia;
they had a fleet of forty ships.   605
    Eumelos, the son of Alkestis and Admetos,
was the captain and commander of eleven ships;
he ruled over Boibe, Pherai, and Glaphyrai and Iolkos.
    Philoktetes, the son of Poias and Demonassa,
was the general of seven ships from Methone;   610
when he was abandoned on Lemnos after being bitten by a
      snake,
Medon, who was Oïleus's bastard son by Rene,
took command and marshaled his army.
    Then Podaleirios and Machaon,
who were the doctors of the Greeks and brave generals,   615
sons of Asklepios and Xanthe or Hipponoë,
according to others Epione, were leaders of the Trikkaians,
having a fleet of thirty ships.
    Eurypylos was the son of Euaimon and Deïtyche
or, as some write, of Deïpyle;   620
he was leader of the Ormenians and Hypereians;
he possessed a fleet of forty ships.
    There were two commanders from Gortyna,
Polypoites, the discus thrower, and Leonteus,
of whom the first was the son of Peirithous and   625
      Hippodameia;
Leonteus was the son of Koronos and Kleoboule;

Κόρωνος τοῦ Καινέως δὲ φίλος υἱὸς ὑπῆρχε·
καὶ τούτοις τεσσαράκοντα στόλος ὑπῆρχε πλοίων.

Γουνεὺς ὁ τοῦ Ὠκύτου δὲ καὶ τῆς Ταυροπολείας,
630 εἴτουν, ὡς γράφουσί τινες, ὁ τῆς Ἱπποδαμείας,
τῶν Αἰνιάνων, Περραιβῶν, καὶ τῶν Κυφαίων ἦρχεν,
ὁλκάδων στόλον εἴκοσι καὶ δύο κεκτημένος.

Μαγνήτων δὲ ὁ Πρόθοος κατάρχων ἐναυάρχει,
τοῦ Τενθρηδόνος ὢν υἱὸς μητρὸς ἐξ Εὐρυμάχης,
635 εἴτε τῆς Κλεοβούλης δὲ παιδὸς τῆς τοῦ Εὐρύτου·
στόλος δὲ τεσσαράκοντα τούτῳ παρῆσαν πλοῖα.

Οὗτοι καθ᾽ Ὅμηρόν εἰσιν Ἑλλήνων ἡγεμόνες·
τοὺς δ᾽ ἄλλους παραλέλοιπεν εἰπεῖν τῇ ναυαρχίᾳ.

Τὸν Κάλχαντα τὸν Θέστορος υἱὸν καὶ Πολυμήλας
640 τῷ καταλόγῳ μὲν εἰπεῖν παρέλειψε καὶ μόνῳ·
τὸν Εὐβοέα τὸν υἱὸν Ναυπλίου καὶ Κλυμένης,
καὶ παντελῶς ἀπέρριψεν ἔξω τῆς Ἰλιάδος.

Τὸν Τεῦθιν παραλέλοιπεν ἐκ τῆς Αὐλίδος αὖθις,
ὑποστραφέντα καὶ αὐτὸν κτείναντα τῇ πατρίδι·
645 ὁμοίως καὶ Μενέδημον τρωθέντα τῇ Αὐλίδι,
στραφέντα καὶ θανόντα δὲ τῇ γῇ τῇ τῆς πατρίδος,
καὶ τὸν Ὁρμένιον αὐτὸν Αὐλίδι τεθνηκότα·
ἔπειθε γὰρ τοὺς Ἕλληνας μὴ πλεῖν ὡς πρὸς τὴν Τροίαν.

Θερσίτην τὸν τῆς Δίας δὲ υἱὸν καὶ τοῦ Ἀγρίου,
650 πανευγενῆ μὲν ἕλκοντα τοῦ γένους ῥιζουχίαν,
εἰ καὶ χωλὸς καὶ παραβλώψ, φοξός, κυρτός, ψεδνόθριξ,
τοῦ καταλόγου τῶν λοιπῶν ὠστράκισεν Ἑλλήνων.

Ἄλλους πολλοὺς καὶ θαυμαστοὺς παρῆκεν ἡγεμόνας,

Koronos was the dear son of Kaineus;
they too had a fleet of forty ships.

    Gouneus, the son of Okytos and Tauropoleia,
or, as some write, of Hippodameia,   630
was leading the Ainianians, Perraibians and Kyphaians,
with a fleet of twenty-two ships.

    Prothoös, ruler of the Magnesians, was captain of the
       fleet,
the son of Tenthredon and his mother was Eurymache,
or of Kleoboule, the daughter of Eurytos;   635
he had a fleet of forty ships.

    These men, according to Homer, are the leaders of the
       Greeks;
for the others he has neglected to include in the naval
       command:
Kalchas, son of Thestor and Polymela,
he neglected to mention only in the Catalog;   640
Euboeus, son of Nauplios and Klymene,
he completely omitted from the *Iliad*.
Moreover, he left out Teuthis from Aulis,
who turned back and died in his homeland;
likewise also Menedemos, who was wounded in Aulis,   645
and returned and died in his homeland,
also Ormenios who died at Aulis;
for he tried to persuade the Greeks not to sail to Troy.
Thersites, the son of Dia and Agrios,
though having a superbly noble family tree,   650
was nevertheless lame and squinty, pointy-headed,
       hunchbacked, and bald;
he was banished from the Catalog of the rest of the Greeks.
Homer overlooked many other amazing commanders:

τὸν Πολυνείκους Θέρσανδρον ὃν Τήλεφος ἀνεῖλε,
655 καὶ σὺν αὐτῷ τὸν Ἐπειόν, υἱὸν τοῦ Πανοπέως,
τὸν μέγαν ἀρχιτέκτονα γενναῖόν τε πυγμάχον,
ὅσπερ, μηχανησάμενος τὸν Δούρειον τὸν ἵππον,
τὴν Τροίαν ἐξεπόρθησεν, ὡς καθεξῆς διδάξω.

Ἀλλ᾽, ἐπειδὴ μεμάθηκας κλήσεις καὶ ναυαρχίας,
660 καὶ τὰς μορφάς μοι μάνθανε τὰς τῶν ἀριστοτέρων,
καὶ τότε πᾶσαν τὴν ὑφὴν μέχρι τοῦ τέλους μάθῃς.

Ὁ Ἀγαμέμνων, βασιλεὺς ἁπάντων τῶν Ἑλλήνων,
ἦν μέγας, δασυγένειος, λευκός, ἀλλὰ μελάνθριξ,
εὐπαίδευτος, εὐόμιλος αὐτοῦ τοῖς διαλόγοις.
665 Ὁ δὲ Μενέλαος κοντός, ὑπόπλατυς ὑπῆρχε,
πυρρόθριξ, δασυγένειος, ξανθόθριξ καὶ δασύθριξ.

Ὁ Νέστωρ μέγας καὶ γλαυκός, ὑπόπυρος ὑπῆρχε,
μακρόρριν, μακροπρόσωπος, παμφρόνιμος, λευκόθριξ.

Ὁ τούτου παῖς Ἀντίλοχος νεώτερος ἦν πάντων,
670 λευκός, μακρόρριν καὶ γλαυκός, εὐτράχηλος, εὔηλιξ,
ξανθός, καλλίθριξ, δρομικός, καὶ τῶν γρηγοροφθάλμων,
εὔσκυλτος, εὐανάτρεπτος, ἐρυθριῶν συντόμως.

Ὁ Ἀχιλεὺς μακροσκελής, ὑπόσπανος ὑπῆρχε,
λευκός, ξανθόθριξ καὶ σγουρός, δασύθριξ καὶ μακρόρριν,
675 γυναικοπρόσωπος, φαιδρός, καὶ τῶν γρηγοροφθάλμων,
ταχυδρομῶν, γλυκύφωνος, πικρόθυμος, ὀργίλος.

Ὁ Φοῖνιξ γέρων, φρόνιμος, μέσος τὴν ἡλικίαν,
μακρόθριξ, εὐχαράκτηρος, μελίχρους τὴν ἰδέαν,
τὴν φύσιν συντομόδακρυς καὶ τῶν θλιβεροψύχων.

Thersandros, the son of Polyneikes, whom Telephos killed,
and with him Epeios, son of Panopeus,   655
the great master builder and brave boxer
who, having devised the Wooden Horse,
sacked Troy, as I will hereafter teach you.
    But now that you have learned the fleet commanders'
       names,
learn now from me the appearances of the best of them,   660
and then you will learn the whole weave through to the end.
    Agamemnon, king of all the Greeks,
was large, with a thick beard, pale, but with black hair,
well-educated, sociable in his conversations.
    Menelaos was short, rather fat,   665
with a thick red beard and thick blond hair.
    Nestor was large with gray eyes, ruddy complexion,
with a long nose, a long face, most wise, with white hair.
    His son Antilochos was the youngest of them all,
pale, with long nose and gray eyes, a fine neck, good stature,   670
blond, with beautiful hair, a good runner and with darting
       eyes,
agile, quick-tempered, quick to blush.
    Achilles was long-limbed, thin,
pale, with thick blond curly hair and a long nose,
with feminine features, cheerful, with darting eyes,   675
swift of foot, sweet-voiced, bitter-hearted, irascible.
    The old man Phoinix was prudent, of average height,
long-haired, handsome, honey-skinned in complexion,
by nature quick to tears and despondent.

680 Ὁ Πάτροκλος μεσῆλιξ ἦν, ὑπόπυρρος, ξανθόθριξ,
εὐπώγων καὶ προκοίλιος, πλὴν εὐειδὴς τὴν θέαν.

Αἴας ὁ Τελαμώνιος, ὁ πύργος τῶν Ἑλλήνων,
ἦν μέγας, ἀλλ᾽ εὐσύνθετος, εὔριν, σγουρός, μελάνθριξ,
τὴν γενειάδα κάλλιστος, ὀργίλον ὑποβλέπων,
685 κάλλει νικῶν τοὺς σύμπαντας πλὴν Ἀχιλέως μόνου.

Ὁ δὲ Λοκρὸς ὁ Αἴας ἦν μακρός τε καὶ μελίχρους,
σγουρομελάνθριξ καὶ στραβός, καὶ τῶν μακροπροσώπων,
πηδητικός, ἐγρηγορώς, καὶ τῶν εὐπεριστρέπτων.

Ὁ Μενεσθεὺς μεσῆλιξ ἦν, ὑπόλεπτος, μελάνθριξ,
690 ἐγρηγορώς, εὐπαίδευτος, ἔμπειρος στρατηγίας,
ἱππότης ἀπαράμιλλος ἄχρι τοῦ νῦν τοῦ χρόνου.

Ὁ δέ γε Διομήδης ἦν τετράγωνος τὸ σῶμα,
σιμὸς καὶ σιμοτράχηλος, ξανθὸς τὴν γενειάδα,
καὶ βραχυῆλιξ πρὸς αὐτοὺς τοὺς ἥρωας οὓς γράφω·
695 ἐπεὶ τούτου λωρίκιον ὕστερον ἐφευρέθη
ἔσωθε λάρνακός τινος ἐν τῇ Λογγιβαρδίᾳ,
ἀνδρὸς μεγάλου μέγεθος, οὗ τῶν ζαβῶν τὸ πάχος
εἰς ὄγκον ἦν ἰσόμετρον κονδύλου μεσαιτάτου,
ὃ ἱερῷ τῆς Ἀθηνᾶς ἐκρέμασαν ὡς θαῦμα.

700 Εὐρύαλος πλατύτατος, κατάσαρκος ἦν, μέγας,
μακρόθριξ, εὐχαράκτηρος, εὐπρόσωπος, τῶν μέσων.

Ὁ Σθένελος εὐῆλιξ ἦν, εὔθετος, εὐχαράκτηρ,
δειλός, ὑβρίζων, ἀναιδής, ἀστήρικτος τὰς φρένας.

Ὁ Ὀδυσσεὺς μεσῆλιξ ἦν, λευκός τε καὶ προγάστωρ,
705 ἁπλόθριξ, στρεβλογνώμων δέ, πικρός τε καὶ μακρόρριν.

Patroklos was of average height, with ruddy complexion,   680
    blond hair,
well-bearded and potbellied, nevertheless he had a nice
    appearance.
    Telamonian Aias, the tower of the Greeks,
was large, yet well put together, with a good nose, and curly
    black hair,
with a very beautiful beard, and beetling brows,
surpassing everyone in beauty except Achilles alone.   685
    As for the Lokrian Aias, he was tall and honey-skinned,
with curly black hair and a squint, long-faced,
good at leaping, alert and easily manipulated.
    Menestheus was of average height, thinnish, black-haired,
alert, well-educated, experienced in command,   690
a horseman unrivaled even to this day.
    And Diomedes had a square body
and was snub-nosed and stiff-necked, blond-bearded
and shorter than the other heroes about whom I write;
when later his breastplate was found   695
inside a coffin in Lombardy,
it was sized for a large man: the thickness of his coat of mail
was equal in size to a medium knuckle;
they hung it in the temple of Athena as a marvel.
    Euryalos was very broad, fleshy, large,   700
long-haired, handsome, a pretty face, a moderate man.
    Sthenelos was of good stature, competent, handsome,
a coward, arrogant, shameless, mentally unstable.
    Odysseus was of average height, pale and potbellied,
with plain hair, a twister of meanings, bitter and long-nosed.   705

Ὁ Θόας ἦν περίγοργος, λεπτός τε καὶ μεσῆλιξ,
λευκός, σγουρός, ὑπόγλαυκος, εὐσύμβουλος καὶ νέος.
Ἰδομενεὺς μεσόγηρως, μέσος τὴν ἡλικίαν,
μέλας ὁμοῦ τε καὶ σγουρός, κονδόθριξ, δασυπώγων.

710 Ὁ Μηριόνης δὲ στρεβλὴν ἐκέκτητο τὴν ῥῖνα,
κονδὸς ὑπάρχων καὶ πλατύς, εὔθριξ, σγουρός, εὐπώγων.
Ὁ Πρωτεσίλαος, ἀνὴρ ὁ τῆς Λαοδαμείας,
καλός, μακρός, εὐσύνθετος, οὐλόθριξ καὶ μελάνθριξ,
ὡραῖος, νέος, τολμηρὸς καὶ τῶν εὐκαταστάτων.

715 Λιπὼν δὲ Λαοδάμειαν νύμφην ἐν τῷ θαλάμῳ,
σὺν τοῖς λοιποῖς ἐστράτευσε τοῖς Ἕλλησιν εἰς Τροίαν,
πρῶτος δὲ πίπτει τῶν λοιπῶν, ὡς προπηδήσας πρῶτος.
Εὔμηλος τῆς Ἀλκήστιδος μητρὸς τῆς παναρίστης,
ἥτις αὐτὴν ἐπέδωκε θανεῖν ὑπὲρ συζύγου,

720 ὡραῖος καὶ εὐῆλιξ ἦν, εὐπαίδευτος, ξανθόθριξ.
Εὐμήκης, μέλας, σύνοφρυς, ὑπῆρχε Φιλοκτήτης.
Ὁ Κάλχας ὁλοπόλιος, μικρὸς τὴν ἡλικίαν,
λεπτὸς τὸ σῶμα καὶ λευκός, καὶ δασυχαίτης ἅμα.
Ὁ Παλαμήδης, Κάτων τε ὁ πρῶτος, καὶ ὁ Τζέτζης,

725 εὐήλικες, εὐτράχηλοι, μακρόρρινες συμμέτρως,
συμμέτρως μακροπρόσωποι, γοργοί, τῶν αἰδημόνων,
λεπτοί, γλαυκοί, χρυσόχροες, πυρρότριχες καὶ οὖλοι,
σωματικοῖς καὶ ψυχικοῖς ὅμοιοι πᾶσιν ὄντες,
ὡς καὶ τὴν κόμην αὐχμηρὰν ἐξ ἀλουσίας ἔχειν,

730 καὶ συμπεσεῖν τὴν πλείονα καὶ διερρυηκέναι.

Thoas was very vigorous, thin and of average height,
pale, curly-haired, with grayish eyes, a good counselor and
   youthful.
Idomeneus was halfway into old age, of average height,
he was dark with short curly-hair and well-bearded.
Meriones had a crooked nose;   710
he was short and broad, with beautiful curly hair, well-
   bearded.
Protesilaos, Laodameia's husband,
was handsome, tall, well framed, with crisp, curly dark hair,
good-looking, youthful, daring and wealthy.
Leaving Laodameia a bride in the bedchamber,   715
he marched with the other Greeks to Troy;
he was the first to die, having made the first assault.
Eumelos, son of Alkestis, the best of mothers,
who gave herself up to die for her husband's sake,
was good-looking and of good stature, well-educated,   720
   blond-haired.
Philoktetes was tall, dark, with furrowed brows.
Kalchas was completely gray-haired, small of stature,
with a thin body and pale, and, moreover, with a thick
   flowing mane.
Like Palamedes and Cato the Elder, Tzetzes was also
of good stature, with a fine neck, a proportionally long nose,   725
a proportionally long face, vigorous, modest, thin,
with gray eyes, golden complexion, crisp, curly red hair,
and they were alike in all physical and mental characteristics,
even having dirty unwashed hair,
most of which has fallen and receded.   730

Ἐμοῦ δ' οὗτοι διέφερον τῷ μὴ θυμοῦσθαι μόνον,
εἰ τέως οὐχὶ ψεύδονται τῶν συγγραφέων βίβλοι·
αἱ κράσεις αἱ τοιαῦται γὰρ θερμαί τε καὶ θυμώδεις,
εἰ μή που περισσότερον εἶχον ἐμοῦ τὸ φλέγμα.

735 Καὶ τῷ φιλοκερδέστατος καὶ φειδωλὸς ὑπάρχειν,
ἐμοῦ Κάτων διέφερεν, ὅμοιος ὢν τοῖς ἄλλοις·
ἐμοὶ δὲ πλέον τοῦ ἀνδρὸς τοῦ Κάτωνος ὑπάρχει
τὸ μὴ κρατεῖσθαι χρήμασι· θυμὸς ἐπὶ δικαίοις
πῦρ πνέων, ὥσπερ Κάτωνι δευτέρῳ, παρυπῆρχε.

740 Τὸν Ἐπειόν μοι μάνθανε τίς ἦν κατὰ τὴν θέαν·
λευκός, ὡραῖος, εὔχαρις, μέγας εἰς ἡλικίαν,
νέος, δασύθριξ καὶ ξανθός, δειλὸς ὑπὲρ ἐλάφους,
μηχανητὴς πανάριστος, πυγμάχος τε γενναῖος.

Ἐπεί σοι νῦν κατέλεξα καὶ τὰς μορφὰς ἡρώων,
745 πάλιν πρὸς τὴν ὑπόθεσιν τὸν λόγον ἀνακτέον.

Ὡς πᾶν οὕτω τὸ στράτευμα συνήχθη πρὸς Αὐλίδα,
εἰς ἀριθμὸν ποσούμενον ὧν ἔφην χιλιάδων,
εἰς στόλον καὶ ναυάρχους τε τοὺς ἄνω λελεγμένους,
ἀνέμοις κατεσχέθησαν ἐκεῖσε χειμερίοις,
750 ἀνθ' ὧν, ὡς γράφουσί τινες ἐκ τῶν μυθογραφούντων,
ὁ Ἀγαμέμνων ἔλαφον Ἀρτέμιδος τοξεύει.

Ὅθε τὴν Ἰφιγένειαν αὐτοῦ τὴν θυγατέρα,
ἐκ τῆς Μυκήνης ἄξαντες, ἔμελλον θύειν τότε,
διαδραμοῦσαν δ' ἔλαφον σφάττουσιν ἀντ' ἐκείνης,
755 ἐκείνην δὲ ἱέρειαν Ἀρτέμιδος ποιοῦσιν.

Ἡ δ' Ἄρτεμις οὐκ ἄλλη τις ἐστὶν ἀλλ' ἡ σελήνη.

Ἀνέμων δ' ἔπειτα φορῶν πνευσάντων καὶ πομπίμων,

They differed from me only in not being temperamental,
if, of course, the books of the writers do not lie;
for such combinations are hotheaded and rash,
unless perhaps they had a more angry demeanor than I.
And in being avaricious and miserly   735
Cato differed from me, but was similar to the others;
and I have something more compared to Cato:
I am not ruled by money; my spirit attends me for just
     causes,
breathing fire like a second Cato.
     Learn from me what Epeios looked like: 740
he was pale, good-looking, charming, large in stature,
youthful, thick-haired and blond, more timid than a deer,
the best of all devisers of war machines, and a brave boxer.
     Since I have now recounted for you the appearances of
          the heroes,
I should again bring my account back to its subject matter.   745
     When the whole army was gathered together at Aulis,
in number amounting to the thousands of which I have
          spoken,
the fleets and fleet commanders mentioned above
were held back there by stormy winds,
because, as some of the mythographers write,   750
Agamemnon shot with his bow one of Artemis's deer.
For that reason, they brought Iphigeneia, his daughter,
from Mycenae, and were about to sacrifice her then,
but instead they killed a doe that was passing by
and they made Iphigeneia a priestess of Artemis.   755
And Artemis is none other than the moon.
Afterward, since the winds were blowing, conducive for
          sailing,

Διῒ θυσίας ἔθυον πρὸς κρήνην ἐν Αὐλίδι,
πρὸς ἥνπερ κρήνην δράκων τις εἰς πλάτανον ἑρπύσας
760 μέσον παντὸς Ἑλληνικοῦ, πάντων ὁρώντων τοῦτον,
ὀκτὼ στρουθοῦ νεόττια νήπια κατατρώγει,
καὶ τὴν μητέρα τῶν στρουθῶν κατέφαγεν ἐννάτην.
Εἶτα πρὸς λίθων που σωρὸν κρυβεὶς ἐξηφανίσθη,
ὅπερ καὶ ἀπολίθωσιν τοῦ δράκοντος καλοῦσι,
765 τοῦ μάντεως δὲ κρίναντος τοῖς Ἕλλησι τὸ τέρας,
ὅτι "Καθάπερ βέβρωκεν ὀκτὼ στρουθοὺς ὁ δράκων,
ἐννάτην δὲ κατέφαγε σὺν τούτοις τὴν μητέρα,
ἔπειτα παρεισέδραμεν εἰς τὴν λιθοσωρείαν,
οὕτως ὑμεῖς, ὀκταετῶς τοὺς Τρῶας ἀναιροῦντες,
770 ἐννάτῳ καὶ τὸν Ἕκτορα σὺν τούτοις ἀναιρεῖτε,
δεκάτῳ καθελεῖτε δὲ καὶ τείχη τὰ τῆς Τροίας."
Οὕτως εἰπόντος μαντικῶς τοῦ Κάλχαντος τὸ μέλλον,
δευτέρους ὅρκους Ἕλληνες ὁμόσαντες φρικώδεις
μηδένα πρὸ πορθήσεως τῆς Τροίας ὑποστρέφειν,
775 λύσαντες τὰ πρυμνήσια, πετάσαντες ἱστία,
ἤδη λοιπὸν ὡς πρὸς αὐτὴν ἀπέπλεον τὴν Τροίαν.
Ἰρίδων φαινομένων δέ, τόξων τῶν οὐρανίων,
οἱ Τρῶες, καίπερ ἔχοντες φύλακας προσκοποῦντας
καὶ τὸν Πολίτην σὺν αὐτοῖς υἱὸν τὸν τοῦ Πριάμου,
780 πρὸ τῶν φυλάκων τῶν αὐτῶν καὶ πρὸ τῶν μηνυμάτων,
ἐκ τῶν σημείων ἔγνωσαν ζάλην δεινοῦ πολέμου,
καὶ περὶ πόλιν Μύριναν οὖσαν πλησίον Τροίας
ἐλθόντες καθωπλίσθησαν καὶ στρατοπεδαρχοῦνται,
καὶ πάντες παρὰ θάλασσαν ἔνοπλοι συνδραμόντες
785 τοὺς Ἕλληνας ἐκώλυον ἐκβαίνειν τῶν ὁλκάδων.

they made sacrifices to Zeus at the spring in Aulis,
at which spring a snake slithered to a plane tree
in the middle of the whole Greek army, with all looking on,   760
and devoured eight newborn sparrows,
and as a ninth it devoured the sparrow's mother.
Then hiding somewhere under a pile of stones it
    disappeared,
which they call the petrifaction of the snake;
the seer explained this marvel to the Greeks,   765
that "just as the snake has eaten eight sparrows
and, ninth, he devoured their mother,
and afterward slithered into the pile of stones,
thus, after slaughtering the Trojans for eight years,
in the ninth you will kill Hektor along with them,   770
and in the tenth, moreover, you will destroy the walls of
    Troy."
After Kalchas foretold the future prophetically in this way,
the Greeks a second time swore terrible oaths
that no one would return before the sack of Troy,
and, after loosening the stern cables and spreading the sails,   775
they immediately set sail for Troy.
As rainbows appeared in the heavens,
the Trojans, although they had guards on watch,
and with them also Polites, son of Priam,
well in advance of their guards and the messages,   780
recognized from omens the distress of dreadful war;
and, coming to the city of Myrina which was near Troy,
they armed themselves fully and made camp,
and everyone assembled by the sea fully armed
to keep the Greeks from disembarking from their ships.   785

Ἀλλὰ λεκτέον πρῶτόν μοι καὶ τούτων ἡγεμόνας,
καὶ τότε προχωρήσομεν πρεπόντως πρὸς τὴν μάχην.

Οἱ τότε Τρώων στρατηγοὶ παρευρημένοι Τροίᾳ
ἦσαν ἑπτὰ καὶ εἴκοσι τὸν ἀριθμόν, οὐ πλείους,
790 χωρὶς τῶν συνεχέστερον ὑστέρως ἐρχομένων,
Ῥήσου καὶ Ἱπποκόωντος καὶ τοῦ Ὀθρυονέως,
Πενθεσιλείας, Μέμνονος κρατοῦντος Αἰθιόπων,
καὶ Πολυδάμαντος, Ἰνδοῦ, Μυσοῦ τε Εὐρυπύλου,
καὶ τῶν λοιπῶν τῶν συνεχῶς εἰς Τροίαν ἐρχομένων.
795 Καὶ σκόπει μοι καὶ μάνθανε καὶ τούτων νῦν τὰς κλήσεις.

Ὁ Ἕκτωρ ἦν Πριάμου τε υἱὸς καὶ τῆς Ἑκάβης,
πάνυ μακρὸς καὶ εὔογκος, μελάγχρους τὴν ἰδέαν,
σγουρομελάνθριξ, εὔριν τε, κονδόθριξ καὶ εὐπώγων,
στραβός, ψελλός, βαρύφωνος, καὶ σθεναρὸς ἰσχύϊ,
800 καὶ φοβερὸς πολεμιστής, κἄνπερ ἐγὼ σιγήσω·
Ὅμηρος δὲ καὶ τὴν μορφὴν τοῦτον ὡραῖον λέγει.
Οὗτος τῶν Τρώων βασιλεὺς καὶ στρατηγὸς ἦν τότε.

Αἰνείας ὁ Ἀγχίσου δὲ υἱὸς καὶ Ἀφροδίτης,
κονδός, παχύς, πυρράκης τε, λευκός, γλαυκὸς καὶ εὔριν,
805 εὐπώγων, πλατυπρόσωπος, φρόνιμος, ἀναφάλας.
Οὗτος, σὺν τῷ Ἀκάμαντι καὶ σὺν τῷ Ἀρχελόχῳ,
υἱοῖς τοῖς τοῦ Ἀντήνορος, ἦρχε τῶν Δαρδανίων.

Πάνδαρος ὁ Λυκάονος υἱὸς καὶ τῆς Ἰδαίας,
λεπτός, εὐπρόσωπος, γοργός, μέσος τὴν ἡλικίαν,
810 τοξότης εὐστοχώτατος, μελίχρους καὶ μελάνθριξ,
ἦν στρατηγὸς Ζηλειωτῶν ὄντων ἐγγὺς τῆς Ἴδης.

Λαμψακηνῶν ὁ Ἄδραστος καὶ Ἄμφιος κατῆρχον,
ἐκ τῆς Περκοῦς τῆς πόλεως, Μέροπος ὄντες παῖδες.

But first I must describe their leaders as well,
and then we will fittingly move on to the battle.
   At that time the Trojan generals to be found in Troy
were twenty-seven in number, not more,
apart from those who kept coming later on,   790
Rhesos and Hippokoön and Othryoneus,
Penthesileia, Memnon, ruler of the Ethiopians,
and Polydamas, Indos, Mysos and Eurypylos,
and the rest who kept coming to Troy.
   And now pay attention to me and learn their names.   795
Hektor was the son of Priam and Hekabe,
very tall and muscular, with a dark complexion
and black curly hair, good nose, short-hair and well-bearded,
squinty, stuttering, with a deep voice, and mighty in power,
and a fearsome warrior, nevertheless I will stop here;   800
for Homer says that he was also handsome.
He was then the king and general of the Trojans.
   Aineias, the son of Anchises and Aphrodite,
short, fat, red-haired, pale, with gray eyes and a good nose,
well-bearded, broad-faced, prudent, bald.   805
He, together with Akamas and Archelochos,
the sons of Antenor, was the leader of the Dardanians.
   Pandaros, son of Lykaon and Idaia,
thin, fair of face, vigorous, of average height,
very skilled with the bow, honey-skinned and black-haired,   810
was the general of the Zeleiotes who lived near Ida.
   Adrastos and Aphios were the leaders of the
      Lampsakenes,
from the city of Perko, the sons of Merops.

Ἄσιος, ὁ Ὑρτάκου δὲ υἱὸς καὶ τῆς Ἀρίβης,
815 Ἀβυδηνῶν Σηστίων τε καὶ Περκωσίων ἦρχεν.

Ἱππόθοος καὶ Πύλαιος, ὄντες υἱοὶ τοῦ Λήθου,
τῶν Λαρισσαίων Πελασγῶν εἶχον τὴν στραταρχίαν·
ὁ Πείρως καὶ Ἀκάμας δὲ Θρᾳκῶν Ἑλλησποντίων,
Μαρωνειτῶν ὁ Εὔφημος, υἱὸς ὁ τοῦ Τροιζήνου·
820 Πυραίχμης τῶν Παιόνων δέ, τουτέστι τῶν Βουλγάρων,
τῶν ἐξ Ἀξίου ποταμοῦ, τουτέστι τοῦ Βαρδάρη.

Τῶν Παφλαγόνων στρατηγὸς ὑπῆρχε Πυλαιμένης.

Δῖος καὶ ὁ Ἐπίστροφος τῶν Βιθυνῶν ἐκράτουν.

Ὁ Χρόμις καὶ ὁ Ἔννομος πάντων Μυσῶν ἐκράτουν.
825 Ὀλυμπηνῶν καὶ Προυσηνῶν καὶ τῶν ἐντὸς Καΐκου
ὁ Φόρκυς καὶ Ἀσκάνιος Φρυγῶν ἐστρατηλάτουν.

Φρύγες δ᾽ εἰσὶν οἱ Νικαεῖς ὧν Ἀσκανία λίμνη.

Ὁ Μέσθλης δὲ καὶ Ἄντιφος Μηόνων στρατηλάται.

Οἱ Μήονες Λυδοί εἰσιν ὧν πόλις αἱ νῦν Σάρδεις.
830 Ὁ Νάστης καὶ Ἀμφίμαχος Καρῶν καὶ Μιλησίων,
ὁ Σαρπηδὼν καὶ Γλαῦκος δὲ τῶν Παταρέων ἦρχον.

Οὗτοι μὲν ἦσαν στρατηγοὶ τότε τῶν Τρώων ὄντες,
οἵτινες, παρὰ θάλασσαν ἔνοπλοι συνδραμόντες
σὺν τοῖς αὐτῶν στρατεύμασι καὶ στρατοπεδαρχίαις,
835 ἐκώλυον τοὺς Ἕλληνας ἐκβαίνειν κατὰ Τρώων.

Ὡς δ᾽ ἄμφω τὰ στρατεύματα τῶν Τρώων, τῶν Ἑλλήνων,
ἵσταντο μὴ μαχόμενα φόβῳ χρησμῳδημάτων
(ἦν γὰρ χρησμὸς τὸν ἄρξαντα πρῶτον θανεῖν τῶν ἄλλων),
ἰδὼν ὁ Πρωτεσίλαος ἁπάντων τὴν δειλίαν,

Asios, the son of Hyrtakes and Aribe,
led the men from Abydos, Sestos and Perko.   815
    Hippothoös and Pylaios, the sons of Lethos,
led the army of the Pelasgians from Larissa;
Peiros and Akamas were the leaders of the Thracians in the
        Hellespont,
Euphemos, son of Troizenos, led the men from Maroneia.
Pyraichmes led the Paionians, that is, the Bulgarians   820
of the river Axios, that is, the Bardares.
    Pylaimenes was the general of the Paphlagonians.
    Dios and Epistrophos ruled the Bithynians.
    Chromis and Ennomos ruled all the Mysians.
    Of the men from Olympos and Prousa, and the   825
        Phrygians from inside the Kaïkos,
Phorkys and Askanios were leading the army.
The Phrygians are the Nikaians, to whom Lake Askania
        belongs.
    Mesthles and Antiphos led the army of the Meiones.
The Meiones are Lydians whose city is today's Sardis.
    Nastes and Amphimachos led the Karians and the   830
        Milesians;
Sarpedon and Glaukos led the Patarians.
    Those were the generals the Trojans had then,
who, having assembled in arms by the sea
with their armies and military commanders,
 kept the Greeks from disembarking against the Trojans.   835
    As both armies, the Trojans and the Greeks,
took their stand but did not fight, out of fear of the oracles
(for an oracle said that he who began the hostilities would
        be the first to die),
Protesilaos, seeing everyone's cowardice, and

63

840 ζωῆς ἀδόξου θάνατον ἔνδοξον προτιμήσας,
     πολὺ πρὸ πάντων προπηδᾷ κατὰ τῶν Τρώων μόνος,
     καὶ τῷ δοκεῖν μὲν σφάττεται, ζῇ δὲ τῇ μνήμῃ πλέον·
     Ἕκτωρ γὰρ τοῦτον, Εὔφορβος, Ἀχάτης ἀναιροῦσιν.
     Ἡ δὲ σφαγὴ τοῖς Ἕλλησι λυτήριος θυσία,
845 καὶ νίκη γίνεται λαμπρὰ καὶ παροχεὺς βραβείων.
     Αὐτίκα γὰρ θαρρήσαντες ἐξέδραμον τῶν πλοίων,
     καὶ συμβαλόντες τρέπουσι τοὺς Τρῶας κατὰ κράτος.
     Χείμαρροι γὰρ ἐρρύησαν αἱμάτων τῷ πολέμῳ·
     περὶ τὴν νύκτα δὲ λοιπὸν ἁπάντων Τρώων πλῆθος
850 ὡς πρὸς τὴν Τροίαν προσδραμὸν κλείει τὰς ταύτης πύλας.
     Ἡ τοῦ Πρωτεσιλάου δὲ σύζυγος ἡ καλλίστη
     μαθοῦσα τὴν ἀναίρεσιν τοῦ νεαροῦ συζύγου,
     τὸν στολισμὸν τὸν νυμφικὸν εὐθὺς ἐνδεδυμένη,
     αὐτὴν μαχαίρᾳ πλήξασα κατέβη πρὸς τὸν Ἅιδην,
855 νύμφη νυμφίῳ τῷ καλῷ θέλουσα συμπαρεῖναι.
     Οἱ Ἕλληνες, τῶν Τρώων δὲ κλεισθέντων ἐν τῇ Τροίᾳ,
     ταῖς περιχώροις οὐδαμῶς ἦσαν τῶν Τρώων βλάβη,
     ἔστ᾽ ἂν ἐκ τῆς Τενέδου τε καὶ πόλεως Τενάνδρου
     Κύκνος ὁ Ποσειδῶνός τε καὶ τῆς Σκαμανδροδίκης
860 νυκτερινὸν τὸν πόλεμον συνήρραξεν ἐκείνοις.
     Εὐθὺς γὰρ τοῦτον Ἀχιλεὺς ἀπέκτεινε τῇ μάχῃ,
     καὶ πᾶν τὸ τούτου στράτευμα θερίζεται τελέως.
     Ὅρκοι λοιπὸν ἐγίνοντο πορθεῖν τὰς περιχώρους,
     ὅτι, μηδέν τι δυσχερὲς πρός τινα τούτων δρῶντες,
865 ἐκ τούτων ἠδικήθησαν, κατάρξαντος τοῦ Κύκνου.
     Καὶ τότε τεύξαντες σκηνὰς πλεκτάς τε κατοικίας,

preferring the honor of a glorious death to an inglorious life,   840
leaped forth alone against the Trojans far ahead of everyone,
and was slaughtered as expected, but very much lives on in
      memory;
for Hektor, Euphorbos and Achates killed him.
His death was an expiatory sacrifice for the Greeks
and led to a radiant victory and provided victory prizes.   845
For immediately taking courage, they charged from the
      ships
and engaging in combat they put the Trojans to flight by
      force.
Torrents of blood flowed in the battle;
so, about nightfall, all the Trojan host
fled to Troy and barred its gates.   850
Protesilaos's most beautiful wife,
learning of the death of her young husband,
immediately dressed herself in her bridal clothes
and, stabbing herself with a dagger, descended to Hades,
wishing to be with her good husband as a bride.   855
    While the Trojans were shut up in Troy, the Greeks
did not harm the surrounding countryside of Troy at all,
until Kyknos, son of Poseidon and Skamandrodike
from <the island of> Tenedos, from the city of Tenandros,
launched a night attack against them.   860
For Achilles quickly killed him in battle
and all his army was mowed down to the last man.
Oaths were then sworn to sack the countryside
since, although the <Greeks> had not harmed any of them,
they were treated unjustly by them, at the initiative of   865
      Kyknos.
Then they pitched their tents and wicker shelters;

οἱ μὲν αὐτοῦ παρέμενον ἐστρατοπεδευκότες,
ἄλλοι δὲ τὰ περίχωρα τῶν Τρώων ἐξεπόρθουν,
φρικώδεις ὅρκους θέμενοι μηδὲν παρυποκρύπτειν.
870 Ὁ Ἀχιλεὺς δὲ μάλιστα τὰς πόλεις ἐξεπόρθει,
τοῦ Παλαμήδους σὺν αὐτῷ συστρατηγοῦντος τότε
τοῦ Εὐβοέως, τοῦ σοφοῦ, τοῦ μηχανικωτάτου,
τοῦ ἀριθμοὺς καὶ γράμματα καὶ τὸν πεσσὸν εὑρόντος,
ζυγοὺς καὶ παρατάξεις τε, σὺν τούτοις ἄλλα πόσα.
875 Καὶ Διομήδης μὲν πορθεῖ τὴν πόλιν τὴν τοῦ Κύκνου,
καὶ Κόμον τε καὶ Κόκαρτον παῖδας ἀνεῖλε τούτου,
καὶ Γλαύκην χρόνων ἔνδεκα τούτου τὴν θυγατέρα,
ἢ Λαοδίκην, ὥς τινες γράφουσι τῶν ἑτέρων,
εὐπρεπεστάτην ἤγαγε σὺν τοῖς λοιποῖς λαφύροις
880 εἰς μέσον τοῦ στρατεύματος παντὸς τοῦ τῶν Ἑλλήνων.
Αἴας ὁ μέγας δὲ πορθεῖ Θρᾴκην καὶ Τευθρανίαν,
καὶ θυγατέρα Τεύθραντος αἰχμάλωτον λαμβάνει
Τέκμησσαν ἑπτακαίδεκα τῶν χρόνων ὑπηργμένην,
μακράν, λεπτοχαράκτηρον, λεπτόρρινα, μελάγχρουν,
885 εὐόφθαλμον, ἁπλότριχα, μελάντριχα, δριμεῖαν,
εἰς ἡλικίαν εὔστολον, τελείαν καὶ παρθένον.
Καὶ πάντα μέσον τοῦ στρατοῦ παρέθετο καὶ οὗτος.
Ὁ δ᾽ Ἀχιλεύς, ὡς ἔφημεν, μετὰ τοῦ Παλαμήδους
λεηλατῶν τὰς χώρας μέν, τὰς πόλεις κατασκάπτων,
890 οἰκείᾳ ῥώμῃ χρώμενος, βουλαῖς δὲ Παλαμήδους,
εἴκοσι τρεῖς ἐπόρθησε πόλεις συμμάχους Τρώων.
Αἱ πόλεις δ᾽ ἅσπερ Ἀχιλεὺς εἷλε σὺν Παλαμήδει
κατὰ ῥητὸν ὑπάρχουσι τάσδ᾽ ἔχουσαι τὰς κλήσεις·
Λέσβος, Φωκέαι, Κολοφών, Κλαζομεναὶ καὶ Σμύρνη,

some stayed there, having made camp;
but others were pillaging the Trojan countryside,
having sworn terrible oaths not to hide booty from each
    other.
Achilles above all sacked the cities,   870
having joint command with Palamedes
the Euboian, intelligent and most inventive,
who devised numbers and letters and dice,
the ranks and lines of soldiers, and much else as well.
And Diomedes sacked Kyknos's city   875
and killed his sons Komos and Kokartos,
but not his eleven-year-old daughter Glauke,
or Laodike, as some others write;
he led this beautiful girl with the rest of the booty
to the middle of the entire Greek army.   880
    Aias the Great sacked Thrace and Teuthrania,
and took as a captive Teuthras's daughter,
Tekmessa, who was seventeen years old.
She was tall, with narrow features and nose, dark skin,
beautiful eyes, plain black hair, spirited,   885
beautifully dressed, perfect and virginal.
And he placed everything in the midst of the whole army.
    Achilles and Palamedes, as we have said,
plundering the countryside and destroying the cities,
making use of Achilles's might and Palamedes's counsel,   890
sacked twenty-three cities allied to the Trojans.
The cities which Achilles and Palamedes sacked
are said to be these by name:
Lesbos, Phokeai, Kolophon, Klazomenai and Smyrne,

895 Κύμη, Τῆνος, Αἰγιαλός, αἱ Ἑκατὸν αἱ Πόλεις,
Σίδη καὶ Ἀτραμύτειον, Λίλαιον καὶ Κολώνη,
Ἔνδιον, Κίλλα, Λυρνησσός, Τένεδος σὺν Λαρίσσῃ,
Θήβη, Χρύσα, καὶ Πήδασος, Αἴνεόν τε καὶ Πῖνος.
Ταύτας κατέσχεν Ἀχιλεὺς πόλεις σὺν Παλαμήδει,
900 τῷ σοφωτάτῳ Εὐβοεῖ καὶ στρατηγικωτάτῳ,
υἱῷ Ναυπλίου τοῦ σοφοῦ, μητρὸς δὲ τῆς Κλυμένης.
Ἐκ τούτων λάφυρα πολλὰ τοῖς Ἕλλησιν εἰσφέρει·
καὶ αἰχμαλώτους σὺν αὐτοῖς τρεῖς ἤγαγε γυναῖκας,
ἐκ μὲν τῆς Λέσβου Φόρβαντος κόρην τὴν Διομήδην,
905 ἐκ τῶν Θηβῶν ἑτέραν δέ, Θηβῶν Ὑποπλακίων,
γυναῖκα Ἠετίωνος Κιλίκων βασιλέως,
κτείνας τὸν Ἠετίωνα καὶ τὸν στρατὸν Κιλίκων,
ἣν ἐξωνήσαντό τινες τῶν συγγενῶν ὑστέρως·
ἐκ Χρύσης Χρυσηΐδα τε τὴν Χρύσου θυγατέρα,
910 κατὰ τὸ πατρωνύμιον ταύτην λαβοῦσαν κλῆσιν·
ταύτης γὰρ ἦν τὸ ὄνομα τὴν κλῆσιν Ἀστυνόμη.
Καὶ ταύτας μὲν εἰς τὸ κοινὸν σὺν τοῖς λοιποῖς λαφύροις,
ὡς οἱ λοιποὶ τῶν στρατηγῶν, παρέθετο καὶ οὗτος.
Τὴν Λυρνησσὸν πορθήσας δέ, τὴν πόλιν τοῦ Βρισέως,
915 καὶ κτείνας καὶ τὸν Μύνητα σύζυγον Βρισηΐδος,
λαβὼν τὴν Ἱπποδάμειαν, αὐτὴν τὴν Βρισηΐδα,
θελχθεὶς αὐτῆς τῷ ἔρωτι, καταφρονεῖ τῶν ὅρκων,
παρασπονδεῖ πρὸς Ἕλληνας, συνθήκας παραβαίνει,
καὶ κρύπτει ταύτην ἔνδοθεν αὐτοῦ τῆς κατοικίας,
920 χωρὶς βουλῆς τῶν στρατηγῶν, χωρὶς τῶν στρατευμάτων,
λαβὼν δῶρον ἐξαίρετον ὅπερ αὐτὸς ἐπόθει.
Τοῦτο μαθὸν τὸ στράτευμα μεγάλως ἐταράχθη,

Kyme, Tenos, Aigialos, the Hundred Cities,   895
Side and Atramyteion, Lilaion and Kolone,
Endion, Killa, Lyrnessos, Tenedos and Larissa,
Thebe, Chrysa, and Pedasos, Aineon and Pinos.
These cities Achilles occupied with Palamedes,
that most wise Euboian most versed in generalship,   900
the son of Nauplios the wise and Klymene.
From these raids he brought much loot back to the Greeks;
and he brought three captive women along with it:
from Lesbos, Diomede the daughter of Phorbas,
another from Thebes, that is, Hypoplakian Thebes,   905
the wife of Eëtion, king of the Kilikians,
after slaughtering Eëtion and the Kilikian army;
some of his kinsmen ransomed her later.
From Chryse, Chryseïs, daughter of Chryses,
who was called thus after her father's name,   910
for her real name was Astynome.
And he placed these women in the common pool with the
          other loot,
as the other generals had also done.
After sacking Lyrnissos, Briseus's city,
and killing Briseïs's husband Mynetas,   915
Achilles took Hippodameia, <that is,> Briseïs herself;
beguiled by love, he disregarded the oaths
and broke the pact with the Greeks: he transgressed
the agreement by hiding her inside his tent
without the approval of the generals and the army,   920
taking the special prize for which he longed.
The army was greatly disturbed when it learned this,

καὶ θόρυβος ἐγένετο, καὶ σκέψις περὶ τούτου
ὁποίῳ τρόπῳ τε καὶ πῶς οὕτως αὐτεξουσίως
925 αὐτὴν ἐξέκρινεν αὐτῷ καταφρονῶν τῶν ὅρκων.
Ἔδοξε πᾶσι τοῦ λοιποῦ μὴ στρατηγεῖν ἐκεῖνον.
Ὁ Ὀδυσσεὺς ἀνῆπτε δὲ μᾶλλον τοὺς λόγους πλέον·
τῷ Παλαμήδει γὰρ ἐχθρὸς ὑπάρχων τῷ πανσόφῳ
τοῖς βασιλεῦσιν ἔλεγε· "Θηρᾷ τὴν βασιλείαν,
930 τῷ Παλαμήδει συνεργῷ τοῖς πᾶσι κεχρημένος.
Πρέπει φονεῦσαι τοιγαροῦν αὐτὸν τὸν Παλαμήδην,
τὴν κόρην ταύτην δὲ λαβεῖν εἰς τὸ κοινὸν ὡς τἄλλα."
    Ἀλλά σοι πρῶτον φθέγξομαι καὶ τὰς μορφὰς τὰς τούτων
τῶν αἰχμαλώτων γυναικῶν, ὧν εἶπον ἀνωτέρω·
935 καὶ τότε καὶ τὸν θάνατον ἐρῶ τοῦ Παλαμήδους
καὶ κόρης τὴν ἀφαίρεσιν καὶ μῆνιν Ἀχιλέως,
καὶ πῶς ἑτέρως Ὅμηρος ταύτην τὴν μῆνιν γράφει.
Καὶ τότε παρελάσαντες τρίβους πολλοῖς ἀγνώστους
πρὸς τὴν πλατεῖαν ἔλθωμεν Ὁμήρου λεωφόρον,
940 ἁμαξιτὸν βαδίζοντες τὴν γνώριμον τοῖς πᾶσι.
    Καὶ δὴ τὴν θέαν μάνθανε τῶνδε τῶν αἰχμαλώτων.
    Ἡ Φόρβαντος θυγάτηρ μὲν ὑπῆρχε Διομήδη,
παρθένος εἰκοσάχρονος, καλὴ τὴν ἡλικίαν,
λευκή, γλαυκή, μεσόπαχος, ὑπόσιμος, ξανθόθριξ,
945 σὺν οἷς στρογγυλοπρόσωπος καὶ τῶν μεγαλοφθάλμων.
    Ἡ Ἀστυνόμη Χρυσηΐς, θυγάτηρ ἡ τοῦ Χρύσου,
χρόνων ἐννεακαίδεκα, παρθένος οὖσα τότε,
κοντή, λεπτή τε καὶ λευκή, ξανθότριχος ὑπῆρχεν,
εὐπρόσωπος, εὐόφθαλμος, μικρόμαστος καὶ εὔριν.

and there was an uproar and speculation about it,
in what way and how so arbitrarily
he singled her out for himself, disregarding the oaths. 925
It seemed best to everyone that he should no longer
     command.
Odysseus above all incited them with angry words,
for he was an enemy of the most wise Palamedes.
He said to the kings: "He is seeking kingship,
using Palamedes as an accomplice in all matters. 930
So we must put Palamedes to death
and put the girl back in the common pool like the rest."
   But I will first tell you about the appearance of these
slave women whom I mentioned earlier,
and then I will describe the death of Palamedes 935
and the removal of the girl and the wrath of Achilles,
and how Homer writes about this wrath differently.
And then after treading paths unknown to many,
let us come to the broad highway of Homer,
walking down the road familiar to everyone. 940
   And now learn what these captives looked like.
   Diomede was the daughter of Phorbas,
a twenty-year-old maiden, beautiful in stature,
pale, gray-eyed, of average build, snub-nosed, blonde,
with also a round face, and big eyes. 945
   Astynome Chryseïs, daughter of Chryses,
was nineteen years old, a maiden then,
short, thin and pale; she had blond hair,
a beautiful face and eyes, small breasts and a nice nose.

950 Ἡ δέ γε Ἱπποδάμεια θυγάτηρ τοῦ Βρισέως,
εἴκοσι χρόνων καὶ ἑνὸς οὖσα τὴν ἡλικίαν,
γυνὴ μὲν ἦν τοῦ Μύνητος Λελέγων βασιλέως,
μακρά, λευκή, καλλίμαστος, οὐλόθριξ καὶ μελάνθριξ,
εὔστολος, καλλιπάρῃος, φιλόγελως καὶ εὔριν,
955 κεχλοϊσμενοβλέφαρος, ὀφρῦς συνδεδεμένη,
ἣν ἀποκρύψας Ἀχιλεύς, ὡς ἔφην ἀνωτέρω,
ἐποίησε τὸ στράτευμα μεγάλως ταραχθῆναι,
καὶ παραστεῖλαι καὶ αὐτὸν μὴ στρατηγεῖν Ἑλλήνων,
ὡς ἄπιστον, ὡς ἄσπονδον, ὡς ὅρκων παραβάτην,
960 καὶ Παλαμήδην τὸν σοφὸν ὡς δι' αὐτὸν φονεῦσαι.
Ὁ Ὀδυσσεὺς γάρ, ὢν ἐχθρὸς ἄσπονδος Παλαμήδει,
τῷ λέγειν τοῦτον αἴτιον εἶναι κακῶν ἁπάντων
τοὺς βασιλεῖς ὡς πρὸς θυμὸν ἀμέτρητον κινήσας,
ἔπεισεν ἄνδρα ποταπὸν ἀποθανεῖν ἀδίκως.
965 Καὶ γὰρ ἐρίζων πρὸς αὐτὸν σοφαῖς μηχανουργίαις,
σκότος ὑπῆρχεν ὡς πρὸς φῶς, νόσος ὡς πρὸς ὑγείαν,
πρὸς Ἰνδικὸν ὀσφράδιον κόπρος δυσωδεστάτη.
Ὁ Παλαμήδης γὰρ αὐτός, ἡ πάνσοφος καρδία,
πραῢς ὢν καὶ εὐόμιλος, καὶ ταπεινὸς τοῖς πᾶσι,
970 πάντας φιλῶν ὡς ἑαυτόν, τοῖς πᾶσιν ἐποθεῖτο,
καὶ ἐτιμᾶτο σύμπασι κατὰ πολλοὺς τοὺς τρόπους,
ὡς εὐγενής, ὡς στρατηγός, ὡς ἰατρός, ὡς μάντις,
ὡς μηχανὰς δυνάμενος ποιεῖν πορθητηρίους,
ὡς ἐφευρὼν τὰ γράμματα, τὰς ψήφους, τὸ ταβλίζειν,
975 τὸ παρατάσσειν τὸν στρατὸν ἐν συμβολαῖς πολέμου,
ἁπλῶς εἰπεῖν, ὡς εὑρετὴς βιωφελῶν παντοίων.

Hippodameia, the daughter of Briseus,   950
was twenty-one years old,
the wife of King Mynes of the Lelegoi;
she was tall, pale, with beautiful breasts, and curly black hair,
beautifully dressed, laughter-loving, with beautiful cheeks,
    and a nice nose,
with greenish eyelids and joined eyebrows.   955
When Achilles secreted her away, as I said above,
he greatly upset the army,
which relieved him of his command of the Greeks,
as unreliable, a violator of agreements, and an oath breaker,
and killed the wise Palamedes on his account.   960
For Odysseus, an implacable enemy of Palamedes,
by saying that he was responsible for all their problems,
stirred the kings to boundless anger,
and persuaded them to kill such a man unjustly.
Because he was his rival in the clever construction of war   965
    machines,
he was like darkness against light, sickness against health,
a most foul-smelling excrement compared with an Indian
    perfume.
Palamedes himself, the most wise heart,
being gentle and sociable, and humble before everyone,
loving everyone like himself, was loved by all;   970
he was honored by everyone in many ways:
as a nobleman, a general, a doctor, a seer,
a builder of siege machines,
for having invented letters, tallying with pebbles,
    backgammon,
marshaling the army in the crush of war;   975
in short, he was an inventor of all sorts of useful things.

Καὶ γὰρ τὸ πρὶν ἐκπλέουσι τοῖς Ἕλλησιν εἰς Τροίαν,
σημεῖα κατεφαίνετο καὶ τέρατα φρικώδη,
ὑπερφυεῖς μὲν ἀστραπαί, βρονταὶ τῶν βαρυκτύπων,
980   λείψεις ἡλιοσέληνοι, ὄμβροι βροχῆς αἱμάτων,
ἄλλα μυρία τέρατα τῶν φοβερῶν τὴν θέαν·
τοῦ δὲ στρατοῦ τοῦ σύμπαντος μεγάλως πτοουμένου,
πρῶτος αὐτοὺς ἐρρύσατο τοῦ φόβου Παλαμήδης,
"Ὦ ἄνδρες Ἕλληνες," εἰπών, "ταῦτα τῶν Τρώων βλάβη·
985   πάντα γὰρ πρὸς ἀνατολὰς ἐφάνη τὰ σημεῖα."
Εἶπε καὶ Κάλχας ἀληθῆ λέγειν τὸν Παλαμήδην.
Πρῶτον πρὸς Ἕλληνας αὐτὸ τοῦ Παλαμήδους ἔργον.
Δεύτερον ἀποπλεύσασιν αὐτοῖς ὡς πρὸς τὴν Τροίαν,
καὶ λυπουμένοις ἄμετρα τῷ πόθῳ τῆς πατρίδος,
990   ἐφεύρηκε τὰ γράμματα, σὺν τούτοις τὸ ταβλίζειν.
Καὶ γράμμασιν ἐχρῶντο μὲν γράφοντες τοῖς οἰκείοις,
ταβλίζοντες δ' ἐλάμβανον παραψυχὴν ὀλίγην
τῆς λύπης τε καὶ τοῦ λιμοῦ τοῦ τότε γενομένου·
τροφὰς γὰρ μόλις εὕρισκον ὄντες ἐν ξένῃ χώρᾳ·
995   ὅθεν ὁ πόθος ηὔξανε πάντων πρὸς Παλαμήδην,
ὁ φθόνος δ' ἀνετάρασσε τὸν Ὀδυσσέα πλέον.
Ἐπεὶ δὲ καὶ κατήρξαντο πορθεῖν τὰς περιχώρους,
ἀνθ' ὧν ὁ Κύκνος πόλεμον τοῖς Ἕλλησι συνῆψεν,
ἅπαν ἐλθὸν τὸ στράτευμα πρῶτον κατὰ Μυσίαν
1000   συνῆψε πόλεμον βαρὺν ἐν ποταμῷ Καΐκῳ,
οὗπερ καὶ φόνος πάμπολυς Μυσῶν τε καὶ Ἑλλήνων.

For before the Greeks sailed to Troy,
there appeared to them signs and terrifying wonders:
extraordinary lightning and heavy rumbling thunder,
eclipses of the sun and the moon, clouds raining blood,   980
and other countless wonders terrible to see;
and when the whole army was greatly frightened,
Palamedes first assuaged their fear, saying,
"Men of Greece, these signs mean harm to the Trojans,
because they all appeared in the east."   985
Kalchas also said that Palamedes spoke the truth.
This was the first deed Palamedes did for the Greeks.
Secondly, when they embarked for Troy,
and were immeasurably sad with longing for their
        homeland,
he invented letters and also backgammon.   990
And they used the letters to write to their families,
and by playing backgammon they received some
        consolation
from the sadness and starvation they were experiencing;
for they could find scarcely any food, being in a foreign
        land.
Thereafter, everyone's love of Palamedes increased,   995
but jealousy was stirring in Odysseus even more.
And when they set out to pillage the countryside
against the places where Kyknos had initiated war against
        the Greeks,
the entire army first came to Mysia
and engaged in heavy fighting at the Kaïkos river,   1000
where there was very much killing of both Mysians and
        Greeks.

Πολλοὶ γὰρ ἔπεσον ἐκεῖ γενναῖοι στρατηλάται,
καὶ σὺν αὐτοῖς ὁ Θέρσανδρος υἱὸς τοῦ Πολυνείκους,
τῆς θυγατρὸς ὑπάρχων παῖς Ἀδράστου βασιλέως·
1005 οὗ καὶ τροπὴ καθολικὴ γέγονεν ἂν Ἑλλήνων,
εἰ μὴ τὸν Τήλεφον αὐτὸν Μυσῶν τὸν βασιλέα,
τοῦ Ἡρακλέος τὸν υἱὸν καὶ Αὔγης τῆς Ἀλέου,
ὁ Ἀχιλεὺς εἰς τὸν μηρὸν ἔτρωσε δορατίσας·
εἰ μὴ Νιρεὺς ἀπέκτεινε τὴν σύζυγον Τηλέφου,
1010 τὴν καλουμένην Ἱερὰν ἅρματι μαχομένην,
ἥτις τοσοῦτον καλλοναῖς ἐνίκα τὴν Ἑλένην,
ὅσον ἐκείνη τὰς λοιπὰς γυναῖκας ἐξενίκα.
Εἰ μὴ Νιρεὺς καὶ Ἀχιλεὺς ἠρίστευσαν, ὡς εἶπον,
οὐδὲν ἦν τότε κώλυμα τοὺς Ἕλληνας φθαρῆναι.
1015 Ἕλωρος καὶ Ἀκταῖος γὰρ οἱ παῖδες οἱ τοῦ Ἴστρου,
καὶ Αἷμος ὁ τοῦ Ἄρεως Τηλέφῳ συνεμάχουν·
καὶ αἱ γυναῖκες τῶν Μυσῶν ἐπὶ δρεπανηφόρων
ἁρμάτων ἐφιστάμεναι τὴν μάχην συνεκρότουν,
σὺν τῇ δεσποίνῃ τῇ αὐτῶν πρὸ πάντων προτρεχούσῃ,
1020 ἣν ἀποσφάξας ὁ Νιρεὺς κατέλυσε τὴν μάχην.
Εὐθὺς γὰρ θρῆνος καὶ βοὴ Μυσῶν τε καὶ Ἑλλήνων,
ὡς εἶδον κάλλος ἄρρητον ἐκθερισθὲν ἀθρόως·
καὶ λύουσι τὸν πόλεμον σπεισάμενοι Τηλέφῳ,
σὺν τούτῳ κλαύσαντες πικρῶς τὴν συμφορὰν ἐκείνην.
1025 Ὡς δὲ μετὰ τὸν πόλεμον τοῦτον τὸν τοῦ Τηλέφου,
μόλις νικήσαντες Μυσούς, ὡς εἶπον ἀνωτέρω,

For many brave commanders fell there,
among them Thersandros, the son of Polyneikes,
the son of King Adrastos's daughter;
there would have been a total rout of the Greeks   1005
had not the king of the Mysians, Telephos himself,
the son of Herakles and Auge, the daughter of Aleos,
been wounded by Achilles with a spear in the thigh;
had not Nireus killed Telephos's wife,
called Hiera, as she was fighting in a chariot,   1010
a woman who surpassed Helen in beauty
as much as Helen surpassed all other women.
Had not Nireus and Achilles performed these deeds of
     valor, as I said,
there would have been no stopping the destruction of the
     Greeks.
For Eloros and Aktaios, the sons of Istros,   1015
and Haimos, the son of Ares, fought alongside Telephos.
And the wives of the Mysians, standing upon scythed
     chariots,
were also waging battle,
with their queen taking the lead of them all;
when Nireus slew that woman, he brought the battle to an   1020
     end.
Immediately lamentation and cries went up from the
     Mysians and the Greeks,
when they saw such ineffable beauty suddenly cut down;
and after making a treaty with Telephos, they suspended
     the war,
weeping bitterly with him for that disaster.
When, after this war against Telephos,   1025
having barely defeated the Mysians, as I said above,

πρὸς τὸ στρατόπεδον αὐτῶν οἱ Ἕλληνες κατῆλθον,
λύκοι ποθὲν ἐρχόμενοι πρὸς τὰς σκηνὰς Ἑλλήνων,
ἐκ μέσου πάντων ἥρπαζον ἀνθρώπους τε καὶ κτήνη·
1030 ὁ Ὀδυσσεὺς ἐρίζων δὲ τάχα τῷ Παλαμήδει
καὶ θέλων ὄφελος ποιεῖν, ὡς ὁ σοφὸς ἐκεῖνος,
λαβὼν τοξότας περισσούς, ἐχώρει πρὸς τὰ ὄρη
ὡς ἂν τοξεύων φθείρειε τὸ γένος τὸ τῶν λύκων.
Ὁ Παλαμήδης δὲ σοφὸς ἐν ἅπασιν ὑπάρχων,
1035 καὶ τὴν τοσαύτην πρὸς αὐτοὺς λύκων ἀναισχυντίαν
σημεῖον εἶναι λοιμικῆς καλῶς ὑπονοήσας,
γελῶν ἐλάλει πρὸς αὐτὸν τότε τὸν Ὀδυσσέα·
"Τί μετὰ τόξων, Ὀδυσσεῦ, σφάττειν τοὺς λύκους σπεύδεις;
Οὐκ εἰς τὸν ἅπαντα καιρὸν ἐν ὄρεσιν οἱ λύκοι;
1040 Εἶδες δ' οὕτως ἀναίσχυντα τρέχοντας εἰς ἀνθρώπους;
Τί ματαιάζεις, ἄνθρωπε, μετὰ τῶν τοξοτῶν σου;
Νόσημα μέγα λοιμικὸν ἄρτι γενέσθαι μέλλει.
Ἂν καταλείψῃς τοιγαροῦν τόξα καὶ τοὺς τοξότας,
ἂν παρεάσῃς καὶ αὐτὴν νῦν τῶν κρεῶν τὴν βρῶσιν,
1045 καὶ τρώγειν ἄρξῃ λάχανα, πεισθεὶς ἐμοῦ τοῖς λόγοις,
φλεβοτομίαις χρήσῃ δὲ καὶ πλέοις ἐν θαλάσσῃ,
φανήσῃ φρονιμώτερος, καὶ λύκους ἀναιρήσεις,
τὴν λοιμικὴν τὴν μέλλουσαν ἄρτι γενέσθαι νόσον."
Οὕτως εἰπόντος τοῦ ἀνδρός, πάντες ἐποίουν οὕτως,
1050 καί, πανταχοῦ μετὰ μικρὸν τῆς νόσου γενομένης,
ἄνοσον πᾶν τὸ στράτευμα διέβη τῶν Ἑλλήνων,
καὶ ὡς θεὸν οἱ σύμπαντες εἶχον τὸν Παλαμήδην.
Ὁ Ὀδυσσεὺς δέ, τὸν θυμὸν αὔξων καὶ τὴν κακίαν,
ἀεὶ τὸν θάνατον αὐτοῦ παντοίως ἐμελέτα,

the Greeks went down to their camp,
wolves came from somewhere to the Greek tents,
seizing men and livestock from their midst;
Odysseus, striving to rival Palamedes,   1030
and hoping to give aid just like that wise man,
took many archers and headed for the mountains
to kill the pack of wolves with arrows.
But Palamedes, being the wisest of them all, and
suspecting correctly that the wolves' brazenness   1035
toward themwas a sign of pestilential disease,
said to Odysseus with a smile:
"Why do you rush off to kill the wolves with arrows,
       Odysseus?
Have the wolves not been in the mountains forever?
Have you ever seen them attacking men so brazenly?   1040
What foolishness is this, man, with your archers?
A great and pestilential disease will soon be upon us.
Therefore, if you abandon the bows and the archers,
if you leave off eating meat now,
and start eating vegetables, heeding my words,   1045
if you make use of bloodletting and swimming in the sea,
you will seem wiser and you will kill the wolves, that is,
the pestilential disease which will soon be upon us."
After the man spoke in this way, everyone acted accordingly
and, although soon the disease broke out everywhere,   1050
the entire Greek army carried on without disease,
and everyone esteemed Palamedes as a god.
Odysseus, however, increasing his anger and wickedness,
kept on plotting his death in every way,

1055 καὶ δὴ καὶ κατεσκεύασεν αὐτὸν ἀναιρεθῆναι.

Ὡς γὰρ μετὰ τὸν πόλεμον τὸν πρῶτον τῆς Μυσίας
σὺν Ἀχιλεῖ τὸ δεύτερον ἐπόρθει τὰ τῶν Τρώων
ὁ Παλαμήδης ὁ σοφός, ὁ στρατηγός, ὁ μέγας,
καὶ πόλεις ἐξεπόρθησαν εἰκοσιτρεῖς, ὡς εἶπον,
1060 σκυλμὸς δὲ γέγονε πολὺς διὰ τὸν Ἀχιλέα
ὅτι τὴν κόρην ἔλαβε δίχα βουλῆς ἁπάντων,
ὁ δολερός, ὡς ἐφευρὼν ὅνπερ καιρὸν ἐπόθει,
τοὺς βασιλεῖς ἐκίνησεν εἰς φόνον Παλαμήδους,
θανάτου τοῦτον ἄξιον τὸν ἄνθρωπον δεικνύων·
1065 σὺν Ἀχιλεῖ γὰρ ἔλεγε θηρᾶν τὴν βασιλείαν.

Ὡς δ᾽ εἶπον τότε πρὸς αὐτὸν οἱ βασιλεῖς Ἑλλήνων,
"Καὶ πῶς εὐκόλως γένοιτο φονεῦσαι Παλαμήδην,
τὸν Ἀχιλέα συνεργὸν καὶ φίλον κεκτημένον,
τοὺς ἀμφοτέρους Αἴαντας, τὸν Νέστορα τὸν μέγαν,
1070 τὸν Ἀθηναίων στρατηγὸν σὺν τούτοις Μενεσθέα,
τοῖς ἄπασι ποθούμενον Ἑλλήνων στρατηλάταις;",
οὕτως ὁ δόλιος ἀνὴρ ὡς πρὸς αὐτοὺς εἰρήκει·
"Ἐγὼ φροντίσω μηχαναῖς αἴσπερ αὐτὸν αἱρήσω."
Καὶ δή τινα κρατήσαντες ἄνθρωπον ἐκ τῶν Τρώων
1075 τῷ Σαρπηδόνι χρήματα κομίζοντα πρὸς Τροίαν,
πείθουσι γράψαι Τρωϊκὰ γράμματα πρὸς χαρτίον
ὡς ἐκ Πριάμου πρὸς αὐτὸν τάχα τὸν Παλαμήδην,
καὶ τὸν μὲν ἄνθρωπον αὐτὸν ἀπέσφαξαν εὐθέως,
ὀμόσαντες ἐλεύθερον, ἂν γράψῃ, καταλείψειν,
1080 τὰ χρήματα δ᾽ ἀφείλοντο καὶ χάρτην τὸν γραφέντα·
καὶ τὸν μὲν χάρτην πρός τινα δοῦλον τοῦ Παλαμήδους,
ἐν τῷ στρατῷ φυλάσσοντα σκηνὰς τοῦ Παλαμήδους,

and indeed he arranged to kill him.   1055
For after the first battle of Mysia
when, together with Achilles, Palamedes the wise,
the general, the great, sacked the Trojan cities,
and they sacked twenty-three cities, as I said,
and there was much vexation with Achilles   1060
because he took the girl without everyone's permission,
the treacherous Odysseus, as he devised his long-desired
        plan,
stirred up the kings to kill Palamedes,
proving this man to be deserving of death,
for he said that with Achilles he was seeking after kingship.   1065
Then when the kings of the Greeks said to him,
"And how would it be easy to kill Palamedes,
who is an associate and friend of Achilles,
and of both Aiantes and the great Nestor too,
and Menestheus the Athenian commander,   1070
and loved by all the Greek generals?",
the treacherous man then told them this,
"I will find the devices with which to kill him."
And indeed after capturing a Trojan
who was bringing money to Troy for Sarpedon,   1075
they persuaded him to write in Trojan letters on a piece of
        paper
as if from Priam to Palamedes himself.
And they slew that man immediately,
although they had sworn to let him go if he should write;
they took the money and the message   1080
and they sent the paper to a slave of Palamedes
who was in the camp guarding Palamedes's tent

ἐκείνου διατρίβοντος ἔτι περὶ τὴν Λέσβον,
δεδώκασι, καὶ χρήματα βραχύτατα, εἰπόντες·
1085 "Ἂν θήσεις τοῦτον εἰς αὐτὴν τὴν κλίνην Παλαμήδους,
ἄλλα σοι δῶρα δώσομεν πλείονα τῶν δοθέντων."
Τὰ δ' ἄλλα πάντα χρήματα λαμβάνουσιν ἐκεῖνοι.
Καὶ δοῦλος μὲν ὁ δόλιος οὗτος τοῦ Παλαμήδους
ἐπὶ τὴν κλίνην ἔθετο τοῦ δόλου τὸ χαρτίον.
1090 Αὐτοὶ δὲ συντομώτατα πέμπουσι πρὸς τὴν Λέσβον,
κατὰ μὲν τὸ φαινόμενον καὶ τὸ δοκοῦν τοῖς πᾶσιν
ἐπὶ ποιήσει μηχανῶν καλοῦντες Παλαμήδην,
κατὰ δὲ τὴν ἀλήθειαν χωρίζοντες τῶν φίλων
ὅπως ἂν ἀβοήθητον φονεύσωσιν ἐκεῖνον.
1095 Οὕτως ἐχώρισαν αὐτὸν ἐξ Ἀχιλέως τότε.
Ὡς δ' ἦλθε πρὸς τὸ στράτευμα καὶ πρὸς τὴν γερουσίαν,
τάξει καὶ κοσμιότητι λέγει τοῖς βασιλεῦσιν·
"Ὦ στρατηγοὶ καὶ βασιλεῖς, τί μηχανὰς ζητεῖτε;
Ἔχετε ζώσας μηχανὰς τοὺς Αἴαντας τοὺς δύο,
1100 οἵπερ πορθεῖν ἐπίστανται πόλεις τῶν πολεμίων.
Εἰ δέ γε χρείαν ἔχετε καὶ μηχανῶν ἀψύχων,
ἅσπερ αἱ χεῖρες αἱ ἐμαὶ δημιουργοῦσι τέχναις,
ἕτοιμον ἔχετε πεσεῖν ὡς πρὸς τὴν γῆν τὴν Τροίαν."
Τοιαῦτα μὲν ὁ πάνσοφος εἶπεν ἀνὴρ ἐκεῖνος·
1105 τοῦ φθόνου καὶ τοῦ φόνου δὲ τὸ ὄργανον τὸ μέγα
λόγον ἐκ λόγου συγκινῶν εἰς ὕβρεις ἐξετράπη,
καὶ τοῦ στρατεύματος αὐτὸν προδότην ἀπεκάλει.
Ὡς δ' ἐκ τῆς κλίνης ἤγαγε καὶ τὸν πλαστὸν τὸν χάρτην
λίθοις ὡς κύνα τὸν σοφὸν ἀνεῖλον Παλαμήδην,
1110 Ζακύνθιοι λιθάζοντες μόνοι καὶ Μυκηναῖοι,

while he was still away on Lesbos;
they gave him the letter, also a tiny amount of money, saying,
"If you put this in Palamedes's bed,   1085
we will give you other gifts, more than we have given you."
And they kept the rest of the money.
And this treacherous slave of Palamedes
placed the treacherous letter on the bed.
They soon sent to Lesbos,   1090
to all appearances as if—and as everyone believes—
to recall Palamedes to make war machines,
though in truth to separate him from his friends
in order to kill him while he was without support.
Thus they separated him from Achilles at that time.   1095
When he came to the army and the council,
he said to the kings with order and propriety,
"Kings and commanders, why do you seek war machines?
You have living machines, the two Aiantes
who know how to sack the cities of the enemy.   1100
But if you need inanimate machines as well,
which my hands create with skill,
Troy will certainly crumble to the earth before you."
Such were the words of that most wise man;
but the great instrument of jealousy and murder,   1105
urging one argument after another, resorted to abuse
and accused him of betraying the army.
When he also brought the forged letter from the bed,
they stoned the wise Palamedes to death like a dog;
but only the Zakynthians and Mycenaeans threw the stones,   1110

τοῦτο μόνον τὸ λόγιον κτεινόμενον εἰπόντα·
"Χαῖρε, ἀλήθεια κλεινή· προετεθνήκεις γάρ μου."
Οὕτως ἀδίκως τοῦ σοφοῦ θανόντος Παλαμήδους,
ἅπας Ἑλλήνων ὁ στρατὸς ἐδάκρυε κρυφίως
1115 τοῦ βασιλέως τὴν ὀργὴν πτοούμενος μεγάλως.
Οὐ παρεχώρει θάπτειν γάρ, ἀλλ᾿ οὐδὲ κλαίειν τοῦτον,
κηρύξας τὸν τολμήσαντα θάψαι τὸν Παλαμήδην
γενέσθαι νέκυν ἄθαπτον καὶ βρῶμα τῶν θηρίων.
Αἴας δ᾿ ὁ μέγας, ἐκμαθὼν τὴν συμφορὰν ἐκείνην,
1120 λεοντικὸν καὶ βρύχιον στενάξας ἐκ καρδίας,
ὁρμᾷ πρὸς τοὺς λιθάζοντας ἔνοπλος, ξιφηφόρος,
καὶ τούτους μὲν ἐσκόρπισεν, ἅπαντας ἐκπτοήσας,
αὐτὸς δὲ κόμην ἀνασπῶν σύρριζον τήν ἰδίαν
καὶ γενειάδος τρίχωσιν, τὸ πρόσωπον ἐκξέων,
1125 πίπτει πρὸς γῆν εἰς τὸν νεκρόν, περιβαλὼν ἐκεῖνον·
καὶ κατηφῆ τὸν ἥλιον τοῖς δάκρυσι ποιήσας,
πηλοποιήσας καὶ τὴν γῆν ἐκ τῶν πολλῶν δακρύων,
ἀναλαβόμενος αὐτόν, κοσμεῖ τοῖς ἐνταφίοις,
καὶ θάπτει πρὸς Λεπέτυμνον ὄρος τὸ τῆς Μηθύμνης.
1130 Οἵας δ᾿ ἐφεῦρον συμφορὰς Ἕλληνες ἐκ Ναυπλίου,
ὃς Παλαμήδους ἦν πατήρ, μακρὸν δοκεῖ μοι γράφειν.
Ὁ δ᾿ Ἀχιλεύς, ὡς ἔμαθε τὸν φόνον Παλαμήδους
διὰ τὴν Ἱπποδάμειαν Βρισέως θυγατέρα,
τὸν Παλαμήδην μὲν αὐτὸς περιπαθῶς ἐθρήνει,
1135 τὴν κόρην δὲ τοῖς Ἕλλησιν ἀπέπεμψεν εὐθέως,
καὶ ὀργισθεὶς ἐπαύσατο συμπολεμεῖν ἐκείνοις.
Καὶ λοιμικὴ δὲ γέγονεν εἰς τὸν στρατὸν Ἑλλήνων·
ὁ Παλαμήδης γὰρ οὐκ ἦν προλέγειν θεραπείας.

and he delivered only this short speech as he was being
    killed:
"Farewell, glorious truth; for you have predeceased me."
When thus the wise Palamedes died unjustly,
all the Greek army wept in secret,
greatly fearing the anger of the king.   1115
For he allowed him neither burial nor tears,
declaring that anyone who dared to bury Palamedes would
himself become an unburied corpse, and food for the beasts.
Great Aias, learning of this disaster,
groaned like a lion deep from his heart;   1120
he charged at the stone throwers fully armed, sword in hand,
and scattered them, terrifying them all.
And he cropped his own hair very close
and his beard too and, scratching his face,
he fell to the earth upon the corpse, embracing it.   1125
And he made the sun downcast with his tears
and muddied the soil with his many tears,
and, lifting him up, he adorned him with tomb offerings
and buried him on Mount Lepetymnos of Methymna.
The disaster inflicted on the Greeks by Nauplios,   1130
Palamedes's father, seems to me too long to recount.

    When Achilles learned that Palamedes's murder
was because of Hippodameia, the daughter of Briseus,
he mourned Palamedes with deep emotion,
and sent the girl straightaway to the Greeks and   1135
became so angry that he stopped fighting alongside them.
And then a pestilence came upon the Greek army,
for Palamedes was not there to offer a cure.

Ἄλλοι μετὰ τὸν θάνατόν φασι τοῦ Παλαμήδους
1140 εἰς τὸ κοινὸν οἱ Ἕλληνες ἔλαβον καὶ τὴν κόρην,
τοῦ Ἀχιλλέως ἄκοντος, οὐ θελουσίᾳ γνώμῃ,
καὶ τοῦτον εἶναι στρατηγὸν ἀπέπαυσαν Ἑλλήνων,
ὅθεν ὠργίζετο σφοδρῶς τοῖς Ἕλλησιν ὁ ἥρως.

Ὡς ἔμαθον οἱ Τρῶες δὲ τὴν μῆνιν Ἀχιλλέως
1145 καὶ λοιμικὴν δαμάζουσαν τοὺς Ἕλληνας ἀμέτρως,
θαρρήσαντες ἀνέῳξαν τὰς πύλας τὰς τῆς Τροίας,
καὶ πολεμεῖν ἀπήρξαντο τοὺς Ἕλληνας γενναίως.

Ὁ δ᾽ Ὅμηρος δεινότατος ὑπάρχων λογογράφος
τὰ μέχρι τούτων σύμπαντα πανσόφως παρατρέχει,
1150 καὶ Παλαμήδην οὐδαμῶς ἔγραψε τῇ ποιήσει,
ἵνα τὸν Ἀχιλέα μὲν ἐπίορκον μὴ δείξῃ,
τὸ κράτιστον κεφάλαιον αὐτοῦ τῶν ἐγκωμίων,
διὰ γυναῖκα ποταπὴν τοὺς ὅρκους παραβάντα·
καὶ πάντας δὲ τοὺς ἥρωας, μᾶλλον τὸν Ὀδυσσέα,
1155 ὅπως μὴ δείξῃ μυσαροὺς ἀνθρώπους, ἀνοσίους,
ἄνδρα τοιοῦτον κτείναντας, ἰσόθεον τοῖς τρόποις.

Ὅθεν οὐδὲ τὴν πόρθησιν τῆς Τροίας ἀφηγεῖται,
σιγᾷ δὲ μέχρι τῆς σφαγῆς Ἕκτορος ῥαψῳδήσας.

Τὴν πόρθησιν τῆς Τροίας δὲ παρέδραμε πανσόφως·
1160 πρὸ γὰρ αὐτῆς ὁ Ἀχιλεὺς γυναικωδῶς ἐσφάγη.

Οὕτω πανσόφως καὶ δεινῶς ῥητορικῷ τῷ τρόπῳ
πρὸς μὲν τὸ τέλος εἴασε τὴν πόρθησιν τῆς Τροίας,
ἐκ τῆς ἀρχῆς δὲ μέχρι νῦν τοῦ χρόνου τοῦ δεκάτου
τὰ πάντα παρετρόχασε δεινὸς ὢν λογογράφος,
1165 ἄρχεται δ᾽ ἐκ τῆς μήνιδος δεινότητος μεθόδῳ,
γράφων αὐτὴν ὡς βούλεται, καὶ γράφει γεγονέναι

Others say that after the death of Palamedes
the Greeks took the girl to the common pool,   1140
though Achilles was unwilling and did not consent,
and they deposed him from being a general of the Greeks,
wherefore the hero was exceedingly angry at the Greeks.
    When the Trojans learned of Achilles's wrath and
that plague was afflicting the Greeks and raging out of   1145
        control,
they took courage and opened the gates of Troy,
and started fighting bravely against the Greeks.
But Homer, being a most skillful writer,
most wisely omits everything leading up to these events,
and did not write about Palamedes at all in his poem,   1150
so as not to reveal Achilles,
the mighty subject of his encomium, as a perjurer,
transgressing his oaths for a woman of no account,
and so as not to show all the other heroes too,
especially Odysseus, as loathsome, unholy men,   1155
for killing such a man, who was equal to the gods in his ways.
That is why he does not narrate the sack of Troy either;
he stops singing until the slaying of Hektor.
He most wisely omitted the sack of Troy,
for Achilles was slain like a woman prior to the sack.   1160
Thus, most wisely and skillfully, in his rhetorical manner
he did not conclude with the sack of Troy;
from the beginning until the tenth year
he omitted everything, being a skillful writer,
and skillfully he begins with the wrath,   1165
writing about it as he wishes,

διὰ γυναῖκας καὶ αὐτὸς λέγων αὐτὴν γενέσθαι,
τὴν Βρισηΐδα τε ὁμοῦ λέγων καὶ Χρυσηΐδα,
τὰς ἅσπερ εἶπον καὶ αὐτὸς γυναῖκας ἀνωτέρω.
1170 Πλὴν παρεκκλίνει τὸν εἱρμὸν πρὸς τὸ αὐτῷ συμφέρον.
Λέγων γὰρ ταύτας ἐκ Θηβῶν εἶναι δοριαλώτους
καὶ δι' αὐτὰς καὶ τὴν ὀργὴν γενέσθαι Ἀχιλέως,
ὥσπερ καὶ πᾶς ἱστορικὸς συγγράφων περὶ τούτων,
οὐχ ὥσπερ εἶπόν μοί τινες ἐκ τῶν συγγραψαμένων,
1175 λέγει καὶ οὗτος τὴν ὀργὴν διὰ τὴν Βρισηΐδα,
μᾶλλον τῇ Χρυσηΐδι δὲ προσάπτει τὴν αἰτίαν.
Ἀνερωτῶν τὴν Μοῦσαν γάρ, τὴν γνῶσιν τὴν οἰκείαν,
δι' ἣν αἰτίαν γέγονεν ἡ μῆνις Ἀχιλέως,
καὶ συμφορὰς ἐπήγαγε τοῖς Ἕλλησι μυρίας,
1180 παράγει ταύτην λέγουσαν ὡς ἀποκρινομένην,
ὡς ἐκ Θηβῶν ἐκράτησαν τάχα γυναῖκας δύο,
τὴν Χρυσηΐδα τε αὐτὴν καί γε τὴν Βρισηΐδα,
καὶ Βρισηΐδα δωρεὰν τῷ Ἀχιλεῖ παρέσχον,
τὴν Χρυσηΐδα δὲ αὐτὴν ἔλαβεν Ἀγαμέμνων,
1185 παῖδα Χρύσου τυγχάνουσαν, Χρύσου τοῦ ἱερέως.
Ὅστισπερ Χρύσης, ἱερεὺς Ἀπόλλωνος ὑπάρχων,
λαβὼν τὸ στέφος τοῦ θεοῦ δάφνινον ὑπηργμένον
καὶ τὸ χρυσοῦν τὸ μαντικὸν σκῆπτρον, μετὰ καὶ δώρων,
ἦλθεν ἐξωνησόμενος αὐτοῦ τὴν θυγατέρα·
1190 τοῦ Ἀγαμέμνονος δ' αὐτὸν διώξαντος ὀργίλως,
ηὔξατο τῷ Ἀπόλλωνι ὁ Χρύσης καθ' Ἑλλήνων.
Ὁ δὲ λοιμὸν βαρύτατον Ἕλλησιν ἐπιπέμπει.
Τῇ λοιμικῇ δὲ τοῦ στρατοῦ παντὸς συμφθειρομένου,
τοῦ Ἀγαμέμνονος αὐτοῦ ὁ Ἀχιλεὺς ἐδεῖτο

saying also that it happened because of women,
speaking about Briseïs and also Chryseïs,
those women I myself also spoke about earlier.
Except he changes the sequence of events for his own   1170
    benefit.
For when he says that these women were captives from
    Thebes
and that Achilles's anger happened because of them,
just like every historian who writes about these events,
not as some of those writers told me,
he also speaks of his anger on account of Briseïs,   1175
but he attributes the cause more to Chryseïs.
For after asking the Muse, that is, his own knowledge,
what caused Achilles's wrath
and brought countless disasters upon the Greeks,
he also makes her say in reply   1180
that they supposedly captured two women from Thebes,
Chryseïs and Briseïs,
and they gave Briseïs as a gift to Achilles
while Agamemnon received Chryseïs,
who was the daughter of Chryses, Chryses the priest.   1185
That Chryses, who was a priest of Apollo,
taking the laurel crown of the god
and the golden oracular scepter, and gifts too,
came to ransom his daughter;
but when Agamemnon chased him off angrily,   1190
Chryses prayed to Apollo against the Greeks
and he sent a most devastating plague upon the Greeks.
While all the soldiers were dying en masse from the plague,
Achilles implored Agamemnon

1195 τὴν Χρυσηΐδα τῷ πατρὶ Χρύσῃ πεμφθῆναι τότε,
ὡς μὴ φθαρῇ τὸ στράτευμα νόσῳ τῇ βαρυτάτῃ.
Ὁ δ᾿ Ἀγαμέμνων ὀργισθεὶς τὴν Χρυσηΐδα πέμπει
μετὰ στεφάνων καὶ τιμῆς πρὸς τὸν αὐτῆς πατέρα,
αὐτὸς δέ, τὸν Ταλθύβιον πέμψας καὶ Εὐρυβάτην,
1200 τοῦ Ἀχιλέως ἔλαβε γυναῖκα Βρισηΐδα·
ὅθεν ὁ ἥρως Ἀχιλεὺς τοῖς Ἕλλησιν ὠργίσθη,
καὶ παντελῶς ἀπέπαυσε τῆς μάχης καὶ πολέμου·
οἱ Τρῶες δὲ θαρρήσαντες ἀνέῳξαν τὰς πύλας.
Τὰ δὲ λοιπὰ συνᾴδουσιν Ὁμήρου καὶ τῶν ἄλλων.

1205 Καὶ τοῦ Ὁμήρου μέν ἐστιν ἡ Ἄλφα ῥαψῳδία
τὴν μῆνιν περιέχουσα ταύτην τοῦ Ἀχιλέως·
ἐγὼ δ᾿ οὐκ οἶδα τὸν σκοπὸν τῶν σῶν ἐνθυμημάτων,
εἴτε συντόμως παντελῶς βούλει με ταῦτα γράφειν,
εἴτε πρὸς πλάτος, μερικῶς, κεφαλαιωδεστέρως,
1210 τοῦ Ἄλφα καὶ τοῦ Βῆτά σοι καὶ τῶν λοιπῶν γραμμάτων
τὰς ὑποθέσεις γράφειν με τὰς ἀναγκαιοτέρας,
τὸ τί, καὶ τίς τίνος, παρὰ καὶ τίνος ἐφονεύθη,
καὶ μερικῶς ἀλληγορεῖν ὀλίγα τῶν χρησίμων.
Ταχέως δηλωθήτω μοι· διαπορῶ γὰρ πάνυ.

to send Chryseïs to her father Chryses on the spot,   1195
lest the army be destroyed by the most grievous plague.
And Agamemnon, becoming angry, sent Chryseïs
with crowns and honors to her father,
while he himself, dispatching Talthybios and Eurybates,
took the woman Briseïs from Achilles;   1200
wherefore the hero Achilles became angry at the Greeks
and completely withdrew from combat and war,
and the Trojans, taking courage, opened the gates.
The rest agrees with Homer and the others.
    And the first book of Homer   1205
includes this wrath of Achilles;
but I do not know why you want these aids to memory,
whether you wish me to write these things briefly
or expansively, in detail and in their entirety,
of the First, the Second and the remaining chapters   1210
to write the more necessary sections of the story,
the what, and who was son of whom, and by whom he was
        killed,
and to interpret allegorically in detail some of the useful
        matters.
Tell me quickly, for I am at a complete loss.

Α΄

Τῆς Ἄλφα ἡ ὑπόθεσις Ὁμήρου ῥαψῳδίας,
ἵνα πρὸς σὴν ὠφέλειαν πάλιν ἐπαναλάβω,
τάδε δηλοῖ κατὰ λεπτὸν ἅπερ ἐνθάδε φράσω.

Ὁ Ὅμηρος ὁ πάνσοφος τὴν γνῶσιν τὴν οἰκείαν
5 ὡς Καλλιόπην, ὡς θεάν, ὡς Μοῦσαν παρεισάγων,
ἀνερωτᾷ τὸ αἴτιον ὀργῆς τῆς Ἀχιλέως,
ἀφ᾽ οὗ πρὸς Ἀγαμέμνονα διήχθρευσεν ἐρίσας.
Ἡ δέ φησιν, ὡς πρὸς αὐτὸν δῆθε, πᾶν τὸ βιβλίον,
οὕτως ἐντεῦθε τὴν ἀρχὴν τοῦ λόγου ποιουμένη.

10 Ὁ τῆς Λητοῦς καὶ τοῦ Διὸς Ἥλιος παῖς Ἀπόλλων
τῆς ἔχθρας καὶ τῆς μήνιδος αἴτιος ἐγεγόνει·
ὁ Χρύσης γὰρ ἦν ἱερεὺς Ἀπόλλωνος Ἡλίου,
ἤγουν σοφὸς καὶ ἐπῳδός, ἀστρονομῶν καὶ μάγος,
ἐκ τοῦ ἡλίου σύμπαντα ποιῶν καὶ σὺν ἡλίῳ.

15 Οὗτος τὸ στέφος τοῦ θεοῦ τὸ δάφνινον κατέχων
καὶ σκῆπτρον τούτου τὸ χρυσοῦν, καὶ περισσὰ δὲ δῶρα,
ἦλθεν ἐξωνησόμενος αὐτοῦ τὴν θυγατέρα.
Οἷον, ἵνα σαφέστερον τὸ πᾶν σοι διαρθρώσω,
ὁ Χρύσης, ὅνπερ εἴπομεν ἀστρολογοῦντα μάγον,
20 ἐστολισμένος μαντικῶς καὶ μαγικῶς εἰσῆλθε,
χερσὶ κατέχων στέφανον Ἀπόλλωνος Ἡλίου,
τουτέστιν εὐωδέστατον θάλλοντα κλάδον δάφνης,
ἥν, περιτρέχων ἥλιος τὸν κύκλον τὸν τοῦ χρόνου,
θάλλουσαν δέδορκεν ἀεί, μὴ χέουσαν τὰ φύλλα·
25 καὶ σὺν αὐτῷ κατεῖχε δὲ καὶ τὸ χρυσοῦν τὸ σκῆπτρον,

Book 1

The subject matter of the first book of Homer,
to repeat it again for your benefit,
states in detail these matters which I will describe here.
   Homer, the all-wise, introducing his own knowledge
in the guise of Kalliope, of a goddess, a Muse,   5
asked the cause of the anger of Achilles,
by which he became Agamemnon's enemy after a quarrel.
And she supposedly recited the whole book to him,
thus beginning the tale at that point.
   Apollo Helios, the son of Leto and Zeus,   10
became the cause of his hatred and wrath;
for Chryses was a priest of Apollo Helios, that is,
a wise man and a spell caster, learned in astronomy and a
      sorcerer,
doing everything from the sun and with the sun.
That man, holding the god's laurel crown   15
and his golden scepter and an abundance of gifts,
came to ransom his own daughter. That is,
so that I may explain everything more clearly for you,
Chryses, whom we have called a mage learned in astrology,
entered adorned in the garb of a seer and mage,   20
holding in his hands the crown of Apollo Helios,
that is, a most fragrant and blooming laurel branch,
which, as the sun passed through the cycle of the year,
he always saw blooming, never shedding its leaves;
and with it he carried also the golden scepter,   25

τιμίαν ῥάβδον μαντικήν· χρυσῆ γὰρ οὐχ ὑπῆρχεν,
ἀλλὰ ξυλίνη καὶ κυρτή, χρήσιμος δὲ μαντείαις·
κατὰ τῆς γῆς γὰρ χέοντες τέφραν ἐκ τῆς ἑστίας
τῇ ῥάβδῳ ταύτῃ τεχνικῶς ἔγραφον τὰς μαντείας,
30 βλέποντες πρὸς τὸν ἥλιον καὶ λέγοντες τὸ μέλλον·
ταύτην τὴν ῥάβδον Πλούταρχος λίτυον ὀνομάζει,
λίτουος δὲ Κοκκειανὸς Κάσσιος Δίων λέγει.
  Οὕτως ὁ Χρύσης μαντικῶς ἐστολισμένος ἦλθε
σὺν δώροις ὠνησόμενος αὐτοῦ τὴν θυγατέρα.
35 Ὡς δ' Ἀγαμέμνων μετ' ὀργῆς ἐξήλασεν ἐκεῖνον,
ηὔξατο τῷ Ἀπόλλωνι ὁ Χρύσης καθ' Ἑλλήνων,
ἤγουν ἐπηύξατο σφοδρὸν τὸν ἥλιον γενέσθαι.
Ὁ δὲ σφοδρὸς γενόμενος μετὰ πολλοὺς τοὺς ὄμβρους
εἰς στράτευμα, πολυπληθὲς πύκνωμα σκηνωμάτων,
40 ἀτμοὺς δυσώδεις ἀνιμῶν καὶ κόπρων καὶ πτωμάτων,
μιάνας δυσκρατώσας τε σύμπαντα τὸν ἀέρα,
καὶ συνεργοῦντος καὶ αὐτοῦ ταῖς μαγικαῖς ταῖς τέχναις,
λοιμοὺς ἐπήγαγε δεινούς, φθείρων ἀνθρώπους, κτήνη.
Καὶ πρῶτον μὲν ἀπήρξατο τὰ κτήνη διαφθείρειν,
45 ὡς κεκυφότα πρὸς τὴν γῆν, ἧς ὁ λοιμὸς ἐκτρέχει,
καὶ ὡς εὐοσφραντότερα κατὰ πολὺ ἀνθρώπων·
μετὰ μικρὸν δ' ἀπήρξατο κτείνειν καὶ τοὺς ἀνθρώπους.
Ἐννέα μὲν ἐκράτησε τὸ νόσημα ἡμέραις
καὶ τῶν νεκρῶν ἀπανταχοῦ συνήγοντο σωρεῖαι·
50 δεκάτη δὲ συνέδριον ὁ Ἀχιλεὺς ποιήσας,
ἠρώτα τί τὸ αἴτιον τῆς νόσου τῆς λοιμώδους·
ὁ Κάλχας δ' ὁ τοῦ Θέστορος υἱὸς καὶ Πολυμήλας,
"Οἶδα μέν," εἶπεν, "Ἀχιλεῦ, τῆς νόσου τὴν αἰτίαν·

and the honorable seer's staff; for it was not of gold
but curved and wooden, necessary for prophecies;
for they would pour ashes from the hearth onto the earth
and write prophecies with this staff, using arcane skills,
looking to the sun and telling the future.   30
Plutarch calls this staff an auguring rod,
while Kokkeianos Kassios Dion says augur rod.
    Thus adorned in his seer's garb, Chryses came
with gifts to ransom his daughter.
When Agamemnon drove him out angrily,   35
Chryses prayed to Apollo against the Greeks,
that is, he prayed for the sun to become very intense.
And it became very intense, following much rain
upon the army; the crowded concentration of tents
raised up foul smelling vapors of feces and corpses,   40
polluting and corrupting all the air,
while he, moreover, assisting with his magical skills,
unleashed a terrible plague, killing people and cattle.
And he first started by killing the animals, since they are
bent down toward the earth, where the plague originates,   45
since they have a much keener sense of smell than men;
shortly thereafter it started killing men also.
The disease lasted nine days
and everywhere piles of corpses were being collected;
on the tenth day, Achilles called a meeting   50
and asked what was the cause of the plague;
Kalchas, the son of Thestor and Polymela, said:
"Achilles, I know the cause of the disease,

τὸν βασιλέα φρίττω δέ· τούτου γὰρ ἡ αἰτία."

55 Τοῦ δὲ θαρρύναντος αὐτόν, ἄρχεται λέγειν οὕτω·
"Τὸ λοιμικὸν ἐνέσκηψε νόσημα στρατοπέδῳ,
ἀνθ᾽ ὧν ἀτίμως ἤλασε τὸν Χρύσην Ἀγαμέμνων,
ἄνθρωπον μάγον, καὶ δεινὸν εἰς τὸ μεγάλα βλάπτειν,
ἐλθόντα πρὸς ἐξώνησιν παιδὸς τῆς Χρυσηΐδος.

60 Οὗτος γὰρ ἄκρως λυπηθείς, ἐν μαγικαῖς ταῖς τέχναις
εὑρὼν καὶ τὴν ἐκφλόγωσιν ἡλίου συνεργοῦσαν,
ἐπήγαγε τὸ νόσημα, καὶ παῦσις οὐκ ἐσεῖται
πρὶν ἂν ἀποκομίσαιμεν αὐτῷ τὴν θυγατέρα,
μετὰ καὶ δώρων καὶ τιμῆς αὐτὸν ἐξιλεοῦντες·

65 καὶ τότε τρέψει τὸν λοιμὸν ἐν ἐπῳδαῖς ἑτέραις."
Οὕτω τότε τοῦ Κάλχαντος εἰπόντος τὴν αἰτίαν,
ὁ Ἀγαμέμων μετ᾽ ὀργῆς ὁ βασιλεὺς ἀνέστη,
καὶ πέμπων πῦρ ἐξ ὀφθαλμῶν κακολογεῖ τὸν μάντιν·
ὁ δ᾽ Ἀχιλεὺς ὑπερμαχῶν τοῦ μάντεως ἀνέστη,

70 καὶ πρὸς τὸν Ἀγαμέμνονά φησι τὸν βασιλέα·
"Πέμψον τὴν κόρην, βασιλεῦ, τὴν Χρύσου θυγατέρα
ὑπὲρ παντός σου τοῦ στρατοῦ καὶ τούτου σωτηρίας·
ἡμεῖς δ᾽ ἄνπερ πορθήσωμεν τὴν Τρωϊκὴν τὴν πόλιν,
διπλᾶ, τριπλᾶ σοι, τετραπλᾶ δώσομεν ὑπὲρ ταύτης."

75 Ὁ δέ φησι καὶ πρὸς αὐτὸν οὕτω τὸν Ἀχιλέα·
"Ἐγὼ μὲν ἕτοιμός εἰμι τὴν Χρυσηΐδα πέμπειν,
τὴν Βρισηΐδα δὲ τὴν σὴν αἰχμάλωτον λαμβάνω."
Τούτων ἀκούσας Ἀχιλεὺς τῶν λόγων ἐθυμώθη,
διπλᾶ δὲ λογιζόμενος ὑπῆρχε τῇ καρδίᾳ,

80 ἢ ξίφος ἑλκυσάμενος κτεῖναι τὸν βασιλέα,
ἢ καταπαῦσαι τὴν ὀργήν, ὥσπερ ἀνὴρ ἐχέφρων.

but I fear the king; for he is the cause of it."
Having been encouraged by him, he began to speak thus: 55
"The plague has afflicted the camp in return
for Agamemnon's dishonorable expulsion of Chryses,
a sorcerer, skilled at causing great harm,
when he came to ransom his child Chryseïs.
For, being utterly grief-stricken, he found the flare   60
of the sun assisting his magic skills,
and brought this disease and it will not end
until we give his daughter back to him,
appeasing him with gifts and honor;
and then he will avert this pestilence using other spells."   65
After Kalchas thus explained the cause,
King Agamemnon rose in anger
and, flashing forth fire from his eyes, insulted the seer;
but Achilles rose to defend the seer
and said to King Agamemnon,   70
"Send back the girl, O king, the daughter of Chryses,
for the sake of your whole army and its safety;
and if we sack the Trojan city,
we will give you two and three, even four times as many for
     her."
But he replied to Achilles also thus: 75
"I myself am ready to send Chryseïs back,
but I will take your captive Briseïs."
Hearing these words, Achilles became enraged,
and his mind was divided between two options:
either to draw his sword and kill the king   80
or to subdue his anger, as a sensible man would.

Ἐν τούτοις ὄντος τοῦ ἀνδρὸς τοῖς λογισμοῖς, ὡς εἶπον,
ἤγουν ὀργῆς καὶ λογισμοῦ μέσον καθεστηκότος,
καὶ τῆς ὀργῆς ὡς πρὸς σφαγὰς τὸν ἥρωα κινούσης,
85 τοῦ λογισμοῦ δὲ θέλοντος παύειν θυμοῦ τὸ ζέον,
παρὰ τῆς Ἥρας Ἀθηνᾶ ἐξ οὐρανοῦ ἐπέμφθη,
ἐκ τῆς ψυχῆς ἡ φρόνησις, ἐκ κεφαλῆς ἐλθοῦσα,
ἥτις ἐστὶ σφαιροειδὴς εἰς οὐρανοῦ τὸ σχῆμα·
ἔπεισε τοῦτον παῦσαι μὲν τὸ ξίφος καθελκύειν·
90 λόγοις λοιδόροις δὲ πολλοῖς πλύνει τὸν βασιλέα
καὶ τέλος ἐξωμόσατο μὴ συμμαχεῖν ἐκείνῳ,
μηδὲ βοήθειάν τινα τοῖς Ἕλλησι παρέχειν.
Ἐκ τοῦ ἑτέρου μέρους δὲ πάλιν τοῦ βασιλέως
ὀργιζομένου χαλεπῶς καὶ μηνιῶντος ἄγαν,
95 ὁ Νέστωρ ὁ τῆς Χλώριδος υἱὸς καὶ τοῦ Νηλέως,
κατά τινας ἑτέρους δὲ Νηλέως, Πολυμήδης,
τριγέρων ὢν καὶ βασιλεὺς Πυλίων γλυκυλόγος,
ὡς πρὸς συμβάσεις ἔσπευδε συναγαγεῖν τοὺς δύο,
τὸν βασιλέα παραινῶν ἱκετικοῖς ἐν λόγοις
100 καταλιπεῖν τῷ Ἀχιλεῖ κεκτῆσθαι Βρισηΐδα,
πύργον τὸν ἄνδρα τοῦ στρατοῦ λέγων Ἑλλήνων εἶναι,
τὸν δ᾽ Ἀχιλέα νουθετῶν παύειν τὰς αὐθαδείας,
τῷ βασιλεῖ δὲ μηδαμῶς ἐθέλειν ἀντερίζειν,
λέγων πρὸς τοῦτον· "Ὁ κρατῶν ἐκ τοῦ Διὸς τὸ σκῆπτρον
105 οὐκ ἔστι σοι ὁμότιμος, ὦ Ἀχιλεῦ, οὐκ ἔστιν·
εἰ ῥωμαλέος ἔφυς δὲ καὶ παῖς θεᾶς ὑπάρχεις,
τοῦτ᾽ ἔστιν ἔχεις ἀρετὴν τὴν πρακτικὴν ἐν μάχαις,
ἀλλ᾽ οὗτος κρείσσων σοῦ πολύ· πολλῶν γὰρ βασιλεύει."
Οὕτω τοῦ Νέστορος αὐτοὺς ἄγοντος πρὸς συμβάσεις,

While the man was debating, as I have said,
that is, standing between anger and reason,
and while anger was moving the hero toward murder,
his mind wished to calm his seething heart;   85
Athena was sent from the heavens by Hera,
the wisdom of the soul, coming from the head,
which is spherical in the shape of the sky,
and she persuaded him to stop and sheathe his sword;
he nevertheless showered the king with abusive words   90
and in the end swore never to fight alongside him again,
nor to offer any help to the Greeks.
On the other hand the king, for his part,
was terribly angry and very wrathful,
and Nestor, the son of Chloris and Neleus,   95
or, according to others, of Neleus and Polymede,
being extremely old, the sweet-speaking king of Pylos
rushed to bring the two together and reconcile them.
He beseeched the king with suppliant words
to let Achilles keep Briseïs,   100
calling him the tower of the Greek army,
and advising Achilles to cease his insolence,
and not to wish to vie with the king,
saying to him: "The man who holds his scepter from Zeus
is not equal in honor to you, Achilles, he is not;   105
though you have been born strong and are a goddess's child,
this means you possess practical virtue in combat, but
he is much greater than you; for he rules over many people."
Although Nestor was thus leading them toward
        reconciliation,

110 ἀσύμβατοι διέμειναν. Ἐκστάντες δ' ἀπ' ἀλλήλων,
ἦλθεν αὐτῶν ἑκάτερος σκηνώμασιν ἰδίοις.

Ὁ Ἀγαμέμνων μὲν εὐθὺς πέμπει τὴν Χρυσηΐδα
πρὸς τὸν πατέρα τὸν αὐτῆς σὺν δώροις καὶ θυσίαις,
τοῦ Ὀδυσσέως σὺν νηΐ κομίζοντος ἐκείνην·
115 αὐτὸς δέ, τὸν Ταλθύβιον καὶ Εὐρυβάτην πέμψας,
τὸ Ἀχιλέως ἔλαβε γέρας τὴν Βρισηΐδα.

Ὁ δ' Ἀχιλεύς, ὑπέραντλος γενόμενος ἐκ λύπης,
εὐθέως πάντων χωρισθεὶς τῶν φίλων, τῶν οἰκείων,
ἐλθὼν παρὰ τὴν θάλασσαν ἐκάθητο δακρύων,
120 βλέπων ὡς πρὸς τὸ πέλαγος, καὶ τῇ μητρὶ προσλέγων,
τῇ τοῦ Νηρέως, Θέτιδι δῆθε τῇ Νηρηΐδι·
"Μῆτερ, ἐπεί με ἔτεκες ὄντα τῶν βραχυβίων,
ὁ Ζεὺς ὀφείλων μοι τιμὴν ὑπῆρχε διὰ τοῦτο·
νῦν δὲ καὶ βραχυχρόνιος καὶ ἄτιμος ὑπάρχω·
125 ὁ Ἀγαμέμνων γὰρ αὐτὸς ἔλαβε τὴν τιμήν μου,
τὴν κόρην τὴν αἰχμάλωτον ἣν εἶχον Βρισηΐδα."
Οὕτως αὐτοῦ δακρύοντος, ἀνέδραμεν ἡ Θέτις
ἐκ τῆς θαλάσσης τοῦ βυθοῦ, καθάπερ ἡ ὁμίχλη,
χειρί τε ὁμαλίσασα, ἠρώτα τὴν αἰτίαν.
130 Ὁ δὲ τὰ σύμπαντα λεπτῶς ἐκείνη διηγεῖται
μέχρι τῆς ἀφαιρέσεως τῆς κόρης Βρισηΐδος,
καὶ ἱκετεύει ἀνελθεῖν εἰς οὐρανὸν πρὸς Δία,
καὶ ἱκετεῦσαι βοηθὸν τοῖς Τρώεσσι γενέσθαι,
τοὺς Ἕλληνας συγκλεῖσαι δὲ καὶ τρέπειν πρὸς τὰ πλοῖα
135 φονευομένους ὑπ' αὐτῶν τῶν Τρώων ἐν τῇ μάχῃ,
"εἴ ποτε Δία ἔσωσας μέλλοντα δεσμηθῆναι
ἐκ Ποσειδῶνος, Ἀθηνᾶς, καὶ σὺν αὐτοῖς ἐξ Ἥρας."

they remained unreconciled. They stood apart from each   110
    other;
each went to his own tent.
Agamemnon immediately sent Chryseïs
to her father with gifts and sacrifices,
with Odysseus bringing her in a ship;
but he himself dispatched Talthybios and Eurybates,   115
and took Achilles's prize, Briseïs.
    Achilles, overflowing with sorrow, immediately
distanced himself from all his friends, his own people,
and coming to the seashore, sat weeping;
looking across the water, he addressed his mother,   120
the daughter of Nereus, Thetis the Nereid:
"Mother, since you bore me to a short life,
Zeus was supposed to owe me honor because of this;
but now I am both short-lived and dishonored;
for Agamemnon himself has taken my honor,   125
the slave girl Briseïs, who was mine."
As he was thus weeping, Thetis ascended
from the depths of the sea, just like the mist;
caressing him with her hand, she asked the cause.
He told her everything in detail   130
up to the seizure of the girl Briseïs,
and he entreated her to go up to Zeus in the heavens
and to supplicate him to help the Trojans,
intercept the Greeks, and turn them toward the ships
to be killed by the Trojans in battle,   135
"if indeed you saved Zeus when he was about to be put
in chains by Poseidon and Athena as well as Hera."

Ἡ Θέτις δ᾽ εἶπε πρὸς αὐτὸν πάλιν τὸν Ἀχιλέα·
"Ὁ Ζεὺς παρὰ Αἰθίοπας νῦν πότοις δεξιοῦται,
140 μετὰ δ᾽ ἡμέρας δώδεκα ἐλεύσεται Ὀλύμπῳ·
κἀγὼ δὲ τότε πρὸς αὐτὸν εἰς Ὄλυμπον ἀνέλθω,
καὶ παρακλήσεσιν αὐτόν, δοκεῖ μοι, καταπείσω."
Τοιαῦτα μὲν ὑπέσχετο τῷ Ἀχιλεῖ ἡ Θέτις.

Καὶ δὴ Διὸς εἰς Ὄλυμπον ἐλθόντος δωδεκάτῃ
145 καὶ σὺν αὐτῷ καὶ τῶν θεῶν, ἀνῆλθε καὶ ἡ Θέτις,
καὶ τῇ σκαιᾷ μὲν ἥψατο γονάτων τῶν ἐκείνου,
τῇ δεξιᾷ γενείου δέ, τοῦ καὶ ἀνθερεῶνος,
παρακαλοῦσα τὸν υἱὸν τιμῆσαι Ἀχιλέα.
Οὗτος δ᾽ ἐσίγα, μὴ λαλῶν τῇ Θέτιδι μηδόλως.

150 Ὡς δ᾽ ἠνωχλεῖτο, στεναγμὸν ἐξέπεμψεν ἐκ βάθους
ἐκείνην προτρεψάμενος πάλιν ἀποδημῆσαι,
τῇ κεφαλῇ δ᾽ ἐπένευσεν ἐκείνῃ βοηθῆσαι.
Καὶ ἡ μὲν Θέτις πρὸς αὐτὴν τὴν θάλασσαν κατῆλθεν·
ὁ Ζεὺς δὲ πρὸς τὸν ἴδιον οἶκον εἰσῆλθε τότε,
155 πάντες δ᾽ ἀνέστησαν θεοὶ ἐκ τῶν καθιδρυμάτων.

Ἡ δ᾽ Ἥρα ὀργιλώτερον πρὸς Δία διετέθη
ὅτι συνδιελέγετο Θέτιδι τῇ Νηρέως·
τούτου δὲ τὸ ἐμβρίμημα μεγάλως πτοηθεῖσα
ἐκάθισε περίφοβος, ἀμέτρως λυπουμένη,
160 καὶ πάντες ἀνεστέναξαν θεοὶ οἱ οὐρανίδαι.
Ὁ παντεργάτης δ᾽ Ἥφαιστος παρηγορῶν τὴν Ἥραν
διπλοειδὲς ποτήριον ἐδίδου συγκεράσας,
καὶ πρὸς αὐτὴν ἃ πέπονθεν ἐκ τοῦ Διὸς ἐλάλει,
εἰπὼν πῶς ἔρριψεν αὐτὸν ἐξ οὐρανοῦ πρὸς Λῆμνον,
165 καὶ πῶς αὐτὸν οἱ Σίντιες ἀνέλαβον πεσόντα.

Thetis said to Achilles again:
"Zeus is now feasting with the Ethiopians,
but he will return to Olympos in twelve days;   140
I will then go up to Olympos to him
and I will persuade him, I think, with my entreaties."
Such was Thetis's promise to Achilles.
And when Zeus came to Olympos on the twelfth day
and the other gods with him, Thetis also went up,   145
and she touched his knee with her left hand
and with her right his beard and his chin,
begging him to honor her son Achilles.
He remained silent, saying nothing to Thetis at all.
He was annoyed and let out a deep sigh,   150
urging her to go away,
but with a nod of his head he assented to help her.
And Thetis went back down to the sea;
Zeus then entered his own abode
and all the gods rose from their seats.   155
Hera was very angry at Zeus because
he had been making deals with Thetis, daughter of Nereus;
but being greatly distraught at his indignation,
she sat terrified, despondent beyond measure,
and all the heavenly gods groaned.   160
To console Hera the master craftsman Hephaistos
gave her a double-shaped cup after mixing the wine,
recounting how Zeus had made him suffer,
how he threw him down from the heavens to Lemnos
and how the Sintians received him after his fall.   165

Οὕτως Ἡφαίστου λέγοντος ἐγέλασεν ἡ Ἥρα,
καὶ τὸν ποτῆρα δέχεται χειρὸς ἐξ Ἡφαιστείας.
Ὁ δὲ καὶ πᾶσι τοῖς θεοῖς ἐκίρνα κατ᾽ ἀξίαν,
οἳ καὶ πολὺν ἀνήγειραν δι᾽ Ἥφαιστον τὸν γέλων.

170 Οὕτω πανημερίως μὲν ἐδαίνυντο τῷ τότε,
τέρποντος τοῦ Ἀπόλλωνος ἐκείνους τῇ κιθάρᾳ,
καὶ τῶν Μουσῶν τραγῳδουσῶν φωναῖς ἐν γλυκυτάταις.
Ἑσπέρᾳ δ᾽ ἕκαστος αὐτῶν ἦλθε πρὸς τὴν οἰκίαν,
ἥνπερ ἑκάστῳ Ἥφαιστος ἐποίησεν ἐντέχνως.

175 Ζεὺς δ᾽ ὁ ποιῶν τὰς ἀστραπὰς ἦλθεν αὐτοῦ τῇ κλίνῃ,
ἔνθα πεσὼν ἀφύπνωσε μικρὸν μετὰ τῆς Ἥρας.

Ταῦτα μὲν εἶπον μυθικῶς ὡς κεῖνται τῷ κειμένῳ·
τὸ δ᾽ ἀληθὲς νῦν μάνθανε καὶ τὴν ἀλληγορίαν.

Ὁ Ἀχιλεύς, ὡς εἶπον πρίν, υἱὸς ἦν τοῦ Πηλέως

180 καὶ Θέτιδος τῆς θυγατρὸς Χείρωνος φιλοσόφου·
ὃς Χείρων ὁ φιλόσοφος, πάππος τοῦ Ἀχιλέως,
ἐκ λεκανομαντείας τε καὶ σκέψεως ἀστέρων
τὰ μέλλοντα συμβήσεσθαι τῷ Ἀχιλεῖ προεῖπε.
Καὶ Θέτις μὲν ἡ Χείρωνος, μήτηρ τοῦ Ἀχιλέως,

185 καὶ Θέτις δὲ ἡ θάλασσα τοῦ Ἀχιλέως μήτηρ
διὰ τὸ ἄγριον αὐτοῦ καὶ θυμικὸν καλεῖται·
καὶ ὅτι, τὸ γενέθλιον ἔχων ἐν ὑδροχόῳ,
ἐν ταῖς παρύγροις μάχαις τε καὶ ταῖς διαποντίοις
καὶ τοῖς χειμῶνος δὲ καιροῖς μεγάλως συνηργεῖτο·

190 καὶ ὅτι ἐκ τοῦ ὕδατος καὶ λεκανομαντείας,
ὡς ἐκ μητρός, ἐμάνθανε τὰ μέλλοντα γενέσθαι·
καὶ ὅτι μετὰ θάνατον αὐτοῦ τοῦ Ἀχιλέως
νεκροῦ τούτου τοῦ σώματος εἰσέτι προκειμένου,

Hera laughed at Hephaistos's speaking in this way
and received the wine cup from Hephaistos's hand.
And he mixed wine for all the gods according to their rank
and they broke out in laughter at Hephaistos.
And so they feasted all day long,   170
while Apollo delighted them with the lyre
and the Muses sang in the sweetest voices.
When evening fell, each went to his own abode,
which Hephaistos had skillfully crafted for each of them.
And Zeus, the maker of lightning bolts, came to his bed,   175
lay down, and fell asleep with Hera a short time later.
    I have thus given the mythical account of the text;
learn here the truth and the allegory.
    Achilles, as I said earlier, was the son of Peleus,
and Thetis the daughter of the philosopher Cheiron;   180
this philosopher Cheiron, Achilles's grandfather,
using dish divination and star gazing
prophesied what would happen to Achilles.
And Cheiron's daughter Thetis, Achilles's mother—
Thetis, Achilles's mother, is the sea   185
and she is called that because of his wildness and passion;
and because his birth was in the constellation of Aquarius,
in battles by the sea and beyond the sea
he was assisted greatly by the occurrences of storms;
also, because from the water and dish divination   190
he learned what was to be, as if from his mother,
and that after the death of Achilles,
while the corpse of his body was still lying exposed,

ἡ θάλασσα, ταράξασα κῦμα φρικτὸν καὶ μέγα,
195 ἐξῆλθε μέχρι τοῦ νεκροῦ περὶ Σιγείου τόπον,
ὡς πᾶν τὸ στράτευμα φυγεῖν κατακλυσμὸν δοκοῦντας·
ἡ δέ, θρηνῶδες γοερὸν ὥσπερ ἐκμυκωμένη
πάλιν εἰς κοίτην τὴν αὐτῆς εὐθέως ὑπεστράφη·
ὅπερ καὶ θρῆνον Θέτιδός φησι καὶ Νηρηΐδων·
200 καὶ ὅτι κατὰ Ὅμηρον πρῶτον στοιχεῖον ὕδωρ,
ἐκ τούτου δὲ καὶ τὰ λοιπὰ γενέθλια στοιχεῖα.
Κατὰ τοσούτους λέγεται ἡ θάλασσα τοὺς τρόπους
μήτηρ εἶναι τοῦ ἥρωος ἐκείνου Ἀχιλέως.

Ὡς οὖν ἐξ Ἀγαμέμνονος τὴν κόρην ἀφῃρέθη,
205 ἔνδακρυς πρὸς γενέθλιον ὕδωρ θαλάσσης βλέπων,
αὐτὸς ἐλάλει πρὸς αὑτόν· "Ποῦ μοι τὰ τῆς μαντείας,
ἅπερ ὁ Χείρων ἔλεγεν ὁ πάππος μοι γενέσθαι,
ἐκ τῆς παρύδρου μαντικῆς καὶ λεκανομαντείας;
Ἰδοὺ καὶ βραχυχρόνιος καὶ ἄτιμος ὑπάρχω.
210 Ὁ Ἀγαμέμνων γὰρ λαβὼν ἔχει τὴν Βρισηΐδα.
Ποῦ τοῦ Διός μοι ἡ τιμή;", ἤτοι τῆς Εἱμαρμένης.

Τῆς ὁμιχλώδους Θέτιδος τὰς ἀνελεύσεις μάθε.
Περίλυπος καὶ ἔνδακρυς καθήμενος ὁ ἥρως,
καὶ ταῦτα λογιζόμενος περὶ αὑτοῦ φρονίμως,
215 ἀναθυμίασιν ὁρᾷ θαλάσσης ὁμιχλώδη
περὶ ὀρῶν τοὺς πρόποδας, προλέγουσαν χειμῶνα·
ὅπερ ὁμάλισίς ἐστι χειρὸς πρακτικωτάτη,
καὶ μήτηρ τούτου ὁ χειμὼν λυσιτελῶν ἐκείνῳ·
ἡ γὰρ ἡμέρα πέφυκε καὶ μητρυιὰ καὶ μήτηρ,
220 τοῖς δυστυχοῦσι μητρυιά, τοῖς δ' εὐτυχοῦσι μήτηρ.
Ἰδὼν οὖν τὸ κατάστημα τὸ ὁμιχλῶδες τότε,

the sea, stirring up a great and terrible wave, would travel
as far as the place where the corpse was lying near Sigeion,   195
and all the army fled, thinking there was a flood.
And she immediately returned again to her lair,
as though bellowing, plaintively and mournfully,
which they call the lament of Thetis and the Nereids;
and because, according to Homer, water was the first   200
    element,
from which the rest of the generative elements came.
For these reasons, the sea is said
to be the mother of that hero Achilles.

    And so when Agamemnon robbed him of the girl,
he looked tearfully to the sea, his watery birthplace,   205
and said to himself: "Where are those prophecies
which my grandfather Cheiron said would happen to me,
his prophecies from the water's edge and dish divination?
Behold how I am both short-lived and dishonored.
Agamemnon has taken Briseïs.   210
Where is my honor from Zeus?", that is, from Fate.

    Now understand the meaning of misty Thetis's ascent.
The hero, sitting very sorrowful and in tears
with these thoughts in his mind,
sees the misty exhalation of the sea   215
around the base of the mountains, foretelling a storm;
this is the most efficient caressing of her hand,
and his mother, the storm, worked to his advantage;
for the day was both mother and stepmother:
for the unfortunate a stepmother, but for the fortunate a   220
    mother.
And so seeing then the misty weather,

πρὸς ἑαυτὸν τὰ σύμπαντα λέγων τὰ πεπραγμένα,
εἰς τοῦτο τὸ χειμέριον κατάστημα ὀμίχλης
εὔχεται τὸν οὐράνιον ἀέρα μεταβῆναι,
225 ὅπως κακῶς οἱ Ἕλληνες πάσχοντες ἐκ τῶν Τρώων
εἰς παρακλήσεις ἔλθωσι τοῦ ἥρωος ἐκείνου.
Ἡ δὲ Διὸς βοήθεια ἐκ Θέτιδος ὑπάρχει,
ὅτε τοῦτον ἐξέσωσε τῶν ἐπιβουλευόντων·
ὅπερ ἠλληγορήσαμεν ἐν κρίσει τῇ τοῦ μήλου,
230 ὅτι μετὰ διάρθρωσιν ἀέρος ἐκ τοῦ χάους
παλιντροπία γέγονε καὶ σύγχυσις μεγάλη
Ἥρας, τοῦ καταστήματος, ὡς εἶπον, τοῦ πυρώδους,
τοῦ Ποσειδῶνος, τοῦ ὑγροῦ φημι καὶ τῶν ὑδάτων,
καὶ Ἀθηνᾶς, τοῦ ζοφεροῦ ἀέρος καὶ προσγείου;
235 Ὑφ᾽ ὧνπερ ἐκινδύνευε τὸ καθαρὸν ἀέρος,
τὸ χλιαρὸν καὶ ἔνυγρον καὶ κατηυκρατωμένον,
ὁ Ζεὺς αὐτὸς ὁ μυθικός, δεθῆναι καὶ κρυβῆναι,
εἰ μὴ τὸν ἑκατόγχειρον ἥλιον ἐκ θαλάσσης,
τὸν εἰς πολλὰς ὑπάρχοντα λυσιτελῆ τὰς πράξεις,
240 συνέβη σὺν ὑγρότητι φανῆναι θαλασσίᾳ,
τὰ μὲν ὑγρὰ καθαίροντα τῇ ζέσει τῇ πυρφόρῳ,
ὑγρότητι συμμέτρῳ δὲ κιρνῶντα τὸ φλογῶδες,
ὅπερ ἐκεῖ γοῦν ἔφημεν ὑπάρχειν Ἀφροδίτην
τὸ μῆλον σχοῦσαν ἔπαθλον, τὸν κόσμον τὸν ὡραῖον.
245 Νῦν τοῦτον Ἑκατόγχειρον Βριάρεών τε λέγει
Διῒ παρὰ τῆς Θέτιδος σύμμαχον ἀναχθέντα.
Ἐπεὶ δὲ Σεπτεμβρίου μὲν ἦν ὀκτωκαιδεκάτη
ὅτε ταῦτα κατηύχετο ὁ Ἀχιλεὺς γενέσθαι,
κατὰ δὲ τὸν Ὀκτώβριον ἔμελλε γεγονέναι

telling himself all the things which had happened,
in that stormy weather of mist,
he prayed that the air in the sky would change
so that the Greeks would fare badly at the hands of the   225
    Trojans
and would come to that hero in supplication.
And Zeus's aid was there because of Thetis,
since she had kept him safe from those plotting against him;
this we have allegorized in the judgment of the apple,
that after the articulation of the air from chaos   230
there was a reversal and great confusion of Hera,
<that is> of the conditions, which, as I have said, were fiery,
of Poseidon, I mean of the wet element and the waters,
and of Athena, the gloomy and low-lying air;
from all of these the pure air was in danger,   235
the warm and moist and very mild,
mythical Zeus himself, of being bound and hidden,
had not the hundred-armed sun,
which works for our benefit in many actions,
happened to appear from the sea with the sea moisture,   240
purifying the moisture with its fiery heat,
mixing the fiery heat with balanced moisture,
which previously we have said was Aphrodite
holding the apple as prize, the beautiful world.
Here he says that this hundred-armed Briareos   245
was enlisted as an ally of Zeus by Thetis.
Because it was September the eighteenth
when Achilles prayed for this to happen,
what he asked for would take place in October,

250 τὸ ὄμβριον κατάστημα καὶ ψύξις τοῦ ἀέρος·
ὁ Ὅμηρος, ὢν πάνσοφος ἐν τῷ τοὺς μύθους γράφειν,
καὶ περὶ ἀναβάσεως θέλων τοῦ Νείλου λέγειν,
ποιεῖ τὴν Θέτιν τὸ ὑγρὸν κατάστημα λαχοῦσαν·
ὁ Ζεὺς δὲ πρὸς τὴν Αἴγυπτον δαῖτα μεγάλην ἔχει,
255 ἤγουν ἀὴρ ὁ κάθυγρος ἔστιν ἐν τῇ Αἰγύπτῳ.
Ἔστι γὰρ ἡ ἀνάβασις τοῦ Νείλου Αἰγυπτίοις·
ἐκ τέλους Ἰουλίου γὰρ δι᾽ ὅλου Σεπτεμβρίου
γίνεται ἡ ἀνάβασις, τῷ δ᾽ Ὀκτωβρίῳ λήγει,
καὶ γίνεται κατάστημα χειμέριον ἐνθάδε.
260 "Μετὰ δ᾽ ἡμέρας δώδεκα ἐλεύσεται ἐνθάδε
ὁ Ζεύς," οἱόνπερ σὺ ποθεῖς ἀέρα τῶν ἐνύγρων,
ὅνπερ ἡ Θέτις, τὸ ὑγρόν, δύναται καταπείθειν.
Ἐξ ὀκτωκαιδεκάτης γὰρ μηνὸς τοῦ Σεπτεμβρίου
ἡμέραι δώδεκά εἰσιν εἰς πρώτην Ὀκτωβρίου.
265 Ὡς γοῦν μετὰ τὰς δώδεκα, ἤγουν τῷ Ὀκτωβρίῳ,
χειμέριον κατάστημα συνέβη γεγονέναι,
ὅπερ πρὸς Ὄλυμπον Διὸς ἔλευσιν ὀνομάζει
καὶ τῶν ἑτέρων τῶν θεῶν, ἤγουν λοιπῶν στοιχείων·
οὗ γὰρ ἀὴρ ὁ ἔνυγρος καὶ κατηυκρατωμένος,
270 ἐκεῖ καὶ ὕδωρ τε καὶ πῦρ ἐστι καὶ γῆς τι μέρος.
Αἰὲν ἐόντα λέγων δὲ Ὅμηρος τὰ στοιχεῖα
τὸν κόσμον τοῦτον ἄφθαρτον φαίνεται δογματίζων.
Τοιούτου καταστήματος τῷ τότε γενομένου
ὅπερ Διὸς πρὸς Ὄλυμπον ἔλευσιν ὀνομάζει,
275 ἐκ τῆς θαλάσσης πρὸς αὐτὸν ἀνῆλθε καὶ ἡ Θέτις,
νέφος παχὺ καὶ ἔνυδρον, μεμεστωμένον ὄμβρου.
Καὶ τὸ μὲν λίαν πάχιστον καὶ τὸ βαρὺ τοῦ νέφους,

<I mean> the rainy weather and the cooling of the air;   250
Homer, who was all wise in writing the myths,
when wishing to speak of the flooding of the Nile,
made Thetis obtain the wet weather;
but Zeus had a great feast in Egypt,
meaning that the wettest air was in Egypt.   255
For the Egyptians have the flooding of the Nile;
for from the end of July through all of September
the flooding happens, it ends in October,
and then winter comes.
"After twelve days Zeus will come here,"   260
<who is> this very moist air you desire,
whom Thetis, the wet element, is able to persuade.
For from the eighteenth of September
it is twelve days to the first of October.
And so after the twelve days, that is, in October,   265
the wintry weather comes,
which he calls the return to Olympos of Zeus
and of the other gods, that is, the remaining elements;
for where the moist and mildest air is,
there is also water and fire and a part of the earth.   270
For Homer, by saying that the elements always exist,
appears to declare that this world is indestructible.
When at that time this weather happened,
which he calls Zeus's return to Olympos,
Thetis also ascended from the sea to him,   275
a thick and moist cloud full of rain.
And the extreme thickness and heaviness of the cloud,

ὃ καὶ σκαιὰν τῆς Θέτιδος χεῖρα κατονομάζει,
τῶν κατωτάτων ἥπτετο μερῶν τῶν τοῦ ἀέρος,
280 ἅπερ αὐτὸς καὶ γόνατα Διὸς κατονομάζει·
τὸ δ᾽ αὖ λεπτομερέστερον, χεὶρ ἡ δεξιωτάτη,
τῶν ἀνωτέρων ἥπτετο μερῶν τῶν τοῦ ἀέρος,
ἅπερ πανσόφως κέκληκε πάντως ἀνθερεῶνα·
ἐκεῖ γὰρ ἀναθρώσκοντα τὰ νέφη πνευματοῦται.
285 Ἀναξαγόρας δ᾽ ἐκ τῆς γῆς λεγέτω τοὺς ἀνέμους,
Ὁμήρου προδιδάξαντος πρὸ τοῦ Ἀναξαγόρου,
πρό γε τετρακοσίων τε τῶν χρόνων καὶ πλειόνων,
τὸ ὑλικὸν μὲν αἴτιον γίνεσθαι τῶν πνευμάτων
ἐκ γῆς τε καὶ τοῦ ὕδατος, ὥσπερ Ἀναξαγόρας·
290 τὸ τελικὸν καὶ πρακτικὸν πάλιν τοῖς ἄνω τόποις
ὡς νῦν διδάσκει συνετῶς μύθους δοκῶν συγγράφειν.
Τοιούτου νέφους πανταχοῦ τῷ τότε συναχθέντος
συνέβη πάντα ζοφερὸν ὑπάρχειν τὸν ἀέρα
ἄλυτον, ὅπερ καὶ σιγὴν Διὸς κατονομάζει.
295 Ὁ στεναγμὸς δὲ τοῦ Διός, ἡ κίνησις ὀφρύων,
ἡ Θέτιδος κατέλευσις ὡς πρὸς θαλάσσης τόπους,
Ἥρας τὸ φιλονείκημα, ἡ κέρασις Ἡφαίστου,
μέχρι τοῦ τέλους ἔχουσι τοιάνδ᾽ ἀλληγορίαν.
Ὁ στεναγμὸς ὁ τοῦ Διὸς ἀνέμου δηλοῖ πνεῦμα
300 κινῆσαν τούτου τὰς ὀφρῦς, ἤγουν νεφῶν τὸ πάχος·
ἡ Θέτιδος κατέλευσις ὄμβρον δηλοῖ γενέσθαι,
ὅστις καὶ συγκατάνευσίς ἐστι τῆς βοηθείας·
ἡ τοῦ Διὸς δὲ ἔλευσις πρὸς οἶκον τὸν οἰκεῖον
τὸ πάλιν εἶναι καθ᾽ αὑτὸν ὡς πρώην τὸν ἀέρα,
305 εἰς ὄμβρον ἐκλεπτύναντα τὸ πάχος τὸ τοῦ νέφους.

which he calls the left hand of Thetis,
was touching the lowest parts of the air,
which he calls Zeus's knees;   280
but the thinnest part <of the cloud>, her right hand,
was touching the upper parts of the air,
which most wisely he called his chin;
for as they move up there the clouds dissipate.
Let Anaxagoras say the winds are from the earth;   285
but Homer taught before Anaxagoras
by four hundred years and more
that material substance is the cause of the winds
from earth and water, just as Anaxagoras <said>;
the final and active cause is in the upper parts <of the air>   290
as he teaches here, thinking wisely to write myths.
Then, when such a cloud was gathered everywhere,
it happened that all the air was gloomy and
indissoluble, which he calls Zeus's silence.
   And the sighing of Zeus, the movement of his brows,   295
Thetis's descent to the places of the sea,
Hera's quarrel, Hephaistos's wine mixing,
until the end <of the book> they have this allegory.
   Zeus's sigh signifies the breath of wind
which moved his brows, that is, the thickness of the clouds;   300
Thetis's descent signifies a rain shower,
which is also his nodding of assent to the request for aid;
and the return of Zeus to his own abode,
which is again according to him the air, as before,
thinning the thickness of the cloud into rain.   305

Ἡ τῶν θεῶν ἀνάστασις ἐκ τῶν καθιδρυμάτων
ἡ τῶν στοιχείων σύγχυσις καὶ τάραξις ὑπάρχει,
ἡ ἐκ τῆς συγκλονήσεως νεφῶν ἐγγινομένη
ἅπερ σφοδρότερον αἰθήρ, ἡ Ἥρα, συνεκλόνει·
310 ὅπερ καὶ ἔχθρα λέγεται Ἥρας ὡς πρὸς τὸν Δία·
αὕτη καθαίρει γὰρ ἀεὶ τὸ κάθυγρον ἀέρος·
τὸ πτῆξαι δὲ καθίσασαν περίφοβον ἐκείνην
τὸ πάλιν τὸν ἀέρα δὲ νεφῶν συμπληρωθῆναι.
       Ὁ στεναγμὸς δὲ τῶν θεῶν, κτύπος βροντῆς ὑπάρχει.
315 Εἰ γὰρ καὶ Δία λέγουσιν αἴτιον βροντημάτων,
ἀλλ᾽ εἰ μὴ νέφος κάθυγρον, ἔχον ξηρὸν ἀέρα,
τῷ βάρει μὲν συμπέσειε πρὸς ἄλλο πάλιν νέφος,
τῷ δὲ ξηρῷ κροτήσειεν, οὐκ ἂν βροντὴ συσταίη·
ἀλλ᾽ οὐδὲ σέλας ἀστραπῆς τὸ σύνολον φανείη,
320 εἰ μὴ τὸ πνεῦμα λεπτυνθὲν ἐκδράμῃ τῇ συντρίψει.
       Ὁ παντεργάτης δ᾽ Ἥφαιστος, πῦρ τὸ θερμὸν ἀέρος,
μεταποιῶν ἀπήρξατο τὸ νέφος ἐρυθραίνειν,
ὅπερ τῆς Ἥρας λέγεται κρατὴρ παρηγορία·
ἡ παντελὴς δὲ κάθαρσις, ἡ κατηυκρατωμένη,
325 γέλως θεῶν καὶ τράπεζα, κρατὴρ καὶ πανδαισία,
καὶ μουσικὴ Ἀπόλλωνος, Μουσῶν τε τραγῳδία·
διπλοειδὲς ποτήριον νεφῶν ἡ ἐρυθρότης,
ἥτις ποτὲ μὲν ὄμβρους τε καὶ πνεύματα σημαίνει,
ποτὲ δὲ πάλιν γίνεται σημεῖον τῆς εὐδίας.
330   Βλέπε πῶς παίζων Ὅμηρος σπουδαῖα περιπλέκει,
θέλων καὶ περὶ ῥίψεως τῶν κεραυνῶν συγγράφειν,
ἐξ ὧν τὸ πῦρ ἐφεύρηται τοῖς πρότερον ἀνθρώποις
ἐν Λήμνῳ, κόσμῳ σύμπαντι οὗ μένουσιν οἱ ὄχλοι,

The rising up of the gods from their seats
is the mingling and stirring of the elements.
This was created by the dashing together of clouds
which the ether, Hera, was dashing together more
    vigorously,
which is also called Hera's enmity toward Zeus;   310
for she always purifies the moistest parts of the air,
and her crouching in fear as she sat most terrified
is the air being filled with clouds again.

    The sighing of the gods is the sound of thunder.
For even if Zeus is, as they say, the cause of thunder,   315
unless the most moist cloud, having dry air,
fell again against another cloud because of its weight,
and boomed because of the dryness, thunder would not
    form;
but neither would the lightning flash be visible in its entirety
if the wind thinned by the crushing did not expire.   320
The master craftsman Hephaistos, the warm fire of the air,
started transforming the cloud to a reddish hue
which is also called the bowl of Hera, <her> consolation.
The total purification, the most temperately mixed,
the laughter and table of the gods, the mixing bowl and   325
    feast,
and the music of Apollo, the songs of the Muses;
the redness of the clouds is the double-shaped cup,
and sometimes it signifies rains and winds,
but other times becomes a sign of good weather.

    Behold how Homer is serious even when he is playful,   330
when he wishes to write about lightning bolts,
from which the men of old discovered fire on Lemnos,
which represents the whole world, where the masses live,

οὕσπερ καλεῖ καὶ Σίντιας τοὺς εὑρετὰς τοὺς πρώτους.

335 Εὑρόντες πᾶσαν τέχνην γὰρ ἐκ τοῦ πυρὸς ἐκεῖνοι
πάντα τὸν βίον ἔβλαψαν καὶ πάντας τοὺς ἀνθρώπους·
πρὸ γὰρ τεχνῶν οὐ πόλεμος, οὐ δοῦλος, οὐ δεσπότης,
ἀλλ᾽ ἐλευθέρως ἅπαντες ἔζων ἐν ὁμονοίᾳ.
Ἄλλοι δὲ Σίντιάς φασι καλεῖσθαι τοὺς Λημνίους,

340 ὡς πρώτους πρὸς τὸν πόλεμον εὑρόντας ὁπλουργίαν.
   Τέως βλέπε τὸν Ὅμηρον πῶς παίζων καὶ σπουδάζει.
Θέλων γὰρ περὶ ῥίψεως τῶν κεραυνῶν συγγράφειν
πῶς ὂν τὸ πῦρ ἀνωφερὲς κάτω πρὸς γῆν ἐκρέει,
φέρει τὸ πῦρ τὸν Ἥφαιστον λέγοντα πρὸς τὴν Ἥραν·

345 "Πείθου, μὴ μάχου τῷ Διΐ· δύναται γὰρ μεγάλα·
κἀμὲ γὰρ πρὶν βουλόμενόν σοι συνεργῆσαι, μῆτερ,
ἐν τῇ τοῦ κόσμου δηλαδὴ πρωτίστῃ διαρθρώσει,
κάθυγρος ὢν ἀπέρριψεν πρὸς Λῆμνον, ἤγουν κόσμον,
ἀπὸ πρωΐας τῶν καιρῶν μέχρι δυσμῶν ἡλίου,

350 ἐξ οὗ τὸ πῦρ ἐφεύρηται, καὶ τέχναι τοῖς ἀνθρώποις."
   Τὸ κροῦμα νῦν τῆς μουσικῆς Ἀπόλλωνος μάθε
καὶ τραγῳδίαν τῶν Μουσῶν, μέχρι τοῦ τέλους πάντα.
   Ὁ μὲν Ἀπόλλων, ἥλιος, ἀστὴρ εἷς τῶν πλανήτων,
Μοῦσαι δ᾽ ἀστέρες οἱ λοιποὶ τῶν συμπλανήτων τούτου.

355 Ἑπτὰ δ᾽ εἰσὶν οἱ σύμπαντες, ὧνπερ αἱ κλήσεις αὗται·
Κρόνος πάντων ἀνώτερος, ὁ Ζεὺς δὲ δευτερεύων,
Ἄρης τρίτος, ὁ Ἥλιος τέταρτος μέσος πάντων,
ἡ Ἀφροδίτη καὶ Ἑρμῆς, ὑστέρα δ᾽ ἡ Σελήνη.
   Οὗτοι γοῦν, δίκην μουσικῆς ἀρίστης ἑπταχόρδου,

360 ἕκαστος σφαίραις ταῖς αὐτῶν κινούμενοι κροτοῦσι
μέλος τι λιγυρώτατον ἀρίστης ἁρμονίας,

whom he also calls Sintians, the first inventors.
For having invented every craft from fire,   335
they brought harm to all life and all men;
for before the crafts there was no war, no slave, no master,
but everyone lived in freedom and harmony.
Others say that the Lemnians were called Sintians since
they were the first to invent the making of arms for war.   340
   In the meantime see how Homer is serious even when
     playful.
For when he wishes to write about thunder bolts, how,
although the fire is ascending, it flows down to the earth,
he presents the fire, that is, Hephaistos, as saying to Hera:
"Heed me, do not fight with Zeus; for his power is great.   345
For me too, who earlier wished to work with you, mother,
that is, in the very first articulation of the universe, he,
being very moist, hurled me to Lemnos, that is, into the
     world,
from early in the morning until the setting of the sun,
from which men discovered fire and crafts."   350
   Learn now about the strum of Apollo's music
and the songs of the Muses, everything until the end.
   Apollo is the sun, a star among the planets, and
the Muses are the rest of the stars of his fellow planets.
They are seven in all, and are named as follows: 355
Saturn is the highest of all, Jupiter second,
Mars third, the Sun in the middle of all is fourth,
Venus and Mercury, last the Moon.
And so, as in the best seven-stringed music, they
each move in their spheres and strike up a most clear song,   360
a most clear song of excellent harmony

καὶ μᾶλλον ἀνατέλλοντες, κατάρχοντος ἡλίου.
Τοῦτο γοῦν βούλεται εἰπεῖν ὁ Ὅμηρος ἐνθάδε,
ὅτι μετὰ τὴν ἔλευσιν τοῦ νέφους ἦν εὐδία
365 εὐάρμοστος, ἀρκέσασα μέχρι δυσμῶν ἡλίου·
μετὰ τὴν νύκτα δ᾽ ἕκαστον ἠρέμει τῶν στοιχείων,
οὗπερ αὐτοῖς ἐποίησε τὸ πῦρ τὰς κατοικίας,
ὁ παντεργάτης Ἥφαιστος πάντα ποιῶν καὶ τρέφων.
Τὸ πῦρ γάρ, κατὰ Ἕλληνας, ἐν τῇ κοσμογενείᾳ
370 ἑκάστῳ διενείματο τοὺς τόπους κατ᾽ ἀξίαν·
τὸ ὕδωρ ἐκλεπτῦναν γὰρ ἐποίησεν ἀέρα·
τοῦτον λεπτῦναν πλέον δὲ ἐποίησεν αἰθέρα,
καὶ τοὺς ἀστέρας μετ᾽ αὐτὸν πυρώδεις τὴν οὐσίαν.
Οὗτοι πάντες ἠρέμησαν ἐν τόποις τοῖς οἰκείοις,
375 καὶ Ζεὺς αὐτὸς ἠρέμησεν εὔδιος σὺν αἰθρίᾳ.

and rise high up with the sun in the lead.
And so this is what Homer wishes to say here,
that after the clouds' dissipation there was good weather,
harmonious, lasting until the setting of the sun;   365
after nightfall, each of the elements takes its rest
where abodes were made for them by fire,
the master craftsman Hephaistos, making and nourishing
    everything.
For, according to the Greeks, during the creation of the
    universe, fire
distributed places to each one according to his worth;   370
for by reducing water to its fine state, it made air,
and by reducing this even more it made ether,
and with it the stars which are fiery in substance.
Thus they all rested in their own places,
and Zeus himself rested calmly in clear weather.   375

Β'

Τοῦ Βῆτα ἡ ὑπόθεσις τὸν νοῦν ἔχει τοιόνδε.
Οἱ ἄλλοι πάντες μὲν θεοί, τὰ σύμπαντα στοιχεῖα,
ἐκάθευδον, ἡσύχαζον, ἦσαν ἠρεμηκότα·
ὁ Ζεύς, ἀήρ, δ' ἐφρόντιζε τιμῆσαι Ἀχιλέα.
5 Ὁ ὕπνος ἐξ ἀέρος γὰρ ὑγρότητος ὑπάρχει,
ἐξ ὕπνου δὲ οἱ ὄνειροι γίνονται τοῖς ἀνθρώποις·
ὁ ὄνειρος ἐδήλου δὲ τιμᾶν τὸν Ἀχιλέα.
Τῷ Ἀγαμέμνονι καὶ γὰρ ὄναρ ἐφάνη τόδε·
ἐδόκησε τὸν Νέστορα τῇ κλίνῃ παραστάντα
10 λέγειν· "Καθεύδεις, βασιλεῦ· οὐ πρέπει σοι καθεύδειν.
Ἄκουσον λόγων τῶν ἐμῶν· τὰ τοῦ Διὸς ἀγγέλλω,
τὰ εἱμαρμένα λέγω σοι, τὰ μέλλοντα συμβῆναι.
Καθόπλισον τοὺς Ἀχαιοὺς πανστρατιᾷ τοὺς πάντας,
δῆλον τὸ πᾶν σου στράτευμα μετὰ τοῦ Ἀχιλέως·
15 νῦν γὰρ καιρὸς πορθῆσαί σε τὴν Τρωϊκὴν τὴν πόλιν.
Ὁμοφρονοῦσιν οἱ θεοὶ τῆς Ἥρας παρακλήσει·"
τὰ πάντα κατηυκράτωται τῷ καθαρῷ ἀέρι·
"ἐκ τοῦ Διὸς δ' ἐπήρτηται τοῖς Τρώεσσιν ἡ βλάβη·"
τουτέστι βλάβη τοῖς Τρωσὶν ἐξ Εἱμαρμένης ἔσται.
20 Τοῦτο τὸ ὄναρ ἅπασι τοῖς τῆς συγκλήτου λέγει
καὶ βούλεται τὸ στράτευμα πρὸς πόλεμον ὁπλίζειν·
θέλων δὲ γνῶναι τοῦ στρατοῦ καλῶς τὴν προθυμίαν
προλέγει πᾶσιν ἄρχουσι, τοῖς πρώτοις βουληφόροις·
"Ἐγὼ πειράζων τὸν στρατὸν ὑποχωρεῖν κελεύσω·
25 ὑμεῖς δὲ λόγοις συνετοῖς τούτους μὴ παρεᾶτε."

Book 2

The subject matter of Book 2 has this meaning.
All the other gods, all the elements,
were sleeping, were quiet, calm.
But Zeus, the air, was thinking about how to honor Achilles.
Sleep comes from the moisture of the air,   5
and from sleep dreams come to men;
and the dream declared that he should honor Achilles.
For the following dream appeared to Agamemnon:
it seemed to him that Nestor was standing by his bed
saying: "You sleep, king; but you should not be asleep.   10
Hear my words: I bring a message from Zeus,
I will tell you your Destiny, what is going to happen.
Marshal the whole Achaian army,
that is to say, your whole army with Achilles,
for now is the time for you to sack the Trojan city.   15
The gods have agreed as a result of Hera's plea";
everything has been made very temperate by the pure air;
"from Zeus, destruction looms over the Trojans";
that is, the destruction of the Trojans will come from
    Destiny.
He tells this dream to everyone in the council   20
and wants to equip the army for battle;
but wanting to know well the army's zeal,
he speaks first to all his commanders, his first councilors:
"I will test the army by ordering them to retreat;
but you should restrain them with prudent words."   25

Ὁ Νέστωρ συναινέσας δὲ τοῖς βασιλέως λόγοις,
"Δεῦτε," φησίν, "ὁπλίσωμεν τὸ στράτευμα Ἑλλήνων."
Καὶ πρῶτος ὥρμησεν ἐλθεῖν εἰς τὸν στρατὸν ἐκεῖνος,
καὶ μετ' αὐτὸν οἱ βασιλεῖς καὶ τῆς συγκλήτου πάντες·
30 καὶ μετ' αὐτοὺς καὶ τὸ κοινὸν ὁρμᾷ τῶν στρατευμάτων
ὡς βοτρυδὸν αἱ μέλισσαι χωροῦσι πρὸς τὰ ἄνθη.
Πλησίον τῆς θαλάσσης δὲ συνήγοντο τὰ πλήθη
μετὰ θορύβου καὶ κραυγῆς, ὡς μέλλοντες ἐκπλέειν·
μόλις δ' ἐννέα κήρυκες κατέπαυσαν ἐκείνους,
35 καὶ Ἀγαμέμνων βασιλεὺς δημηγορῶν ἀνέστη,
ἓξ βασιλέων ταῖς χερσὶ σκῆπτρον αὐτοῦ κατέχων
ἐξ ὧν αὐτὸς ἐκέκτητο πάντως τὴν ῥιζουχίαν.
Ἐν τούτῳ στηριζόμενος λέγει πρὸς πάντας τάδε·
"Ὦ Ἕλληνες ἡμίθεοι, θεράποντες πολέμου,
40 ἐπὶ ματαίᾳ ἤλθομεν ἐνταῦθα Εἱμαρμένῃ·
πλείους γὰρ ὄντες δεκαπλῶς παρὰ τῶν Τρώων πλῆθος
ἐννέα ματαιάζομεν ἐν χρόνοις πολεμοῦντες.
Πρὸς τὰς πατρίδας πλεύσωμεν, τὴν Τροίαν οὐ
    πορθοῦντες."
Οὕτως εἰπόντος, ὥρμησε τὸ πλῆθος ἀποπλέειν,
45 εἰ μὴ κατεῖχεν Ὀδυσσεὺς φρονήσει τῇ οἰκείᾳ
τοὺς εὐγενεῖς καὶ στρατηγοὺς ἐν πραοτάτοις λόγοις,
τοὺς δ' ἀφανεῖς ἐν μάστιξι καὶ δημοτικωτέρους,
καὶ πάλιν ἀντανέστρεψε πρὸς τὴν βουλὴν ἐκείνους.
Ὡς δ' ὁ Θερσίτης ὕβριζε μόνον τὸν βασιλέα,
50 ὃς ἦν φοξὸς καὶ παραβλώψ, χωλός, κυρτός, ψεδνόθριξ,
τῷ σκήπτρῳ πλήξας καὶ αὐτόν, ὥστε δακρύειν τοῦτον
τοὺς δ' ἄλλους ἅπαντας γελᾶν, δημηγορεῖ τοιάδε·

Nestor approved the king's words:
"Come," he said, "let us equip the Greek army."
And he set out first to go to the army,
and after him the kings and all of the councilors.
And after them also the common soldiers set out   30
just as honeybees, clustered tight like grapes, advance
     toward flowers.
The host assembled by the sea
with clamor and shouting, as though about to sail away;
only with difficulty did nine heralds stop them,
and King Agamemnon rose to address them,   35
holding in his hands the scepter of six kings,
from whom he assuredly derived his ancestry.
Supporting himself on it, he spoke as follows to all:
"O Greek demigods, servants of war,
we have come here to a futile Destiny;   40
for although we have ten times the numbers of the Trojans,
we have been warring here in vain for nine years.
Let us set sail for our fatherlands, without sacking Troy."
    After he spoke, the multitude rushed to sail away,
but with his own prudence Odysseus restrained   45
the nobles and the generals with very gentle words,
and the undistinguished commoners with whips,
and he herded them back toward the assembly once more.
    When only Thersites (who was pointy-headed and
     squinty,
lame, hunchbacked, and bald) kept insulting the king,   50
Odysseus, striking him too with his staff so that he began to
     cry
and all the others laughed at him, said the following:

"Ὦ Ἀγαμέμνων βασιλεῦ, τὸ στράτευμα Ἑλλήνων
πᾶσιν ἀνθρώποις βούλεται σὸν καταισχῦναι κράτος.

55 Οὐ γὰρ πληρῶσαι θέλουσιν αὐτῶν τὰς ὑποσχέσεις,
ὡς καρτερεῖν τὴν πόρθησιν ἐνθάδε τὴν τῆς Τροίας·
ἀλλ᾽ ὥσπερ βρέφη κλαίουσιν ἐλθεῖν εἰς τὰς οἰκίας.
Μείνατε χρόνον, ἀδελφοί, βραχύτατον ἐνθάδε,
ἕως τὴν Τροίαν λάβωμεν τὴν πόλιν τοῦ Πριάμου.

60 Νῦν ὁ καιρὸς ἐφέστηκε τοῦ χρόνου τοῦ δεκάτου,
ὅτε ταύτης ἡ πόρθησις γενήσεται τῆς Τροίας,
ὥσπερ ὁ μάντις ἔλεγεν ἡμῖν ἐν τῇ Αὐλίδι,
ἐκ τῶν στρουθῶν καὶ δράκοντος πάντα καλῶς νοήσας."
Οὕτως εἰπὼν ὁ Ὀδυσσεὺς τοῖς πᾶσιν ἐπῃνέθη,

65 καὶ μετ᾽ αὐτὸν δημηγορεῖν ἀπήρξατο καὶ Νέστωρ·
"Παισὶ μικροῖς ἐοίκαμεν οἷς πόλεμος οὐ μέλει·
φιλονεικοῦμεν μάτην γὰρ ἐπὶ ματαίοις λόγοις.
Ἀλλ᾽, Ἀγαμέμνων βασιλεῦ, βουλεύου νῦν ὡς πρώην,
στρατήγει καὶ παράτασσε τὸ στράτευμα πρὸς μάχας·

70 ἕνα καὶ δύο φθείρεσθαι τῶν μὴ θελόντων ἔα·
ἡμεῖς τὰς Τρώων λάβωμεν γυναῖκας αἰχμαλώτους.
Ἀλλὰ βουλεύου, βασιλεῦ, καὶ πείθου τοῖς φρονίμοις·
χώρισον πάντα τὸν στρατὸν πρὸς γενεὰς καὶ ἔθνη,
ὡς ἂν τὸ γένος βοηθῇ τῷ γένει τῷ οἰκείῳ,

75 τὸ ἔθνος πάλιν ἔθνει δέ, καὶ τότε γνώσῃ πάντως
τίς ἡγεμόνων ἄριστος, τίς τῶν τῆς κάτω τύχης·
καὶ τότε γνώσῃ ἀκριβῶς πῶς οὐ πορθεῖς τὴν Τροίαν,
εἴτε θεόθεν, ἢ κακῶν ὄντων τῶν ὑπὸ χεῖρα."
Ὁ βασιλεὺς ἐπήνεσε τοῦ γέροντος τοὺς λόγους,

80 καὶ τῆς ὀργῆς ἐμνήσθη δὲ τῆς πρὸς τὸν Ἀχιλέα,

"O King Agamemnon, the Greek army
wishes to disgrace your power before all men.
For they do not wish to fulfill their promises   55
to abide here until the sack of Troy,
but, like infants, they are crying to go home.
Stay here, brothers, for a short while,
until we take Troy, Priam's city.
Now the time of the tenth year is upon us,   60
when the sack of Troy will occur,
just as the seer said to us at Aulis, inferring
everything clearly from the sparrows and the snake."
Thus Odysseus spoke and was praised by everyone,
and after him Nestor too started to speak: 65
"We are like small children to whom war is of no concern,
for we are contending in vain with vain words.
But, King Agamemnon, take counsel now as before,
take charge and array the army for battle;
let one or two of those who are reluctant be killed;   70
let us take the Trojan women as slaves.
But take counsel, King, and heed the prudent men:
divide the entire army by clan and nation,
so that each clan may help its own, and
each nation its own nation, and then you will certainly learn   75
which leader is best, which of lower rank; and then
you will know precisely why you will not sack Troy,
whether because of the gods or the bad men under your
         command."
The king praised the old man's words,
and remembered his anger against Achilles,   80

ὡς γενομένης ἀπρεπῶς κακῆς ἐξ Εἰμαρμένης,
καὶ τὸν στρατὸν ἐκέλευσεν ὁπλίζεσθαι φαγόντας.

   Αὐτὸς δὲ θύσας βοῦν Διΐ, τῇ Εἰμαρμένῃ, τάχα
ἑπτὰ τοὺς πρώτους ἄρχοντας καλεῖ πρὸς τὴν θυσίαν,
85 τὸν Νέστορα, καὶ μετ᾽ αὐτὸν Ἰδομενέα Κρῆτα,
εἶτα τοὺς δύο Αἴαντας μετὰ τοῦ Διομήδους,
καὶ Ὀδυσσέα μετ᾽ αὐτούς. Μενέλαος δὲ μόνος
ἦλθεν αὐτοῖς αὐτόκλητος, στέργων τὸν βασιλέα.
Θυσίας ἅμα καὶ εὐχῶν τότε δὲ γενομένων,
90 φαγόντες Νέστορος βουλαῖς, ὥρμησαν πρὸς τὴν μάχην.

   Οἱ στρατηγοὶ δὲ τὸν στρατὸν παρέτασσον κοσμίως,
σὺν τῇ φρονήσει, Ἀθηνᾷ, καὶ τῇ αἰγίδι ταύτης,
ταῖς πολυπλόκοις μηχαναῖς αὐτῆς ταῖς ὑπερτίμοις.
Γλυκύτερος δ᾽ ὁ πόλεμος τούτοις ἐφάνη τότε
95 παρ᾽ ὅπερ ἕκαστον αὐτῶν ἐλθεῖν εἰς τὴν πατρίδα.
Αἱ πεδιάδες ἔλαμπον ὡς πῦρ ἀπὸ τῶν ὅπλων·
ὥσπερ δ᾽ ἀγέλαι τῶν χηνῶν, γεράνων ἢ καὶ κύκνων,
πέτονται περὶ Κάϋστρον τὸν ποταμὸν Ἀσίας,
οὕτως Ἑλλήνων ὁ στρατὸς Σκαμάνδρου πεδιάσι
100 πολὺς εἱστήκει καὶ λαμπρὸς ἐν ὅπλων ποικιλίᾳ,
καὶ πρόθυμοι πρὸς πόλεμον ὡς μυῖαι πρὸς τὸ γάλα.

   Ὁ Ἀγαμέμνων δ᾽ ἐν αὐτοῖς ὁ βασιλεὺς εἱστήκει,
τὴν κεφαλὴν καὶ ὀφθαλμοὺς ἔχων Διΐ ὁμοίους,
τῷ λογισμῷ παρόμοιος, φρόνιμος καὶ αἰδήμων·
105 τὴν ζώνην δὲ τῷ Ἄρεϊ, τὸ στῆθος Ποσειδῶνι,
πολεμικὸς καὶ τὸν θυμὸν ἔχων, ὁπόταν δέῃ,
κατὰ τὴν θάλασσαν αὐτήν· οὐ γὰρ ἀεὶ κινεῖται,
ἀλλ᾽ ὅταν πνεύσας ἄνεμος ἐκείνην κυματώσῃ.

that it happened inappropriately out of an evil Destiny,
and he ordered the army to arm themselves after eating.
    He himself, after sacrificing an ox to Zeus, that is, to
        Destiny, quickly
summoned the seven chief commanders to the sacrifice:
Nestor and after him Idomeneus the Cretan,   85
then the two Aiantes with Diomedes,
and after them Odysseus. But Menelaos alone
came to them unbidden, showing affection for the king.
After they sacrificed and prayed,
having eaten on the advice of Nestor, they set off for battle. 90
    The generals arrayed the army in order,
with wisdom, Athena, and her aegis,
with her elaborate and priceless stratagems.
And war appeared sweeter to them then,
since afterward each could return to his fatherland.   95
The plains gleamed like fire from their arms;
and just like flocks of geese, cranes or swans,
flying around Kaystros, the Asian river,
thus the Greek army in the plains of Skamandros
stood great and radiant in a variety of arms   100
and as eager for war as flies for milk.
    Agamemnon the king stood among them,
his head and eyes like those of Zeus,
resembling him in reasoning, prudent and modest;
his waist like Ares, his chest like Poseidon,   105
being warlike and spirited, when necessary,
like the sea itself; for it does not always move,
except when a blowing wind stirs up its waves.

Ὥσπερ δὲ ταῦρος μέγας τις ἀγέλης ὑπερέχει,
110 τοσοῦτον ἐμφανέστερος καὶ τῶν λοιπῶν ὑπῆρχε.
Τοιοῦτον μὲν ἐποίησε τότε τὸν βασιλέα
ἡ Εἱμαρμένη φαίνεσθαι πάντων ὑπερτεροῦντα.
Εἶτα πάλιν ὁ Ὅμηρος καὶ πρὸς τὰς Μούσας λέγει,
τὴν γνῶσιν πάντως τὴν αὐτοῦ τὴν ἐκ τῶν μαθημάτων.
115 "Εἴπατε, Μοῦσαι, πρὸς ἡμᾶς πάντας τοὺς ἡγεμόνας·
τὸ πλῆθος σύμπαν γὰρ ἐγὼ καὶ πάντας τοὺς ναυάρχους,
οὐδ' ἄνπερ δέκα στόματα καὶ δέκα γλώσσας εἶχον,
ἄρρηκτον δ' εἶχον τὴν φωνὴν καὶ σιδηρᾶν καρδίαν,
τοὺς σύμπαντας ἂν ἴσχυσα πρεπόντως καταλέξαι,
120 εἰ μήπερ ὑπεμνήσατε πάντα ὑμεῖς ἐκ βίβλων."
Οὕτως ἐνταῦθα συμπληροῖ τὴν Βῆτα ῥαψῳδίαν,
καὶ μετ' αὐτὴν κατάρχεται λέγειν τὴν Βοιωτίαν,
ἣν Βοιωτίαν ἔγραψα τοῖς τόποις τοῖς οἰκείοις,
τοὺς ἡγεμόνας λέγων σοι καὶ τούτων ναυαρχίας,
125 καὶ κατ' ἐπαύξησιν αὐτῶν μορφάς τε καὶ τὰ γένη.
Μετὰ τὴν Βοιωτίαν δὲ κατάρχεται τοῦ Γάμμα,
οὕτω ποιήσας τὴν ἀρχὴν ἀρξάμενος ἐνθένδε.

Just as a great bull stands out in the herd,
so much more visible was he than the rest.   110
Destiny had made the king like this,
clearly surpassing everyone in appearance.

    Then Homer also addresses the Muses,
certainly they are his knowledge from his studies:
"Tell us, Muses, all the commanders;   115
for the entire multitude and all the admirals I myself,
not even if I had ten mouths and ten tongues
and an unbreakable voice and an iron heart,
would be able to properly describe them all,
had you not put them all in my mind from books."   120

    In this way here he completes the second book,
and after this he begins to speak of Boiotia,
about which I wrote in the proper places,
telling you about its commanders and fleets,
and elaborating on their appearances and families.   125
After Boiotia begins Book 3,
thus making its beginning starting from here.

Γ΄

Ἐπεὶ δὲ παρετάξαντο παρὰ τῶν ἡγεμόνων,
οἱ Τρῶες ἐπορεύοντο κραυγῇ τε καὶ θορύβῳ,
δίκην γεράνων φευγουσῶν εἰς Αἴγυπτον ἐκ Θρᾴκης,
οὗ τοὺς Πυγμαίους κτείνουσι, τρώγουσαι τούτων στάχυς·
5 οἱ δ᾽ Ἕλληνες ἐπήρχοντο καὶ σιωπῇ καὶ τάξει.
Ὁ δὲ πολὺς κονιορτὸς πεζῶν καὶ τῶν ἱππέων
ὥσπερ ὁμίχλη σκότωσιν ἐποίησε βαθεῖαν.
Ὁ δὲ θεοῖς παρόμοιος Ἀλέξανδρος τὸ εἶδος,
ἤγουν ὁ ὡραιότατος λαμπρῶν δίκην ἀστέρων,
10 ἢ μᾶλλον ὁ αὐτόχρημα τελῶν Ἐπιθυμία,
πρῶτος τῶν ἄλλων, ὡς εἰκός, τῶν Τρώων προεμάχει,
Ἑλλήνων τὸν βουλόμενον ζητῶν μονομαχῆσαι.
Ἰδὼν δὲ τὸν Μενέλαον τοῦ ἅρματος πηδῶντα,
ὥσπερ τις δράκοντα ἰδών, ἔφευγεν ὠχριάσας.
15 Τοῦτον ὁ Ἕκτωρ θυμωθεὶς λόγοις λοιδόροις πλύνει·
"Ἀπατεών, γυναιμανές, εἴθε νεκρός μοι εἴης
παρὸ δακτυλοδείκτημα καὶ πάντων Τρώων ὕβρις.
Ὄντως μεγάλως χαίρουσι τὸ στράτευμα Ἑλλήνων,
τῷ λογισμῷ τῷ ἑαυτῶν ἄριστόν σε δοκοῦντες,
20 ἀνθ᾽ ὧν ὁρῶσιν εὔμορφον, ὡραῖόν σου τὸ εἶδος.
Πῶς οὖν αὐτὸς τοιοῦτος ὤν, νύμφην ἀνδρῶν ἀρίστων
ἁρπάξας βλάβην ἤγαγες σύμπαντι Τρώων γένει;
Οὐ καρτερεῖς; Πολέμησον Ἑλένης τῷ συνεύνῳ,
καὶ γνώσῃ τίνος ἥρπαξας νεάζουσαν γυναῖκα.

Book 3

When they were arrayed by their leaders,
the Trojans marched forth with shouts and clamor,
like cranes flying from Thrace to Egypt,
where they slay the Pygmies, devouring their grain,
but the Greeks were approaching in silence and in order.   5
And much dust from the infantry and the cavalry,
like fog, darkened everything in deep shadow.
Alexandros, in appearance like the gods,
that is, very handsome, like the radiant stars
or, rather, Desire, who grants fulfillment immediately,   10
fought foremost among the other Trojans, as expected,
seeking single combat with any Greek who was willing.
But seeing Menelaos leap down from his chariot,
as if he had seen a snake, <Alexandros> paled and fled.
Hektor, roused to anger, doused him with words of   15
     contempt:
"Cheat, womanizer, I wish you were dead rather
than the object of ridicule and an outrage to all the Trojans.
Indeed, the Greek army is very pleased,
for in their mind they consider you the best,
because they see your shapely, handsome figure.   20
And so, how could someone like you carry off the young
     bride
of a noble man and bring destruction to the entire Trojan
     race?
Will you not stand your ground? Fight with Helen's husband,
and you will learn whose young wife you have carried off.

25 Οὐκ ὠφελήσει σοι οὐδὲν ἡ μουσικὴ θανόντι,
οὐ κάλλος, οὐδὲ τρίχωσις, δῶρα τῆς Ἀφροδίτης,"
εἴτ' οὖν ἐπιθυμίας τε, εἴτε καὶ τοῦ ἀστέρος.
Οἱ γεννηθέντες πάντες γὰρ ἀστέρι Ἀφροδίτης,
καὶ μᾶλλον τῆς αἱρέσεως ὄντι μὴ παραιρέτῃ,
30 ἀρκεῖται μᾶλλον καὶ καλῶς οἷσπερ ἁρμόζει τόποις.
Ὡραῖοι καὶ ἐπέραστοι γυναῖκές τε καὶ ἄνδρες,
ἂν ἐν τῇ πρώτῃ, μᾶλλον δὲ τῇ εἰκοστῇ ὀγδόῃ
μοίρᾳ Καρκίνου φέρωσιν αὐτὴν τὴν Ἀφροδίτην,
θεαῖς οἱ ἄνδρες μίγνυνται, τουτέστι βασιλίσσαις
35 ἢ ἰσοθέοις γυναιξίν, ὡς Πτολεμαῖος γράφει·
γυναῖκες πάλιν δὲ θεοῖς, εἴτε καὶ ἰσοθέοις.
Οὕτω μὲν Ἕκτωρ πρὸς αὐτὸν Ἀλέξανδρον ἦν λέγων·
"Εἰ Μενελάῳ πόλεμον συνήραξας, εὖ ἴσθι,
οὐδέν σοι ἡ γενέθλιος ὤνησεν Ἀφροδίτη.
40 Ἀλλὰ δειλοὶ ὑπάρχουσιν, Ἀλέξανδρε, οἱ Τρῶες
οἵτινες οὐ κατέχωσαν βάλλοντές σε τοῖς λίθοις."
   Πρὸς τοῦτον δὲ Ἀλέξανδρος οὕτως ἀνταπεκρίθη·
"Ἕκτορ, ἐπεί με ὕβρισας πρεπόντως, ἐπαξίως,
σὸς λόγος ὥσπερ πέλεκυς κόπτει μου τὴν καρδίαν·
45 θάρσους ἐμπλήσας πείθει με μάχεσθαι Μενελάῳ.
Σὺ δὲ μὴ κατονείδιζε τὸ κάλλος καὶ τὴν τρίχα,
τὰ τῶν θεῶν δωρήματα, ἀστέρων γενεθλίων·
ἅπερ μοι κατωνείδισας, τὴν κόμην καὶ τὸ κάλλος,
καὶ τὰ λοιπὰ τῶν ἀγαθῶν ἀπόρριπτα οὐκ ἔστιν,
50 ἅπερ παρέχουσιν αὐτοί, θέλων δ' οὐκ ἄν τις λάβοι."
   Σεμνῶς ἐνταῦθα καὶ δεινῶς ἀνθύβρισεν ὁ Πάρις·
οὕτω σεμνῶς ὑβρίσας δὲ οὐκ ἔδοξεν ὑβρίζειν.

Music will not help you against death,   25
nor beauty, nor your hair, the gifts of Aphrodite,"
who is either the personification of desire or the star.
For all those born under Venus
(when it is not out of its proper sect, it offers
more and better assistance to those positions in which it is   30
     fitting),
beautiful and desirable women and men,
if they bear the mark of Venus on the first,
rather on the twenty-eighth degree of Cancer,
the men mingle with goddesses, that is, with queens
or women equal to the gods, as Ptolemy writes,   35
and the women mingle with gods, or men equal to gods.
Thus Hektor spoke to Alexandros, saying:
"If you engage Menelaos in combat, know well,
your birth sign Venus will benefit you not at all.
But, Alexandros, the Trojans are cowards   40
for not burying you beneath heaps of stones."
     Alexandros replied to him in this way:
"Hektor, as you insulted me properly and deservedly,
your words cut my heart like an ax; you have
filled me with courage and persuaded me to fight Menelaos.   45
But do not reproach my beauty and my hair,
the gifts of the gods, of my birth stars;
for the objects of your reproach, my hair and my beauty
and the rest of my virtues, one should not discard,
for one does not receive their gifts of his own accord."   50
     Thus Paris scolded him in turn, respectfully and fiercely,
scolding him so respectfully that he did not seem to be
     scolding him.

Μέλας, στραβὸς γὰρ καὶ ψελλὸς ἦν Ἕκτωρ, ὡς γινώσκεις.

Ἐν τῷ εἰπεῖν ὁ Πάρις δέ, "θέλων οὐκ ἄν τις λάβοι,"

55 μονονουχὶ λέγει ταυτί, τὰς ὕβρεις ἐπικρύπτων·

"Ἕκτορ, καὶ σὺ ἂν ἤθελες τοιοῦτος γεγονέναι·

ἀλλ᾽ Εἱμαρμένην ἔσχηκας ἑτέραν· λοιπὸν παύου,

καὶ κάλλος μὴ καθύβριζε, μηδὲ τρίχωσίν μου.

Εἰ βούλει δέ με μάχεσθαι μετὰ τοῦ Μενελάου,

60 τὸ Τρωϊκὸν μὲν στράτευμα παῦσον καὶ τῶν Ἑλλήνων·

ἐγὼ δὲ καὶ Μενέλαος μόνοι μονομαχοῦμεν.

Ὁ δὲ νικήσας ἅπαντα λαβέτω σὺν Ἑλένῃ,

οἱ δ᾽ ἄλλοι ἀπερχέσθωσαν εἰς τὰς αὐτῶν πατρίδας."

Οὕτως εἰπόντος Πάριδος, Ἕκτωρ τερφθεὶς τοῖς λόγοις

65 τοὺς Τρῶας μάχης ἔπαυε, μέσον κρατῶν τὸ δόρυ,

οἱ δ᾽ Ἕλληνες τοξεύμασιν ἔβαλλον καὶ τοῖς λίθοις,

μέχρις ἔπεσχε βάλλοντας ἐκείνους Ἀγαμέμνων.

Καὶ τότε τοῖς στρατεύμασιν Ἕκτωρ τοῖς δύο λέγει

γνώμην τὴν Ἀλεξάνδρειον περὶ μονομαχίας.

70 Πάντων ἡσυχαζόντων δέ, Μενέλαος ταῦτ᾽ εἶπεν·

"Ὁ λόγος ἔστιν ἀρεστὸς ὁ τῆς μονομαχίας·

ἀλλ᾽ ὅρκοις βεβαιώσωμεν πρότερον τὰ τῆς μάχης.

Παρέστω δὲ καὶ Πρίαμος αὐτὸς ἐν ταῖς θυσίαις·

ἄπιστος γὰρ Ἀλέξανδρος καὶ παραβάτης ὅρκων."

75 Ἐχάρησαν οἱ Ἕλληνες καὶ Τρῶες ἐπὶ τούτοις,

παῦσιν εὑρεῖν ἐλπίζοντες τοῦ χαλεποῦ πολέμου.

Συντόμως δ᾽ ἀφωπλίζοντο· πλησίον δὲ ἀλλήλων

οἱ Ἕλληνες ἐκάθηντο καὶ Τρῶες δίκην φίλων.

Ὁ Ἕκτωρ πέμπει φέρειν δὲ πάντα τὰ πρὸς θυσίαν,

Hektor was dark, he squinted, he stuttered, as you know.
When Paris says, "One does not receive them of his own
    accord,"
he all but says the following, but conceals the criticism: 55
"Hektor, you would also want to be like this;
but you have a different Destiny, so stop
and do not reproach my beauty, nor my hair.
If you want me to fight with Menelaos,
pull back the Trojan army and the Greeks;   60
and I and Menelaos will fight alone, in single combat.
The victor will take everything together with Helen,
and the others will withdraw to their homelands."

    When Paris spoke thus, Hektor, delighted by the speech,
stopped the Trojans from fighting by holding the midpoint   65
    of his spear,
but the Greeks still pelted them with arrows and stones
until Agamemon stopped them from doing so.
And then Hektor spoke to the two armies
about Alexandros's request for a duel.
As everyone fell silent, Menelaos said these words: 70
"This request for a duel pleases me;
but let us first establish with oaths the terms of the combat.
Let Priam himself be present also at the sacrifices,
for Alexandros is untrustworthy and an oath breaker."
The Greeks and Trojans rejoiced at this,   75
hoping to find an end to the harsh war.
They disarmed quickly; near each other
the Greeks and Trojans sat like friends.
Hektor ordered everything needed for the sacrifice,

80 καλέσαι τε τὸν Πρίαμον τοῖς ὅρκοις συμπαρεῖναι
καὶ Ἀγαμέμνων ἔπεμψεν ἐκ πλοίων ἄρνα φέρειν.
Ἡ Ἶρις τῇ Ἑλένῃ δὲ πᾶν τὸ συμβὰν μηνύει,
τὸν περὶ ταύτης πόλεμον καὶ τὴν μονομαχίαν,
ὁμοιωθεῖσα θυγατρὶ Πριάμου Λαοδίκῃ·
85 τουτέστιν Ἶρις γέγονε τόξον τὸ νεφελῶδες,
ἐξ οὗ τὸ συμβησόμενον ἐνόησεν Ἑλένη
ὡς εἴπερ τις κατέλεξε πάντα καλῶς ἐκείνῃ.
Ἦλθε δὲ πρὸς ἐνθύμιον εὐθὺς τοῦ Μενελάου
καὶ τῆς πατρίδος τῆς αὑτῆς, ἀλλὰ καὶ γεννητόρων.
90 Λεπτῷ δ' ἐπικαλύμματι κατακαλυψαμένη,
δυσὶ σὺν ἄλλαις ὥρμησε κλαίουσα πρὸς τὸν πύργον.
Περὶ δὲ πύλας τὰς Σκαιὰς αὐτὴν διερχομένην
ἀπὸ τοῦ πύργου βλέποντες οἱ γέροντες τῶν Τρώων,
ἐκ γήρως μὲν ἀπόμαχοι, σύμβουλοι δὲ γενναῖοι,
95 Πριάμῳ συγκαθήμενοι καὶ ἀδελφοῖς Πριάμου,
τῷ Πανθόῳ καὶ Θυμοίτῃ, καὶ Λάμπῳ καὶ Κλυτίῳ,
καὶ σὺν τῷ Ἱκετάονι τῷ ἀδελφῷ τῷ ἕκτῳ·
ὁ Οὐκαλέγων τε αὐτὸς ἅμα καὶ ὁ Ἀντήνωρ
ἐν ἠρεμαίᾳ τῇ φωνῇ ἀλλήλοις προσλαλοῦντες,
100 "Οὐ νέμεσις," ἐφθέγξαντο, "διὰ τοιαύτην κόρην
ἐπὶ πολὺ κακοπαθεῖν τοὺς Ἕλληνας καὶ Τρῶας.
Λίαν ἐστὶ παρεμφερὴς αὐτῇ Ἐπιθυμίᾳ·
ἀλλὰ καὶ κάλλος ἔχουσα τοιοῦτον ἀπερχέσθω,
μὴ γένοιτο μετόπισθεν ἡμῖν καὶ τέκνοις βλάβη."
105 Ταύτην δὲ Πρίαμος αὐτοῦ πλησίον ἑδριάσας,
ἀνερωτῶν ἐμάνθανεν Ἑλλήνων τοὺς ἀρίστους·

and summoned Priam to be present for the oaths,   80
while Agamemnon sent for a sheep from the ships.
   Iris told Helen everything that had happened,
the conflict over her and the duel,
appearing as Priam's daughter Laodike;
that is, Iris became the cloudy rainbow,   85
from which Helen perceived what was going to happen
as if someone had explained everything clearly to her.
Immediately she remembered Menelaos
and her fatherland, and also her parents.
Covering herself with a fine veil,   90
she set out in tears for the tower with two other women.
As she was passing by the Skaian gates,
the old men of the Trojans were looking out from the tower,
too old to fight, but brave counselors,
sitting together with Priam and his brothers,   95
Panthoös, Thymoites, and Lampos and Klytios,
with Hiketaon, the sixth brother;
and Oukalegon himself and Antenor as well,
talking to each other in quiet voices,
said: "It is no cause for anger that the Greeks and Trojans   100
have suffered many woes on account of this girl.
She is very much the likeness of Desire herself;
but for all of her beauty let her depart,
lest harm come to us and our children afterward."
Priam, seating her near him   105
and making inquiries, learned about the Greek leaders,

πρῶτον τὸν Ἀγαμέμνονα ὅνπερ καὶ μακαρίζει,
τὸν Ὀδυσσέα δεύτερον, τὸν Αἴαντα δὲ τρίτον.

Μόνους δ᾽ ὑπέδειξεν αὐτῷ, καὶ τὸν Ἰδομενέα·
110 τοὺς ἀδελφοὺς δὲ Κάστορα ταύτης καὶ Πολυδεύκην
ἀποθανόντας οὐδαμοῦ προσβλέπειν δυναμένη,
μὴ συστρατεῦσαι τοῖς λοιποῖς ἐδόκησεν Ἑλλήνων,
ἢ δι᾽ αὐτὴν αἰσχύνεσθαι φανῆναι τῷ πολέμῳ.
     Οἱ κήρυκες λαβόντες δὲ πάντα τὰ πρὸς θυσίαν
115 καλοῦσι καὶ τὸν Πρίαμον. Ὁ δ᾽ ἀναβὰς εἰς ἅρμα
ἦλθε παρὰ τὸ στράτευμα Ἑλλήνων τε καὶ Τρώων.
Στάντων πρὸς τὴν θυσίαν δέ, νιψάντων καὶ τὰς χεῖρας,
ὁ Ἀγαμέμνων τῶν ἀρνῶν τὰς τρίχας ἀποκόψας,
Ἑλλήνων διενείματο καὶ Τρώων τοῖς ἀρίστοις·
120 ηὔχετο δὲ πρὸς οὐρανὸν τὰς χεῖρας ἀνατείνας·
"Ἥλιε, Γῆ καὶ Οὐρανέ, καὶ Ποταμῶν τὸ ὕδωρ,
καὶ οἱ παρ᾽ Ἅιδην τιμωροὶ δαίμονες τῶν ἀδίκων,
ὑμεῖς ἔφοροι γίνεσθε καὶ φύλακες τῶν ὅρκων.
Κἄν μὲν Ἀλέξανδρος αὐτὸς Μενέλαον φονεύσῃ,
125 Ἑλένην καὶ τὰ χρήματα ταύτης ἐχέτω πάντα,
ἡμεῖς δὲ πορευσώμεθα πάλιν εἰς τὰς πατρίδας·
εἰ δ᾽ ἀντιστρόφως γένοιτο, γενέσθω τοὐναντίον,
ἡμῖν τε πρέπουσα τιμὴ δοθήτω κατὰ νόμους,
τὸ τῶν χρημάτων ἥμισυ δῆλον τῶν ἐν τῇ πόλει."
130 Οὕτως εἰπὼν ἀπέσφαξε τοὺς ἄρνας Ἀγαμέμνων,
οἶνον δ᾽ ἐπέχεεν αὐτοῖς· ηὔχετο πᾶς λαὸς δὲ
χεθῆναι τὸν ἐγκέφαλον οὕτω τῶν ἐπιόρκων.
Ὁ δὲ Κρονίων οὐδαμῶς τούτων εὐχὰς ἐπλήρου,
ἡ σκοτεινὴ καὶ ἄδηλος ἅπασιν Εἱμαρμένη.

first about Agamemnon, whom he deemed blessed,
Odysseus second and Aias third.

　　She pointed out to him only these and Idomeneus,
but her brothers Kastor and Polydeukes,　　　　　　　　110
who were dead, she could not see,
and thought they had not joined the rest of the Greeks
or were ashamed to appear in the war fought on her account.

　　The heralds took everything for the sacrifice
and summoned Priam also. And he, stepping onto his　　　115
　　　chariot,
came toward the armies of the Greeks and the Trojans.
As they stood for the sacrifice and washed their hands,
Agamemnon, after cutting off the sheep's hair,
distributed it to the Greek and Trojan leaders;
and he prayed, stretching his arms to the heavens:　　　120
"Sun, Earth and Sky, and water of the Rivers,
and spirits who punish the unjust in Hades,
become enforcers and guardians of our oaths.
And if Alexandros himself should kill Menelaos,
let him have Helen and all her wealth,　　　　　　　　125
and we will sail again to our homelands;
but if the reverse happens, let the opposite take place,
and let the appropriate honor by law be given to us,
that is, half the treasure discovered in the city."
So saying, Agamemnon slaughtered the sheep;　　　　　130
he poured wine over them; the whole army prayed
that thus the brains of perjurers be poured out.
But these prayers were not at all fulfilled by Kronos's son,
who is that dark Destiny obscure to everyone.

135 Ὁ Πρίαμος μερίδα δὲ λαβὼν ἐκ τῆς θυσίας,
ὀπισθοδρόμως ἤλαυνε πάλιν ὡς πρὸς τὴν Τροίαν
εἰπών· "Τὸν θάνατον αὐτῶν οἶδεν ἡ Εἱμαρμένη·
ἐγὼ δ᾽ οὐχ ὑπομείναιμι βλέπων τοῖς ὀφθαλμοῖς μου
Ἀλέξανδρον μαχόμενον μετὰ τοῦ Μενελάου."
140 Οὕτως εἰπὼν ὁ Πρίαμος εὐθέως ὑπεχώρει.
Τὸν τοῦ μονομαχίου δὲ τόπον συγκατεμέτρουν
Ἕκτωρ ὁμοῦ καὶ Ὀδυσσεύς· ἔβαλον δὲ καὶ κλήρους
τοῦ Μενελάου, Πάριδος, ἐν περικεφαλαίᾳ,
ὅστις ἂν πρότερος αὐτῶν λάχῃ τὸ βέλος πέμψαι·
145 Ἕκτωρ δὲ βλέπων ὄπισθε τοὺς λίθους ἀνεκίνει,
καὶ πρότερος ἐξέδραμεν ὁ κλῆρος Ἀλεξάνδρου.
Οὗτοι δὲ μέσοι ἔστησαν ὅπλοις ηὐτρεπισμένοι.
Καὶ πρῶτος μὲν Ἀλέξανδρος τὸ σάκος Μενελάου
ἄπρακτος ἔμεινε βαλών, κλιθέντος τοῦ σιδήρου·
150 δεύτερος δὲ Μενέλαος, πέμψας αὐτοῦ τὸ δόρυ,
ἔκοψε τὴν ἀσπίδα τε καὶ πᾶσαν πανοπλίαν
πρὸς τὴν λαπάραν Πάριδος. Κλιθεὶς δ᾽ αὐτὸς συντόμως
ἐξέφυγε τὸν θάνατον δόρατος Μενελάου.
Μενέλαος τῷ ξίφει δὲ πλήξας τὴν κεφαλαίαν,
155 ἐκ τῆς χειρὸς τετράκλαστον ἀπέβαλε τὸ ξίφος.
Γυμναῖς ὁρμήσας τὸ λοιπὸν εἷλκε χερσὶν ἐκεῖνον,
στρέφων ὡς πρὸς τοὺς Ἕλληνας ἐκ περικεφαλαίας.
Καὶ τοῦτον ἂν ἀπέκτεινε Μενέλαος εὐθέως,
εἰ μή πως ἔσωσεν αὐτὸν ἡ Ἀφροδίτη τότε,
160 τὸν λῶρον ἀποκόψασα τῆς περικεφαλαίας,
καὶ τοῦτον ἀφαρπάξασα πρὸς τὸν αὐτοῦ κοιτῶνα,
ἥτις συνέκλινεν αὐτῷ τότε καὶ τὴν Ἑλένην.

Priam, taking a portion from the sacrifice,   135
drove back again toward Troy,
saying: "Fate knows their death;
but may I not linger to see with my own eyes
Alexandros fighting with Menelaos."
So saying, Priam immediately withdrew.   140
The measurements of the dueling field were made by
Hektor and Odysseus together; they placed the lots
of Menelaos and Paris in a helmet;
whoever drew the lot would be first to hurl his spear;
Hektor, looking behind him, was shaking the stones   145
and Alexandros's lot sprang up first.
They stood in the middle prepared with their arms.
And first Alexandros missed his mark,
hitting Menelaos's shield, and the iron bent;
Menelaos, second, threw his spear and   150
cut through the shield and all the armor
on Paris's flanks. But he quickly dodged
and escaped death from Menelaos's spear.
Menelaos, after striking Paris's helmet with his sword,
dropped his sword, which shattered into four pieces.   155
Charging he then dragged him with his bare hands,
turning him by the helmet toward the Greeks.
And Menelaos would have killed him right there,
had not Aphrodite saved him then
by cutting his helmet strap,   160
and whisking him away to his bedchamber
and laying him down next to Helen.

Τῆς Ἀφροδίτης μάνθανε νῦν τὴν ἀλληγορίαν.
Οἱ Ἀφροδίτης ἔχοντες γενέθλιον ἀστέρα
165 κείμενον τόποις ἀγαθοῖς σώζονται καὶ κινδύνων.
Ἐπεὶ δὲ τὸ γενέθλιον τοιοῦτον Ἀλεξάνδρου,
οὕτως ἐξέφυγε σωθείς, τοῦ λώρου κεκομμένου·
ἐπεὶ δὲ δρᾷ καὶ ποθεινοὺς τοὺς οὕτω γεννηθέντας,
πολλὰ ζυγομαχήσασαν πρὸς ἑαυτὴν Ἑλένην
170 τὸ κάλλος εἵλκυσεν αὐτήν, καὶ μετὰ ποίαν ἧτταν·
καὶ οὕτως συγκατέκλινεν ὥσπερ νενικηκότι.
    Ὁ δὲ Μενέλαος αὐτὸν ὡς λέων ἀνηρεύνα.
Ἔλεγε τότε τοιγαροῦν αὐτὸς ὁ Ἀγαμέμνων·
"Ἡ νίκη, Τρῶες, φαίνεται τυγχάνειν Μενελάου·
175 δότε λοιπὸν τὰ χρήματα, δότε καὶ τήν Ἑλένην
καὶ τὴν τιμὴν τὴν πρέπουσαν, τὴν οὖσαν κατὰ νόμους,
τὸ τῶν χρημάτων ἥμισυ δῆλον τῶν ἐν τῇ πόλει."

Learn now the allegory of Aphrodite.
Those born under Venus,
when it lies in good position, are saved from dangers. 165
As this was Alexandros's birth star,
thus he escaped, being saved when the strap was cut.
Because she also makes desirable those born under her sign,
Helen, despite having greatly struggled with herself,
was seduced by his beauty, even after such a defeat, 170
and thus she lay with him as if he had won.
　　But Menelaos was searching for him like a lion.
For that very reason Agamemnon said:
"The victory, Trojans, clearly goes to Menelaos;
and so give us the treasure, give us also Helen 175
and the appropriate honor, according to the rules,
that is, half the treasures discovered in the city."

Δ΄

Οἱ δὲ θεοὶ παρὰ Διῒ πρὸς γῆν κεχρυσωμένην
καθιδρυμένοι σύμπαντες, Ἥβης κιρνώσης νέκταρ,
ἐδημηγόρουν βλέποντες τὴν πόλιν τὴν τῶν Τρώων,
καὶ περὶ τῆς πορθήσεως αὐτῆς ἐζυγομάχουν.
5   Τέως κατῆλθεν Ἀθηνᾶ τῷ τότε πρὸς τοὺς Τρῶας,
καὶ Πάνδαρον παρέπεισε Μενέλαον τοξεῦσαι.
Ἑστώτων τῶν ἀρίστων δὲ κύκλῳ τοῦ Μενελάου
καὶ τοῦ Μαχάονος αὐτοῦ τὸ τραῦμα θεωροῦντος,
ἔνοπλον Τρώων τὸ πεζὸν ἐχώρει καθ᾽ Ἑλλήνων.
10 Ἀφεὶς δὲ τὸν Μενέλαον, εὐθέως Ἀγαμέμνων
τὸ στράτευμα καθώπλιζεν ἀθρόως πρὸς τὴν μάχην·
πεζὸς δὲ διερχόμενος πάντας τοὺς ἡγεμόνας,
τοὺς σπεύδοντας μὲν ὤτρυνεν ἐπαίνοις πρὸς τὴν μάχην,
Ἰδομενέα, Αἴαντας, τὸν Νέστορα σὺν τούτοις·
15 τοὺς δὲ ῥαθύμους αὐστηροῖς ἐπέπληττε τοῖς λόγοις,
τὸν Μενεσθέα, καὶ αὐτὸν ἅμα τὸν Ὀδυσσέα,
καὶ Διομήδην σὺν αὐτοῖς υἱὸν τὸν τοῦ Τυδέως.
   Τῶν Τρώων καὶ Ἑλλήνων δὲ τῷ τότε μισγομένων,
θόρυβος ἤρθη φοβερὸς καὶ κτύπος των ἁρμάτων,
20 ὡς χειμερίων ποταμῶν ἐπιρροὴ ῥαγδαίων
ἀπὸ πετρώδους ὑψηλοῦ κρημνιζομένων ὄρους.
Καὶ πρῶτος μὲν Ἀντίλοχος βαλὼν ἐν τῷ μετώπῳ
ἀνήρηκεν Ἐχέπωλον υἱὸν τοῦ Θαλυσίου,
Ἀγήνωρ δ᾽ Ἐλεφήνορα τὸν στρατηγὸν Εὐρίπου,
25 ἕλκοντα τὸν Θαλύσιον καὶ μέλλοντα σκυλεύειν,

Book 4

All the gods sitting beside Zeus on the golden ground,
as Hebe mixed nectar,
held forth as they watched the city of the Trojans,
and quarreled about the sack of Troy.
In the meantime, Athena came down to the Trojans,   5
and persuaded Pandaros to shoot Menelaos with his bow.
While the leaders stood around Menelaos
and Machaon examined his wound,
the Trojan infantry, under arms, advanced against the
        Greeks.
Having left Menelaos, Agamemnon immediately   10
arrayed his army in a body for battle;
going on foot among all the commanders,
he encouraged with praise those hastening to the battle,
Idomeneus, and the two Aiantes, along with Nestor,
but he chastised the laggards with harsh words,   15
Menestheus, and Odysseus too,
and with them Diomedes, the son of Tydeus.
   When the Trojans and Greeks then engaged,
a terrible din and the crashing of chariots arose
like the spate of violent flooding rivers   20
cascading down from a high rocky mountain.
And first Antilochos struck in the forehead
and killed Echepolos, son of Thalysios,
Agenor killed Elephenor, the commander of Euripos,
as he dragged Thalysios and was about to strip him;   25

τρώσας δορὶ κατὰ πλευρόν, ἀπέκτεινεν εὐθέως.
Αἴας δ᾽ ὁ μέγας ἐν δορὶ βαλὼν κατὰ τὸ στῆθος
ἀνεῖλε Σιμοείσιον νέον ὡραῖον οἷον.
Ἄντιφος τοῦ Πριάμου δὲ νόθος υἱὸς ὑπάρχων
30 σύροντα Σιμοείσιον γυμνῶσαι πανοπλίας
Λεῦκον τὸν Ἰθακήσιον κτείνει βαλὼν βουβῶνι·
νόθον δὲ Δημοκόωντα πάλιν υἱὸν Πριάμου
ὁ Ὀδυσσεὺς ἀνήρηκε βαλὼν κατὰ τὸν κόρσην.
Ὁ Πείρως ὁ Ἰμβράσου δέ, ὃς ἦν ἀπὸ τῆς Αἴνου,
35 ἡγεμονεύων τῶν Θρᾳκῶν τῶν παρελλησποντίων,
ἀπέκτεινε Διώρεα υἱὸν Ἀμαρυγκέως,
τῶν Ἐπειῶν τὸν στρατηγόν, τουτέστι τῶν Ἠλείων,
λίθῳ τραχεῖ τὴν δεξιὰν κνήμην ἐκείνου κόψας,
εἶτα καὶ δόρατος πληγῇ ἔντερα τούτου χέας.
40 Τὸν Πείρωα δ᾽ ἀπέκτεινε τοῦτον ὁ Θόας πάλιν,
ὑπὲρ μαζὸν τῷ δόρατι τὸ πρῶτον δορατίσας,
εἶτα καὶ τὴν γαστέρα δὲ τούτου τῷ ξίφει τύψας.
Οὗτοι μὲν πάντες ἔπεσον ἄνδρες ἐξ ἡγεμόνων·
τοῦ δὲ κοινοῦ πολυπληθεῖς ἦσαν νεκρῶν σωρεῖαι.
45 Τὰ μὲν τῆς ὑποθέσεως πάντα τῆς Δέλτα ταῦτα,
τὴν δὲ θεῶν νῦν μάνθανε πᾶσαν ἀλληγορίαν.
Μὴ Χερουβίμ, μὴ Σεραφὶμ ὧδε θεούς μοι νόει,
ὥσπερ Ψελλὸς ἐδίδαξεν ὁ πάνσοφος ἐκεῖνος,
παίζων οὐκ οἶδα πῶς εἰπεῖν, ἢ καὶ σπουδάζων ἄρα.
50 Οὐδὲν γὰρ πρὸς τὸν Ὅμηρον ἅπερ φησὶν ἐκεῖνος·
ἀσύντροχα πρὸς δόξαν γὰρ εἰσὶ τὴν Ὁμηρείαν,
ὥσπερ ζωὴ καὶ θάνατος, καὶ τῶν ἀντιθετούντων.

wounding him in the side with a spear, he killed him
    immediately.
Aias the great spearman struck in the chest
and killed Simoeisios, a handsome youth.
Antiphos, the bastard son of Priam,
killed Leukos from Ithaca with a blow to the groin   30
as he was dragging Simoeisios to strip him of his armor;
Odysseus killed Demokoön, another bastard son of Priam,
with a blow to the temple.
Peiros, the son of Imbrasos from Ainos,
commanding the Thracians living by the Hellespont,   35
killed Dioreus the son of Amarynkeus,
the commander of the Epeians, that is, the Elians,
cutting through his right shin with a jagged rock,
and then also disemboweled him with a spear thrust.
Then Thoas killed Peiros,   40
first throwing his spear above his breast,
then stabbing him in the stomach with his sword.
These were all the commanders who fell; and
there were also heaps of many corpses of the common
    soldiers.
    This is the complete subject matter of Book 4;   45
now learn every allegory of the gods.
    Do not assume that the gods here are Cherubim or
    Seraphim,
as that all-wise Psellos taught,
I do not know whether to say he was being playful or
    serious.
For what he says has nothing to do with Homer,   50
for they are incompatible with Homer's doctrines,
just like life and death, and other opposites.

Ὁ Ὅμηρος ἐνταῦθα γὰρ ἀστρολογῶν νῦν γράφει.
Μετὰ τὴν ἧτταν Πάριδος τὴν παρὰ Μενελάου
55 ἐπιβλαβὲς θεμάτιον ὑπῆρχε τῶν ἀστέρων,
τοὺς οὕσπερ λέγει καὶ θεοὺς ἐν γῇ κεχρυσωμένῃ
ἐνιδρυμένους ἐν αὐτῷ τῷ ζωοφόρῳ κύκλῳ,
καὶ πίνοντας τοῦ νέκταρος, Ἥβης οἰνοχοούσης·
ἀεὶ γὰρ περιτρέχοντες τὸν ζωοφόρον κύκλον
60 δύνουσιν, ἀνατέλλουσι, πάσας ποιοῦσι φαύσεις.
Τούτων τῷ τότε τοιγαροῦν ὁ Κρόνος καὶ ὁ Ἄρης,
οἱ τῶν ἀστέρων κάκιστοι καὶ βλαπτικοὶ τῶν ἄλλων,
ἦσαν τετραγωνίζοντες ἀλλήλους ἐν τῇ φαύσει·
τὸ δὲ τοιοῦτον κάκιστον θεμάτιον ὑπῆρχε,
65 καὶ πόρθησιν ἐσήμαινεν ὅσον οὐκ ἤδη Τροίας.
Τέως δὲ τότε γέγονε καί τις ἀστὴρ κομήτης,
ὅστις σημεῖον πέφυκε γίνεσθαι καὶ πολέμων,
ὃν Ἀθηνᾶς κατέλευσιν Ὅμηρος εἶναι λέγει
ἐξ Ἥρας παροτρύνσεως, ἤγουν Ἑρμοῦ ἀστέρος·
70 ταῦτα γὰρ περιττώματα τυγχάνουσιν ἀέρος,
ἀρεϊκὰ τυγχάνοντα καὶ τοῦ Ἑρμοῦ ἀστέρος.
Οἱ Πυθαγόρου δέ φασιν ἀστέρας εἶναι τούτους
καὶ τοὺς λοιποὺς τοὺς πλάνητας ἐν χρόνῳ φαινομένους,
ἐπεὶ δὲ ταῦτα σήμαντρα τυγχάνουσι πολέμων.
75 Ὁ Πάνδαρος, ὡς εἴπομεν, οὕτω κεκινημένος,
τοξεύει τὸν Μενέλαον πρὸς μέρος τοῦ ζωστῆρος,
καὶ τότε μὲν ὁ πόλεμος εὐθέως ἀνερράγη,
καὶ πέπτωκε σφαττόμενος ὁ δεῖνά τε καὶ δεῖνα,
ὧν πρὸ μικροῦ κατὰ λεπτὸν ἐγράψαμεν τὰς κλήσεις.

For here now Homer writes as an astrologer.
After the defeat of Paris by Menelaos
there was a harmful alignment of the stars,   55
which he says are the gods on the gilded ground
established in this animal-bearing circle of the zodiac,
and drinking the nectar, as Hebe was pouring;
for always running around the animal-bearing circle,
they set, they rise, they make all phases.   60
Of these therefore then, Saturn and Mars,
the most evil and harmful of all the stars,
were squared off with each other in the phase;
this was a most sinister alignment,
and it signified the imminent sack of Troy.   65
Then in the meantime a comet appeared,
which was also a sign of wars to come;
Homer calls this the descent of Athena
at Hera's urging, that is, of the star Mercury;
these are excesses of the air,   70
which happen to be of Mars and the star Mercury.
The Pythagoreans say that they are stars
and that the rest of the planets appear in time,
because they happen to be signs of war.
Pandaros, as we said, having been moved thus,   75
shot Menelaos with an arrow near his belt line,
and then the battle immediately broke out again,
and this man and that, whose names just now
we wrote in detail, were slain.

80 Ὅσον οὐκ ἤδη δὲ λοιπὸν κατέπιπτε καὶ Τροία·
οὗπερ καιροῦ παραδρομὴν εἰς πόρθησιν ἐκείνης
θεῶν βουλὴν ὠνόμασε βλεπόντων πρὸς τὴν Τροίαν.
Δία δ᾿ ἐνταῦθα νόησον ἀστέρα τὸν πλανήτην,
τὴν Ἥραν πάλιν, τὸν Ἑρμῆν, τὴν Ἀθηνᾶν, σελήνην·
85 εἷς γὰρ ἀστὴρ ὁ Ἡρακλῆς, Ἑρμῆς τε καὶ ἡ Ἥρα,
εἷς πάλιν καὶ ἡ Ἄρτεμις, ἡ Ἀθηνᾶ, σελήνη.

Almost immediately then Troy fell also;   80
he called the passage of time until the sack of Troy
the will of the gods who were looking out upon Troy.
Here you should understand Zeus as the star, that is, planet,
Hera too, Hermes, Athena, the moon;
for Herakles, Hermes and Hera were a single star,   85
and again one were Artemis and Athena, namely the moon.

Ε΄

Τότε τῷ Διομήδει δὲ τόλμαν καὶ καρτερίαν
ἡ Ἀθηνᾶ παρέσχηκε δοξάσασα τὸν ἄνδρα·
ἐκ περικεφαλαίας δὲ τούτου καὶ τῆς ἀσπίδος
πῦρ ἀφλεγὲς ἀνέκαιεν ὅμοιον τῷ κυνάστρου.
5   Μάθε τὸ ἀλληγόρημα τοῦτο, μικρὸν ὑπάρχον.
Ὁ Διομήδης θέλων δὲ τότε γνωσθῆναι πᾶσι,
κάτοπτρον κατεσκεύασεν ἀσπίδι καὶ τῷ λόφῳ
πυρὸς ἐκπέμπον δόκησιν ἀκτῖσι ταῖς ἡλίου,
οἷον ἐνῆν καὶ Ἀχιλεῖ φόβητρον πολεμίοις·
10   οὐ καυστικὸν δὲ κάτοπτρον οἷον τὸ Ἀρχιμήδους,
ᾧπερ ὁ γέρων ἔφλεξεν ὁλκάδας τοῦ Μαρκέλλου
ἐκ τῆς ἀντανακλάσεως ἡλίου τῶν ἀκτίνων,
ἀλλ᾽ ἀφλεγὲς εἰς πτόησιν ταγμάτων ἐναντίων.
Οὕτω δὲ δρᾶν κελεύουσι πάντες μηχανογράφοι
15   (Φίλων καὶ Φιλεταίριος, Ἰσόης, Ἀρχιμήδης,
Ἥρων καὶ Διονύσιος, Σώστρατός τε καὶ Πάππος,
ὁ Παλλαδᾶς Ἀθηναῖος σὺν τῷ Ἀπολλοδώρῳ,
Κτησίβιος, Ἀνθέμιος μετὰ τοῦ Πατροκλέους,
ἐξ ὧνπερ ἀνεγνώκειμεν πολλὰς μηχανουργίας),
20   τοιαῦτα μὲν τὰ κάτοπτρα λόφοις καὶ ταῖς ἀσπίσιν,
εἰ δυνατόν, καὶ θώραξι καὶ σπάθαις ἅμα τούτων,
ὅπως παντοίως ἔκπληξις εἴη τοῖς ἐναντίοις.
Τοιοῦτον ἔχων κάτοπτρον τοῖς ὅπλοις Διομήδης,
εἰς μέσον παρεισέδραμε τὸ στόμα τοῦ πολέμου,
25   Φηγέα δὲ τὸν Δάρητος στήθει βαλὼν ἀνεῖλεν·

Book 5

Then to Diomedes daring and perseverance
were given by Athena, glorifying the man;
from his helmet and his shield
a flameless fire burned like the Dog Star.
    Learn now the allegory of this, though it is a minor one.   5
Diomedes, wanting then to be recognized by everyone,
constructed a mirror with his shield and helmet crest
which used the sun's rays to emit illusory fire,
instilling in the enemy as much fear as Achilles;
the mirror did not ignite fires like that of Archimedes,   10
with which the old man burned Marcellus's ships
with the reflection of the sun's rays,
but was flameless, to frighten the opposing army.
Thus all the engineers say it must be done
(Philon and Philetairios, Isoes, Archimedes,   15
Heron and Dionysios, Sostratos and Pappos,
Palladas the Athenian and Apollodoros,
Ktesibios, Anthemios and Patrokleus,
from whom we have learned many devices),
they ordered such mirrors to be made for crests and shields,   20
and, if possible, for breastplates and swords as well,
so that the enemy would be awestruck in every way.
Diomedes, having such a mirror upon his weapons,
ran right into the maw of battle,
and killed Phegeus, son of Dares, with a blow to the chest;   25

ὃς Δάρης πυρεργάτιδα μετήρχετο τὴν τέχνην
οὓς ἱερεῖς ὁ Ὅμηρος εἶναί φησιν Ἡφαίστου.
Ὁ δ' Ἀγαμέμνων δόρατι βαλὼν τῷ μεταφρένῳ
τῶν Βιθυνῶν ἀπέκτεινε τὸν στρατηγὸν Ὀδίον.
30 Ἰδομενεὺς τὸν Φαῖστον δὲ τρώσας κατὰ τὸν ὦμον
ἐκ Σάρδεων ὑπάρχοντα φίλον υἱὸν τοῦ Βώρου.
Τὸν τοῦ Στροφίου δὲ υἱόν, Σκαμάνδριον τὴν κλῆσιν,
Μενέλαος ἀνῄρηκεν ἄριστον κυνηγέτην
φεύγοντα, τὸ μετάφρενον τρώσας τῷ δορατίῳ.
35 Φέρεκλον δέ, τὸν ναυπηγὸν τῶν Ἀλεξάνδρου πλοίων,
δορὶ βαλὼν κατὰ γλουτὸν ὁ Μηριόνης κτείνει·
εὐθὺς γὰρ ἐξεπέρασε τὸ δόρυ πρὸς τὴν κύστιν·
Πηδαῖον δὲ Ἀντήνορος νόθον υἱὸν ὁ Μέγης,
ἐξόπισθε τῆς κεφαλῆς τὸ στόμα περονήσας·
40 Εὐρύπυλος δ' Ὑψήνορα ξίφει τεμὼν τὴν χεῖρα,
παῖδα τὸν Δολοπίονος, Σκαμάνδρου ἱερέως,
ἀνδρὸς ἰχθῦς θηρεύοντος ἐν ποταμῷ Σκαμάνδρῳ.
Τὸν Διομήδην δὲ πολλοὺς ὡς πρὸς φυγὴν κλονοῦντα
πρὸς δεξιὸν ἐτόξευσε Πάνδαρος ὦμον τότε·
45 τὸ βέλος δὲ πρὸς τοὔμπροσθε κοῖλον ὀστοῦν ἐξῆλθεν,
ὃ Σθένελος ἀνέσπασεν. Ὁ δ' ἀγριάνας μᾶλλον
δορὶ βαλὼν ὑπὲρ μαζὸν Ἀστύνοον ἀνεῖλεν,
ἀνεῖλε καὶ Ὑπείνορα, πλήξας τὴν ὠμοκλεῖδα,
ξίφει τεμών τε παρεκτὸς τῆς ῥάχεως τὸν ὦμον.
50 Ἄβαντα καὶ Πολύϊδον τοὺς ἀδελφοὺς ἀνεῖλεν,
υἱοὺς τοῦ Εὐρυδάμαντος ἀνδρὸς ὀνειροκρίτου,
καὶ τοὺς υἱοὺς τοῦ Φαίνοπος, Θόωνά τε καὶ Ξάνθον,
Ἐχήμονα καὶ Χρόμιον υἱούς τε τοῦ Πριάμου.

this Dares practiced the art of working with fire,
and Homer says they were priests of Hephaistos.
With a spear-thrust to the back, Agamemnon
killed the Bithynian commander Odios.
Idomeneus wounded in the shoulder Phaistos,   30
who was Boros's dear son from Sardis.
Menelaos killed the great huntsman,
the son of Strophios, Skamandrios by name,
as he fled, by wounding him in the back with a javelin.
Then Phereklos, the shipbuilder of Alexandros,   35
Meriones killed with a spear-thrust in the buttocks;
for he plunged the spear straight into his bladder;
Meges killed Pedaios, the bastard son of Antenor,
piercing him through the back of the head and out his
    mouth.
Eurypylos severed with his sword the arm of Hypsenor,   40
son of Dolopion, the priest of Skamandros,
a man who fished in the river Skamandros.
Pandaros then hit Diomedes with an arrow on the right
    shoulder
as he was driving many men into flight;
the arrow came out through the front hollow bone,   45
Sthenelos pulled it out. Diomedes became even wilder,
killing Astynoös with a spear above his breast,
then he killed Hypeinor by striking him in the collarbone,
and with his sword severing his shoulder from the backbone.
Then he killed the brothers Abas and Polyidos,   50
sons of Eurydamas, the interpreter of dreams,
as well as the sons of Phainops, Thoön and Xanthos,
and Echemon and Chromios, Priam's sons.

Ἀπέκτεινε καὶ Πάνδαρον, βαλὼν παρὰ τὴν ῥῖνα,
55 καὶ τὸν Αἰνείαν ἔθραυσε λίθῳ βαλὼν μεγάλῳ,
θλάσας αὐτοῦ κοτύλην τε, κόψας καὶ τὰς νευρώσεις·
ἡ δὲ γενέθλιος αὐτὸν ἔσωσεν Ἀφροδίτη
καὶ τόπος ὁ τῆς Ἴδης δὲ οὗπερ αὐτὸς ἐσπάρη·
ἔφευγε γάρ, τοῖς δένδρεσιν ὡς σκέπῃ κεχρημένος,
60 ἅπερ φησὶν ὁ Ὅμηρος χεῖρας τῆς Ἀφροδίτης,
καὶ πέπλου πτύγμα φαεινοῦ σώσαντος τὸν Αἰνείαν.
Χειρὸς δὲ τρῶσιν νόησον εἶναι τῆς Ἀφροδίτης,
ἢ ὅτι, φεύγοντος αὐτοῦ, δραμὼν καὶ πρὸς τὸ ὄρος
οὗπερ αὐτὸς ἐσώζετο, τὴν ὕλην συνδονήσας
65 εἰς πλείονα τὴν πτόησιν ἐνέβαλεν ἐκεῖνον·
ἢ ὅτι προθυμούμενον ἔπαυσε τοῦ πολέμου,
ὅθε τὴν χεῖρα λέγουσι τρῶσαι τὴν Ἀφροδίτης·
τὴν πρακτικὴν γὰρ ἔσβεσεν ἐπιθυμίαν τούτου,
καὶ τὴν χροιὰν μετήλλαξε τῆς θέας, τοῦ προσώπου,
70 ὅθεν οὐδ᾽ αἷμα γέγραφε τοῦ τραύματος ῥυῆναι,
οἷον ἰχῶρα δέ τινα, τὸν ὤχρον οὕτω λέγων.

Τότε λοιπὸν ὁ Σαρπηδὼν ἀνέγειρε τοὺς Τρῶας,
κτείνει δὲ Δηϊκόωντα πρῶτος ὁ Ἀγαμέμνων,
ὄντα φίλον τοῦ Αἰνείου, υἱὸν δὲ τοῦ Περγάσου,
75 τούτου τὸ σάκος ἐν δορὶ τεμὼν καὶ τὴν γαστέρα.

Θεραπευθεὶς Αἰνείας δὲ υἱοὺς τοῦ Διοκλέους
ἀπέκτεινε τὸν Κρήθωνα καὶ τὸν Ὀρσίλοχόν τε.
Μικροῦ καὶ τὸν Μενέλαον ἔκτεινεν ἂν σὺν τούτοις,
εἰ μὴ συντόμως παρ᾽ αὐτὸν Ἀντίλοχος παρέστη.
80 Καὶ πέφευγεν Αἰνείας μέν, οὗτοι δ᾽ ἀνεῖλον τότε,

He also killed Pandaros, striking him near the nose,
and he crushed Aineias by hurling a great stone at him,   55
smashing his hip joint and cutting his sinews;
but his mother Aphrodite saved him
with the help of the place on Ida where he was born.
For he fled, using as cover the trees,
which Homer calls Aphrodite's arms   60
and the folds of her gleaming robe which saved Aineias.
Understand that this was the wounding of Aphrodite's
      hand,
or that, as Aineias fled, Diomedes also ran toward the
      mountain
where Aineias was saved, for he shook the forest,
and this threw Aineias into even deeper terror;   65
or that it stopped his zeal for battle,
whence they say that he wounded the hand of Aphrodite;
for it quenched his desire for action,
and it changed the complexion of the goddess's face,
whence he wrote that it was not blood that flowed from her   70
      wound,
but a kind of ichor, thus describing her pallor.
    So then Sarpedon roused the Trojans,
and Agamemnon first killed Deïkoön,
who was a friend of Aineias and the son of Pergasos,
his spear cutting through his shield and his stomach.   75
    Aineias, after being tended to, killed Diokles's sons,
both Krethon and Orsilochos.
He would have killed Menelaos as well,
had not Antilochos appeared at his side just in time.
Aineias fled, and the others started killing then.   80

ὁ μὲν τὸν Πυλαιμένεα, ἀρχὸν τῶν Παφλαγόνων,
ἑστῶτα τρώσας τῷ δορὶ κατὰ τὴν ὠμοκλεῖδα·
Ἀντίλοχος δὲ Μύδωνα, ἡνίοχον τὸν τούτου,
λίθῳ βαλὼν τὸ πρῶτον μὲν εἰς μέσον τὸν ἀγκῶνα,
85 εἶτα κατὰ τὴν μήνιγγα πλήξας αὐτὸν τῷ ξίφει.
Ὁ Ἕκτωρ δὲ σὺν Ἄρεϊ, θυμῷ μαχιμωτάτῳ,
Μενέσθην καὶ Ἀγχίαλον ἔκτεινε πρώτῃ μάχῃ·
ὁ Αἴας δὲ τὸν Ἄμφιον, υἱὸν τὸν τοῦ Σελάγου,
κατὰ τὸ ὑπογάστριον τὸ δόρυ περονήσας,
90 ἀντιμαχῶν τῷ Ἕκτορι καὶ πᾶσι Τρωσὶ μόνος,
καὶ δόρατα δεχόμενος πλείονα καὶ χαλάζης·
ὅτε Τυδεΐδης ἦν τραπείς, ὁ ἀριστεὺς ὁ μέγας,
οὐκ αἰδεσθεὶς τὴν Ἀθηνᾶν τὴν τούτῳ συνεργοῦσαν,
καὶ πῦρ ὅπερ ἐξέπεμπεν ἐκ κεφαλῆς, ἐξ ὤμων.
95 Ὁ Σαρπηδὼν Τληπόλεμον βαλὼν δὲ πρὸς αὐχένα
τοῦ Ἡρακλέος τὸν υἱὸν κτείνει καὶ Ἀστυόχης·
αὐτὸς δ᾽ ἐλιποψύχησε, μηρῷ προβεβλημένος
ἐκ Τληπολέμου τοῦ δορός· ἄμφω γὰρ ἧκαν ἅμα.
Ὁ Ὀδυσσεὺς ἀνεῖλε δὲ πολλοὺς ἐκ τῶν Λυκίων,
100 τὸν Κοίρανον, Ἀλάστορα, τὸν Χρόμιον σὺν τούτοις,
Ἄλκανδρον καὶ Νοήμονα, Πρύτανιν, Ἁλιόν τε.
Ἕκτωρ δὲ τὸν Οἰνόμαον, τὸν Τρῆχον, τὸν Ὀρέστην,
τὸν Τεύθραντα καὶ Ἕλενον μετὰ τοῦ Ὀρεσβίου.
Ἀλλ᾽ ὅτε καὶ Περίφαντα υἱὸν τοῦ Ὀχησίου
105 ἐφόνευε σὺν Ἄρεϊ, θυμῷ μαχιμωτάτῳ,
ὁ Διομήδης ἔφιππος πέλας ἐλθὼν ἐκείνου

\<Menelaos killed\> Pylaimenes, leader of the Paphlagonians,
wounding him with a spear in the collarbone as he stood;
and Antilochos \<killed\> Mydon, that man's charioteer,
first hitting his elbow with a stone,
then stabbing him in the brain with his sword.   85
Hektor with Ares, most warlike in temper,
killed Menesthes and Anchialos in the first engagement;
then Amphios, the son of Salagos,
pierced in his gut with a spear, was killed
by Aias, fighting alone against Hektor and all the Trojans,   90
and the target of spears falling more thickly than hail;
then Tydeus's son was put to flight, that great champion,
not being abashed by Athena who was assisting him,
and the fire shooting from his head, from his shoulders.
Sarpedon hurled a spear at Tlepolemos's neck   95
and killed the son of Herakles and Astyoche;
but he himself collapsed, being wounded in the thigh
by Tlepolemos's spear; for both threw at the same time.
Odysseus killed many of the Lykians:
Koiranos, Alastor and Chromios as well,   100
Alkandros and Noëmon, Prytanis and Halios.
But Hektor killed Oinomaos, Trechos, Orestes,
Teuthras and Helenos along with Oresbios.
But when he killed Periphas, the son of Ochesios,
with the help of Ares, that is, his most warlike temper,   105
Diomedes, coming near him on horseback,

εἰς κενεῶνα τέτρωκεν ὁρμαίνοντα θυμῶδες.

Τρῶες δ᾽, ὡς εἶδον τὴν πληγὴν δορὸς πρὸς τὴν λαπάραν,

νομίσαντες τὸν θώρακα τμηθῆναι καὶ τὰς σάρκας,

110   ἤδη πεσεῖν γε καὶ νεκρὸν τὸν Ἕκτορα δοκοῦντες,

σμερδνὸν πάντες ἐβόησαν· ἀντήχησαν τὰ ὄρη.

wounded him below the ribs, as he rushed forward in a rage.
When the Trojans saw the spear wound in his flank,
thinking that his breastplate and his flesh were cut,
and believing that Hektor had already fallen dead,   110
all shouted fiercely; the mountains resounded in response.

Ζ'

Τῶν Τρώων ἐμονώθη δὲ καὶ Ἀχαιῶν ἡ μάχη,
ἤγουν ἐρήμη γέγονε θεῶν τῆς συμμαχίας.
Θεοὺς ἐνταῦθα δὲ καλεῖ τὰς ψυχικὰς δυνάμεις.
Ἀφ᾽ οὗ γὰρ Ἕκτορος θυμὸν κατέπαυσεν, τὸν Ἄρην,
5 ἡ Διομήδους Ἀθηνᾶ, φρόνησις σὺν ἀνδρείᾳ,
χωρὶς θεῶν ἐμάχοντο Ἕλληνές τε καὶ Τρῶες·
ἀπῆν γὰρ Ἕκτορος θυμὸς καὶ δόλοι Διομήδους.
Ἐξήπλωτο δ᾽ ὁ πόλεμος, ἐξήνθησεν ἡ μάχη
μέσον τῶν δύο ποταμῶν Σιμόεντος καὶ Ξάνθου.
10 Πρῶτος δ᾽ ὁ Τελαμώνιος Αἴας, Ἑλλήνων πύργος,
ἀνήρηκεν Ἀκάμαντα υἱὸν τὸν τοῦ Εὐσώρου,
τὸν ἡγεμόνα τῶν Θρᾳκῶν τῶν ὄντων ἐκ τῆς Αἴνου,
δορὶ κατὰ τὸ μέτωπον ἐκεῖνον περονήσας.
Ὁ Διομήδης δ᾽ Ἄξυλον τὸν ἐξ Ἀρίσβης κτείνει,
15 υἱὸν ὄντα τοῦ Τεύθραντος σύναιμον τῆς Τεκμήσσης,
ἄνθρωπον πολυχρήματον, πάντας ξενοδοχοῦντα·
αὐτὸν καὶ τὸν Καλήσιον δοῦλον ἀνεῖλε τούτου.
Τὸν Δρῆσον καὶ Ὀφέλτιον Εὐρύαλος ἀνεῖλε,
καὶ Αἴσηπον καὶ Πήδασον ἅμα σὺν τούτοις κτείνει,
20 υἱοὺς τοῦ Βουκολίωνος καὶ τῆς Ἀβαρβαρέης·
ὃς Βουκολίων ἀδελφὸς ἦν νόθος τοῦ Πριάμου.
Ἀστύαλον παρέπεμψε πρὸς Ἅιδην Πολυποίτης,
ὁ Τεῦκρος Ἀρετάονα, ὁ Ὀδυσσεὺς Πιδύτην,
Ἀντίλοχος τὸν Ἄβληρον, Ἔλατον Ἀγαμέμνων,
25 παρὰ Σατνίῳ ποταμῷ τὴν Πήδασον οἰκοῦντα.

Book 6

The battle of the Trojans and Greeks was left alone,
that is, it was deserted by the allied gods.
Here he calls gods the powers of the soul.
For after Diomedes's Athena, wisdom combined with
    courage,
put an end to Hektor's fury, that is, Ares,   5
the Greeks and Trojans fought without the gods,
for Hektor's fury and Diomedes's cunning abated.
The war spread, the battle bloomed
between the Simoeis and Xanthos rivers.
    First Telemonian Aias, that tower of the Greeks,   10
killed Akamas, the son of Eusoros,
the commander of the Thracians from Ainos,
piercing his forehead with a spear.
Diomedes killed Axylos from Arisbe,
who was the son of Teuthras and kinsman of Tekmessa,   15
a very wealthy man, hospitable to everyone;
he killed him and his slave Kalesios.
Then Euryalos killed Dresos and Opheltios,
and he killed as well Aisepos and Pedasos,
the sons of Boukolion and Abarbarea;   20
this Boukolion was a bastard brother of Priam.
Polypoites sent Astyalos to Hades,
while Teukros did the same to Aretaon, Odysseus to Pidytes,
Antilochos to Ableros, and Agamemnon to Elatos
who dwelt in Pedasos by the river Satnios.   25

Ὁ Βοιωτὸς δὲ Λήϊτος τὸν Φύλακον ἀνεῖλε,
Μελάνθιον Εὐρύπυλος. Τὸν Ἄδραστον δὲ ζῶντα
κατέσχεν ὁ Μενέλαος τοῦ ἄρματος πεσόντα·
ἐν γὰρ τῷ φεύγειν τοῦ ῥυμοῦ θραυσθέντος πρὸς μυρίκην,
30 κατέπεσε τοῦ ἄρματος. Οὕτω καὶ κατεσχέθη,
καὶ σῴζειν τοῦτον ἔμελλε Μενέλαος οἰκτείρας,
ἀλλ᾽ Ἀγαμέμνων ἔκτεινε λαπάραν δορὶ τρώσας.
    Νέστωρ δ᾽ ἐξάκουστον βοᾷ, λέγων Ἀργείοις τάδε·
"Τοὺς ἄνδρας, ἄνδρες, κτείνωμεν πρῶτον, ὡς ἔστι πρέπον·
35 εἶτα τὰς τούτων ἥσυχοι γυμνοῦτε πανοπλίας·
μηδὲ σκυλεύοντες νεκροὺς πολέμου ῥαθυμεῖτε."
    Ἕκτωρ, Ἑλένου δὲ βουλαῖς ἐλθὼν ὡς πρὸς τὴν Τροίαν,
τὰς γεραίας ἀθροίσασαν ἐκέλευσεν Ἑκάβην
ἐν τῷ ναῷ τῆς Ἀθηνᾶς θῦσαι λαμπρὰν θυσίαν,
40 βοῦς ἐξ ἀγέλης δώδεκα τῶν ἐνιαυσιαίων,
καὶ πέπλον ποικιλύφαντον ἀπο τῶν Σιδωνίων
θεῖναι τοῖς τοῦ ἀγάλματος γόνασιν, ὅπως παύσῃ
τὸν Διομήδη μάχεσθαι κατὰ τῶν Τρώων οὕτω.
    Γλαῦκος τοῦ Ἱππολόχου δέ, σύμμαχος ὢν τῶν Τρώων,
45 καὶ Διομήδης ἀριστεὺς ὑπάρχων τῶν Ἑλλήνων,
τοὺς ἵππους ἀντεπήλαυνον ἀλλήλοις ὡς πρὸς μάχην·
ἐκ λόγων δὲ ἐγνώρισαν εἶναι παππῷοι φίλοι.
Βελλεροφόντης γὰρ αὐτὸς ὁ πάππος ὁ τοῦ Γλαύκου,
ὁ παριδὼν τὴν Ἄντειαν γυναῖκα τὴν τοῦ Προίτου,
50 κατ᾽ ἄλλους δὲ Σθενέβοιαν, ἔρωτα σχοῦσαν τούτου,
ἀνὴρ ὁ σωφρονέστατος, ὁ Χίμαιραν φονεύσας,
θηρίον τὸ τρικέφαλον, τῷ πτερωτῷ Πηγάσῳ

The Boiotian Leïtos killed Phylakos,
and Eurypylos killed Melanthios. Menelaos captured
    Adrastos
alive when he fell from his chariot;
for as he fled, his chariot pole snapped on a tamarisk,
and he fell from his chariot. Thus he was seized,   30
and Menelaos was going to save him out of pity,
but Agamemnon killed him, with a spear-thrust to his flank.

    Nestor shouted loudly, saying this to the Argives:
"My men, let us first kill the men, as is fitting;
then, undisturbed, strip them naked of their armor;   35
do not tarry now lazily to despoil the dead of war."

    Hektor, coming to Troy upon the advice of Helenos,
told Hekabe to gather the old women
and make a lavish sacrifice at the temple of Athena,
twelve yearling heifers from the herd,   40
and to place an intricately woven robe from Sidon
on the statue's knees, that she might stop
Diomedes from thus fighting against the Trojans.

    Meanwhile Glaukos, son of Hippolochos, a Trojan ally,
and Diomedes, a valiant warrior of the Greeks,   45
spurred their horses to meet one another in combat; but
they discovered from talking that their grandfathers were
    friends.
For Glaukos's grandfather was Bellerophon,
who, when he spurned Anteia, the wife of Proitos,
or, according to others, Stheneboia, who was in love with   50
    him,
that most prudent man, the slayer of the Chimaira,
the three-headed monster, with winged Pegasos

(ἤγουν ὁ τροπωσάμενος ἔθνη τριπλᾶ τῷ πλοίῳ,
Σολύμους, Ἀμαζόνας τε, τοὺς τῆς ἐνέδρας τρίτους·
55 Σολύμους μέν, ὡς λέοντας, ὄντας γενναίους ἄνδρας,
ὡς χίμαιραν, ὡς αἶγα δὲ κρημνοβατοῦσαν πάλιν,
τῶν Ἀμαζόνων τὸν στρατὸν Ἄρεος θυγατέρων,
ὡς δράκοντα τὴν ἐνέδραν τῶν ἐλλοχώντων τούτῳ·
καὶ θυγατέρα δι' αὐτὸ λαβὼν τὴν Ἰοβάτου
60 τὴν κλῆσιν τοῦ ὀνόματος ἔχουσαν Φιλονόην),
φίλος ὑπῆρχε τῷ Οἰνεῖ τῷ πάππῳ Διομήδους.
Ἀλλήλοις ἀνταμείβουσιν αὐτῶν τὰς πανοπλίας,
ὁ Διομήδης μὲν χαλκῆν ἀντὶ χρυσῆς πρὸς Γλαῦκον,
ὁ Γλαῦκος δ' ἔμπαλιν χρυσῆν ὡς πρὸς χαλκῆν ἀμείψας.
65 Ἡ Εἱμαρμένη γὰρ τὸν νοῦν ἐδόξασε τοῦ Γλαύκου,
χάριν φιλίας, τὴν χρυσῆν ὡς πρὸς χαλκῆν ἀλλάξαι.
　Ἕκτωρ δέ, μετὰ κέλευσιν τῆς, ἧς εἶπον, θυσίας,
ἦλθε καὶ πρὸς Ἀλέξανδρον πρὸς πόλεμον ὀτρύνων·
καί, παροτρύνας καὶ αὐτόν, οἴκοις ἰδίοις ἦλθεν
70 ἰδεῖν αὐτοῦ τὴν σύζυγον τὴν κλῆσιν Ἀνδρομάχην,
τὴν παῖδα Ἡετίωνος Κιλίκων βασιλέως,
καὶ σὺν τῇ Ἀνδρομάχῃ δὲ τὸν πεφιλμένον παῖδα,
ὃν Ἕκτωρ μὲν ὠνόμαζε Σκαμάνδριον τὴν κλῆσιν,
οἱ δ' ἄλλοι Ἀστυάνακτα· ῥύστης γὰρ Τρώων Ἕκτωρ.
75 Τὴν δ' ἐν τοῖς οἴκοις οὐδαμῶς εὗρεν, ἀλλ' ἐπὶ πύργον
ἑστῶσαν καὶ δακρύουσαν ἐν τῷ νικᾶσθαι Τρῶας·
ἣν λογισμοῖς τοῖς πρέπουσι σωφρόνως νουθετήσας,
καὶ τοῦ παιδὸς ἁψάμενος καὶ πατρικῶς φιλήσας,
καὶ τοῦτον ἐπευξάμενος, ὡς οἶδε πτοηθέντα
80 τὴν πανοπλίαν τὴν αὐτοῦ καὶ πρὸς τροφὸν στραφέντα,

(that is, the man who put to flight three sets of foreigners
    with his ship,
the Solymoi, the Amazons, and third those sitting in
    ambush;
the Solymoi were brave men like lions,   55
the army of the Amazons, the daughters of Ares,
was like a chimera, like a goat climbing a steep mountain,
and those lying in wait to ambush him were like a serpent;
and because of this, he took as his wife Iobatos's daughter
whose name was Philonoë),   60
he, then, was a friend of Diomedes's grandfather, Oineus.
They exchanged armor with one another:
Diomedes giving his bronze for Glaukos's gold,
and Glaukos gave back gold in exchange for bronze;
for Destiny honored the mind of Glaukos   65
to exchange gold for bronze for the sake of friendship.

   Hektor, after ordering the sacrifice that I mentioned,
came to Alexandros to urge him to return to the battle;
and, after encouraging him, he went to his own home
to see his wife called Andromache,   70
the daughter of Eëtion, king of the Kilikians,
and with Andromache his beloved son,
whom Hektor called by the name Skamandrios,
but everyone else called Astyanax; for Hektor was the
    savior of the Trojans.
But he did not find her at home, rather on the tower   75
standing and weeping at the defeat of the Trojans;
and after he advised her prudently with fitting arguments,
and held his son and kissed him with fatherly affection,
and prayed for him, when he realized that the child
was terrified by his armor and clung to his nurse,   80

γελάσας, καὶ πρὸς γέλωτα κἀκείνην δὲ κινήσας,
ὥρμησε πρὸς τὸν πόλεμον, θρῆνον λιπὼν κατ᾽ οἴκους·
οὐδὲ γὰρ ἦν προσδόκιμος νοστῆσαι τοῦ πολέμου.
Ἕκτορος δὲ πρὸς πόλεμον ὁρμῶντος ἐπιτρέχειν,
85 ἐν δόμοις οὐδ᾽ Ἀλέξανδρος ἐβράδυνεν οἰκείοις,
ἀλλ᾽ ὁπλισθεὶς ἐξέδραμεν, ὥσπερ στατός τις ἵππος
πρὸς πεδιάδας ποταμῶν γαυρούμενος ἐκτρέχει,
ὑψῶν αὐτοῦ τὴν κεφαλήν, τινάσσων καὶ τὰς τρίχας·
οὕτως ἐξ ἀκροπόλεως ὁ Πάρις τότε τρέχων,
90 λαμπρὸς ἐν ὅπλοις, καὶ φαιδρὸς δίκην αὐγῆς ἡλίου,
τὸν Ἕκτορα προπέφθακε πρὶν ἐξελθεῖν τῆς Τροίας,
ὅνπερ ἐπαίνοις πρέπουσιν Ἕκτωρ εἰσδεδεγμένος,
ἐπηύξατο τοὺς Ἕλληνας τῆς Τροίας ἐξελάσαι.

he laughed and caused her to laugh as well;
then he set off for battle, leaving lamentations behind at
    home,
for he was not expected to return home from the battle.
And while Hektor was rushing off to battle,
Alexandros did not tarry at home either,   85
but, arming himself, he ran out just as a stabled horse
proudly runs to the river's plain,
lifting his head high, and tossing his mane;
thus Paris then ran from the citadel
shining in his armor, bright like the dawning of the sun,   90
and he caught up with Hektor before he went out of Troy;
and after Hektor greeted him with fitting praises,
he prayed they would expel the Greeks from Troy.

Η΄

Σύναμα τούτῳ τῶν πυλῶν ἐξώρμησαν τῆς Τροίας,
ἀμφότεροι πρὸς πόλεμον ἐμπύρως τεθηγμένοι.
Καὶ Πάρις μὲν ἀπέκτεινε Μενέσθιον ἐξ Ἄρνης,
υἱὸν Ἀρηϊθόου τε καὶ τῆς Φιλομεδούσης,
5 ὃν πάντες Ἀρηΐθοον ἐκάλουν Κορυνήτην·
οὐ τόξοις γάρ, οὐ δόρατι καὶ στόματι μαχαίρας,
ἀλλὰ ῥοπάλῳ σιδηρῷ τὰς μάχας συνεκρότει.
Ἕκτωρ Ἠϊονέα δὲ βαλὼν πρὸς τὸν αὐχένα,
ὁ Γλαῦκος δὲ Ἰφίνοον τοῦ Δεξιοῦ τὸν παῖδα
10 ἀνήρηκε, τῷ δόρατι βαλὼν κατὰ τὸν ὦμον.
Ἡ δὲ γλαυκῶπις Ἀθηνᾶ, φρόνησις τῶν Ἑλλήνων,
ἰδοῦσα τούτους κτείνοντας στρατὸν τὸν τῶν Ἑλλήνων,
ὁρῶσα καὶ τὸν Ἥλιον νίκην Τρωσὶ διδόντα
τῷ πέμπειν κατὰ πρόσωπον Ἑλλήνων τὰς ἀκτῖνας,
15 ᾔτησε μονομάχιον Ἑλλήνων τε καὶ Τρώων.
Καθιδρυθέντων ἄμφω δὲ λοιπὸν τῶν στρατευμάτων,
αὐτὸς ὁ Ἕκτωρ ἀναστὰς μέσον τῶν στρατευμάτων,
ᾔτησε τὸν βουλόμενον μονομαχεῖν Ἑλλήνων.
Τῶν πάντων πτοηθέντων δὲ Μενέλαος ὡπλίσθη,
20 ὑβρίζων πάντας Ἕλληνας Ἕκτορα πτοηθέντας.
Καὶ δὴ νεκρὸς ἂν ἔκειτο χερσὶ ταῖς Ἑκτορείοις,
εἰ μὴ κατέσχον ἅπαντες, ὁ δ' Ἀγαμέμνων πλέον.
Καὶ τότε Νέστωρ ἀναστάς, καὶ σχετλιάσας μέγα,
καὶ τὴν Ἐρευθαλίωνος εἰπὼν μονομαχίαν,
25 ὅνπερ ἀνεῖλε νεαρὸς ὑπάρχων τῷ σαρκίῳ,

Book 7

Together with him they set out from the gates of Troy,
both of them burning with excitement for war.
And Paris killed Menesthios from Arne,
the son of Areïthoös and Philomedousa,
whom everyone called Areïthoös Korynetes;   5
but not with arrows, nor a spear nor a dagger blade
did he wage his battle, rather with an iron club.
And Hektor struck Eioneus in the neck,
and Glaukos killed Iphinoös the son of Dexios,
striking him with a spear in the shoulder.   10
  But flashing-eyed Athena, the prudence of the Greeks,
when she saw them killing the army of the Greeks,
and also saw the Sun giving victory to the Trojans
by sending his rays into the faces of the Greeks,
asked for single combat between Greeks and Trojans.   15
And so when both armies were seated,
Hektor himself stood up between the armies,
and asked which of the Greeks was willing to fight a duel.
But as everyone was terrified, Menelaos armed himself,
reproaching all the Greeks for their fear of Hektor.   20
And indeed he would have been slain by Hektor's hands
had not everyone held him back, Agamemnon above all.
And then Nestor stood up and complained greatly,
telling of his single combat against Ereuthalion,
whom he killed while still youthful in body;   25

καὶ τέλος θεὶς τοῖς ῥήμασιν, "Εἰ νέος ἦν εἰσέτι,
καὶ ἂν πρὸς μονομάχιον Ἕκτορι συνεπλάκην,"
ἄνδρας ἐννέα πέπεικεν Ἑλλήνων ἀναστῆναι,
πρῶτον τὸν Ἀγαμέμνονα, δεύτερον Διομήδην,
30 εἶτα τοὺς δύο Αἴαντας καὶ τὸν Ἰδομενέα,
τὸν Μηριόνην μετ' αὐτούς, Εὐρύπυλον σὺν τούτοις,
καὶ Θόαντα, καὶ παίγνιον Ὁμήρου Ὀδυσσέα.
Οὗτοι πάντες ἀνέστησαν τάχα μονομαχῆσαι.
Πάντων δὲ λόγοις Νέστορος κλήρους βαλόντων τότε
35 κυνῇ τοῦ Ἀγαμέμνονος, τοῦ Αἴαντος ἐξῆλθεν,
εἴτε τυχαίως προδραμὼν ἢ κατ' οἰκονομίαν·
ὁ Νέστωρ τότε γὰρ κινῶν ἐτύγχανε τοὺς κλήρους.
Ἐκ κήρυκος τὸν κλῆρον δὲ δεξάμενος ὁ Αἴας,
ὥρμησε καθοπλίζεσθαι· τοῖς Ἕλλησι δὲ λέγει·
40 "Ἕκτορα, φίλοι Ἕλληνες, δοκῶν νικῆσαι χαίρω·
ἀλλ', ἕως οὗ ἐνδύομαι αὐτὸς τὴν πανοπλίαν,
τῇ ἀφανεῖ κατεύχεσθε σύμπαντες Εἱμαρμένῃ
σιγῇ καὶ λάθρα καθ' αὐτούς, μὴ μάθωσιν οἱ Τρῶες,
εἴτε καὶ φανερώτερον· φόβος οὐδεὶς ὑπάρχει."
45 Οὕτως εἰπὼν καὶ ὁπλισθείς, κραδαίνων καὶ τὸ δόρυ
τρανῶς ἐβάδιζε γελῶν ἐκπληκτικῷ προσώπῳ·
ὅνπερ μεγάλως ἔχαιρον οἱ Ἕλληνες ὁρῶντες,
τρόμος πολὺς δὲ τοῖς Τρωσὶ καὶ Ἕκτορι σὺν τούτοις.
Αἴας δὲ φέρων θυρεὸν στήθει στερρὸν ὡς πύργον,
50 τὸν ὅνπερ κατεσκεύασε Τυχίος ὁ Ὑλαῖος,
ἑπτὰ βοῶν μὲν ἔχοντα βύρσας ὀχυρωτάτας,
ἄνω πασῶν δὲ τῶν βυρσῶν σίδηρον ὥσπερ βύρσαν,
ἔστη πλησίον Ἕκτορος καὶ μάχην συνεκρότει.

and after ending with the words, "If I were still young,
I would engage in single combat with Hektor,"
he persuaded nine of the Greeks to rise:
first Agamemnon, second Diomedes,
then the two Aiantes and Idomeneus,   30
after them Meriones, Eurypylos as well,
and Thoas and Odysseus, Homer's pet.
All of these quickly rose to fight in single combat.
When, after all of them, on Nestor's advice, cast lots
into Agamemnon's helmet, that of Aias leaped out,   35
coming forth either by chance or by design,
for Nestor happened then to be stirring the lots.
Aias, having received the lot from the herald,
set out to arm himself, and said to the Greeks:
"Greek friends, I am pleased to think I will beat Hektor;   40
but until I put on my armor,
do all of you pray to inscrutable Fate, silently
and in secret by yourselves, lest the Trojans learn of it,
or more openly, since there is no fear."

   So saying, arming himself, and swinging his spear,   45
he strode mightily with a smile on his fearsome face;
the Greeks rejoiced greatly at the sight, but
there was great fear among the Trojans and Hektor too;
Aias protected his chest with a shield sturdy as a tower,
which Tychios from Hyle had wrought,   50
made of very strong hides of seven oxen,
and on top of all the hides a layer of iron like a skin;
he took his stand close to Hektor and began combat.

Καὶ πρῶτος Ἕκτωρ μέν, βαλὼν τὴν Αἴαντος ἀσπίδα,
55 τὸν σίδηρον διέκοψεν ἔξ τε βοείας βύρσας·
ἐν βύρσῃ τῇ ἑβδόμῃ δὲ τὸ δόρυ κατεσχέθη·
δεύτερος δ' Αἴας προσβαλὼν κόπτει καὶ τὴν ἀσπίδα
καὶ θώρακα τοῦ Ἕκτορος, μικροῦ καὶ τὴν λαπάραν,
εἰ μή που κλίνας τὸ πλευρὸν ἐξέφυγε τὸν μόρον.
60 Ἐκσπάσαντες δὲ δόρατα συνέπεσον ἀλλήλοις
καὶ πλήττει πάλιν Ἕκτωρ μὲν τοῦ Αἴαντος τὸ σάκος,
καὶ τὸν χαλκὸν οὐκ ἔκοψε, κλίνεται δὲ τὸ ξίφος.
Αἴας πηδήσας πλήττει δὲ τὴν Ἕκτορος ἀσπίδα,
καὶ τὴν ἀσπίδα κόπτει μὲν καὶ μέρος τοῦ τραχήλου,
65 κρουνοὶ δ' ἐχώρουν αἵματος. Ἕκτωρ δ' οὐχ ὑπεχώρει,
ἄρας δὲ μέγαν μέλανα λίθον τραχὺν τῷ τότε,
πρὸς ὀμφαλὸν τοῦ Αἴαντος πάλιν τὸ σάκος βάλλει,
καὶ πλεῖον γέγονεν οὐδέν, ἤχησε δὲ τὸ σάκος.
Δεύτερος Αἴας δὲ λαβὼν μείζονα τούτου λίθον,
70 στρογγύλον, ἔπεμψε στερρῶς, καὶ λύει τὴν ἀσπίδα,
λύει καὶ γόνυ Ἕκτορος· ὁ δ' ὕπτιος ἡπλώθη,
ἀσπίδι τούτου στηριχθείς. Τὸν δ' ὤρθωσεν Ἀπόλλων.
Αἴαντος κατὰ πρόσωπον ἥλιος γὰρ ἐκλάμπων
αὐτὸν ἐκώλυσεν ἰδεῖν τὴν Ἑκτορείαν πτῶσιν·
75 τὸν Ἕκτορα δ' ἀνήγειρεν, Αἴαντος οὐκ ἰδόντος.
Καὶ τότε δὴ καὶ ξίφεσιν ἂν ἔτρωσαν ἀλλήλους,
εἰ μὴ Ταλθύβιος αὐτοὺς εἶρξε καὶ ὁ Ἰδαῖος·
ἡ νὺξ γὰρ κατελάμβανεν, ἡμέρας πληρουμένης.
Οὕτω μονομαχήσαντες ἔδον ἀλλήλοις δῶρα,
80 ὁ Ἕκτωρ μὲν τῷ Αἴαντι ξίφος σὺν ξιφοθήκῃ,
καὶ πᾶσι παραρτήμασι καὶ τῇ σκευῇ τῇ τούτου·

First Hektor, striking Aias's shield,
cut through the iron and six layers of hide;   55
but at the seventh layer the spear was blocked.
Next Aias, dashing forward, cut through Hektor's
shield and breastplate, and almost his side as well,
if he had not turned aside his flank and escaped death.
Having drawn out their spears, they fell upon each other,   60
and Hektor again struck Aias's shield,
but he did not break the bronze and his sword bent.
Aias leaped forward and struck Hektor's shield,
and cut through his shield and part of his neck,
and streams of blood poured out. But Hektor did not retreat   65
and, lifting a huge jagged black stone then,
hurled it again at the center of Aias's shield,
and nothing more happened, but the shield rang out.
Next Aias, taking an even bigger stone,
a round one, threw it forcefully and it shattered the shield,   70
and also struck Hektor's knee; and he lay stretched out on
      his back,
leaning on his shield. But Apollo set him upright.
For the sun shining in Aias's face
prevented him from seeing Hektor's fall;
he lifted Hektor back up, unseen by Aias.   75
And then indeed they would also have wounded each other
      with swords,
had not Talthybios and Idaios restrained them.
For night was falling, as the day had come to an end.
After dueling like this, they gave one another gifts:
Hektor gave Aias a sword and scabbard,   80
with all its furnishings and trappings,

ὁ Αἴας δὲ τῷ Ἕκτορι κοκκοβαφῆ ζωστῆρα.
Καὶ τούτῳ τῷ ζωστῆρι μὲν Ἕκτωρ, ἐξ Ἀχιλέως
θανών, δεθεὶς ἐσύρετο μετὰ μικρὸν τὸν χρόνον,
85 Αἴας δ᾽ ἀνεῖλεν ἑαυτὸν τοῦ Ἕκτορος τῷ ξίφει.
Ἀλλὰ ταυτὶ μὲν ὕστερα· τότε δὲ χωρισθέντες,
Αἴας ἀπῆλθεν Ἕλλησι, τοῖς δὲ Τρῶσιν ὁ Ἕκτωρ.
    Ὁ δ᾽ Ἀγαμέμνων θύσας βοῦν εὐώχει τοὺς ἀρίστους,
ἐτίμα δὲ τὸν Αἴαντα ῥάχιν βοὸς παρέχων.
90 Μετὰ τροφὴν ὁ Νέστωρ δὲ δημηγορεῖ γενέσθαι
συναγωγὴν τῇ αὔριον Ἑλλήνων τῶν σφαγέντων
καὶ τάφον ἕνα καὶ πυρὰν μίαν κοινὴν ἁπάντων,
καὶ πόλιν εἰς ἀσφάλειαν τῶν ζώντων καὶ τῶν πλοίων.
    Ἀντήνωρ λέγει δὲ Τρωσὶν Ἑλένην ἀποδοῦναι,
95 μηδὲ ματαίως μάχεσθαι πατήσαντας τοὺς ὅρκους·
Ἀλέξανδρος δ᾽ ἀντέλεξεν οὐχὶ διδοὺς Ἑλένην,
ὅσα δ᾽ ἐξ Ἄργους ἔλαβε χρήματα δοῦναι λέγων,
καὶ ἔτι τούτων πλείονα. Πρίαμος δ᾽ ἔφη τότε·
"Νῦν μὲν δειπνοποιήσασθε, καὶ φυλακὴν ποιεῖσθε·
100 τῇ αὔριον Ἰδαῖος δὲ τοῖς Ἕλλησιν λεγέτω
ὅσα φησὶν Ἀλέξανδρος τὰ νῦν περὶ Ἑλένης,
καὶ παῦσιν αἰτησάσθω δὲ πολέμου παρ᾽ ἐκείνων,
ὡς κλαύσωμεν καὶ καύσωμεν νεκροὺς τοὺς πεπτωκότας."
    Ἐλθόντος τῇ ἐπαύριον παρ᾽ Ἕλληνας Ἰδαίου
105 καὶ καταγγείλαντος αὐτοῖς τὴν γνώμην τὴν τῶν Τρώων,
ἤρεσε μόνον τὸ νεκρῶν στρατοῖς τοῖς ἀμφοτέροις·
ἐφ᾽ ἁμαξῶν δ᾽ ἀθροίσαντες, καίουσιν ἄμφω τούτους,
τοὺς ἑαυτῶν ἑκάτεροι δακρύοντες ὡς δέον.
    Ἕλληνες δὲ διέπραξαν ὥσπερ ὁ Νέστωρ εἶπε,

and Aias gave Hektor a scarlet belt.
And it was with this belt that Hektor, when he was killed
by Achilles, was bound and dragged a short time later,
while Aias killed himself with Hektor's sword.   85
But that was later; at that time, after separating,
Aias went off to the Greeks, Hektor to the Trojans.

    Agamemnon sacrificed an ox and feted the leading
        warriors,
and honored Aias by offering him the ox's backbone.
After the meal, Nestor announced that   90
the slaughtered Greeks would be gathered up the next day,
and there would be one common tomb and pyre for all, and
<they would build> a rampart to protect the survivors and
        ships.

    Antenor told the Trojans they should return Helen
and not fight in vain, having trampled their oaths;   95
but Alexandros replied that he would not give back Helen,
though he said he would return all the money he received
from Argos and still more. Then Priam said:
"Now prepare dinner, and place guards;
tomorrow let Idaios tell the Greeks   100
everything Alexandros has just now said concerning Helen,
and let him request from them a halt to the fighting,
so that we may mourn and cremate the corpses of the fallen."

    The next morning, when Idaios came among the Greeks
and reported to them the decision of the Trojans,   105
the only point of agreement of the two armies was to bury
        the dead;
piling the corpses onto carts, both sides burned them,
each weeping as fitting for their own.
The Greeks did as Nestor said

110 καὶ τάφον ἕνα καὶ πυρὰν δειμάμενοι καὶ πόλιν,
τὴν ἥνπερ ἀπειργάσαντο μονοημέρῳ πόνῳ,
ὥσπερ ὁ Σαρδανάπαλος Τάρσον καὶ Αγχιάλην,
ὁ Ἀσσυρίων βασιλεὺς παῖς Ἀνακυνδαράξου.

Ὁ Ποσειδῶν ὁ λέγων δὲ Διΐ περὶ τοῦ τείχους
115 ὅτι τὸ τεῖχος ἔκτισαν ἄνευ θεῶν θυσίας,
καὶ τοῦ Διὸς οἱ λόγοι δὲ ταῦτα δηλοῦσιν εἶναι·
ἐν τροπικοῖς οἱ Ἕλληνες ἦσαν πυργοποιοῦντες,
οὐχὶ χρηστὸν θεμάτιον κρατήσαντες ἀστέρων·
ὅθε συντόμως ἔμελλε καταπεσεῖν τὸ τεῖχος
120 ἐπιφοραῖς ὑδάτων δὲ καὶ κύμασι θαλάσσης,
μετὰ τὴν ὑπονόστησιν Ἑλλήνων πρὸς Ἑλλάδα.
Ἐπεὶ βρονταὶ γεγόνασι τότε δὲ πυργουμένου,
αἱ δὲ βρονταὶ πεφύκασιν ὑδάτων καὶ ἀέρος,
εἰκότως ἄγει λέγοντα Διῒ τὸν Ποσειδῶνα.
125 Ὅτι δ' εἰσὶν εὐέμπτωτα τὰ τροπικοῖς πραχθέντα
πᾶς ἀστρολόγος ἐκβοᾷ, καὶ Καταρχαῖς ὁ Ἄμμων·
ἡλίου δ' ὄντος ἐν ζυγῷ τῶν τροπικῶν ζῳδίων,
οἱ Ἕλληνες ἐπύργωσαν ἐκείνην τὴν πολίχνην,
ἐν Ὀκτωβρίῳ τῷ μηνί, κατὰ φωνὴν Λατίνων·
130 εἰ δ' ἦν τῷ τότε τροπικοῖς οὖσα καὶ ἡ σελήνη,
χωρὶς ἄλλης κακώσεως καὶ βλάβης τῶν ἀστέρων,
ἤρκεσαν ἂν κατάπτωσιν οὗτοι ταχέως πρᾶξαι.
Μετὰ δυσμὰς ἡλίου δὲ τοῦ τείχους πληρωθέντος,
ἐγένοντο βουσφάγια καὶ δεῖπνοι τῶν Ἑλλήνων.
135 Ἐλθόντων ἐκ τῆς Λήμνου δὲ καὶ πλοίων οἰνοφόρων,

and, building a single tomb and pyre and a rampart,   110
which they raised with one day's work,
just as Sardanapalos <had done> for Tarsos and Anchiale,
the king of the Assyrians, son of Anakyndaraxes.
    When Poseidon spoke to Zeus about the wall,
how the Greeks built it without sacrifices to the gods,   115
Zeus's words clearly mean the following:
The Greeks were building towers on the day of the equinox,
not having mastered the proper position of the stars,
for which reason the wall would soon collapse
from sudden bursts of rain and waves from the sea,   120
after the return of the Greeks to Greece.
When, as the tower was being built, thunder sounded,
and the thunder was created by the rain and wind,
he suitably alludes to Poseidon talking to Zeus.
Every astrologer, especially Ammon in his *Forecasts,*   125
    proclaims
that all actions in the equinox are easily undone;
when the sun was in the zodiac sign of Libra in which the
    equinox is situated,
the Greeks girded that fort with towers,
in the month of October, in the Latin language;
even if the moon had been in the equinox then,   130
without any other disturbance or damage caused by the
    stars,
<the Greeks> would have been sufficient to quickly cause
    <the fort's> collapse.
After the sun set, when the wall had been completed,
the Greeks were sacrificing oxen and feasting.
And when there came from Lemnos ships carrying wine   135

ἅπερ ὁ Εὔνηος υἱὸς Ἰάσονος ἦν πέμψας,
ἔπινον ἐξωνούμενοι, δαινύμενοι παννύχως·
ὁμοίως καὶ οἱ Τρῶες δὲ πάλιν κατὰ τὴν Τροίαν.
Ὁ δ' οὐρανὸς παννύχιον ἐξαίσιον ἐβρόντα,
140   ὡς ὠχριᾶν τοὺς σύμπαντας τῷ φόβῳ ψυχρουμένους.
Εἶτα τῇ Εἱμαρμένῃ δὲ θύσαντες ἐκοιμῶντο.

which Euneos, the son of Jason, had sent,
they bought the wine and drank it, feasting all night long;
likewise, the Trojans <were feasting> in Troy.
And the sky was violently thundering all night long,
so that everyone turned pale and cold with fear.   140
Then, after sacrificing to Fate, they slept.

Θ′

Ἡμέρα μὲν ἐξήπλωτο πρὸς πάσης γῆς τὸ πλάτος·
ὁ Ζεὺς δὲ πᾶσι τοῖς θεοῖς ἐδημηγόρει λέγων·
"Μήτε θεά τις θήλεια, μήτε θεῶν ἀρρένων
τοῖς Ἕλλησιν ἢ Τρώεσσι νῦν βοηθὸς γινέσθω,
5 εἰ μὴ τὴν ἀγανάκτησιν ποθεῖ τὴν ἡμετέραν.
Ἢ γὰρ εἰς οὐρανὸν ἔλθοι πληγεὶς ἀπρεπεστάτως,
ἢ ῥίψω πρὸς τὸν Τάρταρον, ὡς γνοίη μου τὸ κράτος.
Εἰ βούλεσθε δ᾽ ἀπόπειραν λαβεῖν μου τῆς ἰσχύος,
σειρὰν χρυσῆν κρεμάσαντες πάντες καθέλκετέ με·
10 ἀλλ᾽ οὐ καθέλξετε πρὸς γῆν· ἐγὼ δ᾽, ἄνπερ ἑλκύσω,
ἀνάξω γῆν καὶ θάλασσαν· τοσοῦτον γὰρ ἰσχύω."
Ταῦτα τοιαύτην ἔχουσι σοφὴν ἀλληγορίαν.
Μετὰ βροντάς, ἃς εἴπομεν, ἐκείνας τὰς παννύχους,
ἡμέρας ἦν ὁ οὐρανὸς μέσως τεθολωμένος,
15 μὴ καθαρός, μηδ᾽ ἔνομβρος, ἀλλ᾽, ὥσπερ εἶπον, μέσως·
ὅπερ καὶ ἄκραν σιωπὴν θεῶν κατονομάζει,
ὅπερ καὶ κώλυμά φησιν ἀμφοῖν τῆς βοηθείας.
Μετὰ μικρὸν δὲ κινηθεὶς βραχὺ φαιδρὸς ἐφάνη,
ὅπερ καὶ λόγους Ἀθηνᾶς καὶ γέλων Διὸς λέγει·
20 τὴν ἐπὶ πλεῖον κίνησιν ἵππους δὲ λέγει τούτου,
τὴν περὶ Ἴδην στάσιν τε, πύκνωσιν πάλιν νέφους,
ἐκ τῶν ἐνύδρων ποταμῶν τῆς πιδακώδους Ἴδης.
Ἐπεὶ γοῦν ἦσαν εὐτελῆ, τὸ τὰ τοιαῦτα γράφειν
εἰς ὄγκον, εἰς ἀξίωμα καὶ μέγεθος τῶν λόγων
25 ὁ Ὅμηρος ὁ πάνσοφος ῥητορικῶς ἀνάγων,

Book 8

Day unfolded across the span of the entire earth,
and Zeus spoke to all the gods, saying:
"Let no female goddess, nor any male god
now help the Greeks or the Trojans,
unless they yearn for our displeasure.   5
For they will either return to heaven wounded, most
         unbecomingly,
or I will throw them into Tartaros to know my might.
If you wish to make trial of my power,
hang up a golden chain and drag me, all of you,
but you will not drag me down to the earth; yet I, if I pull,   10
will raise up earth and sea; for I am that powerful."
    These words contain this wise allegory.
After those all-night thunders of which we spoke,
the sky was a little hazy during the day,
neither clear nor rainy but, as I said, a little <hazy>;   15
this he calls the total silence of the gods,
which he also says was the prohibition of help to either side.
Soon, after moving, the sky appeared bright for a short time,
which he also calls Athena's words and Zeus's laughter;
he calls the further movement of the sky his horses,   20
and the stop at Ida, the cloud becoming dense again
from the watery rivers of many-fountained Ida.
Because these things were indeed worthless, in writing them
Homer the most wise, after elevating them rhetorically
through the weight, quality and quantity of words,   25

μιγνὺς τοῖς ῥητορεύμασι καὶ τὴν φιλοσοφίαν,
ποιεῖται νῦν τὴν σύγκρισιν στοιχείων τῶν τεσσάρων,
καὶ θέλων πάντων κρείττονα δεικνύειν τὸν ἀέρα,
ὡς τοῦ πυρώδους τὸ φαιδρὸν συγκρύπτοντα νεφώσει
30 καὶ ἀνασπῶντα τοὺς ἀτμοὺς ἐκ γῆς καὶ τῆς θαλάσσης
σὺν τῷ ἡλίῳ, τῇ χρυσῇ σειρᾷ τῇ λελεγμένῃ,
αὐτοῦ δὲ πρὸς τὸ κάταντες γῆς μὴ καθελκομένου,
ἀνθρωποπρεπωδέστερον νῦν προσωποποιήσας,
ὡς βασιλέα τῶν θεῶν πλάττει δημηγοροῦντα
35 μεγαληγόρῳ τῇ φωνῇ, καὶ λέγοντα τοιαῦτα.

Τοιοῦτον τὸ κατάστημα τῷ τότε μὲν ὑπῆρχεν·
οἱ δ᾿ Ἕλληνες ὡπλίζοντο, τὸ πρῶτον ἐμφαγόντες·
ὁμοίως καὶ οἱ Τρῶες δέ, καὶ τῶν πυλῶν ἐξῆλθον
πεζὸς λαός τε καὶ ἱππεῖς, καὶ μάχην συνεκρότουν.
40 Καὶ μέχρι μεσημβρίας μὲν ἰσοπαλὴς ἡ μάχη,
ἐξ ἀμφοτέρων τῶν μερῶν πολλῶν ἀναιρουμένων.
Ἡ Εἱμαρμένη τότε δὲ κλίνει ζυγὸν Ἑλλήνων,
ἤγουν τροπὴν ἐδήλωσε τῷ γένει τῶν Ἑλλήνων.
Βροντῆς καταρραγείσης γὰρ μεγάλης, ἐξαισίας,
45 ἀργὴς κατήχθη κεραυνὸς στρατῷ τῷ τῶν Ἑλλήνων.
Λοιπὸν σὺν δέει σύμπαντες τῆς μάχης ὑπεχώρουν,
Ἰδομενεύς, Ἀτρεΐδης δέ, καὶ Αἴαντες οἱ δύο.
Ὁ Νέστωρ ἄκων ἔμενε, τοῦ ἵππου τοξευθέντος
ἐξ Ἀλεξάνδρου πρὸς αὐτῆς τῆς κορυφῆς τὰς τρίχας.
50 Καὶ δὴ μικρὸν ὑφ᾿ Ἕκτορος νεκρὸς ἂν ἦν ὁ γέρων,
εἰ μή περ τοῦτον κατιδὼν ὁ Διομήδης τότε
τὸν Ὀδυσσέα φεύγοντα κέκραγε συνεργῆσαι·
ὡς δ᾿ οὐδαμῶς ἠδύνατο πείθειν ἀνθυποστρέφειν,

after mixing philosophy with rhetorical elements,
here combines the four elements,
and because he wishes to show that air is best of all,
as it clouds over the brightness of the fiery substance
and draws up the vapors from the earth and sea   30
with the sun, the aforementioned golden chain,
and as <the air> is not dragged down to the earth,
after he anthropomorphized it, personifying it,
he makes it give a speech as the king of the gods
with an imposing voice and saying these words.   35
    Such was the weather then;
and the Greeks armed themselves, having first eaten;
the Trojans did likewise, and from out of the gates came
the infantry and the cavalry, and they engaged in battle.
And until midday the battle was equal,   40
with many men being killed on both sides.
Destiny then tilted the balance scale of the Greeks,
that is, it clearly decreed a rout for the Greek race.
For when great, extraordinary thunder boomed,
a bright thunderbolt descended upon the Greek army.   45
So with terror they all retreated from battle,
Idomeneus, the son of Atreus, and the two Aiantes.
Nestor remained unwillingly, his horse struck with an arrow
by Alexandros, in the mane at the very top of its head.
And indeed Hektor would have soon killed the old man,   50
if Diomedes had not then seen him
and called to the fleeing Odysseus for help;
but, as he could in no way persuade him to turn back,

μόνος στραφεὶς ἐξέσωσεν ἅρματι τῷ οἰκείῳ,

55 τὸ ἅρμα δὲ τοῦ γέροντος Σθένελος, Εὐρυμέδων,
κομίζοντες ἐξήνεγκαν εἰς τὸν στρατὸν Ἑλλήνων·
αὐτὸς δὲ σὺν τῷ γέροντι τοῦ Ἕκτορος ἀντίος
ἐλθών, ἀπέκτεινε δορὶ ἡνίοχον ἐκείνου,
Ἡνιοπέα πρὸς μαζὸν βαλὼν κατὰ τὸ στῆθος.

60 Ἕκτορι δ᾽ Ἀρχεπτόλεμος ἡνίοχος ἀνῆλθε.
Καὶ Διομήδους μέλλοντος ἀνδραγαθεῖν καὶ πάλιν,
βροντὴ φρικώδης, σὺν αὐτῇ καὶ κεραυνὸς ἀργήτης
πρὸ τῶν ποδῶν ἐμπέπτωκε τῶν ἵππων Διομήδους.
Οἱ ἵπποι πτοηθέντες δὲ κρύπτονται πρὸς τὸ ἅρμα·

65 ἐκ τῶν χειρῶν δὲ Νέστορος ἔπεσον τὰ ἡνία,
καὶ πρὸς φυγὴν παρήλασε πείσας τὸν Διομήδην.
Ὡς δ᾽ Ἕκτωρ ἀνεβόησε, "Φεύγεις, υἱὲ Τυδέως,"
ὁ Διομήδης ἔμελλε πάλιν τοὺς ἵππους στρέφειν,
καὶ τούτῳ συνεισφέρεσθαι πρὸς πόλεμον καὶ μάχην.

70 Τρισσάκις ὥρμησεν αὐτὸ ποιῆσαι Διομήδης,
καὶ τρὶς ἐξ Ἴδης οὐρανὸς ἐβρόντησε μεγάλως,
νίκην σημαίνων τοῖς Τρωσίν. Ἕκτωρ βοῶν δὲ μέγα
τοὺς ἑαυτοῦ παρώτρυνεν ἐμβαίνειν πρὸς τὸ τεῖχος,
καὶ πῦρ ζητεῖν ὡς πρήσωσιν Ἑλλήνων τὰς ὁλκάδας,

75 καὶ πρὸς τοὺς ἵππους τοὺς αὐτοῦ, τὸν Ξάνθον καὶ τὸν
Λάμπον,
εἴτε μὴν καὶ πρὸς τέσσαρας ἵππους, τοιάδε λέγει·
"Νῦν μοι τὴν ἐπιμέλειαν ἀπόδοτε, ὦ ἵπποι,
ἥνπερ ἐμοῦ ἡ σύζυγος ὑμῶν ἐπεμελεῖτο,
πάρος ἐμοῦ διδοῦσ᾽ ὑμῖν σῖτον φαγεῖν καὶ οἶνον,

80 ὁπόταν ἤθελον αὐτός· ὅθε σπουδάσατέ μοι,

he alone turned back and saved him with his own chariot;
as for the old man's chariot, Sthenelos and Eurymedon   55
brought it back to the Greek army;
and Diomedes himself, together with the old man, went
     against
Hektor, and killed his charioteer with his spear,
striking Heniopeus on the chest, in his breast.
And Archeptolemos climbed up to be Hektor's charioteer.   60
When Diomedes was about to perform another heroic feat,
terrifying thunder along with a bright thunderbolt
struck before the legs of Diomedes's horses.
The horses, terrified, sought to hide by the chariot;
the reins fell from Nestor's hands,   65
and he drove past, having persuaded Diomedes to flee.
But when Hektor cried out, "You are fleeing, son of Tydeus,"
Diomedes intended to turn his horses again
and engage him in war and battle.
Thrice did Diomedes set out to do this,   70
and thrice the sky thundered greatly from Ida,
signaling victory for the Trojans. Shouting loudly, Hektor
urged his men to mount the wall
and to search for fire to burn the Greek ships,
and to his horses, Xanthos and Lampos,   75
or to his four horses, he said these words:
"Now, my horses, repay the solicitous care
which was given to you by my wife,
who gave you grain to eat and wine ahead of me,
whenever I myself wanted some; wherefore strive for my   80
     sake,

ὡς τὴν χρυσῆν τοῦ Νέστορος κρατήσωμεν ἀσπίδα,
καὶ Διομήδους θώρακα ἐξ ὤμων τῶν ἐκείνου.
Εἰ ταῦτα λάβω, φεύγουσιν Ἕλληνες νῦν Ἑλλάδα."
Ἡ λαλιὰ τῆς Ἥρας δὲ καὶ στόνος Ποσειδῶνος
85 πνευμάτων κίνημα δηλοῖ καὶ μύκημα θαλάσσης.

Οἱ Ἕλληνες δὲ φεύγοντες ἐπλήρωσαν τὸν τόπον,
ὅσος ὑπῆρχεν ἐξ αὐτῆς τῆς τάφρου πρὸς τὸ τεῖχος,
ἔνδον ἀπὸ τοῦ τείχους τε πάλιν ὡς πρὸς τὰ πλοῖα,
ὃ λέγεται πωμήριον κατὰ Λατίνων γλῶσσαν.
90 Καὶ δὴ πυρὶ κατέφλεξεν Ἕκτωρ Ἑλλήνων νῆας,
εἰ μὴ τὸν Ἀγαμέμνονα Ἥρα, ψυχὴ οἰκεία,
παρώτρυνεν ὀνείδεσι στῆσαι τοὺς πεφευγότας,
λέγοντα πάντας Ἕλληνας Ἕκτορος οὐκ ἀξίους,
καί γε καταμεμφόμενον πολλὰ τῇ Εἱμαρμένῃ.
95 Τούτου δὲ σχετλιάσαντος διὰ τὰς ἀτυχίας,
ἐλάφου μόσχον ἀετὸς ἀπέρριψε βαστάζων·
οἱ δ' Ἕλληνες θαρρήσαντες ἐπ' ἀγαθῷ σημείῳ
κατὰ τῶν Τρώων ὥρμησαν καὶ μάχην συνεκρότουν.
Πρῶτος δὲ πάντων ἤλασε τοὺς ἵππους Διομήδης,
100 καὶ κτείνει παῖδα Φράδμονος, Ἀγέλαον τὴν κλῆσιν,
φεύγοντα, τὸ μετάφρενον δόρατι περονήσας.
Καὶ μετ' αὐτὸν καὶ οἱ λοιποὶ χωροῦσι κατὰ Τρώων
Ἀτρεῖδαί τε καὶ Αἴαντες, Ἰδομενεὺς σὺν τούτοις,
ὁ Μόλου Μηριόνης τε μετὰ τοῦ Εὐρυπύλου.
105 Ἦλθε καὶ Τεῦκρος ἔννατος, τόξοις ηὐτρεπισμένος,
καὶ περιβλέπων ἔκτεινε τοξεύμασι τοὺς Τρῶας·
τοξεύων δ' ὑπεκρύπτετο τῇ Αἴαντος ἀσπίδι,
ὥσπερ τις παῖς κρυπτόμενος ταῖς μητρικαῖς ἀγκάλαις.

so that we may capture Nestor's golden shield,
and Diomedes's breastplate from his shoulders.
If I could take these things, the Greeks would now leave for
    Greece."
    Hera's speech and Poseidon's sighing
signify the movement of the winds and the roar of the sea.   85
    The Greeks in flight filled the space
between the ditch and the wall,
and from inside the wall again to the ships,
which in the Latin language is called *pomerium*.
And indeed Hektor would have burned the Greek ships   90
    with fire
had Hera, his own soul, not urged Agamemnon
to stop with reproaches those fleeing, saying that
all the Greeks together were not worth as much as Hektor,
and greatly reproaching Fate.
As he was complaining about his misfortunes,   95
an eagle dropped a fawn it was carrying;
and the Greeks, taking courage from the good omen,
charged against the Trojans and met them in battle.
First of all Diomedes spurred his horses,
and killed the son of Phradmon, called Agelaos,   100
as he was fleeing, piercing his back with a spear.
And after him the others advanced against the Trojans,
the Atreidai, the Aiantes, Idomeneus as well,
Eurypylos and Meriones, the son of Molos.
Teukros came ninth, preparing his bow,   105
and, looking around, was killing the Trojans with his arrows;
he was shooting his arrows hiding behind Aias's shield,
like a child hiding in his mother's arms.

Ὀκτὼ μὲν οὖν ἀνῄρηκεν οὗτος ἐκ τοξευμάτων,
110 Ὀρσίλοχον καὶ Ὄρμενον, Δαίτορα, Ὀφελέστην,
Χρόμιον καὶ Μελάνιππον, σὺν τούτοις Λυκοφόντην,
καὶ τούτου τὸν ἀκόλουθον τὸν Πολυαιμονίδην.
Ὁ Ἀγαμέμνων τοῦτον δὲ βλέπων ἐχάρη μέγα,
καὶ δωρεὰς ὑπέσχετο δοῦναι λαμπρὰς ὑστέρως.
115 Ὁ δὲ κατὰ τοῦ Ἕκτορος τόξευμα πέμψας ἄλλο,
ἀποτυχὼν ἀπέκτεινε νόθον υἱὸν Πριάμου,
Καστιανείρας παλλακῆς ὄντα τῆς ἐξ Αἰσύμης,
τὴν κλῆσιν Γοργυθίωνα, βαλὼν κατὰ τὸ στῆθος·
ὁ δ᾽ ἔκλινε τὴν κεφαλὴν ὡς ἔνδροσος κωδία.
120 Τεῦκρος δὲ πάλιν ἀστοχεῖ καθ᾽ Ἕκτορος τοξεύσας,
ἡλίου βλάψαντος αὐτόν. Παρὰ μαζὸν βαλὼν δὲ
κτείνει τὸν Ἀρχεπτόλεμον ἡνίοχον ἐκείνου,
πέπτωκε δ᾽ ἐκ τοῦ ἄρματος· ταράσσονται οἱ ἵπποι,
τούτου συμβάντος. Ἕκτωρ δὲ μεγάλως ἐλυπήθη,
125 καὶ τοὺς μὲν ἵππους ἀδελφῷ διδοῖ τῷ Κεβριόνῃ,
αὐτὸς δ᾽ ἀπὸ τοῦ ἄρματος μέγα βοῶν κατῆλθε,
καί γε τὸν Τεῦκρον, μέλλοντα πάλιν τοξεύειν τοῦτον,
πρὸς στῆθος καὶ τὸν τράχηλον λίθῳ βαλὼν μεγάλῳ,
φοράδην ἔπεισεν αὐτὸν ἀχθῆναι πρὸς τὰς νῆας,
130 Ἀλάστορος βαστάζοντος τοῦτον καὶ Μηκιστέως.
Καὶ πάλιν Τρῶες τρέπουσιν Ἕλληνας πρὸς τὰς νῆας.
   Ὁ ἔλεος τῆς Ἥρας δέ, καὶ Ἀθηνᾶς οἱ λόγοι,
οὕσπερ φησὶ δι᾽ Ἡρακλῆ ἐξ Ἅιδου σεσωσμένον,
καὶ ὅπερ λέγει πλήρωμα Θέτιδος ἱκεσίας,
135 καὶ ζεῦξις ἡ τοῦ ἄρματος τῆς Ἀθηνᾶς καὶ Ἥρας
ἀποστολή τε Ἴριδος πρὸς τὸ κωλῦσαι ταύτας,

And he killed eight men with his arrows:
Orsilochos, Ormenos, Daitor, Ophelestes,   110
Chromios, Melanippos and with them Lykophontes
and the latter's page, Polyaimonides.
Agamemnon, seeing him, rejoiced greatly,
and promised to give him splendid gifts afterward.
And Teukros, sending another arrow against Hektor,   115
missed and killed Priam's bastard son,
the son of his concubine Kastianeira from Aisyme,
called Gorgythion, striking him in the chest;
and he bowed his head like a dewy poppy.
Teukros again missed, as he aimed at Hektor,   120
because the sun bothered him. Striking him in the breast,
he killed Archeptolemos, his charioteer,
and he fell from the chariot; the horses were agitated
when this happened. Hektor was greatly grieved,
and he gave his horses to his brother Kebriones,   125
while he himself descended from his chariot shouting loudly
and, striking Teukros, who was again about to shoot at him,
in his chest and neck with a large rock,
forcefully persuaded him to be conveyed to the ships,
as Alastor and Mekisteus supported him.   130
And the Trojans again turned the Greeks back toward their
      ships.
    Hera's mercy and Athena's words,
which he says were why Herakles was saved from Hades,
and that he calls the fulfillment of Thetis's plea,
and the yoking of Athena's and Hera's chariot   135
and the sending of Iris to prevent them,

καὶ τοῦ Διὸς ἡ δίφρευσις πρὸς οὐρανὸν ἐξ Ἴδης,
ἐκ Ποσειδῶνος λύσις τε Διὸς ἁρμάτων ἵππων,
καὶ τὰ τοιαῦτα σύμπαντα τοιῶσδε συνεγράφη.

140 Ὁ Ὅμηρος, ὡς χρονικὸς καὶ συγγραφεὺς τῶν τότε,
ἅπαν μὲν γράφει τὸ πραχθὲν καὶ τὸ συμβὰν τῷ τότε·
τὰ δέ γε περιπέζια καὶ τῶν εὐτελεστέρων
τρέπων ὡς πρὸς ἀξίωμα καὶ μέγεθος τοῦ λόγου
σεμνῶς συγγράφει καὶ δεινῶς, δεινὸς ὢν λογογράφος.

145 Μετὰ βροντὰς ἃς εἶπον γὰρ καὶ τοὺς δεινοὺς ἀργῆτας
πνεῦμα λεπτὸν ἀπήρξατο καθαίρειν τὸν ἀέρα·
μετὰ μικρὸν ἐφάνη δὲ τῷ οὐρανῷ ἡ Ἶρις,
εἶτα καὶ νέφος κάθυγρον ἐξαναχθὲν ἐξ Ἴδης
τὸν οὐρανὸν ἐπλήρωσεν· εἶτα ῥαγέντος ὄμβρου,

150 ὃ λύσις ἐστὶ τῶν Διὸς ἁρμάτων Ποσειδῶνι,
χρυσοειδὴς ὁ οὐρανὸς ἐκ πνεύματος ἐφάνη,
οἷα συμβαίνει γίνεσθαι πάντως ὀμβροευδίαις,
καὶ μᾶλλον καταστήμασι φθινοπωρινωτάτοις.
Ταῦτα μὲν ἦν ἐκ τῶν πεζῶν καὶ τῶν ἀφελεστάτων,

155 ὅθε τὴν ἀνακάθαρσιν ἐκείνην τὴν ἀέρος
Ἥραν καλεῖ καὶ Ἀθηνᾶν, καὶ ἔλεος Ἑλλήνων,
καὶ ζεῦξιν Ἥρας, Ἀθηνᾶς, ἁρμάτων χρυσαμπύκων.
Ὁ Ἡρακλῆς ὁ ἥλιός ἐστιν ἐν τοῖς ἐνθάδε
ὡς κλέος Ἥρας καὶ τῆς γῆς, ὃν Εὐρυσθεὺς ἐκπέμπει,

160 ἡ σφαῖρα ἡ οὐράνιος ἥτις εὐρέως θέει,
ἄθλους τελέσαι δώδεκα, τὸν χρόνον ἐκπληρῶσαι,
δώδεκα περιτρέχοντα τμήματα τῶν ζῳδίων,
Κριόν, Ταῦρον καὶ Δίδυμον, Καρκῖνον, Λέοντά τε,
Παρθένον ἅμα καὶ Ζυγόν, Σκορπιὸν καὶ Τοξότην,

and Zeus's driving the chariot from Ida to the heavens,
and Poseidon's unyoking of Zeus's chariot and horses,
and all such things he wrote as follows.
Homer, as a chronographer and writer of past events,   140
writes everything that was done and happened then;
turning lowly and simpler things
into more worthwhile and great ones through words,
he writes solemnly and skillfully, being a skillful storyteller.
　　For after the thunder and terrible lightning of which I   145
　　　　spoke,
a light breeze started to clear the air;
soon Iris appeared in the sky,
then a moist cloud coming out from Ida
filled the sky; then when the rain poured down,
which is Poseidon's unyoking of Zeus's chariots,   150
the sky appeared golden from the wind,
which happens especially in hazy weather,
and especially in autumnal weather.
These were common and very simple matters,
whence he calls that clearing of the air   155
Hera and Athena, and their pity for the Greeks,
and Hera's and Athena's yoking of gold-adorned chariots.
The sun here, being the glory of Hera and of the earth,
the celestial globe which moves in a wide arc,
is Herakles, whom Eurystheus sent forth   160
to fulfill twelve labors, that is, to complete the year,
running around the twelve divisions of the zodiac:
Aries, Taurus, and Gemini, Cancer and Leo,
Virgo and Libra, Scorpio and Sagittarius,

165 Αἰγόκερων, Ὑδρόχουν τε, καὶ σὺν αὐτοῖς Ἰχθύας·
οὓς ἄθλους ἀπεργάζεται, τρέχων οἰκείους δρόμους
δυσμόθε πρὸς ἀνατολάς, τῆς σφαίρας ἐναντίος,
οὗτος οἰκεῖος δρόμος γὰρ τυγχάνει τῶν πλανήτων.
Ἔστι καὶ δρόμος ἕτερος τούτου, τῶν ἀνοικείων,
170 ὃν καθ᾿ ἑκάστην τρέχει μὲν ἐξ ἕως πρὸς τὴν δύσιν,
ἄκων περιφερόμενος σφαίρᾳ τῇ οὐρανίῳ,
δύνων καὶ ἀνερχόμενος, ποιῶν τὰς νυχθημέρους·
τὰς ἄσπερ δύσεις κάθοδον πρὸς Ἅιδην εἶναι λέγει,
Ἅιδου δὲ κύνα τὸ ὑγρὸν καὶ τῶν ὑδάτων φύσιν,
175 ἐξ ὧνπερ ἀπαρύεται ἥλιος, γῆς ἐκτρέχων.
Ἐκ γοῦν τοῦ λέγειν Ὅμηρος ἐξ Ἀθηνᾶς τοιαῦτα,
ὡς, εἰ μὴ τοῦτον ἔσωζεν, οὐκ ἂν ἀνῆλθεν αὖθις,
ἐξ ἀναθυμιάσεων δοκεῖ κινεῖν τὴν σφαῖραν,
ὡς οἱ λοιποὶ φιλόσοφοι, πλὴν Ἀριστοτελείων.
180 Ἀριστοτέλης δ᾿ ἄναρχον εἶναι τὴν σφαῖραν λέγει,
αὐτοκινήτως ὑφ᾿ αὑτῆς κινεῖσθαι δογματίζων.
Τῆς ἱκεσίας Θέτιδος ἡ πλήρωσις τυγχάνει
τὸ γεγονέναι κάθυγρον τὸν οὐρανόν, ὡς εἶπον.
Τὰ δ᾿ ἄλλα πάντα σοι σαφῆ μακρηγορεῖν οὐ πρέπει.
185 Μετὰ γοῦν τὸ κατάστημα τοῦτο, νυκτὸς ἐλθούσης,
Ἕκτωρ ἐδημηγόρησε τροφὰς ἐκ Τροίας ἄξαι
ὅσα τε τούτοις ἕτερα τῶν χρειωδῶν ὑπάρχει,
ἔξωθε δὲ τῆς πόλεως πάντας δειπνοποιεῖσθαι,
πυρκαϊὰς ἀνάπτειν τε μέχρι καὶ τῆς ἡμέρας,
190 μὴ κατὰ νύκτα φύγωσιν Ἕλληνες ταῖς ὁλκάσι·
τοῖς κήρυξι δ᾿ ἐκέλευσε συλλέγειν κατὰ Τροίαν

Capricorn, Aquarius and with them Pisces;   165
those labors he completed, racing his proper course
from west to east, in the opposite direction to the sphere,
for this is the path that is natural to the planets.
There was another way for him, an unusual one,
which he ran every day from east to west,   170
unwillingly carried around by the celestial sphere,
setting and rising, making day and night;
these settings he says are the descent into Hades, and
the dog of Hades is the wet element and the nature of the
     waters,
from which the sun draws off <moisture> as it runs out of   175
     the earth.
Homer, by saying that such things come from Athena,
namely, that had she not saved him, he would not have risen
     again,
seems to think that the sphere is moved by rising vapors,
as do the other philosophers, except the followers of
     Aristotle.
Aristotle says that the sphere has no beginning,   180
opining that it moves itself by its own force.
The fulfillment of Thetis's plea is
the sky filling up with moisture, as I said.
     Since all the rest is clear for you, I need not speak at
          length.
     And so after this weather, when night came,   185
Hektor spoke and asked that food be brought from Troy
and whatever else was needed,
and for everyone to feast outside the city,
and to light fires until day came,
lest the Greeks flee with their ships by night;   190
and he ordered the heralds to assemble in Troy

τοὺς παῖδας καὶ τοὺς γέροντας εἰς φυλακὴν τῶν πύργων,
τῶν γυναικῶν ἑκάστην τε πῦρ ἔχειν ἐν οἰκίαις,
καὶ φυλακὴν καὶ προσοχὴν ἀκριβεστάτην εἶναι,
195 μὴ λάθῃ λόχος ἐνέδρα δραμεῖν ὡς πρὸς τὴν πόλιν,
καὶ ταύτην ἐκπορθήσωσιν, ἀπόντων στρατευμάτων.
    Οὕτως εἰπόντος Ἕκτορος ἀπεπληροῦτο πάντα.
    Μέσον δὲ τοῦ Σκαμάνδρου τε καὶ τείχους τῶν Ἑλλήνων
οἱ Τρῶες ἦσαν καίοντες πυρκαϊὰς χιλίας,
200 ἄνδρες δ᾽ ἦσαν πεντήκοντα πυρκαϊῶν ἑκάστῃ.
    Τῶν ἐγχωρίων τὸ ποσὸν Τρώων ἐνταῦθα γράφει,
πεντήκοντα χιλίους σοι λέγων τοὺς πάντας εἶναι,
πλὴν μέντοι τῶν συμμάχων τε καὶ τῶν ἐπικουρούντων·
οὗτοι γὰρ τριπλασίονες τῶν ἐγχωρίων ἦσαν·
205 ὅτε δ᾽ ὁ Μέμνων ἅμα τε καὶ Πολυδάμας ἦλθε,
τίς ἀριθμήσει τὸν στρατὸν τὸν συνηγμένον τότε;

the boys and old men to guard the towers,
and each of the women to have fire in their houses,
and be on guard and pay most careful attention,
lest an armed band escape notice and enter the city,   195
and capture it while the army was absent.
    When Hektor spoke thus, everything was carried out.
    Between the Skamandros and the wall of the Greeks
the Trojans were burning a thousand fires,
and there were fifty men around each fire.   200
He is writing here the number of Trojan inhabitants,
telling you that they were fifty thousand in total,
excluding, however, their allies and auxiliaries;
for they were three times as many as the locals;
for when Memnon and Polydamas came,   205
who will count the army that was gathered then?

Ι΄

Οὕτως οἱ Τρῶες μὴ φυγεῖν τοὺς Ἕλληνας ἐτήρουν.
Ἕλληνες πάντες δὲ φυγῇ κατείχοντο καὶ φόβῳ,
πένθος δ᾽ ἀνυπομόνητον εἶχε τοὺς ἀριστέας.
Καθάπερ ὁ Βορέας δὲ πνεύσας ὁμοῦ καὶ Νότος
5 ταράσσουσι τὴν θάλασσαν, ὑψοῦται δὲ τὸ κῦμα,
οὕτω μερίμναις καὶ αὐτοὶ διπλαῖς ἐκυματοῦντο.
Ὁ βασιλεύς, μεγάλῃ δὲ τῇ λύπῃ βεβλημένος,
ἁπανταχοῦ διήρχετο, τοῖς κήρυξι κελεύων
καλεῖν εἰς τὸ συνέδριον ὀνομαστὶ τοὺς πάντας,
10 ἄνευ βοῆς. Τῶν πάντων δὲ τότε συνηθροισμένων
καὶ περὶ τὸ συνέδριον ἐν θλίψει καθεσθέντων.
Ὁ Ἀγαμέμνων ἀναστάς, δάκρυα χέων, λέγει·
"Ὦ στρατηγοὶ καὶ βασιλεῖς Ἑλλήνων πεφιλμένοι,
ὁ Ζεύς, ἡ Εἱμαρμένη, με μεγάλως ἀεὶ βλάπτει.
15 Λοιπόν, ὦ φίλοι, φεύγωμεν πλοίοις εἰς τὰς πατρίδας·
οὐκέτι τὴν πλατύοδον πορθήσομεν γὰρ Τροίαν."
  Πάντων ἡσυχασάντων δέ, φησὶν ὁ Διομήδης·
"Οὕτω δοκεῖς ἀπόλεμον τὸ γένος τῶν Ἑλλήνων;
Εἴπερ αὐτός, ὦ βασιλεῦ, ἀνθυποστρέφειν θέλεις,
20 ἀπέρχου· πάρεστιν ὁδός· πλησίον τῆς θαλάσσης
ὁλκάδες ἅσπερ ἤγαγες πολλὰς ἐκ τῆς Μυκήνης.
Ἄλλοι δὲ καρτερήσουσιν εἰς πόρθησιν τῆς Τροίας.
Εἰ δὲ καὶ οὗτοι θέλουσι, φευγέτωσαν οἱ πάντες·
ἐγὼ δὲ καὶ ὁ Σθένελος ἐγκαρτεροῦμεν μόνοι."

Book 9

Thus the Trojans kept watch so the Greeks would not flee.
All the Greeks were consumed by flight and fear,
an unbearable sorrow gripped the leading warriors.
Just as the North and the South Wind blowing together
disturb the sea, and a wave rises,   5
thus they themselves were buffeted by double worries.
The king, struck by great sorrow,
went everywhere, ordering the heralds
to call everyone by name to war council,
without shouting. When everyone had then gathered   10
and they were sorrowfully seated in assembly,
Agamemnon rose and, shedding tears, said:
"Dear generals and kings of the Greeks,
Zeus, Destiny, is always harming me greatly.
So, my friends, let us return in our ships to our homelands,   15
for it is no longer likely that we will sack Troy with its broad
        streets."
    As everyone was silent, Diomedes said:
"Do you think the Greek race is so unwarlike?
If you yourself, king, wish to turn back,
leave; there is the way; by the sea are the   20
many ships you brought here from Mycenae.
But the others will persevere in the sack of Troy.
Still, if they wish it as well, let everyone flee;
I and Sthenelos alone will remain."

25 Πάντες μὲν οὖν ἐβόησαν θαυμάσαντες τὸν λόγον.
Ἀνέστη καὶ ὁ Νέστωρ δέ, καί, τοῦτον ἐπαινέσας,
λόγον παρέρριψε δεινῶς ῥητορικῷ τῷ τρόπῳ,
τὴν ἔριν Ἀγαμέμνονος σύρων καὶ Ἀχιλλέως.
Εἶπε γάρ· " Ὅστις ἔρωτα μάχης ἐμφύλου τρέφει
30 χωρὶς ὑπάρχει συγγενῶν, ἄδικός τε καὶ πένης.
Ἀλλὰ πεισθῶμεν νῦν νυκτί, νυκτερινὸν φαγόντες,
φύλακας δὲ χωρίσωμεν ἔξω πρὸς τάφρον μένειν.
Σύ, βασιλεῦ, πρὸς τράπεζαν κάλει δὲ τοὺς ἀρίστους
καὶ συμβουλεύου μετ᾽ αὐτῶν. Χρεία βουλῆς μεγάλης·
35 ἐγγὺς γὰρ οἱ πολέμιοι, πῦρ καίοντες παννύχως.
Ἡ νὺξ δὲ σώσει τὸν στρατόν, ἢ φθείρει πάντως αὕτη."
Οὕτως εἰπόντος ὥρμησαν εἰς φυλακὴν ἐνόπλως
φύλακες ἑπτακόσιοι, ἑπτὰ δὲ στρατηγέται,
Ἀσκάλαφος, Ἰάλμενος, ἅμα καὶ Θρασυμήδης,
40 ὁ Μηριόνης, Ἀφαρεύς, Δηΐπυρος σὺν τούτοις,
καὶ Λυκομήδης Κρέοντος φίλος υἱὸς ὑπάρχων.
Ἐλθόντες δ᾽ ἐκαθέσθησαν τείχους καὶ τάφρου μέσον,
καὶ πῦρ ἀνάψαντες ἐκεῖ νυκτερινῶς σιτοῦνται.
Ὁ βασιλεὺς καλέσας δὲ τοὺς πρώτους τῆς συγκλήτου
45 ἁβραῖς τραπέζαις καὶ τρυφαῖς δέχεται βασιλείοις.
Μετὰ τροφὴν ἀνέστη δὲ Νέστωρ, βουλεύων τάδε·
ἐξευμενίσαι τῷ στρατῷ παντὶ τὸν Ἀχιλέα
ἐν λαμπροτάταις δωρεαῖς καὶ λόγοις πραοτάτοις.
Συγκατετέθη τοῦ λοιποῦ τοῖς λόγοις Ἀγαμέμνων,
50 ἑπτὰ μὲν δοῦναι τρίποδας μήπω πρὸς πῦρ τεθέντας,
ἑξήκοντα νομίσματος χρυσίου χιλιάδας,
λέβητας εἴκοσι, πρὸς πῦρ καὶ πρὸς λουτρὰ χρησίμους,

And so everyone shouted in admiration at his words.   25
Nestor also stood up and, after praising him,
uttered a speech, skillfully, in a rhetorical manner,
sweeping away the quarrel between Agamemnon and
      Achilles.
For he said: "Whoever nourishes love of civil strife
is without relatives, is both unjust and poor.   30
But let us now yield to the night and eat our dinner,
and let us select guards to stay outside the trench.
You, king, summon the leading men to your table
and consult with them. There is great need for deliberation;
for the enemy is close by, burning fires all night.   35
This night will save the army or destroy it utterly."

After he spoke thus, seven hundred sentries set out
under arms to stand guard, and seven generals as well:
Askalaphos, Ialmenos and Thrasymedes,
Meriones, Aphareus and, with them, Deïpyros,   40
and Lykomedes who was Kreon's dear son.
They went and sat between the wall and the trench
and, lighting fires there, ate their evening meal.

The king summoned the leaders of the assembly
and welcomed them with a splendid royal feast.   45
After the meal, Nestor rose, with this advice:
the entire army should appease Achilles
with most splendid gifts and gentle words.
Agamemnon now consented to his words,
to give him seven tripods untouched by fire,   50
sixty thousand gold coins,
twenty cauldrons useful for cooking and bathing,

ἵππους ἐκκρίτους ἀθλητὰς δώδεκα, νικηφόρους,
ποικιλεργοὺς ὡραίας δὲ κόρας ἑπτὰ Λεσβίδας,
55 σὺν αἷς καὶ Ἱπποδάμειαν ὀγδόην τὴν Βρισέως,
ὀμόσας τι τὸ σύνολον αὐτῇ μὴ συνειδέναι.
Ταῦτα δοθῆναι Ἀχιλεῖ καθυπεσχέθη τότε,
μετὰ δὲ Τροίας πόρθησιν καθυπισχνεῖτο πάλιν
πλοῖον χρυσοῦ τε καὶ χαλκοῦ πλῆρες αὐτῷ δοθῆναι,
60 καὶ αἰχμαλώτους Τρωϊκὰς εἴκοσι τῶν ὡραίων,
εἰς Ἄργος δ᾽ ὑποστρέψαντα γαμβρὸν αὐτὸν ποιῆσαι,
ἰσότιμον ποιῆσαι τε Ὀρέστῃ τῷ φιλτάτῳ,
λαβόντα τούτου τῶν τριῶν ἣν θέλει θυγατέρα,
τὴν πρώτην τὴν Χρυσόθεμιν, εἴτε τὴν Λαοδίκην,
65 εἴτε τὴν Ἰφιάνασσαν· φερνὴν δ᾽ αὐτῷ δοθῆναι
πόλεις ἑπτὰ πρὸς θάλασσαν κειμένας τὰς ἁπάσας,
Πήδασον, Αἴπειαν, Φηράς, Ἄνθειαν καὶ Ἐνόπην,
τὴν βοτανώδη τε Ἱρήν, ὁμοῦ καὶ Καρδαμύλην.
Ἐν τούτοις πρέσβεις πέμπουσιν ὡς πρὸς τὸν Ἀχιλέα,
70 Φοίνικα καὶ τὸν Αἴαντα μετὰ τοῦ Ὀδυσσέως,
καὶ κήρυκας Ταλθύβιον ἅμα καὶ Εὐρυβάτην,
ὅπως τοῖς δώροις τὴν ὀργὴν πείσωσιν ἀποθέσθαι.
   Πολλὰ δ᾽ εἰπόντος πρὸς αὐτὸν πρῶτα τοῦ Ὀδυσσέως,
ὁ Ἀχιλεὺς ἀντέλεξε σφοδρῶς τε καὶ τραχέως.
75 Καὶ Φοίνικος δακρύοντος ἐλεεινολογίαις,
καὶ τὴν φυγὴν τὴν ἐκ πατρὸς τῶν ἑαυτοῦ λαλοῦντος
διὰ τὴν μίξιν παλλακῆς τῆς τοῦ πατρὸς συμβᾶσαν,
καὶ πῶς αὐτὸν ἀνέθρεψεν ἐκ βρεφικῶν σπαργάνων,
καὶ δεομένου καὶ αὐτοῦ τὴν μῆνιν ἀπορρῖψαι,
80 λέγοντος μετατρέπεσθαι καὶ τοὺς θεοὺς θυσίαις,

twelve select racehorses, champions,
seven beautiful Lesbian girls skilled in crafts and,
with them, eighth, Hippodameia, the daughter of Briseus,   55
swearing that he had not consorted with her in any way.
These things he promised to give to Achilles then,
and after the sack of Troy he promised again
to give him a ship full of gold and bronze,
and twenty of the most beautiful Trojan female captives,   60
and, after returning to Argos, to make him his son-in-law,
and make him equal in honor to his beloved Orestes,
giving him whichever of his three daughters he wanted:
the eldest Chrysothemis, or Laodike,
or Iphianassa; and he would receive as a dowry   65
seven cities, all lying by the sea:
Pedasos, Aipeia, Pherai, Antheia and Enope,
Ire rich in greenery, and Kardamyle as well.
To that end they sent envoys to Achilles,
Phoinix and Aias together with Odysseus,   70
and the heralds Talthybios and Eurybates
to persuade him with gifts to set aside his anger.
      After Odysseus first spoke to him at length,
Achilles replied violently and harshly.
And then Phoinix made tearful and piteous appeals,   75
describing his own flight from his father's house
because he slept with his father's concubine,
and how he had reared Achilles since he was in swaddling
      clothes,
and he begged him as well to set aside his wrath, saying
that even the gods change their minds because of sacrifices,   80

ἤγουν ἐν λόγοις ἐπῳδῶν τὴν φύσιν τῶν στοιχείων,
ἢ Εἱμαρμένην φυσικήν, ὡς Πτολεμαῖος γράφει.
Διττὰς αὐτὸς γὰρ βούλεται τὰς Εἱμαρμένας εἶναι
θείαν, τὴν ἀμετάτρεπτον, καὶ τὴν φυσικωτάτην,
85 ἥνπερ καὶ μετατρέπεσθαί φησιν ὡς κλιμακτῆρας·
ὁ μὲν γὰρ ὄμβρους τῶν σοφῶν, ὁ δ' ἔπαυσεν ἀνέμους,
Ὀρφεὺς καὶ Πυθαγόρας τε σὺν τῷ Ἀναξαγόρᾳ,
Ἐμπεδοκλῆς Μελίτωνος ὁ καὶ Κωλυσανέμας,
ὁ πανδαὴς Δημόκριτος, ὁ Τυανεὺς ὑστέρως.
90 Τοιαῦτα καὶ τοῦ Φοίνικος δάκρυσι δεομένου,
ὡς τοῦ θυμοῦ κατάπαυσιν ποιήσαιτο τοῖς δώροις
καὶ τιμηθῇ τὰ μέγιστα τοῖς σύμπασιν Ἀργείοις,
μή, ἄνευ παρακλήσεως μόνος ἐλθὼν ὑστέρως,
πάθοι ταὐτὸν ὃ πέπονθε Μελέαγρος ἐκεῖνος.
95 Οὗτος υἱὸς ὑπάρχων γὰρ Οἰνέως καὶ Ἀλθαίας,
ὡς ἀνερράγη πόλεμος, χάριν τοῦ χοίρου τότε,
Ἀμβρακιώταις καὶ αὐτῶν τῶν Αἰτολῶν τῷ γένει,
ἀφεὶς τὴν μάχην, ὡς θλιβεὶς ἐκ τῆς μητρὸς Ἀλθαίας,
τῇ ἑαυτοῦ συνήδρευε συζύγῳ Κλεοπάτρᾳ.
100 Κουρῆτες, Ἀκαρνᾶνες δέ, ἤγουν Ἀμβρακιῶται,
τοὺς οὕσπερ μετεκάλεσε Καῖσαρ Νικοπολίτας,
νικήσας τὸν Ἀντώνιον ἐκεῖ καὶ Κλεοπάτραν,
ἔβαλον πύργους Αἰτωλῶν καὶ πύλας τὰς ἐκείνων,
τὴν Καλυδῶνα, Ναύπακτον αὐτήν, πυργομαχοῦντες.
105 Πάντες λοιπὸν οἱ τῆς βουλῆς καὶ μεγιστᾶνες πάντες,
καὶ ἱερεῖς οἱ τῶν θεῶν καὶ προύχοντες ἁπάντων,
καὶ ἀδελφαὶ καὶ ἀδελφοί, καὶ ὁ πατὴρ ὁ τούτου,
γονυκλιτοῦντες, καὶ πολλὰ δῶρα διδόντες τούτῳ,

that is, the nature of the elements changes through spells,
or natural Destiny, as Ptolemy writes.
For he wants there to be two kinds of Destiny,
the unchanging divine one and the most natural one,
which he says is changeable like going up or down stairs; 85
for one of the wise men stopped the rains, the other the
　　winds,
Orpheus and Pythagoras together with Anaxagoras,
Empedokles, son of Meliton, also called "blocker of winds,"
all-knowing Demokritos, and later Tyaneus.
Such things was Phoinix begging in tears, 90
that he might cease his anger on account of the gifts
and be honored greatly by all the Argives,
lest, if he came later on his own, without a plea,
he suffer the same fate as the famous Meleager.
He was the son of Oineus and Althaia, 95
and when, because of the boar, war broke out
between the Ambrakians and the race of the Aitolians,
after he forswore battle, aggrieved by his mother Althaia,
he consulted with his wife Kleopatra.
The Kouretes and the Akarnanians, that is, the Ambrakians 100
(whom <Augustus> Caesar renamed Nikopolitans,
after he defeated Antony and Kleopatra there),
were attacking the towers of the Aitolians and their gates,
fighting against the towers of Kalydon and Naupaktos itself.
Then every member of the council and all the magnates 105
and the priests of the gods and the leaders of them all
and his sisters and brothers and his father,
although kneeling down, and offering him many gifts,

γῆν περισσὴν φυτεύσιμον καὶ γῆν τῶν ἀροσίμων,
110 ὡς πρὸς τὴν μάχην ἐξελθεῖν οὐκ ἔπειθον ἐκεῖνον.
Ὕστερον βαλλομένου δὲ καὶ τοῦ κοιτῶνος τούτου
ἐν λίθοις καὶ τοῖς βέλεσι, καὶ πυργομαχομένου,
τοῖς τῆς ἰδίας γυναικὸς θρηνοῖς ἐκβὰς πρὸς μάχην
καὶ συμβολῇ πολέμου δὲ τρέψας τοὺς Ἀκαρνᾶνας,
115 τὴν δωρεὰν οὐκ ἔλαβεν· οὐ γὰρ ἐξῆλθε τότε
ὅταν αὐτὸν οἱ σύμπαντες γονυκλιτοῦντες ἦσαν.
Τοιαῦτα καὶ τοῦ Φοίνικος τῷ τότε δεομένου
καὶ Μελεάγρῳ μὴ παθεῖν τὰ ἴσα παραινοῦντος,
ὡς πρὸς αὐτὸν ὁ Ἀχιλεὺς τούσδε φησὶ τοὺς λόγους·
120 "Παύου, τροφεῦ μοι γηραιέ, παύου, τροφεῦ μοι, Φοῖνιξ.
Μὴ τὴν καρδίαν τὴν ἐμὴν σοῖς θρήνοις τήκειν θέλε,
χάριν ποιῶν τῷ βασιλεῖ· τοῦτον οὐ χρὴ φιλεῖν σε,
ὅπως μὴ μισηθείης μοι, πάμπολλά σε φιλοῦντι.
Καλὸν ὑπάρχει σὺν ἐμοὶ θλίβειν τὸν θλίβοντά με.
125 Ἀλλὰ σὺ μεῖνον μεθ' ἡμῶν· αὐτοὶ δ' ἀπαγγελοῦσι."
Πρὸς οὖν τοὺς λόγους τὸ λοιπὸν τούτους ὁ Αἴας εἶπεν·
"Ἀπέλθωμεν· εἰς μάτην γάρ, ὡς ἔοικε, ληροῦμεν.
Οὗτος σκληρόψυχός ἐστι διὰ γυναῖκα ποιάν·
ἑπτὰ δὲ νῦν παρέχομεν ἀρίστας ἀντ' ἐκείνης
130 καὶ σὺν αὐταῖς ἐκείνην δέ· οὗτος δ' ὀργὴν οὐ παύει."
Ταῦτα τοῖς πᾶσιν Ἕλλησι λέγουσιν ἀπελθόντες
ἅπερ αὐτοῖς ὁ Ἀχιλεὺς πρεσβεύουσιν ἀντεῖπε.
Πρὸς ταῦτα Διομήδης δέ φησι πρὸς τὸν Ἀτρέως·
"Ὦ βασιλεῦ, μὴ ὤφελες ἄνδρα τῶν ἀλαζόνων
135 παρακαλεῖν πρὸς πόλεμον, τὸν Ἀχιλέα λέγω·
ἀεὶ τῶν ἀλαζόνων γὰρ ὑπάρχοντα τὸν ἄνδρα

plenty of land fit for planting and arable land,
did not persuade him to come out to battle.   110
When afterward his own bedchamber was struck
with rocks and arrows and assaulted by siege towers,
after going out to battle because of his wife's lamentation,
and after routing the Akarnanians in battle,
he did not receive his gift; for he did not come out   115
when everyone was imploring him on bended knee.
    When Phoinix had made such entreaties then,
urging him not to suffer the same fate as Meleager,
Achilles said these words to him:
"Stop, my old tutor, stop, my tutor, Phoinix.   120
Do not try to melt my heart with your laments,
doing a favor to the king; you should not love him
lest you be hated by me, who loves you very much.
It is good <for you> to help me cause distress to one who
        distresses me.
But stay with us; they will deliver my message."   125
    And so Aias replied to these words:
"Let us leave; for, as it seems, we are speaking in vain.
He is hard-hearted for the sake of some woman,
but now we are giving him seven of the best in her place
and her as well; but still he does not cease his anger."   130
    They departed and told all the Greeks what
Achilles had replied to those who had gone as envoys.
In addition to this, Diomedes said to the son of Atreus:
"King, you should not have appealed to an arrogant man
to <go to> war, I mean Achilles;   135
for he has always been arrogant and

τὰ νῦν ἀλαζονέστερον ἐποίησας καὶ πλέον.
Καταλειφθήτω μὲν αὐτός· ἡμεῖς δὲ κοιμηθῶμεν,
οἴνου καὶ σίτου καὶ τρυφῆς ἁπάσης κορεσθέντες.

140 Ὅταν δ᾽ αὐγάζειν ἄρξηται τὸ φῶς τὸ τῆς ἡμέρας,
σπουδάζων πάντα τὸν στρατὸν παράταττε πρὸς μάχην,
καὶ σὺ σὺν τοῖς προμάχοις δὲ μάχου καὶ πρωτοστάταις."

Πάντες ἐπήνεσαν λοιπὸν τοὺς λόγους Διομήδους,
καὶ παρελθὼν ἐν ταῖς σκηναῖς ἕκαστος κατηυνάσθη.

now you have made him even more arrogant.
Let him be left behind, and let us sleep,
after we have taken our fill of wine and grain and every
     delicacy.
And when the light of day begins to dawn,   140
make haste to array the whole army for battle,
and fight yourself in the vanguard and front line."
    Then everyone praised Diomedes's words,
and each of them left to sleep in his tent.

Κ΄

Ἄλλοι μὲν πάντες ἀριστεῖς ἐκάθευδον παννύχως·
ὁ δ᾽ Ἀγαμέμνων ἄγρυπνος ὑπῆρχε ταῖς φροντίσιν,
ἀπὸ καρδίας συνεχῶς δίκην βροντῆς στενάζων.
Πυρκαϊὰς δὲ βλέπων μὲν ἐν τοῖς Τρῶσιν ἀπείρους,
5 ἀκούων δὲ καὶ σύμφωνον μέλος αὐλῶν, συρίγγων,
καὶ τῶν ἀνδρῶν τὸν θόρυβον ἐθαύμαζε μεγάλως·
στραφεὶς δὲ πρὸς τοὺς Ἕλληνας καὶ βλέψας πρὸς τὰ πλοῖα,
ἀνέσπα τρίχας κεφαλῆς τῆς ἑαυτοῦ προρρίζους.
Λοιπὸν γοῦν ἔδοξεν αὐτῷ πολλὰ λογιζομένῳ
10 ἐλθεῖν ὡς πρὸς τὸν Νέστορα χάριν βουλῆς γενναίας.
Δέρμα βαλὼν δὲ λέοντος γνώρισμα καὶ σημεῖον,
λαβὼν καὶ δόρυ τὸ αὐτοῦ συνάμα καὶ τὸ ξίφος,
ἔμελλε πρὸς τὸν Νέστορα ποιεῖσθαι τὴν πορείαν,
ὡς ἴδωσι τοὺς φύλακας τοὺς ὄντας πάρα τάφρον,
15 μὴ καταρραθυμήσωσι καὶ κρατηθῶσιν ὕπνῳ.
Ὁμοίως καὶ Μενέλαος ἄγρυπνος ὢν φροντίσι,
πτοούμενος μὴ πάθῃ τι τὸ στράτευμα Ἑλλήνων,
νώτοις παρδάλεως δορὰν εἰς γνώρισμα φορέσας,
καὶ περικεφαλαίαν δὲ πρὸς κεφαλὴν ἁρμόσας,
20 καὶ δόρυ φέρων τῇ χειρί, δραμὼν ὡς ἐξεγείρων
τὸν βασιλέα, εὕρηκεν οὕτως ηὐτρεπισμένον.
Ὃν ἀδελφὸν Μενέλαον ὁ βασιλεὺς ἐκπέμπει
Ἰδομενέα καὶ αὐτὸν τὸν Αἴαντα καλέσαι,
εἰπών, ὅποι διέρχοιτο, λαλεῖν ἐγρηγορέναι,
25 ἀπὸ πατρὸς καὶ γενεᾶς καλοῦντα τὸν καθένα,

Book 10

All the other leading warriors slept the whole night long;
but Agamemnon remained sleepless because of his worries,
the constant groans from his heart <sounding> like thunder.
As he watched the countless fires of the Trojan camp,
and heard their song accompanied by flutes and pipes,   5
he was greatly amazed by the clamor from the men;
turning toward the Greeks and looking at their ships,
he began to pull out the hair of his own head by its roots.
And so he decided after much deliberation
to go to Nestor to get some valuable advice.   10
Putting on a lion skin as insignia and token,
and taking his spear and his sword as well,
he was about to make the journey to Nestor,
so that they might observe the guards by the trench,
lest they become negligent and be overcome by sleep.   15
Likewise Menelaos was also sleepless with worry,
terrified lest something befall the Greek army;
after he covered his back with a leopard skin as insignia,
and fit a helmet on his head,
carrying a spear in his hand, he ran to rouse   20
the king, and found him already prepared in this way.
The king sent his brother Menelaos
to summon Idomeneus and Aias,
telling everyone, wherever he went, to be alert,
calling each of them by his paternal and family name,   25

μηδὲν σοβαρευόμενον, τοὺς σύμπαντας τιμῶντα.

Αὐτὸς δ᾽ ἐλθὼν ὁ βασιλεὺς οὗπερ κατῴκει Νέστωρ,
ἀνήγειρε τὸν Νέστορα, καὶ σὺν ἐκείνῳ πάλιν
τὸν Ὀδυσσέα πρῶτα μέν, εἶτα καὶ Διομήδην·
30 ὁ Διομήδης Μέγητα καὶ τὸν Λοκρὸν ἐγείρει.

Ὡς δὲ παρὰ τοὺς φύλακας ἦλθον εἰς τάφρον πάντες,
τοὺς τῶν φυλάκων ἀρχηγοὺς καθεύδοντας οὐχ εὗρον,
ἐνόπλους πάντας, ὄντας δὲ πάντας ἐγρηγορότας,
οὗσπερ ὁ γέρων κατιδών, ὥσπερ θαρσύνας, χαίρων
35 τὴν τάφρον διεπέρασε σὺν τοῖς λοιποῖς στρατάρχαις,
καὶ σὺν αὐτοῖς ὁ Νέστορος υἱὸς καὶ Μηριόνης.

Πάντων ἑδριασθέντων δὲ πάλιν φησὶν ὁ Νέστωρ·
"Ὦ ἄνδρες, φίλοι Ἕλληνες, τίς τῶν θαρσυκαρδίων
κατάσκοπος τολμήσειε γενέσθαι πρὸς τοὺς Τρῶας
40 ἐπὶ τιμαῖς μεγάλαις τε καὶ δώροις ἁρμοδίοις;"
Πάντων ἡσυχαζόντων δέ, φησὶν ὁ Διομήδης·
"Ἐγὼ κατάσκοπος θαρρῶ τοῖς Τρώεσσι γενέσθαι,
ἄνπερ ἀνήρ τις ἕτερός ἐστιν ἀκολουθῶν μοι."
Πολλῶν προθυμησάντων δέ, προκρίνει Ὀδυσσέα.
45 Καὶ ὁπλισθέντες ὥρμησαν χωρεῖν κατὰ τῶν Τρώων.

Ἐρωδιὸς δὲ δεξιός, ἤγουν ἐκ τῆς ἑῴας,
πετάσας τούτοις ἀφανὴς ἔκλαγξε δι᾽ ἀέρος.
Οὗτοι δ᾽ ἐχώρησαν λοιπὸν ἐπ᾽ ἀγαθῷ σημείῳ.

Ζωΐλος γέρων δὲ μαθὼν τὴν οἰωνοσκοπίαν,
50 πρὸς τὰς εὐτραπελίας δὲ καὶ φάμουσα νοῦν ἔχων,
ληρεῖ κἀνταῦθα φληναφῶν· ἀλλ᾽ ἐατέον τοῦτον.

Ἕκτωρ δ᾽ ἐπίσης Ἕλλησι κατάσκοπον ἐκπέμπει,
Δόλωνα κήρυκος υἱόν, ἄνδρα τινὰ τῶν Τρώων,

not being pompous, but honoring them all.
And the king came to the place where Nestor dwelt,
and woke Nestor up; and then the two of them
awakened first Odysseus and then Diomedes;
Diomedes roused Meges and the Lokrian.   30
And when they all came to the guards at the trench,
they did not find the chiefs of the guards sleeping;
they were all armed, and they were all alert, and
when the old man saw them, he rejoiced as if encouraged,
and crossed the trench with the other generals,   35
and with them Nestor's son and Meriones.

   When they were all seated, Nestor said again:
"Men, dear Greeks, which man bold of heart
would dare to spy upon the Trojans
and be rewarded with great honors and fitting gifts?"   40
When everyone remained silent, Diomedes said:
"I am brave enough to spy on the Trojans
if another man would come with me."
When many volunteered, he selected Odysseus.
And after arming themselves, they set out toward the   45
      Trojans.
A heron of good omen, that is, coming from the east,
flying by them unseen, screeched in the air.
And so they advanced on a positive sign.

   When old man Zoïlos learned of this omen reading,
having a mind inclined toward pleasantries but also libel, 50
he babbled foolishly and rambled; but this should be left
      aside.

   Hektor also sent a spy to the Greeks,
Dolon, the son of a herald, a Trojan,

δώσειν εἰπὼν σὺν ἅρματι τοὺς ἵππους Ἀχιλέως·
55 ὅνπερ κρατοῦσιν Ὀδυσσεὺς ἅμα καὶ Διομήδης.
Ἐξ οὗ μαθόντες ἅπαντα βουλεύματα τῶν Τρώων,
γελῶσι πρῶτα μὲν τρανῶς δι' ἵππους Ἀχιλέως
ἐκείνῳ παρὰ Ἕκτορος δῶρον ὑποσχεθέντας·
εἶτα δὲ κτείνουσιν αὐτὸν οὗπερ καὶ συναντῶσι,
60 καὶ τὴν δορὰν τὴν λύκειον ἐκείνου καὶ τὰ τόξα,
ὑποστροφαῖς ὡς λάβωσιν, ἔθεντο πρὸς μυρίκην.
Ἔπειτα λόγους ὁδηγοὺς ἔχοντες τοὺς ἐκείνου,
ἐλθόντες εἰς τὸ στράτευμα τῶν Τρώων, ἀναιροῦσι
δώδεκα Θρᾷκας ἀρχηγοὺς τοὺς ὑπεροχωτάτους,
65 καὶ σὺν αὐτοῖς τὸν Ῥῆσον δὲ τὸν τούτων βασιλέα,
χρυσῆν αὐτοῦ τὴν σύμπασαν ἔχοντα πανοπλίαν,
ἅρμα χρυσοκατάδετον, ἵππους ἀπαραμίλλους,
χιόνος λευκοτέρους μέν, ἀνέμων ταχυτέρους,
οὓς καὶ λαβόντες ἤγαγον εἰς τὸν στρατὸν Ἑλλήνων.
70 Καὶ τούτους μὲν ἀπήγαγον εἰς φάτνας Διομήδους,
τὰ τόξα δὲ τοῦ Δόλωνος καὶ τὴν δορὰν τοῦ λύκου
ὁ Ὀδυσσεὺς κατέθηκεν ὁλκάδι τῇ οἰκείᾳ.
Αὐτοὶ δ' ἐμβάντες ἔπλυναν θαλάσσῃ τὸν ἱδρῶτα·
εἶτα δὲ καὶ λουσάμενοι θερμόν, ἀλλ' ἐν ταῖς σκάφαις
75 (οὔπω γὰρ ἦσαν γνώριμοι τοῖς παλαιοῖς λουτρῶνες),
ἐλαίῳ τε χρισάμενοι μετὰ λουτρὸν ῥοδίνῳ,
εἰς βρῶσιν κατεκλίθησαν, ἔστησαν δὲ κρατῆρα,
ἐξ οὗπερ ἀρυόμενοι ἔθυον τῇ Φρονήσει.

promising to give him the horses and chariot of Achilles;
Odysseus and Diomedes captured him.   55
When they learned from him all the Trojan plans,
first they laughed greatly because of the horses of Achilles
that Hektor promised to him as a gift;
then they killed him at the place where they met him,
and left his wolf skin and bow and arrows   60
under a tamarisk to recover upon their return.
Then, having his words as guides,
they came to the Trojan army, killed
twelve most distinguished Thracian leaders
and with them their king Rhesos,   65
whose armor was wholly made of gold,
his chariot bound entirely in gold, his horses unrivaled,
whiter than snow, faster than the wind,
which they took and led to the Greek army.
And they brought them to the stables of Diomedes,   70
while Dolon's bow and arrows and his wolf skin
Odysseus placed in his own ship.
And they went into the sea and washed off their sweat;
then they washed with warm water, but in basins
(for bathtubs were not yet known to the people of old)   75
and, anointing themselves with rose oil after their bath,
reclined to eat and set up a mixing vessel,
from which they drew wine for libations to Prudence.

Λ'

Ἡμέρα μὲν ἐξέτρεχεν ἐκ Τιθωνοῦ τῆς κοίτης,
ἤτοι, μετὰ τὴν θέσιν δὲ πάντων τῶν πολουμένων,
τὸ πρωϊνὸν κατάστημα, ὃ Τιθωνὸς καλεῖται,
ἡμέρα μὲν ἐπλάτυνεν ἀνθρώποις καὶ στοιχείοις·
5 ἡ Εἱμαρμένη δὲ δεινὴν ἀνήγειρε τὴν μάχην
ἐν Ὀδυσσέως τῇ νηΐ μέσῃ πασῶν ἑστώσῃ.
Δεινὴ δὲ γέγονε βοὴ τῆς μάχης κροτουμένης·
τοῖς Ἕλλησι δ᾽ ὁ πόλεμος γλυκύτερος ἐφάνη
τοῦ ὑποστρέφειν ἐν ναυσὶν εἰς τὰς αὐτῶν πατρίδας.
10 Ὁ βασιλεὺς δ᾽ ἐβόησεν ὁπλίζεσθαι τοὺς πάντας·
ὡπλίσθη τότε καὶ αὐτὸς τὴν πᾶσαν πανοπλίαν,
πρῶτον ὑποδησάμενος ἐν τοῖς ποσὶ κνημῖδας,
δεύτερον ἐν τοῖς στήθεσιν ἐνδὺς τερπνὸν χιτῶνα
τὸν ὃν Κινύρης ἔδωκεν ὡς μὴ στρατεύσῃ Τροίᾳ,
15 οὗτινος δέκα μὲν γραμμαί εἰσιν ἐξ ὀρειχάλκου,
ἀπὸ χρυσοῦ δὲ δώδεκα, εἴκοσι κασσιτέρου·
ἐξ ὀρειχάλκου δράκοντας εἶχεν ἐγγεγραμμένους,
ὡς πρὸς τὸν τράχηλον αὐτοῦ δοκοῦντας ὑφαπλοῦσθαι
ἐξ ἑκατέρου μέρους, τρεῖς, ἴρισι παρομοίους·
20 τοῖς ὤμοις περιέθηκε ξίφος τῶν χρυσοήλων
καὶ ξιφοθήκην ἀργυρᾶν, χρυσοῖς ἐν κρημαστῆρσιν·
ἔλαβεν ἀμφιβρότην δὲ πολεμικὴν ἀσπίδα,
μανδύα δίκην σκέπουσαν ἔμπροσθεν ὀπισθίως,
δέκα μὲν ἔχουσαν τροχοὺς καὶ κύκλους χαλκηλάτους,
25 εἴκοσι δὲ τοὺς ὀμφαλούς, ἤλους ἐκ κασσιτέρου·

Book 11

Daybreak ran forth from Tithonos's bed,
that is, after all the orbiting bodies took their place,
the morning weather, which is called Tithonos,
<and the> day spread forth for men and elements;
Destiny roused a fierce battle   5
on Odysseus's ship, which stood amid them all.
There was a great cry of clashing battle;
war seemed sweeter to the Greeks
than returning to their homelands on their ships.
The king shouted for everyone to arm himself;   10
then he armed himself fully,
first fastening his greaves on his legs,
then putting on his chest the delightful breastplate
which Kinyres gave him so as not to march against Troy.
It had ten bands of mountain bronze,   15
twelve of gold, twenty of tin;
it had engraved on it serpents of mountain bronze,
which seemed to slither toward his neck,
three on each side, closely resembling rainbows;
upon his shoulders he put a sword with golden nails   20
and a silver scabbard, on golden sword straps;
he took his war shield that covered a man entirely,
covering him like a woolen cloak front and back,
which had ten circles and rings made of bronze,
and twenty bosses and nails made of tin;   25

ἐν μέσοις δὲ τοῖς ὀμφαλοῖς τοῖς λευκοτάτοις τούτοις
ἄλλος ἦν μέγας ὀμφαλὸς μέλανος ὀρειχάλκου.
Ἦσαν ἐν τῇ ἀσπίδι δὲ ταύτῃ ζωγραφηθέντα
Γοργὼν ἄγριον βλέπουσα, καὶ Δεῖμός τε καὶ Φόβος.

30 Ὁ κρεμαστὴρ ἦν ἀργυροῦς ἐκείνης τῆς ἀσπίδος
εἰς δράκοντα τρικέφαλον καλῶς ἐξειργασμένος,
τῇ κεφαλῇ δὲ κάλλιστον ἐπέθηκε τὸ κράνος.
Οὕτω τοῖς πᾶσιν ὡπλισθεὶς καὶ δόρατα λαμβάνει.
Βροντὴ δ' εὔδιος γέγονεν, ὃ Ἀθηνᾶ καὶ Ἥρα,

35 σημεῖον νίκης τῆς αὐτοῦ καὶ τῆς ἀνδραγαθίας.

Οἱ πλείους μὲν ἀπέβησαν τῶν ἵππων, τῶν ἁρμάτων,
μετὰ βοῆς ἐξώρμων δὲ πεζοὶ συντεταγμένοι,
μεγάλως δὲ προέφθασαν πρὸς τάφρον τοὺς ἱππέας·
οἱ δὲ ἱππεῖς κατόπισθεν ἐχώρουν βραδυτέρως.

40 Ἡ Εἱμαρμένη δὲ δεινὴν ἀνήγειρε τὴν μάχην
ἐξ οὐρανοῦ δ' ἐψέκασεν ὄμβρους αἱμάτων τότε.

Ἐκ τοῦ ἑτέρου μέρους δὲ ὡπλίσθησαν οἱ Τρῶες
περὶ τὸν Πολυδάμαντα καὶ Ἕκτορα τὸν μέγαν,
καὶ τὸν Αἰνείαν, καὶ αὐτοὺς τοὺς τρεῖς Ἀντηνορίδας,

45 Ἀκάμαντα καὶ Πόλυβον, Ἀγήνορα σὺν τούτοις.
Πρὸ πάντων Ἕκτωρ πρῶτος δέ, φέρων στρογγύλον σάκος,
ἐξώρμα καὶ προέτρεχεν εἰς συρραγὴν πολέμου.
Ὥσπερ δ' ὁ κύναστρος ἀστὴρ λάμπει λαμπρὸν ἐκ νέφους
καὶ πάλιν ἀφανίζεται κρυπτόμενος τῷ νέφει,

50 οὕτως ὁ Ἕκτωρ ἔμπροσθέ ποτε καθεωρᾶτο,
ποτὲ δ' ἐν τοῖς στρατεύμασιν ἐκείνου τοῖς ὑστέροις,
κελεύων, παροτρύνων τε πάντας ὡς πρὸς τὴν μάχην,

in the middle of those pure-white bosses
was a great boss made of black mountain bronze.
On that shield were depicted
a fierce looking Gorgon, and Fear and Panic.
The strap on that shield was silver,   30
beautifully forged into a three-headed snake,
and he placed a very beautiful helmet on his head.
Thus fully armed, he took his spears.
There was a mild thunderclap, that is, Athena and Hera,
a sign of his victory and his heroic valor.   35

    Most of them dismounted from their horses and
       chariots;
they set out with a shout, arrayed on foot,
and reached the trench well ahead of the cavalry;
the cavalry were advancing more slowly behind.
Destiny roused a fierce battle   40
and drizzled blood rain from the sky.

    On the other side, the Trojans armed themselves
around Polydamas and great Hektor,
and Aineias and the three sons of Antenor,
Akamas and Polybos and with them Agenor.   45
Ahead of them all, Hektor, carrying a round shield,
set out first and ran forth to join battle.
Just as the Dog Star shines brightly from a cloud
and disappears again, hidden by the cloud,
thus Hektor was sometimes seen at the front,   50
sometimes at the rear of his army,
commanding, exhorting everyone to battle,

διατασσόμενος καλῶς πᾶσι τὰ τοῦ πολέμου·
ὡς ἀστραπὴ δ᾽ ἀπέλαμπεν αὐτοῦ τῇ πανοπλίᾳ.

55 Ὥσπερ δ᾽ ἐν θέρει θερισταὶ στάντες ἐξ ἐναντίας
ἐρίζουσι θερίζοντες στάχυς κριθῶν ἢ σίτων,
εἰς γῆν δὲ τὰ χειρόβολα συνεχεστέρως πίπτει,
οὕτω Τρῶες καὶ Ἕλληνες συνέκοπτον ἀλλήλους.
Φυγῆς δ᾽ οὐκ ἦν ἀνάμνησις, ἰσοκεφάλως δ᾽ εἶχον.

60 Ἔρις δ᾽ ἡ πολυστένακτος ἔχαιρεν εἰσορῶσα·
θεοὶ δ᾽ οἱ ἄλλοι σύμπαντες ἦσαν ἀποδημοῦντες.
Ἐκεῖ γὰρ οὐ κατίσχυε φρόνησις, πανουργία,
οὐδ᾽ εὑρεσιλογία τις ἑρμαϊκῶν ἐκ δώρων,
οὐδὲ θεός τις ἕτερος τὴν μάχην παρακρούων.

65 Καὶ μέχρι μεσημβρίας μὲν ἰσοπαλὴς ἡ μάχη,
εἶτα δὲ γίνεται τροπὴ στρατεύματι τῶν Τρώων.
Ὁ Ἀγαμέμνων πρῶτος δὲ Βιήνορα φονεύει,
εἶτα τὸν Ὀϊλέα δὲ τρώσας δορὶ μετώπῳ.
Καὶ τούτους μὲν κατέλειψεν ἐκεῖσε κατακεῖσθαι,

70 τοὺς λάμποντας ἐν στήθεσι χιτῶνας ἀποδύσας.
Τὸν Ἰσόν τε καὶ Ἄντιφον κτείνει τοὺς Πριαμίδας
πλήξας τοῦ μὲν δορὶ μαζόν, ξίφει δὲ οὓς Ἀντίφου,
σπουδαίως δ᾽ ἀπεγύμνωσε καὶ τούτων πανοπλίας.
Εἶτα καὶ τὸν Ἱππόλοχον καὶ Πείσανδρον ἀνεῖλε,

75 τοῦ Ἀντιμάχου τοὺς υἱούς, τοῦ πρίν ποτε τῇ Τροίᾳ
σπεύδοντος τὸν Μενέλαον ἐν δόλοις κατακτεῖναι·
τὸν Πείσανδρον παρ᾽ ἅρματι δορὶ βαλὼν τῷ στήθει,
Ἱππόλοχον δ᾽ ἀπέκτεινεν ἅρματος ἀποβάντα,
τὰς χεῖρας καὶ τὸν τράχηλον καὶ πόδας ξίφει κόψας,

80 τὸν ὅλμον δ᾽, ἤτοι θώρακα, κυλίεσθαι παρῆκε.

ordering the combat as best for all,
as lightning flashed from his armor.
Just as reapers in summer, standing opposite each other,   55
strive to reap ears of barley or wheat,
and handfuls fall constantly to earth,
thus Trojans and Greeks cut each other down.
There was no thought of flight, they were evenly matched.
And Strife that causes many groans rejoiced as she watched,   60
but all the other gods were far away.
For there, neither prudence nor cleverness prevailed,
nor some inventive verbosity, a gift from Hermes,
nor some other god diverting the course of battle.

  And until midday the battle was equal,   65
but then it turned against the Trojan army.
First Agamemnon killed Bienor,
then he wounded Oïleus on the forehead with his spear.
And he left them lying there,
after stripping off the breastplates shining on their chests.   70
He killed Isos and Antiphos, Priam's sons,
striking with his spear the former's breast, and with his
        sword Antiphos's ear,
and hastily he stripped these too of their armor.
Then he killed Hippolochos and Peisandros,
the sons of Antimachos, who some time earlier   75
strove to kill Menelaos at Troy by treachery;
he speared Peisandros in the chest from his chariot,
but killed Hippolochos after stepping down from his
        chariot,
lopping off his arms, neck and legs with his sword, and
leaving his trunk, that is, his thorax, to roll on the ground.   80

Νῦν γὰρ αὐτὸς μὴ πλανηθῇς ὅλμον τὴν ἵγδην λέγειν,
ὡς οἱ σοφοὶ σχολιασταὶ τῶν λέξεων Ὁμήρου·
ἀλλ᾽ ὅλμον νῦν τὸν θώρακα λέγε, καθώσπερ εἶπον.
Τούτους μὲν οὕτως ἔκτεινεν, ὡς εἶπον, Ἀγαμέμνων,
85 πρὸς δὲ τοὺς ἄλλους ὥρμησε καὶ τὴν πληθὺν τῶν Τρώων,
οὗ τοὺς πεζοὺς μὲν οἱ πεζοί, ἱππεῖς δ᾽ ἱππεῖς ἀνῄρουν.
Ὁ Ἀγαμέμνων δ᾽ εἵπετο σπουδαστικὸν κελεύων,
ἀεὶ δὲ τὸν ὀπίσθιον ἀνῄρει τῶν φευγόντων.
Ἴριδος τότε δὲ λοιπὸν ἐξ οὐρανοῦ φανείσης,
90 Ἕκτωρ ὁρμήσας τὸν στρατὸν πρὸς πόλεμον καὶ μάχην,
ἀνέρρωσε τὴν δύναμιν ἐκείνων πρὶν φευγόντων.
Τῆς μάχης συρραγείσης δὲ πάλιν, ὁ Ἀγαμέμνων
ἀνεῖλεν Ἰφιδάμαντα, πλήξας αὐχένα ξίφει.
Κόων δὲ τούτου ἀδελφὸς δορὶ πρὸς τὸν ἀγκῶνα
95 ἔτρωσεν Ἀγαμέμνονα, διῆλθε δὲ τὸ δόρυ.
Μέγιστα δειλιάσας δέ, ὅμως οὐχ ὑπεχώρει,
ἀλλ᾽ ἐφορμήσας καὶ αὐτὸν τὸν Κόωνα ἀνεῖλεν.
Ὀδυνηθεὶς τὴν χεῖρα δέ, τοῦ ἅρματος ἐπέβη,
καὶ πρὸς τὰς νῆας ἤλαυνε, τοῖς ἄλλοις παραγγείλας.
100 Ἕκτωρ δ᾽ ἐγείρας τὸν στρατὸν τῶν Τρώων καθ᾽ Ἑλλήνων,
πρὸς πόλεμον ἐξώρμησεν, ἴσος σφοδρῷ ἀνέμῳ
ὃς ἐμπεσὼν εἰς θάλασσαν μεγάλα κλυδωνίζει.
Ἀπέκτεινεν Ἀσαῖον δέ, Αὐτόνοον, Ὀπίτην,
Ὀφέλτιον, Ἀγέλαον, καὶ Δόλοπα Κλυτίδην,
105 Ἱππόνοον καὶ Αἴσυμνον· ἀπέκτεινε καὶ Ὦρον,
τοὺς πάντας τούτους στρατηγοὺς Ἑλλήνων ἡγεμόνας,
πληθύν δ᾽· ὥσπερ ὁ ζέφυρος τὰ νέφη συνταράσσει,

BOOK II

Do not be deceived here into calling the upper body the
    trunk,
like the wise scholiasts of Homer's words;
but call here the thorax the trunk, just as I said.
In this way Agamemnon killed them, as I said,
and set out against the others and the Trojan host,   85
whose foot soldiers the infantry was killing, and whose
    horsemen the cavalry.
Agamemnon was following, eager in command,
and he kept killing the hindmost of those fleeing.
So then when Iris appeared in the sky,
Hektor, urging the army to war and battle,   90
revived the strength of those who had fled earlier.
As battle was joined again, Agamemnon
killed Iphidamas, striking his neck with his sword.
Koön, his brother, wounded Agamemnon
in the elbow with his spear, and the spear passed through.   95
He was greatly afraid, but did not withdraw;
with a charge he killed Koön as well.
Suffering great pain in his arm, he mounted his chariot,
and drove it to the ships, giving orders to the others.
Hektor, after rousing the Trojan army against the Greeks,   100
set out to war, like a violent wind
which, assailing the sea, stirs it up greatly.
He killed Asaios, Autonoös, Opites,
Opheltios, Agelaos, and Dolops, the son of Klytes,
Hipponoös and Aisymnos; he also killed Oros,   105
all of them generals and leaders of the Greeks, and then
<fell on> the host; just as the west wind agitates the clouds,

ἀργεστοῦ νότου πνέοντος ἀπὸ θατέρου μέρους,
οὕτω πυκνῶς αἱ κεφαλαὶ κατέπιπτον ἐκ τούτου.
110 Ὁ Διομήδης ἔκτεινε τότε δὲ τὸν Θυμβραῖον,
ὁ Ὀδυσσεὺς Μολίονα τούτου δὲ δοῦλον κτείνει.
Υἱοὺς δύο τοῦ Μέροπος ἀνεῖλε Διομήδης·
ὁ δ᾽ Ὀδυσσεὺς Ἱππόδαμον μετὰ τοῦ Ὑπερόχου.
Οἱ δ᾽ Ἕλληνες ἀνέπνεον τὸν Ἕκτορα φυγόντες.
115 Πάλιν Ἀγάστροφον δορὶ βαλὼν πρὸς τὸ ἰσχίον
ὁ Διομήδης ἔκτεινεν. Ἕκτωρ δ᾽ ἰδὼν ἐκείνους
μέγα κραυγάζων κατ᾽ αὐτῶν σὺν τοῖς Τρωσὶν ἐχώρει.
Τυδεΐδης τοῦτον δὲ βαλὼν τῇ περικεφαλαίᾳ,
κἄνπερ οὐκ ἐξεπέρασε τὸ δόρυ τριπλῆν οὖσαν,
120 ὅμως πλέθρον ἐποίησε δραμεῖν ἐξοπισθίως,
καὶ πρὸς τὰ γόνατα πεσεῖν, ὄμματα σκοτωθέντα·
ὁρμῶντος τοῦτον κτεῖναι δὲ τότε τοῦ Διομήδους,
αὐτὸς ὁ Ἕκτωρ, ἐπιβὰς ἐφ᾽ ἅρματος, ἦν φεύγων·
ὁ Διομήδης δ᾽ ἀπειλῶν ἐκόμπαζε τοῖς λόγοις.
125 Τέλος αὐτὸν Ἀγάστροφον γυμνοῦντα πανοπλίας
πρὸς τὸν ταρσὸν τὸν δεξιὸν Ἀλέξανδρος τοξεύει,
τὸ βέλος δ᾽ οὗτος ἐκβαλών, ἤλαυνε πρὸς τὰς νῆας.
Μόνον δὲ περιέκλεισαν οἱ Τρῶες Ὀδυσσέα.
Δορὶ κατ᾽ ὦμον δὲ βαλὼν κτείνει Δηϊοπίτην,
130 εἶτα δὲ καὶ τὸν Θόωνα καὶ Ὄρμενον ἀνεῖλε·
δορὶ δὲ κατὰ πρότμησιν, ὃν ὀμφαλὸν καλοῦσι,
τρώσας καὶ Χερσιδάμαντα, κτείνει σὺν τοῖς ἑτέροις.
Ἀπέκτεινε καὶ Χάροπα υἱὸν τὸν τοῦ Ἱππάσου·
Σῶκος δ᾽ ὁ τούτου ἀδελφός, κατὰ πλευρία τρώσας,
135 ἀπέπαυε τοῦ μάχεσθαι τότε τὸν Ὀδυσσέα,

as the white south wind blows from another direction,
so thickly were heads falling because of him.
    Diomedes then killed Thymbraios,   110
and Odysseus killed his servant Molion.
Diomedes killed the two sons of Merops;
and Odysseus both Hippodamos and Hyperochos.
And the Greeks caught their breath after escaping Hektor.
Diomedes now killed Agastrophos, striking his hip   115
with his spear. When Hektor saw them,
with a loud shout he and the Trojans advanced against them.
The son of Tydeus struck him on his helmet, and
even if the spear did not pierce its triple layers,
yet it made him retreat a hundred feet,   120
and fall to his knees, as his eyes grew dim;
as Diomedes rushed to kill him then,
Hektor mounted his chariot and fled,
while Diomedes uttered boastful threats.
Finally, while he was stripping Agastrophos of his armor,   125
Alexandros hit the sole of his right foot with an arrow,
but he extracted the arrow and drove toward the ships.
The Trojans surrounded Odysseus, who was alone.
He killed Deïopites, spearing him in the shoulder,
and then he killed Thoön and Ormenos;   130
and, wounding Chersidamas with his spear in his
      midsection,
which they call the navel, he killed him with the others.
He also killed Charops, the son of Hippasos;
but his brother Sokos, wounding Odysseus in the side,
stopped him then from fighting,   135

κἂν ἀνῃρέθη καὶ αὐτὸς αὐτῷ πληγεὶς τὴν ῥάχιν.
Ἐξ Ὀδυσσέως δὲ πλευρῶν Τρῶες ἰδόντες αἷμα,
ὥρμησαν πάντες ἐπ᾽ αὐτόν· ὁ δ᾽ ἐξοπίσω φεύγων
τρὶς μὲν ἐβόησε τρανῶς ὡς τύχῃ βοηθείας.

140 Μενέλαος ἀκούσας δὲ σὺν Αἴαντι παρέστη,
καὶ τοῦτον μέλλοντα θανεῖν ἐξέσωσαν ἐκ Τρώων·
ὁ Αἴας δὲ τοῖς Τρώεσσιν ὡς λέων ἐμπηδήσας,
ἀπέκτεινε τὸν Δόρυκλον, νόθον υἱὸν Πριάμου,
καὶ Πάνδοκον, καὶ Λύσανδρον, καὶ Πύρασον, Πυλάρτην.

145 Ὡς δὲ χειμάρρους ποταμὸς ἐξ ὄμβρων πλημμυρήσας,
δρῦς κατασύρει μετ᾽ ἀφροῦ καὶ πεύκας τῇ θαλάσσῃ,
οὕτω τῷ τότε παρορμῶν ὁ Αἴας συνεκλόνει,
ἱππεῖς καὶ ἵππους καὶ πεζοὺς πάντας ὁμοῦ συγκόπτων.
Ἀριστεροῖς ὁ Ἕκτωρ δὲ τὴν μάχην συνεκρότει,

150 ὄχθαις Σκαμάνδρου ποταμοῦ θόρυβος ὅπου μέγας,
ὅπου περ ἔπιπτον ἀνδρῶν αἱ κεφαλαὶ πρὸς πλέον
περὶ τὸν μέγαν Νέστορα καὶ τὸν Ἰδομενέα.
Ἀλέξανδρος τοξεύει δὲ Μαχάονα τῷ τότε,
καὶ παύει τοῦτον τόλμης τε καὶ τῆς ἀνδραγαθίας,

155 βαλὼν κατ᾽ ὦμον δεξιὸν ἐν τριβελεῖ τῷ βέλει·
ὃν Νέστωρ ἐν τῷ ἅρματι ἐξάγει τοῦ πολέμου.
Ὁ Κεβριόνης δὲ ἰδὼν τοὺς Τρῶας κλονουμένους
ἡνιοχῶν τῷ Ἕκτορί φησιν ὡς πρὸς ἐκεῖνον·
"Ἡμεῖς μὲν πρὸς τὰ ἔσχατα στρεφόμεθα τῆς μάχης,

160 οἱ δ᾽ ἄλλοι Τρῶες συμμιγῶς, ἱππεῖς, πεζοί, καὶ ἵπποι
συγκόπτονται παρ᾽ Αἴαντος. Ἔγνων καλῶς ἐκεῖνον·
φέρει περὶ τοὺς ὤμους γὰρ οὗτος πλατὺ τὸ σάκος.
Ἐκεῖ γοῦν ἄρτι καὶ ἡμεῖς ἐλάσωμεν τὸ ἅρμα

even though he was himself killed, struck by him in the
     back.
When the Trojans saw blood coming out of Odysseus's side,
they all rushed against him; and he, fleeing to the rear,
thrice shouted loudly for help.
Menelaos heard him and appeared with Aias, and   140
they saved him when the Trojans were about to kill him;
Aias, leaping against the Trojans like a lion,
killed Doryklos, Priam's bastard son,
and Pandokos, Lysandros, Pyrasos and Pylartes.
Like a river in flood, swollen by the rain,   145
that sweeps oaks and pines to the sea in its foaming rapids,
thus Aias was shouting encouragement and wreaking havoc,
cutting down cavalry and horses and infantry all together.
On the left wing, Hektor was engaged in battle
on the banks of the Skamandros where there was a great   150
     din,
where men's heads were falling in abundance
around great Nestor and Idomeneus.
Alexandros shot his arrows at Machaon then,
and put an end to his daring and his heroic valor,
striking his right shoulder with a three-barbed arrow;   155
Nestor brought him out of the battle on his chariot.
Seeing the Trojans being buffeted, Kebriones,
Hektor's charioteer, said to him:
"We are engaged at the edge of the battle,
while the other Trojans, cavalry, infantry and horses, are   160
being cut down in confusion by Aias. I recognize him well,
for he carries on his shoulders a broad shield.
So let us too drive our chariot exactly there

ὅπου πεζοί τε καὶ ἱππεῖς πολέμῳ βαρυτάτῳ

165 ἀλλήλους κατασφάττουσι, βοὴ δ᾽ ἐστι μεγάλη."

Οὕτως εἰπὼν ἐξήλασε διὰ νεκρῶν τὸ ἅρμα,

συγκόπτων τούτους τοῖς τροχοῖς καὶ τοῖς ποσὶ τῶν ἵππων.

Καὶ τῶν λοιπῶν ἐπήρχετο τάξεις Ἑλλήνων Ἕκτωρ

ἐν ξίφει τε καὶ δόρατι καὶ λίθοις βαρυτάτοις,

170 βαλλόμενος τοῖς Ἀχαιοῖς, ὠθούμενος μακρόθεν·

τοῦ Αἴαντος δ᾽ ἐξέφευγε τὴν κατὰ χεῖρας μάχην.

Ὁ Ζεύς, ἡ Εἱμαρμένη δὲ τὸν Αἴαντα δειλαίνει.

Ἔστη δὲ μόνος ἐκπλαγείς, καί, θεὶς ὀπίσω σάκος,

φεύγει περιβλεψάμενος ἐν ἠρεμαίᾳ βάσει.

175 Σὺν τοῖς Τρωσὶ δ᾽ ἐπίκουροι, μέσον τὸ σάκος τούτου

τοῖς δόρασι τιτρώσκοντες, κατόπιν ἡκολούθουν.

Οὗτος δ᾽ ὑπέστρεφέ ποτε καὶ μάχην συνεκρότει,

ποτὲ δὲ πάλιν ἔφευγεν, εἶργε δ᾽ ὡς εἶχε Τρῶας,

μέσος αὐτὸς ἱστάμενος Ἑλλήνων τε καὶ Τρώων.

180 Τὰ ξίφη δὲ καὶ δόρατα καὶ βέλη τὰ παντοῖα,

ἄλλα τῷ σάκει τούτου μὲν ἦσαν ἐμπεπαρμένα,

πολλὰ δ᾽ εἰς γῆν ἐμπέπηκτο θέλοντα τοῦτον τρῶσαι.

Τοῦτον δὲ βιαζόμενον τοῖς βέλεσιν ὡς εἶδε,

στὰς παρ᾽ αὐτὸν Εὐρύπυλος πέμπει τὸ δόρυ τούτου,

185 καὶ Ἀπισάονα βαλὼν ἀνεῖλε τὸν Φαυσίου.

Ὁρμήσας τοῦτον δὲ γυμνοῦν αὐτοῦ τῆς πανοπλίας

τὸν δεξιὸν τοξεύεται μηρὸν ἐξ Ἀλεξάνδρου·

καὶ τὸ τοῦ βέλους ξύλον μὲν εὐθέως ἀπεκλάσθη,

τὸν δὲ μηρὸν Εὐρύπυλος ὀδυνηθεὶς μεγάλως,

190 ἔφευγε πρὸς τοὺς Ἕλληνας, μέγα βοῶν καὶ κράζων·

where the infantry and cavalry slaughter each other
in most violent combat, and the shouting is loud."   165
With these words he drove the chariot out through the
        corpses,
slashing them with its wheels and the horses' hooves.
And Hektor assailed the ranks of the rest of the Greeks
with sword and spear and very heavy rocks,
striking the Achaians, pressing against them from afar,   170
but avoiding hand-to-hand combat with Aias.
    Zeus, that is Destiny, struck fear into Aias.
He stood alone, panic-stricken and, putting his shield
        behind him,
fled, glancing around and moving quietly.
The Trojans and their auxiliaries, attacking the middle of   175
        his shield
with their spears, followed after him.
And sometimes he turned back and engaged in battle,
other times again he fled, holding back the Trojans as best
        he could,
since he was standing between the Greeks and Trojans.
As for the swords and spears and arrows of all sorts,   180
some lodged in his shield,
but many got stuck in the dirt as they tried to wound him.
When Eurypylos saw him pressed hard by the arrows,
standing next to him he hurled his spear
and, striking Apisaon, son of Phausios, he killed him.   185
But as he rushed to strip him of his armor,
he was hit by Alexandros's arrow in his right thigh;
and the wooden shaft of the arrow immediately broke off,
so that Eurypylos suffered great pain in his thigh, and
fled toward the Greeks, shouting loudly and screaming: 190

"Ὦ στρατηγοί, συστράφητε πάντες οἱ τῶν Ἑλλήνων
καὶ στάντες βοηθήσατε· ὁ Αἴας κινδυνεύει
πνιγόμενος τοῖς βέλεσιν, οὐδὲ φυγεῖν δοκεῖ μοι."
Οὕτως εἶπεν Εὐρύπυλος· οἱ δ' ἔστησαν πλησίον,
195 αὐτῶν τοῖς ὤμοις θέμενοι ἕκαστος τὰς ἀσπίδας,
ἐκτείνοντες τὰ δόρατα. Ἦλθε δ' αὐτοῖς ὁ Αἴας,
ὥσπερ καρκίνος ὄπισθε ποιούμενος τὴν βάσιν.
Ἐπὰν δ' αὐτοῖς προσήγγισεν, εὐθέως μετεστράφη.
Οὕτως οἱ μὲν ἐμάχοντο θερμῶς καὶ διαπύρως,
200 Νέστορος δὲ Μαχάονα ἐξάγοντος πολέμου·
ὁ Ἀχιλεὺς τὸν Πάτροκλον πέμπει μαθεῖν τίς εἴη.
Ὁ δὲ πρὸς Νέστορος σκηνὰς παραδραμὼν εὐθέως,
ἐκείνους πίνοντας εὑρών, Μαχάονα γνωρίζει·
πολλὰ δὲ παρὰ Νέστορος νουθετηθεὶς πρεπόντως,
205 ἢ πεῖσαι λόγοις ἐξελθεῖν εἰς μάχην Ἀχιλέα,
ἤτ' οὖν αὐτὸν φορέσαντα τὴν τούτου πανοπλίαν,
τοῦτον τοῖς λόγοις ἔπεισεν· ὃς ὑποστρέφων πάλιν,
εὑρὼν Εὐρύπυλον μηρὸν τῷ βέλει τοξευθέντα,
καίπερ σπουδάζων παρ' αὐτὸν ἐλθεῖν τὸν Ἀχιλέα,
210 ὅμως αὐτὸν ἰάτρευσε. Τὸ βέλος ἐκβαλὼν γὰρ
ἐν χλιαρῷ τῷ ὕδατι ἀπένιψε τὸ αἷμα,
τρίψας δὲ ῥίζαν τὴν πικρὰν τὴν τῆς ἀριστολόχου
τὴν παυστικὴν τῶν ὀδυνῶν, ἐνέβαλε τῷ ἕλκει,
ἥτις πάσας ἀπέπαυσεν ἐκείνου τὰς ὀδύνας·
215 τὸ ἕλκος ἐξηράνθη μέν, ἐπαύθη δὲ τὸ αἷμα.

"O generals, all you Greeks should rally
and stand by to give help; Aias is in danger,
smothered by arrows, and I do not think he will escape."
Thus spoke Eurypylos; and they stood nearby,
each placing his shield on his shoulders,   195
and extending his spear. And Aias reached them
like a crab scuttling backward.
But when he drew near them, he faced about immediately.
    Thus some men were fighting heatedly and ardently,
while Nestor was carrying Machaon away from combat;   200
Achilles sent Patroklos to learn who it was.
And he, running straight to Nestor's tents,
and finding them drinking there, recognized Machaon;
and after Nestor admonished him at length and
        appropriately,
either to persuade Achilles with his words to come out   205
to battle, or to put on his armor himself,
he persuaded him with his words; and upon his return,
finding Eurypylos shot in the thigh by an arrow,
although he was in a hurry to go to Achilles,
Patroklos treated him nevertheless. For after removing the   210
    arrow,
he washed off the blood in warm water
and, crushing the bitter root of birthwort
which stops pain, placed it on the wound,
and it stopped all his pains;
and the wound dried, and the bleeding stopped.   215

Μ′

Οὕτω σκηναῖς ὁ Πάτροκλος Εὐρύπυλον ἰᾶτο,
οἱ δ᾽ Ἕλληνες ἐμάχοντο καὶ Τρῶες κατὰ πλήθη.
  Τὸ τῶν Ἑλλήνων ἔμελλε τεῖχος δὲ καταπίπτειν.
Ἐκτίσθη παρὰ γνώμην γὰρ θεῶν τῶν ἀθανάτων,
5 εἰς κάκιστον θεμάτιον ἐν τροπικοῖς, ὡς εἶπον·
διὸ καὶ οὐ μακρόχρονον ἔμελλε πεφυκέναι.
Μετὰ γὰρ ὑπονόστησιν Ἑλλήνων εἰς πατρίδας
ὁ Ποσειδῶν Ἀπόλλων τε—τὸ ὕδωρ, καὶ ὁ χρόνος
ὅστις ἐκ τῆς κινήσεως πληροῦται τοῦ ἡλίου,
10 τὴν σφαῖραν περιτρέχοντες ἐν δρόμοις τοῖς οἰκείοις
πρὸς τὴν ἑῴαν ἐκ δυσμῶν, οἵπερ πλανήτων δρόμοι—
ἔμελλον βουλευόμενοι τὸ τεῖχος ἀφανίσαι,
τόσους ἐξ Ἴδης ποταμοὺς πληρώσαντες ὑδάτων,
τὸν Ῥῆσον, τὸν Ἑπτάπορον, Ῥόδιον, Κάρησόν τε,
15 τὸν Γρήνικον καὶ Αἴσηπον, Σκάμανδρον καὶ Σιμοῦντα,
ὅπου πολλαὶ μὲν ἔπεσον ἀσπίδες καὶ κυνέαι,
ὅπου περ πίπτει θερισθὲν γένος ἀνδρῶν, ἡρώων·
τούτους τοὺς πάντας ποταμοὺς ἀναστομώσας χρόνος
ἐνναημέρως ἔπεμπε ῥέοντας πρὸς τὸ τεῖχος,
20 ὀμβροῦντος ἅμα σὺν αὐτοῖς καὶ οὐρανοῦ, Διὸς δέ,
καὶ Ποσειδῶνος πλήττοντος τὰ τείχη τῇ τριαίνῃ·
ἤγουν καὶ τρικυμίαις δὲ μεγάλαις τῆς θαλάσσης
ποιησαμένης προσβολάς, τὸ τεῖχος ἠφανίσθη.
  Ταῦτα μὲν οὕτως ἔμελλεν ὑστέρως γεγονέναι·
25 τότε δὲ πόλεμος σφοδρὸς ἐρράγη πρὸς τὸ τεῖχος,

Book 12

Thus Patroklos was treating Eurypylos at the tents,
and the Greeks and Trojans were fighting in throngs.
    But the Greek wall was destined to fall.
For it was built against the will of the immortal gods,
during an adverse horoscope at the solstice, as I said;   5
for that reason it was not destined to last long.
For after the return of the Greeks to their homelands
Poseidon and Apollo—water, and time
which is completed through the movement of the sun,
made the circuit of the sphere in their usual orbits   10
from west to east, the paths of the planets—
deliberated and were about to destroy the wall,
swelling with water the many rivers on Ida,
Rhesos, Heptaporos, Rhodios, and Karesos,
Grenikos and Aisepos, Skamandros and Simoeis,   15
where many shields and helmets fell,
where the race of men, of heroes, fell, having been cut down;
time opened up all these rivers
and sent them flowing against the wall for nine days,
while the sky, Zeus, was raining along with them,   20
and Poseidon was striking the walls with his trident;
that is, when the sea with great tempests
assailed it, the wall was destroyed.
    This was destined to happen later;
at that time, fierce fighting raged against the wall,   25

ἐκτύπει δὲ βαλλόμενα ξύλα τῶν πυργωμάτων.
Ἀργεῖοι δὲ τὸν Ἕκτορα δεινῶς ἐπτοημένοι,
συγκεκλεισμένοι ταῖς ναυσὶν ἄκοντες ἐκαρτέρουν.
Ὁ δὲ Τρωσὶν ἐκέλευσε τὴν τάφρον ὑπερβαίνειν.
30 Οἱ ἵπποι δ' ἐχρεμέτιζον τοῖς χείλεσι τῆς τάφρου·
περᾶν γὰρ ἐδειλαίνοντο τῶν κατακρήμνων οὖσαν,
πυκνοὺς ὀξεῖς τε σκόλοπας ἔχουσαν πεπηγμένους.
Ὁ Πολυδάμας Ἕκτορι τότε δὲ συμβουλεύει
πεζεύσαντας τοὺς σύμπαντας, πανόπλως ὡπλισμένους
35 καὶ φραξαμένους πυργηδόν, χωρεῖν ὡς πρὸς τὸ τεῖχος.
Οὕτως εἰπόντος, ἅπαντες ἀπέβησαν τῶν ἵππων,
πρώτου πρὸ πάντων Ἕκτορος ἅρματος ἀποβάντος.
Εἰς πέντε στραταρχίας δὲ καλῶς συντεταγμένοι,
οἱ πλεῖστοι μὲν καὶ ἄριστοι καὶ πνέοντες πολέμου,
40 καὶ τεῖχος ῥῆξαι σπεύδοντες καὶ μάχεσθαι τοῖς πλοίοις
μετά τε Πολυδάμαντος, Ἕκτορος, Κεβριόνου·
οἱ δὲ μετὰ τοῦ Πάριδος, Ἀγήνορος, Ἀλκάθου·
μετὰ δ' Ἑλένου ἔτεροι, Ἀσίου, Δηϊφόβου·
ἄλλοι μετ' Ἀρχελόχου τε Ἀκάμαντος, Αἰνείου·
45 οἱ πέμπτοι δέ, τὰ ξενικὰ καὶ τὰ τῶν ἐπικούρων,
σὺν Σαρπήδονι στρατηγῷ, Ἀστεροπαίῳ, Γλαύκῳ,
συνασπισμὸν ποιήσαντες, πύκνωσιν τῶν ἀσπίδων,
ὥρμων δοκοῦντες Ἕλληνας πάντας ναυστάθμοις κτεῖναι.
Βουλαῖς δὲ Πολυδάμαντος πάντων πεζῶν χωρούντων,
50 Ἄσιος μόνος τῶν λοιπῶν ἱππεὺς ἁρματηλάτης
θρασὺς ἐχώρει σοβαρὸς ὡς πρὸς αὐτὸ τεῖχος·
πρὸς πλοίων δὲ ἀριστερὸν ὥρμησαν οὗτοι μέρος
ὅπου περ ἦσαν Ἕλληνες φεύγοντες ἐκ πεδίου.

resounding off the wood of the fenced walls that it struck.
And the Argives, terribly frightened of Hektor and
shut in by their ships, unwillingly endured it.
And he ordered the Trojans to cross the trench.
The horses were neighing at the edge of the trench;   30
for they were afraid to cross it, since it was steep
and filled with many fixed sharp stakes.
Polydamas then advised Hektor
that everyone should go on foot, equipped in full armor
and, arrayed in tight formation, should advance to the wall.   35
After he spoke thus, everyone dismounted from their
    horses;
Hektor came down from his chariot first before anyone
    else.
Well drawn up in five divisions,
most of them, the best men, breathing war,
eager to break the wall and fight against the ships,   40
<went> with Polydamas, Hektor, Kebriones;
others with Paris, Agenor, Alkathos;
others with Helenos, Asios, Deïphobos;
others with Archelochos, Akamas and Aineias;
the fifth <division>, the foreigners and auxiliaries,   45
with the general Sarpedon, Asteropaios and Glaukos,
holding their shields together, they set out in close order,
expecting to kill all the Greeks by the beached ships.
As they all advanced on foot, upon Polydamas's advice,
Asios, alone of all the rest, drove with his charioteer   50
and advanced over-bold and arrogant against the wall;
they set out against the left wing of the ships
where the Greeks would flee from the plain.

Οὗτος ἐκεῖ παρήλαυνε τὸ ἄρμα καὶ τοὺς ἵππους,
55 κομπαστικῶς οἱ δ' ἤρχοντο κατόπισθε βοῶντες·
ἤλπιζον γὰρ οἱ ἄφρονες Ἕλληνας παραυτίκα
πάντας ὁρμῆσαι πρὸς φυγήν, μηδ' ὑποστῆναι τούτους.
Εὗρον ἠνεῳγμένας δὲ πύλας Ἑλλήνων τείχους·
ἄνδρες αὐτὰς κατεῖχον δὲ σώζοντες πεφευγότας.
60 Εὗρον καὶ δύο στρατηγοὺς τῶν Λαπιθῶν ἐν πύλαις,
τὸν μέγαν Πολυποίτην τε καί γε τὸν Λεοντέα,
τὸν μὲν Ἱπποδαμείας τε υἱὸν καὶ Πειριθόου,
τὸν Λεοντέα παῖδα δὲ Κορώνου, Κλεοβούλης.
Οὗτοι πρὸ τῶν πυλῶν ἦσαν τῶν ὑψηλῶν ἑστῶτες,
65 ὡς ὑπερμήκεις κρατεραὶ καὶ τῶν εὐρίζων δρύες,
αἵπερ ἀνέμους ὄρεσι καὶ ὄμβρους καρτεροῦσιν·
οὕτω καὶ οὗτοι ταῖς χερσὶ θαρροῦντες ἐκαρτέρουν.
Οἱ δὲ περὶ τὸν Ἄσιον, Ἰάμενον, Ὀρέστην,
Ἀδάμαντα καὶ Θόωνα, μετὰ τοῦ Οἰνομάου,
70 εἰς ὕψος ἀνατείναντες ἀσπίδας βοοδέρμους,
μετὰ μεγάλης τῆς κραυγῆς ἐχώρουν πρὸς τὸ τεῖχος.
Ὁ μέγας Πολυποίτης δὲ μετὰ τοῦ Λεοντέως,
μέχρι τινὸς ὑπάρχοντες ἔνδον ἑστῶτες τείχους,
ὑπὲρ τῶν πλοίων πολεμεῖν τοὺς Ἕλληνας παρώρμων.
75 Ἀφ' οὗ τοὺς Τρῶας εἶδον δὲ πρὸς πύλας ὁρμηθέντας,
τοὺς Ἕλληνας δὲ φεύγοντας μετὰ κραυγῆς μεγάλης,
ἔμπροσθε στάντες τῶν πυλῶν τὴν μάχην συνεκρότουν·
κτύπος ὑπῆρχε δὲ πολὺς ἀσπίδων καὶ θωράκων,
καὶ περικεφαλαιῶν δὲ συχνάκις βαλλομένων
80 ἐκ τῶν ξιφῶν, καὶ τῶν πετρῶν καὶ τῶν βελῶν ἁπάντων,
δίκην χιόνος συνεχοῦς, χειρῶν ἐκ πεμπομένων.

There he drove his chariot and his horses,
and his men followed behind with boastful shouts;   55
for those foolish men expected to put all the Greeks
to flight immediately without resistance.
They found the gates of the Greek wall open,
and the men that held them were protecting those who fled.
They also found two Lapithian generals at the gates,   60
great Polypoites and Leonteus,
the former the son of Hippodameia and Peirithoös,
while Leonteus was the son of Koronos and Kleoboule.
They were standing in front of the lofty gates,
like very tall, sturdy and well-rooted oaks,   65
which endure the winds and the rains of the mountains;
thus they also persevered, taking courage in their arms.
And the men of Asios, of Iamenos, Orestes,
Adamas, Thoön and Oinomaos,
holding up high their shields made of ox hide,   70
were advancing with loud shouts toward the wall.
Great Polypoites and Leonteus,
until then standing inside the wall,
were urging the Greeks to fight in defense of their ships.
After they saw the Trojans setting out against the gates   75
and the Greeks fleeing with great shouts,
they stood before the gates and engaged in battle;
there was a great crashing of shields and breastplates,
and helmets were often struck
by all the swords, stones and arrows,   80
like heavy snow, but sent from human hands.

Ἄλλοι παρ' ἄλλας πύλας δὲ τὴν μάχην συνεκρότουν·
πρὸς πᾶν τὸ τεῖχος δὲ τὸ πῦρ ἔλαμπεν ἐκ τῶν ὅπλων.
Ὁ Πολυποίτης τότε δὲ τῇ περικεφαλαίᾳ
85 δορὶ βαλὼν τὸν Δάμασον ἐδάμασεν αὐτίκα,
ἔπειτα καὶ τὸν Πύλωνα καὶ Ὅρμενον ἀνεῖλεν.
Ὁ Λεοντεὺς δ' Ἱππόμαχον βαλὼν κατὰ ζωστῆρα,
ἑλκύσας καὶ τὸ ξίφος δὲ κτείνει τὸν Ἀντιφάτην,
ἔπειτα καὶ τὸν Μένωνα, Ἰάμενον, Ὀρέστην.
90 Ἕως τούτους ἀπέκτεινον οἱ περὶ Πολυποίτην,
τοῖς σὺν τῷ Πολυδάμαντι καὶ Ἕκτορι ἀρίστοις
μέριμνα γίνεται δεινὴ παρὰ τὴν τάφρον οὖσι·
τέρας ἐφάνη γὰρ αὐτοῖς ἀπὸ τῶν ἀπαισίων.
Δράκοντα φέρων ἀετὸς ζῶντα, δηχθεὶς ἐκ τούτου,
95 μέσον τῶν Τρώων ἔρριψε, καὶ κλάγξας ὑπεχώρει·
φόβος δὲ μέγας τοῖς Τρωσὶν ἡ τοῦ συμβάντος θέα.
Τοῦ Πολυδάμαντος λοιπὸν νοήσαντος τὸ τέρας,
ὅτι Τρωσὶ γενήσεται δεινὴ παλιντροπία,
Τρῶές τε πέσωσι πολλοὶ χερσὶ ταῖς τῶν Ἑλλήνων,
100 καὶ λέγοντος τὸν πόλεμον τῷ τότε καταλεῖψαι,
ὠργίσθη καὶ καθύβρισεν Ἕκτωρ πικρῶς ἐκεῖνον,
μετὰ κραυγῆς δ' ἐξώρμησεν ὡς πρὸς αὐτὸ τὸ τεῖχος.
Καὶ ξυλοπύργους πρὸς αὐτὸ στήσαντες δὴ τὸ τεῖχος,
τὰς κρόσσας τε καὶ γόμφους τε, καὶ κρόσφους
      καλουμένους,
105 τοὺς προμαχῶνας πρὸς τὴν γῆν κατέβαλλον τοῦ τείχους,
καὶ πάντα τὰ κριώματα μοχλεύοντες ἐρρίπτουν.
Οἱ δ' Ἕλληνες συμφράξαντες ἀσπίσι προμαχῶνας,
ἔβαλον Τρῶας ἐξ αὐτῶν ὁρμῶντας πρὸς τὸ τεῖχος.

Others were engaging in battle at other gates;
fire from the weapons blazed across the entire wall.
Polypoites then, striking with his spear against the helmet,
at once overpowered Damasos,   85
then killed Pylon and Ormenos.
Leonteus struck Hippomachos on his belt,
drew his sword and killed Antiphates,
and then Menon, Iamenos and Orestes.
    While Polypoites's men were killing these men,   90
a terrible anxiety arose among the leaders
who were with Polydamas and Hektor at the ditch,
for an ill-omened sign appeared to them.
An eagle was bitten by a live snake it was carrying, and
dropped it amid the Trojans, and flew off screaming;   95
the sight of this occurrence terrified the Trojans.
Polydamas understood the sign to mean
that the Trojans would be routed in terror
and many Trojans would fall at the hands of the Greeks;
and when he said that they should abandon the battle then,   100
Hektor got angry and bitterly insulted him,
and set out with a battle cry against the wall.
And after they set up wooden towers against the wall,
called scaling ladders and bolts and siege machines,
they razed to the ground the ramparts of the wall,   105
levering up all the projecting support-beams <of the wall>,
        they threw them down.
But the Greeks ringed their battlements with shields,
and from there pelted the Trojans setting out against the
        wall.

Ἁπανταχοῦ τῶν πύργων δὲ ὁ Αἴας περιτρέχων,
110 σὺν τῷ Λοκρῷ τῷ Αἴαντι κελεύων καὶ προστάσσων,
παρώτρυνε τοὺς Ἕλληνας ἐμβάλλων προθυμίαν,
λόγοις μὲν ἄλλον στερεοῖς, ἄλλον ἐν πράοις λόγοις.
Αἱ τῶν πετρῶν δὲ χάλαζαι τῶν Τρώων, τῶν Ἑλλήνων,
ὑπὲρ χιόνα κρύπτουσαν γῆν, ὄρη καὶ λιμένας.
115 Ὁ Σαρπηδὼν παρήνει δὲ τότε τῷ Γλαύκῳ λέγων,
ὡς πρέπει τὸν τιμώμενον ἄρχοντα στρατιώτην,
τὸν ὄντα πρῶτον χρήμασι καὶ κτήμασι τοῖς ἄλλοις,
εἶναι καὶ πρὸς τὸν πόλεμον πρωτεύοντα τῶν ἄλλων,
ὅπως μὴ λέγῃ τις αὐτὸν εἰς μάτην δοξασθῆναι·
120 "Εἴπερ γὰρ τόνδε πόλεμον, ὦ Γλαῦκε, πεφευγότες
ἐμέλλομεν ἀθάνατοι καὶ ἄνευ γήρως εἶναι,
οὐκ ἂν μαχόμενος αὐτὸς ὑπῆρχον ἐν τοῖς πρώτοις,
ἀλλ᾽ οὐδέ σε παρώρμων ἂν εἰς πόλεμον καὶ μάχην.
Ἐπεὶ δὲ τρόποι μέν εἰσι μυρίοι τοῦ θανάτου
125 οὕσπερ οὐκ ἔστι δυνατὸν ἄνθρωπον πεφευγέναι,
καρτερικῶς μαχόμενοι κτείνωμεν ἢ κτανθῶμεν."
Οὕτως εἰπὼν παρώτρυνεν αὐτὸν καὶ τοὺς Λυκίους,
καὶ πρὸς αὐτὸν ἐξώρμησε τὸν πύργον Μενεσθέως.
Ὁ Μενεσθεὺς δὲ πτοηθεὶς ἑώρα πρὸς τοὺς πύργους
130 τίς ἄρα στρατηγὸς ἀνὴρ προσβοηθήσοι τούτῳ.
Πλησίον δὲ τοὺς Αἴαντας ἰδών, ἀλλὰ καὶ Τεῦκρον,
βοῶν αὐτοὺς οὐκ ἴσχυε ποιῆσαι κατακοῦσαι·
εἰς οὐρανὸν ὁ κτύπος γὰρ ὁ τότε διϊκνεῖτο,
πύργων, πυλῶν καὶ τῶν τειχῶν συχνάκις βαλλομένων,
135 καὶ περικεφαλαιῶν δὲ σύναμα ταῖς ἀσπίσι.
Πέμψας Θοώτην ἔπειτα τὸν Αἴαντα καλεῖ δέ,

Aias, running all around the towers,
giving orders and commands along with Lokrian Aias,   110
urged on the Greeks, arousing the zeal
of one with firm words, of another with mild ones.
The hail of stones from the Trojans and Greeks was thicker
than snow covering the earth, mountains and harbors.
Sarpedon then exhorted Glaukos, saying   115
that it is fitting for the honored leader of the army,
who is first among the others in money and possessions,
to be also first among the others in war,
so that no one might say that he gained his glory in vain:
"For if, Glaukos, having escaped this war,   120
we were destined to be immortals without growing old,
I myself would not be fighting in the first rank,
nor would I urge you to battle and combat.
But because there are countless ways to die,
which it is impossible for man to escape,   125
let us kill or be killed, fighting fiercely."
With these words he exhorted him and the Lykians,
and set out against the tower of Menestheus.
Menestheus was looking in terror toward the towers
<to see> which general might come to his aid.   130
When he saw the Aiantes and also Teukros nearby,
he shouted but could not manage to be heard;
for at that time the din reached to the sky,
since the towers, gates and walls were under constant
        assault,
as well as the helmets together with the shields.   135
Then he sent Thoötes to summon Aias,

ὅσπερ ἐλθὼν σὺν ἀδελφῷ, τῷ Τεύκρῳ τῷ τοξότῃ,
τὰ τόξα τούτου φέροντος Πανδίονος τῷ τότε,
πρὸς πύργον δ' ἀναβαίνοντας τετυχηκὼς Λυκίους,

140 λίθῳ τραχεῖ τὸν Ἐπικλῆ τὸν Σαρπηδόνος φίλον
βαλὼν ἐξ ὕψους ἔρριψεν ἀπὸ τοῦ πύργου κάτω,
θλάσας ὁμοῦ τὴν κεφαλὴν καὶ περικεφαλαίαν.
Ὁ Τεῦκρος δὲ βραχίονι τὸν Γλαῦκον ἐκτοξεύει
πρὸς τεῖχος ἀνερχόμενον, ὃς πέφευγε πηδήσας.

145 Ὁ Σαρπηδὼν δ' Ἀλκμάονα τρώσας δορὶ φονεύει,
τὸν προμαχῶνά τε χερσὶν ἑλκύσας ἀποκόπτει,
ἀπογυμνοῖ τὸ τεῖχος δέ, πᾶσιν ὁδὸν ποιήσας.
Τοῦτον ὁ Τεῦκρος δὲ βαλὼν βέλει πρὸς τελαμῶνα
(πρὸς τελαμῶνα δέ φημι τοῦ θυρεοῦ, ἀσπίδος),

150 ὁ Αἴας τὴν ἀσπίδα δὲ τῷ δόρατι τρυπήσας,
μικρόν τι παρεξέωσαν ἀπὸ τοῦ προμαχῶνος.
Οὗτος δὲ πάλιν σὺν αὐτοῖς ὥρμησε τοῖς Λυκίοις,
καὶ συγκροτοῦσι καρτερὰν καὶ στερροτάτην μάχην·
ἀπανταχοῦ δ' οἱ πύργοι τε καὶ πάντες προμαχῶνες

155 ἐβάπτοντο τοῖς αἵμασιν Ἑλλήνων τε καὶ Τρώων.
Οἱ Τρῶες δέ, τοῦ Ἕκτορος κελεύοντος ἐκείνοις,
ὁμοῦ πάντες ἀνέβαινον κλίμαξι πρὸς τὸ τεῖχος,
καὶ πύργοις, οἷσπερ εἴπομεν, ξυλίνοις ὑποτρόχοις.
Ἕκτωρ δὲ λίθον μέγιστον ἄρας εἰς ὕψος τότε,

160 οἶον ἐκ γῆς πρὸς ἄμαξαν μόλις ἂν θῶσι δύο,
μέσας τὰς πύλας ἔβαλε, τοὺς στρόφιγγας ἐκκόπτει·
ὁ λίθος ἔσω πέπτωκεν, ἐκρότησαν αἱ πύλαι,
σανὶς δὲ πᾶσα τῶν πυλῶν τμηθεῖσα διεσπάρη.
Δύο δὲ δόρατα κρατῶν, τῷ θώρακί τε λάμπων,

who came with his brother, Teukros the archer,
with Pandion carrying his bow and arrows,
and he chanced upon some Lykians climbing up the tower;
with a jagged rock <Aias> struck Sarpedon's friend Epikles   140
from high above, and threw him down from the tower,
smashing both his head and his helmet.
Next Teukros shot an arrow at Glaukos's arm
as he was climbing up the wall, but he jumped and dodged it.
Sarpedon wounded Alkmaon with his spear and killed him,   145
and after he tore down the battlement, tugging at it with
     his hands,
he exposed the wall, opening the way for everyone.
But Teukros hit him with an arrow on his leather strap
(I mean the leather strap of his buckler, his shield),
and Aias pierced the shield with his spear,   150
and they all but pushed him from the battlement.
But Sarpedon set out again with the Lykians,
and they engaged in mighty and very stubborn combat;
for everywhere the towers and all the battlements
were stained with the blood of Greeks and Trojans.   155
And the Trojans, at Hektor's command,
were climbing all together up the wall with ladders, and
with wheeled wooden towers, which we already mentioned.
Then Hektor, lifting up a huge rock,
such as two men could scarcely move from the ground into   160
     a cart,
hit the gates in the middle, and knocked out the pivots;
the rock fell inside, the gates rattled,
and every plank of the gates was smashed to pieces,
     scattered.
Holding two spears, his breastplate shining,

165 δεινὸς κατὰ τὸ πρόσωπον, πῦρ ὀφθαλμῶν προπέμπων,
ὁ Ἕκτωρ εἰσεπήδησεν ἔνδον τοῦ τείχους τότε,
ὅνπερ οὐκ ἄν τις ἴσχυσεν ἄνευ θεῶν κωλῦσαι,
καὶ τοῖς Τρωσὶν ἐκέλευεν ἐμβαίνειν πρὸς τὸ τεῖχος.
Οὗτοι μὲν οὖν εἰσέβαινον ἐκ τῶν πυλῶν καὶ πύργων·
170 πρὸς δὲ τὰς νῆας ὁ στρατὸς ἦν φεύγων τῶν Ἑλλήνων.
Βοὴ δ' ἤρθη καὶ θόρυβος κατάπαυσιν οὐκ ἔχων.

with ferocious visage, blazing fire from his eyes,   165
Hektor then leaped inside the wall—
no man could have stopped him without the gods' help—
and ordered the Trojans to make their way inside the wall.
And they came in from the gates and towers;
and the Greek army fled to its ships.   170
A cry arose, and a ceaseless din.

Ν΄

Ὁ Ζεύς, ἡ Εἱμαρμένη δέ, σὺν Ἕκτορι τοὺς Τρῶας
ἀφ᾽ οὗ πρὸς ναῦς εἰσήγαγεν, ἐκεῖσε καταλείπει
ἀδιαλείπτως πολεμεῖν καὶ πόνους ὑπομένειν.
Μέχρι γὰρ πλοίων κατελθεῖν ἦν εἱμαρμένον Τρῶας,
5 οὐ μὴν καὶ περαιτέρω δέ. Ὅθεν φησὶ τοιαῦτα.
Αὐτὸς ἑώρα Θρᾷκας δὲ ἄνδρας μαχιμωτάτους,
ἤγουν τοὺς ἐν ἑτέροις δὲ πολέμους καθεώρα,
καὶ Σκύθας τοὺς ἀμέλγοντας τὸ γάλα τὸ τῶν ἵππων,
οὕσπερ ἀβίους τε καλεῖ καὶ τῶν δικαιοτάτων.
10 Ζῶσι σκηνίτην βίον γάρ, οὐ τῶν πολυχρημάτων,
καὶ πρὸς ἀλλήλους δὲ πολλῇ χρῶνται δικαιοσύνῃ,
ὑπὲρ ἡμᾶς τοὺς τῷ Χριστῷ τάχα δεδουλωμένους.
Κλέπτης αὐτοῖς οὐδείς ἐστιν ὡς κλέψαι τι θρεμμάτων·
ὁ λόγος βεβαιότερος τούτοις ἐστὶ τῶν ὅρκων
15 οὓς ἂν ὁ Χαλκηδόνος τε ὀμόσῃ καὶ Κυζίκου.
Ὁμονοοῦσιν ἅπαντες καὶ ζῶσι κοινοβίως,
πολλά τε δικαιότητος τούτοις ἐστὶ σημεῖα.
Ὁ ἐκ θαλάσσης Ποσειδῶν, ὁ βοηθὸς Ἑλλήνων,
τοιουτοτρόπως βοηθεῖν τοῖς Ἕλλησιν ἐλέχθη·
20 νέφος παχύ τι πυκνωθὲν ἤρθη πρὸ Σαμοθράκης·
πρὸς ὄμβρον τοῦτο δὲ ῥαγέν, ἀνέμους τε κινῆσαν
κατεναντίους ταῖς ναυσίν, ἔσχε μὴ φεύγειν τούτους.
Ἔκτοτε γὰρ οἱ Αἴαντες, θαρσήσαντες μεγάλως,
γενναιοτέρως τοῖς Τρωσὶ τὴν μάχην συνεκρότουν·
25 οὐκ ἔτι γὰρ ὑπώπτευον ναυσὶ τοὺς ἄλλους φεύγειν.

Book 13

After Zeus, that is, Destiny, led Hektor and the Trojans
to the ships, he abandoned them there
to fight incessantly and endure their toils.
For the Trojans were destined to go as far as the ships,
but no further. That is why he says these things.   5
<Zeus> was observing Thracian men, most warlike,
that is, he was looking upon their wars with others,
and the Skythians milking their horses,
whom he calls nomads, and among the most righteous of
    men.
For they live in tents without much money,   10
and they treat each other with great justice,
more than we, who are supposedly servants of Christ.
They have no thieves among them to steal an animal;
their word is more steadfast than the oaths
which the bishops of Chalkedon and Kyzikos might swear.   15
They all live in harmony and hold things in common,
and there is much evidence of their justice.
    Poseidon from the sea, helper of the Greeks,
was said to help the Greeks in this way:
a thick dense cloud rose before Samothrake;   20
and it burst into a rainstorm, blowing winds
against the ships and preventing them from leaving.
Thereafter the Aiantes, plucking up courage,
engaged in battle against the Trojans even more bravely,
not yet suspecting that the others had fled in their ships.   25

Φυγῆς τόπον οὐκ ἔχοντες κἀκεῖνοι συνεμάχουν.
Οὕτω λοιπὸν οἱ Αἴαντες μετὰ τῶν ἀριστέων
συνασπισμὸν ποιήσαντες, πυκνώσαντες τοὺς λόχους,
τὰς περικεφαλαίας τε, τὰ δόρατα, τὰ σάκη,
30   τοὺς Τρῶας καὶ τὸν Ἕκτορα γενναίως ἐκαρτέρουν.
Οἱ Τρῶες πάντες δὲ ὁμοῦ τύπτουσι πρῶτοι τούτους,
ὁ δ᾽ Ἕκτωρ πάντων πρώτιστος. Ὥσπερ στρογγύλος λίθος,
ὅνπερ χειμάρρους ποταμὸς ἐξ ὄρους ἀποκόψῃ,
πρὸς τὸ πρανὲς ἐξ ὄρους δὲ κυλίεται σὺν κτύπῳ,
35   κόπτων τὴν ὕλην, κατακλῶν, ἀναπηδῶν εἰς ὕψος,
ἕως οὗ πρὸς ἰσόπεδον φθάσῃ καὶ λεῖον τόπον,
τότε δ᾽ οὐκ ἔτι δύναται κυλίεσθαι καὶ θρώσκειν·
οὕτως ὁ Ἕκτωρ ἀπειλῶν ἐκόμπαζε μεγάλως
εὐκόλως διελεύσεσθαι σκηνὰς τὰς τῶν Ἑλλήνων,
40   σκηνὰς ὁμοῦ καὶ νῆας τε, μέχρι θαλάσσης κτείνων.
Τοιαῦτα μὲν ἐκόμπαζε μέχρι τινὸς τοῦ χρόνου·
ἀλλ᾽ ὅτε δὴ προσήγγισεν Αἰάντων παρατάξει,
καὶ τῶν σακῶν τὴν πύκνωσιν εἶδε καὶ τῶν δοράτων,
οἷα στερρόν, εὐάρμοστον πύργον πυκνοῖς τοῖς λίθοις,
45   τὰ κράνη τε καὶ θώρακας, καὶ ξίφη τεθηγμένα,
καὶ σιδηρᾶν τὴν ἀστραπὴν ἐκπέμποντα τῇ στίλψει,
ἔστη μὴ θέλων ἔγγιστα· οἱ δ᾽ Ἕλληνες ἀντίοι,
τοῖς ξίφεσι καὶ δόρασι τιτρώσκοντες ἐκεῖνον,
ἀφ᾽ ἑαυτῶν ἀπήλασαν· σύντρομος δ᾽ ὑπεχώρει,
50   τοῖς δὲ Τρωσὶν ἐβόησεν· "Ὀλίγον καρτερεῖτε·
οὐ πρὸς μακρὸν οἱ Ἕλληνες κωλύουσί με χρόνον,
κἄνπερ κατεπυκνώθησαν ὥσπερ στερρότης πύργου.

And not having any place of refuge, they continued to fight.
So the Aiantes, fighting in close order
with the best men, packed the body of the troops more
    tightly,
and their helmets, spears and shields,
and bravely resisted Hektor and the Trojans.   30
All the Trojans together struck them first,
and Hektor before everyone else. Just as a round boulder,
broken off from a mountain by a swollen river,
rolls headlong down a mountain with a crash,
cutting down trees, snapping them off, and bouncing up   35
    high
until it reaches smooth and level ground,
where it no longer can roll and bounce,
thus Hektor uttered loud and boastful threats
that he would easily charge through the Greek tents,
their tents and ships alike, cutting a murderous swath to the   40
    sea.
He uttered these boasts for some time;
but when he approached the battle array of the Aiantes,
and saw the close order of the shields and spears,
like a sturdy tower well-joined by close-fitting stones,
the helmets and breastplates, and the sharpened swords,   45
whose gleam emitted the blaze of iron, he stopped,
not wishing to go closer; and the Greeks opposite,
wounding him with their swords and spears,
drove him away from them; and he retreated in terror
and shouted at the Trojans: "Hold out a little longer;   50
the Greeks will not stop me for long,
although they are packed tight like a sturdy tower.

Ἀλλά, νομίζω, πρὸς τροπὴν τῷ δόρατι κινήσω."
Οὕτως εἰπὼν ἀνήγειρε τὴν Τρώων προθυμίαν.

55 Ὁ Μηριόνης τότε δὲ περιπατοῦντα γαῦρον
Δηΐφοβον ἐφόβησε δορὶ βαλὼν ἀσπίδα,
τὸ πρόσθιον δὲ δόρατος συνθραύσας τοῦ οἰκείου,
πρὸς τὴν σκηνὴν ἀφώρμησεν ἄλλο κομίσαι δόρυ.
Οἱ δ' ἄλλοι πάντες σὺν βοῇ τὴν μάχην συνεκρότουν.

60 Ὁ Τεῦκρος δὲ τὸν Ἴμβριον πρῶτος τῶν ἄλλων κτείνει,
υἱὸν ὄντα τοῦ Μέντορος, γαμβρὸν δὲ τοῦ Πριάμου·
Μηδεσικάστην εἶχε γὰρ νόθην Πριάμου κόρην.
Τοῦτον τρώσας ἀπέκτεινε πρὸς οὓς τῷ δορατίῳ.
Ὡς δὲ φονεύσας ὥρμησεν ἐκεῖνον καὶ γυμνῶσαι,

65 Ἕκτωρ τὸ δόρυ κατ' αὐτοῦ βαλὼν ἐκπεφευγότος,
στήθει βαλὼν ἀπέκτεινεν Ἀμφίμαχον Κτεάτου,
ἐξώρμησε καὶ κράνος δὲ τὸ τούτου καθαρπάξαι.
Αἴας δὲ τοῦτον τῷ δορὶ πρὸς ὀμφαλὸν ἀσπίδος
τρώσας, δυνάμει καρτερᾷ παρέτρεψεν ὀπίσω.

70 Τοὺς δὲ νεκροὺς οἱ Ἕλληνες ἀνείλοντο τοὺς δύο,
Ἀμφίμαχον μὲν Στίχιος μετὰ τοῦ Μενεσθέως·
τὸν Ἴμβριον δ' οἱ Αἴαντες βαστάζοντες ἐγύμνουν.
Ὁ δὲ Λοκρὸς ἀπέκοψε τὴν κεφαλὴν ἐκείνου,
καὶ δίκην σφαίρας ἔπεμψε πρὸς Ἕκτορος τοὺς πόδας.

75 Ὁ Ποσειδῶν ὠργίσθη δὲ χάριν τοῦ Ἀμφιμάχου,
καὶ συνεργῶν τοῖς Ἕλλησιν ἐχόλα κατὰ Τρώων.
Κτέατον δὲ μυθεύονται υἱὸν τοῦ Ποσειδῶνος,
ἀνθ' οὗ τοῦτον συνέλαβε πρὸς θάλασσαν ἡ μήτηρ.
Ἐπεὶ γοῦν, ὥσπερ ἔφημεν, ἡ θάλασσα συνήργει

80 τῷ μὴ παρέχειν ἐκφυγὴν τοῖς θέλουσιν ἐκφεύγειν,

But I think I will rout them with my spear."
With these words he roused the Trojans' zeal.

  Meriones then scared Deïphobos, as he brazenly   55
    advanced,
by striking his shield with his spear,
but since he broke the front part of his own spear,
he rushed to his tent to fetch another spear.
And all the others were waging battle with loud cries.
First of them all Teukros killed Imbrios,   60
who was the son of Mentor, and Priam's son-in-law;
for he had married Medesikaste, Priam's illegitimate
    daughter.
He killed him by striking him on the ear with his spear.
When, after killing him, Teukros rushed to strip him,
Hektor threw his spear at him as he dodged,   65
and hit Amphimachos, son of Kteatos, in the chest and
    killed him,
and set out to seize his helmet as well.
Aias, striking the boss of his shield with his spear,
turned him back with great force.
The Greeks carried off both corpses: 70
Stichios and Menestheus took Amphimachos,
and the Aiantes took away Imbrios and stripped him.
The Lokrian cut off his head
and hurled it at Hektor's feet like a ball.
Poseidon was angered on account of Amphimachos,   75
and, helping the Greeks, he raged against the Trojans.
The myth says that Kteatos was the son of Poseidon,
because his mother conceived him by the sea.

  Because indeed, as we said, the sea was helping
so as not to allow an escape route for those wishing to flee,   80

καὶ πάντες πρὸς τὸν πόλεμον ἔστρεφον ἑκουσίως
μετ᾽ Ἀντιμάχου θάνατον τοῦ υἱοῦ τοῦ Κτεάτου,
ὃν Ποσειδῶνος ἔφημεν παῖδα καλεῖσθαι πᾶσιν,
Ἰδομενεὺς ὡς ὥρμησε σὺν ἄλλοις πρὸς τὴν μάχην,
85   Ὅμηρος δι᾽ Ἀμφίμαχον τὸν Ποσειδῶνα λέγει
ὀργίζεσθαι τοῖς Τρώεσσιν, Ἕλληνας παροτρύνειν,
καὶ τὸν Ἰδομενέα δὲ σὺν ἄλλοις τῶν Ἑλλήνων.
Ὁ Μηριόνης δὲ λαβὼν ἐκ τῆς σκηνῆς τὸ δόρυ,
τρέχων συντόμως πρὸς αὐτὸν ἦλθεν Ἰδομενέα·
90   ὁρμῶσι δ᾽ ἄμφω πρὸς σκαιὸν μέρος τῆς πλοίων μάχης
καὶ συρραγὴν συμβάλλουσι πολέμου κατὰ Τρώων.
Ἰδομενεὺς δ᾽ ἀπέκτεινε πρῶτος Ὀθρυονέα,
ὅσπερ ἐκ Τροίας Ἕλληνας ὑπέσχετο διῶξαι
ἄνπερ ὁ Πρίαμος αὐτῷ σύνευνον δῷ Κασσάνδραν.
95   Ἀνεῖλε καὶ τὸν Ἄσιον ἐκείνῳ βοηθοῦντα,
πρὸς τὸν λαιμὸν τῷ δόρατι βαλὼν ἀνθερεῶνα.
Τούτου δὲ τὸν ἡνίοχον Ἀντίλοχος ἀνεῖλεν
ἑστῶτα δίφρῳ, τῷ δορὶ πρὸς στῆθος περονήσας.
Τοὺς ἵππους δ᾽ ὁ Ἀντίλοχος πρὸς Ἕλληνας κομίζει.
100   Δόρυ δ᾽ ἀφεὶς Δηΐφοβος κατὰ Ἰδομενέως,
Ἰδομενέως κύψαντος, κρυβέντος τῇ ἀσπίδι,
βαλὼν πρὸς τὸ διάφραγμα, κτείνει τὸν Ἱππασίδην.
Δηΐφοβος δ᾽ ἐκόμπασε μέγα βοήσας τότε·
"Ἔχει πρὸς Ἅιδην ὁδηγὸν Ἄσιος ὃν παρέσχον."
105   Τὸν μὲν νεκρὸν ἐξήγαγον ὁ Μηκιστεύς, Ἀλάστωρ.
Ἰδομενεὺς δ᾽ ἀπέκτεινεν Ἀλκάθουν τὸν Αἰσύτου,
εἰς κόρην Ἱπποδάμειαν ὄντα γαμβρὸν Ἀγχίσου,
βαλὼν πρὸς στῆθος τῷ δορὶ δίκην ἑστῶτα στήλης·

and everyone turned willingly to war
after the death of Antimachos, the son of Kteatos,
whom we said everyone called the son of Poseidon,
when Idomeneus set out with the others to battle,
Homer says that Poseidon was angry at the Trojans   85
on account of Amphimachos, and was urging on the Greeks,
and, together with the other Greeks, Idomeneus as well.
Meriones, taking his spear from his tent,
came quickly running to Idomeneus;
and they both rushed toward the left side of the battle by   90
     the ships
and engaged in combat against the Trojans.
Idomeneus first killed Othryoneus,
who had promised to drive the Greeks from Troy
if Priam gave him Kassandra as his wife.
He also killed Asios who was helping him,   95
hitting him with his spear beneath his chin.
Antilochos killed his charioteer
as he stood on his chariot, piercing his chest with his spear.
And Antilochos brought the horses to the Greeks.
When Deïphobos hurled his spear at Idomeneus,   100
Idomeneus ducked, hiding behind his shield,
and he killed Hippasides, hitting him in the diaphragm.
Then Deïphobos boasted, shouting loudly:
"Asios has a guide to Hades, whom I gave to him."
Mekisteus and Alastor carried away the corpse.   105
Idomeneus killed Alkathoös, the son of Aisytos,
who was Anchises's son-in-law through his daughter
          Hippodameia,
spearing him in the chest as he stood like a stele;

ἐν γὰρ θαλάσσῃ κρατηθεὶς τόπον φυγῆς οὐκ εἶχεν.
110 Ἰδομενεὺς δ᾽ ἐβόησε τότε τῷ Δηϊφόβῳ·
"Ὦ καυχητὰ Δηΐφοβε, τρεῖς ἀνθ᾽ ἑνὸς ἀνεῖλον·
ἀλλὰ καὶ σὺ πλησίον μου πορεύου καὶ νοήσεις."
Δηΐφοβος ἀπῆλθε δὲ σύμμαχον ἐρευνήσων.
Τὸν δὲ Αἰνείαν εὕρηκεν ἑστῶτα τοῖς ἐσχάτοις·
115 ἀεὶ γὰρ ἔτρεφεν ὀργὴν οὗτος κατὰ Πριάμου.
Γενναῖον τοῦτον ὄντα γὰρ Πρίαμος οὐκ ἐτίμα·
στὰς δὲ πλησίον ἔλεξε τὸν θάνατον Ἀλκάθου,
ὅς, ὢν γαμβρὸς ἐπ᾽ ἀδελφῇ, ἀνέθρεψεν Αἰνείαν.
Καὶ δὴ Αἰνείας Πάρις τε, Δηΐφοβος, Ἀγήνωρ,
120 ἀπὸ δὲ τοῦ στρατεύματος ἑτέρωθεν Ἑλλήνων
Ἰδομενεὺς καὶ Ἀφαρεὺς μετὰ τοῦ Μηριόνου,
Ἀσκάλαφος, Ἀντίλοχος, Δήϊπυρος σὺν τούτοις,
σὺν τοῖς λαοῖς τοῖς ἑαυτῶν πόλεμον συνεκρότουν.
Αἰνείας ἀκοντίσας δὲ κατὰ Ἰδομενέως,
125 ἐκείνου παρεκκλίναντος, βάλλει τὴν γῆν τῷ βέλει.
Ἰδομενεὺς δ᾽ Οἰνόμαον βαλὼν κατὰ γαστέρα,
τούτου κενοῖ τὰ ἔντερα. Τούτου δ᾽ ἀπερχομένου
ἀποτυχών, Δηΐφοβος Ἀσκάλαφον ἀνεῖλε.
Δηΐφοβος δ᾽ ἀφήρπαξε τὸ κράνος Ἀσκαλάφου,
130 τῷ Μηριόνῃ δὲ πληγεὶς τὴν χεῖρα ῥίπτει τοῦτο.
Ὁ ἀδελφὸς Πολίτης δὲ τοῦτον ἐξάγει μάχης,
καὶ ἀναβὰς ἐφ᾽ ἅρματος στενάζων ὑπεχώρει.
Αἰνείας Ἀφαρέα δὲ πλήξας λαιμῷ ἀνεῖλεν,
Ἀντίλοχος δὲ Θόωνα, κατὰ τὸν νῶτον τρώσας,
135 ἀπέδυσε καὶ τούτου δὲ πᾶσαν τὴν πανοπλίαν.
Οἱ Τρῶες δὲ κυκλώσαντες ἔπληττον τούτου σάκος·

for as he was overpowered in the sea, he had no way to
   escape.
Then Idomeneus shouted to Deïphobos: 110
"Boastful Deïphobos, I killed three men in revenge for one;
draw near me and you will understand."
And Deïphobos departed to search for a fellow warrior.
He found Aineias standing in the rear,
for he always nursed a grievance against Priam.   115
For, although he was brave, Priam did not honor him;
standing near him, he told him about the death of Alkathos,
his brother-in-law through his sister, who had raised Aineias.
And indeed Aineias and Paris, Deïphobos and Agenor,
and, from the Greek army on the other side,   120
Idomeneus, Aphareus and Meriones,
and with them Askalaphos, Antilochos, Deïpyros
and their men joined battle.
Aineias threw his spear at Idomeneus, but
because the latter turned aside, the spear struck the ground.   125
Idomeneus struck Oinomaos in the belly,
emptying out his guts. And when Deïphobos missed him
as he retreated, he killed Askalaphos.
Deïphobos seized Askalaphos's helmet,
but, wounded in the hand by Meriones, dropped it.   130
His brother Polites carried him from the battle
and, getting into his chariot, he withdrew with loud groans.
Aineias killed Aphareus, striking him in the throat;
Antilochos <killed> Thoön, wounding him in the back,
and stripped him of all his armor.   135
The Trojans surrounded him and struck his shield;

ἐγγὺς ἐλθὼν Ἀδάμας τε καὶ οὗτος πλήττει σάκος·
θραυσθέντος δὲ τοῦ δόρατος τοῦτον ὑποχωροῦντα
κτείνει πρὸς ὑπογάστριον βαλὼν ὁ Μηριόνης·
140 Δηΐπυρον δ' ὁ Ἕλενος ξίφει τὴν κόρσην πλήξας·
ἐκ τόξου βέλος πέμπει δὲ καὶ κατὰ Μενελάου,
ὃ ἐκ τοῦ θώρακος αὐτοῦ μακρὰν ἐξαπεκρούσθη.
Μενέλαος τὴν χεῖρα δὲ τιτρᾷ τῷ δορατίῳ,
ἣν ἐκκρεμάσας ἔφευγε συρὼν ὁμοῦ τὸ δόρυ,
145 ὅπερ Ἀντήνωρ ἀνασπᾷ, δήσας καλῶς τὴν χεῖρα.
Μενέλαος ἠστόχησε βαλὼν κατὰ Πεισάνδρου·
νύξας δὲ καὶ ὁ Πείσανδρος τὸ σάκος Μενελάου,
ἐπίσης τούτῳ καὶ αὐτὸς ἠστόχησε τῇ τρώσει·
καὶ ἅμα πάλιν ὥρμησαν οἱ δύο κατ' ἀλλήλων.
150 Καὶ Πείσανδρος πελέκει μὲν πλήττει κατὰ τὸν λόφον,
Μενέλαος τῷ ξίφει δὲ μέτωπον πρὸς τὴν ῥῖνα·
οἱ ὀφθαλμοὶ δ' ἐχύθησαν, σχισθέντων τῶν ὀστέων.
Ὁ Ἁρπαλίων δέ, υἱὸς κρατοῦντος Παφλαγόνων,
νύξας τὸ σάκος ἀσθενῶς, ἔφευγε Μενελάου·
155 ὁ Μηριόνης τοῦτον δὲ κατὰ γλουτὸν τοξεύει,
τὸ βέλος δ' ἐξεπέρασεν ἔμπροσθεν πρὸς τὴν κύστιν.
Τούτου θανόντος θυμωθεὶς πέμπει καὶ Πάρις βέλος,
ἀπέκτεινε δ' Εὐχήνορα παρὰ τὸ οὖς τοξεύσας,
γένει Κορίνθιον, υἱὸν μάντεως Πολυΐδου,
160 ὃς καὶ προεμαντεύσατο τὰ πεπρωμένα τούτῳ.
  Οὕτως οἱ μὲν ἐμάχοντο καρτερικῇ καρδίᾳ·
ὁ Ἕκτωρ ἐκαρτέρει δὲ οὐ ῥήξας ἣν τὸ τεῖχος,
βαρὺν ἐγείρων πόλεμον, μάχην καρτερωτάτην

and Adamas drew near and struck his shield as well;
but when Adamas's spear was shattered, Meriones struck
    him
in the lower belly as he was retreating, and killed him;
Helenos struck Deïpyros with his sword in the temple,   140
and he also shot an arrow from his bow at Menelaos,
which was deflected by his breastplate and sent far.
And Menelaos wounded <Helenos's> hand with his spear
but, letting it hang limp, he escaped, dragging along the
    spear,
which Antenor drew out, binding his hand up well.   145
Menelaos missed his spear cast against Peisandros;
and when Peisandros stabbed Menelaos's shield,
he also missed and did not wound him;
and the two again rushed against each other at the same
    time.
Peisandros struck the crest of his helmet with his ax,   150
and hit Menelaos with his sword on his forehead above the
    nose;
his eyeballs rolled out as the bones were split.
Harpalion, son of the ruler of the Paphlagonians,
stabbing his shield feebly, escaped Menelaos;
but Meriones hit him with an arrow in the buttocks,   155
and the arrow pierced through to his bladder at the front.
When he died, Paris was enraged and shot an arrow,
killing Euchenor by hitting him near the ear,
a Korinthian by race, the son of the seer Polyidos,
who had foreseen what was destined for him.   160

    Thus these men fought with a steadfast heart;
but Hektor persevered where he had broken the wall,
raising violent war, a very mighty battle

ὅπου Πρωτεσιλάου τε καὶ Αἴαντος αἱ νῆες,
165 καὶ τεῖχος ἦν οὐχ ὑψηλόν, οὗ μάλιστα χρειώδεις
πεζοί τε πάντες καὶ ἱππεῖς ἐγίνοντο πρὸς μάχην,
ὅπου Λοκροὶ καὶ Βοιωτοί, καὶ Ἴωνες καὶ Φθῖοι,
πρὸ Φθίων Ἀθηναῖοι τε καὶ Ἐπειῶν τὰ ἔθνη,
δίκην πυρὸς τὸν Ἕκτορα σπουδαίως ἐφορμῶντα
170 ἀφ' ἑαυτῶν οὐκ ἔσθενον ὄπισθεν ἐξελάσαι,
ὁ Πετεῶο Μενεσθεύς, Στιχίος τε καὶ Φείδας,
Μέγης, Ἀμφίων, Δράκιος, Μέδων τε καὶ Ποδάρκης,
ἄριστοι πάντες στρατηγοὶ μετὰ τῶν στρατευμάτων,
καὶ σὺν αὐτοῖς οἱ Αἴαντες πλησίον ἑστηκότες.
175 Ἀλλὰ τῷ Τελαμῶνος μὲν ἄνδρες πολλοὶ παρῆσαν,
πολλοὶ καὶ κάλλιστοι ὁμοῦ, δεχόμενοι τὸ σάκος,
ὁπόταν κόπος καὶ ἱδρὼς κατέλαβεν ἐκεῖνον·
οἱ τοῦ Λοκροῦ δ' ὑπάρχοντες πάντες γυμνοὶ τοξόται,
ἄνευ δοράτων καὶ σακῶν καὶ δίχα κρανωμάτων·
180 τούτων Τρωσὶ καὶ Ἕκτορι συσταδὸν μαχομένων,
αὐτοὶ σφενδόναις βάλλοντες ἐτάραττον καὶ τόξοις.
Καὶ μετ' αἰσχρᾶς ἂν τῆς τροπῆς οἱ Τρῶες ὑπεχώρουν,
εἰ μήπερ εἶπεν Ἕκτορι τῷ τότε Πολυδάμας
συναγαγεῖν τοὺς ἀριστεῖς ἐκεῖ τῶν Τρώων πάντας.
185   Ὡς οὖν οἱ πάντες εἰς ταὐτὸ συνέδραμον ἐκεῖσε,
ἐπάγοντες τὸ στράτευμα, πυκνώσαντες τοὺς λόχους
οἱ περὶ Πολυδάμαντα, τὸν Ἕκτορα, τὸν Πάριν,
τὸν Κεβριόνην, Φάλκην τε, Ὀρθαῖον, Πολυφοίτην,
Μόρυν τὸν Ἱπποτίωνος, Ἀσκάνιον, τὸν Πάλμυν,
190 οἵπερ κατὰ τὴν χθὲς ἦσαν ἐλθόντες ἐκ Νικαίας,
πόλεμον ἤγειραν δεινόν. Θυμοῦ δὲ πνέων Ἕκτωρ

where the ships of Protesilaos and Aias were,
and the wall was not high, where all the infantry and cavalry   165
were very much needed for battle,
where Lokrians and Boiotians, Ionians and Phthians,
and, before the Phthians, Athenians and Epeians
did not have the strength to drive away from themselves
Hektor, who was zealously attacking like fire,   170
Menestheus, son of Peteos, and Stichios and Pheidas,
Meges, Amphion, Drakios, Medon and Podarkes,
all the best generals with their armies,
and with them the Aiantes were standing nearby.
But the Telamonian had many men there,   175
both many and the best, to hold his shield
whenever toil and sweat overcame him;
while the Lokrian's men were all archers with no armor,
without spears and shields and helmets;
as they fought in close combat against Trojans and Hektor,   180
they attacked with slings and arrows, throwing them into
    confusion.
And the Trojans would have retreated in a shameful rout,
had Polydamas not then advised Hektor
to gather there all the best men of the Trojans.

And so when they all gathered there,   185
bringing the army together and packing the troops closely,
the men of Polydamas, Hektor, Paris,
Kebriones, Phalkes, Orthaios, Polyphoites,
Morys, son of Hippotion, Askanios, Palmys,
who on the previous day had come from Nikaia,   190
launched a fierce battle. Breathing anger, Hektor

πάντων προεπορεύετο δεινὴν ἀσπίδα φέρων,
τὸ κράνος δ' ὑπεσείετο κροτάφοις τοῖς ἐκείνου.
Πειράζων δὲ τὰς φάλαγγας Ἑλλήνων προεχώρει.
195 Αἴας δὲ τοῦτον προκαλεῖ πρῶτος εἰς μάχην λέγων·
"'Ελθὲ πλησίον, ἄθλιε. Τί ἐκφοβεῖς Ἀργείους;
Ἆρα κρατῆσαι σὺ δοκεῖς τὰς ἡμετέρας νῆας;
Ἡμεῖς, ἴσθι, πορθήσομεν πρότερον σὴν πατρίδα.
Σοὶ δὲ καιρός ἐστι φυγῆς, ὁπότε φεύγων εὔξῃ
200 τοὺς ἵππους σοῦ ταχύτερον τῶν ἱεράκων τρέχειν."
Ὁ δέ φησιν ὡς πρὸς αὐτόν· "Αἶαν καυχηματία,
καὶ ἐπηρμένε τῇ βοῇ, καὶ γαυριῶν τῷ σάκει,
ἡ νῦν ἡμέρα συμφορὰν Ἕλλησι πασὶ φέρει,
καὶ σὺ σαρξὶ κορέσεις δὲ τοὺς κύνας καὶ τοὺς γῦπας."
205 Οὕτως εἰπόντες ἤγειραν μάχην καρτερωτάτην
τῶν στρατευμάτων σὺν βοῇ μεγάλῃ συρραγέντων,
ἥτις βοὴ πρὸς οὐρανὸν ἔφθασεν, ἀμφοτέρων.

advanced in front of them all, carrying his mighty shield,
and about his temples his helmet crest waved.
And he advanced, attacking the battalions of the Greeks.
And Aias challenged him to battle first, saying: 195
"Draw near, wretched man. Why do you threaten the
    Argives?
Do you think you can gain control of our ships?
Know well, before that we will ravage your homeland.
It is time for you to flee, and pray in flight
that your horses run faster than falcons."   200
And he replied to him: "Boastful Aias,
puffed up with shouting, swaggering with your shield,
this day will bring calamity to all the Greeks,
and your flesh will sate the hunger of dogs and vultures."
Having spoken thus, they raised mighty battle   205
as both armies clashed with great shouting,
and their shouting reached the sky.

Ξ′

Ἡ δὲ κραυγὴ τῷ Νέστορι καὶ πίνοντι ἠκούσθη.
Ἀφεὶς δὲ τὸν Μαχάονα καὶ πίνειν καὶ λουθῆναι,
ἦλθε πρὸς Ἀγαμέμνονα, Τυδεΐδην, Ὀδυσσέα.
Καὶ Ἀγαμέμνων εἰς φυγὴν εἶπε τὰ πλοῖα σύρειν.
5   Ὁ Ὀδυσσεὺς δ' ἀπέπαυσε ταύτης τῆς γνώμης τοῦτον.
Εἰπόντος Διομήδους δὲ χωροῦσι πρὸς τὴν μάχην,
τοὺς ῥᾳθυμοῦντας θέλοντες Ἑλλήνων παροτρύνειν.
Ὁ Ποσειδῶν καὶ Ἥρα δὲ τάδε δηλοῦσιν εἶναι·
ἡ θάλασσα κεκίνητο πνεύμασιν ἐναντίοις,
10 πρὸς τὰς πατρίδας Ἕλληνας φεύγειν δ' οὐ παρεχώρει,
παρώτρυνε τοὺς πάντας δὲ μάχεσθαι στερροτέρως·
ὃ πρακτικῶς γινόμενον ἰδὼν ὁ Ἀγαμέμνων
(ὃ κράτησις καθ' Ὅμηρον χειρὸς ἐκ Ποσειδῶνος),
ἐν τούτοις ἐλογίζετο πῶς Ἀχιλεὺς ἂν χαίροι.
15 Ἡ δὲ τῆς Ἥρας σὺν Διῒ μίξις ἡ μετ' ἀπάτης
εὔδιον τὸ κατάστημα δεικνύει γεγονέναι
καὶ πάλιν εὐμετάτρεπτον μετὰ βραχὺν τὸν χρόνον.
Τότε λοιπὸν οἱ Ἕλληνες καλῶς συντεταγμένοι,
ἀλλήλων ἀνταλλάξαντες ἕκαστοί τε τὰ ὅπλα,
20 οἱ ἀριστεῖς τὰ κράτιστα, χείρονες δὲ τὰ χείρω,
κατὰ τῶν Τρώων ὥρμησαν, καὶ Τρῶες καθ' Ἑλλήνων.
Ἐξῆλθε μὲν ἡ θάλασσα πρὸς τὰς σκηνὰς καὶ νῆας,
οὗτοι θορύβῳ δὲ δεινῷ τὴν μάχην συνεκρότουν.
Οὐ τόσος κτύπος γίνεται κυμάτων θαλασσίων

Book 14

The cry was heard by Nestor even as he was drinking.
So leaving Machaon to drink and bathe,
he came to Agamemnon, and Tydeus's son, and Odysseus.
And Agamemnon told him to drag the ships <to the sea> to
    flee,
but Odysseus made him abandon this plan.   5
At the advice of Diomedes, they advanced to battle,
wishing to urge on those Greeks who were sitting idle.
    Poseidon and Hera signify the following:
the sea was tossed by adverse winds,
and did not allow the Greeks to flee to their homelands,   10
but urged everyone to be more steadfast in battle;
when Agamemnon saw that actually happening
(this, according to Homer, is Poseidon's grasping of his
    hand),
he was thinking how Achilles might be rejoicing.
    As for Hera's deceitful seduction of Zeus,   15
it shows that the weather became mild
and then changed again in a short time.
    So then the Greeks, well arrayed for battle,
after each had exchanged arms with the others
(so the first among them <put on> the best, the lower ranks   20
    the worse ones),
set out against the Trojans, and the Trojans against the
    Greeks.
The sea surged up toward the tents and ships,
and they engaged in battle with a terrible din.
Such a noise is not made even by the waves of the sea,

25 πνοαῖς ἀνέμων χαλεπαῖς, οὔτε πυρός τις βρόμος
    καίοντος ὄρος ὑψηλὸν καὶ βαθυτάτην ὕλην,
    οὐδὲ σφοδρός τις ἄνεμος ἠχῶν ὡς πρὸς τοὺς δρύας,
    οὐδὲ χειμάρρων ἐκροὴ πρὸς χαραδραίους τόπους,
    ὁπόση γέγονε κραυγὴ τῶν Τρώων, τῶν Ἑλλήνων,
30 συγκροτησάντων καρτερὰν τὴν μάχην κατ' ἀλλήλων.
    Καὶ πρῶτος μὲν κατ' Αἴαντος ἠκόντισεν ὁ Ἕκτωρ·
    κατὰ τοῦ κρημαστῆρος δὲ τοῦ ξίφους καὶ ἀσπίδος
    τὸ δόρυ τούτου προσραγὲν οὐκ ἔβλαψεν ἐκεῖνον.
    Αἴας δὲ τοῦτον στρέφοντα κατόπιν πρὸς τοὺς Τρῶας
35 λίθῳ τραχεῖ καὶ στιβαρῷ βαλὼν παρὰ τὸ στῆθος,
    ὡς στρόμβον περιέτρεψε περιδραμόντα πάντη.
    Ὡς δρῦς δὲ πίπτει πρόρριζος ἐκ κεραυνοβολίας,
    βρόμος δὲ γίνεται πολὺς καὶ φόβος τοῖς ἰδοῦσιν,
    οὕτως ὁ Ἕκτωρ πίπτει γῇ, ῥίπτει δὲ καὶ τὸ δόρυ,
40 τὸ σάκος δ' ἐπλαγίασεν, εἰς μέρος παρετράπη.
    Μετὰ βοῆς δ' ἐπέδραμον οἱ Ἕλληνες κρατῆσαι,
    βάλλοντες καὶ τιτρώσκοντες τοῖς δόρασιν ἐκεῖνον.
    Ἀλλ' οὔτις τοῦτον ἴσχυσεν οὐδὲ βαλεῖν ἢ τρῶσαι.
    Οἱ ἄριστοι τῶν Τρώων γὰρ ἀνήρπασαν ἐκεῖνον,
45 καὶ πρὸς τὴν Τροίαν ἔστελλον ἐφ' ἅρματος οἰκείου
    μεγάλως ὀδυνώμενον, στενάζοντα βαρέως·
    περὶ δὲ Ξάνθον ποταμὸν ἅρματος ἀποβάντα
    ἀνέψυξαν ῥαντίσαντες ἐν ὕδατι τὸν ἄνδρα.
    Ὁ δ' ἀναπνεύσας ἐκπετᾷ τοὺς ὀφθαλμοὺς καὶ βλέπει,
50 καὶ καθεσθεὶς ἐν γόνασιν ἐξήρασε μὲν αἷμα,
    καὶ πίπτει πάλιν ὄπισθε τοὺς ὀφθαλμοὺς καλύψας.

the violent gusting of winds, nor by any crackling fire   25
burning a lofty mountain and the densest forest,
nor is some violent wind sounding among the oaks
or the flowing of torrents through ravines
as great as the battle cry of the Trojans and Greeks,
as they engaged in violent battle against each other.   30
   First Hektor threw his spear at Aias,
but it dashed against the strap of his sword
and shield and did not harm him.
Aias then, as Hektor turned back toward the Trojans,
struck him in the breast with a jagged and heavy rock,   35
and spun him around like a whirling top.
As an oak struck by lightning falls root and branch,
and there is a great noise and fear among those watching,
thus Hektor fell to the ground and dropped his spear;
his shield turned sideways and was partially pushed aside.   40
The Greeks ran up with a cry to overpower him,
hurling their spears to wound him,
but no one managed to hit or wound him.
For the leading warriors of the Trojans carried him off,
and they sent him to Troy on his own chariot   45
in great pain, groaning heavily;
and when he stepped down from his chariot near the
      Xanthos river,
they revived the man, sprinkling him with water.
After regaining his breath, he opened his eyes and looked
      around
and, rising to a kneeling position, vomited blood,   50
and fell back again, closed his eyes.

Οἱ Ἕλληνες τοὺς Τρῶας δὲ μεγάλως συνεκλόνουν.
Πρῶτος δὲ πάντων ὁ Λοκρὸς κατὰ λαπάραν τρώσας
ἀπέκτεινε τὸν Σάτνιον τοῦ Ἤνοπος τὸν παῖδα.
55 Ὁ Πολυδάμας δὲ βαλὼν πρὸς δεξιὸν τὸν ὦμον
ἀνεῖλε Προθοήνορα υἱὸν Ἀρηϊλύκου.
Κατὰ δὲ Πολυδάμαντος Αἴας ὁ μέγας πέμψας,
ἐκείνου παρεκκλίναντος, Ἀρχέλοχον ἀνεῖλε,
τῆς κεφαλῆς τὸν σύνδεσμον βαλὼν καὶ τοῦ τραχήλου.
60 Τῇ δὲ δυνάμει τῆς χειρὸς καὶ τῆς βολῆς τῇ βίᾳ
ἡ κεφαλὴ προσήγγισε πρώτη τῇ γῇ πρὸ πάντων.
Ἀκάμας Ἀρχελόχου δὲ σύναιμος ἀνεῖλε
Πρόμαχον τὸν Βοιώτιον, τρώσας τῷ δορατίῳ.
Πηνέλεως δ᾽ Ἀκάμαντος ἐξώρμησεν ἀντίος,
65 τοῦ δὲ φυγόντος, Φόρβαντος υἱὸν Ἰλιονέα
παρὰ τὸ ἄνω βλέφαρον πήξας τὸ δόρυ πρῶτον·
ἔπειτα τούτου κεφαλὴν ἐξαποκόψας ξίφει,
ἐμπεπηγμένην δόρατι τοῖς Τρώεσσιν ἐδείκνυ.
Λοιπὸν τῷ τότε πρὸς φυγὴν ἐξώρμησαν οἱ πάντες.
70 Αἴας δ᾽ ὁ μέγας ἔκτεινεν Ὕρτιον Γυρτιάδην,
τὸν Προυσαέων στρατηγὸν Μυσῶν τῶν Ὀλυμπίων,
τὸν Φάλκην δὲ καὶ Μέρμερον Ἀντίλοχος φονεύει.
Μόρυν σὺν Ἱπποτίωνι κτείνει δὲ Μηριόνης,
υἱόν, πατέρα, Νικαεῖς ἐξ Ἀσκανίας λίμνης·
75 Τεῦκρος δὲ τὸν Προθόωνα ὁμοῦ καὶ Περιφήτην,
Ἀτρεΐδης Ὑπερήνορα βαλὼν κατὰ λαπάραν·
ἔντερα δ᾽ ἐξεχύθησαν οὕτως ἐκείνου τότε.
Ὁ δὲ Λοκρὸς ἀπέκτεινε πλείστους ποδῶν τῷ τάχει.

The Greeks were greatly confounding the Trojans.
First of all the Lokrian, wounding him in the side,
killed Satnios, the son of Enops.
Polydamas, with a blow to the right shoulder,   55
killed Prothoenor, the son of Areïlykos.
The great Aias threw <his spear> at Polydamas
but, since he turned aside, it killed Archelochos,
hitting the joint that held his head to his neck.
Because of the power of his arm and the force of his throw,   60
the head struck the ground before the rest.
Akamas, the kinsman of Archelochos, killed
Promachos the Boiotian, wounding him with his spear.
Peneleos set out after Akamas,
but, when he fled, <he killed> Ilioneus, son of Phorbas,   65
first planting his spear by his upper eyelid;
then cutting his head off with his sword,
he displayed it to the Trojans impaled on his spear.
    So all then were put to flight.
The great Aias killed Hyrtios, son of Gyrtios,   70
the general of the Prousaians and Mysians living around
        Olympos,
and Antilochos slaughtered Phalkes and Mermeros.
Meriones killed Morys and Hippotion,
a son and father, Nikaians both from Lake Askania;
Teukros <killed> Prothoön and Periphetes,   75
and the son of Atreus <killed> Hyperenor, striking him in
        his side
so his intestines poured out then.
But the Lokrian killed the most men, being swift of foot.

Ο′

Ἐπεὶ δ᾽ οἱ Τρῶες φεύγοντες διέβησαν τὴν τάφρον,
πολλοὶ δὲ ἀνῃρέθησαν ὑπὸ χερσὶν Ἑλλήνων,
οἱ μὲν παρὰ τοῖς ἄρμασι μένοντες ἐκαρτέρουν
ὠχροί, τὸ περικάρδιον αἷμα ψυχθέντες φόβῳ.
5   Ἡ τοῦ Διὸς δ᾽ ἀνέγερσις δηλοῖ παλιντροπίαν,
καὶ τοῦ ἀέρος σύγχυσιν Τρωσὶ προσβοηθοῦσαν,
ὡς οἰκουροῦσιν, ἔχουσι τὴν πᾶσαν εὐτροφίαν,
σκέπας, κλίνας, ἐνδύματα, καὶ τεθραμμένους ἵππους,
ὅπλα καινὰ καὶ βέλη δέ, καὶ τὰ χρειώδη πάντα,
10 τὸ μέγιστον ἁπάντων δέ, τέκνα, γυναῖκας, φίλους,
οὓς βλέπων τις ἀφροντιστεῖ καὶ τοῦ πικροῦ θανάτου·
τοὺς Ἕλληνας δὲ βλάπτουσαν μεγάλαις ἐπηρείαις
ἐν τοῖς ἐναντιώμασι τῆς Τρώων βοηθείας.
  Τοῖς γὰρ στρατοπεδεύουσιν ὑπαίθροις ἐκστρατείαις,
15 καὶ τῆς πατρίδος πόρρωθι διάγουσιν ἐν ξένῃ
ἐξ Εἱμαρμένης καὶ χειμὼν πολέμιος καὶ καῦμα,
πλέον δὲ πάντων ὁ χειμὼν σὺν οἷσπερ εἶπον ἄλλοις,
βλάπτων τῶν τόξων τὰς νευράς, ἀποπτερῶν τὰ βέλη,
ἰῶν τὰ ξίφη. Τὰς λοιπὰς τίς οὐ γινώσκει βλάβας;
20 Εἵμαρται καὶ κεκύρωται (καὶ γὰρ δικαίως οὕτω)
τοῖς μὲν ἐγχώροις εὐπραγεῖν, κακοπραγεῖν τοὺς ξένους.
  Οὕτως ἀὴρ ὁ ἔνομβρος Ἕλλησιν ἦν πρὸς βλάβην.
  Τὴν Ἥραν οὐκ ἠγνόησας ὑπάρχειν τὸν αἰθέρα
ἄκμονας, γῆν καὶ θάλασσαν, ποσὶ προσδεδεμένους

Book 15

When the fleeing Trojans crossed the trench,
many died at the hands of the Greeks,
while some stood steadfast by the chariots,
ashen-faced, the blood in their hearts chilled with fear.

   The waking of Zeus signifies their rout in fortunes   5
and turbulence in the air that aids the Trojans,
who were defending their homes and had bounteous
     resources,
shelter, beds, clothes, and well-fed horses,
newly made arms and arrows, and all the necessities,
and, most important, their children, wives and friends,   10
at whose sight one disregards even bitter death;
<this turbulence> harms the Greeks with great assaults
and with obstacles, to help the Trojans.
For upon those who make camp on open-country campaigns,
and reside far from their homeland in a foreign place,   15
both adverse wintry weather and burning heat come from
     Destiny,
most of all winter, together with the other things I said,
ruining the bowstrings, destroying the feathers on the
     arrows,
rusting the swords. Who does not know the other kinds of
     harm?
It is destined and determined (and it is justly so)   20
for the locals to fare well, and the foreigners to fare badly.
Thus the damp air caused harm to the Greeks.
You know well that the ether is Hera;
the anvils, strapped to her feet, <are> the earth and sea,

25 χειρῶν δεσμὸν δὲ χρύσεον ὑπέκκαυμα πυρῶδες·
θεοὶ δὲ οἱ ῥιπτούμενοι, θέλοντες λύειν Ἥραν,
πῦρ, ὕδωρ, τὰ λοιπὰ πάντα τὰ δυσκρατοῦντα·
ὁ Ἡρακλῆς, ὁ ἥλιος, ὃς τῇ κοσμογενείᾳ
τῷ πόντῳ κατακέκρυπτο καὶ Κόῳ, τῇ κοιμήσει,
30 ἀφανισμῷ καὶ συγκρυβῇ, καὶ ζάλῃ τῶν στοιχείων,
ἕως αὐτὸν ἀνήγαγεν εἰς Ἄργος, εἰς τὸν κόσμον,
εἰς φανερὰν κατάστασιν καὶ γνώριμον τοῖς πᾶσιν·
ὁ Ζεύς, ἀὴρ ὁ εὔκρατος, ὁ πάντα διαρθρώσας,
ὥσπερ πολλάκις εἴπομεν, τὴν Ἥραν ἐκκρεμάσας,
35 ἤγουν ἀνωφερέστερον ποιήσας τὸν αἰθέρα,
ὑπέκκαυμα καὶ θάλασσαν καὶ γῆν δὲ διαρθρώσας.

Ὃς ἂν δὲ χρήζῃ μέθοδον δεινότητος μανθάνειν,
καὶ θέλῃ ῥήτορα δεινόν, καὶ θέλῃ λογογράφον,
καὶ μεταφράσει χρῆσθαι δέ, τῇ καὶ μεταποιήσει,
40 καί, λέγων πάλιν τὰ αὐτά, δοκεῖν ὡς ἄλλα λέγειν,
τὸν Ὅμηρον ἐχέτω μοι παράδειγμα τῆς τέχνης.
Ποσάκις εἶπε τοῦτο γάρ, ἄλλα δοκῶν διδάσκειν;
Γάμους γὰρ πρὶν εἶπεν αὐτὸς Θέτιδος καὶ Πηλέως,
καὶ διὰ μῆλον θεαινῶν ἔριν μεγάλην εἶπεν,
45 εἶτα θεῶν ἐπιβουλὴν Δία σπευδόντων δῆσαι,
Ἡφαίστου ῥῖψιν ἔπειτα τῇ Ἥρᾳ συνεργοῦντος,
Ἥφαιστον εἶτα τεύξαντα θεῶν τὰς κατοικίας,
εἶτα Δία καυχώμενον δυνάμει τῇ οἰκείᾳ

and the golden chain on her arms is the fiery Sphere of Fire;   25
the gods who were hurled down when they tried to release
    Hera
are fire, water, and all the other elements that cause bad
    weather;
Herakles is the sun, who during the creation of the world
was completely hidden by the downpour and <the island
    of> Kos, by sleep,
destruction and complete concealment, and confusion of   30
    the elements,
until <Zeus> brought him up to Argos, to the world,
to a position that was visible and familiar to everyone.
Zeus is the temperate air, who joined everything together,
as we have often said, after he suspended Hera,
that is, caused the ether to rise,   35
and also fitted together the Sphere of Fire and sea and earth.
    Whoever needs to master a vigorous rhetorical style,
and wishes <to become> a skilled orator and a writer,
and to use paraphrase and adaptation and,
though repeating the same thing, to seem to say something   40
    else,
let him have Homer as a model for his craft.
For how often did he say one thing, while seemingly
    teaching another?
For earlier he spoke of the marriage of Thetis and Peleus,
and described the great strife among the goddesses because
    of the apple,
then the plot of the gods rushing to bind Zeus and,   45
after that, the hurling down of Hephaistos for helping Hera,
then Hephaistos building the houses of the gods,
then Zeus bragging about his own power and

καὶ τοὺς θεούς, εἰ βούλοιτο, λέγοντα ταρταρῶσαι,
50 ἢ γῆν ὁμοῦ καὶ θάλασσαν σειρᾷ μετεωρίσαι,
ἔπειτα πάλιν Ἀθηνᾶν σώζουσαν Ἡρακλέα
ἐξ ἄθλων οὓς προσέταττεν ὁ Εὐρυσθεὺς ἐκείνῳ,
εἰς Ἅιδου κατελεύσεως ἐκεῖνον ῥυομένην·
Ὠκεανὸν εἰς ἔπειτα πάντων γενάρχην λέγων,
55 Ὠκεανόν τε καὶ Τηθὺν ἐκθρέψαντας τὴν Ἥραν,
καὶ νῦν δὲ Ἥραν δέσμιον διὰ τὸν Ἡρακλέα.
Εἶτα πάλιν εἰσάξει σοι τοῦτον, ὡς Ποσειδῶνα,
τρεῖς ἐκ τοῦ Κρόνου λέγοντα τοὺς ἀδελφοὺς γενέσθαι
Δία καὶ Ποσειδῶνα δέ, Ἅιδην ἐν τούτοις τρίτον,
60 ἅπαντα λέγοντα τριπλῶς αὐτοῖς ἐκνεμηθῆναι·
Ἥφαιστον πάλιν ὡς χωλὸν κρυπτόμενον τῇ Ἥρᾳ,
ὃν τῷ πεσεῖν διέσωζε Θέτις καὶ Εὐρυνόμη,
ἐν αἷς καὶ παρεχάλκευεν ἐνναετῶς ποικίλα.
Τοῦ Ἀχιλέως ἔπειτα πάλιν ἀσπίδα λέξει,
65 Ἡφαίστου ταύτην τεύξαντος, ἐν τῷ πυρὶ βαλόντος
χαλκόν, χρυσόν, κασσίτερον, καὶ τὰς λοιπὰς τὰς ὕλας,
ἅπερ ἐκεῖσε νόει μοι τὰ τέσσαρα στοιχεῖα.
Ἥραν ἐξαπατήσασαν εἶτα τὸν Δία λέγει,
πάλιν Ἥραν κρατήσασαν τοὺς τοκετοὺς Ἀλκμήνης
70 τοῖς Ἡρακλέους τοκετοῖς καὶ Εὐρυσθέως ἅμα·
ἔπειτα Ποσειδῶνα τε Ἀπόλλω τε λαλοῦντας
πόσα τῇ Λαομέδοντος ἔπαθον πρὶν θητείᾳ.
Καὶ καθ' ἑτέρους τόπους δὲ πόσους κενώσας λόγους,
τὴν μίαν τὴν ὑπόθεσιν ποικίλως διαγράφει
75 περὶ τοῦ τῇδε σύμπαντος καὶ τῆς κοσμογενείας.
Οὕτως ἀέρος γέγονε τότε παλιντροπία·

saying that, if he wished, he could cast the gods into
    Tartaros,
or lift up the earth and sea together with a chain;   50
then again <Homer described> Athena saving Herakles
from the labors which Eurystheus imposed on him,
when she pulled him up from his descent into Hades;
then he described Okeanos as progenitor of everything,
and Okeanos and Tethys rearing Hera,   55
and here Hera being bound in fetters because of Herakles.
Then he will reintroduce him to you as Poseidon,
saying that three brothers were born from Kronos,
Zeus and Poseidon, and Hades third among them,
saying that everything was divided among them in three   60
    parts;
<he describes> Hephaistos again as lame and concealed by
    Hera,
he whom Thetis and Eurynome saved after his fall,
and for whom he forged intricate ornaments for nine years.
He will then describe again Achilles's shield,
how when Hephaistos forged it, he put in the fire   65
bronze, gold, tin, and other materials,
by which I mean the four elements.
Then he says that Hera tricked Zeus,
and again that Hera delayed Alkmene's labor
during the births of Herakles and Eurystheus as well,   70
then that Poseidon and Apollo were saying
how much they suffered while serving Laomedon.
And in other passages, pouring out so many words,
he delineates intricately one subject alone,
about the universe and the creation of the world.   75
Thus a reversal of air happened then;

παρέπλεξε καὶ λόγους δὲ περὶ κοσμογενείας,
παραγαγὼν ἐμπρόσωπον λέγοντα τὸν ἀέρα.
Ἄρης τὰ νῦν ἀρεϊκὸν σέλας ἐν τῷ ἀέρι,
80 οὗπερ τὸ κράνος Ἀθηνᾶ τῆς κεφαλῆς ἁρπάζει
ὁρμῶντος πρὸς ἐκδίκησιν υἱοῦ τοῦ Ἀσκαλάφου.
Ἀπόλλων δὲ ὁ ἥλιος, Ἶρις νεφῶδες τόξον.
Ἡ Ποσειδῶνος κέλευσις ἐξ Ἴριδος ὑπάρχει,
ἢ πρὸς τὴν θάλασσαν αὐτόν, ἢ πρὸς θεοὺς καλοῦσα,
85 ὅπερ φησὶν Ἐμπεδοκλῆς, εἴτε τις τῶν ἑτέρων·
"Ἶρις δ' ἐκ πελάγους ἄνεμον φέρει ἢ μέγαν ὄμβρον."
Ἐμοὶ βιβλιοθήκη γὰρ ἡ κεφαλὴ τυγχάνει,
βίβλοι δ' ἡμῖν οὐ πάρεισι δεινῶς ἀχρηματοῦσιν·
ὅθεν οὐ λέγειν ἀκριβῶς τὸν ποιητὴν γινώσκω.
90 Τοιοῦτον ἦν κατάστημα τότε συγκεχυμένον,
ἐφάνη δὲ καὶ Ἄρεος σέλας ἐν τῷ ἀέρι·
τὸ κράνος ἀφῃρέθη δὲ τῇ Ἀθηνᾷ συντόμως,
ἤτοι συντόμως κέκρυπτο ἀέρι τῷ ἐνύγρῳ,
καὶ Ἶρις ὤφθη τότε δέ, τόξον τὸ νεφελῶδες,
95 εἶτα καὶ ὄμβρος γέγονε σὺν τοῖς ἑτέροις τούτοις.
Ἡ Ποσειδῶνος ἔλευσις πρὸς πέλαγος θαλάσσης
καὶ σὺν αὐτοῖς δὲ καὶ σεισμὸς ἐγένετο τῷ τότε,
ὃ Ποσειδῶνος καὶ Διὸς Ὅμηρος λέγει μάχην
γεγενημένην ἀκουστὴν θεοῖς τοῖς περὶ Κρόνον.
100 Τοιαῦτα μὲν ἐγένετο συμβάματα τῷ τότε
καί τι μικρὸν ὑπέλαμψε καὶ ἥλιος σὺν τούτοις.
    Ἕκτωρ δ' ἀπὸ τοῦ τρώματος ἀνέσφηλεν ὀλίγον,
οὐκ ἔτι κατακείμενος, ἀλλ' ἀναψύχων ἤδη,
γνωρίζων καὶ τοὺς φίλους δέ· ἔληγε δὲ τὸ ἆσθμα.

and he mixed in an account of the creation of the world,
introducing us in person to the air speaking.
Ares is here the light of Mars in the air,
whose helmet Athena snatched from his head   80
as he was setting out to avenge his son, Askalaphos.
Apollo is the sun, Iris the cloudy rainbow.
Iris's summons of Poseidon is
either her summoning him to the sea or to the gods,
which either Empedokles or someone else says: 85
"Iris brings wind or heavy rain from the sea."
Because my library happens to be in my head,
and we have no useless books in there,
I cannot be sure where precisely the poet said this.
Such turbulent weather existed then,   90
and the light of Mars appeared in the air;
the helmet was briefly taken away by Athena,
that is, it was briefly hidden by the moist air,
and Iris, the cloudy rainbow, was seen then,
and then there was rain in addition to these other things.   95
The coming of Poseidon to the sea
and the earthquake that then occurred along with those
        things,
are what Homer calls the battle between Poseidon and
        Zeus
that was heard by the gods <gathered> around Kronos.
Such misfortunes were happening then   100
and the sun began to shine a little as well.
    Hektor recovered slightly from his wound;
he was no longer lying prone, but already reviving
and recognizing his friends; his gasping had ceased.

105 Ἰδὼν δὲ τὸ κατάστημα σημεῖά τε τοιαῦτα,
     ὡς ἵππος ὥρμησε στατὸς ἐν φάτνῃ κριθιάσας,
     δεσμὸν ἐκρήξας τὸν αὐτοῦ, πηδῶν κατὰ πεδίων,
     ἔθος ὡς ἔχων λούεσθαι ῥεύμασι ποταμίοις,
     γαυρούμενος, ἐπαίρων τε τὴν κεφαλὴν εἰς ὕψος,
110 οὕτως ὁ Ἕκτωρ ἐξορμῶν ὤτρυνε τοὺς ἱππέας.
     Ὡς δέ τινες διώκοντες ἔλαφον κυνηγέται,
     αἴφνης φανέντος λέοντος, φεύγουσιν ὅπῃ τύχοι,
     οὕτως οἱ Ἕλληνες πυκνῶς μέχρι τινὸς ἐξώρμων·
     ὡς εἶδον δὲ τὸν Ἕκτορα πρὸς μάχην ἐξορμῶντα
115 ἔφριξαν, πᾶσι δ' αἱ ψυχαὶ κατέπεσον εἰς πόδας.
     Τοῦτο πολλῆς δεινότητος ῥητόρων ἀποπνέει,
     ἤγουν τῷ τάχει τῶν ποδῶν φεύγοντες ζῆν ἐδόκουν.
     Τότε δ' ὁ Θόας τὴν πληθὺν ἤλασε πρὸς τὰς νῆας,
     αὐτός τε καὶ οἱ Αἴαντες μετὰ Ἰδομενέως,
120 ὁ Μηριόνης Τεῦκρός τε καὶ ἀριστεῖς οἱ ἄλλοι
     μάχην Τρωσὶ καὶ Ἕκτορι βαρεῖαν συνεκρότουν.
     Πρῶτοι δὲ Τρῶες ἔτυψαν, Ἕκτορος παρορμῶντος,
     λάμψαντος καὶ ἡλίου δὲ πρὸς πρόσωπον Ἑλλήνων.
     Οἱ δ' Ἕλληνες ὑπέμειναν ὁμοῦ συνηθροισμένοι.
125 Κραυγὴ δ' ἐξ ἄμφω τῶν μερῶν ἐγίνετο βαρεῖα
     καὶ τῶν βελῶν ἦν χάλαζα, βροχαί τε τῶν αἱμάτων
     ἐξ ἀμφοτέρων τῶν μερῶν μέχρι τινος τοῦ χρόνου.
     Ἐπεὶ δ' ἐξέπεμψε φαιδρὰς ἥλιος τὰς ἀκτῖνας,
     φεύγοντας Τρῶες κτείνουσι τοὺς στρατηγοὺς Ἑλλήνων.
130 Στιχίον Ἕκτωρ μὲν ὁμοῦ σὺν τῷ Ἀρκεσιλάῳ,
     Αἰνείας δὲ τὸν Μέδοντα καὶ Ἴασον ἀνεῖλεν.
     Ὁ Πολυδάμας δὲ αὐτὸν κτείνει τὸν Μηκιστέα,

And after seeing the weather and such signs,   105
as a stabled horse after eating barley in the manger rushes
        out,
breaking his tether and bounding across the plains,
as if accustomed to bathing in river streams,
spirited and lifting his head high,
thus did Hektor rush out and urge on the cavalry.   110
And just as hunters chasing a deer,
when a lion suddenly appears, escape wherever they can,
thus the Greeks charged in dense formation for a while,
but when they saw Hektor setting out to battle,
they shuddered and everyone's soul fell down into his feet.   115
This resonates with great rhetorical skill,
that is, they hoped to survive by fleeing on swift feet.

   Then Thoas dispatched the host to the ships,
while he and the Aiantes, together with Idomeneus,
Meriones and Teukros and the other leaders,   120
engaged in fierce combat with the Trojans and Hektor.
The Trojans struck first, as Hektor urged them on
and the sun shone in the faces of the Greeks.
But the Greeks persevered, gathered together.
And a great shout rose from both sides   125
and there was a hail of arrows and a rain of blood
from both sides for some time.
And when the sun sent out its bright rays,
the Trojans killed the Greek generals as they fled:
Hektor killed Stichios and Arkesilaos,   130
and Aineias killed Medon and Iasos.
Polydamas killed Mekisteus,

Ἐχίον ὁ Πολίτης δέ, τὸν Κλονίον Ἀγήνωρ,
ὁ Πάρις δὲ Δηΐοχον δορὶ βαλὼν κατ᾽ ὦμον.
135 Οἱ δὲ φυγόντες ἔνδοθεν ἐσῴζοντο τοῦ τείχους.

Ἕκτωρ Τρωσὶ κελεύσας δὲ πῦρ φέρειν πρὸς τὰς νῆας,
σὺν πᾶσιν ἄλλοις μετ᾽ ἤχης ἐπήλαυνε τὸ ἅρμα.
Τὴν τῶν Ἑλλήνων τάφρον δὲ συγχέας ὁ Ἀπόλλων
διαβατὴν ἐποίησε πᾶσι Τρωσὶ τῷ τότε·
140 τὴν τάφρον οὖσαν ὀρυκτὴν καὶ μανωθεῖσαν ὄμβροις
ὁ ἥλιος κατέσεισεν, οἷα ξηρὸν ἀρτίσκον,
ἀραιωθέντα τῷ ὑγρῷ καὶ συντριβέντα τάχει.
Οἱ Τρῶες δ᾽ εἰσελάσαντες μάχην ναυσὶν ἐκρότουν,
οἱ μὲν ἐφ᾽ ἵππων ἔποχοι, οἱ δ᾽ ἐκ νηῶν Ἀργεῖοι
145 ἐν κολλητοῖς τοῖς δόρασι, ναυμάχοις καλουμένοις,
ὧνπερ τὸ μῆκος ἔφερε πήχεις εἰκοσιδύο.

Ἀφεὶς δὲ τὸν Εὐρύπυλον ὁ Πάτροκλος ἰᾶσθαι,
ὥρμησεν ὡς πρὸς πόλεμον νύξαι τὸν Ἀχιλέα.
Μεγάλη δ᾽ ἦν ἡ συρραγὴ τῷ τότε τοῦ πολέμου.
150 Εἰς ναῦν δὲ μίαν Ἕκτωρ τε καὶ Αἴας ἐναυμάχουν,
οὐδεὶς τὸν ἄλλον πρὸς φυγὴν δυνάμενος κινῆσαι.
Εἰς ναῦν δὲ πῦρ εἰσφέροντα Καλήτορα Κλυτίου
Αἴας ὁ Τελαμώνιος, ὁ πύργος τῶν Ἑλλήνων,
στήθει βαλὼν ἀπέκτεινε· χειρὸς δαλὸς δὲ πίπτει.
155 Ὁ Ἕκτωρ δ᾽ ὡς ἐνόησεν ἀνεψιὸν πεσόντα,
πᾶσι Τρωσὶν ἐκέλευσε σῴζειν τὸν πεπτωκότα.
Τίνες δ᾽ εἰσὶν ἀνεψιοὶ σημείωσαι καὶ νόει·
ἀνεψιούς μοι γίνωσκε τῶν ἀδελφῶν τοὺς παῖδας
ὡς πρὸς ἀλλήλους λέγεσθαι, καθώς ἐστιν ἐνθάδε·

Polites killed Echios, Agenor killed Klonios,
Paris killed Deïochos, striking his shoulder with his spear.
The others fled to safety inside the wall.   135
 Hektor ordered the Trojans to bring fire to the ships,
and drove his chariot with resounding din along with all the
  others.
Apollo then demolished the Greek trench,
and made it passable for all the Trojans;
since the trench had been excavated and was loosened by   140
  the rain,
the sun made it crumble like a small dry loaf of bread,
made porous by water and swiftly crushed.
The Trojans charged in and engaged in battle against the
  ships:
they on horseback, the Argives from the ships
with close-joined spears, called naval pikes,   145
whose length was twenty-two cubits.
 Patroklos, having left Eurypylos to heal,
set out to prod Achilles into battle,
for there was a great conflict raging at that time.
Hektor and Aias were fighting on the same ship,   150
neither able to put the other to flight.
When Kaletor, son of Klytios, brought fire to the ship,
Telamonian Aias, the tower of the Greeks,
killed him, striking his chest, and the torch fell from his
  hand.
When Hektor realized that his cousin had fallen,   155
he ordered all the Trojans to save the fallen man.
 Take note and learn who cousins are:
know that the children of brothers call each other
cousins, just as here,

160 ὁ γὰρ Κλυτίος ἀδελφὸς ὑπῆρχε τοῦ Πριάμου.
Οὓς κοινοτέρως δέ φασιν ἀνεψιούς, σὺ λέγε
ἀδελφιδούς, εἴπερ εἰσὶ τῶν ἀδελφῶν τεκνία.
Ἄν δ' ἐξαδέλφων παῖδες μέν, ὡς ἡ κοινότης λέγει,
ἀνεψιαδούς μοι τούτους καλῶν οὐχ ἁμαρτήσεις,
165 ὥσπερ θυγατριδοὺς πάλιν υἱοὺς τῶν θυγατέρων
καὶ τῶν υἱῶν δὲ υἱδούς, ἄνπερ κυρίως γράφῃς.

Οὕτω σῴζειν ἐκέλευεν Ἕκτωρ τὸν πεπτωκότα,
καὶ πέμψας κατὰ Αἴαντος, Λυκόφρονα φονεύει,
παῖδα τελοῦντα Μάστορος, βαλὼν ὑπὲρ ὠτίου·
170 ἐκ τῆς νηὸς δὲ πέπτωκεν Αἴαντος ὢν πλησίον.
Αἴαντος δὲ καλέσαντος ἦλθεν ἐγγὺς ὁ Τεῦκρος.
Κτείνει Κλεῖτον τοξεύσας δὲ εἰς τοὔπισθεν αὐχένος,
ὄντα τοῦ Πολυδάμαντος ἡνίοχον τῷ τότε.
Ὡς δὲ καὶ πρὸς τὸν Ἕκτορα τὸ τόξον ἦν ἑλκύσας,
175 ἡ μὲν νευρὰ διήρρηκτο, τὸ βέλος παρερρύη,
τὸ τόξον πίπτει τῆς χειρός· δειλαίνει δ' ὁ τοξότης,
λαβὼν δὲ σάκος καὶ κοντὸν Αἴαντι παρεστάθη.
Ἕκτωρ δ' ἐβόησε Τρωσὶν ἐμβαίνειν πρὸς τὰς νῆας,
ὡς εἶδε τὰ τοξεύματα τοῦ Τεύκρου βεβλαμμένα.
180 Ὁ Αἴας δὲ τοὺς Ἕλληνας παρώτρυνεν ἐνθέδε,
λέγων· "Καλόν ἐστι θανεῖν ἢ σῶσαι νῦν τὰς νῆας.
Ἢ προσδοκᾷ τις ἐξ ὑμῶν, εἰ καύσουσιν ἐκείνας,
ποσὶ βαδίσας θάλασσαν ἐλθεῖν εἰς τὰς πατρίδας;
Οὐ παρορμῶντος Ἕκτορος ἀκούετε τοὺς πάντας;
185 Οὐκ εἰς χορὸν αὐτοὺς καλεῖ, καλεῖ δὲ πρὸς τὴν μάχην.
Ὁ δὲ συμφέρον ἅπασι, τοῦτο νοῶ καὶ λέγω.

for Klytios was Priam's brother.   160
Those whom people more commonly call cousins, you
    should call
first cousins, if indeed they are children of siblings.
But if they are children of first cousins, as they are
    commonly called,
you would not err in calling them second cousins,
just as you call your daughters' sons your "grandsons from   165
    your daughter"
and your sons' sons "grandsons from your son," if you write
    with precision.
   Thus Hektor gave orders to save the fallen man
and, throwing <his spear> at Aias, killed Lykophron,
the son of Mastor, hitting him above the ear;
and he fell from the ship, being close to Aias.   170
When Aias summoned him, Teukros drew near.
Shooting an arrow at the back of his neck, he killed Kleitos,
who was at that time Polydamas's charioteer.
But when he drew his bow against Hektor,
the string snapped, the arrow veered to the side and   175
the bow fell from his hand; the archer took fright
and, taking his shield and lance, stood by Aias.
Hektor shouted to the Trojans to board the ships,
when he saw that Teukros's bow was damaged.
Aias was urging on the Greeks then,   180
saying: "It is best that we now die or save the ships.
Or do any of you expect, if they burn them,
to return to your homeland walking on the sea?
Do you not hear Hektor urging everyone on?
He does not call them to dance; he calls them to battle.   185
I am planning and saying what is in everyone's interest.

Ἀλλήλοις μίξωμεν ἐγγὺς τῇ κατὰ χεῖρας μάχῃ·
κρεῖττον ὑπάρχει γὰρ θανεῖν ἢ ζῆσαι χρόνον ἕνα,
ἢ καρτερεῖν ἐπὶ πολὺ πολέμων περιστάσεις,
190 καὶ τότε τὸ βαρύτερον ἀνδρῶν ἐκ χειροτέρων."
Οὕτως εἰπὼν ἀνήγειρε τὴν πάντων προθυμίαν.
Καὶ Ἕκτωρ Περιμήδεος υἱὸν Σχεδίον κτείνει,
ὁ Αἴας Λαοδάμαντα Ἀντήνορος τὸν παῖδα,
τῶν Τρωϊκῶν τῶν πεζικῶν ταγμάτων ἡγεμόνα.
195 Ὁ Πολυδάμας Ὦτον δὲ κτείνει τὸν ἐκ Κυλλήνης.
Ὁ Μέγης στήθει δὲ βαλὼν ἀνήρηκε τὸν Κροῖσμον.
Ὁ Δόλοψ παῖς τοῦ Λάμπου δὲ τοῦ Μέγητος τὸ σάκος
τιτρᾷ μέν, ἀλλ᾽ ἐρρύσατο τοῦτον ὁ θώραξ τότε·
ὁ Μέγης δὲ τῷ δόρατι κόπτει τὸν λόφον τούτου,
200 ὁ δὲ Μενέλαος αὐτὸν ὤμῳ βαλὼν ἀνεῖλεν.
Ἕκτωρ δ᾽ ὀτρύνας ἅπαντας ἐχώρει καθ᾽ Ἑλλήνων,
ὁ Αἴας δὲ τοὺς Ἕλληνας διήγειρεν ἐνθέδε.
Ἐν σιδηρῷ πυργοῦσι δὲ τότε τὰς νῆας τείχει.
Ἀντίλοχος πηδήσας δὲ Μελάνιππον ἀνεῖλε,
205 τοῦτον βαλὼν τῷ δόρατι παρὰ μαζὸν εἰς στῆθος.
Ἐφορμηθεὶς συλῆσαι δὲ τούτου τὴν πανοπλίαν,
Ἕκτορα τρέχοντα ἰδὼν τοῖς Ἕλλησι προσφεύγει.
Ἕκτωρ δ᾽ ἐπῆλθε σὺν Τρωσὶ μετὰ βοῆς μεγάλης.
Καὶ δὴ πειράζων ἤθελε κόπτειν ἀνδρῶν τὴν στάσιν
210 ὅπου περ πλῆθος ἦν ὁρῶν λαμπράς τε πανοπλίας.
Ἀλλ᾽ ἠδυνάτει πρὸς αὐτό, καίπερ πολλὰ σπουδάζων·
συνεπυκνοῦντο πύργου γὰρ δίκην συνηρμοσμένοι.
Μόλις κόψας εἰσέδραμε, τοὺς Ἕλληνας δὲ τρέπει.
Τὸν Μυκηναῖον δ᾽ ἔκτεινε Κοπρέως Περιφήτην

Let us engage them in close hand-to-hand combat,
for it is better to die than to live one year,
or to endure this state of war for a long time
and then more grievously at the hands of inferior men." 190
With these words, he aroused everyone's courage.
And Hektor killed Schedios, son of Perimedes,
Aias killed Laodamas, Antenor's son,
the leader of the Trojan infantry.
Polydamas killed Otos from Kyllene. 195
Meges killed Kroismos, striking him in the chest.
Dolops, the son of Lampos, stabbed Meges's
shield, but his breastplate saved him,
and Meges severed his helmet crest with his spear,
while Menelaos, striking him on the shoulder, killed him. 200
Hektor urged them all on, and advanced against the Greeks,
while Aias was inciting the Greeks there.
They then girded the ships with a wall of iron.
Antilochos, leaping forward, killed Melanippos,
spearing him in the chest near the breast. 205
As he rushed to strip off his armor,
he saw Hektor running up, and fled to the Greeks.
Hektor and the Trojans attacked with a loud cry.
And he made trial of them, wanting to break their line
wherever he saw a great number of them, with shining 210
    armor.
But he was unable to do it, even though he strove greatly,
for they were densely arrayed, closely joined like a tower.
But with difficulty he broke the line, fell upon them, and
    put the Greeks to flight.
He killed the Mycenean Periphetes, son of Kopreus,

215 ἄντυγι σάκους τοῦ αὐτοῦ πεσόντα τῷ προσκροῦσαι·
ὃν καὶ δραμὼν ἀπέκτεινε δορὶ βαλὼν πρὸς στῆθος.
Οἱ δὲ πάντες ἐτράποντο πρὸς ἐσωτέρας νῆας·
ὁ Νέστωρ παρακλήσει δὲ τούτους κρατεῖ μὴ φεύγειν.
Ὁ Αἴας μόνος δ᾽ ἀναβὰς πλοῖον ἐκ πλοίου τρέχων,
220 δόρυ κινῶν τε ναύμαχον, βοῶν φωνῇ μεγάλῃ
ὡς φθάνειν καὶ πρὸς οὐρανόν, ἐκέλευσεν Ἀργείοις
ὡς δυνατὸν καὶ ταῖς σκηναῖς ἀμύνειν καὶ τοῖς πλοίοις.
Ἕκτωρ τοὺς Τρῶας πάντας δὲ καὶ πάλιν ἐφορμήσας,
τῆς ταχυπλόου ἥψατο νηὸς Πρωτεσιλάου.
225 Καὶ πάλιν ὡς ἀδάμαστοι τὴν μάχην συνεκρότουν
οἱ Τρῶες καὶ οἱ Ἕλληνες, οὐκ ἄκοντας, οὐ τόξα
(οὐ γὰρ μακρόθεν ἵσταντο) πέμποντες κατ᾽ ἀλλήλων,
ἀλλ᾽ ἔγχεσι, πελέκεσιν, ἀξίναις, παντὶ ξίφει.
Πολλὰ δὲ ξίφη πέπτωκεν ἐκείνων μαχομένων,
230 ἡ γῆ δὲ κατερρέετο βροχαῖς ταῖς τῶν αἱμάτων,
Ἕκτωρ, κρατῶν τὴν πρύμνην δέ, πῦρ ἔλεγε κομίζειν,
οἱ δὲ πάντες ἐφώρμησαν τοῖς Ἕλλησιν ἐς πλέον.
Αἴας δὲ συμπνιγόμενος πάντων βελῶν πυκνώσει
κατόπιν ἔστη τῆς νηός, προσδόκιμος ὢν θνήσκειν,
235 πρὸς θρῆνυν στηριζόμενος τὸν ναυτικὸν τῷ κόπῳ.
Ἐκεῖ δ᾽ ἐστὼς ἀπήλαυνε τῶν Τρώων τοὺς πυρφόρους,
ἀεὶ βοῶν δ᾽ ἐκπληκτικὸν παρώτρυνεν Ἀργείους·
"'Άνδρες, πολέμου μνήσασθε, γενναίως πολεμεῖτε.
Ἄρα δοκεῖτε βοηθοὺς ἔχειν τινὰς ὀπίσω,
240 ἢ τεῖχος ὃ τὸν θάνατον ἡμῶν ἀποδιώξει;
Οὐκ ἔστι πόλις τις ἡμῶν ὅθε στρατὸς ἐξέλθοι.
Ἐν πεδίασι Τρωϊκαῖς μακρόθε τῆς πατρίδος

who fell after tripping on the rim of his shield;   215
he ran up and killed him, spearing him in the chest.
They all turned back toward the ships that were further in;
but Nestor kept them from fleeing with his appeals.
Aias alone climbed up and, running from ship to ship,
swung his naval pike; raising a loud shout   220
that reached the sky, he encouraged the Argives
to defend both their tents and their ships as best they could.
Hektor, again urging on all the Trojans,
laid hold of the fast-sailing ship of Protesilaos.
And again, as if untameable, the Trojans and Greeks   225
engaged in battle, striking each other not with javelins,
nor with arrows (for they were not standing far apart),
but with lances, battle-axes, hatchets, and every kind of
    sword.
Many swords fell as they were fighting,
the earth was soaked by a rain of blood,   230
Hektor, grasping the stern, called for fire,
and they all fell more heavily upon the Greeks.
Aias, smothered by the dense mass of missiles,
then took his stand on the ship, expecting to die,
fixed firmly on the ship's bridge in his weariness.   235
Standing there, he drove away the fire-bearing Trojans
and, with constant terrible cries, urged on the Argives:
"Men, give heed to the battle, fight bravely.
Do you think that you have reinforcements in the back
or a wall that will repel death from us?   240
We have no city from which an army might sortie.
Flung beside the sea, we engage in battle

ῥιφέντες παρὰ θάλασσαν, τὴν μάχην συγκροτοῦμεν.
Ἐν ταῖς χερσὶν ἡμῶν ἐστι λοιπὸν ἡ σωτηρία.
245 Χαυνοπολέμους οὐδαμῶς ἡμᾶς εἶναι νῦν πρέπει."
Ταῦτα βοῶν ἐνήργει μὲν αὐτὸς τῷ δορατίῳ,
τιτρῴσκων Τρῶας φέροντας πῦρ εἰς ὁλκάδων καῦσιν,
ἀπέκτεινε δὲ δώδεκα πρὸ τῶν νηῶν πυρφόρους.

in the Trojan plains, far from our homelands.
Salvation, therefore, is in our hands.
It is in no way fitting for us now to be sluggards." 245
After shouting these words, he wielded his spear,
wounding the Trojans as they brought fire to burn the ships,
and he killed twelve fire bearers in front of the ships.

Π΄

Μέχρι τῆς Οὗ τὸ σύνταγμα ἐγράφη τῇ Ἀνάσσῃ·
ἐντεῦθεν ἦν δὲ κίνδυνος λοιπὸν παρεαθῆναι
ἐν δυστροπίᾳ περισσῇ τῶν χρηματοδοτούντων.
Ὁ δ᾽ εὐγενὴς Πεισίστρατος, Κοτέρτζης Κωνσταντῖνος,
5 χρήμασι σφοῖς ἐπέσπευσεν εἰς τέλος προαχθῆναι,
ὅθεν ἐντεῦθεν ἅπασα τούτῳ προκείσθω χάρις.
Καὶ δὴ καὶ καταρκτέον μου τοῦ Πῖ τῆς ῥαψῳδίας.

Πατρόκλῳ δοὺς ὁ Ἀχιλεὺς αὐτοῦ τὴν πανοπλίαν,
ἐξάγει πρὸς τὸν πόλεμον μετὰ τῶν Μυρμιδόνων.
10 Τρέπουσι Τρῶας· Πάτροκλος κτείνει δὲ Σαρπηδόνα
προκτείναντα τὸν Πήδασον ἵππον τοῦ Ἀχιλέως.
Εἶτα θνήσκει καὶ Πάτροκλος χερσὶ ταῖς Ἑκτορείαις,
δορὶ Εὐφόρβου προπληγεὶς λάθρα τῷ μεταφρένῳ·
ἣν προγυμνώσας γὰρ αὐτὸν τῶν ὅπλων ὁ Ἀπόλλων.

15 Ἐκ τοῦ κειμένου νῦν τῆς Πῖ Ὁμήρου ῥαψῳδίας
περὶ νηὸς μὲν οὕτως ἦν τῆς εὐκαθέδρου μάχη,
τῷ Ἀχιλεῖ δ᾽ ὁ Πάτροκλος παρίστατο δακρύων·
ὃν ἐρωτήσας Ἀχιλεύς, μαθών τε τὴν αἰτίαν
ὅτι τοὺς Ἕλληνας κακῶς πάσχοντας κατοικτείρει
20 καὶ βοηθεῖν προτρέπεται τοῦτον αὐτὸν ἐκείνοις,
πέντε συντάξας λοχαγοὺς ταγμάτων ἀρχηγέτας,
καὶ τῷ Διΐ εὐξάμενος, ἤτοι τῇ Εἱμαρμένῃ,
καὶ πάντα νουθετήσας δὲ τὰ πρόσφορα Πατρόκλῳ,
προσβοηθεῖν ἐκέλευσε, προτρέπων πρὸς τὴν μάχην.

Book 16

Up to Book 15 this text was written for the Empress;
thereafter, there was danger that the rest would be omitted
because of the great obstinacy of the patrons.
But the noble Peisistratos, Konstantinos Kotertzes,
facilitated its completion with his money, 5
because of which he should be greatly thanked hereafter.
And now I must begin Book 16.

Achilles gave Patroklos his own armor,
and sent him out to war, together with the Myrmidons.
They routed the Trojans; Patroklos killed Sarpedon, 10
who had previously killed Pedasos, Achilles's horse.
Then Patroklos died at Hektor's hands,
after being first stealthily wounded in the back by
      Euphorbos's spear;
for Apollo had stripped him of his armor already.

   From the text of Homer's Book 16 here, 15
battle was thus waged around the strong-benched ship,
and Patroklos was standing in tears beside Achilles;
when Achilles asked the reason and, learning
that he pitied the Greeks who were suffering,
and urged him to come to their assistance, 20
after he arrayed five commanders as leaders of the divisions
and prayed to Zeus, that is, to Destiny,
and gave Patroklos every advantageous counsel,
he bade him go to their aid, urging him into battle.

25 Οἱ σὺν Πατρόκλῳ πάντες δὲ γένους τῶν Μυρμιδόνων
μετὰ βοῆς τε καὶ κραυγῆς διψῶντες τοῦ πολέμου,
ὁρμὴν σφηκῶν δεικνύοντες, ἐχώρουν κατὰ Τρώων,
πάντες δ᾽ οἱ Τρῶες ἥπτοντο φυγῆς ὡς πρὸς τὴν Τροίαν.
Πάτροκλος τὸν Πυραίχμην δὲ Παιόνων ἀρχηγέτην
30 ἐξ Ἀμυδῶνος πόλεως, ἐκ ποταμοῦ Ἀξίου,
δορὶ κατ᾽ ὦμον δεξιὸν ἀνεῖλεν ἀκοντίσας.
Πεσόντος τούτου δ᾽ εἰς φυγὴν χωρεῖ τὰ τῶν Παιόνων.
Οἱ τοῦ Πατρόκλου δ᾽ ἔσβεσαν τὴν ναῦν Πρωτεσιλάου.
    Ζεὺς δ᾽ ὁ κινῶν τὰ νέφη νῦν, τουτέστιν ὁ καθαίρων,
35 ἀήρ ἐστιν ὁ εὔδιος, καὶ πλεῖον οὐδὲν ἄλλο.
    Ἐκ τῆς νηὸς φευγόντων δὲ τῶν Τρώων πρὸς τὴν Τροίαν,
ἕκαστος Ἕλλην ἡγεμὼν Τρώων ἀνεῖλεν ἄνδρα,
Πάτροκλος Ἀρηΐλυκον δορὶ μηρὸν ἐνσχίσας,
Θόαντα δὲ Μενέλαος πρὸς στῆθος δορατίσας.
40 Ὁ Μέγης παῖς Φυλέως δὲ τὸν Ἄμφικλον ἀνεῖλε,
περὶ τὴν ἀπονεύρωσιν τοῦ σκέλους δορατίσας,
Ἀντίλοχος Ἀτύμνιον βαλὼν κατὰ λαπάραν.
Τὸν δ᾽ Ἀτυμνίου ἀδελφὸν Μάριν τῷ Ἀντιλόχῳ
μαχόμενον, βραχίονος τρώσας ἀπονευρώσεις,
45 ὁ Θρασυμήδης ἀδελφὸς ἀνεῖλεν Ἀντιλόχου.
Ἦσαν δὲ οὗτοι Παταρεῖς, ἑταῖροι Σαρπηδόνος,
τοῦ Χίμαιραν ἐκθρέψαντος παῖδες Ἀμισωδάρου.
    Τὴν μυθικὴν τὴν Χίμαιραν, τὴν τεραστίαν οἶδας,
καὶ τὴν Βελλεροφόντου δὲ τὴν πρὶν ἀλληγορίαν,
50 λέοντα λέξαντος ἐκεῖ σοι λέγειν τοὺς Σολύμους
ὡς μαχομένους προφανῶς λεοντικῷ τῷ θράσει,
τὰς Ἀμάζονας Χίμαιραν οἷα κρημνοβατοῦσαν,

All the Myrmidons, who were now with Patroklos,   25
thirsting for battle with shouts and cries,
swarmed out like wasps, and advanced against the Trojans,
and all the Trojans began to flee toward Troy.
Patroklos killed Pyraichmes, leader of the Paionians
from the city of Amydon, from the river Axios,   30
striking him with his spear in the right shoulder.
After he fell, the Paionian contingent fled.
Patroklos's men put out the fire on Protesilaos's ship.

    Here Zeus who moves the clouds, that is, the purifier,
is the clear air and nothing more.   35

    As the Trojans fled from the ship toward Troy,
each Greek leader killed a Trojan,
Patroklos piercing Areïlykos's thigh with his spear,
and Menelaos spearing Thoas in the chest.
Meges, the son of Phyleus, killed Amphiklos,   40
spearing the ligaments of his leg muscle,
and Antilochos struck Atymnios in the side.
Thrasymedes, Antilochos's brother, killed
Atymnios's brother Maris as he fought against Antilochos,
injuring him at the shoulder ligament.   45
They were Patarians, comrades of Sarpedon,
sons of Amisodaros who reared the Chimaira.

    You know well the monstrous mythical Chimaira
and the earlier allegory of Bellerophon,
when he said to you there that he called the Solymians a lion   50
since they were clearly fighting with the courage of a lion,
that the Chimaira haunting the cliffs was the Amazons,

δράκοντα δὲ τὴν ἐνέδραν τὴν εἰς Βελλεροφόντην,
τὴν ἥνπερ συνεστήσαντο πρὸς τὸν ἐκείνου φόνον.
55 Ταῦτα μὲν οὕτω σοι καλῶς τὸ πρὶν ἠλληγορήθη,
νῦν δ᾽ οὕτω δέον σε νοεῖν τὰ τῆς Χιμαίρας τῆσδε·
Ἀμισωδάρῳ Χίμαιρα ληστρίς τις ἦν θυγάτηρ
ἐν ὑψηλοῖς Λυκίας τε καὶ παρακρήμνοις τόποις·
καὶ λέων δέ, καὶ δράκων δὲ δύο υἱοὶ ἐκείνου,
60 ἐξ ἑκατέρων τῶν μερῶν τῇ ἀδελφῇ συνήργουν.
Ὁ στωϊκὸς Παλαίφατος ἀλληγορεῖ μὲν οὕτως,
ἡμεῖς δ᾽ οὕτω σοι λύομεν ἐντεῦθεν τὸ χωρίον·
ἡ Χίμαιρα κρημνώδης τις ἦν τόπος ἐν Λυκίᾳ,
κρημνώδης, λοχμωδέστατος, φίλος τοῖς κακουργοῦσι,
65 τὴν ἥνπερ Ἀμισώδαρος ληστήριον ἐποίει,
ἐν τοῖς κρημνοῖς καὶ ταῖς λοχμαῖς ἔχων ληστὰς τυχόντας,
ἐκ μετεώρων κτείνοντας καὶ λάθρα τοὺς ὁδίτας,
τοῖς ἐπιμάχοις ἔχων δὲ τοὺς λεοντώδεις ἄνδρας
τοὺς σθεναροὺς καὶ φονικοὺς ἐν τῇ συστάδην μάχῃ·
70 ὅθεν Χίμαιραν λέγεται τοιαύτην ἀναθρέψαι.
    Οὕτως οἱ Νεστορίδαι μὲν τοὺς Ἀμισωδαρίδας,
ὧν ὁ πατὴρ ἐξέθρεψε τὴν Χίμαιραν, ἀνεῖλον.
Ὁ δὲ Λοκρὸς Κλεόβουλον ἀπέκτεινε τῷ ξίφει,
ὡς τὰς πορφύρας ἐν μιᾷ πληγῇ πορφυραγρέται,
75 ἢ πορφυρέῳ ἐρυθρῷ αἱματηρῷ θανάτῳ.
Λύκων δὲ καὶ Πηνέλεως συνέρραξαν ἀλλήλοις·
τὸ φάσγανον ἐθραύσθη δὲ τοῦ Λύκωνος αὐτίκα,
καὶ Πηνελέου κέκρουκε τὴν περικεφαλαίαν,
παρ᾽ οὓς δὲ ὁ Πηνέλεως πλήξας αὐχένα τέμνει.
80 Ἀκάμαντα δ᾽ ἀπέκτεινε δόρατι Μηριόνης,

and the serpent was the ambush against Bellerophon,
which they contrived for his murder.
This was well allegorized for you earlier,   55
here you must understand the story of this Chimaira.
Chimaira was a brigand, the daughter of Amisodaros,
up in the high and steep places of Lykia;
and the lion and the serpent, his two sons,
were on either side, helping their sister.   60
The Stoic Palaiphatos allegorizes it in this way,
but we will untangle this passage in another way:
Chimaira was a steep place in Lykia,
steep, very bushy, hospitable to criminals,
which Amisodaros made a robbers' nest,   65
with robbers who lived in the cliffs and thickets,
stealthily killing travelers from high above,
keeping in vulnerable spots lion-like men,
strong and deadly in close combat;
hence it is said that he reared this Chimaira.   70
    Thus Nestor's sons killed the sons of Amisodaros,
whose father had reared the Chimaira.
And the Lokrian killed Kleoboulos with his sword,
just as gatherers of purple dye <kill> the murexes with a
        single stroke
or with a purple, red, bloodstained death.   75
Lykon and Peneleos engaged in battle with each other;
Lykon's sword was broken in pieces immediately,
when it struck against Peneleos's helmet, but
Peneleos, striking his neck near the ear, cut off <his head>.
Meriones killed Akamas with his spear,   80

τῶν ἵππων ἐπιβαίνοντα βαλὼν κατὰ τὸν ὦμον,
Ἰδομενεὺς δ' Ἐρύμαντα βαλὼν κατὰ τὸ στόμα.
Οὕτω τοὺς Τρώων ἀριστεῖς οἱ Ἕλληνες ἀνήρουν.
Ἕκτορα δ' Αἴας ἔσπευδε βαλεῖν τῷ δορατίῳ,

85 ὁ δ' ὢν ἐμπειροπόλεμος, πύρινος στρατηλάτης,
σκέπων σφοὺς ὤμους τοὺς πλατεῖς ἀσπίδι ταυροδέρμῳ,
ἐσκέπτετο τοξεύματα καὶ πλήξεις τῶν δοράτων.
Ὅμως γινώσκων τὴν τροπήν, ἔσῳζε τοὺς οἰκείους,
ἕως κατεῖδε φεύγοντας ἀκόσμως πεφυρμένως,

90 καὶ τότε τούτους ἔλειψε, παραδραμὼν τοῖς ἵπποις.
Οἱ δὲ δεινὰ καὶ δυσχερῆ μυρία πεπονθότες,
μόλις ἐπεραιώθησαν τὴν ὀρυκτὴν ταφρείαν.
Πατρόκλου δ' ἐπισπεύδοντος Ἀργείους κατὰ τούτων,
πάσας πληροῦσι τὰς ὁδοὺς ἀκόσμως πεφευγότες.

95 Ὡς χείμαρροι δὲ ῥέοντες ἠχοῦσι λαβροτάτως,
οὕτως ἐστέναζον φρικτὸν φευγόντων Τρώων ἵπποι.
Ὁ Πάτροκλος ἡττήσας δὲ τὰς φάλαγγας τὰς πρώτας,
τοὺς Ἕλληνας ἀπέτρεπε πάλιν ὡς πρὸς τὰ πλοῖα,
προθύμους ὄντας πρὸς αὐτὴν τὴν Ἴλιον ἐλαύνειν

100 μέσῳ νηῶν καὶ τείχους καὶ ποταμοῦ ἀνήρει.
Καὶ πρῶτα κτείνει Πρόνοον βαλὼν κατὰ τὸ στέρνον,
καὶ Θέστορα τὸν Ἤνοπος, Εὐρύαλον ἐν πέτρῳ,
Ἀμφοτερόν, Ἐρύμαντα, Τληπόλεμον, Ἐπάλτην,
Ἰφέα καὶ τὸν Πύρην δέ, Ἐχίον, Ἀργεάδην,

105 καὶ Σαρπηδόνα δι' αὐτοὺς ἔκτεινεν ἀντιστάντα.
Ὡς ἦλθον κατ' ἀλλήλων γὰρ συνάπτοντες τὴν μάχην,
πρῶτος βαλὼν ὁ Πάτροκλος κτείνει τὸν Θρασυμήδην,
ἡνίοχον ὑπάρχοντα τοῦτον τοῦ Σαρπηδόνος,

striking his shoulder as he mounted his horses,
and Idomeneus killed Erymas, striking him in the mouth.
Thus the Greeks slew the best of the Trojans.
    Aias rushed up to strike Hektor with his spear,
but the latter, being experienced in war, a fiery commander,   85
covering his broad shoulders with his bull's-hide shield,
kept an eye on the arrows and spear thrusts.
Although aware of the rout, he tried to save his own men,
until he saw them fleeing in disorder and confusion,
and then he left them, racing past them with his horses.   90
The Trojans, after suffering countless terrible and trying
    misfortunes,
barely made it across the dug trench.
As Patroklos urged the Argives against them,
they crowded every path, fleeing in disorder.
As flowing torrents roar furiously,   95
thus did the horses of the fleeing Trojans groan terribly.
    Patroklos, after defeating the first battle lines,
turned the Greeks back toward their ships,
although they were eager to march on Troy itself,
and slew <the enemy> between the ships and wall and river.   100
First he killed Pronoös, striking him in the chest,
then Thestor, son of Enops, Euryalos with a stone,
and then Amphoteros, Erymas, Tlepolemos, Epaltes,
Ipheus, Pyres, Echios and the son of Argeas,
and he killed Sarpedon for resisting on their behalf.   105
When they came against each other, joining in battle,
Patroklos, striking first, killed Thrasymedes,
who was the charioteer of Sarpedon,

ὁ Σαρπηδὼν τὸν ἵππον δὲ τὸν Πήδασον Πατρόκλου.

110 Ὡς δὲ δευτέρως ὥρμησαν καὶ πάλιν κατ᾽ ἀλλήλων,
μάταιον μὲν προέπεμψεν ὁ Σαρπηδὼν τὸ δόρυ·
ὁ δὲ πρὸς τὸ διάφραγμα καὶ τὸν ἐπίπλουν βάλλει.
Εὐθὺς δ᾽ ἐκεῖνος ὥσπερ δρῦς, ἢ λεύκη, πεύκη, πίπτει·
βρυχώμενος ὡς ταῦρος δέ, τὸν Γλαῦκον ἀνεκάλει,

115 καὶ οὕτως ἐξαπέπνευσεν, ἐξέλιπε τὸν βίον.

Ἀλλά γε δὴ ῥητέον μοι τίς Ζεὺς τὰ νῦν ὑπάρχει,
τοῦ Σαρπηδόνος ὁ πατήρ, ὁ σπεύδων τοῦτον σῴζειν,
καὶ τίς ἡ τὴν ἀναίρεσιν Ἥρα ποθοῦσα τούτου,
καὶ πῶς καὶ πόθεν οὐρανὸς ἔχει βροχὰς αἱμάτων,

120 ὥσπερ καὶ σίτων, καὶ τεφρῶν, ὄφεων, ἄλλων πόσων,
καὶ τίς Ὕπνος καὶ Θάνατος οἱ κλέψαντες ἐκεῖνον
ὡς πρὸς πατρίδα τὴν αὐτοῦ Λυκίαν τὴν Πατάρων.

Νῦν Ὅμηρος ὁ πάνσοφος, ἡ θάλασσα τῶν λόγων,
γενέθλιον θεμάτιον γράφει τοῦ Σαρπηδόνος

125 καὶ λέγει τοῦτο· τοῦ Διὸς ἔχειν μὲν τὸν ἀστέρα,
ἐν οἷς τόποις πεφύκασιν οἱ ἀρχηγοὶ γεννᾶσθαι,
ὅθεν καὶ τούτου λέγει δὲ πατέρα τὸν ἀστέρα.
Ἥρα δ᾽ ἀστήρ ἐστιν ὁμοῦ, ὄνπερ τῷ γενεθλίῳ
σὺν τοῖς ἀστέρων φαυλουργοῖς, σὺν Ἄρεϊ δὲ μᾶλλον

130 νικᾶν τὸν Δία δείκνυσιν, ὅθεν καὶ θνήσκειν λέγει
τοῖς οἷς τρόποις εἰρήκειμεν θανεῖν τὸν Σαρπηδόνα.
Ἐπεὶ σημεῖα δὲ παθῶν εἰσί ποτε μεγάλων
αἱμάτων ὄμβροι καὶ τεφρῶν, ὡς εὐημέροις χρόνοις
πολλῶν τε ἄλλων ἀγαθῶν καὶ σίτων ἐπομβρίαι,

135 λεκτέον ὅπως γίνονται καὶ ποίῳ δὲ τῷ τρόπῳ.
Ἀὴρ καὶ αἱ νεφέλαι δέ, τὸ πᾶν ἐξανιμῶσαι

but Sarpedon <killed> Patroklos's horse Pedasos.
When they charged each other again a second time,   110
Sarpedon hurled his spear in vain;
but Patroklos struck <Sarpedon's> diaphragm and abdomen.
Immediately he fell, like an oak or white poplar or pine;
roaring like a bull, he called out to Glaukos,
and thus he expired, leaving life behind.   115
    But I must indeed say who in all this is Zeus,
the father of Sarpedon, who strove to save him,
and who is Hera, who longed for his death,
and how and from where the sky rained blood,
just as <it rains> grain, ash, snakes and so much else,   120
and who <are> Sleep and Death who stole him away
to Lykia his homeland, the land of the Patarians.
    Here Homer the all wise, the sea of words,
describes the birth horoscope of Sarpedon
and says this: that he had the star of Zeus, that is,   125
he was born under the star positions where rulers were born;
hence he says that his father was the star.
Hera is also a star, which, along with the other malevolent
      stars,
and most importantly Mars, Homer shows defeated Jupiter
during Sarpedon's birth, and thus he says that Sarpedon   130
died under the alignment where we have said he died.
Because the signs of great travails are sometimes
rains of blood and ashes, just as in happy times
there are showers of many other blessings and grain,
it should be told how and in what way they are created: 135
the air and the clouds, drawing everything up

ἐκ γῆς, θαλάσσης, ποταμῶν, λιμνῶν, ὀρῶν, βορβόρων,
αἷμα καὶ σῖτον τέφραν τε, ὄφεις, ἰχθῦς, κοπρίαν,
καὶ πᾶν λοιπὸν τὸ προστυχὸν ἀνάγουσαι, ὀμβροῦσιν.
140 Ἐπεὶ τῷ τότε δὲ καιρῷ, πολλῶν ἀνηρημένων,
αἱμάτων ἦσαν λιμνασμοὶ ταῖς Τρώων πεδιάσιν,
ἀνενεγκοῦσαι κάτωθεν ὤμβρησαν αἱ νεφέλαι.
Ἔγνως τὸν Δία, Ἥραν τε καὶ χύσιν τῶν αἱμάτων,
Ἀπόλλωνα τὸν κλέψαντα καὶ λούσαντα δὲ τοῦτον,
145 καὶ Ὕπνον δὲ καὶ Θάνατον οἳ πρὸς Λυκίαν ἦγον.
Ἄκουε νῦν καὶ μάνθανε πρῶτον ἐκ Φιλοστράτου·
'Ἐσκεύαστο ἀρώμασι, καθεύδοντι ἐῴκει.'
Ταῦτα μὲν ὁ Φιλόστρατος, καὶ πλεῖον οὐδὲν ἄλλο,
Τζέτζης δὲ τὸν Ἀπόλλωνα νῦν τοῦτον τὸν ἐνθάδε,
150 τὸν κλέψαντα καὶ λούσαντα τὸν Σαρπηδόνα, λέγει
φαῦσιν ἡλίου πυραυγῆ, δι' ἣν παυθείσης μάχης,
κλέπτουσι τοῦτον Λύκιοι καὶ λούσαντες κοσμοῦσι,
καὶ καθ' ἑσπέραν τὴν αὐτὴν ἐχώρουν πρὸς Λυκίαν.
Ὅθεν Ὕπνος καὶ Θάνατος λέγονται τοῦτον κλέψαι
155 καὶ πρὸς πατρίδα τὴν αὐτοῦ δῆθεν ἀποκομίσαι.
    Ἐπεὶ τοῖς ἀνωτέρω δὲ καὶ προλαβοῦσι λόγοις
Ὅμηρος παῖδας Σπερχειοῦ καὶ τοῦ Ἑρμοῦ εἰρήκει,
καὶ ταῦτα νῦν λεκτέον μοι καὶ καθεξῆς δὲ τἆλλα.
    Θυγάτηρ ἡ Πηλέως μέν, ἡ κλῆσιν Πολυδώρη,
160 τινὶ φθαρεῖσα παρ' αὐτοῦ τοῦ Σπερχειοῦ ταῖς ὄχθαις,
παῖδα γεννᾷ Μενέσθιον, ὃν Ὅμηρος σεμνύνων
τῷ ποταμῷ τῷ Σπερχειῷ λέγει μιγῆναι ταύτην.
Ἡ Φύλαντος θυγάτηρ δὲ πάλιν ἡ Πολυμήλη
ἐν ἑορτῇ Ἀρτέμιδος, τουτέστι τῆς σελήνης,

from the earth, sea, rivers, lakes, mountains, swamps,
raising up blood, grain and ash, snakes, fish, manure,
and anything else, then rain them down.
When at that time, as many men had died,   140
there were pools of blood in the Trojan plains,
the clouds, raising them up from below, rained them down.
You have learned about Zeus, Hera and the bloodshed,
about Apollo who stole and washed <Sarpedon>,
and Sleep and Death who brought him to Lykia.   145
Now listen and learn first from Philostratos:
'<The corpse> was prepared with aromatic herbs; he seemed to
        sleep.'
Philostratos says this, and nothing more,
but Tzetzes says that this Apollo here,
who stole and washed Sarpedon,   150
is the fiery-bright sunrise, because of which, when the
        battle stopped,
the Lykians stole him and washed and adorned him,
and on that same evening departed for Lykia.
Wherefore, Sleep and Death are said to have stolen him
and supposedly carried him back to his homeland.   155
    Because with the above and previous words
Homer spoke of the sons of Spercheios and Hermes,
I must speak here of these things and thereafter of others.
    The daughter of Peleus, called Polydore,
seduced by someone on the banks of the Spercheios,   160
gave birth to a son, Menesthios, whom Homer honors,
saying that she had intercourse with the river Spercheios.
Again the daughter of Phylas, Polymele,
at the festival of Artemis, that is, of the moon,

165 καλλιφωνοῦσα τοῖς χοροῖς, θέλγει τινὰ τῶν νέων
οἷς λόγος ἐπιτήδευμα· ὃς καὶ μιγεὶς ἐκείνῃ
τὸν Εὔδωρον γεγέννηκεν. Ἀλλ' ἐατέον ταῦτα·
ἤδη δὲ χωρητέον μοι πρὸς τὰ λοιπὰ τῆς βίβλου,
καί μοι λεκτέον τίς ἐστι νῦν ἐνταυθοῖ Ἀπόλλων,

170 ᾧτινι Γλαῦκος εὔχεται ἀκέσασθαι τὸ ἕλκος.

Ὁ Σαρπηδὼν κτεινόμενος χερσὶ ταῖς τοῦ Πατρόκλου
ἀνεψιὸν τὸν ἑαυτοῦ ἱκέτευε τὸν Γλαῦκον
ὑπὲρ αὐτοῦ ὑπερμαχεῖν μὴ γυμνωθῇ τῶν ὅπλων.
Γλαῦκος δέ, τὸν βραχίονα προτοξευθεὶς τῷ τείχει,

175 οὐδόλως ἦν κατευτονῶν δορὺ χειρὶ κινῆσαι
ὑπερμαχεῖν τε τοῦ ἀνδρὸς τοῦ συγγενοῦς πεσόντος,
καὶ μᾶλλον ψυχροτέρου δὲ καὶ τοῦ ἀέρος ὄντος.
Διόπερ φαῦσιν εὔχεται ἡλίου γεγονέναι·
οὗ γεγονότος, καὶ κρατεῖν τὸ δόρυ κατισχύσας,

180 λέγεται ὑπ' Ἀπόλλωνος τὴν χεῖρα ἰαθῆναι.
Ἐλθὼν ὡς πρὸς τὸν Ἕκτορα, εἶτα δὲ λέγει τάδε·
"Ἕκτορ, νῦν κεῖται Σαρπηδὼν ὁ στρατηγὸς Λυκίων·
ὑπὸ Πατρόκλῳ δὲ αὐτὸν ἀπέκτεινεν ὁ Ἄρης·"
ἤγουν Πατρόκλῳ ἔκτεινεν ὁ πόλεμος ἐκεῖνον,

185 ἤτοι ἐκτάνθη Σαρπηδὼν ἐν μάχῃ τῷ Πατρόκλῳ,
εἴτουν ὁ Ἄρης, καὶ θυμός, κτείνει Πατρόκλῳ τοῦτον,
ἤτοι θυμούμενον αὐτὸν ὁ Πάτροκλος ἀνεῖλεν,
ἢ τῷ θυμῷ τῷ ἑαυτοῦ ὁ Σαρπηδὼν καὶ τόλμῃ
ὁρμήσας γενναιότερον ἀνῄρηται Πατρόκλῳ,

190 ἢ Ἄρης, καὶ ὁ σίδηρος, τὸ δόρυ τοῦ Πατρόκλου
τὸν Σαρπηδόνα ἔκτεινεν. Ἐπ' ἄλλα χωρητέον.

singing beautifully during the dances, enchanted a youth   165
for whom speaking was a way of life; he, consorting with her,
begot Eudoros. But these matters should be set aside;
now I must continue with the rest of the book,
and I must say who Apollo is here,
to whom Glaukos prayed to heal his wound.   170
   Sarpedon, being killed at the hands of Patroklos,
implored his cousin, Glaukos,
to fight on his behalf lest he be stripped of his arms.
But Glaukos, previously shot in the arm at the wall,
was totally unable to wield his spear with his arm   175
and fight for his fallen kinsman,
especially since the air had become colder.
For that reason he prayed for the sun to rise;
when this happened, and he could hold his spear,
it is said that his arm was healed by Apollo.   180
When he came to Hektor, he said these words:
"Hektor, now Sarpedon, the Lykian general, lies prone;
Ares killed him by the hand of Patroklos";
that is, the war killed him through Patroklos,
that is, Sarpedon was killed in battle by Patroklos,   185
that is, Ares, and anger, killed him through Patroklos,
which means that Patroklos killed him when he was angry,
or Sarpedon, as a result of his own anger and daring,
attacking overly bravely, was killed by Patroklos,
or Ares, and iron, the spear of Patroklos,   190
killed Sarpedon. I should move on to other things.

Τῶν Τρώων καὶ Ἑλλήνων δὲ περὶ τοῦ Σαρπηδόνος
μάχην βαρεῖαν καὶ δεινὴν ἀλλήλοις συρραξάντων,
ὁ Ζεύς, ἀήρ, ἐποίησε σκότον νεφῶν τῇ μάχῃ·
195 σημεῖα γὰρ συντρέχουσι πολλάκις τοῖς στοιχείοις
ἐν τελευταῖς ἀνδρῶν τινων, καὶ μᾶλλον διασήμων.
Ὀνήτωρ ἦν τις ἱερεὺς Διὸς δὲ τοῦ Ἰδαίου,
ἤτοι ἀέρος τοῦ αὐτοῦ τῇ Ἴδῃ πεφυκότος,
ἢ καὶ τῆς Εἱμαρμένης δὲ Ἴδῃ ναὸς ἐν τέλει.
200 Τούτου δὲ τοῦ Ὀνήτορος Λαόγονον υἱέα
ὁ Μηριόνης ἔκτεινε, βαλὼν γνάθον παρ' οὖας.
Οἱ Ἕλληνες καὶ Τρῶες μὲν περὶ τοῦ Σαρπηδόνος
ἀλλήλοις συνερρήγνυντο μάχην καρτερωτάτην.
Ὁ Ζεὺς ἀπὸ τῆς μάχης δὲ τῆς καρτερᾶς ἐκείνης
205 σφοὺς ὀφθαλμοὺς οὐκ ἔτρεψεν οὐδόλως ἀλλαχόσε·
τὴν μάχην δ' ὥρα μεριμνῶν περὶ Πατρόκλου φόνου,
εἴτ' οὖν καὶ τοῦτον κτείνειν ὁ Ἕκτωρ παραυτίκα
τοῦ Σαρπηδόνος ἔγγιστα, συλήσει τε τὰ ὅπλα,
ἢ ἔτι κτείνει καὶ λοιποὺς μᾶλλον ἐκ Τρώων οὗτος.
210 Ἔδοξε λῷον κτεῖναι δὲ τὸν Πάτροκλον καὶ ἄλλους.
Ὁ Ἕκτωρ ἀλογίστως δὲ φεύγειν εὐθὺς ὡρμήθη,
καὶ σὺν αὐτῷ καὶ τοὺς λοιποὺς προὔτρεπε Τρῶας φεύγειν,
εἴτ' οὖν ἐκ μάντεώς τινος Διὸς βουλὴν ἀκούσας,
εἴτε καὶ μόνος ἐγνωκὼς ῥοπὴν τῆς Εἱμαρμένης.
215 Τούτων φευγόντων δὲ λοιπόν, Ἕλληνες σὺν Πατρόκλῳ
ἀπὸ τῶν ὤμων εἵλοντο τὰ ὅπλα Σαρπηδόνος,
ἃ Πάτροκλος ἀπέσταλκεν ὡς πρὸς τὸν Ἀχιλέα.
Ἀλλ' ἀλληγορητέον μοι τὰ μέχρι τοῦδε πάντα,
ἔπειτα συναπτέον μοι καὶ τὰ λοιπὰ τοῦ ὕφους.

As the Trojans and Greeks clashed over Sarpedon,
engaged in a violent and terrible battle against each other,
Zeus, the air, created dark clouds over the battle;
for signs often coincide with the elements   195
in the deaths of some men, especially of famous ones.
Onetor was a priest of Zeus Idaios,
that is, of the air itself that came from Ida,
or, finally, there was a temple to Destiny on Ida.
Meriones killed that Onetor's son, Laogonos,   200
striking him in the jaw near the ear.

The Greeks and Trojans joined in very violent
battle against each other around Sarpedon.
And Zeus never averted his eyes elsewhere
from that violent battle,   205
but watched the battle, meditating on the killing of
    Patroklos,
whether Hektor should kill him immediately, being
very close to Sarpedon, and strip him of his armor,
or whether <Patroklos> should kill still more of the Trojans.
He decided it would be better for Patroklos to kill others   210
    as well.

Hektor immediately set out in heedless flight,
and urged the rest of the Trojans to flee with him,
either because he heard Zeus's wish from some seer
or because he understood himself Destiny's inclination.
And so, as these men fled, the Greeks and Patroklos   215
stripped Sarpedon's armor from his shoulders,
and Patroklos sent it to Achilles.

But I must allegorize everything up to this point,
and then connect it with the other aspects of his style.

220 Ὁ Ζεὺς οὐκ ἔτρεψεν αὐτοῦ τοὺς ὀφθαλμοὺς οὐδόλως,
ἀλλ' ἦν, ὡς ἔφην, μεριμνῶν περὶ Πατρόκλου φόνου.
Τοῦτό φησιν ὁ Ὅμηρος ἐν τούτῳ τῷ χωρίῳ·
ταύτῃ τῇ μάχῃ εἵμαρτο καὶ Πάτροκλον κτανθῆναι,
ἀλλὰ μετὰ μικρόν τινα βραχύν τε πάνυ χρόνον.

225 Εὐθὺς ὁ Ἕκτωρ φεύγει γάρ, τῷ μὲν δοκεῖν ἀλόγως,
τῇ δ' ἀληθείᾳ τεχνικῶς καὶ στρατηγικωτάτως,
φεύγειν κελεύσας καὶ λοιποὺς πάντας σὺν τούτῳ Τρῶας.
Ὁ Ἕκτωρ καὶ οἱ Τρῶες γὰρ μέχρις ἡμέρας μέσης
τὸ βάρος πρὸς τοὺς Ἕλληνας ἐδέχοντο τῆς μάχης·

230 ἀκμήτων Μυρμιδόνων δὲ ἀθρόως ἐκδραμόντων,
ὡς πρὸς φυγὴν ἐτράπησαν· πάλιν δ' ἀντιστραφέντες
ἄλλην δευτέραν ἔμελλον ἀρχῆθεν κροτεῖν μάχην.
Ἐπεὶ δ' ὁ μέγας στρατηγὸς Ἕκτωρ ἐκεῖνος ἔγνω
ὄντας προθύμους πνεύματι, σάρκα δ' ἠσθενηκότας

235 τῇ μέχρι τόσου μάχῃ τε καὶ ζέσει τοῦ ἡλίου,
καὶ μέγαν ὄντως κίνδυνον ἤλπισε γεγονέναι
εἴπερ πάλιν συνάψουσι κατάκοποι τὴν μάχην,
ὡς προθυμότερον αὐτοὺς ἑώρα πολεμοῦντας,
φεύγειν αὐτὸς ἐπλάσατο, καὶ τούτους φεύγειν λέγει,

240 ὡς ἂν μικρὰν ἀνακωχὴν λάβωσι τοῦ καμάτου,
καὶ πάλιν γενναιότερον Ἕλλησιν ἀντιστῶσιν.
Οὕτω ποιήσας εἵλκυσεν ὡς πρὸς φυγὴν τοὺς Τρῶας,
φυγὴν δοκοῦσαν, οὐ φυγήν, ἀνάπαυσιν δὲ μάχης.
Τούτων τραπέντων εἰς φυγὴν οἷσπερ εἰρήκειν τρόποις,

245 τὴν πανοπλίαν Ἕλληνες γυμνοῦσι Σαρπηδόνα,
ὃν ὁ Ἀπόλλων ἐκ βελῶν Διὸς βουλαῖς ἀείρας,
λούσας ἐνδύει εἵμασι, καὶ χρίσας ἀμβροσίᾳ,

Zeus never averted his eyes, 220
but was, as I said, considering Patroklos's death.
This is what Homer says in this passage:
it was destined for Patroklos to die in this battle as well,
but after a short and very brief time.
For Hektor immediately fled, seemingly without thinking, 225
but in truth with skill and the best strategy
after ordering all the other Trojans to flee with him as well.
For until the middle of the day Hektor and the Trojans
bore the brunt of the battle against the Greeks;
as the tireless Myrmidons rushed forth en masse, 230
they turned as if in flight, but, turning back again,
they intended to engage in a second battle from the
        beginning.
When that great general Hektor realized
that they had eager spirits but weakened flesh
from fighting so long and the heat of the sun, 235
he expected that there would truly be great danger
if they, in great weariness, engaged in battle again;
when he saw them being more eager to fight,
he himself feigned flight, and told them to flee,
so that they might get a brief respite from their toil, 240
and then resist the Greeks more bravely again.
Doing this, he drew the Trojans into a flight which
only seemed to be a flight, not a real flight, but respite from
        battle.
When they turned to flee in the manner I have said,
the Greeks stripped the armor from Sarpedon; 245
after Apollo removed him from missile range by Zeus's wish,
and bathed him, dressed him in garments and anointed him
        with ambrosia,

305

πομποῖς διδύμοις ἀδελφοῖς, Ὕπνῳ καὶ τῷ Θανάτῳ,
δίδωσιν, οἳ κομίζουσι τοῦτον εἰς τὴν Λυκίαν.

250 Εἶπον τὴν τοῦ Ἀπόλλωνός σοι πρὶν ἀλληγορίαν,
ὅμως καὶ πάλιν λέξωμεν ἕνεκα σαφηνείας,
καὶ ἕνεκα κολλήσεως καὶ συναφῆς τοῦ λόγου.

Ἑλλήνων γυμνωσάντων μέν, ὡς ἔφην, Σαρπηδόνα,
ἐξ οὐρανόθε φλέγοντος ἡλίου θερμοτάτου,

255 ἢ Εἱμαρμένης ταῖς βουλαῖς οὕτω θερμοῦ φανέντος,
οἱ Τρῶες ἀπεπαύθησαν Ἕκτορος στρατηγίαις,
Πάτροκλος δέ, σὺν Ἕλλησί τισιν ἀσυγκροτήτοις,
ἀπείροις τέχνης τῶν μαχῶν, ἐδίωκον τοὺς Τρῶας.

Οἱ Λύκιοι δὲ ἄδειαν εὑρόντες οὕτως τότε,

260 καὶ τὸν αὐτῶν ἀράμενοι δεσπότην Σαρπηδόνα,
λούουσι καὶ κοσμοῦσι δέ, χρίουσιν ἀμβροσίᾳ,
ἤτοι φαρμάκοις τοῖς τηρεῖν ἀσέπτους δυναμένοις,
καὶ τοῖς δυσὶ τοῖς αδελφοῖς, τῷ Ὕπνῳ καὶ Θανάτῳ,
ἤτοι θανόντα τουτονὶ ἑσπέρᾳ, ὕπνου χρόνῳ,

265 εἰς τὴν Λυκίαν ἔπεμψαν τὴν ἑαυτοῦ πατρίδα.

Ὁ Πάτροκλος, διώκων δὲ τοὺς Τρῶας καὶ Λυκίους,
τὰ μέγιστα, οὐ μέτρια, ὁ νήπιος ἐβλάβη.
Ἔφυγε δ᾽ ἂν τὸν θάνατον, τηρῶν τὰ Ἀχιλέως·
ἀλλ᾽ Εἱμαρμένης λογισμὸς κρείσσων ἐστὶν ἀνθρώπων.

270 Τίνα δ᾽ οὖν τότε, Πάτροκλε, ἀνεῖλες ἐκ τῶν Τρώων,
ὁπότε δή σε οἱ θεοὶ πρὸς θάνατον ἐκάλουν;
(Θεοὺς τὴν Εἱμαρμένην μὲν καὶ τοὺς ἀστέρας λέγει
τοὺς γενεθλίους καθενὸς ἀνθρώπων τῶν ἁπάντων.)
Τὸν Ἄδρηστον, Αὐτόνοον, τὸν δεῖνα καὶ τὸν δεῖνα.

he gave him to escorts, the twin brothers Sleep and Death,
who brought him to Lykia.

I told you the allegory of Apollo earlier,   250
but let us go over it again for the sake of clarity,
and to closely unite and connect the narrative.

When the Greeks had stripped Sarpedon, as I said,
as the sun was blazing very hot in the sky,
or it appeared to be that hot by the will of Destiny,   255
the Trojans ceased fighting, because of Hektor's strategy,
and Patroklos, with some untrained Greeks
inexperienced in the art of war, pursued the Trojans.
The Lykians, thus finding a moment of respite,
lifted up and carried away their lord, Sarpedon,   260
washed and adorned him, anointed him with ambrosia,
that is, with ointments that can preserve one from decay,
and, with the two brothers, Sleep and Death
(that is, he died in the evening, at the time for sleep),
sent him to Lykia, his homeland.   265

Patroklos, by pursuing the Trojans and the Lykians,
suffered not the least but the greatest harm, the fool.
He would have escaped death, had he observed Achilles's
        precepts;
but the planning of Destiny is better than that of men.
So which of the Trojans did you kill then, Patroklos,   270
when the gods summoned you to your death?
(He gives the names of gods to Destiny
and the birth planets of each man).
Adrastos, Autonoös, this man and that.

275 Τότε μικροῦ τὴν Ἴλιον οἱ Ἕλληνες ἂν εἶλον,
εἰ μὴ Ἀπόλλων, συμμαχῶν Τρωσί, πρὸ πύργων ἔστη,
ἐχθρὰ φρονῶν Πατρόκλῳ δέ. Τρὶς γὰρ ὡς πρὸς τὸ τεῖχος
ὁ Πάτροκλος ἐξώρμησε, τρὶς δὲ αὐτὸν Ἀπόλλων
θείαις χερσὶν ἀπέστρεψε, πατάσσων τὴν ἀσπίδα.

280 Ἀλλ᾽ ὅτε δὴ καὶ τέταρτον ὥρμησε δαιμονίως,
ἤγουν ὡς ὑπὲρ ἄνθρωπον, ὡς ἕν τι τῶν στοιχείων,
ὡς πῦρ, ὡς κῦμα, σίδηρος, ὡς πνεῦμα καταιγίδος,
δειναῖς, φησί, ταῖς ἀπειλαῖς ἐκάεργος Ἀπόλλων
(ὁ καθ᾽ ἑτέρους πόρρωθεν εἴργων τε καὶ τοξεύων,

285 κατὰ δ᾽ ἡμᾶς ὁ ἥλιος πόρρωθεν δρῶν τὰ ἔργα),
φησὶ δέ· "Χάζου, Πάτροκλε· οὐκ ἔστιν εἱμαρμένον
πεσεῖν δορὶ σῷ Ἴλιον, οὐδὲ τοῦ Ἀχιλέως."
Πάτροκλος δ᾽ ὑπεχάζετο, τούτου ὀργὴν ἐκκλίνων.
Ἀπόλλων, μητραδέλφῳ δὲ τοῦ Ἕκτορος Ἀσίῳ

290 ὁμοιωθείς, πρὸς Ἕκτορα τάδε φησὶ κατ᾽ ἔπος·
"Εἴθε σου τόσον κρείσσων ἦν, ὅσον εἰμί σου χείρων·
ἔδειξα γὰρ μὴ ῥαθυμεῖν ἂν οὕτω τοῦ πολέμου.
Κατὰ Πατρόκλου ὅρμησον, εἴ πως αὐτὸν ἀνέλῃς,
δόξαν σοι τοῦ Ἀπόλλωνος ἡλίου παρασχόντος."

295 Οὕτως εἰπὼν Ἀπόλλων μὲν εἰς μέσον μάχης ἔδυ,
κλόνον ποιῶν τοῖς Ἕλλησι, κυδαίνων δὲ τοὺς Τρῶας.
Ἕκτωρ, ἀφεὶς τοὺς ἄλλους δέ, χωρεῖ κατὰ Πατρόκλου.
Καὶ πρῶτα πέτρῳ Πάτροκλος κτείνει τὸν Κεβριόνην,
ἡνίοχον τοῦ Ἕκτορος καὶ ἀδελφὸν δὲ νόθον,

Then the Greeks would have almost captured Troy,   275
if Apollo, ally of the Trojans, had not stood before the
     towers,
devising evil for Patroklos. For three times against the wall
Patroklos charged, and three times Apollo
turned him back with divine hands, striking his shield.
But when he attacked a fourth time in godlike manner,   280
     that is,
as if he were more than human, as if he were one of the
     elements,
like fire, a wave, iron, or a stormy wind,
with terrible threats, <Homer> said, Apollo the Far-Striker
(who according to others wards off from afar and shoots his
     arrows,
but is, in our view, the sun acting from afar),   285
said: "Retreat, Patroklos; it is not destined
for Troy to fall to your spear, nor that of Achilles."
And Patroklos gave way before him, avoiding his wrath.
Apollo, in the guise of Asios, Hektor's maternal uncle,
said these exact words to Hektor: 290
"I wish I were as much stronger than you as I am weaker,
for I would have shown you not to be so sluggish in war.
Attack Patroklos, because if somehow you kill him,
Apollo the sun will give you glory."
With these words Apollo began to set amid the battle,   295
causing turmoil among the Greeks, giving glory to the
     Trojans.
   Hektor, leaving the others, advanced against Patroklos.
And first Patroklos killed with a rock Kebriones,
Hektor's charioteer and half brother,

300 δι' ὃν ἄμφω συνέρραξαν καὶ μάχην βαρυτάτην,
ὁποῖα δύο λέοντες ἀμφ' ἔλαφον κτανθεῖσαν.
Νεκρῶν σωμάτων λέοντες ἐσθίουσιν οὐδόλως.
Οὐκ ἔλαθε τὸν Ὅμηρον πάντα λεπτῶς εἰδότα·
τὴν τοξευθεῖσαν δ' ἔλαφον καὶ θνήσκουσαν νῦν λέγει.

305 Περὶ τοῦ Κεβριόνου μὲν Πάτροκλός τε καὶ Ἕκτωρ
καὶ ἀμφοτέρων οἱ στρατοὶ τὴν μάχην συγκροτοῦντες,
ἰσοπαλεῖς ἐτύγχανον ἄχρι καὶ μεσημβρίας·
μετὰ ἡλίου κλίσιν δὲ οἱ Ἕλληνες νικῶσιν.
Ὁ Πάτροκλος τρισσάκις δὲ ὁρμήσας κατὰ Τρώων,

310 πολλοὺς ἀνεῖλεν ἐν δορί· ὁρμῇ δὲ τῇ τετάρτῃ,
βληθεὶς ὑπὸ Ἀπόλλωνος λαθραίως μεταφρένῳ,
τοὺς ὀφθαλμοὺς ἐσκότιστο, ῥίπτει τὴν πανοπλίαν,
τὸ δόρυ τούτου ταῖς χερσὶν ἐρράγη, διεθραύσθη,
τὸν δ' Ἄτη φρένας ἔλαβε, λέλυτο τούτου μέλη,

315 ἐκπεπληγμένος ἔστη δέ. Σύνεγγυς Εὔφορβος δὲ
ἐλθὼν ἐκεῖνον ἔβαλλε δορὶ τοῖς μεταφρένοις·
ὡς τοῦτον δ' οὐκ ἐδάμασσε βολῇ τοῦ δορατίου,
ἁρπάξας ἐκ τοῦ σώματος τοῦτο πρὸς πλῆθος ἔδυ.
Πληγῇ θεοῦ καὶ τῷ δορὶ Πάτροκλος δαμασθεὶς δὲ

320 ἐχώρει πρὸς τοὺς Ἕλληνας, τὸν θάνατον ἐκφεύγων.
Ἕκτωρ δὲ τοῦτον τῷ δορὶ βαλὼν κατὰ λαπάραν,
ὡς εὐτελές γρυλλίδιον τὸν ἄνθρωπον ἀνεῖλε.

Ταῖς ἀλλοτρίαις τελευταῖς ὁ Ὅμηρος δὲ παίζων
δεικνύει λόγων δύναμιν ἐξαίρων τὰ τυχόντα·

325 καὶ τὴν ἀλήθειαν ἀεὶ δεικνύει τοῖς σκοποῦσιν,
ὅτι λόγον τὸν ἥττονα γυμνάζων ταῦτα λέγει,
ὡς τῷ χωρίῳ δείκνυσι τῷδε συμφανεστάτως.

over whom they both engaged in very violent combat,   300
like two lions around a slaughtered deer.

 But lions never eat dead bodies,
and this did not elude Homer, who knew everything in
  detail:
he said the deer was struck with an arrow and dying.

 Around Kebriones, Patroklos and Hektor   305
and both their armies were fighting in battle,
and they were evenly matched until midday;
after the sun began to set, the Greeks <started to> win.
Three times Patroklos charged the Trojans,
killing many with his spear; during his fourth attack,   310
when Apollo stealthily struck him in the back,
darkness fell upon his eyes, he lost his armor,
his spear broke in his hands and shattered,
blindness seized his wits, his limbs loosened,
he stood in a daze. Euphorbos, who was nearby,   315
came over and struck him in the back with his spear,
but since he did not subdue him with his spear cast,
Euphorbos pulled it from his body, and dove into the throng.
Struck by the god and the spear, Patroklos was overcome,
and retreated toward the Greeks, fleeing death.   320
But Hektor struck him in the side with his spear,
and killed the man like a worthless piglet.

 Homer, playing with other people's deaths,
shows the power of words in exalting the events,
and always demonstrates the truth to those who seek it,   325
because he says this using basic words,
as he shows most clearly in this passage.

Τοῦ στρατηγοῦ γὰρ Ἕκτορος τοῦ στρατηγικωτάτου
ἐκείνῳ καταθνήσκοντι λέγοντος εἰρωνείᾳ·
330 "Νήπιε, ὑπετόπαζες Τρώων πορθῆσαι πόλιν
καὶ αἰχμαλώτους ἀγαγεῖν γυναῖκας Τρωϊάδας.
Ἐγὼ τούτων ὑπερμαχῶν ἐκτρέπω τὰς ἀνάγκας·
σὲ δὲ οἱ γῦπες ἔδονται τοῖς τόποις τοῖς ἐνθάδε.
Ὁ Ἀχιλλεὺς δ' οὐ βοηθεῖ σοι, ἀγαθὸς ὑπάρχων."
335 Τοιαῦτα δὲ καὶ ἕτερα τοῦ Ἕκτορος εἰπόντος,
λειποψυχῶν ὁ Πάτροκλος, ὡς παίζοντος Ὁμήρου
καὶ προφανῶς δεικνύοντος τὸν ἥττονα γυμνάζειν·
"Αὔχει νῦν, Ἕκτορ, μέγιστον ἤδη, καὶ κόμπαζέ μοι·
σοὶ γὰρ τὴν νίκην δέδωκεν ὁ ἥλιος Ἀπόλλων,
340 καὶ Ζεὺς Κρονίδης δὲ αὐτός, ἄδηλος Εἱμαρμένη,
οἱ ἐκ τῶν ὤμων ὅπλα μου ἐδάμασαν λαβόντες.
Ἕκτορες δέ μοι εἴκοσιν εἰ ἦλθον ἐναντίοι,
πάντες ἂν ἀνῃρέθησαν ἐμοῦ τῷ δορατίῳ."
Ἤκουσας ὠτάριχα, τηγάνου μαγειρίαν;
345 Ἤκουσας κατζανίτζια τὰ τοῦ καλοῦ Πατρόκλου;
Τὸν Ὅμηρόν μου τὸν χρυσοῦν ἔγνως ἠκριβωμένως,
ὅπως λόγον τὸν ἥττονα ῥητορικῶς γυμνάζων
καὶ τὴν ἀλήθειαν λέγει καὶ καπυρὸν γελᾷ δέ.
Νήπιε Πάτροκλε, τί φής; ὡς πρὸς τὸν Τζέτζην λέγε·
350 εἰ εἴκοσί που Ἕκτορες ἄνευ στρατοῦ ὑπῆρχον,
οὐκ ἂν τοὺς πάντας Ἕλληνας ἀπέκτειναν καὶ μόνοι.
Ἀλλ' ἐπαναληπτέον μοι τοῦτον μικρὸν τὸν λόγον.
Πάτροκλος εἶπεν· "εἴκοσι τοιούτους ἂν ἀνεῖλον,
ἀλλά με Μοῖρά τε ὁμοῦ ἀνεῖλε σὺν ἡλίῳ·"

For Hektor, the most strategic of generals,
said ironically to <Patroklos> as he was dying:
"Foolish man, you assumed you would sack the city   330
of the Trojans and take Trojan women captive.
But I, fighting on their behalf, prevent their oppression,
and the vultures will devour you in this place here.
And Achilles is no help to you, brave as he is."
After Hektor said these and other words,   335
Patroklos, losing consciousness (as Homer is playing
and clearly showing that he uses basic words), <said>
"For now, Hektor, boast loudly, and gloat over me;
for the sun Apollo has given you the victory,
and it was Zeus himself, son of Kronos, the unknown   340
        Destiny,
who, taking the armor from my shoulders, subdued me.
But even if twenty Hektors came against me,
they would all have been killed by my spear."
    Have you heard <the sizzle of> fish roe, cooking in a
        frying pan?
    Have you heard the popping of chestnuts, <the words of> 345
        good Patroklos?
Now, you have learned exactly about my golden Homer,
how using basic words in a rhetorical fashion
he both tells the truth and laughs loudly.
Foolish Patroklos, what are you saying? Speak as though to
        Tzetzes:
if there were twenty Hektors somewhere without an army,   350
they would not have killed all the Greeks by themselves.
But I must take up this short speech again.
Patroklos said: "I would have killed twenty such men,
but Fate together with the sun killed me,"

355 ἤτοι ἡ Μοῖρα δέδρακε βλαβῆναι παρ' ἡλίου,
δεύτερος δὲ ὁ Εὔφορβος, σὺ δὲ τρίτος ὁ Ἕκτωρ.
Οὕτως εἰπών, ἐξέθανε, ψυχὴ δ' ἀπέπτη τούτου
πτῶσιν θρηνοῦσα τελευτῆς, ἥβην καὶ ἀδροτῆτα,
τὸ στιβαρὸν καὶ εὔτονον, καὶ τὸ ἀνδρεῖον τούτου.
360 Μὴ εἴπῃς ἀνδροτῆτα δὲ μετὰ τοῦ νῦ μηδόλως·
ὁ στίχος οὗτος γάρ ἐστι λοιπὸν τῶν ἐπταισμένων.
Οὕτω μὲν οὖν ἀπέπνευσεν ὁ Πάτροκλος, ὡς ἔφην·
ὁ Ἕκτωρ δ' ἐκ τοῦ τραύματος λὰξ ἀνασπάσας δόρυ,
ὥρμα κατ' Αὐτομέδοντος κτανεῖν καὶ τοῦτον θέλων·
365 τοῦτον δὲ ὑπεξέφερον οἱ Ἀχιλέως ἵπποι,
οὓς τῷ Πηλεῖ γε οἱ θεοί, ἤτοι ἡ Εἱμαρμένη
ἢ βασιλεῖς δεδώκασι δῶρα τῶν λαμπροτάτων.
Τῆς Πῖ μὲν ἡ ὑπόθεσις ἰδοὺ συνεπεράνθη,
καὶ δὴ καὶ ἠλληγόρηται, ἃ δ' οὐ σαφῶς ἐλέχθη·
370 τανῦν ἀλληγορήσομεν σαφῶς καὶ πλατυτάτως.
Ἐκ τοῦ μικροῦ τὴν Ἴλιον οἱ Ἕλληνες ἀνεῖλον
εἰ μὴ Ἀπόλλων συμμαχῶν Τρωσὶ πρὸ πύργων ἔστη.
Οὐδὲν ἀσκόπως Ὅμηρος ἄχρι τυχόντων γράφει·
ῥητόρων δὲ δεινότητι πάντα προσφόρως γράφει.
375 Τὸ δὲ μικροῦ τὴν Ἴλιον Πάτροκλος μεθ' Ἑλλήνων
τῷ τότε ἂν ἐπόρθησαν, λόγος ἐστὶν ἀστεῖος,
καὶ χάρις ἐπιτάφιος εἰς Πάτροκλον Ὁμήρου·
ἤτοι εἰ μὴ ὁ Πάτροκλος ἀπέθανεν, ἀλλ' ἔζη,
καὶ ἴσως καὶ τὴν Ἴλιον σὺν Ἕλλησιν ἂν εἷλεν·
380 ἀλλ' ὁ Ἀπόλλων ἔδρακε τάδε καὶ τάδε τότε.
Ἄκουε πάντα νουνεχῶς σαφῶς ἀλληγοροῦντος.
Οἷος ἐμπειροπόλεμος ἦν στρατηγὸς ὁ Ἕκτωρ

that is, Fate caused me to be harmed by the sun,   355
and Euphorbos second, and you Hektor third.
With these words, he died, and his soul flew away,
mourning the calamity of his death, his youth and vigor,
his strength, energy and bravery.

    (Do not say "bravery" with a "nu";   360
for this verse is one of the faulty ones.)

    And so Patroklos thus expired, as I said;
Hektor drew his spear from the wound, using his foot as a
      brace,
and set out against Automedon, wishing to kill him too;
but Automedon was carried off by Achilles's horses,   365
which were given to Peleus by the gods, namely by Destiny,
or by kings as the most illustrious of gifts.

    The subject matter of Book 16 is concluded here,
and moreover, what was not said clearly was allegorized;
we will here allegorize clearly and at great length.   370

    The Greeks would have soon destroyed Troy
had Apollo not stood before the towers as ally of the Trojans.
Homer writes nothing without consideration, even the
      trifles;
he writes everything with fitting rhetorical skill.
That Patroklos and the Greeks would have sacked Troy   375
soon is a witty remark,
and Homer's eulogy to Patroklos is graceful;
that is, if Patroklos had not died, but survived,
perhaps he and the Greeks would have captured Troy;
but Apollo acted in such and such a way at that time.   380

    Listen to everything attentively as I allegorize them
      clearly.
So experienced a general was Hektor

καὶ τοῖς νεκροῖς κατάδηλον καὶ φύσεσιν ἀψύχοις·
οἷοι δὲ ἀσυγκρότητοι πρὸς μάχας καὶ πολέμους
385 ἦσαν οἱ πλείους Ἕλληνες χωρὶς ἠριθμημένων,
Ὅμηρος ἐμαρτύρησε τῇ Γάμμα ῥαψῳδίᾳ,
κἂν λέγων λέγειν οὐ δοκῇ, δεινὸς ὢν λογογράφος.
Τέως ὁ πάνσοφος ἀνὴρ ἐκεῖ τοιάδε γράφει·
Ὁ Ἕκτωρ τὰ στρατεύματα μέλλων τῆς μάχης παῦσαι
390 ὡς ἂν μονομαχήσωσι Μενέλαος καὶ Πάρις,
εἰς ἀμφοτέρους τοὺς στρατοὺς μέσος εἰσῆλθε τότε,
ἐκ μέσου δόρυ τὸ αὐτοῦ κρατῶν, ἀλλ᾽ οὐκ ἐξ ἄκρου,
ὅπερ σημεῖον παύσεως καθέστηκε τῆς μάχης.
Καὶ Τρῶες μὲν ἱδρύνθησαν ἰδόντες τὸ σημεῖον,
395 Ἕλληνες δ᾽ ἀσυγκρότητοι, τῶν ἀπειροπολέμων
ὄντες, μηδὲ γινώσκοντες στρατιωτῶν σημεῖα,
καθ᾽ Ἕκτορος πᾶν ἔπεμπον καὶ τόξευμα καὶ βέλος
ἕως αὐτοὺς ὁ βασιλεὺς ἔπαυσεν Ἀγαμέμνων,
εἰπὼν ὥς τι τοῖς Ἕλλησιν ὁ Ἕκτωρ μέλλει λέγειν.
400 Τοιοῦτος Ἕκτωρ στρατηγὸς ὢν συγκεκροτημένος,
ὡς κατακόπους ἦν ὁρῶν τοὺς Τρῶας μαχομένους
καὶ κίνδυνος ἐπήρτητο τούτοις ἐκ Μυρμιδόνων,
φεύγειν προσποιησάμενος, φεύγειν κελεύει Τρῶας,
ὡς καταστρατηγήσειε στρατηγικῇ φρονήσει
405 τοὺς Ἕλληνας καὶ Πάτροκλον ὄντας ἀσυγκροτήτους,
τοῖς δὲ Τρωσὶ ποιήσειεν ἑτεραλκῆ τὴν νίκην·
ὅπερ καὶ δέδρακεν εὐθὺς τεχνικωτάτῳ τρόπῳ.
Τῇ γὰρ δοκήσει τῆς φυγῆς τὸν τόπον παραμείψας
ὡς εἶναι μὲν τὸν ἥλιον τοῖς Τρώων ὀπισθίοις,
410 λάμπειν δὲ κατὰ πρόσωπον Ἑλλήνων καὶ Πατρόκλου

that it was obvious even to the dead and inanimate objects;
how untrained in battles and wars
were most of the Greeks, apart from those recounted,   385
Homer attested in Book 3,
saying it without seeming to say it, being a skilled writer.
Up to this point, the all-wise man writes such things there:
Hektor, intending to stop his army from doing battle
until Menelaos and Paris engaged in single combat,   390
came to the middle of both armies then,
holding his spear in the middle, not by its end,
which was the established signal for a cease-fire.
And the Trojans settled down when they saw the signal,
but the untrained Greeks, being inexperienced   395
in war, not knowing the signals of soldiers,
shot all their arrows and missiles at Hektor
until King Agamemnon stopped them, saying
that Hektor was about to tell the Greeks something.

Hektor, being such a trained general,   400
when he saw the Trojans fighting while exhausted
and danger from the Myrmidons was hanging over them,
pretended to flee himself, and ordered the Trojans to flee,
so that he might outwit with his strategic thinking
the Greeks and Patroklos, who were untrained,   405
and make victory shift to the Trojans,
which he accomplished immediately in a most skillful way.
For with the pretense of flight, by altering their position
so that the sun would be behind the Trojans
and shine in the faces of the Greeks and Patroklos   410

(τί δεῖ μακρηγορήματος;), τὸν Πάτροκλον ἀνεῖλε,
καὶ Μυρμιδόνας καὶ λοιποὺς Ἑλλήνων οὐκ ὀλίγους.

Τὸ πᾶν δὲ ἀλληγόρημα νῦν προσωποποιΐα,
Ἀπόλλωνα τὸν ἥλιον σύμμαχον Τρώων λέγειν,

415 ὀλέθρια Πατρόκλῳ δὲ καὶ θάνατον φρονοῦντα,
καὶ τὴν ἀσπίδα νύσσοντα χερσὶ ταῖς ἀθανάτοις,
ταῖς δραστικαῖς ἐλλάμψεσι τοῦτον ἀποσοβοῦντα,
καὶ δῆθεν λέγοντα ταυτὶ ἅπερ φησὶ τὰ ἔπη.

Ὁ Ἄσιος ὁ μητρὼς δὲ τοῦ Ἕκτορος ὡς εἶδεν
420 ἥλιον κατὰ πρόσωπον Ἑλλήνων ὑπηργμένον,
τὸν Ἕκτορα εἰσέτι δὲ σκοποῦντα τί δραστέον,
τολμηροτέροις ὥρμησε κατὰ Πατρόκλου λόγοις,
ὃν Ἄσιον Ἀπόλλωνος μόρφωμα νῦν σοι λέγει.

Καὶ ὁ μὲν ἥλιος αὐτὸς ἦν τῷ πολέμῳ λάμπων,
425 καὶ σκύλμα μέγα τῷ στρατῷ ποιῶν τῷ τῶν Ἑλλήνων,
τοῖς δὲ Τρωσὶ καὶ Ἕκτορι μέγα προσάπτων κῦδος.

Ἕκτωρ φονεύειν δὲ λοιποὺς παρέτρεχεν Ἑλλήνων,
κατὰ Πατρόκλου δ' ἤλαυνε, κτεῖναι ποθῶν ἐκεῖνον.

Καὶ πρῶτα Κεβριόνην μὲν ὁ Πάτροκλος ἀνεῖλε,
430 δι' ὃν καὶ μάχη καρτερὰ τῷ τότε συνερράγη.

Καὶ μέχρι μεσημβρίας μὲν ἰσοπαλὴς ἦν μάχη,
μετὰ τὴν μεσημβρίαν δὲ οἱ Ἕλληνες νικῶσι,
τὸν ἥλιον κατόπισθε τῆς ῥάχεως βαλόντες.

Ἀνεῖλε δὲ ὁ Πάτροκλος, ἀλλὰ σὺν Μυρμιδόσιν,
435 ὅσους φησὶν ὁ Ὅμηρος· εἶτα δὲ ὁ Ἀπόλλων,
πλήξας αὐτοῦ μετάφρενον, πάντων γυμνοῖ τῶν ὅπλων,
ῥίπτει δὲ καὶ τὴν κόρυθα, τούτου τὸ δόρυ θραύει.

(why need I go on at length?), he killed Patroklos
and the Myrmidons and many other Greeks.
The entire allegory here is one of personification,
saying that Apollo, the sun, was an ally of the Trojans,
devising destruction and death for Patroklos   415
and, nudging his shield with his immortal hands,
scaring him away with a hostile glare,
and supposedly uttering the words which the epic says.
When Asios, Hektor's maternal uncle, saw
that the sun was in the Greeks' faces,   420
and Hektor was still considering what should be done,
Patroklos was assailed with most daring words by Asios,
whom <Homer> here tells you was in the guise of Apollo.
And the sun was shining during the battle,
causing great vexation to the Greek army,   425
while granting great glory to the Trojans and Hektor.
Hektor did not seek to kill the rest of the Greeks,
but drove against Patroklos, longing to kill him.
First Patroklos killed Kebriones,
over whom a violent battle then broke out.   430
And until midday the battle was evenly balanced,
but after midday the Greeks won,
putting the sun behind their backs.
And Patroklos, together with the Myrmidons, killed
as many Trojans as Homer says; then Apollo,   435
striking him in the back, stripped him of all his armor,
and dropped his helmet and broke his spear.

Πάτροκλος δ' ἔστη ἐκπλαγείς, ὁ δ' Εὔφορβος λαθραίως
ἔβαλε τὸ μετάφρενον τούτου τῷ δορατίῳ.
440 Ὡς δ' οὐκ ἐδάμασεν αὐτόν, ἀφηρπακὼς τὸ δόρυ
φεύγει, οὐχὶ τὸν Πάτροκλον, ὡς Ὅμηρος νῦν φέρει,
ἀλλὰ στρατὸν Ἑλλήνων τε καὶ τὸν τῶν Μυρμιδόνων.
Εἶτα ὁ Ἕκτωρ ἀναιρεῖ τὸν Πάτροκλον, ὡς ἔφην·
πληγὴ δὲ τοῦ Ἀπόλλωνος ἡ κατὰ μεταφρένου,
445 ἢ ὅτι Πάτροκλος, θαλφθεὶς ἀκτῖσι ταῖς ἡλίου,
ὡς καὶ νικῶν ἐκδύεται πᾶσαν τὴν πανοπλίαν,
καὶ ἀνηρέθη ᾧ φαμὲν ἀναιρεθῆναι τρόπῳ,
εἴτουν καὶ ἀσκεπτότερον ἐλαύνων κατὰ Τρώων,
Εὐφόρβῳ τὸ μετάφρενον ἐβλήθη δορατίῳ
450 ἐκ τῶν μερῶν τῶν ὄπισθε λαθραίως ἐπελθόντι,
τῇ φαύσει τοῦ ἡλίου δὲ μηδόλως ὁρωμένῳ.
Δι' ὃ προσάπτων Ὅμηρος ἡλίῳ τὴν αἰτίαν,
λέγει· 'Ὁ Ζεύς, ἡ Μοῖρα, μέ, καὶ ὁ Ἀπόλλων ἅμα,
ὁ Εὔφορβος δὲ δεύτερος, σὺ δέ με τρίτος κτείνεις.'

Patroklos stood in a daze, and Euphorbos stealthily
struck him in the back with his spear.
As he did not overcome him, he pulled out his spear   440
and fled, not from Patroklos, as Homer here claims,
but from the army of the Greeks and Myrmidons.
Then Hektor killed Patroklos, as I said;
the wound inflicted by Apollo in his back
means either that Patroklos, overheated by the sun's rays   445
and believing that he was winning, took off all his armor,
and was killed in the way we said he was killed,
or, driving against the Trojans rather recklessly,
was speared in the back by Euphorbos
who approached from behind in a stealthy manner,   450
unseen because of the sun's glare.
For that reason Homer, attributing the cause to the sun,
says: 'Zeus, that is, Fate, and Apollo as well,
and Euphorbos second, and you third are killing me.'

Ρ΄

Μάχη συνέστη καρτερὰ περὶ νεκροῦ Πατρόκλου·
Εὔφορβος ἀναιρεῖται δὲ ὑπὸ τοῦ Μενελάου.
Ἕκτωρ τὴν Ἀχιλέως δὲ δύεται πανοπλίαν,
Ἀντίλοχος δὲ στέλλεται παρὰ τὸν Ἀχιλέα
5 τὸν τοῦ Πατρόκλου θάνατον ἐκείνῳ καταγγέλλων.
Ὁ δὲ Μενέλαος αὐτὸς ἅμα καὶ Μηριόνης
ὑψοῦ κρατοῦντες τὸν νεκρὸν ἐξέφερον τῆς μάχης,
οἱ δ᾽ Αἴαντες ἀπείργουσι τοὺς Τρῶας προμαχοῦντες.

Πάντα τὰ τῇδέ σοι σαφῆ. Τὸ ῾Ζεῦ δὲ πάτερ᾽ νόει
10 τὴν Εἱμαρμένην νῦν δηλοῦν εἴτε καὶ τὸν ἀέρα.
Ἀπόλλων ἥλιός ἐστιν ὁμοιωθεὶς τῷ Μέντῃ,
ὃς Μέντης βλέπων συνεργὸν ἥλιον Τρώων ὄντα,
ἢ καὶ ἡλίου τηλαυγοῦς αὐγάζοντος ἐν μάχῃ,
τῷ Μενελάῳ Εὔφορβον ἰδὼν ἀνῃρημένον,
15 φησὶν ὡς πρὸς τὸν Ἕκτορα· "Σὺ μὲν διώκεις ἵππους,
Μενέλαος δ᾽ ἀπέκτεινεν Εὔφορβον παῖδα Πάνθου."
Τὸ πρὸς τὸν Γλαῦκον δὲ ῥηθέν, παρ᾽ Ἕκτορος ῥηθὲν δέ,
ὡς "Οὐκ ἐγὼ πτοούμενος καθέστηκα τῇ μάχῃ,
ἀλλὰ Διὸς ὁ νοῦς ἐστι κρείσσων τοῦ αἰγιόχου·"
20 τοῦτο σημαίνει καὶ δηλοῖ συμφανεστάτῳ λόγῳ
ὡς ἡ ἀκατανόητος ἄδηλος Εἱμαρμένη
ἔστι καὶ νοῦς καὶ φρόνησις καὶ ῥώμη καὶ ἀνδρεία,
καὶ πᾶν ὁπόσον πέφυκε τιμώμενον ἐν βίῳ,
μὴ συνεργούσης ταύτης δέ, σύμπαν εἰς μάτην τρέχει.

Book 17

A mighty battle was joined over Patroklos's corpse;
Euphorbos was killed by Menelaos.
Hektor put on the armor of Achilles,
and Antilochos was sent to Achilles
to announce to him the death of Patroklos.   5
Menelaos, together with Meriones, holding
the corpse up high, carried it away from the battle,
while the Aiantes, fighting in the front ranks, warded off
     the Trojans.

   Everything here is clear to you. Understand that
'Father Zeus' signifies Destiny or even the air.   10
Apollo, the sun, took the guise of Mentes,
who, seeing the sun as ally of the Trojans,
or, as the far-beaming sun illumined the battle,
seeing Euphorbos killed by Menelaos,
said to Hektor: "While you chase the horses <of Achilles>,   15
Menelaos has killed Euphorbos, Panthos's son."
   Hektor's words to Glaukos,
"I am not terrified by battle,
but the intent of Zeus the aegis bearer is stronger,"
signify and show in the clearest words   20
that incomprehensible and unknowable Destiny
is mind and prudence and might and bravery,
and everything that brings honor in life,
and if Destiny is not on one's side, every endeavor is in vain.

25 Ἄμβροτα τεύχη δὲ τανῦν τοῦ Ἀχιλέως λέγει,
ὡς ἵππους πάλιν ἀλλαχοῦ, καὶ ἄλλα δὲ μυρία
τῶν ὧνπερ οὐκ ἀπόλλυται ἡ φήμη καὶ τὸ κλέος.
Τὸ ἃ δὲ οὐρανίωνες θεοὶ Πηλεῖ παρέσχον,
ἢ ἐξ ἀστέρων οὐρανοῦ παρέσχεν Εἱμαρμένη,
30 ἢ ἅπερ ἦσαν ἐκ χρυσοῦ, ἀργύρου, καὶ τῶν ἄλλων·
ἑκάστῳ τῶν ἀστέρων γὰρ ἀνάκειταί τις ὕλη.
Δηλῶν τὴν Εἱμαρμένην δὲ καὶ τοὺς ἀστέρας λέγειν,
ἵνα μὴ δόξῃς νῦν θεοὺς τοὺς βασιλεῖς σοι λέγειν,
εἶπε τὸ 'οὐρανίωνες' σὺν τούτοις τε ὁμοίως.
35 Ἡ Εἱμαρμένη πέφυκε Ζεὺς ὁ νεφεληγερέτης,
ὁ καὶ κινήσας κεφαλὴν δι' Ἕκτορα, ὡς γράφει.
Διϊπετὴς δὲ ποταμός, ὁ ὄμβροις ηὐξημένος.
Κόρυθες δ', ὡς τιθέμεναι τάχα περὶ τὴν κάραν,
ἀπὸ τοῦ κάρυς κόρυς τε εἰλήχασι τὴν κλῆσιν,
40 ἢ ὅτι Κόρυθος αὐτὰς πρῶτος ὁ Ἴβηρ εὗρεν,
ὡς Σάκας σάκος, Φάλαξ δὲ εὗρε πολέμων στάσιν.
Κρονίων δέ, ἡ ἄδηλος Μοῖρα καὶ Εἱμαρμένη,
ἀορασίαν ἔχευε ταῖς περικεφαλαίαις·
ἔστεργε γὰρ τὸν Πάτροκλον ζῶντα καὶ τεθνηκότα.
45 Τοῦτο δηλοῖ ὁ Ὅμηρος χωρίῳ τῷ ἐνθάδε,
ὡς οἱ χρηστὰ θεμάτια σχόντες ἐν γενεθλίοις
καὶ ζῶντες εὐτυχοῦσι μέν, ὅτε καὶ τελευταῖς δὲ
ἀρίσταις περιστέλλονται, ὅτε δὲ καὶ σημεῖα
πρὸ τελευτῶν κἂν τελευταῖς δεικνύονται ταῖς τούτων·
50 οἷόν φησι κἂν τελευτῇ γενέσθαι τοῦ Πατρόκλου.

Here he speaks of the divine armor of Achilles,   25
elsewhere again of his horses, and countless other things
whose fame and glory are imperishable.
\<That is, Homer speaks of > what the heavenly gods gave to
    Peleus,
or what Destiny coming from the heavenly stars gave him,
or what was made of gold, silver and the rest;   30
for to each of the stars a material is ascribed.
When he revealed that he spoke of Destiny and the stars,
so that you may not think that he is here calling the kings
    gods,
he said 'heavenly' alongside them.
    Destiny is Zeus the cloud gatherer,   35
who shook his head because of Hektor, as he writes.
    The heaven-fed river was swollen with rain.
    The helmets, supposedly because they are placed on
    one's head,
received the name helmet from *karys,*
or because Korythos the Iberian invented them first,   40
just as Sakas invented the shield, and Phalax the battle
    formation.
    And the son of Kronos, unknowable Fate and Destiny,
blinded them in their helmets;
for he cared for Patroklos both in life and in death.
This is what Homer means in this passage: 45
that men born under favorable birth stars
enjoy good fortune while alive, and in death
are invested with glory, and omens appear
before and during their deaths;
he says this happened at the death of Patroklos.   50

Τοὺς Ἀχαιοὺς 'ἑλίκωπας' ὁ Ὅμηρος καλεῖ δέ,
ἢ ὡς τῷ πλέειν βλέποντας πρὸς ἄρκτον, τὴν ἑλίκην,
ἢ καὶ πρὸς οὓς ἑλίσσει τις τοὺς ὦπας θέλων βλέπειν,
ἤτοι ὡραίους, εὐειδεῖς, ἀξίους ὄντας θέας.
55 'Ὑπὲρ Διὸς τὴν αἶσαν' δὲ καὶ πρέπον Εἱμαρμένῃ,
μικροῦ δεῖν Τρῶες φεύγοντες εἰσῆλθον ἂν εἰς Τροίαν.
Περίφαντι τῷ κήρυκι ὁμοιωθεὶς δ' Ἀπόλλων,
ἤτοι περισκεψάμενος τὸν ἥλιον Περίφας
Ἑλλήνων ἀντιπρόσωπον, Τρωσὶ δὲ συνεργοῦντα,
60 αὐτὸς Αἰνείαν ὤτρυνε, τὸν Ἕκτορα δ' Αἰνείας
τοῖς Ἕλλησιν ἀνθίστασθαι καὶ μάχεσθαι γενναίως.
Ὁ Ζεύς, ἡ Εἱμαρμένη δὲ νοεῖται τοῖς ἐνθάδε.
'Πράπιδας' τὸ διάφραγμα νῦν δὲ κατονομάζει.
'Δέμας πυρὸς' ἢ τόπος τις οὕτως ἦν κεκλημένος,
65 εἴτε θερμῶς ὥσπερ τὸ πῦρ ἐμάχοντο οἱ ἄνδρες.
Τοιαύτη δέ τις σκότωσις ἐγένετο τῷ τότε,
ὡς μήθ' ἡμέραν φαίνεσθαι τελείαν τὴν ἡμέραν,
μήτε τὴν νύκτα παντελῆ σελήνην κεκτημένην.
Ἡ σκότωσις δὲ γέγονε περὶ τὸν τόπον μόνον,
70 πρὸς ὃν διὰ τὸν Πάτροκλον τὴν μάχην συνεκρότουν,
ἐν δὲ τοῖς ἄλλοις σύμπασι τόποις τοῖς τοῦ πολέμου
αἰθρία ἦν ἀνέφελος καὶ ἥλιος ὀξὺς δέ.
Τότε δὲ 'μῶλος ἄγριος,' ὥσπερ φησίν, ὀρώρει,
ὅνπερ οὐκ ἂν ἐμέμψατο οὐκ Ἄρης, οὐκ Ἀθήνη·
75 ἤτοι τοιοῦτος γέγονεν ὁ πόλεμος τῷ τότε
ἄμομφος ὢν τοῖς σύμπασι φρονήσεως καὶ μάχης.

Homer calls the Achaians '*bright eyed*,'
either because as they sailed they looked to the north, Ursa
    Major,
or because one wishes to see the eyes of the men toward
    whom he turns,
or because they were handsome, comely, worthy of being
    looked at.
    The fleeing Trojans would soon have entered Troy   55
'beyond Zeus's decree,' that is, what is fitting according to
    Destiny.
But Apollo, taking the form of Periphas the herald,
that is, Periphas, after observing the sun
shining in the faces of the Greeks and helping the Trojans,
urged on Aineias, and Aineias urged Hektor,   60
to resist the Greeks and fight bravely.
Zeus, Destiny, is meant by this here.
    And here he calls the diaphragm '*midriff*.'
    '*In form like fire*' means either a place with this name,
or the men were fighting ardently like fire.   65
    Such darkness came then
that neither was daylight seen although it was midday,
nor did the middle of the night see the moon.
But darkness fell only around that place
where they were fighting over Patroklos,   70
while in all the other places of combat
it was cloudless, with clear weather and a bright sun.
Then '*a fierce struggle*' arose, as Homer says,
with which neither Ares nor Athena would have found fault,
that is, such a battle took place then in which   75
no fault could have been found by anyone of intelligence or
    experience of battle.

Ὡς οὐ πορθήσει Πάτροκλος τὴν πόλιν τὴν τῶν Τρώων
τοῦ Ἀχιλέως ἄνευθεν, ἀλλ᾽ οὐδὲ σὺν ἐκείνῳ,
ἐκ σφῆς μητρὸς ὁ Ἀχιλεύς, τῆς ὑδατομαντείας,
80 κρυφίως ἐξεμάνθανε καὶ πᾶν τῆς Εἱμαρμένης·
τὸν τοῦ Πατρόκλου θάνατον τότε δ᾽ οὐ προεγνώκει,
ἤτοι οὐ προεσκόπησεν ἐκ λεκανομαντείας
εἰ ὑποστρέψει Πάτροκλος, ἢ τῷ πολέμῳ πέσοι.
Ὅπως τὸ ὕδωρ λέγεται μήτηρ δὲ Ἀχιλέως,
85 καὶ ποσαχῶς; Εἰρήκειμεν τῇ Ἄλφα ῥαψῳδίᾳ.
Τοὺς ἵππους μυρομένους δὲ ἠλέησε Κρονίων,
ἡ σκοτεινὴ καὶ ἄδηλος, ὡς ἔφην, Εἱμαρμένη,
καὶ κεφαλὴν κινήσασα πρὸς ἑαυτὴν εἰρήκει·
"Ἄθλιοι, τί δεδώκαμεν ὑμᾶς θνητῷ Πηλέϊ,
90 ταῖς ἀρεταῖς ἀθάνατον τὴν μνήμην κεκτημένους,
ἵνα δυστήνῳ Ἕκτορι θνητῷ ἐποχηθῆτε;
Ἀλλ᾽ οὐκ ἐάσω οὐδαμῶς τοῦτο συντελεσθῆναι·"
ἀντὶ τοῦ φάναι ὡς οὐκ ἦν τῷ τότε εἱμαρμένον
τοιούτων ἵππων Ἕκτορα γενέσθαι διφρηλάτην,
95 οὓς Εἱμαρμένη εὐτυχὴς παρέσχε τῷ Πηλέϊ.
Πρόσωπον περιθέμενος Διὸς τῇ Εἱμαρμένῃ,
τοῦτον εἰσφέρει λέγοντα λόγους τανῦν τοιούσδε.
'Τίς δὲ θεῶν ὁ νηκερδῆ νῦν τὴν βουλὴν' ποιήσας;
Τίς Εἱμαρμένη, τίς σκοπὸς ἀπώλεσε σὰς φρένας;
100 *'Θεόφιν δὲ ἀτάλαντος τίς μήστωρ' νῦν τυγχάνει;*
ὁ τῇ φρονήσει ὅμοιος, εἴτουν αὐτῷ πολέμῳ.
Δεινὴ περὶ Πατρόκλου δὲ πάλιν κροτεῖται μάχη,
ὡς τοῦ Διὸς ἐκπέμψαντος, ἤτοι τῆς Εἱμαρμένης,

That Patroklos would not sack the city of the Trojans
without Achilles, but not with him either,
Achilles learned secretly from his mother, water divination,
and all of his Destiny;   80
but he did not then foresee Patroklos's death,
that is, he had not seen beforehand in his dish divination
whether Patroklos would return or fall in battle.
How is water called Achilles's mother,
and in how many ways? We have said this in Book 1.   85
   The son of Kronos, dark and unknown Destiny,
as I said, took pity on the weeping horses
and, shaking its head, it said to itself:
"Wretched ones, why did we give you to mortal Peleus,
you who will be eternally remembered for your excellence,   90
so that you may be mounted by the ill-fated mortal Hektor?
In no way will I allow this to come about,"
instead of saying that it was not destined then
that Hektor would become the charioteer of such horses,
which a happy Destiny had given to Peleus.   95
But placing the face of Zeus on Destiny,
he introduces him here, saying these words.
   '*Which god*' here made this '*unprofitable counsel*'?
Which Destiny, which purpose took away your mind?
   Who is here your '*counselor, equal to the gods*'?   100
He who is equal in prudence, that is, in war itself.
   And again a terrible battle raged around Patroklos,
as Zeus, that is, Destiny, sent out

τὴν Ἀθηνᾶν ἐξ οὐρανοῦ, νῦν ἴριδα καὶ τόξον,
105 προσβοηθεῖν τοῖς Ἕλλησιν· ἠλέησε γὰρ τούτους.
Ὁ πρῶτος Φοῖνιξ κατιδὼν Μενέλαον προτρέπει
περὶ Πατρόκλου καρτερῶς ἐγκαρτερεῖν τῇ μάχῃ.
Ὁ δὲ Μενέλαός φησιν· "Εἴπερ Ἀθήνη κράτος
δώῃ μοι (τὸ φανὲν νῦν τόξον ἐκ τοῦ ἀέρος),
110 οὐ ῥάθυμος φανήσομαι ἀμύνειν τῷ Πατρόκλῳ."
Οὕτως εἰπών, καὶ παρελθὼν ἔγγιστα τοῦ Πατρόκλου,
υἱὸν τοῦ Ἠετίωνος κλῆσιν Ποδῆν ἀνεῖλε,
τοῦ Ἕκτορος συντράπεζον καὶ φίλον πεφυκότα,
καὶ τὸν νεκρὸν πρὸς Ἕλληνας παρείλκυσεν εὐθέως.
115 Φαῖνοψ ὁ Ἀσιάδης δέ, τοῦτο ἰδὼν ἡλίῳ,
τὸν Ἕκτορα παρώτρυνεν ὁρμῆσαι καθ' Ἑλλήνων.
Ὁ οὐρανὸς δὲ νέφεσιν ἐκάλυψε τὴν Ἴδην·
ἀστράψας δ' ἐπεβρόντησε μέγα πρὸς Τρώων νίκην,
πρὸς δὲ φυγὴν ἐνήλασε στράτευμα τῆς Ἑλλάδος.
120 Ζεὺς ὁ διδοὺς ἑτεραλκῆ τὴν νίκην, Εἱμαρμένη,
καὶ ὅστις ὠλοφύρατο τὸν Αἴαντα πατὴρ δέ.
Τὴν προσωποποιΐαν δὲ ταύτην νοεῖν σε δέον·
ὡς Αἴας μὲν ἐπηύξατο, καὶ γέγονεν αἰθρία,
λέγει ὡς κατῳκτείρησεν αὐτὸν ἡ Εἱμαρμένη.
125 Ὁ μέγα '*πῆμά τε θεὸς τοῖς Δαναοῖς κυλίνδων*'
οὐκ ἄλλος τῇδε τίς ἐστιν, αὐτὴ δ' ἡ Εἱμαρμένη.

from the heaven Athena, here the rainbow's arc,
to come to the Greeks' aid; for he took pity on them.   105
    First Phoinix, seeing Menelaos, urged him
to remain firm and resolute in the battle over Patroklos.
And Menelaos said: "If Athena (here the rainbow
that appeared from the air) gives me strength,
I will not be laggard in defending Patroklos."   110
With these words, he drew very near to Patroklos,
and killed the son of Eëtion, called Podes,
who shared Hektor's table and was his friend,
and immediately dragged the corpse toward the Greeks.
Phainops, son of Asios, seeing this in the sunlight,   115
urged Hektor to attack the Greeks.
But the sky covered Ida with clouds;
with lightning and thunder it signaled a great Trojan victory,
and put the Greek army to flight.
    Zeus who gave victory to the other side <is> Destiny   120
and the father who pitied Aias.
You need to understand this personification:
when Aias prayed and the weather became clear,
<Homer> is saying that Destiny took pity on him.
    The *'god rolling'* a great *'calamity'* toward *'the Danaans'*   125
is no one else here but Destiny itself.

Σ′

Ὁ Ἀχιλεὺς ὀδύρεται, θάνατον γνοὺς Πατρόκλου,
ὃν Θέτις παρηγόρησεν ἐλθοῦσα τῆς θαλάσσης,
εἴργει αὐτὸν πολέμου τε ἕως κομίσοι ὅπλα·
Ἥρας κελεύσει δ' ἄοπλος ἔρχεται πρὸς τὴν τάφρον.
5 Φανεὶς ἐκπλήττει Τρῶας δὲ καὶ πρὸς φυγὴν ἐκτρέπει.
Οἱ Μυρμιδόνες δὲ νεκρὸν τὸν Πάτροκλον λαβόντες,
λούουσιν. Ὅπλα δ' Ἥφαιστος τῷ Ἀχιλεῖ σκευάζει.

Τὸ 'δέμας αἰθομένοιο πυρὸς' τόπος τοῖς ἄλλοις,
εἴτε θερμῶς ἐμάχοντο ὡς σῶμα πυρὸς καῖον.
10 'Θεοὶ δ', οἳ μέλλουσι τανῦν τελέσαι τὰς κακώσεις,'
ἀστέρες ἐξ ὧν γίνονται πάντα τὰ εἱμαρμένα.
'Ὥσπερ ἐδήλωσέ ποτε ἡ μήτηρ μου ἡ Θέτις
ζῶντος ἐμοῦ τὸν Πάτροκλον χερσὶ θανεῖν τῶν Τρώων·'
ὡς ἐξ ὑδρομαντείας τε καὶ λεκανομαντείας
15 τοῦτο γινώσκω ἀκριβῶς, ἣν πρὶν ἐποιησάμην.
Ὅπως τὸ ὕδωρ μήτηρ δὲ τυγχάνει Ἀχιλέως,
καὶ ποσαχῶς; Εἰρήκειμεν ἐν διαφόροις τόποις.
Φάσις καὶ 'ἀγγελία' μὲν κατὰ τοὺς ἀστρολόγους
διαφορὰν ἐσχήκασι, καὶ πάνυ δὲ μεγίστην·
20 φάσις γὰρ μήνυμά ἐστι ζώντων ἀποδημούντων,
ἡ δ' ἀγγελία μήνυμα νεκρῶν, οὐ περὶ ζώντων.
Ὅμηρος ἀγγελίαν δὲ ἄμφω κατονομάζει,

Book 18

Achilles mourns, learning of Patroklos's death;
Thetis, coming from the sea, consoles him,
keeping him from battle until she can bring him arms;
by Hera's order he comes to the trench unarmed.
His appearance stuns the Trojans and turns them to flight.   5
The Myrmidons take Patroklos's corpse
and wash it. Hephaistos prepares arms for Achilles.

The <phrase> *'like unto blazing fire'* is a cliché for other
    <poets>,
in other words they fought ardently like a body burning
    with fire.
'The gods, who are now about to inflict misfortunes,'   10
are the stars, from which all that is destined comes to pass.
'Just as my mother Thetis once made clear that
in my lifetime Patroklos would die at Trojan hands,'
<means> that from water divination and dish divination
which I carried out previously I know this precisely.   15
How does water happen to be mother of Achilles,
and in how many ways? We have answered that in various
    places.
Utterance and *'message,'* according to astrologers,
are different, in fact very much so;
for an utterance is a report from those living away from   20
    home,
while a message is a report from the dead, not about the
    living.
But Homer calls them both messages,

τὴν μὲν ἐσθλήν, τὴν δὲ λυγράν, τὴν δ᾽ ἀγγελίαν μόνον,
καθάπερ καὶ τὰ φάρμακα πρεπόντως ὀνομάζει
25 ἐσθλά, λυγρά, καὶ 'φάρμακα' δίχα τινος προσθήκης,
τῶν ἄλλων πάντων φάρμακα γραφαῖς ὀνομαζόντων
μόνα τὰ ἰατήρια, μὴ μέντοι καὶ τὰ ἄλλα.
 'Νεκτάρεον χιτῶνα' δὲ τὸν θαυμαστὸν νῦν λέγει.
Τὸ 'χεύατο δ᾽ εἰς κεφαλὴν τὴν αἰθαλώδη κόνιν,'
30 τὸ '*μέγαν τε μεγαλωστὶ ταθῆναι τῇ κονίῃ,*'
σὺν τούτοις τὸ '*δαΐζειν τε φίλαις χερσὶ τὴν κόμην,*'
ψυχῆς ἐστι ζωγράφημα ποίας σιωπητέον·
τὴν ἥνπερ ὁ ἀμίμητος σοφίᾳ καὶ φρονήσει
Ὅμηρος νῦν ἐνζωγραφεῖ, καὶ ζωγραφῶν λανθάνει.
35 Ὤιμωξε μέγα δ᾽ Ἀχιλλεύς, ἤκουσε δὲ ἡ μήτηρ
παρὰ τῷ γέροντι πατρί, θαλάσσῃ, καθημένη.
Κωκύει· συναθροίζονται σύμπασαι Νηρηΐδες,
καὶ '*στήθεα πεπλήγοντο, Θέτις δ᾽ ἐξῆρχε γόου.*'
 Ἀλλ᾽ ἀλληγορητέον μοι πᾶν τὸ χωρίον τοῦτο,
40 καὶ τὸν ὀξὺν δὲ κώκυτον τῆς Θέτιδος ὃν λέγει,
καὶ Ἀχιλέως κεφαλὴν ὅπως κατέσχε τότε,
ὀλοφυρμόν, καὶ λόγους δὲ ῥηθέντας ἀμφοτέροις,
καὶ πᾶν ὁπόσον δέον μοι λεπτῶς ἀλληγορῆσαι.
 Μήτηρ τοῦ Ἀχιλέως μὲν ἡ Χείρωνος ἦν Θέτις·
45 καὶ Θέτις δέ, ἡ θάλασσα, μήτηρ τοῦ Ἀχιλέως,
λέγεται οὕτως πενταχῶς, ὥσπερ καὶ πρώην ἔφην.
Κατ᾽ Αἰγυπτίους, Ὅμηρον, Θαλῆν τε καὶ ἑτέρους,
τὸ ὕδωρ πρῶτον λέγεται στοιχεῖον πεφυκέναι,
ἐκ τούτου δὲ καὶ τὰ λοιπὰ γενέθλια στοιχεῖα.

the former good, the latter mournful, and yet another just a
    plain message,
just as he also appropriately calls drugs either
good or mournful, or 'drugs' without any other modifiers,   25
although all the others in their writings give the name of
    drugs
only to those that cure, not to the other kinds as well.

    Here he calls a marvelous '*tunic a fragrant*' one.
The verses 'he poured black soot over his head,'
'*powerful in his strength* he lay outstretched *in the dust*,'   30
and '*tearing* his *hair* with his dear *hands*,'
of whose soul this is a portrait we must keep silent.
Homer, who was inimitable in wisdom and prudence,
here painted that <soul>, but its meaning went unnoticed.

    Achilles lamented loudly, and his mother heard him,   35
as she sat beside her aged father, the sea.
She wailed; all the Nereids gathered around,
and '*beat their breasts, and Thetis led their lament.*'

    But I must allegorize this entire passage:
Thetis's shrill wailing of which he speaks,   40
and how she then took hold of Achilles's head,
and her lament, and the words they both spoke,
I should allegorize it all in detail.

    Achilles's mother was Thetis, daughter of Cheiron;
and Thetis, the sea, the mother of Achilles,   45
is called thus in five ways, as I said earlier.
According to the Egyptians, Homer, Thales and others,
water is said to be the first element that emerged,
and from it were formed the other generative elements.

50 Οὕτω πρώτως ἡ θάλασσα καὶ τὸ ὑγρὸν στοιχεῖον
τοῦ Ἀχιλέως μήτηρ τε καὶ πάντων τῶν ἐν βίῳ.

Ἡ θάλασσα καλεῖται δὲ δευτέρως τούτου μήτηρ
διὰ τὸ ἄγριον αὐτοῦ καὶ θυμικὸν τοῦ τρόπου·
τρίτως, ὅτι, γενέθλιον ἔχων ἐν ὑδροχόῳ,

55 ἐν ταῖς παρύγροις μάχαις τε καὶ ταῖς διαποντίοις
καὶ τοῖς χειμῶνος δὲ καιροῖς μεγάλως συνηργεῖτο·
τετάρτως, ὡς ἐξ ὕδατος καὶ λεκανομαντείας
μανθάνων, ὥσπερ ἐκ μητρός, τὰ μέλλοντα συμβῆναι·
πέμπτως, ὡς καὶ θανόντος δὲ αὐτοῦ τοῦ Ἀχιλέως,

60 νεκροῦ τε τούτου σώματος εἰσέτι προκειμένου,
ἡ θάλασσα ταράξασα κῦμα φρικτὸν καὶ μέγα
ἐξῆλθε μέχρι τοῦ νεκροῦ περὶ Σιγείου τόπον,
ὡς πᾶν τὸ στράτευμα φυγεῖν κατακλυσμὸν δοκοῦντας·
ἡ δέ, θρηνῶδες γοερὸν ὥσπερ μυκησαμένη,

65 πάλιν πρὸς κοίτην τὴν αὐτῆς εὐθέως ὑπεστράφη·
ὅπερ καὶ θρῆνον Θέτιδός φασι καὶ Νηρηΐδων.
Καὶ νῦν τοῦ Ἀχιλέως δὲ τὸν Πάτροκλον θρηνοῦντος
τοιοῦτον περὶ θάλασσαν ἐγένετο σημεῖον,
ὃ προσωποποιΐαν μὲν ὁ Ὅμηρος ποιήσας

70 ἀλληγορεῖ τὰ σύμπαντα τὰ τῇδε γεγραμμένα,
θάλασσαν Ἀχιλέως μὲν μητέρα Θέτιν λέγων,
ὥσπερ τῷ πένθει τῷ αὐτοῦ δῆθεν λελυπημένην,
διὰ τὸ τότε, τοῦ ἀνδρὸς τὸν Πάτροκλον θρηνοῦντος,
αὐτήν, ὡς ἔφην, ἐξελθεῖν μυκήματι μεγάλῳ,

75 ὃ μύκημα καὶ κωκυτὸν καὶ θρῆνον ταύτης λέγει·
πατέρα ταύτης γέροντα τὴν φύσιν τῶν ὑδάτων
ὅτι, καθὼς εἰρήκειμεν, πρῶτον στοιχεῖον ὕδωρ,

Thus, firstly the sea and the liquid element   50
are the mother of Achilles and of every living thing.
Secondly, the sea is called his mother
because of his wild and spirited disposition;
thirdly, because, being born under Aquarius's sign,
he participated extensively in battles by the water,   55
and battles across the sea and in stormy weather.
Fourthly, because from water and dish divination
he learned, as if from his mother, what would happen.
Fifthly, because when Achilles himself died,
while his corpse was still laid out for burial,   60
the sea, stirring up a terrible great wave,
reached the corpse near Sigeion,
so that the whole army fled, fearing a flood;
and she, as if bellowing a mournful wail,
immediately returned to her bed;   65
this they say was the lament of Thetis and the Nereids.
And here, as Achilles mourned for Patroklos,
a sign of such a kind happened about the sea,
which Homer, by personifying it,
allegorized everything written there,   70
saying that the sea, Achilles's mother, Thetis,
as if she had been saddened by his sorrow,
because the man was then lamenting for Patroklos,
came out, as I said, with a great roar,
that he calls her bellowing and wailing and lamentation;   75
<and he calls> the nature of the waters her old father
because, as we have said, water is the first element,

ἢ ὡς λευκὸν καὶ πολιόν· καὶ γὰρ λευκὸν τὸ ὕδωρ,
κἂν οἱ λοιποὶ φιλόσοφοι, πλὴν τοῦ σοφοῦ Ὁμήρου
80 καὶ τοῦ Ἀναξαγόρου δέ, καί τινων βραχυτάτων,
ἄμορφά τε καὶ ἄποια λέγωσι τὰ στοιχεῖα.
Ἔγνως πατέρα γέροντα καὶ κωκυτὸν καὶ θρῆνον.
Αἱ Νηρηΐδες δὲ θεαὶ τίνες, αἱ ἀθροισθεῖσαι
καὶ στήθη πλήττουσαι αὐτῶν, τῆς Θέτιδος γοώσης;
85 Οὐκ ἄλλο τι καθέστηκεν ἀλλ᾽ ἢ αὐτὸ τὸ ὕδωρ,
καὶ μᾶλλον τὸ κινούμενον, ὃ καὶ Ναῒς καλεῖται.
Τὸ ὕδωρ τὸ θαλάσσιον πολλὰς γὰρ κλήσεις ἔχει,
Φόρκυς καὶ Τρίτων, Ποσειδῶν, Νηρεὺς καὶ Ἀμφιτρίτη,
Θέτις καὶ Νηρηΐδες δέ, καὶ ἕτερα μυρία.
90 Πλάττει καὶ Νηρηΐδων δὲ ὀνόματα προσφόρως,
ἀπό τε τῆς λευκότητος φύσεως τῶν ὑδάτων,
καὶ ἐκ τοῦ θάλλειν τὰ φυτὰ ταῖς ὕδατος ἀρδείαις,
ἀπὸ κυμάτων, νήσων τε, σπηλαίων, ταχυτῆτος,
ἁλὸς ἀκτῶν τε καὶ λιμνῶν, καὶ δόσεως μυρίων,
95 ἔκ τε τοῦ πρῶτον τῶν λοιπῶν στοιχείων πεφυκέναι,
καὶ φέρειν τὰς ὁλκάδας δέ, καὶ δυνατὸν τελεῖν δέ,
δεξαμενὴν τυγχάνειν τε, καὶ νέμεσθαι ἡπλῶσθαι,
ὁπόσαι τε τοῖς ὕδασιν ἁρμόζουσιν αἱ κλήσεις,
κἄνπερ τινὲς προσέθεντο καὶ στίχους ἀπροσφόρους.
100 Τὸν ἦχον τοῦτον λέγει δὲ πλῆγμα στηθῶν οἰκείων,
τὸν περὶ νήσους καὶ ἀκτάς, σπήλαια, πέτρας, τἄλλα.
Τὴν Θέτιν δὲ κατάρξασθαι ταύταις τοῦ γόου λέγει,
ὅτι πρῶτον ἀνοίδησε μυκώμενον τὸ ὕδωρ·
ἔπειτα προσρηγνύμενον οἷσπερ εἰρήκειν τόποις,
105 δεινόν, φρικώδη, μέγιστον οἷον ἐποίει ῥόχθον.

or because it is white and hoary; for indeed water is white,
even if the other philosophers, apart from wise Homer
and Anaxagoras and some very insignificant ones,   80
say that the elements are shapeless and without distinct
    qualities.
You have learned about her old father, her wailing and
    lament.
But who were the goddesses, the Nereids, who gathered
    together
and beat their breasts, while Thetis was wailing?
This designates nothing but water itself,   85
especially <water> in motion , which is also called a Naiad.
For seawater has many names,
Phorkys and Triton, Poseidon, Nereus and Amphitrite,
Thetis and the Nereids, and countless other names.
And he invents the names of the Nereids fittingly,   90
from the whiteness of the waters' nature,
and from plants blooming because of irrigation with water,
from waves, islands, caves, swiftness,
from brine, shores and lakes, and myriad gifts,
from the first of the elements to emerge   95
and carry merchant ships, and from the power to complete,
and from being a cistern, and spreading out to distribute,
however many names are fitting for the waters,
even if some added unsuitable verses.
This sound he calls the beating of their breasts,   100
<heard> around islands and shores, caves, rocks and the rest.
And he says that Thetis was first among them to wail,
because the water swelled up first, bellowing;
then, beating against the places I have mentioned,
it made a terrible, frightful, great roaring noise.   105

Πρόσωπον μέν, ὡς ἔφημεν, τῇ Θέτιδι, θαλάσσῃ,
Ὅμηρος περιθέμενος μητρὸς τοῦ Ἀχιλέως,
δεικνὺς ὅτι παθαίνεται τοῦτο καὶ τὸ στοιχεῖον,
καὶ λόγους περιάπτει δὲ οὕσπερ ἂν εἶπε μήτηρ
110 ἐπὶ υἱῷ τοιούτῳ μέν, ὄντι δὲ βραχυχρόνῳ,
καὶ θλιβομένῳ συνεχῶς λύπαις ἀλλοπροσάλλοις.
Τὸ δὲ ὀξὺ κωκύσασαν τούτου λαβεῖν τὴν κάραν
καὶ λέγειν· "Ταῦτα ἐκ Διὸς τετέλεσται, ὡς ηὔχου,
ὡς πρὸς τὰς ναῦς τοὺς Ἕλληνας πεσεῖν ὑπὸ τῶν Τρώων."
115 Τοῦτό φησιν· ὁ Ἀχιλεὺς Πάτροκλον ὡς ἐπένθει,
ἤκουσε δὲ τοῦ μυκηθμοῦ τοῦ τόσου τῆς θαλάσσης,
εἰς κεφαλήν, καὶ λογισμὸν καὶ νοῦν δὲ τὸν οἰκεῖον,
συνεὶς ὡς εἱμαρμένον ἦν οὕτω γενέσθαι τάδε,
ὡς πρὶν αὐτὸς ἐζήτει τε καὶ ηὔχετο γενέσθαι,
120 λέγει αὐτὸς πρὸς ἑαυτόν· "Ὢ συνεργὸν στοιχεῖον
καὶ βοηθοῦν μοι ἐς ἀεὶ δίκην μητρὸς φιλτάτης,
οἶδα ὡς ἡ οὐράνιος ἀστέρων Εἱμαρμένη,
πληροῦσα πόθον τὸν ἐμόν, Ἕλληνας οὕτω τρέπει·
τὸ δ' ὄφελος ὁποῖόν μοι; Πεσόντος τοῦ Πατρόκλου,
125 τὰ κάλλιστά τε ὅπλα μοι Ἕκτορος ἀφελόντος,
ἅπερ Πηλεῖ δεδώκασι δῶρα τῶν λαμπροτάτων
θεοί, ἀστέρες οὐρανοῦ, ἐξ ὧν τὰ εἱμαρμένα,
ἢ ἅπερ ἦσαν ἐκ χρυσοῦ, ἀργύρου καὶ τῶν ἄλλων
(ἑκάστῳ τῶν ἀστέρων γὰρ ἀνάκειταί τις ὕλη),
130 ἢ ἃ θεοί, καὶ βασιλεῖς, δεδώκασι Πηλεῖ,
ὅτε βροτοῦ ἀνέρος σε συνέζευξαν ἐν κοίτῃ·
τουτέστιν ὅταν τῷ Πηλεῖ θεὰ θνητῷ ἐζύγης,
ἤτοι ὅταν ἡ μήτηρ μου ἦ σοι ὁμωνυμοῦσα,

Homer, by giving, as we said, to Thetis, the sea,
the face of the mother of Achilles,
showed that this element is also subject to suffering,
and attached words which a mother would have said
to a son such as this, who was short-lived   110
and constantly saddened by successive sorrows.
And after she wailed shrilly, she held his head
and said: "This has been fulfilled by Zeus, as you prayed,
that thus by their ships the Greeks are slain by the Trojans."
This she said; and as Achilles mourned for Patroklos,   115
he heard the great bellowing of the sea,
knowing in his head, his thoughts, and his own mind
that this was destined to happen in this way,
just as he had earlier asked and prayed to happen;
he said to himself: "O supportive element   120
that always comes to my aid like a most dear mother,
I know well that the heavenly Destiny of the stars
fulfills my desire and thus routs the Greeks;
but what is my gain? Since Patroklos fell,
and Hektor took away my excellent arms,   125
those most splendid gifts given to Peleus
by the gods, the stars of the sky, from which Destiny
    <comes>,
either those gifts made of gold, silver and the rest
(for to each of the stars a certain substance is ascribed),
or which the gods, being also kings, gave to Peleus   130
when they joined you in marriage to a mortal man,
that is, when you, a goddess, were married to Peleus, a
    mortal,
that is, when my mother who has the same name as you,

ἡ Θέτις βασίλισσα, τοῦ Χείρωνος θυγάτηρ,
135 θνητῷ ἐζύγη τῷ Πηλεῖ καὶ κατωτέρας τύχης."
(Τοῦτο τὸ ἀλληγόρημα, καὶ σχῆμα δὲ τὸ τούτου
μετάβασις ὀνόματος πρὸς ὄνομα καλεῖται.)
"Ὡς ὄφελες, ὦ μῆτερ μοι, σὺ σὺν θεαῖς ἁλίαις
οἰκεῖν, ὁ δὲ Πηλεὺς θνητῇ πρὸς γάμον συζυγῆναι·
140 νῦν δ', ἵνα πένθος ἐν φρεσὶ καί σοι μυρίον εἴη
παιδὸς ἀποφθιμένοιο, τὸν οἴκοις οὐχὶ δέξῃ."
Τὸ 'ὄφελες' ὡς 'ὄφελε' τῇ μεταβάσει νόει,
'ἁλίας' νησιώτιδας ἢ παραθαλασσίας·
'θεὰς' τὰς βασιλίδας δέ φησι καὶ τὰς ἐνδόξους.
145 'Πηλεὺς ζυγῆναι δὲ θνητῇ τύχης τῆς κατωτέρας·
νῦν δ' ἵνα πένθος ἐν φρεσὶν εἴη καί σοι μυρίον,'
ἤτοι τῇ ὁμωνύμῳ σοι ἐκείνῃ τῇ μητρί μου.
Τὸ 'ἔζευξαι,' τὸ 'ἔζευκται' παρῆκε τοῖς ἐνθάδε
ἐλλειπτικῶς, μιμητικῶς, σχήματι τῶν πενθούντων.
150 Εἴτε καὶ οὕτω νόησον λέγειν τὸν Ἀχιλέα·
"Ὤφελε μὴ ἐγένετο ἄνθρωπος μηδὲ κόσμος.
Οὐ θέλω ζῆν, τὸν Ἕκτορα μὴ κτείνας τῷ δορί μου."
Θέτις δὲ δακρυχέουσα τάδε φησὶ πρὸς τοῦτον·
"Ὠκύμορος, ὦ τέκνον μοι, λοιπὸν οἷς λέγεις ἔσῃ·
155 μετὰ θανὴν γὰρ Ἕκτορος θνήσκεις καὶ σὺ εὐθέως."
Μέγα στενάξας πρὸς αὐτὴν ὁ Ἀχιλεύς φησι δέ·
"Αὐτίκα θάνοιμι κἀγώ." Ἀλλὰ σαφηνιστέον·
"οὐ θέλω ζῆν," ὡς εἴρηκε, "τὸν Ἕκτορα μὴ κτείνας,"
ὑδρομαντείας μέμνηται, ἥτις λαμπρῶς ἐδήλου
160 μετὰ τὴν Ἕκτορος σφαγὴν καὶ τοῦτον τεθνηκέναι·

Queen Thetis, the daughter of Cheiron,
married Peleus, a mortal, and thus of lower rank."   135
(That allegory and that figure of speech
are called a 'transition' from one name to another).
"Thus, you, my mother, should live among the sea goddesses,
and Peleus <should have> married a mortal woman;
but now, what immense grief you have in your heart   140
for your dead son, whom you will not welcome home!"

   Understand 'you should' as 'he should' because of
     transition,
and 'the sea' <as referring to> those of islands and coasts;
and he calls 'goddesses' the queens and women of high
     esteem.

    <The phrases> 'Peleus <should have> married a mortal   145
     woman of lower status' and
'now, what immense grief you have in your heart'
refer to my mother, who has the same name as you.
The words 'he married' and 'he had been married' <Homer>
     lay beside those words there
elliptically, mimetically, as if the words of those in mourning.
Or understand that Achilles was speaking thus: 150
"There ought to have been no humankind nor world.
I do not wish to live unless I kill Hektor with my spear."

   And Thetis, shedding tears, said this to him:
"So, my son, your words mean that you will die early;
after Hektor's death, you yourself will die immediately."   155

   And Achilles, sighing deeply, said to her,
"May I die immediately as well." But let me clarify:
when he said, "I do not wish to live unless I kill Hektor,"
he had in mind the water divination, which clearly showed
that after Hektor's slaying he too would die;   160

μέγα στενάξας δέ φησι· "Τεθναίην παραυτίκα."
Νῦν τὴν ὑδρομαντείαν τε καὶ λεκανομαντείαν,
ἐξ ἧς τὸ πᾶν ἐγίνωσκε, μητέρα λέγει τούτου.
'Κῆρα δ' ἐγὼ δεδέξομαι,' ἤτοι θανοῦμαι τότε,
165 'ὅταν ὁ Ζεὺς καὶ οἱ λοιποὶ θελήσωσιν ἀστέρες,
ἐξ ὧν ἀνθρώποις γίνεται πάντα τὰ πεπρωμένα.
Οὐδ' Ἡρακλῆς γὰρ ὁ στερρὸς ἐξέφυγε τὴν Μοῖραν,
ὅσπερ Διῒ τῷ ἄνακτι ὑπῆρχε πεφιλμένος·'
ἢ ἀστρολόγῳ τῷ Διῒ ἐκείνῳ στεφηφόρῳ
170 οὗ καὶ Ὀρφεύς που μέμνηται, εἴτε καὶ τῷ ἡλίῳ·
ἔργα κλεινὰ γὰρ καὶ λαμπρὰ ζῶν Ἡρακλῆς ἐτέλει.
Ἢ τῷ Διῒ καὶ οὐρανῷ φίλον τὸν ἄνδρα λέγει·
ἄριστος ἀστρολόγος γὰρ ὁ Ἡρακλῆς ὑπῆρχεν,
ὡς καὶ Ὀρφεὺς τοῖς Λιθικοῖς βοᾷ διαπυρσίως.
175 Οὕτω Διῒ τὸν Ἡρακλῆν νόει μοι πεφιλμένον,
τῇ Εἱμαρμένῃ δὲ αὐτὸν μὴ εἴπῃς πεφιλμένον·
πάνυ γὰρ τληπαθέστατον ἔζη τὸν βίον οὗτος,
ὑπ' Εὐρυσθέως τοῦ δειλοῦ κακούμενος ἀμέτρως.
Διῒ τῷ ἀστρολόγῳ δὲ καὶ βασιλεῖ μοι φίλον,
180 ἢ τῷ ἡλίῳ μάλιστα, τῷ οὐρανῷ δὲ φίλον,
τὸν Ἡρακλέα νόει μοι, ἄριστον ἄστρων λόγοις.
'Ἀλλά ἑ Μοῖρ' ἐδάμασε καὶ χόλος ὁ τῆς Ἥρας·'
ἀλλὰ καὶ ἄριστος τελῶν τοιοῦτος ἀστρολόγος
ὑπὸ τῆς Μοίρας τέθνηκε καὶ τῆς ὀργῆς τῆς Ἥρας.
185 Ὀργὴν τῆς Ἥρας δὲ ψυχῆς παρατροπὴν νῦν νόει.
Τῆς ὕδρας τῷ φαρμάκῳ γὰρ χιτῶνα κεχρισμένον
ἐπενδυθεὶς ὁ Ἡρακλῆς καὶ τῶν φρενῶν ἐκστὰς δέ,
αὐτὸν βαλὼν εἰς τὴν πυράν, ἐξέδραμε τοῦ βίου.

344

and, sighing deeply, he said, "May I die straightaway."
Here with "mother of this man" he means water divination
and dish divination, from which he knew everything.
'I will accept death,' that means I will die then,
'whenever this is willed by Zeus and the other stars,   165
from whom everything that is fated happens to men.
For not even the mighty Herakles escaped his Fate,
he who was beloved of lord Zeus,'
<meaning> either that crown-wearing astrologer Zeus
whom Orpheus mentions, or the sun;   170
for Herakles performed renowned and illustrious deeds
        while still alive.
Or he means that the man was dear to Zeus and the sky;
for Herakles was a great astrologer,
as Orpheus fiercely advocated in the *Lithika*.
Thus I tell you that Herakles was beloved of Zeus,   175
and you should not say that he was beloved of Destiny;
for he led a most miserable life,
greatly mistreated by the coward Eurystheus.
Understand from me that Herakles (the best according to
        the star signs)
was beloved of Zeus, the astrologer and king,   180
or indeed of the sun, and the sky.
'*But Fate overpowered him and* Hera's *wrath*,'
<meaning that> although he was such a perfect astrologer
he died because of Fate and Hera's anger.
I mean here that Hera's anger was an aberration of the soul.   185
For Herakles was driven out of his senses,
when he put on a garment imbued with Hydra's poison,
and throwing himself on the pyre, he ended his life.

345

Οὕτω φρενῶν τὴν ἔκστασιν χόλον νῦν Ἥρας νόει,
190 μὴ μέντοι τοῦ ἀέρος γε, ὅς, τικτομένου τούτου,
ὄντος μεγαλοσώμου δέ, δεινῶς βεβιασμένος,
δεκαμηναῖον δέδρακε τοῦτον ἀποτεχθῆναι,
τῷ Εὐρυσθεῖ δὲ ἄρχεσθαι τεχθέντι ἑπταμήνῳ.
'Τῆς μάχης δὲ μὴ ἔρυκε φιλοῦσα, οὔ με πείσεις.'
195 'Οἶδα ἐκ σοῦ, ὦ μάντευμα τῆς ὑδατομαντείας,
ὡς, εἰ ἀνέλω Ἕκτορα, κἀγὼ εὐθέως θνήσκω.
Ὅμως καλόν μοι πολεμεῖν· οὐ φιλοψυχητέον.'
Τούτῳ δ᾽ ἡ ἀργυρόπεζα Θέτις ἀνταπεκρίθη·
"Καλὸν τοῖς φίλοις βοηθεῖν, ὦ πεφιλμένον τέκνον·
200 ἀλλ᾽ ἄνευ ὅπλων οὐ χρεὼν εἰς μάχην ἐξιέναι·
ὁ Ἕκτωρ ὁ τρικόρυθος ἔχει γὰρ σοῦ τὰ ὅπλα.
Μικρὸν χρόνον καρτέρησον· εἰς πόλεμον μὴ χώρει,
ἕως ἐγὼ κομίσω σοι παρὰ Ἡφαίστου ὅπλα."
Εἰποῦσα ταῦτα τῷ υἱῷ, ταῖς Νηρηΐσι λέγει
205 στραφῆναι πρὸς τὴν θάλασσαν ταύτας καὶ τὸν Νηρέα.
Ἡ δὲ παρὰ τὸν Ἥφαιστον πρὸς Ὄλυμπον ἐχώρει.
Οὕτως ὥρμα πρὸς πόλεμον θυμῷ νενικημένος.
Ὡς ἐκ μητρὸς δὲ διδαχθείς, ὑγροῦ καὶ τῆς θαλάσσης,
ὅτι χειμῶνος νῦν καιρός, οἱ Ἕλληνες δ᾽ ἡττῶνται,
210 καὶ μόνον, ἄοπλον, Τρωσὶ μάχην οὐ χρὴ συνάπτειν,
αὐτὸς αὑτῷ ἐπίσχεσιν μάχης ποιεῖσθαι λέγει
ἔστ᾽ ἂν αὐτῷ κομίσωσιν ὅπλα διὰ θαλάσσης,
ἐκ τοῦ πυρὸς ἀρτιτευχῆ καὶ καινουργὰ καὶ νέα.
Οὕτω περὶ τῶν ὅπλων μὲν ὁ Ἀχιλεὺς ἐσκόπει,
215 καὶ δή τινας ἀπέσταλκεν εἰς ὁπλουργοὺς Λημνίους,

Thus understand that his madness is Hera's wrath,
not, however, of the air, which, at Herakles's birth,   190
was terribly compressed, because he was large-bodied,
and caused him to be born after ten months,
so that Eurystheus, born at seven months, should rule.
    'Although you love me, *keep me not from battle, you will not
        convince me.'*
<This means> 'I know from you, O oracle of water   195
        divination,
that if I kill Hektor, I too will die immediately.
But it is good for me to fight; one must not hold life too
        dear.'
    To him, silver-footed Thetis answered:
"It is good to help your friends, my beloved son;
but you should not go out to battle without weapons;   200
Hektor with the triple-crested helmet has your arms.
Wait a short while; don't go to war,
until I bring you arms made by Hephaistos."
Having said this to her son, she tells the Nereids
that they and Nereus should return to the sea.   205
And she went to Hephaistos on Olympos.
    Thus he started to rush into battle, overcome by his anger.
But since he was told by his mother, water and the sea,
that the Greeks were losing because now it was winter,
and he, alone and unarmed, should not join battle with the   210
        Trojans,
he decided to refrain from combat
until they brought him armor from across the sea,
just wrought by fire and brand new.
Thus Achilles was waiting for armor,
and indeed he sent some men to Lemnian armorers,   215

347

ἢ πρὸς ἑτέραν νῆσον δέ, εἴτε καὶ χώραν ἄλλην,
ἐξ ἧς καὶ ἀπεκόμισαν οἷα τὰ ὅπλα τούτῳ,
παντὸς τοῦ κόσμου φέροντα ποικίλμασιν εἰκόνα.

Ἡ θάλασσα δ᾽ ὑπέστρεψε πάλιν αὐτῆς εἰς κοίτην,
220 αἱ Νηρηΐδες εἰς αὐτῶν τὸν γέροντα πατέρα,
ἡ Θέτις δέ, λεπτότερον ὂν εὐθεσίας ὕδωρ
συγκρατικόν τε τοῦ θερμοῦ, πρὸς οὐρανὸν ἀνῆλθεν.

Οἱ Τρῶες δὲ τοὺς Ἕλληνας αὖθις ἐνίκων μάχῃ,
μικροῦ δεῖν ἂν καὶ Πάτροκλον καθείλκυσαν εἰς Τροίαν,
225 εἰ μή που τότε Ἀχιλεὺς τὴν ἀερίαν Ἶριν,
ἔνυδρον νέφος προσλαβὸν ἀνάκλασιν ἡλίου,
ἰδὼν συνῆκε πόλεμον βαρύτατον κροτεῖσθαι.

Καὶ καλυφθεὶς τῇ κεφαλῇ συνάμα καὶ τοῖς ὤμοις
σκέπασμά τι μηχανητόν, κατοπτρικόν, φρονήσει,
230 πῦρ ταῖς ἀντανακλάσεσι προσπέμπον τοῦ ἡλίου,
ὅπερ ἐπένδυσίν φησιν αἰγίδος ὑπ᾽ Ἀθήνης,
καὶ ἄκων πρὸς τὸ τάφρευμα στάς, καὶ βοήσας μέγα
Τρῶας μὲν τρέπει πρὸς φυγήν, Πάτροκλον δὲ λαμβάνει.

Ὁ ἥλιος ἀέκων μὲν Ἥρας κελεύσει ἔδυ,
235 τῷ τοῦ ἀέρος ζοφερῷ καὶ πρόωρος ἐκρύβη,
τῆς μάχης δ᾽ ἀπεπαύθησαν Ἕλληνές τε καὶ Τρῶες·
Τὴν Πολυδάμαντος βουλὴν ἑῶ νῦν παρεγγράφειν.

Ὁ Ζεὺς καὶ ὁ τοῦ Κρόνου δὲ παῖς τοῦ ἀγκυλομήτου,
οὓς πρὸς τὸν Πολυδάμαντα ὁ Ἕκτωρ τὰ νῦν λέγει,
240 ἡ σκοτεινὴ καὶ ἄδηλος στρεβλή τε Εἱμαρμένη.

Φρένας τῶν Τρώων ἡ Παλλὰς ἐξείλετο Ἀθήνη,
τουτέστιν ἠφρονεύσαντο αἰνέσαντες τὰ χείρω.

or to another island, or to another land,
from which they brought him back such weapons,
depicting the entire world with manifold adornments.

   The sea returned to its bed;
the Nereids went back to their old father,   220
while Thetis, the more refined water of good condition
and combined with heat, went up to the heavens.

   The Trojans were defeating the Greeks in battle again,
and would almost have dragged Patroklos to Troy,
if Achilles had not seen airy Iris,   225
a moist cloud receiving the reflection of the sun,
and understood that a grievous battle was in progress.
He prudently covered his head and his shoulders
with an artful cowl, mirror-bright,
emitting fire through the reflections of the sun,   230
which overgarment he calls the aegis given by Athena,
and, unwillingly standing above the ditch, and shouting
      loudly,
he put the Trojans to flight and took back Patroklos.

   The sun unwillingly set at Hera's command,
and hid itself before its time in the darkness of the air,   235
and the Greeks and the Trojans stopped fighting.
I here leave unwritten Polydamas's counsel.

   Zeus, who is the son of Kronos of crooked counsel,
the <words> which Hektor says now to Polydamas,
is dark, obscure, and twisted Destiny.   240

   Pallas Athena robbed the Trojans of their wits,
that is, they lost their senses and made the worst decision.

Ζεὺς δὲ ὁ πᾶν τὸ νόημα μὴ συμπληρῶν ἀνθρώποις
ἡ Εἰμαρμένη πέφυκεν. Ὁ Ζεὺς δ᾽ ὁ μετὰ τοῦτον,
245 ὅσπερ φησὶ πρὸς ἀδελφὴν καὶ σύζυγον τὴν Ἥραν,
ζάλη τοῦ νεφελώδους τε καὶ τοῦ λεπτοῦ ἀέρος,
ἃ ἀδελφά τε πέφυκε, ταὐτῷ τε τόπῳ κεῖται.
Ἐπεὶ λεπτοῦ ἀέρος τε καὶ ἴριδος φανείσης
μικρὸν φανεὶς ὁ Ἀχιλεὺς νενίκηκε τοὺς Τρῶας,
250 μετὰ βραχὺ δὲ ζάλη τις γέγονε τοῦ ἀέρος
τοῦ νεφελώδους τε αὐτοῦ καί γε τοῦ λεπτοτέρου.
Τὸ νεφελῶδες μὲν ὑγρὸν ὁ Ὅμηρος ὡς Δία,
αὐτὸ δὲ τὸ λεπτότερον ὡς Ἥραν παρεισφέρων,
ἐν προσωποποιΐᾳ νῦν καὶ λόγους περιάπτει,
255 ὑψῶν, γλυκάζων ἅμα τε τὸ εὐτελὲς τοῦ λόγου.
Οὕτω τοιαῦτα ἔλεγον ὁ Ζεύς τε καὶ ἡ Ἥρα,
οὕτω δὲ Ἥραν ὁ ἀὴρ ὁ ἔννεφος ἐκλόνει.
Ἀντέτεινεν ἡ Ἥρα δὲ τούτῳ σὺν παρρησίᾳ,
ἤγουν ἤδη τὸ αἴθριον ἐνίκα τὸ νεφῶδες.
260 'Ἡφαίστου δόμον δ᾽ ἵκανεν ἡ Θέτις ἡ λευκόπους,'
τὸ εὐθεσίας ὕδωρ δέ, φημὶ τὸ νεφελῶδες,
ὃ ἀνιμώμενον κιρνᾷ τὸ φλογερὸν ἀέρος
(τοῦ ὕδατος τὰ ἄκρα δὲ πάντως τῶν λευκοχρόων)
μέλλον πρὸς πῦρ μεταβαλεῖν, πρῶτον ἐξηθερώθη,
265 εἶτα πρὸς πῦρ μετέβαλεν. Ἀλλά σοι νῦν φραστέον
πρῶτα τοῦ νῦν χωρίου μὲν πᾶν τὸ τοῦ μύθου ὕφος,
εἶτ᾽ ἀλληγορητέον μοι πραγματικῶς τὸν μῦθον
εἰς Ἀχιλέα τὸν υἱὸν τοῦ Θετταλοῦ Πηλέως,
εἶτα στοιχειακώτατα τοῖς περὶ κόσμου λόγοις
270 εἰς Ἀχιλέα τὸν υἱὸν Πηλέως, ἤτοι κόσμου.

Zeus who does not fulfill men's every intention
is Destiny. But the second Zeus,
who speaks to his sister and wife, Hera,   245
the storm of the cloudy and thin air,
which are siblings, lies in the same place.
When the thin air and Iris appeared,
Achilles appeared briefly and defeated the Trojans,
and a little later a storm of this cloudy   250
and most thin air occurred.
Homer introduces the cloudy moisture as Zeus,
and the thinner <part of the air> as Hera,
and here puts words into their mouths, as characters,
elevating while also sweetening the worthless aspects of his   255
    account.
Thus Zeus and Hera were saying such things,
thus the cloudy air was agitating Hera.
Hera replied to him frankly,
that is, the bright weather defeated the cloudy one.
'White-footed *Thetis came to Hephaistos's house,*'   260
that is, the water of good condition, I mean the cloudy
    weather,
which evaporated as it mixed with the blazing air
(the edge of the water was completely white),
as it was about to change into fire, first changed into ether,
then into fire. But here I must tell you   265
first the entire plot of the story in this passage,
then, I should allegorize historically the story
about Achilles, the son of Thessalian Peleus,
then <allegorize it> as the elements in an account
    concerning the world,
about Achilles the son of Peleus, that is, of the world.   270

Δεινῶς πολέμῳ τοῖς Τρωσὶν Ἑλλήνων ἡττωμένων,
τὴν πανοπλίαν Πάτροκλος ἐνδὺς τοῦ Ἀχιλέως
τὸν Σαρπηδόνα καὶ λοιποὺς κτείνει τοῦ Τρώων γένους.
Ἕκτωρ δὲ τοῦτον ἀνελών, δεσπόζει καὶ τῶν ὅπλων.
275 Θρηνοῦντος τοῦ Ἀχιλέως δὲ τῇ τελευτῇ Πατρόκλου,
οἰκτρῶς μέγα κωκύσασα Θέτις ἡ τοῦ Νηρέως
σὺν Νηρηΐσιν ἀδελφαῖς ἐξῆλθε τῆς θαλάσσης·
παρηγορεῖται τοῦτον δέ, παῖδα τελοῦντα ταύτης,
εἴργει τε τοῦτον ἄοπλον ἐκβῆναι πρὸς τὴν μάχην,
280 ἕως αὐτῷ κομίσειε παρὰ Ἡφαίστου ὅπλα.
Καὶ Νηρηΐσι λέγει μὲν ἐλθεῖν πρὸς τὸν Νηρέα,
αὐτὴ πρὸς τὴν Ἡφαίστου δὲ παρέδραμεν οἰκίαν,
καὶ τοῦτον περὶ φύσας μὲν εὗρεν ἠσχολημένον.
Ἐχάλκευε γὰρ τρίποδας εἰκοσαρίθμους μέτρῳ,
285 ἵστασθαι τούτους μέλλοντας τοίχῳ τερπνοῦ μεγάρου·
χρυσοῦς τροχοὺς ἑκάστῳ δὲ ὑπέθετο πυθμένι,
ὡς εἰς ἀγῶνα θεῖον μὲν αὐτόματοι κινοῖντο
καὶ πάλιν ὑποστρέφοιεν, θαῦμα φρικτὸν καὶ μέγα.
Οὗτοι μὲν ἐξειργάζοντο, οὔπω δὲ εἶχον ὦτα,
290 ταῦτα κατασκευάζοντος τότε δὲ τοῦ Ἡφαίστου.
Χάρις ἡ τούτου σύζυγος τὴν Θέτιν κατιδοῦσα,
χειρὶ λαβοῦσα φιλικῶς ἐνδότερον εἰσάγει,
καὶ ἀργυρέῳ θρόνῳ δὲ ταύτην ἐγκαθιδρύει,
καλεῖ δὲ καὶ τὸν Ἥφαιστον, ὅς, κατιδὼν τὴν Θέτιν,
295 φησίν· "Εἰς οἶκον τὸν ἐμὸν ἦλθεν ἢ ἔσωσέ με,
ἀνθ᾽ ὧν ἡ μήτηρ ἔκρυπτε χωλόν με γεννηθέντα,
ῥιφέντα καὶ παθόντα δ᾽ ἂν ἐλεεινὰ μυρία,
εἴπερ μὴ ὑπεδέξατο ἡ Θέτις με τοῖς κόλποις

As the Trojans were terribly defeating the Greeks,
Patroklos, after putting on Achilles's armor,
killed Sarpedon and others of the Trojan race.
But Hektor, after killing him, seized his armor as well.
While Achilles was mourning Patroklos's death,   275
Thetis, the daughter of Nereus, wailed loudly and piteously,
and came out of the sea with her sisters the Nereids;
she consoled him, for he was her son,
and prevented him from entering the battle unarmed,
until she could bring him armor from Hephaistos.   280
And she told the Nereids to go to Nereus,
while she herself ran to Hephaistos's house,
and found him occupied with a pair of bellows.
For he was forging tripods, twenty in number,
destined to stand on the wall of his delightful palace;   285
and he was putting golden wheels on each leg,
so they could move of their own accord in a divine contest
and return again, an awesome and great wonder.
These were being finished, but had no handles yet,
since Hephaistos was constructing them right then.   290
Charis, his wife, seeing Thetis,
took her hand in a friendly manner and led her inside,
seated her on a silver throne,
and called Hephaistos who, at the sight of Thetis,
said: "To my house has come the woman who saved me,   295
when my mother concealed that I was born lame,
and I was thrown down and would have suffered countless
        pitiable woes,
if Thetis had not received me in her bosom

καὶ παῖς ἡ Εὐρυνόμη δὲ Ὠκεανοῦ κυκλόρρου.

300 Αἶσπερ ἐχάλκευον πολλὰ ἐνναετῆ πρὸς χρόνον,
περόνας, κάλυκας, γναμπτὰς καὶ ἕλικας, καὶ ὅρμους,
ἐν γλαφυρῷ τῷ σπέϊ μέν· ὠκεανὸς δὲ ἔρρει.
Οὕτω μοι Θέτιδι χρεὼν ζωάγρια παρέχειν."
Οὕτως εἰπὼν παμμέγιστος ὁρμᾷ τοῦ ἀκμοθέτου

305 χωλεύων, ἀπὸ δὲ πυρὸς ἀπέθετο τὰς φύσας,
εἰς ἀργυρᾶν δὲ λάρνακα συνέλεξε πᾶν ὅπλον·
σπόγγῳ δὲ σύμπας φαιδρυνθεὶς ἐνδύεται χιτῶνα,
σκῆπτρον λαβὼν δὲ στιβαρὸν ἐξέδραμε χωλεύων.
Ὥρμων δ' εἰς τούτου πλάγιον χρυσαῖ θεραπαινίδες

310 ζωαῖς οὖσαι νεάνισι πάνυ ὠμοιωμέναι,
αἷς νοῦς, φωνὴ καὶ δύναμις, καὶ γνῶσις ἔργων θείων.
Αἱ μὲν προεπορεύοντο· οὗτος δ' ἐλθὼν κατόπιν,
πλησίον ἷζε Θέτιδος ἐν φαεινῷ τῷ θρόνῳ·
ἧς τῆς χειρὸς ἀψάμενος, ἤρετο τί δὴ θέλοι.

315 Τὰς συμφορὰς δὲ τὰς αὑτῆς ταύτης οἰκτισαμένης,
ὡς τῷ Πηλεῖ τῷ Αἰακοῦ ἀκοῦσα συνεζύγη,
καὶ οὗτος γήρει κεῖται μὲν ἐν οἴκοις βεβλαμμένος,
ὁ παῖς δὲ ταύτης Ἀχιλεὺς λελύπηται μυρία,
ὅπλων τε δεῖται συσκευῆς, ἄοπλος ὑπηργμένος,

320 εὐθὺς ἐξεργασάμενος ἣν πανοπλίαν γράφει,
δίδωσι ταύτης τῷ υἱῷ αὐτὴν ἀποκομίσαι.

Τὴν μὲν τοῦ μύθου σύμπασαν ὑφὴν νῦν ἠκηκόεις·
ἤδη πρὸς Ἀχιλέα δὲ τὸν Θετταλὸν ἐκεῖνον
πραγματικῶς, ῥητορικῶς ἀλληγοροῦντος, πρόσχες.

325 Ὁ μὲν Φθιώτης Ἀχιλεύς, ὁ στρατηγὸς ἐκεῖνος,
παῖς Θέτιδος τῆς Χείρωνος ὑπῆρχε καὶ Πηλέως·

with Eurynome, daughter of Okeanos who flows in a circle.
For these women I forged many objects for nine years,   300
brooches, earrings, bracelets and armlets, and necklaces,
in a deep cave; and the ocean was flowing all around.
Thus I must reciprocate Thetis for saving my life."
So speaking, huge, he rushed from the anvil block
limping, and put his bellows away from the fire,   305
and gathered every weapon into a silver chest;
and after cleaning all his body with a sponge, he put on a
       tunic,
and taking a stout staff he hurried forth limping.
By his side golden handmaids rushed along,
made very much like living young girls, who had   310
a mind, voice, and strength, and knowledge of divine works.
They went ahead of him; and he, coming after them,
sat next to Thetis on a shining throne;
taking her hand, he asked her what she wanted.
And after she lamented her misfortunes, how   315
she was yoked unwillingly in marriage with Peleus, Aiakos's
       son,
who was <now> lying at home afflicted by old age,
and her son Achilles was distressed by countless woes,
and was in need of weapons and armor, being unarmed,
immediately he completed the armor which <Homer>   320
       describes,
and gave it to her to convey to her son.

   Here you have heard the entire plot of the story;
now learn about that Thessalian, Achilles,
historically, as I allegorize it rhetorically.

   Achilles the Phthian, that general,   325
was the son of Thetis, daughter of Cheiron, and Peleus;

355

λέγεται δὲ καὶ Θέτιδος παῖς εἶναι, τῆς θαλάσσης,
δι᾽ ἃς αἰτίας ἐν πολλοῖς ἐγράψαμεν τοῖς τόποις.
Ἐπεὶ δὲ καί, τὸν Πάτροκλον νεκρὸν ὀδυρομένου,
330 ἤχῳ βρασθῆναι πρὸς τὴν γῆν τὴν θάλασσαν συνέβη,
καὶ πάλιν ὥσπερ γοερὸν τότε μυκησαμένην
παλινδρομῆσαι πρὸς αὐτῆς τὴν κοίτην καὶ τὴν θέσιν,
τὸ ταύτης δὲ λεπτότερον κεραστικόν τε ὕδωρ,
ὃ εὐθεσίας αἴτιον, ὃ καὶ κυρίως Θέτις,
335 πρὸς οὐρανὸν ἀναδραμεῖν καὶ ἐξαιθερωθῆναι,
καὶ εὔδιον κατάστημα τότε γενέσθαι οὕτω·
ἐν ᾧ καιρῷ καὶ πλεύσαντές τινες τῶν Μυρμιδόνων
ἢ πρὸς Λημνίους ὁπλουργούς, ἢ πρὸς ἑτέραν χώραν,
διὰ θαλάσσης ἔφερον ὅπλα ὁποῖα τούτῳ,
340 ἐκ τοῦ πυρὸς ἀρτιτευχῆ καὶ καινουργὰ καὶ νέα,
οἵων μὲν Ὅμηρός φησιν ὑλῶν ἐξειργασμένα,
χαλκοῦ καὶ κασσιτέρου μέν, χρυσίου καὶ ἀργύρου,
παντὸς δὲ κόσμου φέροντα ποικίλμασιν εἰκόνα,
οὗ πέρι φυσικεύεται ὁ Ὅμηρος, ὡς δείξω.
345 Ἐμύθευσαν ὡς Πάτροκλον θρηνοῦντος Ἀχιλέως,
ἡ μήτηρ Θέτις ἐξ ἁλὸς ἦλθε σὺν Νηρῆϊσι·
παρηγορησαμένη τε ὅσα χρεὼν μητέρα,
ἐπεὶ καὶ ἄοπλος ὁ παῖς ταύτης ὑπῆρχε τότε,
ταῖς Νηρῆϊσι λέγει μὲν παλινδρομεῖν θαλάσσῃ,
350 αὐτὴ δέ, πρὸς τὸν Ἥφαιστον εἰς οὐρανὸν ἐλθοῦσα,
ὅπλα κατήνεγκεν αὐτῷ, θάμβος ἀνθρώποις ξένον.
    Τὴν Ἀχιλέως Θετταλοῦ πᾶσαν ἀλληγορίαν,
τῆς παρηγόρου Θέτιδος καὶ τῆς ὁπλοποιΐας,
ἔχεις καλῶς μοι σύμπασαν νῦν ἠλληγορημένην·

he is also said to be the son of Thetis, the sea,
for reasons we have recorded in many passages.
And when, as he was lamenting the dead Patroklos,
it happened that the sea surged loudly across the land,   330
and, as if she had then bellowed mournfully,
she returned again to her bed and her <original> position,
her thinner and mingled water,
the cause of her good condition, which is called Thetis,
returned to the sky and evaporated,   335
and thus became then clear weather;
during this time some of the Myrmidons, having sailed
either to Lemnian armorers, or to another land,
brought him from across the sea weapons of such quality,
just wrought from the fire, and brand new,   340
made of such materials, Homer says, as
bronze and tin, gold and silver,
depicting all the world with manifold adornments,
about which Homer spoke like a natural philosopher, as I
    will show.
They told the tale that, as Achilles was lamenting Patroklos,   345
his mother Thetis came with the Nereids out of the sea;
consoling him as a mother should,
since her son was also then unarmed,
she told the Nereids to go back to the sea,
and she, going to Hephaistos in the heavens,   350
brought down for him arms, a wondrous marvel for men.
    The entire allegory of Achilles the Thessalian,
of consoling Thetis and the weapon making,
you here have from me nicely allegorized in entirety;

355 πρὸ γὰρ βραχέος ἔφημεν πάντα λεπτολογοῦντες
μέχριπερ οὗ ἀνέτρεχε πρὸς Ἥφαιστον ἡ Θέτις,
νῦν δ' ἐκ τῆς ἀνελεύσεως ἔφημεν ἄχρι τέλους·
ὅμως ἐπιτομώτερον καὶ πάλιν μοι ῥητέον.
  Τοῦ Ἀχιλέως Πάτροκλον νεκρὸν ὀδυρομένου
360 ἐξέδραμεν ἡ θάλασσα μυκήματι βιαίῳ,
ἣν καὶ μητέρα Ὅμηρος τοῦ Ἀχιλέως λέγει,
καὶ θρήνους περιτίθησι καὶ λόγους παρηγόρους,
δεικνὺς ὅτι παθαίνεται τοῦτο καὶ τὸ στοιχεῖον.
  Καὶ Ἀχιλέως κεφαλῆς λέγει λαβέσθαι ταύτην,
365 εἰπεῖν τε ὅτι, "Εἴμαρτο ταῦτά σοι γεγονέναι,
ὥσπερ ἐπηύχου τοῖς Τρωσὶν Ἕλληνας ἡττηθῆναι·"
ἤτοι συνεὶς ὁ Ἀχιλεὺς εἰς λογισμὸν οἰκεῖον,
ἐκ πρὶν ὑδρομαντείας τε καὶ τοῦ συμβάντος τότε,
ὅτι χειμῶνι Ἕλληνες ἡττήσουσι τοὺς Τρῶας,
370 ὡς καὶ αὐτὸς ἐπηύχετο, πρὸς ἑαυτὸν ἦν λέγων·
  "Ὦ συνεργὸν στοιχεῖον μοι δίκην μητρὸς φιλτάτης,
  ποῖον ἐμοὶ τὸ ὄφελος Ἑλλήνων ἡττημένων;
  Ἐπεὶ καὶ Πάτροκλος νεκρὸς νῦν σὺν ἐκείνοις κεῖται,
  Ἕκτωρ τὰ ὅπλα δ' ἔλαβεν, ἄπερ ἡ Εἱμαρμένη
375 εἴτε θεοὶ καὶ βασιλεῖς δεδώκασι Πηλέϊ,
  θνητῷ καὶ κατωτέρας δὲ τῆς τύχης ὑπηργμένῳ,
  ὅτε τὴν σοῦ ὁμώνυμον, τοῦ Χείρωνος τὴν Θέτιν,
  τὴν βασιλίδα καὶ θεὰν ἐλάμβανε πρὸς γάμον"
  (μετάβασις ὀνόματος καλεῖται δὲ τὸ σχῆμα),
380 "ἢ ἄπερ ὅπλα ἦν χρυσοῦ τε καὶ ἀργύρου
  καὶ τῶν λοιπῶν δὲ τῶν ὑλῶν ἅσπερ θεοὶ δωροῦνται·
  τῶν πλανήτων ἑκάστῳ γὰρ ἀνάκειταί τις ὕλη,

for a short while ago we recounted everything in detail   355
up to the point where Thetis ran to Hephaistos, and
here we have recounted events from her ascent to the end;
but now I should again speak more briefly .

  When Achilles was lamenting the dead Patroklos,
with a violent roar the sea surged forth,   360
which Homer also calls the mother of Achilles,
inserting her laments and consoling words,
showing that this element suffers also on his account.
And he says that she took Achilles's head,
and said: "These things were destined to happen to you,   365
since you prayed for the Trojans to defeat the Greeks";
that is, Achilles understood in his mind
from his previous water divination and what happened then,
that the Greeks would defeat the Trojans in the winter,
as he also prayed, saying to himself: 370
"O element allied with me like a most dear mother,
what have I gained by the Greek defeat?
For Patroklos lies dead with them now,
and Hektor has taken the arms, which Destiny
or the gods who are also kings gave to Peleus,   375
who was a mortal and of lower status,
when he received in marriage your namesake,
Thetis, daughter of Cheiron, the queen and goddess"
(the figure of speech is called 'transition'),
"or those very weapons of gold and silver   380
and other materials which the gods give as presents;
for to each of the planets is ascribed a certain substance,

καθάπερ τερατεύονται παῖδες τῶν ἀστρολόγων.

Ὡς ὄφελεν ἡ μήτηρ μου, τοῦ Χείρωνος ἡ Θέτις,

385 ἡ νησιῶτις βασιλὶς ἢ παραθαλασσία"

(τοῦτο γὰρ νῦν ἐστι θεά), "Πηλεῖ μὴ συμφθαρῆναι

θνητῷ καὶ κατωτέρας δὲ τῆς τύχης ὑπηργμένῳ"

(ἤγουν, ὡς ὄφελον, φησίν, ὅλως μὴ γεννηθῆναι),

"νῦν δ', ἵνα πένθος δι' ἐμὲ καὶ σὺ μυρίον ἔχῃς,

390 τὸν ὃν οὐχ ὑποδέξῃ με τῇ Τροίᾳ τεθνηκότα"

(λείπει, "συνήφθης τῷ Πηλεῖ καὶ δυστυχῶς γεννᾷς με").

"'Επεὶ δὲ καὶ ὁ Πάτροκλος τανῦν μοι ἀνῃρέθη,

οὐ θέλω ζῆν, τὸν Ἕκτορα μάχῃ μὴ κατακτείνας."

Θέτιδος δέ, "Μεθ' Ἕκτορα ταχὺ θνήσκεις," εἰπούσης,

395 μνησθεὶς ὑδρομαντείας τε τοῦτο προδηλωσάσης,

ὡς καὶ αὐτὸς μετὰ σφαγὴν Ἕκτορος θνήσκει τάχος,

μέγα στενάξας ἔλεξε· "Τεθναίην παραυτίκα,

ὅταν ὁ Ζεὺς καὶ οἱ λοιποὶ ἐκλώσαντο ἀστέρες,

ἐξ ὧν ἀνθρώποις γίνεται πάντα τὰ πεπρωμένα.

400 Οὐδ' Ἡρακλῆς ὁ φίλος γὰρ Διΐ τῷ ἀστρολόγῳ

ἢ τῷ ἡλίῳ νῦν Διΐ, ἢ καὶ τῷ οὐρανῷ δέ,"

(ἔργα κλεινὰ γὰρ καὶ λαμπρὰ ζῶν Ἡρακλῆς ἐτέλει,

καὶ οὐρανῷ δὲ φίλος ἦν, ὡς ἀστρολόγος οἷος),

"τὴν κῆρα καὶ τὸν θάνατον ἐξέδραμε τῇ τέχνῃ.

410 *Ἀλλά ἑ Μοῖρ' ἐδάμασε καὶ χόλος ὁ τῆς Ἥρας·*

παρατραπεὶς γὰρ τῶν φρενῶν ὕδρας φαρμάκου χρίσει

αὐτὸν εἰς πῦρ ἐνέβαλε Κηναίῳ τῆς Εὐβοίας.

just as in the marvels told by the race of astrologers.
As my mother, Thetis the daughter of Cheiron,
the islander queen or queen by the sea"   385
(for the goddess is meant here), "should not die
along with Peleus who was a mortal of lower status"
(that is, he says, as I ought not to have been born),
"now, so that you also have immense grief because of me,
whom you will not greet again, since I will have died at Troy" 390
(he omits, "you were joined with Peleus and unfortunately
    gave birth to me").
"And because Patroklos has now been killed for me,
I do not wish to live, as I did not kill Hektor in battle."
    When Thetis said: "You will die soon after Hektor,"
he, remembering the water divination that had predicted   395
    this,
that he would also die soon after Hektor's slaying,
sighed deeply and said: "May I die at once,
whenever Zeus and the other stars, from which comes all
that is fated for men, have spun the thread of Destiny.
For not even Herakles, the friend of Zeus the astrologer,   400
or of Zeus the sun, or even of the sky"
(for Herakles, while alive, performed famous and illustrious
    deeds,
and was a friend of the sky, being an astrologer of such
    quality),
"not even he escaped death and destruction through his skill.

But Fate and Hera's *wrath overpowered* him;   410
for, having lost his senses from contact with Hydra's poison,
he threw himself into the pyre at Mount Kenaion on
    Euboia.

Οὕτως, ὦ μῆτερ, κἂν φιλῇς, μάχης μὴ κάτειργέ με.

Οἶδα ἐκ σοῦ, ὦ μάντευμα τῆς ὑδατομαντείας,

415 ὅτι, κτανὼν τὸν Ἕκτορα, θνήσκω κἀγὼ συντόμως·

ὅμως χρεών μοι πολεμεῖν, καὶ βοηθεῖν τοῖς φίλοις."

Τῷ δὲ ἡ ἀργυρόπεζα Θέτις ἀνταπεκρίθη·

ὁ Ὅμηρος ὁ πάνσοφος παίζων συμπλάττει λόγους.

Εἰποῦσα Νηρηῖσί τε στραφῆναι πρὸς Νηρέα,

420 εἰς οὐρανὸν πρὸς Ἥφαιστον ὅπλα χωρεῖ κομίσαι.

Οὕτως ὥρμα πρὸς πόλεμον ὁ Ἀχιλεύς, ὡς ἔφην.

Ὡς ἐκ μητρὸς δὲ διδαχθείς, ὑγροῦ καὶ τῆς θαλάσσης,

ὅτι, χειμῶνος νῦν καιρός, οἱ Ἕλληνες ἡττῶνται

καὶ μόνον, ἄοπλον, οὐ χρὴ πρὸς μάχην ἐξιέναι,

425 αὐτὸς αὐτῷ ἐπίσχεσιν μάχης ποιεῖσθαι λέγει,

ἕς τ᾽ ἂν αὐτῷ κομίσωσιν ὅπλα διὰ θαλάσσης,

ἐκ τοῦ πυρὸς ἀρτιτευχῆ καὶ καινουργὰ καὶ νέα.

Ἐπεὶ δέ, τῆς θαλάσσης μὲν τῆς ἐξελθούσης τότε,

τὸ ὕδωρ τὸ βαρύτερον πάλιν ἀνθυπεστράφη,

430 αἱ Νηρηΐδες πρὸς τὸν σφῶν πατέρα τὸν Νηρέα,

τὸ δὲ λεπτομερέστερον καὶ εὐθεσίας ὕδωρ,

συγκρατικόν τε τοῦ θερμοῦ, πρὸς οὐρανὸν ἀνῆλθεν,

ὃ Θέτιδος ἀνέλευσις πρὸς οὐρανὸν καλεῖται,

ἤγουν αἰθρία γέγονεν ἐν οὐρανῷ εὐδία,

435 στέλλει ναυσὶν ὁ Ἀχιλεὺς ὅπλα τινὰς ὠνεῖσθαι.

Ἑλλήνων ἡττωμένων δὲ Τρωσὶ βιαιοτάτως,

ὁ Ἀχιλεὺς ἐξ Ἴριδος βαρεῖαν γνοὺς τὴν μάχην,

καὶ πρὶν κομίσαι πρὸς αὐτὸν ὅπλα τοὺς ἐσταλμένους,

ὡς πτοηθεὶς μὴ Πάτροκλος νεκρὸς Τρωσὶ ληφθείη,

440 σκέπῃ τινὶ συγκαλυφθεὶς τὴν κεφαλὴν καὶ ὤμους,

So, mother, although you love me, do not keep me from
    battle.
I know from you, O oracle of water divination,
that, after I kill Hektor, I will also die soon;   415
but I must go to war and help my friends."
    Silver-footed Thetis responded to him.
Homer the most wise playfully crafted words together.
After telling the Nereids to return to Nereus,
she went to Hephaistos in heaven to bring back weapons.   420
Thus Achilles started to rush to war, as I said.
But as he was instructed by his mother, moisture and the sea,
that, now, it being winter, the Greeks would be defeated
and he should not go out to battle alone, unarmed,
he told himself to hold back from the battle,   425
until they should bring him armor from across the sea,
just wrought from fire, and brand new.
    And when, after the surge of the sea,
the heavier water turned back again,
that is, the Nereids returned to their father Nereus,   430
and the more refined water of good condition,
mixed together with the warmth, went up to the sky
(which is called the ascent of Thetis to the sky),
that is, clear and fair weather reached across the sky,
Achilles sent some men in ships to buy arms.   435
When the Trojans defeated the Greeks most forcefully,
Achilles, learning from Iris that the battle was fierce,
and before his emissaries brought arms to him,
anxious that the Trojans not take Patroklos's corpse,
covered his head and shoulders with a cowl,   440

ἐξ ἧς, ἐκ μηχανήματος, ὁ φρόνησις, Ἀθήνη,
πῦρ ταῖς ἀντανακλάσεσιν ἔλαμπε τοῦ ἡλίου·
ὡς πρὸς τὴν τάφρον ἐξελθὼν καὶ τρὶς βοήσας μέγα,
τρέπει τοὺς Τρῶας πρὸς φυγήν, Πάτροκλον δὲ λαμβάνει.

445 Ἡλίου ἀκουσίως δὲ δύντος βουλαῖς τῆς Ἥρας,
τῷ τοῦ ἀέρος ζοφερῷ προώρου κεκρυμμένου,
τῆς μάχης ἀπεπαύθησαν Ἕλληνές τε καὶ Τρῶες.

Ὁ Ζεὺς καὶ ὁ τοῦ Κρόνου δὲ παῖς τοῦ ἀγκυλομήτου,
ἡ σκοτεινὴ καὶ ἄδηλος, στρεβλή τε Εἱμαρμένη.

450 Ταῦτα καὶ τἄλλα καθεξῆς κάλλιστα προεγράφη,
μέχρις ἐκείνων τῶν ἐπῶν ὧνπερ ὁ νοῦς τοιόσδε.

Ἐντεῦθεν ἄκουε λοιπόν σοι πᾶν ἀλληγοροῦντος.

Τὸ μὲν παχὺ τοῦ ὕδατος, ὃ Νηρηΐδας εἶπε,
μετὰ τὸν σάλον τὸν φρικτὸν τὸν τότε γεγονότα

455 αὖθις καὶ πρὸς τὴν θάλασσαν ἔστραπτο, τὸν Νηρέα·
τὸ δὲ λεπτομερέστερον ὕδωρ τῆς εὐθεσίας,
ὃ ἀνιμώμενον κιρνᾷ τὸ φλογερὸν ἀέρος
(λευκὰ τὰ ἄκρα πάντως δὲ τοῦ ὕδατος τυγχάνει,
διὰ τὸ βάθος μέλαν δὲ δοκεῖ τε καὶ καλεῖται),

460 μέλλον πρὸς πῦρ μεταβαλεῖν πρῶτον ἐξηθερώθη,
ἔπειτα συνεκράθη δὲ καὶ πρὸς πυρὸς οὐσίαν.

Ἡφαίστου δόμον χάλκεον φασι τὰ πρὸς αἰθέρα,
οἷα καὶ πυρωδέστερα τυγχάνοντα τῇ φύσει,
κἄνπερ ὁ κομπολάκυθος οὐ λέγῃ Σταγειρόθεν.

465 *Κυλλοποδίων* δὲ τὸ πῦρ, τὸ μὲν ὑλῶδες οὕτω,
ὡς ἄνευ ξύλων καὶ ὑλῶν τοὺς πόδας ὑποσκάζον,

from which, through some device, that is, by wisdom,
    Athena,
fire was shining because of the reflections of the sun;
when Achilles came out to the trench and shouted loudly
    thrice,
he turned the Trojans to flight and took back Patroklos.
When the sun set unwillingly because of Hera's wishes,   445
concealed before its time by the darkness of the air,
the Greeks and the Trojans ceased from battle.
    Zeus, the son of Kronos of crooked counsel,
is the dark, obscure and twisted Destiny.
These and other things were most excellently written in   450
    sequence,
up to those words whose meaning is as follows.
    So listen then to everything I allegorize for you.
The thick water, which <Homer> called the Nereids,
after the terrifying surge that happened then,
again returned to the sea, that is Nereus,   455
while the more refined water of good condition,
which, when it evaporates, mixes with the fiery part of the
    air
(the edge of the water happens always to be white,
but because of its depth it seems and is called black),
destined to change into fire, it first changed into ether,   460
then mixed with the substance of fire as well.
    They call 'the bronze palace of Hephaistos' what is next to
    the ether,
which happens to be more fiery in nature,
even though the braggart from Stageira does not say so.
    'Clubfooted' means fire, so dependent upon fuel   465
that, without timber and firewood, it is lame of foot,

καὶ παρευθὺ σβεννύμενον, βαδίζειν οὐκ ἰσχύον,
καὶ ὡς ἀναφερόμενον, ἔνθεν κἀκεῖθεν ῥέπον,
καὶ δόκησιν χωλότητος βαδίσματος δεικνῦον,
470 ὅτι τε ποὺς διὰ πυρὸς βαδίζειν οὐκ ἰσχύει.
Καὶ τῷ ἀΰλῳ δὲ πυρὶ συνᾴδουσι τὰ δύο.
Δόμον δὲ ὃν ἐποίησεν ὁ Ἥφαιστος γινώσκεις·
τὸ πῦρ γὰρ κατὰ Ἕλληνας ἐν τῇ κοσμογενείᾳ
ἑκάστῳ διενείματο τοὺς τόπους κατ᾽ ἀξίαν.
475 Τέλει τῆς Ἄλφα γέγραπται τοῦτό μοι σαφεστάτως.
    Τοῦτον δ᾽ εὗρεν ἱδρώοντα τότε περὶ τὰς φύσας·
τὸ πῦρ γὰρ πνεύματα κινεῖ, λεπτῦνον τὸ νεφῶδες.
'Τρίποδας' δὲ τὸ τριμερὲς λέγει τοῦ χρόνου τεύχειν,
τὸ γὰρ θερμὸν ὑπέστησε καὶ κόσμον καὶ τὸν χρόνον.
480 Τὸ 'εὐσταθὲς δὲ μέγαρον' ἅπας ἐστὶν ὁ κόσμος,
ἐν ᾧ τὸ πῦρ τριμέρειαν ἐργάζεται τοῦ χρόνου.
Εἴκοσι δὲ οἱ τρίποδές εἰσιν ὡς ὑπὲρ τέλος,
τὰ δέκα τέλειός εἰσιν ἐν ἀριθμῷ, ὡς οἶδας·
τὰ εἴκοσι δ᾽ ὑπέρτερα τάξεως τοῦ τελείου.
485 Ὅμηρος ὑπὲρ τέλος δὲ κόσμον καὶ χρόνον λέγει.
'Τὰ κύκλα δὲ τὰ χρύσεα,' τὰ τρίποδας κινοῦντα,
αἱ τοῦ ἡλίου χρυσαυγεῖς τελοῦσι λαμπηδόνες,
ὑφ᾽ ὧνπερ αἱ τριμέρειαι κινήσει τῇ τῆς σφαίρας,
ἥν περ 'ἀγῶνα θεῖόν' σοι σαφῶς κατονομάζει,
490 αὐτόματοι χωροῦσί τε, ὑποχωροῦσι πάλιν.
Τί ταῦτα νῦν λεπτολογῶ τῷ Ἀχιλεῖ Φθιώτῃ,
τανῦν ἐπιτομώτερον δέον εἰπεῖν με ταῦτα;
Ἐν δὲ τῷ κόσμῳ Ἀχιλεῖ τὸ πᾶν ἀναπτυκτέον.

and, as soon as it is extinguished, is not able to walk
and, when rekindled, it shifts this way and that,
giving the impression of a halting gait,
because a foot cannot walk through fire.   470
And the two are in accord with the immaterial fire.
You know about the house that Hephaistos made;
for fire, according to the cosmogony of the Greeks,
distributed regions to each one according to his worth.
I wrote this very clearly at the end of Book 1.   475
    So Thetis found him then sweating over his bellows;
for fire moves the winds, making the clouds thinner.
And by 'tripods' he means time's tripartite division,
for warmth gave substance to the world and to time.
And the 'well-built hall' is the entire world   480
in which fire creates the tripartite division of time.
But there are twenty tripods, as if beyond perfection,
for ten is, as you know well, a perfect number;
twenty exceeds the order of perfection.
Homer says that the world and time are beyond perfection.   485
'*The golden wheels*' that move the tripods
are the gold-gleaming rays of the sun,
from which the three parts originate through the sphere's
    movement,
which he clearly names for you '*a gathering of the gods,*'
and they move of their own will and withdraw again.   490
Why am I speaking subtly about Phthian Achilles
here, when I should say these things more concisely?
Everything should be unfolded in order about Achilles.

Μετὰ τὴν ζάλην τὴν δεινήν, ἣν ἔφην, τῆς θαλάσσης,

495 ἀναδραμὸν τὸ ἔνυγρον εἰς τὸ πυρῶδες ἄνω,

οὐ πρώτως μεταβέβληκεν ὡς πρὸς πυρὸς οὐσίαν,

πρὸς δέ γε τὸ μεσαίτατον καὶ κατηυκρατωμένον,

ὅπερ καὶ Χάριν σύζυγον Ἡφαίστου νῦν μοι νόει·

εἶτα καὶ πρὸς θερμότερον καὶ παντελῆ αἰθρίαν,

500 ὃ τῶν φυσῶν κατάλειψίς ἐστι παρὰ Ἡφαίστου

καὶ τοῦ προσώπου κάθαρσις καὶ ἔνδυσις εἱμάτων,

πλησιεδρία Θέτιδος καὶ κράτησις χειρὸς δέ,

καὶ πρὸς αὐτὴν ἐρώτησις οὗτινος χρείαν ἔχει,

καὶ ταύτης δὲ ἀφήγησις τῶν ὅπλων ἀπωλείας,

505 καὶ αἴτησις ἐκ τούτου δὲ νεοχαλκεύτων ὅπλων,

ἅπερ ἐξεργασάμενος δίδωσιν οὗτος ταύτῃ.

Ἡ δὲ κατάγει τῷ παιδὶ ταῦτα πολλῷ τῷ τάχει.

Ἐν οὐρανῷ αἰθρίας γὰρ τοιαύτης γεγονυίας,

διὰ θαλάσσης Ἀχιλεὺς πέμπει ὠνεῖσθαι ὅπλα,

510 ὁπλοποιῷ οἶ λέγουσι τὰ Ἀχιλεῖ συμβάντα·

ὃς ὅπλα, οἷα Ὅμηρός φησιν, ἐξειργασμένος,

ἀπεμπολήσας δίδωσι τούτοις ἀποκομίζειν.

Ἐπεὶ τὸ πῦρ, ὁ Ἥφαιστος καὶ πᾶς πυρὸς ἐργάτης,

καὶ ὅσαι ὕλαι τοῦ πυρός, κατὰ μετωνυμίαν,

515 διὰ θαλάσσης δ' Ἀχιλεῖ ἀπεκομίσθη τότε,

ἀνέπλασαν τὴν Θέτιδα πρὸς Ἥφαιστον ἐλθοῦσαν

πᾶν τὸ συμβὰν τῷ Ἀχιλεῖ λεπτομερῶς εἰποῦσαν,

καὶ πανοπλίαν ἀρίστην ποιῆσαι ἐξαιτῆσαι,

τὴν ἣν καὶ ἀπεκόμισε τῷ Ἀχιλεῖ λαβοῦσα.

520 Ταῦτα πανσόφως Ὅμηρος περὶ τοῦ Ἀχιλέως

συγγεγραφὼς ὡς γέγονεν, ἀλληγορῶν τε ἅμα,

After the terrible sea squall, which I discussed,
when the watery substance ran up to the fiery one above,   495
it did not at first change to a fiery substance,
but, rather, to something most intermediate and moderate,
by which I mean Charis, Hephaistos's wife;
then <it became something> warmer and absolutely clear
     weather,
which is Hephaistos's abandonment of his bellows   500
and cleaning his face and putting on his clothes,
sitting close to Thetis and holding her hand,
and questioning her about her needs,
and her explanation of the loss of the armor,
and her consequent request of newly wrought arms,   505
which he fabricated and gave to her.
And she brought them down to her son with great speed.
For when such clear weather appeared in the sky,
Achilles sent men across the sea to buy armor,
who told the armorer what happened to Achilles;   510
and, after making the armor which Homer describes,
he sold it to them and gave it to them to carry back.
     When the fire, namely Hephaistos and every blacksmith,
and, by metonymy, all materials that are worked by fire,
were then carried back across the sea to Achilles,   515
they invented a story that Thetis went to Hephaistos,
told him in detail everything that happened to Achilles,
and asked him to make fine armor,
which she took and carried back to Achilles.
     Homer wrote most wisely this tale of Achilles,   520
how it happened, at the same time allegorizing,

πλὴν ἐν ἀλληγορήματι πραγματικῷ ῥητόρων,
παίζων καὶ φυσικεύεται περὶ κοσμογενείας,
ἀλληγορῶν στοιχειακῶς ἅπαν τὸ νῦν χωρίον.
525 Ἐν τοῖς ἀκαταλήπτοις γὰρ οὕτω χρεὼν συγγράφειν,
οὐ μὴν προδήλως γράφοντα κομπάζειν ἐψευσμένως.
Καὶ σκόπει πᾶσαν ἀκριβῶς τὴν νῦν ἀλληγορίαν.
Κἄνπερ ὁ πάνσοφος ἀνήρ, τῷ σπεύδειν λεληθέναι,
λέγῃ τὰ πρῶτα ὕστερον, τὰ δ' ὕστερα προτέρως
530 καὶ συστροβῇ τοὺς γράφοντας καὶ τριλογεῖν ποιῇ δέ,
ἡμῖν δὲ κατ' εὐκρίνειαν τὴν τάξιν τηρητέον.

Ἥφαιστος νῦν, ἤτοι τὸ πῦρ, εἰσφέρεται Ὁμήρῳ
λέγων περὶ τῆς Θέτιδος, ὑδάτων τῶν ὀμβρίων·
"Ἐν τῷ ἐμῷ οἰκήματι ἦλθε θεὰ μεγίστη,
535 ἥπερ με σέσωκέ ποτε μέλλοντα κινδυνεύειν.
Χωλὸς γὰρ ὤν, καὶ τῆς μητρὸς θελούσης με συγκρύπτειν,
κατέπεσον· ἡ Θέτις δὲ σῴζει καὶ Εὐρυνόμη·
ταῖς αἷσπερ παρεχάλκευον εἰς χρόνον ἐνναέτη
πορπάς, γναμπτὰς καὶ ἕλικας, καὶ κάλυκας καὶ ὅρμους
540 ἐν σπῆΐ· ῥοῦς δ' ὠκεανοῦ ἀφρῷ μορμύρων ῥέεν."
Ἔρεβος εἶναι κατ' ἀρχὰς καὶ Χάος δογματίζει·
ἀέρος κινηθέντος δέ, ὅπερ ὁ Ζεὺς τυγχάνει,
καὶ συμμιγέντος δὲ αὐτοῦ τῇ Ἥρᾳ λεπτυνθέντος,
καὶ πῦρ χωλόν τε καὶ ὑγρὸν καὶ ἀτελὲς ἐξέρρει,
545 ὃ πίπτον εἰς τὴν θάλασσαν, ὃν πλῆρες καὶ πνευμάτων,
ἐνναετῶς ἐχάλκευεν, ἤτοι πολλοῖς ἐν χρόνοις·
πρὸς τὸ πυρῶδες ἐξορμῶν πόσας στροφὰς ἐποίει,
πόσα δ' ἐκπυρηνίσματα σχήμασιν ἐν μυρίοις,

but in the historical allegory of orators, playfully
speaking like a natural philosopher about the world's
    creation,
allegorizing the entire passage here by using the elements.
For thus he had to write about incomprehensible matters,   525
not, however, boasting falsely that he was writing clearly.
Examine carefully the entire allegory here.
Even if that most wise man, being forgetful in his haste,
describes the first things last, and the last first, and
confuses writers, and causes them to explain him in three   530
    ways,
we should maintain order by making clear distinctions.
    Here Homer introduces Hephaistos, that is, fire,
as saying about Thetis, that is, the rainwater:
"A great goddess came into my house
who once saved me when I was in imminent peril.   535
For I was lame, and my mother wished to conceal me,
and I fell; Thetis and Eurynome saved me;
for them over a nine-year period I fashioned <jewelry>,
brooches, bracelets and armlets, and earrings and necklaces,
in a cave; and the ocean stream was flowing, roaring with   540
    foam."
He proclaimed that in the beginning was Erebos and Chaos;
when the air, which is Zeus, moved,
and, after mixing with Hera, became thinner,
the fire, lame and moist and incomplete, also flowed out,
and the fire, falling into the sea and being also full of winds,   545
was forging for nine years, that is, many years;
rushing off toward the fiery element, how many twists did
    it make,
how many eruptions in countless shapes,

ἐν πόσῳ δὲ τῷ πνεύματι τὸ ὕδωρ συνεστρόβει,
550 ὡς ἀφριᾶν μορμύρειν τε, καὶ ἀναβράζειν οἷον·
　　Λοιπὸν ὁ κόσμος, ὁ Πηλεὺς (πηλεὺς ἦν ἀληθείᾳ),
ὑγροῦ ἀέρος ζοφεροῦ πέριξ κυκλοῦντος τοῦτον,
ἐν δὲ πλευραῖς τῆς Θέτιδος, θαλάσσης, συγκοιτούσης,
ἀμφοῖν δὲ παῖς ἦν Ἀχιλεύς, γῆς φύσις ἀκαρποῦσα.
555 Δένδρα τινὰ καὶ ζῶα γάρ, καὶ ἕτερα μυρία,
γινόμενα ἐφθείρετο τῷ ζοφερῷ ἀέρι,
ἕως ὁ Ζεύς, ὡς λέγουσι, Κρόνον Ταρτάρῳ βάλλει.
Οὕτως ἐγήρα μὲν Πηλεὺς ὃν ἔφημεν, ὁ κόσμος,
ἤτοι μακραὶ περίοδοι παρέδραμον τῶν χρόνων.
560 Ὑπῆρχε δ᾽ οὗτος ὁ Πηλεὺς ἔνικμος καὶ πηλώδης,
ὁ Ἀχιλεὺς ὁ τούτου δὲ ἄτιμος παῖς ὑπῆρχε
καὶ ἄνοπλος, σύναμα δὲ γυμνὸς τῆς εὐκαρπίας,
παντός τε ὡραΐζοντος κενός, ἐστερημένος.
Τίς δ᾽ Ἀχιλεὺς καθέστηκεν, ὁπόσον τῆς γῆς μέρος;
565 Πολλοὺς χιλούς τε καὶ καρπούς, πᾶσαν τροφήν τε φέρει,
τότε δ᾽ ὑπῆρχεν ἄκαρπος καὶ ἀχιλεὺς τῷ ὄντι,
ἐπεὶ λελυπημένος δέ, νῦν οὐ Πατρόκλου χάριν,
Ὁμήρου δ᾽ ἀστεΐσμασιν, ἔνεκα παγκαρπίας
καὶ πάσης πανοπλίας γε μέγιστον ὤμωξέ τι.
570 Τὸ μὲν πυρῶδες ἔνυγρον πίπτον ἐν τῇ θαλάσσῃ
ζάλην καὶ θροῦν, καὶ συστροφάς, ἃς εἴπομεν, ἐποίει.
Ἐπεὶ δὲ καὶ μυκήματα τῆς γῆς ἀπετελέσθη,
ξηραινομένου τοῦ ὑγροῦ κινήσει τῶν πνευμάτων,
ἐκβράττεται καὶ θάλασσα ῥόχθῳ πρὸς γῆν μεγάλῳ,
575 ὅπερ κατάσχεσις χειρός ἐστι τοῦ Ἀχιλέως,
καὶ κεφαλῆς ἐφάπτεται, μερῶν τῶν ὑπερτέρων·

in how much air was the water twisting,
so that it was foaming and roaring and boiling?   550
    So, the world, that is, Peleus (in truth he was earthy),
with the wet, dark air circling around him,
was lying beside Thetis, the sea, his wife,
and their son was Achilles, in nature like the earth that
        bears no fruit.
For when some trees and animals and countless other things   555
were created, they were destroyed by the dark air,
until Zeus, as they say, threw Kronos into Tartaros.
Thus Peleus, the world (of whom we spoke), grew old,
that is, long periods of time passed.
This Peleus was humid and earthy,   560
and Achilles was his dishonored son, and
unarmed, and at the same time stripped bare of fruitfulness,
and empty, deprived of everything that ripens.
Who was Achilles, how great a part of the earth?
He brought much fodder and fruit, every kind of food,   565
but then he became fruitless and truly without fodder,
because he was sad, here not for the sake of Patroklos,
but, in Homer's witticisms, he wailed greatly
on account of all kinds of fruits and every armor.
The fiery liquid falling in the sea   570
caused a storm and tumult and whirlpools, of which we
        spoke.
But when the roaring of the earth was finished,
as the moisture dried up due to the movement of the winds,
the sea surged on to the land with a great roar
(which is the restraining of Achilles's hand),   575
and lays hold of his head, that is, the higher parts <of the
        air>;

καὶ Νηρηΐδες αὖθις μὲν χωροῦσι πρὸς Νηρέα,
ὕδωρ τὸ παχυθάλασσον εἰς κοίτην τὴν οἰκείαν·
αὐτὴ δὲ Θέτις, τὸ λεπτὸν καὶ εὐθεσίας ὕδωρ,
580 συγκρατικόν τε τοῦ θερμοῦ, πρὸς οὐρανὸν ἀνῆλθε·
μέλλον δ᾽ εἰς πῦρ μεταβαλεῖν πρῶτον ἀπηωρήθη,
εἶτα καὶ ἠθερώθη δέ, ὅπερ ὁ μῦθος λέγει
περιπλοκὴν τῆς Χάριτος τῆς γυναικὸς Ἡφαίστου,
εἰσαγωγὴν πρὸς οἶκόν τε καὶ ξένισμα πρὸς θέσιν,
585 ἕως ὁ Ἥφαιστος, τὸ πῦρ ἀφεὶς καὶ τὸ χαλκεύειν,
ἔλθοι καὶ μάθοι παρ᾽ αὐτῆς τίνος ἀνῆλθε πέρι.
Τρίποδας γὰρ ἐείκοσιν ἐχάλκευε τῷ τότε,
ἀπειρομέτρων ἀριθμοῖς λέγω κινήσεις χρόνων.
Τὸ γὰρ θερμὸν ὑπέστησε καὶ κόσμον καὶ τὸν χρόνον.
590 Τὸ 'εὐσταθὲς δὲ μέγαρον' ἅπας ἐστὶν ὁ κόσμος,
τὰ 'κύκλα δὲ τὰ χρύσεα' τὰ τρίποδας κινοῦντα
ὁ σφαιροδρόμος ἥλιος καὶ χρόνους ἀπαρτίζων.
'Θεῖον ἀγῶνα' λέγει δὲ τοὺς σφαίρας περιδρόμους,
δι᾽ ὧνπερ αἱ τριμέρειαι τῶν χρόνων συμπληροῦνται,
595 καὶ πάλιν ἀνακάμπτουσιν ἐξ ὑπαρχῆς ἑτέρας.
'Ὦτα' δ᾽ αὐτοὺς τοὺς τρίποδας λέγει μὴ ἔχειν ἔτι,
ταῦτα κατασκευάζειν δὲ τὸν Ἥφαιστον τῷ τότε·
οὔπω γνωστὸν καὶ ἀκουστὸν κίνησις ἦν ἡλίου,
ὑφ᾽ οὗ τρισσάκις ὁ ἀὴρ τῷ ἔτει μετατρέπει·
600 ἔμελλε δ᾽ ἤδη γίνεσθαι τοῦτο, καθὼς ἐρεῖ σοι,
παίζων δέ, τὴν Ἀχίλειον ἀσπίδα καταλέγων,
κόσμου παντὸς τὴν σφαίρωσιν, ἣν μετ᾽ εὐτάκτου δρόμου
περιπολῶν ὁ ἥλιος πάντα γεννᾷ καὶ τρέφει.

and again the Nereids moved toward Nereus,
the thick sea water moved toward its familiar bed;
and Thetis herself, the thin water of good condition,
combined with the warmth, went up to the sky;   580
and about to turn into fire, at first it hovered about,
and then it became ether, which the myth calls
Thetis's embrace by Hephaistos's wife Charis,
her welcome into the house and her being seated as a guest,
until Hephaistos, setting aside the fire and the smithwork,   585
came and learned from her why she had ascended.
For he was then forging twenty tripods,
by which I mean the movement of countless numbers of
        years.
For the warmth gave substance to both the world and time.
The 'well-built palace' is the entire world,   590
the '*golden wheels*' moving the tripods
are the sun orbiting in a circle and making up the years.
'*A divine gathering of gods*' he calls the circuits of the sphere,
through which the tripartite divisions of the years are made,
and they return from another beginning.   595
He says that these tripods do not yet have 'ears,'
and that Hephaistos was fabricating them then;
the movement of the sun was not yet known and heard,
by which the climate changes three times a year;
this was already going to happen, as he said to you,   600
playfully describing Achilles's shield at length,
the spherical shape of the entire world, which the sun
        traverses
in a well-ordered path, creating and nourishing everything.

Οὕτως ἡ Θέτις Χάριτι συνῆν καὶ συνετρύφα,
605 τὸ ὕδωρ ἐλεπτύνθη δὲ καὶ ἤδη ἠθεροῦτο.

Ἐξ ἀκμοθέτου δ᾽ Ἥφαιστος ἀνασκιρτᾷ μεγάλως,
χωλεύων, τούτου πόδες δὲ ἀσθενεστάτως ὤρμων·
μακρόθεν θεὶς δὲ τοῦ πυρὸς τὰς φύσας, ὅπλα πάντα
ἐς ἀργυρᾶν τὴν λάρνακα θείς, καὶ λελαμπρυσμένος,
610 καὶ βακτηρίαν δὲ λαβών, ἐξέδραμε χωλεύων.

Χρυσαῖ θεραπαινίδες δὲ προέβαινον ἐκείνου,
ζώσαις καλαῖς νεάνισι τοῖς πᾶσιν εὖ εἰκυῖαι,
αἷς νοῦς καὶ σθένος καὶ φωνὴ καὶ ἀθανάτων ἔργα.

Αὗται προεπορεύοντο, οὗτος δ᾽ ἐλθὼν κατόπιν
615 πλησίον ἤδη Θέτιδος, καὶ τῆς χειρὸς λαμβάνει
καί, κατακούσας ταύτης δέ, ποιεῖ τὴν πανοπλίαν.

Ἐξ ἀκμοθέτου δ᾽ Ἥφαιστος ἀνασκιρτᾷ μεγάλως·
ἐκ δὲ τοῦ ὑπεκκαύματος καὶ αἰθερίου τόπου
χωλὸν καὶ ἀδιάρθρωτον ὥρμησε πῦρ ἐκπνέειν
620 συγκερασθὲν δὲ τῷ ὑγρῷ, ὃ λάρναξ ἀργυρέα,
καὶ συνεδρία Θέτιδος, ταύτης χειρός τε σχέσις,
καὶ βακτηρίας στηριγμός, καὶ λαμπρυσμὸς ὡσαύτως.

Αἱ δὲ χρυσαῖ νεάνιδες, αἱ τούτῳ προπολοῦσαι
αἵ τε θερμαὶ καὶ θρεπτικαὶ καὶ ζωογόνοι φύσεις.

625 Ὁ οἶκτος δὲ τῆς Θέτιδος τοιόνδε τι τυγχάνει·
μόνον τὸ ὕδωρ τῷ θνητῷ Πηλεῖ, τῇ γῇ, ἐζύγη,
ἐν ᾗπερ ἔστι πᾶν θνητὸν καὶ τῆς φθαρτῆς οὐσίας·
τὰ τῶν στοιχείων δὲ λοιπὰ τοῖς θεοῖς γειτνιῶσι.

"Καὶ νῦν ὁ γέρων οὗτος μὲν κεῖται βλαβεὶς τῷ γήρει,
630 ὁ δὲ υἱός μου Ἀχιλεὺς νῦν δεῖται πανοπλίας."

Λοιπὸν ὁ Ἥφαιστος αὐτῷ τεύχει τὴν πανοπλίαν·

Thus Thetis met and feasted with Charis, that is,
the water became thinner and was already turning to ether.   605
Hephaistos bounded greatly from the anvil block,
limping, and his feet were shuffling feebly;
after placing the bellows far from the fire, putting
all the arms in a silver chest, and making himself gleam,
and taking his staff, he ran forth with halting gait.   610
Golden servant girls went before him,
in every way like beautiful living girls,
who had a mind and strength and voice, and the works of
      the immortals.
They went ahead, and he, following behind,
now close to Thetis, took her hand   615
and, after listening intently to her, made the armor.

Hephaistos bounded greatly from the anvil block;
he rushed forth to breathe out lame and unarticulated fire
from the Sphere of Fire and the ethereal region,
mixed with the moist <air>, that is, the silver chest,   620
and the meeting with Thetis, holding her hand,
the support of his staff, and likewise making himself gleam.
As for the golden handmaids who attended him,
they are the warm, nurturing, and life-giving natures.

The lamentation of Thetis is as follows: 625
water alone was yoked to mortal Peleus, the earth,
in which is everything mortal and of perishable substance;
the rest of the elements resemble the gods.
"And now this old man lies afflicted by old age,
and my son Achilles now needs armor."   630
And so Hephaistos fashions armor for him;

ἤτοι μακραὶ παρέδραμον περιστροφαὶ τῶν χρόνων,
καὶ κόσμος κατερράγη δὲ καὶ γῆς ἦν ἀκαρπία,
καὶ τῶν στοιχείων δὲ δεινὴ σύγχυσις πεφυρμένη,
635 ἕως τὸ φλέγον, κερασθὲν οἷς εἶπον τανῦν τρόποις,
πῦρ, ὕδωρ, γῆν, ἀέρα τε ποιοῖ καὶ τὸν αἰθέρα,
καὶ πάντα συνεστήσατο, συντόμως φάναι, κόσμον
διηρθρωμένον κάλλιστα, ὡς τοῦ ἡλίου πλέον
τηροῦντος δρόμον εὔτακτον ἀεὶ περὶ τὴν σφαῖραν,
640 καὶ πᾶν φυτὸν ἐκτρέφοντος καὶ πᾶν ζωογονοῦντος,
καὶ τὰς μυρίας δὲ τροφὰς πᾶσι διδοῦντος ζώοις.
Τὴν πανοπλίαν Ἀχιλεῖ ταύτην τῷ κόσμῳ τεύχει.
    Ἀλλὰ καὶ πᾶν τὸ χρήσιμον λεκτέον τοῦ κειμένου,
ὅσον εἰς ἀλληγόρημα τῶν χρειωδῶν τυγχάνει.
645 Ἂν δὲ πολυλογήσωμεν, τὸν Ὅμηρον αἰτιᾶσθε,
πολλῇ πυκνώσει τῶν φρενῶν, τῷ σπεύδειν λεληθέναι,
πρωθύστερά τε γράφοντα καὶ πάλιν συμμιγνύντα,
καὶ τῷ κεκαλυμμένῳ δὲ τῶν νοημάτων βάθει
τὸν Τζέτζην περιτρέποντα γράφειν ἁπλῶς, συντόμως,
650 καὶ τότε τῷ σχεδίῳ δὲ τῷ λόγῳ συντιθέντα
ἅπερ οὐδεὶς ἐτόλμησεν, οὐ παλαιός, οὐ νέος,
εἰ μή πού τις, ἐκ τῶν ἐμῶν μεταποιήσας ταῦτα,
πρός τινα τερατεύσοιτο αὐτὸς συντεθεικέναι,
ὡς καὶ λοιποῖς συγγράμμασι δρῶσιν ἐμοῖς πολλάκις.
655 Ὅτι δ' οὐδεὶς ἐτόλμησεν ἀλληγορῆσαι τάδε,
ὁρᾶτε τὸν Ἡράκλειτον, καὶ τὴν μιμὼ σὺν τούτῳ,
τὴν ἀλαζόνα σφίγγα δὲ μᾶλλον τὴν ἐπηρμένην,
Κορνούτους, Παλαιφάτους τε πάντας ἀλληγοροῦντας,
καὶ τὰ ἐμὰ βιβλίδια, τὸ εὐτελές τε τόδε,

that is, the long courses of the years passed by,
and the world was shattered and the earth was barren,
and there was terrible confusion of the elements,
until the flaming element, mixed in the ways I have just said,　635
makes fire, water, earth, air and ether,
and, in short, constituted the entire world,
articulated most excellently, as the sun
always maintains an orderly course around the sphere,
and nourishes every plant and gives life to everything,　640
and gives plenty of nourishment to all the animals.
He fashions the same armor for Achilles, the world.
　But everything useful in the text should be said,
as much as is relevant for the allegorization of needful
　　matters.
And if we go on at length, blame Homer, who,　645
because of his very dense thought and haste, was forgetful,
and wrote the last things first and mixed things up again,
and because of the hidden depth of his ideas,
forced Tzetzes to write simply, concisely,
and then with extemporaneous speech to compose words　650
which no one dared, neither the ancients nor the moderns,
unless perhaps someone, after recomposing my words,
was mendacious enough to say that he himself composed it,
as they often do with my other compositions.
Because no one dared to allegorize these things,　655
you see Herakleitos, and the ape with him,
the very boastful, arrogant sphinx,
all the "Cornuti" and "Palaiphatoi" who wrote allegories,
and my little booklets, including this worthless one here,

660 οἰκονομίᾳ συγγραφέν, σπουδῇ τῇ τῆς Ἀνάσσης,
καὶ ὅπερ παρεσπάρη μοι τῆς χρονικῆς μου βίβλου
τῆς ἱστορούσης τεχνικοῖς ἰάμβοις τὰ τῶν χρόνων,
ἀλληγοροῦν δὲ σύμπαντα συντετμημένῳ λόγῳ.
Ἀλλὰ δὴ πᾶν τὸ χρήσιμον ῥητέον τοῦ κειμένου.
665 Φῦσαι τὸ πνευματῶδες μὲν τὸ τοῦ πυρὸς τυγχάνει,
χόανοι τὸ θερμότερον αὐτοῦ καὶ κεραννύον.
Τὸ εἴκοσιν ἐν τρίποσι τοῖς εἴκοσι προέφην
ὡς ὑπὲρ τέλος Ὅμηρος κόσμον καὶ χρόνον λέγει.
Ἀεὶ τῷ πνευματώδει δὲ πυρός τε καὶ τῇ θέρμῃ
670 μέλλειν κιρνᾶσθαι σύμπαντα σαφῶς σοι δογματίζει.
'Χαλκὸν δὲ βάλλεν ἐν πυρὶ' καὶ τὰς λοιπάς τε ὕλας.
Τῇ θέρμῃ παρυπέστησε τὰ τέσσαρα στοιχεῖα·
ἡ γῆ καὶ θάλασσα, ἀήρ, πῦρ, ὁ αἰθήρ τε πέμπτος.
Γῆ καθ' ἡμᾶς κασσίτερος (τήκεται γὰρ ὡς οὗτος),
675 ἄργυρος θάλασσα, ἀὴρ χρυσός, αἰθέρος φύσις,
χαλκὸς τὸ πῦρ ἀνώτερον ὂν πέριξ τοῦ αἰθέρος.
Τὸν δ' ἀκμοθέτην νόει μοι πᾶσαν τοῦ κόσμου σφαῖραν,
τὴν ἔτι ἀδιάρθρωτον, καὶ μίγμα τῶν στοιχείων·
ἄκμονα δέ, τὸ καρτερὸν τῶν ἐσομένων δρόμων,
680 ῥαιστῆρα, τὴν λεπτύνασαν καὶ διαρθροῦσαν φύσιν,
πυράγραν, τὴν ἐπίσχεσιν καὶ κρᾶσιν τοῦ πυρώδους.
Σάκος δὲ τὸ πεντάπτυχον, ἡ σφαῖρα ἠρθρωμένη·
ἄντυξ, καὶ περιφέρεια, τριπλῆ δέ, μαρμαρέη,
ἀὴρ αἰθὴρ κατέστηκε καὶ τοῦ πυρὸς τὸ σῶμα.
685 Ὁ τελαμὼν ὁ ἀργυροῦς ὅστις ὑπάρχει μάθε·
ἀναθυμίασις, ἀὴρ ὁ συγκινῶν τὴν σφαῖραν·
λευκὸς δὲ ὡς ὁ ἄργυρός ἐστιν ἀὴρ τῇ θέᾳ,

composed with economy, through the Queen's zeal,   660
and what was interspersed in my chronicle
that relates history in skillful iambic verses,
allegorizing everything in concise terms.
　　But indeed everything useful in the text needs to be said.
The bellows are the breath of fire,   665
the melting pots are its warmer and tempered part.
I have said earlier that, as for the twenty in the twenty
　　　　tripods,
Homer says that the world and time are beyond perfection.
He clearly proclaims to you that everything will be tempered
always by the pneumatic part of fire and its heat.   670
　'*And on the fire he put the bronze*' and other materials.
He placed the four elements close to the heat:
the earth and sea, air, fire, and ether fifth.
The earth for us is tin (for it melts like tin),
the sea is silver, the air is gold, the nature of ether,   675
bronze is the upper fire that surrounds the ether.
I mean that the anvil block is the whole earth's sphere,
which was still a disjointed mixture of the elements;
and the anvil is the power of future courses,
the hammer is the nature that attenuates and articulates,   680
the fire tongs are the holding-back and blending of the fiery
　　　　substance.
The five-layered shield is the articulated sphere;
the rim, and the circumference, triple, gleaming,
the air became ether and the body of fire.
Here learn what the silver strap is: 685
a vapor, the air that stirs the sphere;
the air is white as silver when seen,

καὶ συγκινεῖ τὴν σφαίρωσιν ἀναθυμίασίς τις,
ὡς ἡ Ὁμήρου πανταχοῦ δεικνύει Καλλιόπη.

690 Ἀλλὰ περὶ τῆς σφαίρας δέ φησιν ὁ Σταγειρόθεν.

Τὰς πέντε πτύχας ἄκουσον πῶς Ὅμηρος νῦν λέγει,
γῆν λέγων, καὶ τὴν θάλασσαν, σελήνην ἀντ᾽ ἀέρος,
ἀντὶ πυρὸς τὸν οὐρανόν, ἥλιον ἀντ᾽ αἰθέρος.

Ἃ στεφανοῦται οὐρανός, τείρεα᾽ δέ μοι νόει·
695 νῦν μοι τὸν δωδεκάζωδον καὶ τὸν ἐκείνου κύκλον,
τὰ ἀπλανῆ τῶν ἄστρων δέ, ὀκτὼ πρὸς τριακάδι,
ὅσα τε Ἕλληνές φαμεν, καὶ ὅσα διαγράφει
Τεῦκρος ὁ Βαβυλώνιος ἐν τῇ βαρβάρῳ σφαίρᾳ,
ὧν καὶ Πλειὰς καὶ ἡ Ὑάς, Ὠρίων καὶ αἱ Ἄρκτοι,
700 ἅπερ καὶ παρενέγραψεν ὁ Ὅμηρος ἐνθάδε.

Νῦν ταῦτα λέγει τείρεα· τείρουσι γάρ, ὡς οἶδας,
χειμῶνας ἐπεισφέροντα καὶ θέρη τὰ καυσώδη.

Μετὰ μικρὸν ὁ γέρων δέ, παίζων σωφρονεστάτως,
ἐρεῖ τὸ δωδεκάζωδον, ᾽γέροντας᾽ καθημένους
705 ᾽λίθοις ξεστοῖς᾽ ἤτοι στερροῖς ᾽ἐν ἱερῷ τῷ κύκλῳ.᾽

Καὶ πάλιν ᾽χορὸν᾽ ποίησε ᾽κλυτὸς Ἀμφιγυήεις,᾽
ᾧ νέοι καὶ παρθένοι τε χορεύουσι συμμίκτως·
τῶν γὰρ ζῳδίων ἓν πὰρ ἓν ἄρσεν ἐστὶ καὶ θῆλυ,
ὡς ἀστρολόγοι λέγουσι (καὶ νῦν ὁ θεῖος γέρων),
710 πλὴν τοῦ Ὀρφέως πρότερος ὢν πάντων ἀστρολόγων.

Ἀλλ᾽ εἴ τι παρεδράμομεν, λεπτῶς ἀναληπτέον.

᾽Δύο᾽ τὸ πῦρ ἐποίησε ᾽πόλεις ἀνθρώπων,᾽ λέγει.

Τὸ πῦρ πάντα διήρθρωσε καὶ ἄστρα καὶ ἀστέρας,
δύο ἀφ᾽ ὧν ἐγγίνονται βροτοῖς περιπολήσεις,

and it is a vapor that stirs the spherical shape,
just as Homer's Kalliope shows everywhere.
But it is the Stageirite who speaks about the sphere.   690
Hear now how Homer describes the five layers,
speaking of the earth and sea, the moon instead of air,
instead of fire the sky, the sun instead of ether.
By 'the things that crown heaven,' I mean 'constellations';
here I also <mean> the twelvefold zodiac and its circle,   695
and the fixed stars, thirty-eight in number,
as many as we Greeks identify, and as many as Teukros
the Babylonian maps out on the barbarian sphere,
among which are the Pleiades and Hyades, Orion,
and the Ursas, which Homer added here.   700
Here he calls them constellations, for they oppress, as you
      know,
bringing on winters and very hot summers.
   A little later the old man, using most discreet wordplay,
speaks of the twelvefold zodiac, 'elders' sitting
'on hewn,' that is solid, 'stones in the sacred circle.'   705
And again '*the renowned lame god*' created '*a dance floor,*'
on which young men and girls dance mingled;
for the zodiac signs alternate one by one between male and
      female,
as the astrologers and also here the divine old man say,
except for Orpheus who preceded all the astrologers.   710
   But whatever we have omitted, we should take it up in
      detail.
He says fire created 'two cities of men.'
Fire created everything, both stars and the planets,
from which to mortals come two revolutions,

715 ἡ εὐτυχὴς καὶ δυστυχὴς ἑκάστου γενεθλίῳ,
καὶ ταῖς λοιπαῖς δὲ καταρχαῖς αἷς τί τις πράττειν θέλει.
Τὴν εὐτυχῆ δεικνύει σοι, γάμους καὶ τἆλλα λέγων,
καὶ τοὺς φιλονεικοῦντας δὲ κρίσει τὸ νεῖκος λύειν.
Κρίνεσθαι δὲ καὶ γίνεσθαι ταῦτά φησι τὰ πάντα,
720 τῶν δώδεκα τῶν θαυμαστῶν γερόντων καθημένων,
Κριοῦ, Ταύρου, Διδύμων τε, Καρκίνου Λέοντός τε,
Παρθένου ἅμα καὶ Ζυγοῦ, Σκορπίου καὶ Τοξότου,
αὐτοῦ τε Αἰγοκέρωτος, Ὑδρόχου καὶ Ἰχθύων·
περιτρεχόντων πανταχοῦ τῶν πέντε δὲ κηρύκων
725 τῶν σκηπτροφόρων ὧν φησί, τῶν καὶ μεγαλοφώνων,
ἤγουν ὧν σθένος μέγιστον, οἳ καὶ περιθρυλλοῦνται
(ὡς δεῖ με παῖξαι καὶ μικρὸν τῶν μανδατωριτζίων),
Κρόνου, Διὸς καὶ Ἄρεως, Ἀφρογενοῦς Ἑρμοῦ τε.
'Δύο χρυσοῦ δὲ τάλαντα,' ἥλιος καὶ σελήνη,
730 οὓς ἀστρολόγοι βασιλεῖς λέγουσι τῶν ἀστέρων,
'ἅπερ ἐν μέσῳ ἔκειντο· λῆψις 'εὐθυδικοῦσι.'
Τῶν πέντε ὧνπερ εἴπομεν ἀστέρων πλανωμένων,
τῶν ἀγαθῶν ὑπάρχουσιν ὁ Ζεὺς καὶ Ἀφροδίτη,
φθοροποιοὶ καὶ βλάπτοντες ὁ Κρόνος δὲ καὶ Ἄρης·
735 Ἑρμῆς συνὼν δὲ ἀγαθοῖς ἐς πλέον ἀγαθύνει,
τοῖς βλαπτικοῖς συντρέχων δὲ τὸ βλάβος ἐπιτείνει.
Οὗτοι δέ, περιτρέχοντες τὸν ζωοφόρον κύκλον,
ἀμοιβαδὶς δικάζουσιν ἄλλοτε ἄλλα δρῶντες.
Ὅταν δ' οἱ φαῦλοι ἀγαθὰ δρῶσι τοῖς γενεθλίοις

one bringing good fortune and one misfortune, from each   715
    man's star sign,
and other forecasts concerning what one wishes to do.
He shows you the fortunate city, describing weddings and
    other things,
and those striving to resolve strife by using their judgment.
He says that all of this is judged and comes into being
by the twelve wondrous old men sitting <as judges>,   720
Aries, Taurus, Gemini, Cancer and Leo,
Virgo and Libra, Scorpio and Sagittarius,
also Capricorn, Aquarius and Pisces;
as the five heralds run all over,
scepter-bearing, he says, and loud-voiced,   725
which means they had great strength and were also famous
(as I must play a little the role of *mandator*),
Kronos, Jupiter and Mars, Venus and Mercury.
'Two talents of gold,' that is, the sun and moon,
whom the astrologers call the kings of stars,   730
'lay in their midst' to be given 'to those who judged
    righteously.'
Of the five wandering stars [i.e., planets] that we mentioned,
Jupiter and Venus are benevolent,
while Kronos and Mars cause destruction and harm;
and when Mercury aligns with the benevolent ones, he   735
    makes them better,
but when he encounters the harmful ones, he increases the
    harm.
And as they move around around the zodiac circle,
they judge matters alternately, now doing this and now that.
And when the malevolent ones help the star signs of one's
    birth

740 καὶ καταρχαῖς πραγμάτων δὲ πάντων τῶν ἐν τῷ βίῳ,
καὶ οἱ χρηστοὶ παγκάλλιστον ἂν ὦσι δεδρακότες,
τοῦτο ποιοῦσι τὸ χρηστὸν τὸ μέγιστον τῷ τότε,
χρυσᾶ λαβόντες τάλαντα δύο, τὰ λελεγμένα,
ἤγουν παραμεσάζοντος ἡλίου καὶ σελήνης,
745 καὶ ζυγουλκούντων ἄριστα σοφῇ ταλαντουργίᾳ.
    'Δύο στρατοὶ δὲ ἥατο πρὸς τῇ ἑτέρᾳ πόλει.'
Τὴν ἐκ περιπολήσεως ἀστέρων εὐτυχίαν
εἰπών, τανῦν δυστυχῆ Μοῖράν σοι καταλέγει,
πολέμους καὶ διαρπαγάς· ἐν δὲ τῷ λέγειν τοῖσδε
750 χρυσοῦν ὁμοῦ τὸν Ἄρεα καὶ Ἀθηνᾶν ὑπάρχειν,
καλὸν βουλαῖς ὑπερμαχεῖν ὑπὲρ πατρίδος λέγει.
Τὰ πάντα τῇδέ σοι σαφῆ Μοίρας δυστυχεστάτης.
Τὰ ὡρισμένα μόνα δὲ ὁ Τζέτζης ὀβελίζει,
οἷον 'ποιμένες δύο' τε καὶ 'τέσσαρες ποιμένες,'
755 καὶ πάντα δὲ τὰ ὅμοια· πραγματικὰ εἰσὶ γάρ.
Οὐ μὴν ἀλληγοροῦνται καὶ τάλαντα τὰ δύο
καὶ πέντε πτύχες, καὶ λοιπὰ τῶν ἀλληγορουμένων.
    Τὸ 'ἐν δ' ἐτίθει δὲ νειὸν' καὶ τὰ λοιπὰ δὲ ταῦτα
δεικνύουσι σαφέστατα ὅτι καὶ γεωργία
760 καὶ βίος δὲ ποιμενικός, καὶ αἱ λοιπαὶ δὲ τέχναι
ἐκ τῆς περιπολήσεως γίνονται τῶν ἀστέρων,
τὴν ἣν περιπολεύουσι τὸν ζωογράφον κύκλον·
ὃν κύκλον Ἥφαιστος ποιεῖ χορείοις τῶν ἀστέρων,

and the forecasts regarding all living things,   740
and the benevolent ones would act in the best way <for
    men>,
they do the greatest good then,
having received two gold talents, as already mentioned,
which means that the sun and moon were acting as
    mediators,
balancing the yoke excellently with wise weighing.   745
    'Two armies lay near the other city.'
After speaking of the good fortune from the revolution of
    the stars,
here Homer recounts to you unfortunate Fate,
wars and plundering; in saying
that golden Ares and also Athena were there,   750
he says that with their help it is good to fight for the
    fatherland.
With this, everything about most unfortunate Fate is made
    clear to you.
Tzetzes omits only certain specific things,
such as the 'two shepherds' and 'four shepherds,'
and the like; for they are historical.   755
Surely the two talents are allegorized,
as are the five layers, and all else that is allegorized.
    The words *therein he also wrought fallow land*
and the rest most clearly demonstrate that agriculture
and the pastoral life, and the other crafts   760
derive from the revolution of the stars,
when they rotate around the zodiac circle;
Hephaistos makes that circle through the dancing of the
    stars,

ἐν ᾧ περιπολεύουσι παρθένοι τε καὶ νέοι.
765 Τὸ πρὶν σαφῶς εἰρήκειμεν πάντα σοι περὶ τούτων.

Κνωσσὸν δὲ νῦν καὶ Δαίδαλον ὁ Τζέτζης ὀβελίζει
καὶ στίχους ἄλλους ὡς ὀκτὼ μέχρι τοῦ στίχου τοῦδε·
'περὶ χορὸν δὲ ἱμερτὸν πλῆθος εἰστήκει τόσον,'
τοῦ ζωοφόρου κύκλου δὲ πλῆθος ἀστροθεσίας.
770 Οἱ δύο πάλιν ὀρχησταί, ἥλιος καὶ σελήνη.

Ὠκεανὸν δὲ ἔθετο ἄντυγα τῇ ἀσπίδι·
τοῦ κόσμου τέρμα γὰρ παντὸς ὠκεανὸς τυγχάνει.

Ἐπεὶ δὲ σάκος ἔτευξε μέγα τε στιβαρόν τε,
ἔτευξε καὶ τὸν θώρακα λαμπρὸν πυρὸς ἐς πλέον.
775 Ὅρα τὸν χρυσογέροντα, πῶς παίζει νῦν δι' ὅλου.

Πέντε τοῦ κόσμου γὰρ εἰπών, τοῦ σάκους, εἶναι πτύχας,
πῦρ, ὕδωρ, γῆν καὶ θάλασσαν, καὶ πέμπτον τὸν αἰθέρα,
καὶ θώρακα τοῦ κόσμου δέ, νῦν Ἀχιλέως, λέγει
τὸ μέρος τὸ αἰθέριον, τὸ πῦρ δὲ κόρυν τούτου,
780 τὴν γῆν κνημῖδας τούτου δέ, δῆθεν ἐκ κασσιτέρου.

Ἐπεὶ τὰ ὅπλα πάντα δὲ ὁ Ἥφαιστος ἦν τεύξας,
ἔμπροσθεν ταῦτα τέθεικε μητρὸς τοῦ Ἀχιλέως.
Ὡς ἴρηξ αὕτη δ' ἤλατο κομίζουσα ἐκεῖνα.

Ἐπεὶ πῦρ γοῦν ὑπέστησε κόσμου παντὸς τὴν θέσιν,
785 τὴν γῆν ἐξαπικμάσαν μὲν τῇ ζέσει τῇ πυρφόρῳ,
μετεωρῆσαν ἄνω δὲ τὸν ἔνυγρον ἀέρα
ἐς πλέον τὸν αἰθέρα δὲ καὶ φύσιν τὴν τῶν ἄστρων,
ὄμβροι τε κατεφέροντο καὶ Ἀχιλεὺς ὠπλίσθη,
ἐξ ἀκαρποῦντος πάγκαρπος, πολυχιλεὺς δειχθείς τε.

in which the young girls and boys go in circles.
We have clearly told you everything about this earlier.   765
    Here Tzetzes omits Knossos and Daidalos
and up to eight more lines until this line here:
'around a lovely dance, such a crowd stood,'
which is the multitude of constellations in the zodiac circle.
    The two dancers again are the sun and the moon.   770
    And he placed the Ocean around the shield's rim;
for the Ocean happens to be the boundary of all the world.
    When he made a big and sturdy shield,
he also crafted the breastplate more radiant than fire.
    See the golden old man, how he here plays his way   775
        through the whole!
For he said that there were five layers of the world, that is,
the shield: fire, water, earth and sea, and ether fifth;
he also said that the world's breastplate, here Achilles,
was the ethereal part, and fire was his helmet,
and the earth was his greaves, supposedly made of tin.   780
    When Hephaistos prepared all the arms,
he placed them before Achilles's mother,
and she darted off like a hawk, carrying them.
    Indeed when fire established the position of the whole
        world,
after it winnowed the earth with fire-bearing heat,   785
and raised up high the wet air
and, in addition, established the ether and the nature of the
        stars,
the rain fell down, and Achilles armed himself,
<changing> from barrenness to bounty, and was rendered
        plentiful.

Τ΄

Παρὰ Ἡφαίστου Ἀχιλεῖ Θέτις κομίζει ὅπλα,
ὃς τὴν εἰς Ἕλληνας ὀργὴν εὐθέως ἀπορρίψας,
καὶ τὰ παρ' Ἀγαμέμνονος εἰσδεδεγμένος δῶρα·
ἀριστησάντων τῶν λοιπῶν, νῆστις αὐτὸς ὑπάρχων,
5 ὁπλίζεται πρὸς πόλεμον. Ξάνθος ὁ τούτου ἵππος
θάνατον προμαντεύεται. Ταῦτα μὲν οὕτως ἔχει·
ἤδη τὰ τοῦ κειμένου δὲ λοιπὸν μοι μοχλευτέον.

Ἡώς ἐστι 'κροκόπεπλος,' λαμπρὰ καὶ ποικιλείμων·
τὸ φῶς τοῖς ἀθανάτοις δὲ καὶ τοῖς βροτοῖς εἰσφέρον
10 στοιχείοις καὶ ἀνθρώποις νῦν ἐμφανέστατα λέγει.
Θέτις δ' 'ἐς νῆας ἵκανε θεοῦ φέρουσα δῶρα'
τῷ Ἀχιλεῖ δὲ ἥρωϊ τῷ Θετταλῷ ἐκείνῳ·
διὰ θαλάσσης καὶ νηῶν προσήχθη πανοπλία
ἔργον θεοῦ τυγχάνουσα, ἤτοι σοφοῦ τεχνίτου,
15 ἢ Εἱμαρμένης καὶ θεοῦ δῶρον εἰς Ἀχιλέα.
    Τὸ 'φῦ χειρὶ' σημαίνει δὲ ὅτι πρακτικωτάτως
    . . .
Ἤδη τὰ ὅπλα κατιδὼν ὁ Ἀχιλεὺς οὐ λόγοις
θρήνου τοῦ περὶ Πάτροκλον ἀπέπαυσε καὶ γόων,
ἐτέρπετο τῶν ὅπλων δὲ προσβλέπων ποικιλίαν.
20 Ἄγαν ἐκπεπληγμένως δὲ βλεπόντων Μυρμιδόνων,
ἐλέγχων νηπιώδεις τε καὶ ἀγενεῖς ἐκείνους,
ἠγριωμένως κατιδών, μέμφεται σφόδρα τούτους.

Book 19

Thetis brings the arms from Hephaistos to Achilles,
who immediately sets aside his anger against the Greeks
and accepts the gifts from Agamemnon.
While the others eat breakfast, he eschews food,
and arms himself for war. His horse Xanthos   5
foresees his death. That happened in this way;
and now the text should be pried loose by me.

Dawn is '*saffron-robed*,' bright and arrayed in spangled garb;
here he very clearly speaks of the light spreading
over immortals and mortals, elements and men.   10
Thetis '*came to the ships, bringing the gifts of the god*'
to the Thessalian hero Achilles;
across the sea in ships was brought the armor
which was the work of a god, that is, a clever craftsman,
or the gift of Destiny and the god to Achilles.   15
    The words '*she clasped his hand*' mean that in fact
    [. . .]
Even after seeing the arms, Achilles did not stop
his words of lament and wailing for Patroklos,
but was delighted to see the ornamentation of the armor.
As the Myrmidons watched in great awe,   20
he rebuked them as childish and ignoble;
looking at them fiercely, he reproached them severely.

Αὐτίκα λέγει δὲ ταυτὶ πρὸς τὴν αὐτοῦ μητέρα,
τοὺς τούτῳ προσκομίσαντας διὰ θαλάσσης ὅπλα,
25 τῆς συνεργούσης Ἀχιλεῖ τρόπῳ μητρός, ὡς ἔφην·
"Ὦ οἱ ἀποκομίσαντες θαλάσσῃ μοι τὰ ὅπλα,
ἅπερ θεὸς παρέσχηκεν, ἤτοι ἡ Εἱμαρμένη,
ἢ ἃ σοφὸς ἐποίησε δημιουργὸς τεχνίτης,
τὰ ὅπλα ταῦτα ἔργα μέν εἰσι τῶν ἀθανάτων·
30 οὐδὲ βροτὸς ἂν δέδρακε τοιαύτην ὁπλουργίαν.
Εἶτα ἐξ Εἱμαρμένης μοι ταῦτα τῆς τῶν ἀστέρων
τὰ ὅπλα ἐκομίσθησαν, οἷα θνητὸς οὐ τεύξει·
τοῖς οἷς ἐγὼ νῦν ὁπλισθείς, χωρήσω πρὸς τὴν μάχην.
Πτοοῦμαι δὲ τὰ τραύματα μὴ συσσαπῇ Πατρόκλου."
35 Οἱ δ' εἶπον· "Πρὸς τὸν πόλεμον πάνυ ταχέως χώρει,
ἡμεῖς δὲ τοῦτον ἄσηπτον τηρήσομεν ἐντέχνως."
Καὶ ἀμβροσίᾳ μὲν αὐτοί, φαρμάκοις ἀσηψίας,
ἐλαίῳ πάνυ παλαιῷ καὶ ἐρυθρῷ δὲ οἴνῳ
καὶ τοῖς λοιποῖς κατέχρισαν τὸν Πάτροκλον φαρμάκοις.
40 Ὁ δ' Ἀχιλεὺς παρώρμησε τοὺς Ἕλληνας κραυγάζων.
Καὶ τἄλλα πάντα μὲν σαφῆ· τοῦτο τανῦν ῥητέον.
Ἦν ἐν ναυσὶν ἡ Ἄρτεμις ὤφειλε κτεῖναι βέλει,
ἢ λοιμικῷ νοσήματι, εἴθε προανῃρέθη.
Τὰ λοιμικὰ τῶν νόσων γὰρ καὶ τὰ ὀξέα πάντα
45 ἡλίῳ τε προσάπτουσιν ὁμοῦ καὶ τῇ σελήνῃ.
'Ἀλλὰ Ζεὺς καὶ Μοῖρα καὶ ἠεροφοῖτις Ἐρινύς,'
ἢ Εἱμαρμένη τε αὐτοῦ καὶ ἡ ἑκάστου Μοῖρα,
καὶ σὺν αὐτοῖς ἡ σκοτεινὴ ἀόρατός τε βλάβη.
Θεὸν καὶ πάθος δὲ ψυχῆς τὴν 'Ἄτην' ὀνομάζει.
50 Καὶ τοῦ Διός φησιν αὐτὴν καὶ Εἱμαρμένης παῖδα·

Immediately he said these words to his mother,
to the men who brought the armor from across the sea,
which cooperated with Achilles like a mother, as I have said: 25
"O men who brought me armor from across the sea,
which a god, that is, Destiny, has provided,
or which a clever, skilled craftsman has made,
this armor is the work of immortals;
no mortal man could have forged such weapons. 30
It was destined by the stars that this armor,
such as no mortal has made, be brought to me;
armed with it now, I will go to battle.
But I am afraid that Patroklos's wounds may putrefy."
But they said, "Go to war with all speed, 35
and we will use our skill to keep him from decaying."
And with ambrosia, with drugs against decay,
with very old oil and red wine
and with other potions, they anointed Patroklos.
Meanwhile, Achilles urged on the Greeks with a shout. 40
    All the rest is clear, but this alone needs explanation.
Artemis should have killed her with an arrow amid the ships
or with the plague; would that she had died!
For plagues and all afflictions
they attribute to the sun and the moon alike. 45
    '*But Zeus and Fate and a Fury that walks in darkness,*'
or his Destiny and everyone's Fate,
and with them the dark and invisible disease.
And Homer calls '*Ate*' a god and affliction of the soul.
And he says she is the daughter of Zeus and Destiny; 50

πᾶν ἀγαθὸν καὶ βλάβη γάρ εἰσι τῶν εἱμαρμένων.

Ἄκουε καὶ τὴν ἄτην δὲ ἥπερ ὁ Ζεὺς ἐβλάβη

ἐξ Ἥρας, ὅτε ἔμελλεν ὁ Ἡρακλῆς τεχθῆναι,

καὶ πῶς ἡ Ἥρα λέγεται σχεῖν τοκετὸν Ἀλκμήνης.

55 Παῖς ἦν τοῦ Ἀμφιτρύωνος ὁ Ἡρακλῆς ἐν λόγῳ,

ἔργῳ Διὸς δέ, ἄνακτος ὄντος καὶ ἀστρολόγου,

ὃς διαφόροις γυναιξὶ πολλοὺς ἔσχηκε παῖδας.

Πρὸς τόκου δ᾽ οὔσης ὑπ᾽ αὐτοῦ ποτε καὶ τῆς Ἀλκμήνης,

τὸν Ἡρακλῆ μελλούσης τε τῷ τότε τίκτειν χρόνῳ,

60 οὔσης ἐγκύου τότε δὲ τούτῳ καὶ τῆς Ἀρχίππης

πλὴν ἀτελὲς ἑπτάμηνον τέκνον τὸν Εὐρυσθέα,

ὁ Ζεὺς ἐκεῖνος βασιλεὺς ὁ μέγας ἀστρολόγος

τότε καὶ μόνον ἔψευστο. Ἰδὼν γὰρ τοὺς ἀστέρας

καλῶς κειμένους ἅπαντας καὶ τόποις βασιλείοις,

65 πρὸς τοὺς ἀστέρας ἀπιδὼν μόνους τοὺς γενεθλίους,

μὴ προσκοπήσας εἰ τεχθῇ τότε δὲ καὶ τὸ βρέφος,

"Θεοὶ σοφοὶ καὶ ἄρχοντες, τοῦτό," φησι, "προλέγω.

Ἀλκμήνη τίκτει σήμερον τί δέ; τί; βασιλέα."

Οὕτω μὲν εἶπεν, Ἡρακλῆ νομίζων γεννηθῆναι.

70 Μεγαλοσώμου τοῦ παιδὸς τούτου δὲ τικτομένου

καὶ περισχόντος ἅπαντα τῆς μήτρας τὸν ἀέρα,

ὅπερ καὶ Ἥρας κράτησιν ἔφασαν γενεθλίαν·

μᾶλλον καὶ Ἰφικλέους δὲ σὺν τούτῳ τικτομένου,

Ἀλκμήνη δυστοκήσασα μετά τινας ἡμέρας

75 δεκαμηναῖον τέτοκεν, ἡ δὲ Ἀρχίππη τότε

ἑπτάμηνον ἐγέννησεν ἀστράσι βασιλείοις

τὸν Εὐρυσθέα, καὶ λοιπὸν ἦρχε τοῦ Ἡρακλέους.

for every good and every harm come from Destiny.
Learn also about the harm which Zeus suffered
from Hera when Herakles was about to be born,
and how Hera is said to have delayed Alkmene's labor.
In theory, Herakles was the son of Amphitryon,   55
but in fact of Zeus, who was a king and an astrologer,
who had many sons by different women.
When Alkmene was pregnant by him,
and about to give birth to Herakles at that time,
and when, at the same time, Archippe was pregnant   60
with Eurystheus, yet he was still unformed, at seven months,
Zeus, that king and great astrologer,
then, and only then, spoke falsely. For seeing the stars
all arranged favorably in an alignment suitable for royalty,
and having looked only at the birth stars,   65
and not foreseeing if indeed the baby would be born then,
he said: "Wise gods and rulers, this I foresee.
To what is Alkmene giving birth today? What? A king."
Thus he spoke, expecting Herakles to be born.
But since this child was oversized at his birth   70
and had consumed all the air inside the womb,
this they called the delay of his birth caused by Hera;
especially since Iphikles was also being born with him,
Alkmene had a difficult labor and after a few days
gave birth to a ten-month baby, but Archippe then   75
gave birth under the royal stars to a seven-month baby,
Eurystheus, and so he ruled over Herakles.

'Ζεῦ, πάτερ ἀρχικέραυνε,' ὦ ἄναξ δέσποτά τε,
δίκην ἀεὶ τῶν κεραυνῶν λαμπροὺς προπέμπων λόγους,
80 ὡς Ἥρᾳ, περιτίθησι λόγους τινὰς ἀέρι.
 Ὄλυμπον νῦν κατάστερον καὶ οὐρανόν σοι λέγει,
εἰς ὃν μὴ πάλιν ἀνελθεῖν ὤμοσε Ζεὺς τὴν Ἄτην.
 Τὴν κεφαλήν, τοῦ λογισμοῦ τὸ ὄργανον ἐκείνου,
κἂν φιλοσόφοις ὄργανον τοῦ λογισμοῦ καρδία.
85 'Θεὸς' νῦν ὁ θυμός ἐστιν, ἡ ζέσις τῆς καρδίας·
ὃν ἀμφοτέροις τοῖς στρατοῖς μένος προσπνεῦσαι λέγει.
 'Ἐν μοίρᾳ πάντα ἔλεξας,' πρεπόντως, ἁρμοδίως·
'οὐδὲ ἐπιορκήσαιμι πρὸς δαίμονος,' καὶ μοίρας,
ἢ πρὸς αὐτοῦ τοῦ δαίμονος, τουτέστι τῆς ψυχῆς μου·
90 ἤ τοι, 'ὀμνύω τὴν ἐμὴν ψυχήν, οὐ ψευδορκήσω.'
 'Ὁ Ζεὺς ὁ δοὺς τὸ κῦδος' δέ, τανῦν ἡ Εἱμαρμένη,
καὶ ὁ ὢν τοῖς ἀνθρώποις δὲ 'ταμίας τοῦ πολέμου.'
 'Ταλθύβιος ἀλίγκιος θεῷ εἰς τὴν αὐδὴν δέ,'
λιγύς, ὀξυφωνότατος, εὔμουσον μέλος ἔχων,
95 οἷον ἠχεῖν ἁρμονικόν φασι καὶ τοὺς ἀστέρας.
 Ζεὺς δὲ ὁ 'ὕπατος θεῶν' νῦν οὐρανὸς ὑπάρχει,
θεοὶ στοιχεῖα τὰ λοιπὰ τέως ἐν τοῖς ἐνθάδε.
 'Θεοὶ δὲ δοῖεν ἄλγεα,' ἀστέρες, Εἱμαρμένη.
 'Ὁ Ζεὺς πατὴρ δέ, ὁ διδοὺς τὰς ἄτας,' Εἱμαρμένη,
100 καὶ 'Ζεὺς ὁ θέλων θάνατον τοῖς Ἀχαιοῖς γενέσθαι.'
 'Γυνὴ εἰκυῖα δὲ θεαῖς' κάλλει, ἐπιθυμίᾳ,
ταῖς ψυχικαῖς δυνάμεσιν, εἴτε καὶ τῇ σελήνῃ·
θεοειδής, ὥς τις γυνὴ εἰκυῖα ταῖς θεαῖσι.
 'Κρονίων' ὁ τοὺς γέροντας οἰκτείρων μυρομένους,
105 ἡ σκοτεινὴ καὶ ἄδηλος νῦν ἔστιν Εἱμαρμένη.

'Zeus, father, lord of lightning,' O king and master,
always uttering words radiant as lightning,
he puts some words in the air, as if in Hera.   80
   Here Homer describes Olympos and the starry sky,
to which Zeus swore that Ate would not ascend again.
   <He mentions> her head, the organ of reasoning,
even if for philosophers the organ of reasoning is the heart.
   Here '*the god*' is the spirit, the zeal of the heart;   85
<Homer> says that he instilled strength in both armies.
   'You have said everything rightly,' <that is,> suitably,
     fittingly;
'nor shall I perjure myself before a god,' before my fate,
or before this god, that is, my soul;
which means, 'I swear by my soul, I will not swear falsely.'   90
'Zeus who gave the glory' is here both Destiny
and he who is the 'dispenser of war' for men.
   '*Talthybios resembles a god in speech,*'
with clear and high-pitched voice, producing a melodious
     sound,
with such harmony as they say the stars resound.   95
   Zeus, the '*highest among the gods,*' is here the sky,
and the gods meanwhile are the other elements there.
   '*May the gods give me grief,*' that is, the stars, Destiny.
   'Father Zeus is the one who gave delusion,' that is,
     Destiny,
and 'Zeus is the one wishing death upon the Achaians.'   100
   The 'woman equal to the goddesses' in beauty, in desire,
in powers of the soul, <is equal to> the moon;
godlike, like a woman equal to the goddesses.
   '*The son of Kronos,*' who pitied the old men shedding tears,
is here dark and obscure Destiny.   105

Πῶς Ἀθηνᾶ καθέστηκε παῖς δὲ τῆς Εἱμαρμένης;
Ἡ Ἀθηνᾶ δὲ ὁ ἀὴρ ἔστιν ἐν τοῖς ἐνθάδε·
ὅτι πᾶν τὸ γινόμενον ἔργον τῆς Εἱμαρμένης,
καὶ τὸ ἐκ τοῦ ἀέρος δὲ σημεῖόν τι γενέσθαι,
110 καὶ τὸ ψυχρὸν ἢ καὶ θερμὸν ἀέρα γεγονέναι·
τότε δ' αὐτῆς ἐγένετο σημεῖον, ἐξ ἀέρος.
Ἄρπη ὀξὺ βοήσασα (ὄρνεον δ' ἔστι τοῦτο,
ἁρπάζον τὰ νεόττια ὀρνίθων κατοικίων,
καὶ ἐκ μακέλλης κρέα δὲ καὶ ἐκ τῶν κατεχόντων),
115 αὕτη λοιπὸν βοήσασα τούτους κινεῖ πρὸς μάχην,
ὡς οἰωνὸς τῶν δεξιῶν καὶ τύχης εὐξυμβούλου·
καὶ Ἀχιλεῖ δὲ γίνεται λήθη λιμοῦ καὶ πείνης
προθύμως ἀνορμήσαντι πρὸς πόλεμον καὶ μάχην,
ὃ ἀμβροσίαν Ὅμηρος καὶ νέκταρ ἄρτι λέγει.
120 Αὐτὴ πρὸς τὸν ἀέρα δὲ ἀνέπτη, πατρὸς δόμον,
ἀνεπετάσθη πρὸς αὐτόν, τουτέστι τὸν ἀέρα·
πατὴρ ὀρνέων δὲ ἀήρ, ὡς τούτῳ πετομένων.
'Γέλασε πᾶσα περιχθών,' τουτέστιν ἐλαμπρύνθη.
'Δύσετο δῶρα δὲ θεοῦ' σοφοῦ, ἢ Εἱμαρμένης,
125 ἅπερ ὁ Ἥφαιστος, τὸ πῦρ, ἔκαμε τεύχων τῇδε.
Ἥφαιστος νῦν ὁ χαλκουργὸς τεχνίτης ὁ τῶν ὅπλων.
Τίς ἡ φωνὴ τοῦ Ξάνθου δέ, τοῦ Ἀχιλέως ἵππου,
ἥπερ προεμαντεύσατο καὶ θάνατον ἐκείνῳ;
Ἐλεεινὸς ὀλοφυρμός· τοῖς δὲ φρονοῦσι πάντα
130 λαλεῖ, καὶ προσημαίνουσι τὰ μέλλοντα γενέσθαι·
κἀκ τοῦ σημείου τῆς φωνῆς τοῦ ἵππου τῆς θρηνώδους
θάνατον ἐμαντεύσατο ἐκείνῳ προμηνύειν.

How did Athena become the daughter of Destiny?
Athena is the air of this world;
because everything that happens is the work of Destiny,
and a sign is created from the air,
and the cold or the warm air came into being;   110
then her sign was created from the air.
When a shrill cry is uttered by a harpy (this is a bird,
that snatches chicks from birds' nests,
and meat from the butcher and those who have any),
so, when it cries aloud, it moves them to battle,   115
like a bird of good omen and of fortune that gives good
    counsel;
and Achilles forgot about his lack of food and hunger
as he set forth eagerly to war and battle,
which Homer here calls ambrosia and nectar.
And <Athena> flew up to the air, her father's house,   120
she flew up to him, which means to the air;
and the air is the father of birds, which fly in it.
  '*The entire land round about laughed,*' that is, became bright.
'*He clad him in the gifts of the*' clever '*god,*' of Destiny,
which Hephaistos, fire, crafted laboriously.   125
Hephaistos is here the bronzesmith, the craftsman of the
    armor.
  What were the words of Xanthos, Achilles's horse,
which predicted his death?
A pitiful lamentation; he tells everything to men
of good sense, and they foretell what will happen;   130
and from the sign of the horse's mournful voice
<Achilles> foresaw that it predicted death for him.

Ἐπεὶ φωνὴ τυγχάνει δέ τις πλῆξις τοῦ ἀέρος,
ἔφασαν ὡς φωνήεντα τοῦτον ποιεῖ ἡ Ἥρα.

135 'Θεῶν ὁ ἄριστός' ἐστι καὶ παῖς ὁ τῆς Λητοῦς δέ,
Ἀπόλλων, καὶ ὁ ἥλιος, ὃς Πάτροκλον ἀνεῖλε.

'Θεῷ δέ ἐστι μόρσιμον καὶ ἐν ἀνδρὶ δαμῆναι·'
στοιχείῳ καὶ ἀνθρώπῳ σε πέπρωται τεθνηκέναι.

Ἐν γὰρ ναῷ Ἀπόλλωνος ὁ Ἀχιλεὺς τεθνήκει,

140 ἢ Ἀλεξάνδρου ταῖς χερσὶν ἢ καὶ τοῦ Δηϊφόβου.

'Οὕτως εἰπόντος Ἐριννῦς φωνὴν αὐτοῦ κατέσχον,'
οὕτως εἰπὼν τὸ λυπηρόν, εὐθέως ἀπεπαύθη.

Because the voice happens to be a gust of air,
they said that Hera makes <the horse> speak.

'*The best of gods*' is the son of Leto,   135
Apollo, and the sun, who killed Patroklos.

'*You are destined to be killed by a god* and a man'
means it is your lot to die through an element and a human
     being.
For Achilles died in the temple of Apollo,
at the hands of either Alexandros or Deïphobos.   140

'After <the horse> spoke thus, a Fury silenced its voice,'
that is, after giving the sad news, it fell silent forthwith.

Υ΄

Διὸς βουλαῖς ἐφάπτονται θεοὶ τῆς συμμαχίας·
καὶ τῷ στρατῷ Ἑλλήνων μὲν ὑπῆρχον συμμαχοῦντες
Ἥρα, Ἀθήνη, Ποσειδῶν, καὶ Ἥφαιστος Ἑρμῆς τε·
Τρωσὶν ἡ Ἀφροδίτη δέ, καὶ σὺν τῇ Ἀφροδίτῃ
5 Σκάμανδρος, Ἄρης καὶ Λητώ, Ἄρτεμις, καὶ Ἀπόλλων,
ὃς Ἀχιλεῖ μαχόμενον Αἰνείαν νέφει κρύπτει.
Πολλοὺς δὲ κτείνας Ἀχιλεύς, καὶ παῖδα τὸν Πριάμου
Πολύδωρον ἀπέκτεινεν, Ἕκτορα δ᾽ ἀντιστάντα
αὐτὸς Ἀπόλλων ἔσωσε καὶ ῥύεται θανάτου.
10 Τοὺς δὲ λοιποὺς ὁ Ἀχιλεὺς κατήπειγεν εἰς Τροίαν.

Οὕτως σύν σοι ὁπλίζονται Ἕλληνές τε καὶ Τρῶες·
'ἑτέρωθεν οἱ Τρῶες δὲ ἐπὶ θρωσμοῦ πεδίου.'
Ἐκ 'πολυπτύχου' δ᾽ οὐρανοῦ 'Θέμιν ὁ Ζεὺς κελεύει'
πάντας καλέσαι τοὺς θεοὺς εἰς δόμον τὸν ἐκείνου·
15 ἡ καὶ δραμοῦσα σύμπαντας συγκέκληκεν εὐθέως.
Οὐ Ποταμὸς ἐλείφθη τις, Ὠκεανοῦ δὲ ἄνευ,
οὔτε Νύμφη ἡ ναίουσα πίσεά τε καὶ ἄλση
καὶ τὰς πηγὰς τῶν ποταμῶν. Καὶ συνελθόντες πάντες
ξεσταῖς αἰθούσαις ἵζανον ταῖς οὔσαις πρὸ δωμάτων,
20 ἅσπερ ὁ Ἥφαιστος Διῒ ἐποίησεν ἐντέχνως.
Καὶ Ἐνοσίχθων μετ᾽ αὐτοὺς ἐξῆλθε τῆς θαλάσσης,
μέσοις καθίσας δ᾽ ἐν αὐτοῖς ἀνήρετο τὸν Δία·
"Τί νῦν, ὦ ἀργικέραυνε, θεοὺς συνεκάλεσω;

Book 20

Following the will of Zeus, the gods form alliances;
and with the Greek army there were allied
Hera, Athena, Poseidon, Hephaistos, and Hermes;
with the Trojans were Aphrodite, and along with Aphrodite
Skamandros, Ares and Leto, Artemis, and Apollo,   5
who hides Aineias in a cloud as he fights with Achilles.
Achilles kills many men, including Polydoros,
son of Priam, but when Hektor resists him,
Apollo himself saves Hektor and delivers him from death.
But Achilles presses the others hard against Troy.   10

Thus around you the Greeks and Trojans armed themselves;
'on the other side <stood> the Trojans on the plain's rising
     ground.'
From the '*many-ridged*' heaven, 'Zeus ordered Themis'
to summon all the gods to his house;
and she sped to assemble everyone right away.   15
Not a River was missing, except for Ocean,
nor any Nymph that dwells in meadows and groves,
or in the sources of rivers. And after everyone came,
they sat in the stone porticos before his house,
which Hephaistos had skillfully made for Zeus.   20
The Earth Shaker <joined> them, emerging from the sea,
and after sitting in their midst asked Zeus,
"Why, lord of the bright lightning, have you now assembled
     the gods?

Ἆρα περὶ τῶν Τρώων τι βουλεύῃ καὶ Ἑλλήνων;

25 Ἐγγὺς ἡ μάχη τούτων γὰρ καὶ πόλεμος τυγχάνει."

Ὁ Ζεύς φησι δὲ πρὸς αὐτόν· "Ἔγνως τὸ βούλευμά μου·

φροντίδα τούτων ἔχω γάρ, καίπερ ἀπολλυμένων.

Ἀλλὰ ἐγὼ καθήμενος ἔνθεν τερποίμην βλέπων·

ὑμεῖς ὡς πρὸς τοὺς Τρῶας δὲ καὶ Ἕλληνας ἐλθόντες

30 γίνεσθε μέρους βοηθοὶ οὗ ἕκαστος θελήσει.

Εἰ πρὸς τὸν Ἀχιλέα γὰρ μάχοιντο μόνοι Τρῶες,

οὐδὲ βραχύ τι κατασχεῖν ἰσχύσουσιν ἐκεῖνον."

Φύσιν πλουτῶν ὁ Ὅμηρος ὑπὲρ ἀνθρώπου φύσιν,

ὧν τε φρενῶν θησαύρισμα καὶ νοῦς αἰθεροδρόμος,

35 καὶ θάλασσα καὶ πέλαγος ὠκεανὸς χαρίτων,

πασῶν τεχνῶν τε λογικῶν ἀσύγκριτος ἀκρότης,

πανσόφοις πάντα χάρισι τὸν λόγον κεραννύει,

ὥσπερ κἀντεῦθεν νῦν ποιεῖ συγκεραννὺς μυρία.

Ἐν τῷ τὴν μάχην λέγειν γὰρ τῶν μυθικῶν θεῶν σοι

40 τῶν συνεργούντων Ἕλλησι καὶ γένει τῷ τῶν Τρώων,

τοῦ μύθου τῷ γλυκάζοντι τέρπει τοὺς ἁπλουστέρους,

ῥητόρων δὲ δεινότητι καὶ τῇ φρενῶν πυκνώσει

δοκεῖ τὸν Ἀχιλέα μὲν πάντων ὑπερεξαίρειν,

δείκνυσι δὲ τὸ ἀληθὲς τῇ πρὸς Αἰνείαν μάχῃ

45 καὶ λόγοις οἷς ὁ Ἀχιλεύς φησι πρὸς τὸν Αἰνείαν·

ἀλληγορῶν δὲ φυσικῶς τέρπει σοφὰς καρδίας,

καὶ πράξεις γράφων χρονικὰς διδάσκει καὶ προγνώσεις.

Καὶ δὴ προσέχων ἄκουε πᾶν μου λεπτολογοῦντος,

οἷα προάγγελα πολλὰ σημαίνουσι σημεῖα

50 ἐπὶ μελλούσαις συμφοραῖς ἐθνῶν καὶ πολισμάτων,

καὶ διωνύμων δὲ ἀνδρῶν, ἔν τισι τῶν στοιχείων.

Are you planning something concerning the Greeks and
      Trojans?
For their battle and their war is nearby."   25
   And Zeus told him: "You have guessed my purpose;
for I care about them, even though they perish.
But let me sit here, and take pleasure in watching,
while you all should go to the Greeks and Trojans
and help whichever side each of you wishes.   30
For if the Trojans were to fight Achilles by themselves,
they could not hold their ground even briefly."
   Homer, having a super-human nature,
and being a storehouse of intelligence and an ether-
      skimming mind,
and a sea and a gulf and an ocean of graces,   35
and having incomparable excellence in all arts of expression,
infuses his entire account with most clever delights,
just as he here blends in countless elements.
In telling you about the battle of the mythical gods
who sided with the Greeks and the Trojan race,   40
he delights simple folk with the sweetness of the myth,
and with rhetorical skill and density of thought
he seems to praise Achilles above all others,
but he shows the truth in his battle against Aineias
and the words which Achilles spoke to Aineias;   45
but by allegorizing nature he delights wise hearts,
and by writing about deeds of the past he teaches
      foreknowledge.
   So pay attention and hear me explain everything in detail;
what I have announced in advance signifies many signs
in some of the elements, about future disasters of peoples   50
and cities and famous men.

Οὕτω κτανθῆναι μέλλοντος καὶ Ἕκτορος τῷ τότε
καὶ Τροίας δὲ τοῖς δόρασιν Ἑλλήνων πορθηθῆναι,
πρῶτον μὲν νέφος πάμπυκνον ἀέρος συγκινήσει
55 τὸν οὐρανὸν ἐμέστωσεν ὑδάτων ἀνιμήσει
τῶν ἐκ θαλάσσης, ἐκ πηγῶν, καὶ ποταμῶν ἀλσῶν τε,
ἁπλῶς ἐκ τόπου σύμπαντος ὄντος ἐκ τῶν πανύγρων.
Καὶ θάλασσα δ᾽ ἐξέδραμε ταύτης βρασμῷ τῆς κοίτης,
καὶ ζάλη γέγονε δεινὴ σύμμικτος τῶν στοιχείων,
60 καὶ καταιγίδες, καὶ σκηπτοί, καὶ κεραυνοὶ βρονταί τε,
ὄμβρων ῥαγδαίων χύσεις τε καὶ ποταμῶν πλημμύρα,
ὑφ᾽ ὦν ἐπελαγίζοντο τῆς γῆς αἱ πεδιάδες,
ἐκλείψεις τῶν φωστήρων τε, σεισμοί, ῥηγμοὶ καὶ βρόμοι.
Ὅμηρος γέρων δ᾽ ὁ χρυσοῦς δεινότητι ῥητόρων
65 τὰ πάντα ταῦτά σοι καλῶς νῦν προσωποποιήσας,
᾽Δία᾽ φησὶ τὸν οὐρανόν· ᾽Θέμιν᾽ δ᾽ αὖ ὀνομάζει
δύναμιν τὴν ἀνάγουσαν εἰς οὐρανὸν ἰκμάδας,
καὶ πᾶσαν φύσιν ἔνυγρον, ἥνπερ καλεῖ καὶ Νύμφας.
᾽Ὄλυμπον δὲ πολύπτυχον᾽ τὸν οὐρανὸν νῦν λέγει
70 διὰ τὰς ζώνας τὰς αὐτοῦ, τὰς καθ᾽ ἑτέρους σφαίρας,
αἵπερ ὀκτὼ τῷ ἀριθμῷ κατά τινας καλοῦνται,
αἱ τῶν ἑπτὰ πλανήτων τε καὶ ἡ ἀπλανεστάτη·
ἐννέα καθ᾽ ἑτέρους δέ, καὶ κατ᾽ αὐτὸν τὸν Πρόκλον.
Καὶ γὰρ τὴν γῆν συντάττουσι ταῖς σφαίραις τῶν ἀστέρων,
75 ὡς κἂν τοῖς ἔπεσιν αὐτοῦ Ἐρατοσθένης γράφει.
᾽Ὄλυμπον μὲν πολύπτυχον᾽ τὸν οὕτως....
τοῦ νέφους δ᾽ ἐπιστήριξιν ὡς πρὸς τὸν ἄνω πόλον,

Thus since Hektor was destined to be killed then
and Troy to be destroyed by the spears of the Greeks,
at first by the movement of air a very thick cloud
filled the sky full with water drawn up   55
from the sea, from springs, rivers, and sacred groves,
that is, simply from every place that was very wet.
And the sea rushed out in furious agitation from its bed,
and there was a terrible storm commingled with the
        elements,
hurricanes, thunderbolts, and thunder and lightning,   60
and torrents of violent rain and overflowing of rivers,
from which the plains of the earth were flooded,
and eclipses of stars, earthquakes, fissures and roaring
        thunder.
The golden old man Homer, with rhetorical skill,
personified all of this beautifully for you: 65
he calls the sky 'Zeus,' and he gives the name 'Themis'
to the power bringing moisture up to the sky,
and to every watery nature, which he also calls Nymphs.
And he calls the sky 'many-ridged Olympos'
because of its zones, called spheres by others,   70
which according to some are eight in number,
that is, the seven planets and the fixed star;
but according to others and Proklos himself <the spheres
        are> nine.
For they rank the earth with the spheres of the stars,
just as Eratosthenes writes in his work.   75
'Many-ridged Olympos' that in such a way [. . .]
the support of the cloud as toward the pole of the celestial
        sphere,

θεῶν καθέδραν σοί φησιν ἐν ταῖς Διὸς αἰθούσαις,
ἤτοι ὑπαίθροις καὶ θερμοῖς μετεώροις τόποις,
80 ἄσπερ ὁ Ἥφαιστος, τὸ πῦρ, ὑπέστησεν ἀρχῆθεν.

Τὴν δὲ θαλάσσης ἔκβρασιν τὴν τότε γεγονυῖαν,
ἀφ᾽ ἧς καὶ τὸ λεπτότερον ἀνιμηθὲν ἀνήχθη,
μὴ παρακούσαντά φησι Θέμιδος Ποσειδῶνα,
ἀλλ᾽ ἀνελθόντα σὺν λοιποῖς καὶ μέσον ἱδρυνθέντα,
85 ἀνερωτῶντά τε, Διῒ φωνὴν τὸν ἦχον λέγων,
μή τι ἄρα τὸ βούλημα καθέστηκε τὸ τούτου,
περὶ Ἑλλήνων Τρώων τε μάχης τε καὶ πολέμου,
καὶ οὐρανόν, τὸν Δία δέ, λέγοντα τοῦτο πάλιν·
"Ἔγνως δι᾽ ἣν ἐκλήθητε, Πόσειδον, νῦν βουλήν μου·"
90 τὸ ὕδωρ δ᾽ 'Ἐννοσίγαιον' ὁ Ὅμηρός σοι λέγει
καὶ τὸ σεισμῶν παραίτιον. Μακρηγορεῖν οὐ δέον.

Τὸν οὐρανόν, τὸν Δία δὲ πλάττει συγκατανεύειν,
ὅτι οὕτως ἀπέβησαν τὰ πράγματα τῷ τότε.

Μένει δ᾽ ὁ Ζεὺς ἐν τῇ πτυχῇ καθήμενος Ὀλύμπου,
95 οἱ δ᾽ ἄλλοι συγκατέρχονται πρὸς Ἕλληνας καὶ Τρῶας,
ὅτι ἀήρ, ὁ οὐρανός, ἀνωφερὲς στοιχεῖον,
ὡς ὅτι πλέον ὁ αἰθήρ, τὸ πῦρ δ᾽ ἐπὶ πλέον,
τὸ ὕδωρ δὲ βαρύτατον κατωρρεπὲς στοιχεῖον.

Ἡ λαλιὰ δὲ τοῦ Διὸς Κρονίδου, τοῦ ἀέρος,
100 τοῦ ἐξ Ἐρέβους, Κρόνου, πρὶν καὶ Χάους γεννηθέντος,
πνεῦμα δεινὸν καὶ βίαιον, κλονῆσαν τὰ στοιχεῖα,
ὃ συμβολὴν πρὸς πόλεμον θεῶν νῦν ὀνομάζει.

Ἡ Ἥρα μὴν καὶ Ἀθηνᾶ καὶ οἱ λοιποὶ οὓς λέγει
ἔβαινον πρὸς βοήθειαν Ἑλλήνων, οἱ δὲ Τρώων.

and he describes for you the seat of the gods in Zeus's
    porticoes
(that is, in open, warm and elevated places),
to which Hephaistos, fire, gave substance from the beginning.   80
And the frothing of the sea that happened then,
from which the thinner element was drawn up and taken up
    to the sky,
he says <that it was> Poseidon, who did not disregard
    Themis,
but went with the others and sat in the middle,
and, <Homer> speaking of the echoing noise <of the sea> as   85
    if it were <Poseidon's> voice <addressed> to Zeus, asked
whether he had settled on a decision about this,
about the battle and war of the Greeks and Trojans;
and the sky, Zeus, said this again: "You know
for which plan of mine you have been summoned, Poseidon";
Homer tells you that water is 'the Earth Shaker'   90
and responsible for earthquakes. One need not speak at
    length.
He depicts the sky as Zeus consenting,
<meaning> that things happened then in this way.
And Zeus remained seated in the folds of Olympos,
while the others descended to the Greeks and Trojans,   95
because the air, <that is,> the sky, is an ascending element,
ether, too, and even more so fire,
and water is the heaviest downward-dragging element.
The speech of Zeus, son of Kronos, <that is,> of the air,
born of Erebos, of Kronos, before even Chaos,   100
is a terrible and violent wind that agitated the elements,
which Homer here calls the clash of the gods in war.
Indeed Hera and Athena and the others whom he mentions
went to help the Greeks, the others to the Trojans.

105 Νῦν σοι κατὰ προέκθεσιν καὶ προκατάστασίν δὲ
θεοὺς Ἑλλήνων συνεργοὺς καὶ τοὺς τῶν Τρώων λέγει,
τὴν συμβολὴν τῆς μάχης δὲ τούτων προβαίνων εἴποι.
Ἡμεῖς δὲ νῦν ἐροῦμεν σοι τίνα στοιχεῖα τάδε,
καὶ πῶς τὰ μὲν τοῖς Ἕλλησι, τὰ δὲ Τρωσὶ συνήργει.
110 Ἥρα αἰθὴρ ὁ καθαρός, λεπτομερὴς ἀήρ τε,
ἡ Ἀθηνᾶ ὁ πρόσγειος καὶ κάθυγρος ἀήρ τε.
Ὡς Ὅμηρος τοῖς ὄπισθεν ὑπέδειξε ταδί μοι,
οὕτω κατ᾽ ἔπος τὰ ῥητὰ προενεγνὼν ἐκεῖσε·
'πλησίαι αἵγ᾽ ἥσθην, κακὰ δὲ Τρώεσσι μεδέσθην·'
115 καὶ πάλιν ἐμφανέστερον, οὐ μύθῳ κεκρυμμένῳ·
'ἐλάτη δι᾽ ἠέρος τις ἵκανεν εἰς αἰθέρα.'
Οὕτως ἡ Ἥρα ὁ αἰθήρ, ἡ Ἀθηνᾶ ἀὴρ δέ.
Ὁ Ποσειδῶν ἡ θάλασσα, ὁ γῆν ὀχῶν, βαστάζων.
Ἑρμείας 'ἐριούνης' δέ, καὶ ὠφελῶν μεγάλως·
120 πυρὰ τὰ διεκτρέχοντα ἐν καθαρῷ ἀέρι,
ἃ γίνεται κινήσεσιν ἀνέμων κεκραμένων,
λυσιτελῶν, καὶ τὸ ὑγρὸν πᾶν ἐκπυρηνιζόντων.
Ἥφαιστος, ἡ θερμότης δὲ ἀέρος ἐξ ἡλίου,
ὃς βλεμεαίνει ἄγριον καὶ καυστικόν τι φαίνει,
125 κυλλοποδίων, καὶ χωλός, οὕτω πως κεκλημένος
δι᾽ ἅσπερ τρεῖς εἰρήκαμέν σοι πρότερον αἰτίας·
καὶ ὅτι ἄκρατον τὸ πῦρ καὶ ἀμιγὲς ὑπάρχον
οὐ κίνησιν εἰς γέννησιν, ἀλλὰ φθορὰν εἰσφέρει.
Ταῦτα Ἑλλήνων συνεργά, καὶ συμμαχοῦντα ἦσαν.
130 Οὖσιν ἐν τῇ στρατείᾳ γὰρ τοῖς Ἕλλησιν ὡς οἶδας,
στρατοπεδευομένοις τε τοῖς τόποις τοῖς ὑπαίθροις,
οὐκ ἐν οἰκίαις οὖσι δὲ καὶ τείχει πολισμάτων,

Here as preface and introduction he mentions for you   105
the gods who allied with the Greeks and the Trojans,
and he would go on to speak about their engagement in
     battle.
But here we will tell you which were these elements,
and how some helped the Greeks and others the Trojans.

    Hera is the clear ether and refined air,   110
Athena the very moist air close to the earth.
As Homer showed this to me with his earlier verses,
thus reciting the exact words there:
'*<Athena and Hera> sat side by side, devising ills for the Trojans*';
and again very clearly, not in the hidden words of myth,   115
'and *a fir tree* reached *through the mists* into the ether.'
Thus Hera is ether, and Athena is the air.

    Poseidon is the sea, which carries the earth, supporting it.
Hermes <is> '*benevolent,*' and a great benefactor;
the fires rushing out in the clear air   120
are created by the movements of temperate winds,
which were advantageous, squeezing out all the moisture.
Hephaistos, the heat of the air from the sun,
who rejoices in fierceness and radiates a burning heat,
the clubfooted and lame, called thus   125
for the three reasons we mentioned earlier;
and because fire, being unmixed and unmingled,
in its birth does not cause movement, but destruction.

   These <elements> helped the Greeks, and were their
     allies.
For as the Greeks were on campaign, as you know,   130
camping in places exposed to the elements,
and as they were not in houses or within town walls,

ὅ τε λεπτομερέστερος ἀὴρ καὶ καθαρὸς δέ,
ἔτι τε ὁ παχύτερος, πλὴν καθαρὸς καὶ οὗτος,
135 συνήργει τούτοις ποσαπλῶς, εὐδίῳ καταστάσει,
ἄνευ τελμάτων καὶ πηλοῦ βαδίζειν μὲν τὸ πρῶτον,
ὕπνον καθεύδειν ἄνομβρον, κἂν γέμοντα μερίμνης,
ῥᾴδιον ξυληγεῖσθαί τε, καὶ τέμνειν δὲ καὶ χόρτον,
χλόην τοὺς ἵππους νέμεσθαι, χειμῶνος μὴ ὀχλοῦντος,
140 τὰς τῶν βελῶν πτερώσεις τε καὶ τὰς νεύρας τῶν τόξων,
καὶ νεῦρα πλέον τὰ αὐτῶν χειμῶνι μὴ χαυνοῦσθαι.
Οὕτως συνήργουν Ἕλλησιν ἡ Ἀθηνᾶ καὶ Ἥρα.
Ὁ Ποσειδῶν, ἡ θάλασσα, τούτοις συνήργουν πάλιν
καὶ ὁ Ἑρμῆς, ἡ κίνησις πνευμάτων κεκραμένων,
145 ὡς δι' ὁλκάδων, πνεύμασιν εὐκράτοις καὶ προσφόροις,
κομιζομένοις ἅπαντα χρησιμοῦντα τούτοις.
Οἱ ἄνεμοι καὶ πνεύματα πῶς μεγαλωφελῆ δέ;
Ὡς πᾶν φυτὸν ἐκτρέφοντες, κομίζοντες ὁλκάδας,
ὡς εὐζωίας αἴτιοι. Τί δὴ μηκύνειν λόγους;
150 Ἥφαιστος, ἡ θερμότης δὲ ἀέρος ἐξ ἡλίου,
ὅσα συνήργει τῷ στρατῷ τῷ τῶν Ἑλλήνων οἶδας.
Οὕτω θεοὺς στοιχειακῶς ἐνθάδε σύ μοι νόει.
Πραγματικῶς δὲ μηδαμῶς, μηδέ γε ψυχικῶς μοι,
μηδ' ἀστρονομικώτατα τούτους ἀστέρας νόει·
155 ἀλλ' ὥσπερ εἶπόν σοι ταυτὶ στοιχειακῶς μοι νόει,
τοῖς Ἕλλησιν, ὡς ἔφημεν, οὕτω λυσιτελοῦντα.
Ἤδη δὲ λέξω τοὺς θεοὺς τῶν Τρώων τοὺς συμμάχους.
Κορυθαίολος Ἄρης μέν, πῦρ ἄτακτον καὶ ζάλη,
οἷον τὸ πῦρ τῶν κεραυνῶν, ὃ ζάλης καὶ χειμῶνος.

the thinner and clear air,
and also the thicker one, which is also clear,
were helping them constantly, causing mild weather,   135
at first so they could walk without puddles and mud,
and sleep a rainless, though anxious, sleep,
and easily gather wood, and cut fodder,
so their horses could graze on grass, untroubled by storm,
and they could feather their arrows and string their bows,   140
and moreover their strings would not go slack because of
     the winter.
In this way were Athena and Hera helping the Greeks.
Poseidon, the sea, was helping them too,
and Hermes, the movement of temperate winds,
as <the Greeks> by means of ships, with moderate and   145
     helpful winds,
were bringing everything they needed.
But how were the winds and breezes of great benefit?
Because they nourished every plant, and propelled the ships,
the cause of their well-being. Why need I prolong my
     explanation?
You know how much Hephaistos, the heat of air   150
from the sun, helped the army of the Greeks.
     So henceforth understand the gods as elements.
Do not understand them at all in a historical sense, nor
     spiritually,
nor in an astronomical manner as stars;
but just as I told you, understand them as elements,   155
helping the Greeks in this way, as we said.
     I will now tell you the gods allied with the Trojans.
     Ares of the flashing helm, unruly fire and storm,
like the fire of thunderbolts, of storm and tempest.

413

160 'Κορυθαιόλου' φέρει δὲ τοῦτο τὸ πῦρ τὴν κλῆσιν,
τοῖς ἄνω τόποις ὡς ποιοῦν ποικίλας τὰς ἑλίξεις.
Τρώων δ' ὑπῆρχε συνεργόν, τοὺς Ἕλληνας ὡς βλάπτον.
Φοῖβος Ἀπόλλων ἥλιος, τὸ φάος τὸ τοῦ βίου,
'ἀκερσεκόμης,' ὁ μακρὰς ἀκτῖνας κεκτημένος.

165 Πῶς δὲ συνήργει τοῖς Τρωσί; Πῶς ἦν Ἑλλήνων βλάβος;
Τῷ μὲν θερμῷ τοῖς Ἕλλησι τὰ μέγιστα συνήργει,
ὅπερ καὶ Ἥφαιστόν φασι· βολαῖς δὲ τῶν ἀκτίνων
ἐν τῷ πολέμῳ μέγιστα τοὺς Ἕλληνας ἐστρόβει,
μέγα συνήργει δὲ Τρωσί, λάμπων τῶν μὲν κατόπιν,
170 Ἑλλήνων δὲ πρὸς πρόσωπον μέχρι καὶ μεσημβρίας.
Λητώ τε καὶ ἡ Ἄρτεμις, αὐτὴ ἡ Ἀφροδίτη,
ταῦτα Τρωσὶ δὲ ὄφελος, Ἕλλησι δ' ἦσαν βλάβος.
Οἱ Τρῶες καταστέροις γὰρ νυξὶ καὶ πανσελήνοις
καὶ ἀσελήνοις δὲ νυξί, καταδρομαῖς λαθραίαις
175 τοῖς Ἕλλησιν εἰργάζοντο τὰ δυσχερῆ παντοῖα,
ἵππους ἐλαύνοντες αὐτῶν, συλῶντές τε μυρία,
καὶ καταδορατίζοντες καὶ κτείνοντες ὁπόσους.
Καὶ Σκάμανδρος ὁμοίως δὲ Τρωσὶ μὲν ἐβοήθει,
Ἕλλησι δ' ἦν ἀντίθετος, οἷσπερ ἀκούσῃ λόγοις.
180 Ὑπῆρχον γνώριμοι Τρωσὶν οἱ πόροι τοῦ Σκαμάνδρου,
δι' ὧν νυξὶν ἐκτρέχοντες τοὺς Ἕλληνας ἐκάκουν,
κἄν ταῖς ἡμέραις πάλιν δὲ λοχῶντες λόχμους τούτου,
πολλοὺς ἀνήρουν ἀπ' αὐτῶν, αἴφνης ἐπιδραμόντες.
Οὕτω Τρωσὶ προσβοηθῶν ὁ Σκάμανδρος ὑπῆρχε·
185 τοῖς Ἕλλησιν ἀπείροις δὲ τῶν πόρων ὑπηργμένοις
ἦν πύργος καὶ ἀντίφραγμα χωροῦσι κατὰ Τρώων.

This fire bears the name '*of the flashing helm,*'   160
as it makes colorful lightning flashes in the upper regions.
It was helping the Trojans, and harming the Greeks.
    Phoibos Apollo, the sun, is the light of life,
'*ever-youthful,*' with long rays.
How did he help the Trojans? How did he harm the Greeks?   165
He greatly helped the Greeks with his warmth,
which they also call Hephaistos; but with his sunbeams
he caused great distress to the Greeks in battle,
and greatly helped the Trojans, by shining on their backs,
but in the faces of the Greeks until midday.   170
Leto and Artemis, Aphrodite herself,
benefited the Trojans and harmed the Greeks.
For during both starry nights with a full moon
and moonless nights, the Trojans with stealthy raids
were harassing the Greeks in every way,   175
driving off their horses, stealing countless things,
striking them with spears, and killing them in great
    numbers.
    And likewise Skamandros was helping the Trojans,
and was against the Greeks, for reasons you will hear.
The Trojans were familiar with Skamandros's fords,   180
through which they would rush at night and harass the
    Greeks,
and again by day, lying in ambush among its rushes,
they killed many of them, with a sudden attack.
In this way Skamandros came to the aid of the Trojans;
but for the Greeks, who were unacquainted with its fords,   185
it was a bastion and barricade, as they attacked the Trojans.

Καὶ ἄλλως Τρώων βοηθὸν τὸν Σκάμανδρον νῦν λέγει,
ὅτι, ῥαγδαίων ὑετῶν αἴφνης καταρραγέντων,
ὡς περαιτέρω σοι σαφῶς ὁ Ὅμηρος διδάξει,
190 ὑπερκοιτήσας τῇ πολλῇ χύσει τῇ τῶν ὑδάτων,
μικροῦ δεῖν ἂν ἀπέπνιγε τότε τὸν Ἀχιλέα.
  Θεοὺς Ἑλλήνων βοηθοὺς καὶ Τρώων ἠκηκόεις·
ἄκουε τούτων ἔριδα καὶ συμβολὴν τῆς μάχης.
  Ὦρτο μὲν ἔρις καρτερά, ἐβόα δ᾽ ἡ Ἀθήνη
195 ποτὲ παρὰ τὴν τάφρον μέν, ὁτὲ πρὸς τὰς ἀκτὰς δέ·
ὁ Ἄρης δ᾽ αὖ ἑτέρωθεν αὖε Τρωσὶ κελεύων
ἐξ ἀκροπόλεως, ποτὲ θέων πρὸς τῷ Σιμοῦντι.
  Ὦρτο μὲν ἔρις, σύγχυσις γέγονε τῶν στοιχείων·
ἡ Ἀθηνᾶ δ᾽ ἐβόησε, λαίλαψ δεινὸς ἐβόμβει·
200 ὁ Ἄρης, ἄτακτον δὲ πῦρ, δεινῶς ἐστρατηλάτει.
  Τὸ πνεῦμα τὸ οὐράνιον, ὁ οὐρανὸς αὐτὸς δέ,
ὃ καὶ πατὴρ καθέστηκεν ἀνθρώπων καὶ στοιχείων,
δεινὸν κροτήσει τῶν νεφῶν ἐβρόντησε τῷ τότε.
  Τὸ ὕδωρ δ᾽, ὃ καὶ Ποσειδῶν, ἐκ βάθρων καὶ κρηπίδων
205 πᾶσαν τὴν γῆν ἐσάλευσε σεισμῷ φρικωδεστάτῳ,
καὶ μύκημα δὲ βίαιον ἐκ γῆς ἐχώρει στέρνων,
ὅπερ βοὴν νῦν Ὅμηρος Ἅιδου κατονομάζει.
  Τὴν δ᾽ ἐκ τῶν βάθρων κίνησιν ταύτης τῶν κατωτέρων
ἅπερ καὶ Ἅιδης λέγεται πᾶσι μυθογραφοῦσιν,
210 ἅλμα τοῦ Ἅιδου Ὅμηρος ἐκ θρόνων τούτου λέγει.

And here he says that Skamandros helped the Trojans
    another way,
because, when torrential showers suddenly poured down,
as Homer will teach you clearly further on,
overflowing from the great rush of waters, 190
it very nearly then would have drowned Achilles.
   You have heard about the gods who helped the Greeks
    and Trojans;
hear now about their conflict and engagement in battle.
Mighty strife arose, Athena was crying out,
sometimes near the ditch, sometimes near the banks; 195
while Ares on the other side was ordering the Trojans with a
    shout
out of the acropolis, sometimes running to the Simoïs.
Strife arose, the elements were confounded;
Athena shouted, a terrible storm was rumbling;
Ares, unruly fire, was skillfully commanding the army. 200
The heavenly wind, the sky itself,
which is also the father of men and elements,
thundered terribly then, as the clouds collided.
And water, also <called> Poseidon, from the depths and
    seafloor
shook the entire earth with a most awful earthquake, 205
and a violent roar came from the bosom of the earth,
which Homer here calls the cry of Hades.
And the movement from its deepest parts,
which are also called Hades by all the mythographers,
Homer called the leap of Hades from his throne. 210

'Τόσος ἦν κτύπος τῶν θεῶν ἔριδι ξυνιόντων,'
τόσος ὁ κτύπος γέγονε συγχύσει τῶν στοιχείων.

Ἄντα τοῦ Ποσειδῶνος μὲν Ἀπόλλων εἶχε βέλη·
ὄμβροι μὲν κατεφαίνοντο βίαιοι καὶ ῥαγδαῖοι,
215 καὶ ἥλιος ὑπέφαινεν ἅμα βραχὺ σὺν ὄμβροις.
Ἄντα Ἐνυαλίου δὲ ἵστατο ἡ Ἀθήνη,
ἀντία δὲ τοῦ Ἄρεος, ἤτοι πυρὸς ἀτάκτου,
πυρὸς ἀτάκτου, λέγω δὲ κεραυνοβολη`μάτων,
ἡ Ἀθηνᾶ καὶ ὁ ἀὴρ ὕδατος πάχος σχοῦσα.
220 Ἡ γὰρ ὑγρότης τοῦ πυρὸς πάντως τῶν ἐναντίων.

Ἥρη δ᾽ ἡ χρυσηλάκατος ἡ Ἄρτεμις ἀντέστη,
τῷ λεπτομερεστέρῳ δὲ ἀέρι αἰθερίῳ
ὅσπερ κινεῖ μὲν πνεύματα καὶ νέφη συνταράττει·
σελήνη, νῦν ἡ Ἄρτεμις χρυσοβολίς, χρυσάκτις,
225 ἀντέτεινεν, ἀνθίστατο τῇ τῶν νεφῶν κινήσει.
'Κελαδεινὴν' δ᾽ ὁ Ὅμηρος νῦν τὴν σελήνην λέγει,
διὰ τὰ κυνηγέσια καὶ τὰς κραυγὰς τὰς τούτων·
ἐν σεληναίαις δὲ νυξὶν οἱ παλαιοὶ ἐθήρων.
Τὴν δὲ σελήνην ἀδελφὴν ἡλίου καλεῖν θέλει,
230 οὐ θυγατέρα τούτου δέ, καθὼς δοκεῖ τοῖς ἄλλοις,
οὐκ ἀγνοῶν δανείζεσθαι ταύτην ἡλίῳ σέλας,
τῷ τῆς δημιουργίας δὲ λόγῳ κατονομάζει
ταύτην ἡλίου ἀδελφήν· ἄμφω γὰρ καὶ παρήχθη
τέλεια καὶ ὁλόκληρα δημιουργίας λόγῳ·
235 οὕτω τῇ Ἥρᾳ Ἄρτεμις ἀντέστη, ἡ σελήνη.

Λητοῖ, νυκτὶ δὲ σκοτεινῇ, ἀντέστη ὁ Ἑρμείας·
πυρὰ τὰ μερικώτερα τῶν πνευματωδεστέρων,
οἷον ἀστέρων χύσεις τε, δοκίδες, καὶ τοιάδε,

'*Such was the din when the gods clashed in strife,*'
<means> such din arose from the confusion of the elements.
    Apollo was shooting arrows at Poseidon;
violent rain fell in torrents,
and the sun briefly appeared together with the rain.   215
Athena was standing against Enyalios,
against Ares, that is, unruly fire,
the unruly fire, I say, of thunderbolts,
Athena and the air, with the thickness of water.
For the wetness of water <was> in every way hostile to fire.   220
    Artemis with the golden arrows stood against Hera,
the thinnest ethereal air
which moves the winds and throws clouds into disorder;
the moon, here Artemis with the golden missile, with
     golden rays,
strove against and resisted the movement of clouds.   225
Homer here calls the moon '*loud-voiced*'
because of the hunting hounds and their cries;
the men of old used to hunt on moonlit nights.
He calls the moon the sister of the sun,
and not his daughter (as some others believe),   230
knowing that she reflects the light of the sun,
and according to the account of creation he calls
her the sister of the sun; for they were both created
perfect and whole according to the account of creation;
thus Artemis, the moon, stood against Hera.   235
    Hermes took his stand against Leto, the dark night;
the more fiery particles among those that create gusts of
     winds,
like shooting stars, meteors and the like,

ἠναντιοῦτο τῆς νυκτὸς τῷ ζοφερῷ τῷ τότε.

240 Ἐν δὲ Λητὼ καὶ ὁ αἰθὴρ κατά τι ὑπηργμένα,
ἓν δὲ καὶ Ἄρης καὶ Ἑρμῆς, ὡς ἕτεροι ἑτέροις
κατά τι διαφέρουσιν· ἅπερ τὰ νῦν μοι μάθε.

Ἡ μὲν Λητὼ ἡ νύξ ἐστιν· ὡς φέρουσα δὲ ὕπνον,
τὴν ληθεδόνα τῶν κακῶν, Λητὼ κατωνομάσθη·
245 καὶ ὁ αἰθὴρ δὲ νύξ ἐστιν· εἰ μὴ γὰρ νὺξ ἐπέλθοι,
τίς διακρίνειν αἰσθητῶς αἰθέρα ἰσχύει;
Ἄν τοὺς ἀστέρας ἴδῃ δέ, γινώσκει τὸν αἰθέρα.
Ὡς μὲν οὖν ὑπνοδότειραν τὴν νύκτα Λητὼ λέγεις,
ὡς πυραυγῶν ἀστέρων δὲ γεννήτριαν, αἰθέρα,
250 κἄν περ ὁ Σταγειρόθεν σου οὐχ οὕτω δογματίζῃ.
Ἔγνως τὴν Ἥραν καὶ Λητώ. Πάλιν Ἑρμῆς καὶ Ἄρης
πυρὰ μὲν καὶ ἀμφότερα, καὶ κατὰ τοῦτο ἕν τι,
ἀλλ' ἢ πνευματωδέστερον καὶ ἀφλεγὲς Ἑρμείας,
ἢ δὲ σφοδρὸν καὶ καυστικόν, ἄτακτον ἔχων ῥύμην,
255 Ἄρης κατονομάζεται, καὶ τὰ λοιπὰ ὁμοίως.
'Σῶκον' καὶ 'ἐριούνην' δὲ πνεῦμα πυρῶδες λέγει,
ὡς σωστικόν, λυσιτελὲς καὶ διεκτρέφον πάντα,
τοῖς ψυχικοῖς ἑτέρως δέ, τοῖς πρακτικοῖς ἀλλοίως.

Τῶν μὲν λοιπῶν ἀκήκοας θεῶν τὴν τότε μάχην.
260 Ἀντίος τοῦ Ἡφαίστου δὲ ἦν ποταμὸς ὁ μέγας,
ὃν οἱ θεοὶ καὶ οἱ σοφοὶ Ξάνθον καλοῦσι κλῆσιν,
Σκάμανδρον πάντες δὲ βροτοί, ἤτοι ἀσόφων γένους.
Πῶς ἐναντίος Σκάμανδρος Ἡφαίστῳ δὲ ὑπῆρχεν;
Ὅτι, καὶ θέρμης οὔσης μὲν ἡλιακῶν ἀκτίνων,
265 ὅμως ὁ Ξάνθος ταῖς βροχαῖς ἐξέδραμε τῆς κοίτης,
ὅτι περ ἔμελλε ῥοαῖς κλύζειν τόν Ἀχιλέα·

were then opposing the gloom of the night.
Leto and the ether were one in some partial respect,   240
Ares and Hermes were one, just as some of them differ
from others in some way; learn this from me now.

   Leto is the night; as she brings sleep,
oblivion from suffering, she was named Leto;
and ether is night; for if night does not come,   245
who can clearly discern ether?
But if one sees the stars, he perceives the ether.
And so you call the night Leto as the giver of sleep,
as ether, the creator of fiery bright stars,
even if the man from Stageira does not so decree.   250
You have learned about Hera and Leto. Now Hermes and
     Ares
are both fires, and the same in this one respect,
but if more windy and fireless it is called Hermes,
or if violent and corrosive, having an unruly force,
it is called Ares, and likewise the rest.   255
He calls the fiery wind '*strong*' and '*helper*,'
because it offers salvation, is helpful and nourishes
     everything,
in one way <allegorizing> psychologically, in another way
     historically.

   So you have heard then about the battle of the other gods.
Against Hephaistos was a great river,   260
whom the gods and wise men called Xanthos,
while all mortals, the ignorant race, call it Skamandros.
How did Skamandros stand against Hephaistos?
Because, although there was warmth from the sun's rays,
Xanthos nevertheless overflowed because of the rains,   265
intending to wash away Achilles in its current;

421

καὶ πάλιν ἀνθυπέδραμε πρὸς κοίτην τὴν οἰκείαν,
καὶ ταῖς ἀκτῖσι θερμανθεὶς ἀνέπεμπεν ἰκμάδας,
ἅσπερ πρὸς Ἥραν δέησιν κατονομάζει Ξάνθου.

270 Πλὴν ἀλλὰ πρόσχες ἀκριβῶς· βαθύς ἐστιν ὁ γέρων,
καὶ παίζων τοῖς μυθώδεσιν ἠπάτησε μυρίους.

Μὴ ἐν ἡμέρᾳ σύμπαντα ταῦτα γενέσθαι δόξῃς·
στοιχειακῶς γὰρ ὁ Ἑρμῆς πῶς ἐν ἡμέρᾳ λέγει;
Λητοῖ ἀνέστη τῇ νυκτί, αἰθέρι δὲ σελήνη·
275 νοεῖν δὲ ταῦτα ψυχικῶς ἐσχάτου ἀγνωσίας.

Ἀλλ᾽ οὕτω λέγει προφανῶς ὁ γέρων, καὶ διδάσκει
ὅτι τῷ τότε σύγχυσις ἐτέλει τῶν στοιχείων
ἐν ταῖς ἡμέραις καὶ νυξίν, οὐ μὴν ἡμέραις μόναις.

Ἀπόλλων ὁ Αἰνείαν δὲ κατ᾽ Ἀχιλέως ὄρσας,
280 ὁμοιωθεὶς Λυκάονι παιδὶ τῷ τοῦ Πριάμου,
αὐτός ἐστιν ὁ ἥλιος· ὄνπερ ἰδὼν Λυκάων
λάμποντα κατὰ πρόσωπον στρατοῦ τοῦ τῶν Ἑλλήνων
καὶ Ἀχιλέα βλάπτοντα πρὸς συμβολὰς τῆς μάχης,
τῷ Ἀχιλεῖ μονομαχεῖν λόγοις Αἰνείαν πείθει.

285 Ὁ Ζεύς, ἡ Εἱμαρμένη νῦν, Ἀθήνη, πανουργία·
'θεῶν δὲ εἷς' ὁ τὸν λοιγὸν τῷ Ἀχιλεῖ ἀμύνων,
θυμὸς καὶ εὐτυχία δέ, δόλοι καὶ πανουργία.
'Εἰ δὲ θεὸς' ὁ πόλεμος, ἢ καὶ θυμὸς ἐνθάδε.
'Θεοῖς αἰειγενέτησιν,' αὐτῇ τῇ Εἱμαρμένῃ,
290 τῇ ἐκ τῶν ἄστρων ἅμα τε καὶ δρόμου τῶν ἀστέρων.
'Καί σε δὲ κόρης τοῦ Διός φασι τῆς Ἀφροδίτης,'
ἤτοι ὡραίας θυγατρὸς Διός, νῦν βασιλέως.

and again it ran back to its own bed,
and, warmed by the rays, it sent up moisture,
which he calls Xanthos's petition to Hera.
But pay close attention; the old man is deep,   270
and by playing with myths he has deceived countless men.

   Do not think that all this happened in daytime;
for how does Hermes speak in daytime in an elemental
     sense?
The moon rose for Leto the night, the ether;
psychological understanding of these is the utmost   275
     ignorance.
But the old man speaks so plainly, and he teaches
that a confusion of the elements was happening then
day and night, not only by day.

   Apollo, who urged Aineias against Achilles,
taking the form of Lykaon, the son of Priam,   280
is the sun himself; when Lykaon saw him
shining in the faces of the Greek army
and harming Achilles in the heat of battle,
he persuaded Aineias with his words to fight Achilles in a
     duel.

   Zeus is now Destiny, Athena cunning;   285
by *one of the gods,* who wards off ruin from Achilles,
he means spirit and good fortune, deception and cunning.
By *howbeit were a god* he means war, or here, spirit.
By *to the eternal gods,* he means Destiny itself,
that comes from the stars and also from the course of the   290
     stars.
'And they say that you were born from Aphrodite, Zeus's
     daughter,'
that is, the beautiful daughter of Zeus, who is now a king.

Ὁ Ἀχιλεὺς δὲ 'χείρονος θεᾶς,' ἤτοι ἀρχούσης·
ἡ σὴ γὰρ μήτηρ παῖς 'Διός,' τουτέστι βασιλέως,
295 ἡ Ἀχιλέως μήτηρ δὲ τοπάρχου νησιώτου.

Ἡ Ἥρα δ' ἦν οὐκ ἔλαθεν ὁ παῖς τοῦ Ἀγχίσου,
εἰποῦσά τε ἃ εἴρηκε πρὸς Ποσειδῶ, Ἀθήνην,
πνεῦμα κινῆσαν θάλασσάν ἐστι καὶ τὸν ἀέρα,
ὃ τάχα καὶ ἀντέτεινεν ἡλίου ταῖς ἀκτῖσι,
300 κἂν οὐ κατίσχυσεν αὐτὸν νεφώσει συγκαλύψαι.

'Πάντες δ' Οὐλύμποιο κατήλθομεν ἀντιοῶντες·'
Ἐμπεδοκλῆς καὶ Στωϊκοὶ θέρος φασὶν ὑπάρχειν
πύκνωσιν κάτω τοῦ πυρός, χειμῶνα δ' ἀναστρόφως
ἀέρος εἶναι πύκνωσιν ὡς πρὸς τὸ ἄνω μέρος.
305 Ὅμηρος ἐν τῷ ἔπει δὲ ᾧπερ τανῦν εἰρήκειν
φαίνεται καὶ τὴν πάχυνσιν ἀέρος εἰς τὸ κάτω,
καὶ ἀλλαχοῦ τὸ κίνημα ὑδάτων εἰς τὸ ἄνω,
χειμῶνα ὁριζόμενος καὶ περιτράνως λέγων.

'Εἰ δ' Ἀχιλεὺς οὐ ταῦτα θεῶν ἐκ πεύσεται ὀμφῆς,'
310 εἰ Ἀχιλεὺς οὐ μάθοι δὲ ταῦτα ἐκ μαντευμάτων,
θεῶν, ἀστέρων, ἢ σοφῶν, εἴτε καὶ τῶν στοιχείων,
τουτέστιν ἄτε δι' αὐτῆς τῆς ὑδατομαντείας,
ἢ ψυχικῶν δυνάμεων, ἤτοι φρεσὶν οἰκείαις,
δείσει ὁπότε τις θεὸς κατ' ἐναντίον ἔλθῃ.
315 Θεοὺς τὸ πῦρ καὶ ὕδωρ δὲ καὶ τὰ λοιπὰ νῦν λέγει.
Αἰνίττεται δ' εἰς Σκάμανδρον μέλλοντα τοῦτον κλύζειν.
Τὸ 'χαλεποὶ δὲ οἱ θεοὶ' βροτοῖς ὁρᾶσθαι μάχαις,
δύσκολον μάχεσθαί φησιν θνητὸν πρὸς τὰ στοιχεῖα,
πρὸς γῆν, πρὸς πῦρ, πρὸς ὕδατα, πρὸς ἄλλο τῶν στοιχείων.

But Achilles <was born> 'from a lesser goddess,' or a local
    ruler;
for your mother was the daughter '*of Zeus,*' that is, of a king,
whereas Achilles's mother was the daughter of an island   295
    ruler.
   Hera, whom the son of Anchises did not elude,
after she spoke to Poseidon and Athena,
is the wind that moved the sea and air,
which also quickly countered the rays of the sun,
even though it could not block it behind clouds.   300
   '*We all came down from Olympos to mingle in this battle*';
Empedokles and the Stoics say that the summer is
condensation of fire in the lower regions, while to the
    contrary
winter is condensation of air toward the upper regions.
Homer in the part of the epic where he said this   305
shows the thickening of the air in the lower regions,
and elsewhere the movement of waters to the upper regions,
defining winter and speaking very lucidly.
   '*If Achilles learn not this from some voice of the gods,*'
means that if Achilles does not learn this from prophecies,   310
gods, stars, or wise men, or even from the elements,
that is, as if through that very water divination,
or through spiritual powers, that is, using his own wit,
he will be afraid whenever some god comes against him.
He gives the name of gods to fire and water and the rest.   315
He is hinting that Skamandros was about to wash him away.
'*Hard are the gods*' to look upon by mortals in battle,
means that it is hard for a mortal to fight against the
    elements,
against the earth, fire, waters, and other elements.

425

320 Τῇ Ἥρᾳ περιῆψε δὲ πανσόφως νῦν τοὺς λόγους·
καὶ τὸν Ποσειδῶ λέγοντα πρὸς ταῦτα παρεισφέρει,
ὡς ἐξ ἀέρος τοῦ λεπτοῦ πνευμάτων κινηθέντων,
μετ᾽ ἤχου τε τὴν θάλασσαν σφῆς ἐκβρασάντων κοίτης,
μέχρι τοῦ τείχους ὅ φασι τεῖχος τοῦ Ἡρακλέος·

325 "Ἐγὼ θεοὺς οὐ θέλω νῦν ἔριδι ξυνελάσαι·
ἀλλ᾽ ἡμεῖς μὲν ἔπειτα καθεζώμεσθα κιόντες
ἐκ πάτου ἐς σκοπιήν· πόλεμος δ᾽ ἄνδρεσσι μελήσει.
Εἰ δέ κ᾽ Ἄρης ἄρχησι μάχης ἢ Φοῖβος Ἀπόλλων,
ἢ Ἀχιλῆ᾽ ἴσχωσι καὶ οὐκ εἰῶσι μάχεσθαι,

330 'αὐτίκ᾽ ἔπειτα καὶ ἄμμι παρ᾽ αὐτόφι νεῖκος ὀρεῖται.'"
Οὔπω ἀκμὴν ἡ σύγχυσις γέγονε τῶν στοιχείων,
ἔμελλε δ᾽ ἤδη γίνεσθαι, ἤγουν ἐφησυχάζειν.
"Ἂν ἄτακτα δὲ Ἄρεος πυρά τινα φανείη,
εἴτε καὶ κατὰ πρόσωπον ἥλιος Ἀχιλέως,

335 ἢ Ἀχιλέα Σκάμανδρος τῆς μάχης ἀποπαύει,
αὐτίκα μάχην καὶ ἡμεῖς συμβάλλωμεν ἐκείνοις.
Οἶμαι στραφῆναι τάχει δὲ πρὸς οὐρανὸν συνήκει."
Ῥητῶς δ᾽ εἴργειν τὸν Σκάμανδρον οὐκ εἶπον Ἀχιλέα,
ὅτι τὸ ὕδωρ Ποσειδῶν, καὶ Σκάμανδρος δὲ ὕδωρ·

340 καὶ πῶς ὕδωρ τῷ ὕδατι πολέμιον φανείη;
Ἀλλ᾽ ὁ παχὺς καὶ ἔνυγρος ἀὴρ ὁ ἐξ ὑδάτων
ἡλίου παύσει τὰς βολὰς μὴ βλάπτειν Ἀχιλέα·
εἶτα δὲ καὶ τὸν Σκάμανδρον ἐκ τῆς ὀμβροβλυσίας
ἀνακυμήναντα δεινόν, σφῆς κοίτης ἐκδραμόντα,

345 καὶ Ἀχιλέα μέλλοντα τοῖς ῥεύμασι συμπνίγειν,
ἥλιος ἐξικμάσειε θερμότατα προσλάμψας·
ὅπερ καὶ Ἥφαιστον καλεῖ δεινὸς ὢν λογογράφος,

He most wisely attributed to Hera the words above;   320
and he introduces Poseidon replying,
as the winds move from the thin part of the air,
and drive the sea from its bed with a roar
up to the wall which they call the wall of Herakles:
"I do not wish to drive the gods to quarrel;   325
but let us sit then, going from the path
to a lookout place; war will be men's concern.
But if Ares or Phoibos Apollo start a battle,
or hold back Achilles and do not let him fight,
'*then forthwith from us likewise will battle arise.*'"   330
As yet there was no confusion at all of the elements, but
it was about to happen soon, which means they stayed quiet.
"But if some unruly fires of Ares should appear,
either the sun shining in Achilles's face,
or Skamandros hindering Achilles from battle,   335
let us at once engage in battle with them.
I think they will quickly turn and assemble in the sky."
I did not say that Skamandros expressly held back Achilles,
because the water is Poseidon and Skamandros is water;
and how can water be hostile to water?   340
But the thick and moist air coming from the waters
will stop the rays of the sun from harming Achilles;
then when Skamandros swelled terribly
from the rain, and overflowed its bed,
and when Achilles was about to drown in its currents,   345
the sun dried up <the waters>, shining upon them with
    much heat;
<Homer>, being a skillful writer, called this <sun>
    Hephaistos,

ὅπως μὴ τὸν Ἀπόλλωνα, τὸν ἥλιον δὲ λέγω,
ὃν εἶπε Τρώων σύμμαχον, δείξῃ καὶ τῶν Ἑλλήνων.
350 "Ὀΐω τούτους δὲ νικᾶν," ὁ Ποσειδῶν εἰρήκει,
ὅτι τότε συμβέβηκεν οὕτω γενέσθαι ταῦτα,
στοιχεῖα ἡττηθῆναί τε τὰ σύμμαχα τῶν Τρώων·
ἄλλοις καιροῖς δ' ἐγένετο τὰ τούτοις ἐναντία.
   Ὣς ἄρα φωνήσας ἡγήσατο Κυανοχαίτης
355 *τεῖχος ἐς ἀμφίχυτον Ἡρακλῆος θείοιο·*
τὸν μετὰ ἤχου ἐκβρασμὸν τὸν τότε τῆς θαλάσσης
φωνήν τε καὶ προήγησίν φησι τοῦ Ποσειδῶνος.
'Κυανοχαίτης' λέγει δέ, ὡς ζάλης κινουμένης,
θαλάσσης οἰδαινούσης τε καὶ συμμελαινομένης.
360   *Ἔνθα Ποσειδάων κατ' ἄρ' ἕζετο, καὶ θεοὶ ἄλλοι·*
   ἀμφὶ δ' ἄρ' ἄρρηκτον νεφέλην ὤμοισιν ἕσαντο·
ἤτοι τὸ ὕδωρ καὶ ὑγρόν, καὶ νέφος πνευματῶδες
ἦσαν πρὸς οἷς εἰρήκειμεν τόποις τοῦ Τροίας μέρους·
ἀρεϊκοὶ δὲ σελασμοὶ καὶ κεραυνῶν ἐκχύσεις
365 ἅμα ἡλίῳ λάμποντι ἑτέρωθεν ὑπῆρχον.
Τὸ μήπω συγχυθῆναι δὲ ταῦτα πρὸς μίαν ζάλην
βουλὰς αὐτῶν καὶ ὄκνον δὲ πρὸς μάχην εἶναι λέγει·
τὸ 'Ζεὺς' δέ, τὸ οὐράνιον πνεῦμα ἐκίνει ταῦτα,
ὅπερ 'Διὸς' νῦν 'κέλευσιν' ὁ γέρων ὀνομάζει.
370   *Ἦγον· ἀτάρ σε Ζεὺς ἐρρύσατο καὶ θεοὶ ἄλλοι·*
Ζεὺς ὁ ἀστήρ, ὡς καὶ θεοὶ οἱ ἄλλοι τῶν ἀστέρων,
ἐξ ὧν τῷ βίῳ γίνεσθαί φασι τὰ εἱμαρμένα.
   Ἡ Ἀφροδίτη νῦν δηλοῖ ἐπέραστον, ὡραίαν.
   '*Δάρδανον αὖ πρῶτον τέκετο νεφεληγερέτα Ζεύς·*'
375 τὸ 'Ζεὺς' νῦν βασιλεὺς δηλοῖ· τὸ 'νεφεληγερέτα'

so that he does not present Apollo, I mean the sun,
whom he called a Trojan ally, as also an ally of the Greeks.
"I believe that they are winning," Poseidon said,   350
because it happened then that these things took place in
     this way,
the elements allied with the Trojans were defeated;
at other times the opposite happened.
    '*So saying, the dark-haired god led the way*
to the earthen wall of godlike Herakles';   355
the roaring surge of the sea
he then calls Poseidon's voice and his leading the way.
He calls him '*the dark-haired god,*' as when a storm blows up,
and the sea swells and darkens.
    '*There Poseidon and the other gods sat down,*   360
and clothed their shoulders with an unbreakable cloud';
that means the water and moisture, and windy cloud
were near the parts of Troy we have spoken about;
Ares's flashes and thunderbolts appeared together
with the sun, shining from the opposite side.   365
That these elements did not combine in a single storm
he says was their will and hesitation to go to battle;
and these elements were stirred up by 'Zeus,' the heavenly
    wind,
which the old man calls the 'command of Zeus.'
    '*I led <them>; but Zeus and the other gods saved you*';   370
Zeus is the star, just as the other gods are from the stars,
from which, they say, what is destined in life happens.
    Aphrodite here means lovely, beautiful.
    '*First Zeus, the cloud gatherer, begat Dardanos*';
'Zeus' here means king, 'cloud gatherer' is he who takes   375

ὁ γέρας σχὼν καὶ τὴν τιμὴν ἐκ νεφελῶν, ἐξ ὕψους,
ἤγουν ἐξ Εἱμαρμένης τε καὶ Μοίρας οὐρανίας.

'Τὸν καὶ ἀνηρείψαντο θεοὶ Διῒ οἰνοχοεύειν,
κάλλεος ἕνεκα οἶο, ἵν' ἀθανάτοισι μετείη·'
380   τὸν ὃν θεοὶ νῦν οἱ σοφοὶ καὶ τέχνης ἀστρολόγων
ἀπὸ τῆς γῆς ἀνήρειψαν, ἤγουν ἐξῆραν ἄνω,
τουτέστιν ἠστροθέτησαν διὰ τὸ κάλλος τούτου,
ἵνα σὺν ἀθανάτοισι καὶ ἄστροις συμπαρείη,
καὶ τῷ Διῒ, καὶ οὐρανῷ, καλῶς οἰνοχοεύοι.
385   Ὁ ὑδροχόος γὰρ αὐτός ἐστιν ὁ Γανυμήδης.

'Ζεὺς δ' ἀρετὴν ἄνδρεσσιν ὀφέλλει τε μινύθει τε·'
ἢ ἐκ τῆς Εἱμαρμένης δὲ Μοῖρα καὶ πεπρωμένη
καὶ στρατιώτου καὶ σοφοῦ, καὶ τῶν λοιπῶν ἁπάντων,
τὰς τεχνικὰς τὰς ἀρετάς, ἤτοι τὰς προτερήσεις,
390   καὶ ἐλαττοῖ καὶ αὔξει δὲ κατὰ τὰς συντυχίας.
'Θεῶν ἐρικυδέα δὲ δῶρα' κατονομάζει
τὰ ἔργα ἃ ποιήσουσι σοφοί τινες τεχνῖται.
''Επείπερ πέντε ἤλασε πτύχας κυλλοποδίων,'
τὸ πῦρ, ὥσπερ φησί, πλὴν ἐν χερσὶ τεχνίτου.
395   Ὁ Ποσειδῶν, ἡ θάλασσα, ὁ σώσας τὸν Αἰνείαν,
ᾧπερ καὶ λόγους ὁ Ὅμηρος, οὕσπερ φησί, προσάπτει·
φεύγων διὰ θαλάσσης γὰρ ἐσώθη καὶ τῶν πλοίων.
'Δῶρα θεοῖς τοῖς ἔχουσι τὸν οὐρανὸν' δὲ λέγει,
αὐτοῖς ὁμοῦ τοῖς ἄστρασιν, ἤγουν τῇ Εἱμαρμένῃ.
400   'Κρονίδης' ἡ ἀόρατος τυγχάνει πεπρωμένη.
Πῶς δ', Ὅμηρε, χολώσεται ἡ Εἱμαρμένη, λέγε,
ἂν τὸν Αἰνείαν Ἀχιλεὺς ἀνέλῃ τῷ πολέμῳ,
ἐπεί, ὡς γράφεις, μόρσιμός ἐστιν ἐκπεφευγέναι;

his reward and honor from the clouds, from elevation,
that is, from Destiny and heavenly Fate.
  '*The gods carried him off to be cupbearer to Zeus,
by reason of his beauty, to dwell with the immortals*';
this means that the gods, the wise men skilled as astrologers,   380
carried him off from the earth, or lifted him upward,
that is, they made him a constellation because of his beauty,
so that he might be among the immortal stars,
and serve Zeus, the sky, well as a cupbearer.
For Aquarius is Ganymedes.   385
  '*It is Zeus who increases or diminishes men's valor*,'
means that the lot and Fate coming from Destiny
both for the soldier and the wise man, and everyone else,
diminish and increase their skillful deeds,
that is, their successes, in accordance with changes of   390
    fortune.
  He calls '*glorious gifts of the gods*'
the works which some clever artisans will fashion.
'When the *clubfooted one joined together five layers*,'
means fire, as he says, but in the hands of an artisan.
  Poseidon, the sea, who saved Aineias,   395
to whom Homer attributes the words which he speaks;
for fleeing by sea and in ships he was saved.
He speaks of 'gifts to the gods that hold the heaven,'
meaning to the stars themselves, that is, to Destiny.
'The son of Kronos' is invisible fate.   400
But how, Homer, will Destiny be angered, tell us,
if Achilles were to kill Aineias in battle,
since, as you write, he was destined to escape?

431

Παῖζε καὶ γέλα καπυρόν· Τζέτζην γελᾶν μὴ δόκει·
405 χρῶ μὲν τῷ καθ᾿ ὑπόθεσιν σχήματι παίζων οὕτω·
εἰ τοῦτον κτείνει Ἀχιλεύς, χολώσεται Κρονίδης,
ἀλλ᾿ οὐχ ὑπάρχει μόρσιμος θανεῖν ὑπ᾿ Ἀχιλέως.
Κρονίδης Δάρδανον φιλεῖ, ἤτοι ἡ Εἱμαρμένη,
ἤγουν ὑπῆρχεν εὐτυχῶν ὁ Δάρδανος ἐν βίῳ.
410 'Πριάμου' πάλιν 'γενεὴν ἤχθηρεν ὁ Κρονίων·'
Ἡ Εἱμαρμένη, λέγει σοι, ἐμίσησεν ἐκείνους.
'Τὸν δ᾿ ἠμείβετ᾿ ἔπειτα βοῶπις πότνια Ἥρη·'
Ἥρα, ὡς ἔφημεν, αἰθὴρ καὶ τὸ πυρῶδες πνεῦμα,
ἀὴρ δὲ πάλιν ὁ παχὺς ἡ Ἀθηνᾶ τυγχάνει.
415 Ἐπεὶ νυκτὶ δὲ γέγονεν ἡ πόρθησις τῆς Τροίας,
ὄντος καὶ τοῦ ἀέρος μὲν τῷ τότε χειμερίου·
νῦν δὲ πνεῦμα λεπτότερον τὴν θάλασσαν ἐκίνει,
ὡς Ἥρας τοῦτο πρόσωπον ὁ Ὅμηρος εἰσάγει
λαλοῦν ὡς πρὸς τὴν θάλασσαν, δῆθε πρὸς Ποσειδῶνα,
420 ὅσα τοῖς ἔπεσί φησι δεινότητι ῥητόρων.
Τίς ἡ ἀχλὺς ἦν Ποσειδῶν τῷ Ἀχιλεῖ ἐποίει;
Ἡ κρύψις ἦν ἐκρύπτετο φεύγων Αἰνείας τότε
διὰ θαλάσσης τε αὐτῆς καὶ πλοίων τῶν Ἑλλήνων
μέχρι περ οὗ πρὸς ἔσχατα ἐξήχθη τοῦ πολέμου.
425 Ὁ Ποσειδῶν δ᾿ ὁ προσλαλῶν Αἰνείᾳ οὐδεὶς ἄλλος,
αὐτὸς δ᾿ Αἰνείας πρὸς αὐτόν, σωθεὶς θαλάσσῃ, λέγει·
"Εἰ μὴ διὰ θαλάσσης τε φεύγων καὶ τοῦ ναυστάθμου
τὸν Ἀχιλέα ἦν φυγών, πάντως ἂν ἀνῃρέθην·
τίς με θεῶν ἀστέρων τε, τὰς φρένας παραβλάψας,
430 πρὸς Ἀχιλέα συμβαλεῖν παρώτρυνε νῦν μάχην;"
Ταῦτα Αἰνείας πρὸς αὐτὸν ἦν λέγων ἁρμοδίως,

Be playful and laugh loudly; but do not expect to deceive
    Tzetzes;
use an argument based on the plot, playing thus: 405
if Achilles kills Aineias, the son of Kronos will be angry,
but he is not destined to die at the hands of Achilles.

   The son of Kronos, that is Destiny, loves Dardanos,
which means that Dardanos lived a fortunate life.
Again, '*The son of Kronos hated the race of Priam.*'   410
He is telling you that Destiny hated them.

   '*Then the ox-eyed, queenly Hera answered him*';
Hera, as we said, is the ether and the fiery wind,
while Athena is the thick air.

When the sack of Troy happened at night,   415
the air was then stormy;
here the thinner air was stirring up the sea,
and Homer introduces this as the face of Hera,
as if addressing to the sea, supposedly Poseidon,
all that he says in his verses with rhetorical skill.   420

   What was the mist that Poseidon shed over Achilles?
The concealment of Aineias when he then fled
by sea and the ships of the Greeks,
until he was carried away toward the edges of the battle.

   Poseidon who addressed Aineias was no one else,   425
and Aineias himself, saved by the sea, said to him:
"If I had not escaped Achilles, fleeing by sea
and the harbor, I would have been killed for sure;
which of the gods and the stars, addling my wits,
prompted me to meet Achilles in battle?"   430
These words Aineias was telling him fittingly,

Ὅμηρος δέ, γλυκύτερον χρήζων ποιεῖν τὸν λόγον,
τὸν Ποσειδῶνα φέρει σοι ταῦτα λαλοῦντα δῆθεν·
'Αἰνείας φίλος δὲ θεοῖς,' φίλος τῇ Εἱμαρμένῃ,
435 τουτέστιν εὐτυχέστατός ἐστι καὶ ὁ Αἰνείας.
'Οὐδέ κ' Ἄρης ὅσπερ θεὸς ἄμβροτος, οὐδέ κ' Ἀθήνη,'
οὐδὲ τὸ πῦρ τῶν κεραυνῶν, ἀήρ τε βιοτρόφος.
'Μαχοίμην ἀθανάτοισι,' τούτεστι τοῖς στοιχείοις,
τουτέστι γῇ καὶ ὕδασιν, ἀέρι καὶ πυρὶ δέ.
440 Ἀπόλλων Ἕκτορί φησι· 'τῷ Ἀχιλεῖ νῦν μὴ μάχου·'
ἤγουν ὁ Ἕκτωρ ἔγνωκεν ἐκ τοῦ ἡλίου μόνος
ὡς οὐ χρεὼν νῦν προμαχεῖν αὐτὸν κατ' Ἀχιλέως·
οὐ γὰρ λαμπρὸς ἦν, ὥσπερ πρίν, οὐδὲ κατ' Ἀχιλέως.
'Ὃν νύμφη τέκε τις Νηΐς,' ὃς σκότιος ὑπῆρχε,
445 ῥιφεὶς παρά τινα πηγὴν ἐν καταδένδρῳ τόπῳ.
'Κεῖται θεῶν ἐν γούνασι,' καμπῇ τῆς Εἱμαρμένης,
ἐν τῇ στρεπτῇ, καὶ τῇ λοξῇ, ἀδήλῳ Εἱμαρμένῃ.
Ἡ Ἀθηνᾶ δ' ἡ τρέψασα τοῦ Ἕκτορος τὸ δόρυ,
ἀὴρ καὶ πνεῦμα βίαιον ἦν καταιγῖζον τότε.
450 Ἀπόλλων δ' ὁ τὸν Ἕκτορα Πηλείδου διαρπάξας,
κατ' Ἀχιλέως ὀφθαλμῶν ἥλιος λάμπων ἔστιν.

but Homer, wishing to make his words sweeter,
tells you that supposedly Poseidon said these things:
   'Aineias is dear to the gods,' <that is,> dear to Destiny,
which means that Aineias is also most fortunate.   435
   'Not even Ares, who is an immortal god, nor Athena,'
<means> neither the fire of thunder, nor the life-giving air.
   'I could fight against the immortals,' that is, the elements,
which means the earth and waters, air and fire.
   Apollo tells Hektor: 'Do not fight against Achilles now,'   440
meaning Hektor learned by himself from the sun
that he did not have to battle against Achilles here;
for <the sun> did not shine, as before, nor was it in Achilles's
    face.
   'Whom some *Naiad nymph had borne,'* is a bastard,
abandoned near a spring in a thickly wooded place.   445
   'These things lie on the knees of the gods,' that is, the coils of
    Destiny,
on twisting, ambiguous, unknown Destiny.
   Athena, who deflected Hektor's spear, was the air
and violent wind that rushed down then like a storm.
   Apollo, who snatched Hektor from the hands of Peleus's   450
    son,
was the sun shining in Achilles's eyes.

Φ'

Διχῆ τοὺς Τρῶας τῇ φυγῇ διαιρεθέντας τότε,
οὓς Ἀχιλεὺς πρὸς Σκάμανδρον, οὓς δὲ πρὸς Τροίαν τρέπει.
Ζωγρεῖ δὲ δυοκαίδεκα θύειν Πατρόκλῳ μέλλων,
κτείνει δὲ καὶ Λυκάονα, καὶ τὸν Ἀστεροπαῖον.
5 Σκαμάνδρου κινδυνεύοντα θανεῖν δὲ τῇ πλημμύρᾳ
σῴζει τοῦτον ὁ Ἥφαιστος τὸν ποταμὸν ἐμπρήσας.
Εἶτα καὶ μάχη τοῖς θεοῖς ῥήγνυται κατ' ἀλλήλων.
Ἀπόλλων δὲ Ἀγήνορι ὁμοιωθεὶς καὶ φεύγων
τὸν Ἀχιλέα μὲν αὐτὸν ἐξαπατᾷ διώκειν,
10 τοὺς Τρῶας οὕτω σῴζει δὲ δύντας ἐντὸς τῆς Τροίας.

'Ξάνθου δινήεντος ὃν ἀθάνατος τέκετο Ζεύς,'
τουτέστιν ὃς ἐπαύξεται τοῖς οὐρανίοις ὄμβροις.
'Τῇ ῥ' οἵ γε προχέοντο πεφυζότες· ἠέρα δ' Ἥρη
πίτνα πρόσθε βαθεῖαν ἐρυκέμεν· ἡμίσεες δέ...'
15 ἀορασίαν δὲ πολλὴν ἐκείνοις ἐνεποίει
τὸ πνεῦμα τὸ λεπτότερον ἐξανασπῶν ἰκμάδας,
ὁμίχλην παχυτάτην τε, δεινὴν ἐξειργασμένον.
'...Μοῖρ' ὀλοή· μέλλω που ἀπέχθεσθαι Διῒ πατρί.'
Μοῖρά ἐστι τῆς τελευτῆς τοῦ καθενὸς ὁ τρόπος·
20 'Ζεὺς καὶ πατήρ,' ὑπάρχει δὲ πάλιν ἡ Εἱμαρμένη,
ἡ ἐκ τῶν γενεθλίων πως οὖσα προωρισμένη.
'Ἔοικα μισηθῆναι δέ,' φησι, 'τῇ Εἱμαρμένῃ.'
'Ἀντίθεον,' ἰσόθεον· νῦν εὐπρεπῆ, ὡραῖον.

Book 21

The Trojans are then divided in two as they flee,
Achilles turns some toward Skamandros, others toward
    Troy.
He takes twelve captives, intending to sacrifice them
for Patroklos, and he kills Lykaon and Asteropaios.
As he is in mortal peril from Skamandros's flooding,   5
Hephaistos saves him, by setting the river on fire.
Then a battle breaks out among the gods.
Apollo takes the form of Agenor and, as he flees,
tricks Achilles into pursuing him, and thus
he saves the Trojans, who make their way into Troy.   10

  'As eddying Xanthos that immortal Zeus begat,'
means <Zeus> swelled it with rain showers.
  'Thither poured forth some in rout, and Hera
spread before them a thick mist to hinder them; but half of them. . .'
means that the thinner air obscured their vision by   15
taking away the moisture and
fashioning very thick, terrible fog.
  '. . . deadly Fate; surely I am hated of father Zeus.'
Fate is every man's manner of death;
'Father Zeus' is again Destiny,   20
that is somehow predetermined by one's birth stars.
He says, 'I seem to be hated by fate.'
  'Godlike' <means> equal to the gods; here, good-looking,
    handsome.

'Δαίμων,' ἡ Εἱμαρμένη δέ, ἢ ἐκ τοῦ διακόπτειν,
25 ἢ ἐκ τοῦ δαίειν, σύμπασι καὶ νέμειν ἅπερ θέλει.

'Πατρὸς δ' εἴμ' ἀγαθοῖο, θεὰ δέ με γείνατο μήτηρ·'
εἴτε γυνή τις βασιλίς, εἴτε πρακτικωτάτως
τὸ ῥωμαλέον λέγεται νῦν μήτηρ Ἀχιλέως·
αἱ πρακτικαὶ γὰρ ἀρεταὶ θεαί, ὡς προειρήκειν,
30 θεοὶ δὲ πάλιν λέγονται ὅσαι τῆς θεωρίας.

'Ὣς ἄρ' ἔφη· ποταμὸς δὲ χολώσατο κηρόθι μᾶλλον·
ὥρμηνε δ' ἀνὰ θυμόν, ὅπως παύσειε πόνοιο
δῖον Ἀχιλῆα, Τρώεσσι δὲ λοιγὸν ἀλάλκοι.'
Δεινός ἐστιν ὁ Ὅμηρος ἐντέχνως πάντα γράφειν,
35 κἄνπερ σπουδάζων γράφῃ τι, κἂν παίζων ὡς ἐνθάδε.
Θέλων εἰπεῖν γὰρ ᾤδαινεν ὁ ποταμὸς τῷ τότε,
ἔμελλε δ' ἤδη πλημμυρῶν εἴργειν μὲν Ἀχιλέα,
πολλοῖς Τρωσὶ δὲ θάνατον καὶ ὄλεθρον ἐκτρέπειν,
λέγοντα πρῶτον παρεισφρεῖ τὸν Ἀχιλέα τάδε·
40 "Φθείρεσθε, Τρῶες· Σκάμανδρος ὑμῖν οὐ βοηθήσει,
ᾧ ταύρους ἦτε θύοντες μονώνυχάς τε ἵππους·"
εἶτα ὡς ἔμψυχον αὐτὸν τὸν ποταμὸν εἰσφέρει,
οἷα ταῖς ὕβρεσιν αὐτοῦ δεινῶς ἐξωργισμένον,
καὶ οὕτως ἐφορμαίνοντα λοιπὸν κατ' Ἀχιλέως.
45 'Υἱέι Πηλεγόνος, τὸν δ' Ἄξιος εὐρυρέεθρος.'
Παῖς οὗτος ἦν ὁ Πηλεγὼν οὐ ποταμοῦ Ἀξίου,
Ἀξίου κλῆσιν δέ τινος ἀνθρώπου καλουμένου,
ἀφ' οὗ Ἀξίου κέκληται καὶ ποταμὸς τὴν κλῆσιν.

'Κεῖσ' οὕτω· χαλεπόν τοι ἐρισθενέος Κρονίωνος
50 παισὶν ἐριζέμεναι ποταμοῖο περ ἐκγεγαῶτι.'
'Ἐρισθενοῦς Κρονίωνος,' νῦν δὲ τῆς Εἱμαρμένης·

'*A god*' is Destiny, either because it interrupts, or
because it divides and distributes to all whatever it wants.   25
   '*A good man was my father, and a goddess the mother that bore
     me*';
either a queen, or, in a historical sense,
bodily strength is here called the mother of Achilles;
for the practical virtues <are called> goddesses,
as we said earlier, and theoretical ones are called gods.   30
   '*So he spoke, and the river grew angrier at heart,
and pondered in mind how to check goodly Achilles
from his labor, and ward off ruin from the Trojans.*'
Homer is skillful in writing everything artfully,
whether writing seriously, or playfully, as here.   35
For wanting to say that the river was swelling then,
and was going to hold back Achilles with its flooding,
and avert death and destruction from many Trojans,
he first introduces Achilles saying these words:
"May you perish, Trojans! Skamandros will not help you,   40
although you have sacrificed to him bulls and uncloven-
     hoofed horses";
then he introduces that river like an animate being,
greatly enraged by <Achilles's> insolence,
and thus rushing against Achilles.
   '*Son of Pelegon, begotten of wide-flowing Axios*':   45
this Pelegon was not the son of the river Axios,
but of a man called by the name of Axios,
from whom the river also takes its name of Axios.
   '*Lie as you are! Hard is it to strive with the children
of Kronos's mighty son, even for one begotten of a river.*'   50
By 'Kronos's mighty son,' here he <means> Destiny;

τοῦ Κρόνου τοῦ κατάρξαντος πρώτως ἀνθρώπων λέγει,
ἀφ' οὗ 'Κρονίδαι' σύμπαντες οἱ βασιλεῖς καλοῦνται,
καὶ 'δῖες' ὁμοτρόπως δὲ ἀπὸ Διὸς τοῦ Κρόνου
55 καὶ τοῦ Διὸς ἀστέρος δέ, τοῦ βασιλεῖς ποιοῦντος.
  Ἤτοι 'ἐγὼ υἱός εἰμι Μοίρας εὐτυχεστάτης,'
ἢ καὶ 'ἀνθρώπων ὑψηλῶν υἱὸς καὶ αἰθερίων.'
Τὸ 'ποταμοῦ γεγῶτι' δὲ εἰρήκειμέν σοι πρώην,
ὅτι Ἀξίου ἦν υἱὸς ὁ Πηλεγὼν ὃν εἶπεν,
60 ἀφ' οὗ περ καὶ ὁ Ἄξιος ὁ ποταμὸς καλεῖται.
Οὗτος ὑψῶν τὸν λόγον δὲ σχήματος μεταβάσει
τὸν τοῦ Ἀξίου νῦν υἱόν, ἀνθρώπου τοῦ ῥηθέντος,
Ἀξίου λέγει ποταμοῦ δῆθεν υἱὸν τυγχάνειν.
  'Ὁ δ' Αἰακὸς ἦν ἐκ Διός,' τουτέστι βασιλέως,
65 ἤ, ὥσπερ εἴπομεν τὸ πρίν, Μοίρας εὐτυχεστάτης,
ἢ καὶ ἀνθρώπων ὑψηλῶν καὶ ὄντως αἰθερίων,
ἢ μᾶλλον, ὥσπερ εἴπομεν, ἀνάκτων ὑπερτάτων,
οἵσπερ ἐξ ὕψους οὐρανοῦ τὸ σκηπταρχεῖν ἐδόθη·
οὗτοι δὲ κρείττους ποταμῶν, καὶ παῖδες παίδων τούτων.
70   'Διῒ Κρονίωνι' τανῦν τῇ Εἱμαρμένῃ λέγει.
  'Καὶ γάρ τοι ποταμός γε πάρα μέγας, εἰ δύναταί τι
χραισμεῖν· ἀλλ' οὐκ ἔστι Διῒ Κρονίωνι μάχεσθαι,
τῷ οὐδὲ κρείων Ἀχιλῶιος ἰσοφαρίζει,
οὐδὲ βαθυρρείταο μέγα σθένος Ὠκεανοῖο,
75 ἐξ οὗπερ πάντες ποταμοὶ καὶ πᾶσα θάλασσα
καὶ πᾶσαι κρῆναι καὶ φρείατα μακρὰ νάουσιν·
ἀλλὰ καὶ ὃς δείδοικε Διὸς μεγάλοιο κεραυνὸν
δεινήν τε βροντήν, ὅτ' ἀπ' οὐρανόθεν σμαραγήσῃ.'
  "'Ἐγώ," φησὶν ὁ Ἀχιλεύς, "γένος εἰμὶ ἀνθρώπων,

he speaks of Kronos who first ruled over men,
and after whom all kings are called 'sons of Kronos,'
and, likewise, 'heavenly' from Zeus, the son of Kronos,
and from the star Zeus, that makes kings.   55

   Then, 'I am the son of a most fortunate Fate,'
or 'the son of lofty and ethereal men.'
We have previously explained to you 'begotten of a river':
that Pelegon, whom he mentioned, was the son of Axios,
from whom the river Axios also takes its name.   60
Elevating his speech by shifting the connection,
he here says that the son of Axios, the aforementioned man,
was supposedly the son of the river Axios.

   'And Aiakos was begotten of Zeus,' that is, of a king,
or, as we said earlier, of most fortunate Fate,   65
or of lofty and truly ethereal people,
or, rather, as we said, of supreme rulers, to whom
bearing a scepter was given from celestial heights;
they were better than rivers, and their sons better than <the
     rivers'> sons.

   When he says, *'To Zeus son of Kronos,'* he means Destiny.   70
   'For beside you is a great river, if he can help you;
but one should not fight with Zeus son of Kronos.
With him does not even lord Achelous vie,
nor the great might of deep-flowing Ocean,
from whom all rivers flow and every sea,   75
and all the springs and deep wells;
but even he fears great Zeus's lightning,
and his dread thunder, when it crashes from heaven.'
"I," says Achilles, "come from a race of men

80 οἵπερ ἐξ αἵματός εἰσι μεγάλων βασιλέων,
οἵσπερ ἐξ ὕψους οὐρανοῦ τὸ σκηπταρχεῖν ἐδόθη·
οὗ οὐρανοῦ τὴν ἀστραπὴν καὶ τῆς βροντῆς τὸν ἦχον
καὶ ὁ πατὴρ Ὠκεανὸς πάντων ὑδάτων τρέμει."
'Καὶ νύ κ' ἔτι πλέονας κτάνε Παίονας ὠκὺς Ἀχιλεύς,
85 εἰ μὴ χωσάμενος, προσέφη Ποταμὸς βαθυδίνης
ἀνέρι εἰσάμενος, βαθέης δ' ἐφθέγξατο δίνης.'
Ὑψῶσαι χρήζων Ὅμηρος τὰς πράξεις Ἀχιλέως
πρόσωπον περιτίθησι τῷ ποταμῷ Σκαμάνδρῳ,
καὶ λόγους οὕσπερ ἔπλασε δῆθεν ἐκεῖνον λέγειν·
90 'Αἰεὶ ἀμύνουσι θεοί,' ἤτοι ἡ Εἰμαρμένη.
'Τὸν δ' ἀπομειβόμενος προσέφη πόδας ὠκὺς Ἀχιλεύς.'
Ἠθοποιεῖ ὁ Ὅμηρος χωρίῳ τῷ ἐνταῦθα,
τίνας ἂν εἶπεν Ἀχιλεὺς τῷ ποταμῷ Σκαμάνδρῳ.
'Δαίμονι Ἶσος' λέγει δέ, ὡς ἕν τι τῶν στοιχείων,
95 ὡς πῦρ, εἴτ' ἄνεμος τυφώς, εἴτε θαλάσσης ὕδωρ.
'Καὶ τότ' Ἀπόλλωνα προσέφη ποταμὸς βαθυδίνης·
"Ὦ πόποι, ἀργυρότοξε Διὸς τέκος, οὐ σύ γε βουλὰς
εἰρύσαο Κρονίωνος, ὅ τοι μάλα πολλ' ἐπέτελλε
Τρωσὶ παριστάμεναι καὶ ἀμύνειν εἰσόκεν ἔλθῃ
100 δείελος ὀψὲ δύων, σκιάσῃ δ' ἐρίβωλον ἄρουραν."'
Ἐπεὶ Τρωσίν, ὡς εἶπον πρίν, ἥλιος συνεμάχει,
ὡς λάμπων κατὰ πρόσωπον στρατεύματος Ἑλλήνων
μέχρι καιροῦ μεσημβρινοῦ, τότε δ' οὐκ ἦν προφαίνων
ἅτε τοῦ καταστήματος ὄντος συγκεχυμένου,
105 ὁ ποταμὸς δ' ὁ Σκάμανδρος μόνος Τρωσὶ συνήργει,
καὶ μᾶλλον κατασύρειν δὲ ὦρμα τὸν Ἀχιλέα·
λόγους συμπλάσας Ὅμηρος, τὸ πέλαγος τῶν λόγων,

who are from the blood of great kings,   80
to whom scepter bearing was given from celestial heights;
even the Ocean, the father of all waters, trembles at
the lightning and the sound of thunder from the sky.'
  '*And yet more Paeonians would swift Achilles have slain,*
had not the deep-eddying River waxed wroth and called to him,   85
in the semblance of a man, speaking from the deep eddy.'
Homer, wanting to exalt Achilles's deeds,
personifies the river Skamandros,
and made him supposedly say these words:
'*The gods,*' that is, Destiny, '*always protect you.*'   90
  '*Then swift-footed Achilles answered him, saying*':
In this passage, Homer makes a character study,
the words Achilles might have said to the river Skamandros.
  '*Like a god,*' he says, like one of the elements,
like fire, or a whirlwind, or the water of the sea.   95
  '*Then to Apollo spoke the deep-eddying River:*
"*O lord of the silver bow, child of Zeus, you have not*
kept the commandment of Kronos's son,
who charged you to stand by the Trojans and succor them,
until the late-setting evening star shall come and darken the deep- 100
      soiled earth."'
When, as I said before, the sun allied with the Trojans,
by shining in the faces of the Greek soldiers
until midday, but then it no longer shone
when the weather was foggy,
the river Skamandros alone was helping the Trojans,   105
and rushing to drag Achilles under;
Homer, that sea of words, having fashioned the words

οἵους ἂν εἶπε βοηθὸς ἔθνους τινων ἀνθρώπων
πρὸς βοηθὸν καὶ σύμμαχον ἕτερον ῥᾳθυμοῦντα,
110 αὐτὸς ἀγωνιζόμενος γενναίως ὑπὲρ φίλων,
Σκάμανδρον τούτους λέγοντα τὰ νῦν σοι παρεισφέρει,
μεμφόμενον ἡλίῳ νῦν, καὶ λέγοντα ἐκείνῳ·
"Ἄπολλον, οὐκ ἐφύλαξας βουλὰς τῆς Εἱμαρμένης
ἐξ ἧς θεσμός σοι ἔκειτο περιφρουρεῖν τοὺς Τρῶας
115 μεχρὶ δειέλου," τοῦ καιροῦ τάχα τῆς μεσημβρίας.
Τὸ δ' ἀργυρότοξος' δηλοῖ λευκὸν τὸ φῶς ἡλίου.
'Μέγας θεός,' τὸ μέγιστον στοιχεῖον, ἤτοι ὕδωρ·
καὶ τὸ 'θεοὶ δὲ φέρτεροι ἀνθρώπων,' τὰ στοιχεῖα.
'Ἀθάνατοι φοβέουσιν' οὐράνια στοιχεῖα,
120 ὄμβροι καὶ πῦρ, καὶ ὁ ἀήρ· μὴ καταπίπτει πάντα.
'Ζεὺς πάτερ,' νῦν 'ὦ οὐρανέ,' εἴτε καὶ Εἱμαρμένη.
Φίλην μητέρα ψεύδεσι θέλγουσαν τοῦτον λέγει
τὰ λεκανομαντεύματα, ἐξ ὧν ἐμεμαθήκει
ὡς ἐν ναῷ Ἀπόλλωνος, ἔγγιστα τείχους Τρώων,
125 τὸν βίον ἐκμετρήσειεν, ὅνπερ ναὸν νῦν λέγει
καὶ βέλη τοῦ Ἀπόλλωνος ὡς ἀνελόντα τοῦτον.
Τὸν Ἀχιλέα σῴζει δὲ ὁ Ποσειδῶν, Ἀθήνη,'
εἴτουν οἰκεῖος λογισμός, εἴτε τις τῶν ἐμφρόνων
εἰπὼν αὐτὸν πρὸς θάλασσαν χωρεῖν καὶ τὰς ἐκχύσεις,
130 ἐκεῖ γὰρ ἀβαθέστερος ὁ ποταμὸς εἰσρέει·
'Καὶ σὺ σωθήσῃ οὕτω μέν, τῶν Τρώων δὲ μὴ φείδου.'
Εἰπόντες μὲν ἀπέβησαν οὗτοι μετ' ἀθανάτους,
ἤτοι ἡ θάλασσα μὲν ἦν ἐν κοίτῃ τῶν ὑδάτων·
ἡ δὲ βουλὴ τῷ λογισμῷ τοῦ συμβεβουλευκότος.
135 Νῦν 'ἐφετμή' δὲ τῶν θεῶν συμβεβουλευκότων.

which an ally of a nation would have said
to another ally of theirs who remained idle,
while he himself fought bravely for his friends,   110
here introduces Skamandros to you saying these words,
blaming the sun, and saying to it:
"Apollo, you did not keep to the wishes of Destiny
by whom you were ordered to protect the Trojans
until eventide"; <that is,> supposedly until about midday.   115
And 'silver-bowed' signifies the white light of the sun.

   '*The great god*' is the greatest element, water;
and '*the gods were braver than men,*' <means> the elements.
   '*The immortals put him to flight,*' <means> the heavenly
      elements,
rain, fire, and air; but not all of them fell.   120
   '*Father Zeus,*' <means> here 'O sky,' or even Destiny.
Homer says that his dear mother beguiled him with lies,
with dish divination, from which she had learned
that, in Apollo's temple, very close to the walls of Troy,
he would end his life; he speaks here about this temple   125
and the arrows of Apollo which killed him.

   But 'Poseidon and Athena' saved Achilles,
<means> either his own reasoning or some sensible man
told him to move toward the sea and the estuary;
for there the river is not very deep: 130
'And you may thus be saved, but do not spare the Trojans.'
Having said that, they departed to the immortals,
that is, the sea was in its watery bed;
and the plan <was in> the reasoning of the man who had
      given advice.
Here '*the bidding*' <was> of the gods who had given advice.   135

Τὸ 'φίλε δὲ κασίγνητε' Σιμόενθ' ὑπεμφαίνει,
ὡς καὶ Σιμόεις εἰς αὐτὸν τὸν Σκάμανδρον εἰσβάλλει.
'Ἴσα θεοῖσι μέμονε,' τουτέστι τοῖς στοιχείοις.
'Ήρη δὲ μέγ' ἄϋσε περιδδείσασ' Ἀχιλῆϊ·
140 αὐτίκα δ' Ήφαιστον προσεφώνεεν, ὃν φίλον υἱόν.'
Πνεῦμα λεπτὸν κεκίνητο, πᾶν ἐκαθάρθη νέφος·
θερμότερον ὁ ἥλιος ἐκλάμψας δὲ τῷ τότε
ἐκ ποταμοῦ καὶ πάσης δὲ τῆς ἐν τῇ γῇ νοτίδος
ἐξατμιζούσας ἔνθερμον ἀνῆγε τὰς ἰκμάδας,
145 ὅπερ Σκαμάνδρου δέησιν ὡς πρὸς τὴν Ήραν λέγει.
Ἡφαίστου σβέσις δὲ πυρὸς κελεύσει τῇ τῆς Ήρας
τὸ συγκρυβῆναι πάλιν μὲν ἀκτῖνα τὴν ἡλίου,
καὶ τῶν στοιχείων σύγχυσιν αὖθις δεινὴν γενέσθαι,
ἥνπερ καὶ μάχην τῶν θεῶν τῶν ἄλλων ὀνομάζει.
150   'Σὺν δ' ἔπεσον μεγάλῳ πατάγῳ, βράχε δ' εὐρεῖα χθών,
ἀμφὶ δ' ἐσάλπιγξε μέγας οὐρανός· ἄϊε δὲ Ζεὺς
ἥμενος Οὐλύμπῳ, ἐγέλασσε δέ οἱ φίλον ἦτορ
γηθοσύνῃ, ὅθ' ὁρῶτο θεοὺς ἔριδι ξυνιόντας.
Ἔνθ' οἵγ' οὐκέτι δηρὸν ἀφέστασαν· ἦρχε γὰρ Ἄρης
155 ῥινοτόρος, καὶ πρῶτος Ἀθηναίη ἐπόρουσε,
χάλκεον ἔγχος ἔχων, καὶ ὀνείδειον φάτο μῦθον·
"τίπτ' αὖ, ὦ κυνόμυια, θεοὺς ἔριδι ξυνελαύνεις
θάρσος ἄητον ἔχουσα, μέγας δέ σε θυμὸς ἀνῆκε;"'
Τζέτζης τὸ 'ἢ οὐ μέμνῃ δὲ ὅτε τὸν Διομήδην,'
160 ἑτέρους τρεῖς τε καθεξῆς τῶν στίχων ὀβελίζει,
τὸν πέμπτον πάλιν γράφει δὲ ὡς ὄντα τῶν Ὁμήρου·
ὃς στίχος οὕτως ἔχει τε κατὰ ῥητὸν καὶ λέξιν·

The words *'dear brother'* indicate Simoïs,
as Simoïs also empties itself into Skamandros.
   'To vie even with the gods,' that is, with the elements.
   'But Hera called aloud, seized with fear for Achilles;
and forthwith she spoke to Hephaistos, her dear son.'   140
A thin gust of air had stirred, all the fog was cleared;
the sun, shining more warmly then,
drew up with its heat the moisture that evaporated
from the river and all the moisture in the earth,
which Homer calls Skamandros's petition to Hera.   145
The quenching of Hephaistos's fire at Hera's order
<means that> the sun's rays were again hidden,
and a terrible confusion of the elements took place,
which he also calls a battle among the other gods.
   'Together they clashed with mighty din, and the wide earth   150
      rang,
and round about great heaven trumpeted. And Zeus heard it
as he sat upon Olympos, and his heart laughed aloud
in joy, as he beheld the gods joining in strife.
They did not long hold back, for Ares, piercer of shields,
began the fray, and first leaped upon Athena,   155
brazen spear in hand, and spoke a word of reproach:
"Why, O dog fly, do you again make gods to clash in strife,
with your fierce daring, as your proud spirit moves you?"'
Tzetzes omits the verses *'do you not remember when*
<you prompted> Diomedes?' and the three subsequent lines,   160
but he retains the fifth one as indeed by Homer;
this passage is as follows, precisely and word for word:

'Ὡς εἰπών, οὔτησε κατ' ἀσπίδα θυσσανόεσσαν
σμερδαλέην, ἣν οὐδὲ Διὸς δάμνησι κεραυνός.
165 Τῇ μιν Ἄρης οὔτησε μιαιφόνος ἔγχεϊ μακρῷ.
Ἡ δ' ἀναχασσαμένη λίθον εἵλετο χειρὶ παχείῃ
κείμενον ἐν πεδίῳ, μέλανα, τρηχύν τε μέγαν τε,
τόν ῥ' ἄνδρες πρότεροι θέσαν ἔμμεναι οὖρον ἀρούρης·
τῷ βάλε θοῦρον Ἄρηα κατ' αὐχένα, λῦσε δὲ γυῖα.'
170 Ἀλλ' ἀλληγορητέον μοι πᾶν τὸ χωρίον τοῦτο.
'Σὺν δ' ἔπεσον,' σὺν δ' ἤρραξαν, συνέβαλον εἰς μάχην.
Τὴν τῶν στοιχείων σύγχυσιν νῦν ὀνομάζει μάχην
καὶ συρραγὴν πρὸς πόλεμον· γέγονε γὰρ τῷ τότε
ἐκ γῆς δεινὰ μυκήματα, πρό γε τῶν ἄλλων πάντων,
175 ἃ συρραγῇ τῇ τῶν θεῶν ἦχον τῆς γῆς σοι λέγει·
ἐξ οὐρανοῦ δ' ἐκρότησεν ἦχος βροντῆς βιαίας.
Εἶτα κροτήσει τῶν νεφῶν καὶ κεραυνὸς ἐξήχθη·
ἀέρι παχυτέρῳ δὲ προσβάλλων τῷ προσγείῳ
ἐσβέννυτο, καὶ πάλιν τι μικρὸν ἐκπυρηνίσας
180 ἡττήθη ᾧ εἰρήκειμεν καὶ πρότερον ἀέρι·
εἶτ' ἐκ τῆς ζάλης γέγονεν εὐθέως καὶ αἰθρία.
Ὁ γέρων δ' οὗτος ὁ δεινὸς εἰς τὸ συγγράφειν λόγους,
ὁ πάντων, ἀλλ' εἰς πόσον δέ, ῥητόρων ὑπεκτρέχων
καὶ φιλοσόφων καὶ λοιπῶν ὧνπερ τὸ ἔργον λόγος,
185 γράφων καὶ σύμπαν τὸ τυχὸν τὸ γεγονὸς τῷ τότε,
μεθόδῳ τῆς δεινότητος θέλων ὑψοῦν τὸν λόγον
καὶ τῷ γλυκεῖ τοῦ μύθου δὲ τέρπειν ἠκροαμένους,
τὴν μὲν βροντὴν ὡς οὐρανὸν σαλπίσαντα παράγει,
Ἄρεα δὲ τὸν κεραυνόν, τὸν δὲ παχὺν ἀέρα
190 Ἀθήνην καὶ ἀσπίδα δὲ ταύτης κατονομάζει,

448

'So saying he smote her terrible tasseled aegis—
  which not even Zeus's lightning can overpower—
  thereon bloodstained Ares smote with his long spear.   165
  But she gave ground, and seized with her stout hand a stone
  that lay upon the plain, black and jagged and great,
  that men of old had set as the boundary of a field.
  With it she smote furious Ares on the neck, and loosed his limbs.'
    But I should allegorize this whole passage.   170
'Together then they collided' <means> they clashed, engaged in
      battle.
Here he calls the confusion of the elements a battle
and a military engagement; for terrible roars
then emerged from the earth, before everything else,
which he calls earth's rumbling from the clash of the gods;   175
from the sky rumbled the sound of violent thunder.
Then, from clouds' rumbling, a thunderbolt also appeared;
but striking the thicker air that is close to the earth,
it was extinguished with a tiny flicker,
and overwhelmed by the air we spoke of earlier;   180
then immediately after the storm came clear weather.
This old man, skilled at composition,
he who surpasses every orator
and philosopher and the others whose work is words,
when he describes all the events that happened then,   185
wishing to elevate his writing with the use of intensity
and to delight his audience with the sweetness of myth,
he portrays the thunder as the sky sounding a trumpet,
and calls the thunderbolt Ares, and the thick air
Athena and her shield, which   190

ἦν κεραυνὸς οὐ δάμνησιν, ὡς καὶ αὐτός σοι λέγει.

Τὸ ἔτι δὲ παχύτερον καὶ ἔνυδρον ἀέρος,

λίθον τραχὺν καὶ μέλανα, ὅνπερ οἱ πάλαι ἄνδρες

ἤγουν οἱ πρότεροι σοφοί, 'οὖρον ἀρούρης θέσαν·'

195 ὄρος γὰρ γῆς, καὶ διαιρῶν ἀὴρ τυγχάνει ταύτην.

Ἀναχωρεῖ δὲ Ἀθηνᾶ, εἶτα τὸν Ἄρην πλήττει·

τὸν γὰρ ἀέρα τέμνει μὲν ὁ κεραυνὸς τὸ πρῶτον,

εἶτα δὲ κατασβέννυται τούτου τῷ παχυτέρῳ,

καὶ θραύεται ὁ τράχηλος ἐκείνου καὶ ἡ ἄρσις·

200 τὸ πῦρ, ὅπερ μετέωρον εἴληχεν ἔχειν φύσιν,

τῶν κεραυνῶν δ' ὡς κάθυγρον τοῖς κάτω καταρρέει.

Αἱ χαῖται δὲ τοῦ Ἄρεός εἰσιν αἱ κονισθεῖσαι

αἱ μέχρι πρὸς τὰ πρόσγεια τῶν κεραυνῶν ἐκχύσεις.

'Τεύχεα τ' ἀμφαράβησε' πάλιν ἑτέρως λέγει,

205 τρόπῳ μεταποιήσεως ῥητορικῷ διδάσκων

τὰ νέφη τε καὶ τὴν βροντὴν τὴν Ἄρεος πανοπλίαν·

τὰ νέφη συρραγέντα γὰρ ἀλλήλοις παταγοῦσιν·

ὁ τῶν νεφῶν δὲ πάταγος πάντως βροντὴ τυγχάνει·

τῇ παρατρίψει τούτων δὲ ξηρὸς ἀὴρ ἐκτρέχων

210 ὁπλίζει πάντως καὶ ποιεῖ τῶν κεραυνῶν τὴν φύσιν,

οἵπερ ἐξυγραινόμενοι τῷ πάχει τοῦ ἀέρος

ῥέπουσι κάτω καὶ πρὸς γῆν, οὐχ ὡς τὸ πῦρ τοῖς ἄνω.

'Γέλασεν ἡ Ἀθήνη δέ,' ἀὴρ δὲ ἐφαιδρύνθη·

ὁ γὰρ ἀὴρ τῶν κεραυνῶν κρείττων ἐστὶν εἰς σθένος,

215 οἶδας, ὅπως ἐκσβέννυσι τοὺς κεραυνοὺς τῷ πάχει.

Μήτηρ τοῦ Ἄρεός ἐστι καὶ τοῦ Ἡφαίστου πλέον

ἡ Ἥρα, ὁ αἰθέριος λεπτὸς ἀὴρ ξηρός τε.

Ἐπεὶ δὲ τὸ κατάστημα τὸ αἴθριον ἀέρος,

the thunderbolt cannot overcome, as he himself tells you.
And the thicker and moister part of the air
<he calls> a jagged black rock, which the men of old,
that is, the sages of the past, '*set as a border for the tilled land*';
for <it was> the land's boundary, and the air divides it.   195
And Athena withdraws a bit, and then strikes Ares;
for at first the thunderbolt cuts the air,
but then it is extinguished by its thickest part,
and its neck and its lifting up are broken;
the fire of the thunderbolts, which by nature is suspended,   200
collapses to the ground, when <it becomes> very wet.
Ares's mane is the shooting forth of thunderbolts
which are covered with dust till they reach the ground.
'*His armor clanged*' he says in a figured way again,
teaching, with the rhetorical technique of 'alteration,'   205
that the clouds and thunder are the armor of Ares;
for the clouds, as they dash against each other, rumble;
and the rumbling of the clouds is always thunder;
the dry air that is created as they rub against one another
always activates and creates the nature of thunderbolts,   210
which, as they are saturated by the thickness of the air,
incline down toward the earth, not upward, like fire.
'Athena laughed,' that is, the air cleared;
for the air is stronger than thunderbolts, as you know,
so that it extinguishes the thunderbolts with its thickness.   215

     The mother of Ares, and of Hephaistos as well,
is Hera, the ethereal, thin, dry air.
When the weather is of clear air,

δῆθεν ἡ Ἥρα ἡ θεά, τοῖς Ἕλλησι συνήργει,
220 καὶ σὺν αὐτῇ ὁ Ἥφαιστος, υἱὸς αὐτῆς ὑπάρχων,
τὸ ἔτι ἐνθερμότερον καὶ αἴθριον, πυρῶδες·
τὸ δὲ πυρῶδες κεραυνῶν χειμῶνας, ὄμβρους φέρον,
Ἕλλησι βλάβην ἔφερε, Τρωσὶ δ' ἐλυσιτέλει.
Ἀέρα λέγων Ἀθηνᾶν καὶ προσωποποιήσας,
225 καὶ λόγους λέγουσαν αὐτὴν ὡς πρὸς τὸν Ἄρην πλάττει·
"Τὰς ἐριννύας τῆς μητρὸς τῆς Ἥρας ἀποτίνοις,
ἥπερ ὀργιζομένη σοι τοιαῦτα μηχανᾶται·"
γεννᾷ τὸ πῦρ τῶν κεραυνῶν Ἥρα, ξηρὸς ἀήρ τις·
λίαν δ' ἐπινυσσόμενος καὶ διεγηγερμένος,
230 καὶ ἀνιμῶν ἰκμάδας δέ, παχύνων τὸν ἀέρα,
πάλιν τὸ τούτων καυστικὸν ὑγραίνει καὶ σβεννύει.
"Ὅτι, παρεὶς δὲ Ἕλληνας, τοῖς Τρώεσσιν ἀρήγεις.'
Χάρις ἐστὶ καὶ ἡδονή, ἀπάτη τε τῶν νέων.
Θεόν τινα νομίζουσιν Ἄρεα τοῦτον εἶναι,
235 καὶ ἡττηθῆναι Ἀθηνᾷ, Ἥρας ὀργιζομένης,
ἀνθ' ὧν ἡ μὲν τοῖς Ἕλλησιν, ὁ δὲ Τρωσὶ συνήργει.
Γέρον δαιμονιώτατε ταῖς χάρισι τῶν λόγων,
ἀεὶ οὕτως σβεννύεται τῶν κεραυνῶν τὸ φλέγον,
καὶ πρὸ τοῦ Τρῶας εἶναι δὲ καὶ χρόνοις ἡμετέροις·
240 τί δρᾷς, ὦ βαθυνούστατε, τοὺς ἁπλουστέρους παίζων;
'Ὡς ἄρα φωνήσασα, πάλιν τρέπεν ὄσσε φαεινώ.
Τὸν δ' ἄγε χειρὸς ἑλοῦσα Διὸς θυγάτηρ Ἀφροδίτη
πυκνὰ μάλα στενάχοντα. Μόγις δ' ἐσαγείρατο θυμόν.'
Ἐπαύθη μὲν ὁ ἔνυγρος, παχυμέρης ἀήρ τε,
245 βραχὺ δ' εὐδία γέγονεν, ἣν Ἀφροδίτην λέγει,

supposedly the goddess Hera was helping the Greeks,
together with Hephaistos, who was her son,   220
 the even warmer <element>, the bright and fiery one;
and the fiery <element> of thunderbolts, bringing storms
          and rains,
caused harm to the Greeks and profited the Trojans.

   By calling the air Athena and by personifying it,
he also pretends that she is speaking to Ares: 225
"May you be punished by the furies of your mother Hera,
who, in her anger, devises such things for you";
Hera, a dry gust of air, begets the thunderbolts' fire;
as the air is stabbed downward and gets excited
and draws up the moisture, making the air thick,   230
again it moistens and extinguishes the burning element.

   'Because, by abandoning the Greeks, you helped the
          Trojans.'
This is grace and pleasure, a source of deception of the
          young.
They think that this Ares is some god,
and was defeated by Athena, since Hera was angry at him,   235
because she was an ally of the Greeks, and he of the Trojans.
O old man, most skillful with graceful words,
thunderbolts' fire has always been extinguished thus,
both before the Trojans existed and in our own times;
what are you doing, deep-thoughted one, making sport of   240
          the simpler folk?

   'Having thus spoken, she turned from Ares her bright eyes.
Zeus's daughter, Aphrodite, then took his hand, and sought to lead
          him away,
as he moaned greatly, and hardly could gather back his spirit.'
The wet, dense air ceased,
soon fair weather came, which he calls Aphrodite,   245

453

κρατοῦσαν τοῦτον τῆς χειρός, ὥσπερ ἀναρρωννῦσαν,
ἢ ἐκ πυρώδους γίνεται βραχέος κεκραμένου.
Πυκνοὺς δὲ τούτου στεναγμοὺς κρότους βροντῶν μοι νόει,
πλὴν ἀμυδρούς, καὶ κεραυνοὺς ἀσθενεστάτους πάνυ,
250 ὅθεν 'καὶ μόλις τὸν θυμὸν ἀγείρατο' εἰρήκει.

Πρὸς Ἀθηνᾶν δὲ λόγους μοι νόει τῆς Ἥρας εἶναι,
οἷς πειθομένη Ἀθηνᾶ νικᾷ καὶ Ἀφροδίτην,
τὸ τῷ λεπτῷ τοῦ πνεύματος κινούμενα τὰ νέφη
πάλιν συγκρύψαι καὶ αὐτὸ τὸ αἰθριάζον μέρος.
255 Ἃ δέ φησιν ἡ Ἀθηνᾶ, δῆθεν ὡς καυχωμένη,
Ὁμήρου πλάσμα πέφυκε καὶ προσωποποιΐα.
Ἥρας δὲ τὸ μειδίαμα πάλιν αἰθρίας μέρος.

Οἱ δὲ πρὸς τὸν Ἀπόλλωνα τοῦ Ποσειδῶνος λόγοι,
τὸ πάλιν νέφος ἔνυγρον, πλὴν μὴ παχὺ τελείως,
260 ὀτὲ συγκρύπτειν ἥλιον, ὀτὲ δ᾽ ἐᾶν προφαίνειν,
οἷα πολλάκις γίνεται καιροῖς ὀμβροευδίοις.

Τὸν Ποσειδῶνα πρότερον Ἀπόλλωνος δὲ λέγει,
ὅτι τὸ ὕδωρ πρότερον καθ᾽ Ὅμηρον στοιχεῖον.
Ἄκουε καὶ τῶν λόγων δὲ τῆς προσωποποιΐας·
265 οὓς διὰ Λαομέδοντα καὶ Τροίαν δοκεῖ λέγειν,
περὶ τῆς πρώτης λέγει δὲ συστάσεως τοῦ κόσμου,
ὅσπερ καὶ μέδων τῶν λαῶν ἐστι καὶ τῶν ἀνθρώπων,
καὶ πῶς ὕδωρ καὶ ἥλιος λατρεύουσι τῷ κόσμῳ·
'Ἴλιον' νῦν τὴν συστροφὴν τὴν πρώτην τῶν στοιχείων,
270 ὁπότε κόσμος κατ᾽ ἀρχὰς τὸ πρῶτον διηρθροῦτο·
τὸν κόσμον Λαομέδοντα· πῶς δὲ 'ἀγήνωρ' οὗτος;
Εἴτουν ὡς ἄγαν ἀνορμῶν καὶ τρέχων πρὸς αὐξήσεις,
εἴτουν ὡς ἄγαν ὢν ἀνδρῶν καὶ τῶν ἀνθρώπων πλήρης.

holding him by the hand as if reviving his strength,
which happens from the mixing of a small fiery substance.
I mean that his frequent groans were rumbling thunder,
but faint, and very weak thunderbolts, which
is why he said: *'hardly could he gather back his spirit.'*   250

I mean that Hera's words to Athena,
which Athena obeyed and thus defeated Aphrodite,
are the clouds moved by the thin gust of air
to conceal again this place where the sky was clear.
Athena's words, supposedly spoken in boast,   255
are an invention and a personification by Homer.
And Hera's smile is again the place where the sky was clear.

As for Poseidon's words to Apollo,
<they are> again the wet cloud, yet not entirely thick,
sometimes hiding the sun, sometimes letting it shine,   260
just as often happens at times of hazy weather.

He says that Poseidon <was> older than Apollo,
because, according to Homer, water is the earlier element.
Hear now the words of his personification;
the words which he seems to say about Laomedon and Troy,   265
he says in fact about the first creation of the world,
which world is also the ruler of peoples and men,
and how water and sun are subject to the world;
here *'Ilion'* is the first gathering of the elements,
when the world was first articulated in the beginning;   270
<he called> the world Laomedon; and how was he 'heroic'?
That is, how much he rushed and ran to increase <the
        world>,
that is, how full <the world> was of men, of humans.

'Πὰρ Διὸς ἐλθόντες θητεύσαμεν εἰς ἐνιαυτόν·'

275 τὸ 'πὰρ Διὸς ἐλθόντες' νῦν, εἴτε τῆς Εἱμαρμένης·
οὕτω γὰρ εἵμαρτο, φησί, τὸν κόσμον γεγονέναι,
εἴτε Διὸς καὶ πνεύματος εἰδοποιοῦ προσπνεύσει,
ὃ πνεῦσαν ἐταρτάρωσε τὸν Κρόνον, καὶ τὴν ὕλην,
ἐκεῖνο τὸ πρωτόγονον, τὸ σκότος τὸ ὑλαῖον,

280 τὸ πᾶν δὲ εἰδοποίησεν ἀρίστως διαρθρῶσαν,
ἡμᾶς τῷ κόσμῳ δ᾽ ἔταξε χρόνοις μακροῖς θητεύειν
'μισθῷ,' φησίν, 'ἐπὶ ῥητῷ.' Πάλιν ὁ γέρων παίζει.
Ἡλίῳ γὰρ μισθός ἐστιν ἰκμάδας ἀναπίνειν
(ὁπόσων σκύφων ἀκριβῶς οὐ κάτοιδά σοι φράσαι),

285 καὶ γῆν αὐτῷ τούς τε καρποὺς καὶ πάντα φέρειν ζῷα·
τῷ ὕδατι μισθός ἐστι πάλιν τῷ θαλασσίῳ
αἱ παροχαί τε τῶν κητῶν καὶ τῶν λοιπῶν ἰχθύων·
ἢ μᾶλλον προσφυέστερος μισθὸς ἦν ἀμφοτέροις,
εὐχαριστία προσφυὴς τῶν εὐηργετημένων.

290 Ὁ Λαομέδων δέ, φησίν, 'ἐπέτελλε σημαίνων.'
Κόσμος ἐστὶν ὁ οὐρανός, ὃς νῦν καὶ Λαομέδων,
ὃς πνεύματι κινούμενος τῷ τῆς εἰδοποιΐας
τὸν Ποσειδῶνα ἔταξε πόλιν Τρωσὶ τειχίζειν,
τὸ ὕδωρ βάθραν τεθεικὼς γῆς καὶ τῶν πολισμάτων,

295 ἢ τῆς περιπολήσεως, οὕπερ περιπολοῦσι
Τρῶες, οἱ πάντες ἄνθρωποι· 'τρῶ' δ᾽ ἐστὶ τὸ 'φοβοῦμαι,'
ἤτοι δειλοὶ καὶ ἄθλιοι, 'φύλλοισιν ἐοικότες,'
ὡς καὶ αὐτοῦ ἀκούσειας μετὰ μικρὸν Ὁμήρου.

'*We came from Zeus and served <Laomedon> for a year*';
'*we came from Zeus*' here means Destiny;   275
  for thus it was fated, he says, for the world to come into
      being,
  or by the breath of Zeus, a creating gust of wind,
  whose blast hurled Kronos into Tartaros, and, <as for>
      matter,
  that firstborn element, the darkness made of matter,
  <the gust of wind> fashioned all <matter>, shaping it in the   280
      best way,
  and ordered us to serve the world for a long time
'*with a fixed wage*,' he said. Again the old man is being
      playful.
For the sun's wage is the moisture it absorbs
(how many containers precisely I cannot tell you),
and for the earth to bear for it fruits and all living things;   285
again the wage of the seawater is
to supply whales and the other fish;
or rather they both had a more suitable wage,
the suitable gratitude of those who benefitted <from them>.
    Laomedon,<Homer> says, '*laid on us his commands*.'   290
The world is the sky, which is here also Laomedon,
who, moved by the gust of wind of the creation of the
      species,
appointed Poseidon to wall the city of the Trojans,
who placed water as the foundation of earth and towns,
or of the spinning <of the world>, where the Trojans,   295
<that is,> all men, traverse; for 'I flee in fear' means 'I am
      afraid,'
that is, cowards and the wretched '*are like leaves*,'
as you would soon hear from Homer himself.

Οὕτω τὸν Ποσειδῶνα μὲν πυργοῦν Τρωσὶ κελεύει,
300 ἤτοι βάθρας ὑπέρεισμα γενέσθαι τῶν ἀνθρώπων·
τῷ Φοίβῳ, φάει βίου, δὲ νέμειν κελεύει ζῷα,
Ἴδην δὲ ἀπάσης τῆς γῆς πᾶν ὄρος ὀνομάζει.
Ὅτε δ᾽ ἐπέστη ὁ καιρὸς ὁ τῆς μισθοδοσίας,
κατέσχε τοῦτον μὲν αὐτός, ἠπείλησεν ἡμῖν δέ.
305 Σοὶ μὲν ὅ γ᾽ ἠπείλησε πόδας καὶ χεῖρας ὕπερθε
δήσειν, καὶ περάαν νήσων ἐπὶ τηλεδαπάων·
στεῦτο δ᾽ ὅ γ᾽ ἀμφοτέρων ἀποκοψέμεν οὔατα χαλκῷ.
Νῶϊ δέ τ᾽ ἄψορροι κίομεν κεκοτήοτι θυμῷ
μισθοῦ χωόμενοι, τὸν ὑποστὰς οὐκ ἐτέλεσσε.
310 Τοῦ δὴ νῦν λαοῖσι φέρεις χάριν, οὐδὲ μεθ᾽ ἡμέων...᾽
Μισθὸν κατέσχε μὲν αὐτὸς τὸν τῆς εὐχαριστίας,
ἤτοι τῷ κόσμῳ ἔνεστι πᾶσα εὐχαριστία.
Ἥλιος, δ᾽ ὥσπερ δέσμιος χεῖρας ὁμοῦ καὶ πόδας,
ἄνω καὶ κάτω φέρεται τοῖς περιδρόμοις σφαίρας.
315 Μικροῦ δεῖν ἂν ἀπέσβεστο καὶ ἀκοὴ τῶν δύο
χαλκῷ, καὶ παχυτέραις δὲ γνώμαις καὶ διανοίαις.
Ὡς ὕδωρ τε καὶ ἥλιος λυσιτελοῦμεν πόσα·
ἀεὶ δὲ νῦν καὶ ἄκοντες ἥλιός τε καὶ ὕδωρ,
λελυπημένοι τῷ μισθόν, ὃν εἶπον, μὴ λαμβάνειν,
320 ἄψορροι ὀπισθόρμητοι τρέχουσιν ἐν τῇ σφαίρᾳ·
ἀεὶ γὰρ θέρος γίνεται, χειμέριοί τε ὄμβροι.
    Ὁ λόγος τοῦ Ἀπόλλωνος ὡς πρὸς τὸν Ποσειδῶνα,
ὁ λέγων ὡς οὐ βούλεται τούτῳ συνάπτειν μάχην

Thus he orders Poseidon to raise towers for the Trojans,
which means that he became the base of support for men; 300
and he orders Phoibos, the light of life, to pasture the
    animals,
and gives the name of Ida to every mountain in the entire
    earth.
'When the time to pay the wages came,
<Laomedon> withheld them and threatened us.
He threatened to bind our feet and hands 305
and sell us into isles that lie afar.
He threatened to lop off with bronze the ears of us both.
So we two went back with an angry heart
because of the wage he promised but gave us not.
It is to his folk now that you show favor, not with us . . .' 310
He withheld the wage of gratitude,
that is, all gratitude that is possible for the world.
The Sun, as if bound hand and foot,
is conveyed up and down in its orbit of the <celestial>
    sphere.
The hearing of the two <gods> would almost have been 315
    extinguished
by the bronze blade, and by more stupid judgments and
    thoughts.
As water and the sun, we benefit so many things;
the sun and the water always unwillingly,
aggrieved because they had not received the wage I
    mentioned,
are running backward, hurrying around in the sphere; 320
for always summer comes and winter rains.
    The speech of Apollo to Poseidon,
saying that he did not wish to fight against Poseidon

ἀνθρώπων ἕνεκα δειλῶν, φύλλοις ὡμοιωμένων,
325 δηλοῖ ἀέρα ἔνυγρον ὑπάρχειν μὲν τῷ τότε,
ἥλιον δ' ἀμυδρότατον, εἶτα κρυβέντα πάντη.
Πῶς δὲ πατροκασίγνητον τὸ ὕδωρ τοῦ ἡλίου;
Τέσσαρα μὲν τὰ ἀδελφὰ τυγχάνουσι στοιχεῖα,
καὶ πέμπτον σῶμα ὁ αἰθήρ, οὗ ἥλιος ἐξέφυ.
330 Τὸ δ' ὄνειδος Ἀρτέμιδος τὸ πρὸς Ἀπόλλω μάθε,
Ἥρα τὴν ἣν ἐμάστιξε, τόξα δ' ἀφεῖλε ταύτης·
καὶ πῶς τὰ τόξα ἡ Λητὼ συνέλεξεν ἐκείνης,
καὶ πῶς Ἑρμῆς ἀπείπατο μάχην Λητοῖ συνάπτειν,
καὶ πῶς ἐν γόνασι πατρὸς Ἄρτεμις ἦν δακρύρρους.
335 Ὁ ἥλιος ἐκρύβη μὲν τοῖς νέφεσιν, ὡς εἶπον·
τῷ τῆς ἑσπέρας δὲ καιρῷ τῆς τότε γενομένης
σελήνη γέγονε λαμπρὰ οὐκ ἐν ἡμέρας χρόνῳ,
ὡς οὐδ' Ἑρμῆς πρὸς τὴν Λητὼ χρόνῳ τῷ τῆς νυκτὸς δέ.
Συγχύσεις γὰρ ἐγίνοντο τῷ τότε τῶν στοιχείων
340 καιροῖς ἡμέρας καὶ νυκτός. Ὅμηρος δὲ πανσόφως
ἀλληγορῶν τὰ σύμπαντά φησι τοιουτοτρόπως.
Τῷ τῆς ἡμέρας μὲν καιρῷ συνεπεπτώκει τάδε,
κἂν τῇ νυκτὶ συγχύσεις μὲν ἦσαν ὁμοιοτρόπως.
Εὐθὺς γὰρ πρῶτον μὲν λαμπρὰ ὡράθη ἡ σελήνη,
345 φέρει δὲ ὀνειδίζουσαν ἐκείνην τῷ ἡλίῳ·
δι' ἣν αἰτίαν τῷ καιρῷ καὶ χρόνῳ τῆς ἡμέρας
τῷ Ποσειδῶνι καὶ ὑγρῷ φαίνεται δοὺς τὴν νίκην.
Εἶτα καὶ αὕτη, πνεύματος ὑγρὰ κινοῦντος νέφη,
τῷ μὲν παχεῖ ἐκρύπτετο, ὃ σκαιὰ χεὶρ τῆς Ἥρας·
350 τῷ δὲ λεπτῷ τοῦ πνεύματος, ὃ χεὶρ δεξιωτάτη,
νέφη κινοῦσα συνεχῶς, ἀκτῖνας τὰς ἐκείνης,

for the sake of cowardly men, who are like leaves,
signifies that there was then moist air,   325
and a very faint sun, then altogether hidden.
And how was water the uncle of the sun?
The elements are four brothers,
and the fifth body is ether, from which the sun was born.
Learn how Apollo was reproached by Artemis,   330
whom Hera whipped, and took away her arrows;
and how Leto collected her arrows,
and how Hermes refused to fight against Leto,
and how Artemis wept on her father's knees.
The sun was hidden by the clouds, as I said;   335
when evening came at that time,
the moon became bright, but not during the day,
just as Hermes did not go against Leto at night.
For confusion of the elements was happening then
during both night and day. Homer, allegorizing   340
most wisely, says that everything <happened> in this way.
These things had happened during the daytime,
and the confusion at night happened in a similar fashion.
For at first immediately the moon shone bright,
and he speaks of her reproaching the sun;   345
for this reason, at that moment and time of day,
he seems to award victory to Poseidon, the wet element.
Therefore, she also, since the wind moved the wet clouds,
was hidden by the thick <air>, which is Hera's left hand;
with the thin air, which <he calls> her right hand,   350
she moves the clouds constantly; <as for> her rays

(ἃς τόξα νῦν Ἀρτέμιδος κατονομάζει γράφων),
ποτὲ μὲν εἶα φαίνεσθαι, ποτὲ δὲ συνεστρόβει,
παίουσα τὰ ἀνώτερα τῇ συνεχεῖ κινήσει.
355 Ἡ δὲ σελήνη ἔνδακρυς, ἔνυγρος οὖσα, νέφει
ἐκρύπτετο· τὰ τόξα δὲ ταύτης ἐκεῖ παρῆκε.

Λητῶ δὲ προσέειπε διάκτορος Ἀργειφόντης·
τῇ δὲ νυκτὶ Ἑρμαϊκὰ σέλα βραχὺ φανέντα
εὐθέως ἀπεκρύβησαν, ὥσπερ καὶ ἡ σελήνη,
360 καὶ πᾶς ὑγρὸς ὁ οὐρανὸς ἐγένετο τῷ τότε·
ὅπερ ἐν γόνασι πατρὸς ἔνδακρυς ἔστιν ἕδρα.

Ὡς οἱ μὲν τοιαῦτα πρὸς ἀλλήλους ἀγόρευον·
αὐτὰρ Ἀπόλλων Φοῖβος ἐδύσετο Ἴλιον ἱρήν·
ταῦτα μὲν ἦσαν ἐν νυκτί, τῇ δὲ ἡμέρᾳ πάλιν
365 ἀνέτειλεν ὁ ἥλιος, ὡς πρὶν Τρωσὶν ἀρήγων
τῷ πέμπειν κατὰ πρόσωπον Ἑλλήνων τὰς ἀκτῖνας.

Καὶ νῦν Ἀγήνωρ Ἀχιλεῖ πρὸς μάχην ὡς ἀντέστη,
οἱ φεύγοντες ἐσῴζοντο τῶν Τρώων πρὸς τὴν πόλιν,
πλέον δ' ὡς ἔφευγε τραπεὶς πρὸς τὸ Σκαμάνδρου μέρος
370 καὶ Ἀχιλεὺς ἐδίωκεν ἐκεῖνον ὡς ἀνέλῃ,
μάτην διώκων καὶ κενῶς τοῖς ἀνηνύτοις δρόμοις·
εἶχε καὶ γὰρ κατ' ὀφθαλμῶν ἡλίου τὰς ἀκτῖνας.

(which he here calls in his writing Artemis's arrows),
sometimes Hera allowed them to appear, other times she
    whirled them about,
striking the upper parts <of the air> with constant motion.
And the moon, in tears, that is, being moist, was hidden   355
by a cloud; and she left her arrows there.
  '*But to Leto spoke the messenger Argeiphontes*'
<means that> at night the light of Mercury shone briefly
and immediately hid <again>, just like the moon,
and the entire sky became moist then;   360
this is her sitting in tears on her father's knee.
  '*Thus spoke they one to the other;*
but Phoibos Apollo entered into sacred Ilion';
these things happened at night, and in the morning
the sun rose again, helping the Trojans as before   365
by sending his rays against the Greeks' faces.
  And here <he tells> how Agenor resisted Achilles in
    battle,
and how the Trojans were saved as they fled to the city,
and how, moreover, as Agenor fled, he turned toward
    Skamandros
and Achilles pursued him in order to kill him,   370
pursuing in vain and fruitlessly through endless paths;
for he had the sun's rays in his eyes.

Χ′

Πάντων τῶν Τρώων πρὸς αὐτὴν τὴν Τροίαν
    ἐγκλεισθέντων,
μόνος ὁ Ἕκτωρ ἔκτοσθεν ἀπολειφθεὶς τοῦ τείχους,
τῷ Ἀχιλεῖ μὲν πρὸς φυγὴν τὰ πρῶτα συνηλάθη,
εἶτα δὲ θνήσκει ἀντιστὰς τῆς Ἀθηνᾶς ἀπάταις.
5 Ἐξάψας δὲ τοῦ ἄρματος ὁ Ἀχιλεὺς ἐκεῖνον,
ἕλκει παρὰ τὸν ναύσταθμον διὰ τῆς πεδιάδος.
Οἱ Τρῶες δὲ δακρύουσιν ἐκ τείχους δεδορκότες.

   Ἀὐτὰρ Πηλείωνα προσηύδα Φοῖβος Ἀπόλλων·
   "τίπτε με, Πηλέος υἱέ, ποσὶ ταχέεσσι διώκεις,
10 αὐτὸς θνητὸς ἐὼν θεὸν ἄμβροτον; Οὐδὲ νύ πώ με
ἔγνως ὡς θεός εἰμι· σὺ δ᾽ ἀσπερχὲς μενεαίνεις."᾽
   Πρὸς τὸν Πηλέως δὲ υἱὸν εἰρήκει ὁ Ἀπόλλων.
Νῦν προσωποποιΐαν μοι νόησον εἶναι τοῦτο.
Διώκων γὰρ ὁ Ἀχιλεὺς Ἀγήνορα, ὡς οἶδας,
15 τοὺς ἄλλους Τρῶας εἴασε φεύγειν ὡς πρὸς τὴν πόλιν,
ἐλπίζων τοῦτον κατασχεῖν· ἀκτῖσι δὲ ἡλίου
κατ᾽ ὀφθαλμῶν βαλλόμενος, καὶ στερηθεὶς καὶ τούτου,
αὐτός φησι πρὸς ἑαυτόν· "Τί νῦν διώκω μάτην
ἀκτῖνας τὰς ἡλιακάς; Πεφεύγασι δ᾽ οἱ ἄλλοι."
20 Ταῦτα μὲν εἶπεν Ἀχιλεὺς πρὸς ἑαυτόν, ὡς εἶπον.
Ὅμηρος δὲ τὸν ἥλιον λέγοντα ταῦτα φέρει,
ἀεὶ τοὺς λόγους ἀνυψῶν καὶ μύθοις δὲ γλυκάζων.
Καὶ προσωποποιΐα μὲν τοῦτό ἐστιν, ὡς ἔφην.

Book 22

When all the Trojans are shut within Troy itself,
and Hektor alone is left outside the wall,
at first he is put to flight by Achilles,
then he dies as he resists the tricks of Athena.
Achilles fastens him to his chariot,   5
and drags him to the harbor across the plain.
And the Trojans weep as they observe from the wall.

   'Then to the son of Peleus spoke Phoibos Apollo:
"Why, son of Peleus, do you pursue me with swift feet,
yourself a mortal, while I am an immortal god? Not even yet   10
do you know that I am a god, but you rage incessantly!"'
   Apollo spoke to the son of Peleus.
Here you should understand that this is personification.
For when Achilles was pursuing Agenor, as you know,
he allowed the other Trojans to flee into the city,   15
hoping to capture him; but blinded
by the rays of the sun, and losing his quarry,
he said to himself: "Why am I now pursuing in vain
the rays of the sun? The others have fled."
Achilles said these words to himself, as I said.   20
But Homer has the sun say these words, always
elevating his account and sweetening it with myths.
And this is personification, as I said.

Εἶτα ἠθοποιΐαν δὲ δευτέρως παρεισφέρει,
25 τίνας ἂν λόγους Ἀχιλεὺς εἴποι λελυπημένος,
διώκων τὸν Ἀγήνορα, βλαπτόμενος ἡλίῳ.
'Αἴθε θεοῖσι γένοιτο,' ἄστρασιν, Εἱμαρμένῃ.
Ἤθους δὲ καὶ βαρύτητος αὕτη ἡ εἰρωνεία.
'Πατὴρ Κρονίδης' ἄδηλον νῦν Εἱμαρμένην λέγει.
30 'Αἶσα' καὶ Μοῖρα δὲ ταὐτόν, τῆς τελευτῆς ὁ τρόπος.
'Ὀλύμπιον' οὐράνιον, νῦν Εἱμαρμένην λέγει.
Ὡς τὼ τρὶς Πριάμοιο πόλιν περιδινηθήτην
καρπαλίμοισι πόδεσσι· θεοὶ δέ τε πάντες ὁρῶντο.
Τοῖσι δὲ μύθων ἦρχε πατὴρ ἀνδρῶν τε θεῶν τε·
35 "Ὦ πόποι, ἦ φίλον ἄνδρα διωκόμενον περὶ τεῖχος
ὀφθαλμοῖσιν ὁρῶμαι, ἐμὸν δ' ὀλοφύρεται ἦτορ."'
Θεοὺς ἄρτι μοι νόησον, ἄστρα καὶ τοὺς ἀστέρας,
ἐξ ὧν ἀνθρώποις γίνεσθαί φασι τὰ εἱμαρμένα·
ἀστρολογεῖ γὰρ Ὅμηρος νῦν τούτῳ τῷ χωρίῳ,
40 καὶ λέγει καὶ θεμάτιον τῆς μάχης σοι τῆς τότε,
ὅτι ὁ Κρόνος Ἄρης τε, οἱ κάκιστοι ἀστέρων,
ἐκ τετραγώνου σχήματος ἀλλήλους καθεώρων.
Τὸ σχῆμα τοῦτο δὲ ποιεῖ μεγάλας ἐπιτάσεις·
ἂν ἀγαθοὶ καὶ ἀγαθοὺς ἐν τούτῳ καθορῶσι,
45 δρῶσιν αὐξήσεις ἀγαθῶν· ἂν δὲ κακοί, τῶν φαύλων.
Τοιοῦτον τὸ θεμάτιον ἦν τὸ τῆς μάχης τότε,
ἔχον τετραγωνίζοντας τὸν Ἄρεα καὶ Κρόνον.
Κἂν προφανῶς ὁ Ὅμηρος ἀστρολογεῖν οὐ θέλῃ,
τὸν ἀγαθὸν ἀστέρα δὲ τὸν Δία παρεισφέρει
50 ἐν τοῖς κακοῖς ἡττώμενον, ἔχοντα φαύλοις τόποις

Then secondly he introduces character depiction,
that is, the words Achilles would have said in distress,   25
as he pursued Agenor, but was blinded by the sun.
    '*Would that he was <dear> to the gods,*' that is, the stars,
        Destiny.
This was the mock modesty of his character and arrogance.
    By '*the father, son of Kronos,*' he here means uncertain
        Destiny.
    '*Destiny*' and Fate are the same, the manner of one's death.   30
By '*Olympian,*' heavenly, he here means Destiny.
    '*Even so these two circled thrice with swift feet*
the city of Priam; and all the gods gazed upon them.
To these the father of men and gods was first to speak:
"*Look you now, a well-loved man do my eyes behold*   35
pursued around the wall, and my heart grieves."'
I mean that the gods are the stars and planets,
from which they say all that is destined happens to people;
for Homer is astrologizing in this passage,
and tells you the horoscope of the battle that took place then,   40
that Saturn and Mars, the most evil of the planets,
were looking down upon each other in quartile aspect.
And this shape creates great increases in intensity;
if good stars look down upon good people in it,
they increase good things; if evil stars, then <they increase>   45
    evil results.
Such was the horoscope of the battle then,
which had Mars and Saturn squared <above it>.
And if Homer does not wish to astrologize openly,
he introduces the good star, Zeus, being defeated
among the bad ones, having in malignant positions <of the   50
    zodiac>

467

καὶ τὴν σελήνην, Ἀθηνᾶν, ὡς πρὸς αὐτὸν κειμένην.
Εἷς δὲ ἀστὴρ ἡ Ἄρτεμις καὶ Ἀθηνᾶ, σελήνη·
ὅθε Διῒ τὴν Ἀθηνᾶν ἐναντιουμένην λέγει,
καὶ τελευτὴν τὴν Ἕκτορος σὺν δόλοις εἰργασμένην.
55 Ἐπεὶ γὰρ τὸ θεμάτιον ἐπιβλαβὲς ὑπῆρχε,
καὶ δόλοις ὑπεσήμαινεν Ἕκτορα τεθνηκέναι.

 Ὡς Ἀχιλεὺς ἐδίωκε τὸν ἥρωα ἐκεῖνον,
μόνον ἐκ Τρώων τῶν λοιπῶν ἔξω τοῦ τείχους ὄντα,
αὐτὸς ὑπάρχων σὺν στρατῷ σύμπαντι τῶν Ἑλλήνων,
60 ὅμως δὲ τοῦτον κατασχεῖν τρέχων οὐκ ἠδυνήθη·
ἀνένευε τῷ σύμπαντι στρατῷ δὲ τῶν Ἑλλήνων
ἐφ᾽ Ἕκτορι τοξεύματα μηδόλως ἀφιέναι,
'μή τις κῦδος ἄροιτο βαλών, ὁ δὲ δεύτερος ἔλθοι.'

 Τὶς τῶν Ἑλλήνων ὅμοιος ὑπάρχων Δηϊφόβῳ,
65 τὸ πλέον καὶ τοῖς ὅπλοις δὲ τελῶν συγκεκρυμμένος,
τοιοῦτον ἄνδρα παρελθὼν ὡς ἀδελφὸς οἰκεῖος,
πείσας ἐν δόλοις ἤγαγε τῷ Ἀχιλεῖ κτανθῆναι,
οὓς δόλους Ὅμηρός φησι τῆς Ἀθηνᾶς ἀπάτην.

 Ὅρα δὲ πῶς τὰ εὐτελῆ ὑψοῖ ἀλληγορίαις,
70 ὥσπερ τὸ πρὶν τοὺς ὑετούς, ἀνέμους καὶ τοιάδε,
καὶ ὅπως νῦν τοὺς ὑψηλοὺς λόγους ἀστρονομίας
τοῖς μυθικοῖς λεαίνει τε καὶ κατασπᾷ τοῖς κάτω.
Ἀλλὰ τὸν νοῦν εἰρήκειμεν πάντα συντόμῳ λόγῳ,
νῦν δὲ καὶ μέρη λέξωμεν τῶν χρειωδῶν τινά σοι.

75 Θεοὺς πάντως εἰρήκειμεν ἄστρα καὶ τοὺς ἀστέρας·
τὸν Δία δὲ κηδόμενον Ἕκτορος παρεισφέρει,
ὡς ὄντα δότην ἀγαθῶν καὶ ἀγαθὸν ἀστέρα,
καὶ συνεργὸν καὶ πρὸς τὸ ζῆν Ἕκτορι καθεστῶτα,

also the moon, Athena, as if siding with him.
Artemis and Athena are one star, the moon;
for that reason he says that Athena opposed Zeus,
and devised Hektor's death with trickery.
For since the horoscope was harmful,   55
it signified that Hektor would die by deceitful means.

 While Achilles was pursuing that hero,
who alone of the Trojans was outside the wall,
he himself was with the entire army of the Greeks
but, although he was running, he could not catch him;   60
he forbade the whole Greek army
to shoot their arrows at Hektor,
'lest another strike him and win glory, and he be too late.'

 Since one of the Greeks resembled Deïphobos,
especially since he was concealed by armor,   65
fooling this man <Hektor, into thinking> it was his own
  brother,
he used trickery and led him to be killed by Achilles.
This trickery Homer calls Athena's deceit.

 See how he elevates base things with allegories,
just as he did earlier for rain, wind, and the like,   70
and as he here simplifies the lofty discourse of astronomy
with myths and draws it down to a lower level.
But we have briefly explained his entire mind;
here let us explain to you some essential points.

 We said that the gods are absolutely stars and planets; 75
he introduces Jupiter as caring for Hektor,
as a giver of good things and a good planet,
and an ally who tried to keep Hektor alive,

εἰ μὴ νικῶντες οἱ κακοὶ τοῦτον ἀστέρες ἦσαν.

80 Ἑρμῆς τε ὁ διπρόσωπος ἐνέτεινε τὴν βλάβην,

καὶ Ἀφροδίτης ὁ ἀστήρ. Ὡσαύτως καὶ τὰ φῶτα,

σελήνη τε καὶ ἥλιος, ἦσαν ἐν φαύλοις τόποις.

Πῶς Τριτογένειάν φησι νῦν τὴν σελήνην μάθε·

ὅτι τριταία φαίνεται μετὰ συνόδου χρόνον.

85 'Πῶς δέ κεν Ἕκτωρ κῆρας ὑπεξέφυγε θανάτοιο,

εἰ μὴ οἱ πύματόν τε καὶ ὕστατον ἤντετ' Ἀπόλλων

ἐγγύθεν, ὅς οἱ ἐπῶρσε μένος λαιψηρά τε γοῦνα;

Λαοῖσιν δ' ἀνένευε καρήατι δῖος Ἀχιλεύς,

οὐδ' ἔα ἱέμεναι ἐπὶ Ἕκτορι πικρὰ βέλεμνα,

90 μή τις κῦδος ἄροιτο βαλών, ὁ δὲ δεύτερος ἔλθοι.'

Πῶς δέ κεν Ἕκτωρ ἔφυγε τὴν Μοῖραν τοῦ θανάτου,

εἰ μὴ ὁ ἥλιος αὐτῷ προσβοηθῶν ἐπῆλθε,

τουτέστι κατὰ πρόσωπον φανεὶς τοῦ Ἀχιλέως,

τὸν μὲν ἀπεῖρξε τῆς ὁρμῆς, τῷ δὲ προσεβοήθει;

95 Τοῦτο Ὁμήρου παίγνιον νόησον τοῦ πανσόφου.

Ὁποῖος ἦν ὁ Ἕκτωρ γὰρ καὶ Ἀχιλεὺς ὁποῖος

τοῖς κατωτέρω ἔπεσιν ἐμφανεστάτως γράφει·

ὅτι ὁ Ἕκτωρ μόνος ἦν, πᾶς δὲ στρατὸς Ἑλλήνων,

καὶ δι' ἐκείνους σύμπαντας ὡς πρὸς φυγὴν ἐχώρει,

100 κἂν ἀπλουστέροις δείκνυσι δι' Ἀχιλέα φεύγειν·

ὅμως καὶ οὕτω σὺν στρατῷ παντὶ τῷ τῶν Ἑλλήνων

αὐτὸς προτρέχων πάντων τὸν ἥρωα οὐκ ἔσχεν.

Ὅμηρος κρύφα παίζων δὲ τὸν ἥλιόν σοι λέγει

λάμποντα κατὰ πρόσωπον εἴρξαι τὸν Ἀχιλέα,

105 οἷον εἰ παῖς τις ἀσθενὴς παλαίστρᾳ καταπέσῃ,

ἐπιχλευάζων εἴπῃ δέ τις ἔννους ὥσπερ τάδε·

if the evil planets had not defeated him.
And two-faced Mercury and the planet of Venus   80
intensified the harm. In the same way too the luminaries,
the moon and the sun, were in malevolent positions.
Here learn that he calls the moon Tritogeneia,
because it appears third after the convergence <of the
        planets>.

'*And how would Hektor have escaped the fates of death,*   85
if Apollo had not drawn near him, for the last and latest time,
to rouse his strength and make swift his knees?
And to his folk goodly Achilles nodded his head,
and did not allow them to hurl at Hektor their bitter darts,
lest another strike him and win glory, and he be too late.'   90
How then would Hektor have escaped the Fate of death,
had the sun not come suddenly to his aid,
that is, by shining in the face of Achilles,
it prevented his assault, while coming to the other's aid?
Understand that this is a game of the all-wise Homer.   95
What sort of person was Hektor and what sort Achilles
he very clearly writes in the following words:
that Hektor was alone, while the whole Greek army was
        there,
and because of their numbers he gave way as if in flight,
although he shows in simpler words that he fled because of   100
        Achilles;
yet even thus, although Achilles ran ahead of everyone else,
with the entire Greek army, he did not capture the hero.
Homer secretly playing tells you that the sun
shining in his face held back Achilles,
just as a puny boy might fall in the wrestling arena,   105
and some shrewd man might mock him like this:

"γενναῖος οὗτος πέφυκε σκέλει, πληγεὶς δὲ πίπτει."
Τοιαῦτα καὶ ὁ Ὅμηρος παίζων δοκεῖ μοι τῇδε.
Ἀλλ', Ὅμηρε δεινότατε τῶν πάντων λογογράφων,
110 καὶ λέγων τὴν ἀλήθειαν καὶ μὴ δοκῶν δὲ λέγειν,
τὸ 'τοῖς λαοῖς ἀνένευεν' ὁ Ἀχιλεύς, καὶ τἆλλα,
δεικνύουσι τὸν Ἕκτορα οἷος πρηστὴρ ἦν μάχης·
ἃ δὲ δι' ἥλιον νῦν φῂς παίγνια σοῦ τυγχάνει.
   'Πατήρ,' ἡ Εἱμαρμένη δὲ ἡ πᾶν ἀπογεννῶσα·
115 'χρύσεια τάλαντά' φησι ῥοπὴν τῆς Εἱμαρμένης.
Τὸ 'λίπεν ὁ Ἀπόλλων' δέ, τοῦτο δηλοῖ ὁ Φοῖβος,
ὅτι, ἐπείπερ εἵμαρτο Ἕκτορα τεθνηκέναι,
ὁ συνεργῶν πρὶν ἥλιος τῷ βλάπτειν Ἀχιλέα
οὐδὲν ἐλυσιτέλησεν ὡς μὴ θανεῖν ἐκεῖνον.
120   'Πηλείωνα δ' ἵκανε θεὰ γλαυκῶπις Ἀθήνη.'
Νῦν Ἀθηνᾶν τὴν συσκευήν, τὸν δόλον ὀνομάζει,
δι' οὗπερ διεξέδραμεν Ἕκτωρ τὴν βίου πύλην.
   'Θεοὺς δὲ ἐπιδώμεθα,' ὀμόσωμεν στοιχεῖα,
τὸν οὐρανόν τε καὶ τὴν γῆν, τὴν θάλασσαν, ἀστέρας.
125   'Θεοί με νῦν ἐκάλεσαν πρὸς θάνατον' ὁ δόλος·
τουτέστιν ἐξαπάταις νῦν καὶ δόλοις ἀποθνήσκω·
τὸ ἑνικὸν πληθυντικῶς θεοὺς κατονομάσας,
μεθόδῳ τῆς δεινότητος, ἢ καὶ τὴν Εἱμαρμένην.
Ἀλλ' ἔστι κρεῖττον ἐν τοῖς νῦν 'θεοὺς' τὸν δόλον λέγειν,
130 ὃν πρὶν προεῖπεν Ἀθηνᾶν ὁμοίαν Δηϊφόβῳ,
τὴν πανουργίαν τοῦ ἀνδρὸς ἐκείνου τοῦ δολίου
ὃς καὶ τὸ δόρυ τὸ ῥιφὲν καθ' Ἕκτορος εἰς μάτην
ἔμπαλιν ἀντανέστρεψεν ὡς πρὸς τὸν Ἀχιλέα.

"That boy has strong thighs, but he falls when he takes a hit."
I think that Homer is also being playful here.
But, O Homer, most skillful of all writers,
you who tell the truth even if you do not seem to be telling it,   110
the phrase Achilles *'nodded to his folk,'* and the rest of the
    line,
show what a tornado Hektor was in battle;
what you say here occurred because of the sun are your
    games.
    'Father' is Destiny that generates everything;
by *'golden talents'* he means the shift of Destiny's scale.   115
As for *'Apollo left him,'* this signifies Phoibos:
that, since it was destined for Hektor to die,
the sun, which aided him earlier by thwarting Achilles,
did not help him so as to prevent his death.
    'But to Peleus's son came the goddess, flashing-eyed Athena.'   120
Here he calls Athena guile, deceit,
because of which Hektor exited from life's gates.
    'Let us call the gods to witness,' means let us swear,
by the elements, the sky and earth, the sea, the planets.
    'The gods have now called me to my death' <is> deceit;   125
that is, I am now dying because of deceit and treacheries;
by employing rhetorical cleverness he calls the singular
    <thing>
gods in the plural, or even Destiny.
But it is better here to call deceit 'the gods,'
which he had previously called Athena in the guise of   130
    Deïphobos,
the knavery of that deceitful man
who turned back again against Achilles the spear
which had been thrown in vain against Hektor.

Τὸ 'ἐπιείκελε θεοῖς,' τοῖς ἄστρασιν ὁμοῖε·
135 'ἐκ τοῦ Διὸς τὸν μόρον δὲ ᾔδεις,' τῆς Εἱμαρμένης.
Τὸ 'εἴ τοι ἔδωκε θεός,' πάλιν ἡ Εἱμαρμένη,
εἴτουν εἴπερ σοι πάρεστι ῥώμη χειρὸς καὶ σθένος.
Θεοὶ γάρ, ὡς προείπομεν, καὶ ψυχικαὶ δυνάμεις,
ὡς ἔστι νῦν καὶ τὸ 'θεοί,' ὡς εἴπομεν, οἱ δόλοι,
140 καὶ Ἀθηνᾶ ὁμοίως νῦν· παράχρησις δὲ τοῦτο.
Αἱ ἀρεταὶ γὰρ σύμπασαι μεσότητες τελοῦσιν,
ἑκάστη δ' ἑκατέρωθε παράκεινται κακίαι,
ἐλλείψεως ἡ μία μέν, ὑπερβολῆς ἁτέρα·
ὥσπερ καὶ νῦν ἡ φρόνησις, ὡς ἀρετή, μεσότης,
145 κακία κατὰ ἔλλειψιν πάλιν ἡ ἀφροσύνη,
κακία δ' ὑπερβάλλουσα φρονήσεως, οἱ δόλοι.
'Ζηνὶ' τῇ Εἱμαρμένῃ δέ, 'Ἀπόλλωνι' ἡλίῳ·
ἤτοι οὕτως ἐδέδοκτο ἐμοῦ τῇ Εἱμαρμένῃ,
καὶ χρόνος τέλος ἔσχηκε ζωῆς ἐμῆς, ὡς βλέπω.
150 Ὁ χρόνος περιδρόμοις δὲ ἡλιακοῖς πληροῦται,
οὓς Ἥφαιστος, τὸ πῦρ ἅμα καὶ ὁ πυρὸς ἐργάτης,
περὶ τὸν λόφον τῆς κυνῆς τέθεικε πυκνοτέρως.
'Φράζεο νῦν μή τοί τι θεῶν μήνιμα γένωμαι·'
μή σοι ὀργὴ ἐκ τῶν θεῶν ἔλθοι, τῆς Εἱμαρμένης,
155 ἐν τῷ ναῷ Ἀπόλλωνος ὅταν σε Πάρις κτάνῃ.
Τὴν ἐν ναῷ ἀναίρεσιν τήνδε τοῦ Ἀχιλέως
εἰδὼς ὁ Ὅμηρός φησιν, Ἕκτωρ δ' οὐκ ἦν προφήτης,
ἢ ἴσως ἐν μαντεύμασι προῄδει καὶ ὁ Ἕκτωρ.
'Ὁ Ζεὺς' ὁ πλάνης νῦν ἀστήρ, 'θεοὶ' ἀστέρες ἄλλοι·
160 τουτέστι, θάνω καὶ αὐτὸς ἢ Μοίρᾳ ἐκληρώθην.

'*Like to the gods,*' \<means> like the stars;
'You know my doom from Zeus,' that is, Destiny.   135
   '*If a god has granted you this,*' again \<means> Destiny,
that is, if you have strength and might in your hand.
For the gods, as we said before, are also the soul's powers,
as the 'gods' are here, as we said, deceit
and Athena as well; and this \<is called> 'misuse.'   140
For all the virtues lie in the middle,
and on either side of each of them lie the vices,
one of deficit, the other of excess;
just as here prudence, as a virtue, is a mean,
and folly is a vice by falling short,   145
and deceit is a vice of excessive prudence.
'*To Zeus,*' that is, Destiny, 'to Apollo,' that is, the sun,
that is, thus my Destiny deemed it good,
and time took hold of the end of my life, as I see.
Time is fulfilled with the orbits of the sun,   150
which Hephaistos, who is both fire and the worker of fire,
has placed densely around the crest of the helmet.
   '*Take heed now lest I bring the gods' wrath upon you,*'
that is, lest anger come upon you from the gods, Destiny,
in the temple of Apollo when Paris kills you.   155
Homer speaks, being aware of Achilles's death
in the temple, but Hektor was not a prophet,
or maybe Hektor also knew it beforehand from an oracle.
   '*Zeus*' \<is> here the wandering star, while the '*gods*' \<are>
      the other planets;
which means, I myself will also die by the Fate I was allotted. 160

475

'Θεοὶ δαμάσαι ἔδωκαν,' καὶ νῦν ἡ Εἱμαρμένη.

'Ὥι Τρῶες κατὰ ἄστυ θεῷ ὡς εὐχετοῶντο,'
τουτέστιν ᾧ ἡβρύνοντο, ἐκόμπαζον μεγάλως,
οἷα θεῷ, τυγχάνοντι στοιχείῳ ἐκ τεσσάρων,
165 ὕδατι, γῇ, ἀέρι τε, ἢ τῇ πυρείᾳ φύσει,
ἅπερ τὰ πάντα συνιστᾷ καὶ διεκτρέφει πάντα.

'Ο Ζεύς,' ἡ Εἱμαρμένη νῦν, 'ἔδωκεν αἰκισθῆναι.'
'Ὥσπερ θεὸν δειδέχατο,' ὡς ἥλιον, ὡς τἄλλα.
'Γλαυκῶπις' πάλιν 'Ἀθηνᾶ,' ὡς πρὶν εἶπον, ὁ δόλος.
170 'Κρήδεμνον θ' ὅ ῥά οἱ δῶκε χρυσῆ Ἀφροδίτη'
ἐπιθυμίας ἄξιον, ἐπέραστον, ὡραῖον·
χρυσᾶ δέ, ὡς τιμώμενα, τὰ ἐραστὰ νῦν λέγει.

Οὕτω τὸ κρήδεμνόν φησι νῦν δῶρον Ἀφροδίτης,
ἢ ὅ καιρὸς ὁ γαμικὸς παρέσχετο ἐκείνῃ·
175 τὰ ἐραστὰ καὶ γαμικὰ πάντα δὲ Ἀφροδίτης.

'The gods have granted us to slay,' here too is Destiny.
'*To whom the Trojans prayed in their city as to a god*,'
means in whom they took pride and boasted greatly,
as if in a god, who happened to be one of the four elements,
water, earth, air, or the fiery nature,   165
which constitute everything and nourish everything.

'Zeus,' here Destiny, 'allowed Hektor to be abused.'
'*She welcomed him like a god*,' like the sun, like the other
    elements.

Again '*flashing-eyed Athena*,' as I said earlier, is deceit.
'*And the veil that golden Aphrodite had given her*'   170
is worthy of desire, desirable, beautiful;
and he calls the affairs of love golden, because they are
    honored.

Thus he says here that the veil was the gift of Aphrodite,
or that the time of the marriage was arranged by her;
all matters of love and marriage belong to Aphrodite.   175

Ψ′

Ὁ Ἀχιλεὺς τὸν Πάτροκλον θάψας, ὡς τότε νόμος,
προσφάξας τούτου τῇ πυρᾷ δώδεκα Τρώων νέους
καὶ ἵππους ἅμα κύνας τε καὶ ἕτερα μυρία,
ποιεῖ καὶ ἐπιτάφιον ἀγῶνα μετὰ ταῦτα,
5 ἐν ᾧπερ Διομήδης μὲν ἐνίκησε τοῖς ἵπποις,
ὁ Ὀδυσσεὺς τῷ δρόμῳ δέ, καὶ ἕτεροι ἑτέροις.

'Μυρόμενοι, μετὰ δέ σφι Θέτις γόου ἵμερον ὦρσε.'
Θέτιδα νῦν τὸ ἔνυγρον κατάστημά μοι νόει·
ἡ γὰρ ὑγρότης κλαίουσι δάκρυον πλεῖστον φέρει,
10 ὑγραίνουσα τὰ σώματα· ξηρότης τοὐναντίον.
'Φλογὸς Ἡφαίστου,' τοῦ πυρός, κατὰ μετωνυμίαν.
'Ζῆνα,' τὸν κύκλον οὐρανοῦ νῦν πάντα κατομνύει.
Ἡ 'κὴρ' καὶ Μοῖρα, φανερά· πολλάκις εἶπον ταῦτα.
'Χρύσεός' ἐστιν 'ἀμφορεὺς' ἀγγεῖον ὃ ἡ Θέτις
15 τῷ Ἀχιλεῖ παρέσχηκε, Θέτις ἡ τούτου μήτηρ·
ἐν ᾧ ῥηθέντι ἀμφορεῖ, ὄντι χρυσῆς ἐξ ὕλης,
τριῶν φιλούντων τέφρα τε κεῖται καὶ τὰ ὀστέα,
Πατρόκλου, Ἀντιλόχου τε, αὐτοῦ τε Ἀχιλέως.
'Ἡ ῥοδοδάκτυλος ἠώς,' ἡ τὰ δακτύλων ἔργα
20 δεικνῦσα ὡραιότατα Χαρίτων Ἀφροδίτης,
οὐ μὴν ὁποῖα τῆς νυκτός, οὐκ ἐξηκριβωμένα.
Τοῖς ποταμοῖς οἱ παλαιοὶ ἔκειρον πρώτας κόμας,
ὡς νῦν φησιν ὁ Ἀχιλεὺς πρὸς Σπερχειὸν γλυκέως·
ὅτι τὸ ὕδωρ αἴτιον τοῦ τρέφεσθαι τὰς κόμας.

Book 23

After Achilles buries Patroklos, as was the custom then,
slaughtering twelve Trojan youths upon his funeral pyre
and horses and hounds and countless other things,
he also holds funeral games after this,
in which Diomedes wins the horse race,   5
Odysseus the footrace, and others other contests.

   '*They shed tears and with them Thetis raised a lament.*'
Understand that by Thetis I mean the damp weather,
for dampness brings many tears to those who weep,
moistening the bodies; dryness does the opposite.   10
   'The flame of Hephaistos,' means of fire, by metonymy.
   '<*By*> *Zeus,*' means he here swears to everything by the
      vault of heaven.
   The '*heart*' is also Fate manifested; I have said this often.
   'A golden vase' is the vessel which Thetis
gave to Achilles, Thetis his mother;   15
in the aforementioned urn, made of gold,
lie the ashes and bones of three friends:
Patroklos, Antilochos, and Achilles himself.
   '*Rosy-fingered dawn*' shows the very beautiful
works made by the fingers of the Graces of Aphrodite,   20
certainly not those done by night, which are not clearly
      described.
   The men of old cut off their first locks for the rivers,
as here Achilles says he sweetly <did> for Spercheios,
because water is the reason that hair grows.

25 'Ἐς πηγὰς ὅθι τοι τέμενος βωμός τε θυήεις.'

Σέβας οἱ πρὶν ἀπένεμον τοῖς τέταρσι στοιχείοις,

ναούς τε τούτοις ἵδρυον βωμούς τε θυηδόχους.

'Πυρὸς μένος σιδήρεον,' τὸ μέγιστα ἰσχύον.

'Ὡς φάτ' ἀπειλήσας, τὸν δ' οὐ κύνες ἀμφεπένοντο·

30 ἀλλὰ κύνας μὲν ἄλαλκε θυγάτηρ Διὸς Ἀφροδίτη

ἤματα καὶ νύκτας, ῥοδόεντι δὲ χρῖεν ἐλαίῳ,

ἀμβροσίῳ, ἵνα μή μιν ἀποδρύφοι ἑλκυστάζων.

Τῷ δ' ἐπὶ κυάνεον νέφος ἤγαγε Φοῖβος Ἀπόλλων.'

Οὕτως εἶπε καυχώμενος, κυσὶ δ' οὐχὶ παρέσχεν·

35 ἀλλ' ἀπεσόβει κύνας μὲν ἐκ τούτου Ἀφροδίτη,

ἡ τοῦ οἰκείου λογισμοῦ τούτου ἐπιθυμία.

'Δία' γὰρ νῦν τὸν λογισμὸν τοῦ Ἀχιλέως λέγει,

καὶ τὴν ἐπιθυμίαν δὲ τὴν τούτου 'Ἀφροδίτην.'

Ἐνθυμηθεὶς Πριάμῳ γὰρ τὸν Ἕκτορα πωλῆσαι,

40 ἐλαίῳ τοῦτον ἔχριεν ὡς ἄσηπτον τηροίη.

Τὸ παλαιὸν γὰρ ἔλαιον, καθάπερ καὶ οἱ ἅλες,

τραυμάτων οὔλωσιν ποιεῖ, καὶ ἄσηπτα τηρεῖ δέ.

Ὅθεν φησὶν ὁ πάνσοφος οὗτος ἀνὴρ ὁ γέρων

ἀμβρόσιον τὸ ἔλαιον καὶ θείους δὲ τοὺς ἅλας.

45 Οὕτω τὴν Ἀφροδίτην μοι νόησον τοῖς ἐνθάδε·

μὴ μέντοι τὸ κατάστημα τὸ εὔκρατον νῦν εἴπῃς·

περὶ γὰρ καταστήματος τοιούτου πάλιν λέγει.

Κυάνεον Ἀπόλλων δὲ ἤγαγε τούτῳ νέφος

μή, πρὶν ἤτοι μὴ πρότερον ἂν ἀπεμποληθείη,

50 ξηράνῃ τούτου ἥλιος τὸν χρόα καὶ τὰ νεῦρα.

Ἀπόλλων δὲ καὶ ἥλιος ἓν ἄμφω πεφυκότα,

δι' ἃς δυνάμεις ἔχει μὲν ζωογονεῖν καὶ τρέφειν,

480

'*Into your waters, where is your precinct and fragrant altar.*'   25
The men of old revered the four elements,
and established temples and sacrificial altars for them.
   '*The iron might of fire,*' powerful enough for the greatest
        things.
   '*So spoke he in threat, but the dogs did not eat Hektor;*
nay, the daughter of Zeus, Aphrodite, kept dogs from him   30
by day and night, and anointed him with ambrosial
rose oil, so that Achilles might not tear him as he dragged him.
And over him Phoibos Apollo drew a dark cloud.'
Thus he spoke in boast, but he did not toss him to the dogs,
but the dogs were scared away from him by Aphrodite,   35
<who is> the desire of his own reasoning.
For <Homer> calls Achilles's power of reasoning 'Zeus,'
and his desire 'Aphrodite.'
For mindful that he would ransom Hektor to Priam,
he anointed him with oil to preserve him from decay.   40
For old oil, just like salt,
heals wounds, and preserves them from decay.
For that reason this all-wise old man calls
oil ambrosial and salt divine.
So understand that I mean Aphrodite here;   45
you should not, however, here call it fair weather,
for he speaks again about such weather.
Apollo drew a dark cloud over him
lest, before he be ransomed,
the sun dry up his skin and sinews.   50
Apollo and the sun are both of one nature,
and through the powers it has, it can give life and nourish

καὶ ἀπολύειν τῶν κακῶν, ποτὲ καὶ ἀπολλύειν.
Τῷ ἀνασπᾶν ἀπὸ τῆς γῆς ἀτμοὺς λοιμωδεστέρους
55 Ἀπόλλων ὀνομάζεται, ἥλιος δὲ ὡς λάμπων,
Δήλιος ὢν καὶ φανερός, καὶ ἥλιος ἐκθλίψει.
Ἀλλὰ βραχὺ καὶ πάλιν μοι ἀναληπτέον τοῦτο.
Ὁ Ἀχιλεὺς τὸν Ἕκτορα κατέχριεν ἐλαίῳ
τηρεῖν ἐκεῖνον ἄσηπτον, ὡς ἂν ἀπεμπολήσῃ.
60 Ἦν δὲ καὶ τὸ κατάστημα σθένον τηρεῖν ἀσήπτως·
κατανεφὴς ὁ ἥλιος ὑπῆρχε γὰρ τῷ τότε,
λαμπρὰς ἀκτῖνας οὐ δεικνὺς ξηραίνειν οὐδὲ σήπτειν.
'Ὕλη τε σεύαιτο καήμεναι· ὠκέα δ' Ἶρις
ἀράων ἀΐουσα μετάγγελος ἦλθ' Ἀνέμοισιν.
65 Οἱ μὲν ἄρα Ζεφύροιο δυσαέος ἀθρόοι ἔνδον
εἰλαπίνην δαίνυντο. Θέουσα δὲ Ἶρις ἐπέστη.'
Ἡ τοῦ Πατρόκλου μὲν πυρὰ οὐχὶ ἀνῆπτε τότε.
Τοῦ Ἀχιλέως τὸ λοιπὸν ἀνέμους πνεῖν ποθοῦντος,
Ἶρις ἐφάνη παρευθύ, τὸ νεφελῶδες τόξον,
70 καὶ δυτικοὺς ἐκίνησεν ἀνέμους παραυτίκα.
Ἶρις γὰρ πελάγους ἄνεμον φέρει ἢ μέγαν ὄμβρον,
αὐτὴ δὲ πρὸς τὸ πέλαγος τῶν Αἰθιόπων ἔδυ.
Ὅρα δὲ τὸν χρυσόγερων οἷα καὶ πάλιν παίζει,
ἄγγελον Ἶριν λέγων σοι καλοῦσαν τοὺς ἀνέμους,
75 καὶ εἰλαπίνας τούτων δὲ τοῖς δώμασι Ζεφύρου,
ὅπερ σημαίνει νέφωσιν ἐν μέρεσιν ἑσπέρας
ἐξ ὧν νεφῶν οἱ ἄνεμοι ἔμελλον ἐκραγῆναι.
Καὶ σὺ δὲ νόει δυσαῆ, μὴ δυσπνοῦν, ὡς δ' ὁ Τζέτζης,
τὸν ἐκ δυσμῶν ἐκπνέοντα, τὸν κάλλιστον ἀνέμων.
80 'Βηλὸν' τὴν βάσιν νόησον, ὅπουπερ ἦν τὰ νέφη,

and deliver from evils, and sometimes destroy utterly.
Because it draws up pestilential vapors from the earth
it is called Apollo, and the sun because it shines,   55
<Apollo> being Delian and clear to see, and called Helios
    through the removal of the letter delta.
   But I should take up this question again briefly.
Achilles anointed Hektor with oil
to preserve him from decay, so that he might ransom him.
And the weather was able to preserve him from decay;   60
for the sun was then clouded over,
not revealing its brilliant rays to dry him up or cause decay.
   'That the wood might begin to burn; and swift Iris
heard his prayers and came carrying her message to the Winds.
And they were feasting all together at the house   65
of stormy Zephyros. And Iris stopped <at the threshold> after
    running there.'
   Patroklos's funeral pyre did not catch fire then.
And since Achilles desired the winds to blow then,
Iris, the cloud-bearing rainbow, appeared straightaway,
and immediately stirred up the west winds.   70
For Iris brings wind and great rains from the sea,
and she herself was setting into the sea of the Ethiopians.
   See how the golden old man plays again,
telling you that Iris was a messenger summoning the winds,
and describing their banquet at the house of Zephyros,   75
which means in cloudy regions of the west,
from which clouds the winds were about to burst forth.
Do not understand the word "adverse" to mean "blowing
    unfavorably," but, as Tzetzes does,
understand it as the wind blowing out of the west, the
    fairest of winds.
By 'threshold' understand the position of the clouds,   80

ἐξ ὧν καὶ ἀνεσκίρτησαν οἱ ἄνεμοι εὐθέως,
ὡς λεπτυνάσης τὸ ὑγρὸν τῆς Ἴριδος τῷ τότε.

Καὶ ἕκαστος ἐκάλει δὲ πρὸς ἑαυτὸν ἐκείνην,
πάντες αὐτῆς κινήσει γὰρ ἀνώρμησαν ἐκπνέειν·
85 τὸ κατελθεῖν δ' ἐς πέλαγος μερῶν τῶν ἑσπερίων,
ὅπου καὶ οἱ Αἰθίοπές εἰσιν οἱ τῆς ἑσπέρας,
λέγει αὐτῆς ἀπάρνησιν καθέδρας σὺν ἀνέμοις,
σπουδὴν δὲ ἀπελεύσεως εἰς γῆν τῶν Αἰθιόπων,
οὗπερ θυσίαι τοῖς θεοῖς, ὧν καὶ αὐτὴ μετάσχοι,
90 οὗπερ τὸ ὕδωρ καὶ λοιπὰ στοιχεῖα συνυπάρχει·
τὸ ὕδωρ πάχος γὰρ λαβὸν γῆν παρεισφέρει πάντως,
ἀραιωθὲν ἀέρα δὲ καὶ πῦρ αὖ ἐπὶ πλέον.

Οὕτως ἐκεῖσε οἱ θεοί, τουτέστι τὰ στοιχεῖα,
ἐδαίνυντο, παρούσης δὲ καὶ Ἴριδος εἰς πλέον.
95 Ἶρις γάρ ἐστι πρόσπτωσις ἡλίου περὶ νέφος.

Ἐγνώκεις καὶ τὸ παίγνιον Ὁμήρου τοῦ πανσόφου.

Ἵππους νῦν 'ἀθανάτους' μοι τοὺς ἀθλοφόρους νόει,
ὧν ἀρετὴ αἰώνιος μυρία νικησάντων.

Ὁ Ποσειδῶν δὲ τῷ Πηλεῖ τοὺς ἵππους πῶς δωρεῖται;
100 Τούτους Πηλεὺς ὠνήσατο θαλάσσῃ κομισθέντας
Ἀράβων, εἴτε Σικελῶν, εἴτε καὶ γῆς Περσίδος.

Πῶς τὸν Αἰνείαν ἔσωσεν Ἀπόλλων προεγράφη.

'Ὁ Ζεὺς' ἡ Εἱμαρμένη νῦν, ὡς καὶ πολλάκις εἶπον.

'Ὁ Ζεὺς καὶ Ποσειδάων' δὲ πάλιν, ἐν Ἀντιλόχῳ
105 ὁ λογισμὸς καὶ ὁ θυμὸς ὁ προσφυὴς καὶ πρέπων·
τουτέστι, 'σὺ καὶ φρόνιμος καὶ τολμηρὸς ὑπάρχεις.'

Ἀρείων ὁ Ἀδράστου δὲ ἵππος ἦν θεῖος γένος,
ὡς οἱ Πηλέως ἄριστοι ἄθλοις λαμβάνειν ἄθλα.

from which the winds leaped forth immediately,
as if Iris reduced the moisture then.
And each of them called her toward himself,
for all of them started to blow out by her movement;
and he calls her descent to the sea of the western parts,   85
where the Ethiopians of the west are,
her refusal to sit with the winds,
and her haste to depart to the land of the Ethiopians, where
the sacrifices to the gods are, in which she would also
      partake,
where the water and the other elements coexist;   90
for the water, after thickening, assuredly penetrates the
      earth;
after being diluted, <it enters> the air and fire even more.
Thus the gods, that is, the elements,
were feasting there, and Iris was present as well.
For a rainbow forms from the sun's collision with a cloud.   95
You have learned the game of Homer the all-wise.

    The 'immortal' horses are the victorious ones,
whose virtue is eternal because they win countless times.
How did Poseidon give the horses to Peleus?
Peleus bought them when they were brought by sea   100
from the land of the Arabs or Sicilians, or even the Persians.

    How Apollo saved Aineias was written above.

    '*Zeus*' is Destiny, as I have said many times.

    '*Zeus and Poseidon*' again are the reasoning power
in Antilochos and his suitable and appropriate temper,   105
that is, 'you are both sensible and daring.'

    Areion, Adrastos's horse, was of divine lineage,
just as those of Peleus were the best at winning prizes in
      contests.

'Ἀντίθεον δὲ Φοίνικα' φρόνιμον ἀληθῆ τε,
110 ἴσον αὐτῷ τῷ λογισμῷ καὶ τῇ δικαιοσύνῃ.
'Ἀπόλλων,' νῦν ὁ ἥλιος, βλάπτει τὸν Διομήδην,
κατ' ὀφθαλμῶν ἐπαφιεὶς τὸ σέλας τῶν ἀκτίνων.
'Ἡ Ἀθηνᾶ' δ' ἡ φρόνησις νῦν καὶ ἡ πανουργία,
ἡ Διομήδην σῴζει μέν, τὸν Εὔμηλον δὲ βλάπτει·
115 ἡ Διομήδους φρόνησις, λέγω, καὶ πανουργία·
ἡ Διομήδην φρόνημα ἔσωσε τὸ οἰκεῖον,
τῷ μὴ σκοπεῖν τὸ δέον δὲ ὁ Εὔμηλος ἐβλάβη·
τὸ ἅρμα γὰρ κατέαξε τόποις ἐλῶν δυσβάτοις.
Τὸ 'ὤφειλεν ὁ Εὔμηλος εὔχεσθαι ἀθανάτοις,'
120 ἔδει σκοπεῖν τε καὶ φρονεῖν ὅπως ἐλαύνει, λέγει.
'Σοὶ δὲ θεοὶ ἀντίχαριν' ἤτοι ἡ Εἱμαρμένη.
Ἡ Ὀδυσσέως Ἀθηνᾶ πάλιν ἡ πανουργία.
'Ἀθάνατοι τιμῶσι παλαιοτέρους ἀνθρώπους.'
Νῦν καὶ ἡ Εἱμαρμένη μέν, ἀλλὰ καὶ μᾶλλον πλέον
125 ἡ φρόνησις, σὺν ταύτῃ τε πραγμάτων ἐμπειρία.
Ὁ Τεῦκρος ταῖς ἀκτίνεσσιν ἐβλάβη τοῦ ἡλίου,
διό φησι μὴ εὔξασθαι Ἀπόλλωνι ἄνακτι,
καὶ πάλιν ὡς ἐμέγηρεν ἐκείνῳ ὁ Ἀπόλλων.

'*Godlike Phoinix*' means prudent and honest,
equal to \<the god\> in reasoning power and justice.   110
    '*Apollo,*' that is, the sun, harmed Diomedes,
by shining into his eyes the light of its rays.
'*Athena*' is here prudence and cunning,
she who saved Diomedes, but harmed Eumelos;
I say that Diomedes's prudence is also cunning,   115
or Diomedes's own resolution saved him,
and Eumelos was harmed because he did not think ahead,
for he broke his chariot in impassable marshes.
By 'Eumelos should have prayed to the immortals,'
\<Homer\> means he should have considered and thought   120
        carefully about how to drive \<his chariot\>.
    '*May the gods favor you in return,*' that is, \<may\> Destiny do
        so.
And Odysseus's cunning is Athena again.
    '*The immortals show honor to older men*':
Here it is Destiny as well, and more than that
it is also prudence, and experience as well.   125
    Teukros was harmed by the rays of the sun,
because, he says, he did not pray to lord Apollo,
and Apollo in return felt a grudge against him.

Ω′

Ζεὺς Ἕκτορος κηδόμενος Θέτιν πρὸς Ἀχιλέα,
Ἶριν δὲ πρὸς τὸν Πρίαμον στέλλει, κελεύσας λέξαι
τὴν μὲν ὡς δοίη Ἀχιλεὺς τὸν Ἕκτορα Πριάμῳ,
Ἶριν δ' ὡς λύτρα Πρίαμος τῷ Ἀχιλεῖ κομίσοι,
5 καὶ λάβοι σῶμα Ἕκτορος κομίσοι τε πρὸς Τροίαν.
Εἶτα φανεὶς καὶ ὁ Ἑρμῆς τὸν Πρίαμον προπέμπει,
κοιμίσας τε τοὺς φύλακας, ἄγει πρὸς Ἀχιλέα,
ὃν ἱκετεύσας Πρίαμος τὸν Ἕκτορα λαμβάνει.
Κομίσας Τροίᾳ θάπτει δέ, πένθος ποιήσας μέγα,
10 εἶτα δὲ καὶ περίδειπνον παρήγορον τοῦ πένθους.

Ὅπως Ἀπόλλων Ἕκτορα ἐφρούρει τῶν ἀσήπτων,
καὶ τίς Ἀπόλλων; Πολλαχοῦ καὶ ἐν τῇ Ψῖ εἰρήκειν
ὡς ὁ Ἀπόλλων, ἥλιος ἦν συννεφὴς τῷ τότε.
Ἡ δὲ 'χρυσῆ αἰγίς' ἐστιν ἀκτῖνες τῶν τιμίων,
15 ἤτοι ἀκτῖνες εὔκρατοι νέφεσι κεκραμέναι.
Θεοὺς δὲ κατοικτείροντας τὸν Ἕκτορα ῥητέον,
καὶ τίς Ἑρμῆς ὃν ὤτρυνον Ἕκτορος κλέπτειν σῶμα.
Θεοὺς νῦν τὰ στοιχεῖα μοι νόησον τῇδε λέγειν.
Ἐφ' ὅλαις ἕνδεκα καὶ γὰρ ἡμέραις συνεχεῖτο,
20 ὥσπερ ἐπιστυγνάζοντα τοῦ Ἕκτορος τῷ πάθει·
κἂν γῇ, κἂν τοῖς φωστῆρσι δὲ συνέβαινε μυρία,
σεισμοὶ καὶ βόμβοι, μυκηθμοί, καὶ κρύψεις τῶν ἀστέρων,
βρονταὶ σκληραὶ καὶ κεραυνοί, δειναί τε καταιγίδες,
ἀστέρες διατρέχοντες, κομῆται, καὶ τοιάδε.

Book 24

Zeus, concerned about Hektor, sends Thetis to Achilles
and Iris to Priam, having ordered Thetis to say
that Achilles should return Hektor to Priam,
and Iris to say that Priam should bring ransom to Achilles,
and receive Hektor's body and bring it to Troy.   5
Then Hermes, appearing as well, escorts Priam
and, putting the guards to sleep, leads him to Achilles,
from whom Priam, having made supplication, receives
    Hektor.
After bringing him to Troy, he buries him, mourning greatly,
and then gives a funeral feast to assuage his grief.   10

  How did Apollo keep Hektor from decaying,
and who is Apollo? In many places, and in Book 23, I said
that Apollo was the sun that was then clouded over.
And the 'golden aegis' is the valuable rays,
that is, the mild rays tempered by the clouds.   15
  It should be explained which gods pitied Hektor, and
who Hermes was whom they urged to steal Hektor's body.
I mean here that the gods are the elements.
For they were in strife with one another for eleven whole
    days,
as though casting a cloud over Hektor's suffering;   20
even if on the earth, even if among the stars countless
    things were happening:
earthquakes and rumblings, bellowing, and eclipses of stars,
fierce thunder and lightning and terrible hurricanes,
shooting stars, comets and the like.

25 Τὰ κομητῶν δὲ σύμπαντα, καὶ πᾶν ἄλλο τοιόνδε,
Ἀρεϊκὰ καὶ τοῦ Ἑρμοῦ τυγχάνουσιν ἀστέρος·
ἅπερ εἰ ἐπεκράτησε καὶ ἔτι περαιτέρω,
ἔκλεψαν ἂν τὸν Ἕκτορά τινες ἐξ Ἀχιλέως,
καὶ τῷ πατρὶ δεδώκασι Πριάμῳ τοῦτον θάπτειν·
30 τὰ τοῦ Ἑρμοῦ πνευμάτων γὰρ δηλωτικὰ τυγχάνει
καὶ ἐμπορίας συνεργὰ καὶ ἄλλων δὲ μυρίων,
πολλάκις καὶ ἐκκλέπτουσι δεσμώτας κακουμένους.
Τοῦτο ὁ Ὅμηρός φησι τοῖς ἔπεσιν οἷς λέγει·
'Κλέψαι δ' ὀτρύνεσκον εὔσκοπον Ἀργειφόντην.'
35 Τοὺς ἓξ ὀβελιστέον δὲ τοὺς μετὰ τοῦτον στίχους·
μετὰ τὸ 'κλέψαι δ' ὤτρυνον εὔσκοπον Ἀργειφόντην.'
Ἀλλ' ὅτε δωδεκάτη μέν, λέγει, ἠὼς ἐφάνη,
'καὶ τότ' ἄρ' ἀθανάτοισι μετηύδα Φοῖβος Ἀπόλλων·
"σχέτλιοί ἐστε, θεοί, δηλήμονες. Οὐ νύ ποθ' ὑμῖν
40 Ἕκτωρ μηρί' ἔκηε βοῶν, αἰγῶν τε τελείων;"'
    Πρὸς ἕνδεκα ἡμέρας μὲν ἦν ζάλη τῶν στοιχείων,
καὶ ἥλιος οὐκ ἔφαινε τὸ πρότερον οὐδόλως.
Ἐπὶ τῇ δωδεκάτῃ δὲ ἥλιος μὲν ἐφάνη·
τὸ τοῦ ἀέρος δὲ λεπτὸν ἀντέτεινεν ἐκείνῳ,
45 νέφη κινοῦν καὶ μερικῶς κρύπτον ἀκτῖνας τούτου,
ὁ ζωογόνος δὲ ἀήρ, Ζεύς, παχυνθεὶς ἐς πλέον
τῷ λεπτοτέρῳ καὶ θερμῷ ἀντέτεινεν ἀέρι,
καὶ νέφος δὲ συνέστησεν ἔνυδρον, πάχους πλέον,
ᾧ προσβαλὼν ὁ ἥλιος ἐποίησε τὴν Ἶριν·
50 ἡ δ' Ἶρις ἀνερρόφησεν ὑγρὸν ἐκ τοῦ πελάγους
τοσοῦτον, ὥστε φαίνεσθαι τὸν πρόσγειον ἀέρα
τῆς ἀσελήνου τῆς νυκτὸς μελάντερον ἐς πλέον·

All the comets and everything else of that sort   25
originate from Ares and the planet Mercury;
if these prevailed longer and longer still,
some men would have stolen Hektor from Achilles,
and given him to his father Priam to bury;
and they signify the blasts of wind of Hermes,   30
and they promote commerce and countless other things,
and often steal and carry off maltreated prisoners.
Homer expresses this in the verse in which he says:
'*They urged keen-sighted Argeiphontes to steal \<Hektor's corpse\>.*'
And the six verses after this one should be rejected, after   35
 '*they urged keen-sighted Argeiphontes to steal \<Hektor's corpse\>.*'
But when, he says, the twelfth day dawned,
'*then among the immortals spoke Phoibos Apollo:*
"*You are cruel, O gods, and baneful. Has not Hektor*
burned for you thighs of unblemished bulls and goats?" '   40
    For eleven days there was confusion of the elements,
and, at first, the sun did not shine at all.
On the twelfth day the sun shone;
the thin element of the air resisted it,
stirring up clouds and partially concealing its rays,   45
and the life-giving air, Zeus, becoming thicker,
resisted the thinner warm air,
and created a wet cloud of great thickness,
which the sun struck and created Iris;
and Iris absorbed so much moisture   50
from the sea that the air near the earth seemed to be
even blacker than the moonless night;

ὃ ὕδωρ τότε ἀνεχθὲν τῷ μὲν λεπτῷ ἀέρι,
πρῶτα κινούμενον μικρόν, ἀραιωθὲν ἐφάνη·
55 εἶτα, τῷ πλήθει πάχει τε πλέον λαβὸν τὸ βάρος,
ῥαγδαῖος ὄμβρος γίνεται καὶ καταχεῖται κάτω.
Νῦν, προσωποποιήσας σοι ὁ Ὅμηρος τὰ πάντα,
τὸν ἥλιον Ἀπόλλωνα Φοῖβον κατονομάζει
θεοῖς καταμεμφόμενον, τουτέστι τοῖς στοιχείοις,
60 ἀνθ' ὧν θεοσεβέστατον Ἕκτορα πεφυκότα
οὐδὲ θανόντα ῥύονται τοῦ ἀπηνοῦς Πηλείδου.
   Τὸ τοῦ ἀέρος δὲ λεπτὸν Ἥραν καλεῖ τῇ κλήσει,
καὶ ἀντιπίπτουσαν αὐτῷ ταύτην σοι παρεισφέρει,
τῷ συγκαλύπτειν μερικῶς ἐκείνου τὰς ἀκτῖνας,
65 ὅπερ καὶ λόγους πλάττει σοι τῆς Ἥρας πεφυκέναι
λεγούσης 'γυναῖκα μαστὸν' τὸν Ἕκτορα θηλάσαι,
ἤτοι θνητὸν θηλάσαντα μαστὸν τὸν γυναικεῖον,
τὸν δ' Ἀχιλέα Θέτιδος παῖδα θεᾶς ὑπάρχειν,
γενναῖόν τε καὶ θυμικόν, ὡς παῖδα τῆς θαλάσσης·
70 ἣν Θέτιν Ἥρα ἔθρεψε καὶ τῷ Πηλεῖ συνῆψε,
'ὃς περὶ κῆρι φίλτατος' πᾶσι θεοῖς ὑπῆρχεν·
οὗπερ τοῖς γάμοις οἱ θεοὶ πάντες ὑπῆρχον τότε,
καὶ ὁ Ἀπόλλων δὲ αὐτὸς φόρμιγγι κεχρημένος.
   Πῶς δὲ ἡ Ἥρα ἔθρεψε τὴν Θέτιν νῦν ῥητέον.
75 Τὸ τοῦ ἀέρος πρὶν λεπτόν, ὃ καὶ Ἡφαίστου μήτηρ,
συγκεχυμένου τοῦ παντὸς ἐν τῇ κοσμογενείᾳ,
κινούμενον διέκρινε, καὶ φιλικῶς συνῆψεν
ὁμοῦ τὴν γῆν, τὴν θάλασσαν, τὴν Θέτιν, τὸν Πηλέα,
ὃς ἐκ ψυχῆς ἐστέργετο πᾶσι τοῖς ἀθανάτοις.
80 Εἰ μὴ γὰρ πάντων γέγονε σύγκρασις τῶν στοιχείων,

that water was then raised up by the thin air,
first moving a little, appearing wispy;
then, receiving more weight by the mass and thickness,   55
it becomes a raging rain shower and pours down.
Here Homer, having personified everything for you,
calls the sun Phoibos Apollo,
who censures the gods, that is, the elements,
because, although Hektor was most god-fearing,   60
they did not save him from being killed by Peleus's cruel son.

   He calls thinness of the air by the name of Hera,
and describes her colliding with <the sun>,
by partially obscuring its rays,
which Homer represents by fashioning Hera's words: 65
that Hektor suckled a 'woman's breast,'
that is, being mortal he suckled a woman's breast,
while Achilles was the son of a goddess, Thetis,
brave and high-spirited, as a child of the sea;
Hera raised Thetis and joined her to Peleus,   70
'who was most *heartily* beloved' by all the gods;
all the gods were present at his wedding,
and Apollo himself performed on his lyre.

   How Hera raised Thetis here needs to be said.
The earlier thin element of the air, which is also Hephaistos's   75
     mother,
when all was in confusion during the world's creation,
it separated by moving, and it joined together lovingly
the sea, Thetis, and the earth, Peleus,
who was loved by all the immortals with their hearts.
For if the mixing of all the elements had not occurred,   80

493

οὐκ ἂν ὁ κόσμος, ὁ Πηλεύς, τὸ σύνολον ὑπέστη.
Οὕτω καὶ τὸ λεπτότερον ἀέρος Ἥραν εἶπε.
Τὸ δὲ παχυμερέστερον ἀέρος πάλιν λέγει,
ἀφ᾽ οὗ ἡ Ἶρις γέγονεν, ἐκ ταύτης δὲ ὁ ὄμβρος,
85 Δία τὴν Ἶριν πέμψαντα τὴν Θέτιδα καλέσαι.
Τὸ μέλαν νέφος Θέτιδος μελαμφορίαν λέγει
καὶ πρὸς θεοὺς ἀνέλευσιν· τὴν πύκνωσιν δ᾽ ἀέρος
Ἀθήνης ὑποχώρησίν ἐστι κατονομάζων,
καὶ σὺν Διῒ τῆς Θέτιδος λέγει δὲ συνεδρίαν·
90 τὸ λεπτυνθῆναι δὲ βραχὺ κεράσματα τῆς Ἥρας·
τὸ πάλιν παχυνθῆναι δὲ τὸ νέφος ὡς καὶ πρώην,
καὶ κρύψαι τὸ λεπτομερὲς ἀέρος καὶ πυρῶδες
πιοῦσαν λέγει Θέτιδα Ἥρᾳ ποτῆρα δοῦναι.
Τὸ ὄμβρον γεγονέναι δὲ καὶ καταρρεῦσαι κάτω
95 Διός φησιν ἀποστολὴν ὡς πρὸς τὸν Ἀχιλέα,
μηνύσαντος τὸν Ἕκτορα πωλῆσαι τῷ Πριάμῳ,
καὶ γῆν κωφήν τε καὶ νεκρὸν ἔτι μὴ καταικίζειν.
Ἐκ τῆς συγχύσεως καὶ γάρ, καὶ τῶν ῥαγδαίων ὄμβρων
καὶ Ἀχιλεὺς ἐπέγνωκεν ὃ δέον ἦν γενέσθαι,
100 τὸ ἀποδοῦναι τῷ πατρὶ τὸν Ἕκτορα τοῖς δώροις·
καθάπερ καὶ ὁ Πρίαμος ἐκ νεφελώδους τόξου
τὸ ἀπελθεῖν ἐπέγκωκεν αὐτὸν πρὸς τὸν Πηλέως
εἶναι συμφέρον καὶ καλόν, ὠνεῖσθαί τε τὸν παῖδα.
Τῆς γὰρ πορείας καταρχὴν τότε πεποιημένος,
105 καὶ ἑρμηνέα προηγὸν εὗρεν ὁδοιπορίας.
Καὶ Ἀχιλέως εὐτυχῶν οἰκτείροντος ἐκεῖνον,
λύτροις λαβὼν τὸν Ἕκτορα, φέρει πρὸς τὴν πατρίδα.

the world, Peleus, would not have existed in its entirety.
Thus Homer called the thinner part of the air Hera.
And he also says that the thicker part of the air,
from which Iris was created, and from her the rain,
is Zeus, who sent Iris to summon Thetis.   85
He calls the black cloud the black garb of Thetis
and her ascent to the gods; and the thickening of the air
he names Athena's yielding her place,
and calls it Thetis's sitting beside Zeus; and
the brief thinning <of the air he calls> Hera pouring drinks;   90
and he says the thickening again of the cloud as before
and its concealment of the thinner and fiery part of the air
was Thetis giving a drinking cup to Hera.
And he says that the occurrence of rain and its downpour
is Zeus sending off <a messenger> to Achilles,   95
telling him to ransom Hektor to Priam, and not
to mistreat the senseless earth and the dead any more.
For from the confusion and the torrential rain
Achilles realized what had to be done,
to return Hektor to his father in exchange for the gifts;   100
just as Priam from the cloudy rainbow
realized that to go to the son of Peleus
and ransom his son was profitable and good.
For he started his journey then,
and found an interpreter to escort him on his way.   105
And having the good fortune that Achilles took pity on him,
after exchanging Hektor for the ransom, Priam brought him
        home.

Ἡ Θέτιδος κατέλευσις ἡ πρὸς τὸν Ἀχιλέα
καὶ τἄλλα σοι ἐρρήθησαν· ἄρτι δὲ δέον λέγειν
110 τίς ὁ χειρὸς ὁμαλισμὸς καὶ ἡ παρηγορία,
καὶ πῶς ἐκείνῳ γυναικὶ μίσγεσθαι Θέτις λέγει.

Ὁ Ἀχιλεὺς τὴν σύγχυσιν ἰδὼν τὴν τῶν στοιχείων,
καὶ τὸν ῥαγδαῖον ὑετὸν τὸν τότε γεγονότα
(ὅνπερ καὶ Θέτιν Ὅμηρος τούτου μητέρα λέγει
115 δι' ἃς αἰτίας προλαβὼν εἰρήκειν σοι πολλάκις),
οὕτω σὺν ἄλλοις κατιδὼν καὶ τὸν τοσοῦτον ὄμβρον
ὃν ἐκ Διὸς ἀποστολὴν τῆς Θέτιδος εἰρήκει,
καὶ συνεικὼς δι' Ἕκτορα γίνεσθαι ταῦτα πάντα,
αὐτὸς αὑτῷ συντίθεται τοῦτον μὲν ἐμπολῆσαι,
120 ἅπερ ἐξωνησόμενος τις ἐκ τῶν Τρώων ἔλθοι,
σκοπήσας δὲ καὶ δι' αὐτὸν ὅτι πολλὰ δακρύσας
νεκρὸν ἐγεῖραι Πάτροκλον οὐκ ἴσχυσεν οὐδόλως,
αὐτὸς δὲ θλίψει τρύχεται καὶ πόνοις ἀνενδότοις.

Καὶ τότε καὶ βραχύχρονος εἶναι τῷ βίῳ μέλλων,
125 ποιεῖ ὅπερ καὶ ὕστερον Ἀρχίλοχος ἐκεῖνος.

Σφῆς ἀδελφῆς γὰρ σύζυγον πνιγέντα τῇ θαλάσσῃ
περιπαθῶς ὠδύρετο, γράφειν μὴ θέλων ὅλως,
λέγων πρὸς τοὺς βιάζοντας συγγράμμασιν ἐγκύπτειν·
"Καί μ' οὔτ' ἰάμβων οὔτε τερπωλέων μέλει·"
130 ὡς δὲ δακρύων κέκμηκε μάτην, εἴρηκε τάδε·
"Οὔτε τι γὰρ κλαίων ἰήσομαι, οὔτε κακίον
θήσω τερπωλὰς καὶ θαλίαν ἐφέπων."

Καὶ ταῦτ' εἰπών, ἐξώρμησε πρὸς τὴν πλατεῖαν τρίβον.

Οὕτω πρὸ τούτου Ἀχιλεύς, καμὼν Πατρόκλου θρήνοις,

The descent of Thetis to Achilles
and everything else has been told to you; now I must say
what the caress of her hand and consoling words meant,   110
and how Thetis said that he should have sex with a woman.
    When Achilles saw the confusion of the elements
and the violent rain that happened then
(which Homer says was Thetis, his mother,
for reasons that I have previously often repeated to you),   115
thus observing, along with other things, so much rain,
which Homer said was Zeus's dispatch of Thetis,
and realizing that all this happened because of Hektor,
he agreed to ransom him,
if any of the Trojans should come to redeem him;   120
he also considered that, although he had shed many tears
        for him,
he had not managed to raise Patroklos from the dead,
but had worn himself out with sorrow and inexorable pain.
And then as he was going to be short-lived also,
he did what Archilochos later did.   125
For after his sister's husband was drowned at sea,
he grieved passionately, unwilling to write a single word,
saying to those urging him to immerse himself in
        composition:
"I care neither for iambs nor for pleasures";
but when he was worn out by fruitless weeping, he said: 130
"I will never be healed by weeping, nor will I make things
worse by pursuing pleasures and good cheer."
With these words, he set out upon the broad path.
Likewise before him, Achilles, worn out by laments for
        Patroklos,

497

135 παρηγορεῖ τε ἑαυτὸν καὶ ὥσπερ ὁμαλίζει,
κἀκ τῆς σκληρᾶς δὲ πράξεως θρήνων τραπεὶς καὶ γόων
ὡς πρὸς τὸ μαλακώτερον καὶ τρυφερὸν ἐτράπη,
καὶ γυναιξὶ μιγνύμενος, καὶ πάντα δρῶν τὰ πρώην.
Ἐπεὶ δὲ τὸ χειμέριον κατάστημα τοῦ χρόνου
140 πρὸς ἀφροδίσια κινεῖ τοὺς ἄνδρας ἐπὶ πλέον,
καθάπερ δὴ τὸ θερινὸν ἐς πλέον τὰς γυναῖκας,
συγκεραννύον τὸ θερμὸν τὸ ἔνυγρον ἐκείνων,
ὡς τὸ ξηρὸν τὸ τῶν ἀνδρῶν τὸ ἔνυγρον χειμῶνος,
ὁ Ὅμηρος ὁ πάνσοφος, ἡ βρύσις τῶν Χαρίτων,
145 μὴ θέλων κομπολάκυθα τοῖς φυσικοῖς λαβράζειν,
ὡς οἱ μεταγενέστεροι καὶ μετὰ τοῦτον πάντες,
ἐν μυθικῇ γλυκύτητι τὸ φυσικὸν κεράσας,
Θέτις καθομαλίσασα τούτου, φησί, τὴν χεῖρα,
"Μίγνυσθαι," εἶπε, "γυναιξὶ τῶν ἀγαθῶν ὑπάρχει."
150 Ταυτὶ μὲν οὕτως ἔχουσιν, ἀλλὰ λοιπὸν λεκτέον.
Ἡ Ἶρις δὲ ἡ ἄγγελος ἡ ἐκ Διὸς Πριάμῳ
οὐκ ἄλλο πέφυκεν οὐδὲν ἢ νεφελῶδες τόξον,
ὅπερ φανὲν ἐξ οὐρανοῦ ὁ Πρίαμος ὡς εἶδεν
(ἦσαν οἰωνοσκόποι γὰρ καὶ ἀεροσκοποῦντες),
155 σημεῖον γνοὺς τῶν εὐτυχῶν εἰς καταρχὴν πραγμάτων,
ὁδοῦ λοιπὸν κατάρχεται τῆς πρὸς τὸν Ἀχιλέα.
'Θεοειδής, ὡραῖος δὲ καθάπερ οἱ ἀστέρες·
ἀντίθεον, ἰσόθεον, ἴσον θεῷ ταῖς μάχαις.'
Θεὸν τὸν Ἕκτορά φησι, πῦρ πρὸς τοὺς ἐναντίους,
160 καὶ παῖδα τοῦτον δὲ θεοῦ, πυρὸς ἢ καὶ θαλάσσης,
δέος τε καὶ κατάπληξιν φέροντα πολεμίοις.

consoled and, so to speak, caressed himself,   135
and turned away from harsh laments and wailing
and turned toward softer and gentler behavior,
and had intercourse with women, and did everything as
    before.
Because the winter season of each year
spurs men more toward acts of love,   140
just as summer does for women, to an even greater degree,
mixing together warmth with their wet element,
just as men's dry element mixes with winter's moisture,
Homer the all-wise, the fountain of Graces,
not wishing to talk rashly, in a bragging way, about nature,   145
like his successors and all who came after him,
mixed discourse about nature with mythical sweetness,
saying that Thetis, after caressing his hand,
said: "Intercourse with women is a good thing."
    So much for these things, but the rest needs to be said.   150
Iris, the messenger to Priam from Zeus,
is nothing else but a cloudy rainbow;
when Priam saw it appear in the sky
(for they divined omens from birds and the heavens),
and realized it was a sign of the beginning of fortunate   155
    events,
he began his journey toward Achilles.
   'Godlike, handsome as the stars;
equal to the gods, like a god, equal to a god in battle':
he says Hektor was a god, fire against his enemies,
and the son of a god, of fire or even the sea,   160
and that he brought fear and alarm to the enemy.

'Διΐ τε, καὶ Κρονίωνι κελαινεφέϊ' πάλιν,
'Ἰδαίῳ,' οὐρανίῳ, νῦν τῇ Τρώων Εἱμαρμένῃ·
'Διΐ' ὁμοίως πάλιν δέ, ὡς καὶ τὸ 'Ζεῦ,' καὶ 'Ζεὺς' δέ,
165 ὁμοίως καὶ τὸ 'Ζῆνα' δὲ τὴν Εἱμαρμένην λέγει.
Ἑρμῆν τὰς ἀστρορρύσεις δέ φησι καὶ τοὺς κομήτας.
Πῶς Εἱμαρμένης τὸν Ἑρμῆν υἱὸν δὲ ὀνομάζει,
υἱὸν τελοῦντα οὐρανοῦ τοῦ πρὸς ἀέρα, μάθε.
Κομῆται, ἀστρορρύσεις τε, διάττοντες, καὶ τἄλλα
170 ἅπερ εἰσὶν Ἑρμαϊκὰ καὶ Ἄρεος ἀστέρος,
ἀέρος περιττώματα καθέστηκε καὶ πάθη.
Ἐπεὶ δὲ ταῦτα γίνεται σημεῖα τῶν μελλόντων,
τῆς Εἱμαρμένης ὁ Ἑρμῆς οὕτω καλεῖται τέκνον.
Ἑρμῆς δ' ὡς τούτων ἑρμηνεὺς καὶ δηλωτὴς ἐκλήθη.
175 'Ἑρμεία (σοὶ γάρ τε μάλιστά γε φίλτατόν ἐστιν
ἀνδρὶ ἑταιρίσσαι, καί τ' ἔκλυες ᾧ κ' ἐθέλησθα),
βάσκ' ἴθι, καὶ Πρίαμον κοίλας ἐπὶ νῆας Ἀχαιῶν
ὡς ἄγαγ' ὡς μήτ' ἄρ τις ἴδῃ, μήτ' ἄρ τε νοήσῃ.'
Ὅρα τὸν μέγαν Ὅμηρον πῶς τῇ αὐτῇ μεθόδῳ
180 τῇ τῆς ἀλληγορίας δέ, καὶ οὐχ ἑτέρᾳ λέγω,
τὰ ταπεινὰ μὲν ἀνυψοῖ συνάμα καὶ γλυκάζει,
χειμῶνας, ὄμβρους, καί τινα τῶν εὐτελῶν πραγμάτων,
τὰ ὑψηλὰ καθέλκει δὲ πρὸς τὸ σαφὲς καὶ μέσον,
οἷα τὰ φυσικώτερα, καὶ τῆς ἀστρολογίας
185 καὶ τῶν μεγίστων δὲ τεχνῶν ὧν γράφει τῶν ἑτέρων,

'<He prayed> *to Zeus, and to Kronos's son, shrouded in dark
  clouds*' again,
'*to the Idaean,*' the heavenly, that is, the Destiny of the
  Trojans;
With the words 'to Zeus' again, just like 'O Zeus' and 'Zeus'
  as a subject,
and likewise 'Zeus' as an object, he means Destiny.   165
  He gives the name of Hermes to the streams of stars and
    the comets.
  Learn how he names Hermes the son of Destiny,
the son of the airborne sky.
The comets, the streams of stars, the shooting stars, and
  the rest
which come from the planets Mercury and Mars,   170
are the excesses and the alterations experienced by the air.
And because these are signs of future events,
Hermes is thus called the son of Destiny.
And Hermes was called an interpreter and indicator of
  those things.
  '*Hermes (for you love most*   175
to accompany a man, and you listen to whomever you wish),
go and guide Priam to the hollow ships of the Achaians,
so that no man may see or recognize him.'
  Look how great Homer with the same method
of allegory, and not any other, I say,   180
exalts humble things and sweetens them at the same time,
storms, rains, and some base things,
and he drags down toward clarity and moderation what is
  lofty,
such as natural things, and the subject matter of astrology
and the other great arts of which he writes,   185

πάντα ζυμῶν ἐν νέκταρι, κόμπου τε γράφων ἄτερ·
ὡς τῇδε νῦν ἀστρονομῶν, ἀστρολογῶν τε ἅμα,
καὶ γράφων εὐληπτότατα καὶ διαυγεῖ τῷ λόγῳ,
τὸ βάθος ἔνδον παρεικὼς καὶ τὰ κομψὰ τοῦ τύφου.

190 Θέλων ἀποτελέσματα Ἑρμαϊκῶν γὰρ φάναι,
ὧν ἓν καὶ ἡ ἐπίτευξις ὧνπερ τυχεῖν τις χρήζοι,
ναὶ μὴν καὶ ἡ φιλίωσις καὶ ἡ συγκοινωνία,
εἰ καταρχὴν ποιήσει τις Ἑρμῇ καὶ τοῖς ἐκ τούτου,
καὶ ὡς τοιούτῳ δὲ καιρῷ Ἑρμαϊκῶν σημείων.

195 Πρίαμος καταρξάμενος χωρεῖν πρὸς Ἀχιλέα,
εὗρέ τινα τῶν εὐγενῶν στρατοῦ τοῦ τῶν Ἑλλήνων,
παρ' οὗ στοργῇ πρὸς τὴν σκηνὴν ἐλθὼν τοῦ Ἀχιλέως,
οἰκτειρηθεὶς καὶ τούτῳ δέ, καὶ μετασχὼν τραπέζης,
πάντων ὧν ἔχρῃζε τυχὼν πρὸς Τροίαν ὑπεστράφη.

200 Οὕτω μὲν ὤφειλεν εἰπεῖν, ἀφεὶς κομψῶδες γράφειν·
"ὁ Ζεὺς καλέσας τὸν Ἑρμῆν υἱὸν αὐτοῦ, εἰρήκει·
Πρὸς Ἀχιλέα κόμισον τὸν Πρίαμον, Ἑρμεία·
σοὶ γὰρ ἔργον καθέστηκε τὸ φιλιοῦν ἀνθρώπους.'"

Πέδιλα μὲν Ἑρμαϊκὰ κινήσεις τούτων λέγει·
205 ῥάβδον χρυσῆν δὲ τὴν πυρὸς οὐσίαν ὀνομάζει,
ἐξ ἧς ἐπιστηρίζονται καὶ γίνονται τοιάδε,
ἤγουν τὸ πᾶν Ἑρμαϊκόν, καὶ τούτων αἱ δυνάμεις,
αἳ τῶν ἀνδρῶν τὰ ὄμματα τῶν ἀνδρωδῶν, ἀγρίων,
ὁποῖος ἦν καὶ Ἀχιλεύς, θέλγουσιν, ἡμεροῦσι,
210 τοὺς δὲ ὑπνώδεις καὶ δειλοὺς καὶ κατεπτοημένους,

kneading nectar into everything, and writing without
    boasting;
just as he here talks about astronomy and astrology at the
    same time,
and writes most clearly and in lucid speech,
allowing internal depth <of meaning> and clever arrogance.
For he wished to talk about Mercury's effects on human   190
    destiny,
one of which is success in one's ambition,
indeed also friendship and fellowship,
if anyone starts from Mercury and what comes from it
and as at such a time of signs from Mercury.
As Priam started to go to Achilles,   195
he found a nobleman of the Greek army,
by whose care he came to Achilles's tent, and after
Achilles took pity on him, and Priam shared his table,
he received all he required and returned to Troy.
<Homer> should have spoken thus, setting aside refined   200
    writing:
"Zeus, after summoning his son Hermes, said:
'Bring Priam to Achilles, Hermes;
for your role is to reconcile people.'"
    And he says that their movements are Hermes's sandals;
he calls the essence of fire a golden staff   205
from which such things are supported and created,
namely everything that comes from Mercury, and their
    powers,
which enchant and tame the eyes of manly, fierce
men, such as Achilles was,
and arouse from fear drowsy and cowardly   210

ὁποῖος ἦν καὶ Πρίαμος, ἐγείρουσι τοῦ φόβου.

Τὰ τοῦ Ἑρμοῦ, τοῦ λόγου δέ, ἄλλως ἀλληγορεῖται·

  Βῆ δ᾿ ἰέναι κούρῳ αἰσυμνητῆρι ἐοικώς,

  πρῶτον ὑπηνήτῃ, τοῦπερ χαριεστάτη ἥβη.᾿

215 Οὐχ ὁ Ἑρμῆς μετήμειψεν· Ὅμηρος παίζων λέγει

ὡς θαυμαστόν τε καὶ γλυκὺν ποιήσῃ σοι τὸν λόγον,

ἐπεὶ δυνάμεις ὁ Ἑρμῆς ἔχει τὰς εὐοδούσας,

τὰς φιλιούσας, πάσας τε καὶ τῆς ἐπιτευξίας

τοῖς καταρχὴν ποιήσασιν Ἑρμαϊκοῖς Ἑρμῇ τε·

220 διά τινων ἀνθρώπων δὲ ποιεῖ τὰς ἐνεργείας,

ποιεῖ καὶ τῷ Πριάμῳ δὲ τότε πορευομένῳ

νέον τοιοῦτον ἐντυχεῖν οἷόν φασι τὰ ἔπη,

δι᾿ οὗ τὸ πᾶν καὶ ἤνυσεν ὁ Πρίαμος, ὡς ἔφην.

Ἑρμῆν δὲ δι᾿ ἀμφότερα καὶ τοῦτον ὀνομάζει,

225 διὰ τὸ κατ᾿ ἐνέργειαν Ἑρμοῦ ἐπιφανῆναι,

καὶ τὰ κατ᾿ Ἀχιλέα δὲ Πριάμῳ ἑρμηνεῦσαι.

Καὶ ᾿ἐριούνιον᾿ αὐτὸν δεόντως ὀνομάζει·

ὄντως γὰρ μέγα ὄφελος φανεὶς ἦν τῷ Πριάμῳ.

᾿Θεοειδής,᾿ ὡραῖος νῦν καθάπερ οἱ ἀστέρες·

230 ᾿θεῶν,᾿ ἐκ τῶν ἀστέρων τις εἷς ὢν τῆς Εἱμαρμένης·

᾿διάκτορος᾿ ὁ μηνυτής· τὸ δ᾿ ᾿Ἀργειφόντης᾿ πάλιν

ὁ ὢν ἐκ φόνου καθαρός, καὶ σωστικὸς Πριάμῳ.

᾿Θεοὶ δὲ μάκαρες᾿ τανῦν, στοιχεῖα, Εἱμαρμένη·

τὰ μὲν στοιχεῖα εὔκρατα ὄντα, χειμῶνος ὄντος,

235 τὸν Ἕκτορα μὴ σήψαντα κείμενον πόσον χρόνον,

ἡ Εἱμαρμένη δὲ θανεῖν ποιήσασα χειμῶνι.

Ὕπνον Πριάμου ὁδηγός, ὃν καὶ Ἑρμῆν νῦν λέγει,

πῶς φύλαξιν ἐπέβαλεν, ἢ ποδαπὸν καὶ ποῖον;

and frightened men, such as Priam was.
The narrative about Hermes is allegorized in another way:
  '*He left in the likeness of a young prince, with the first down*
upon his lip, in whom youth's charm is fairest.'

  Hermes did not change his shape; Homer says this   215
      playfully
to make the words marvelous and sweet,
because Mercury has powers that help one's journey,
help one make friends, and all the powers of success
that originate in Mercury and Hermes;
through certain men he brings about these effects,   220
and he creates a young man of the sort
that the epic says chanced upon Priam as he made his way,
with whose help Priam accomplished his purpose, as I said.
And he calls him Hermes for both reasons,
for appearing in accordance with the action of Mercury,   225
and for interpreting Achilles for Priam.
And he rightly calls him 'kindly';
for indeed he proved to be of great benefit to Priam.

  '*Godlike*' here means handsome as the stars;
'*of the gods*' means being one of the planets of Destiny;   230
'messenger' is an informer; and 'Argeiphontes' again
means one innocent of murder, and able to save Priam.
'*The blessed gods*' are here the elements, Destiny;
the elements being temperate, although it was winter,
did not cause Hektor to decay although he lay dead for a   235
      long time,
but Destiny caused him to die in the winter.

  How did Priam's guide, whom he here also calls Hermes,
impose sleep on the guards, of what sort and which kind?

Ὕπνον τὴν ἡσυχίαν σοι νῦν λέγει τῶν φυλάκων·
240 γνωστὸς γὰρ ὢν ἐποίησεν αὐτοὺς ἐφησυχάσαι,
μηδὲ ποιῆσαι θόρυβον, ὡς εἰ παρῆν τις ξένος.

'Ὦ γέρον, ἤτοι ἐγὼ θεὸς ἄμβροτος εἰλήλουθα·'
'θεός,' ἀνδρὸς κατάρχοντος παῖς, οὐ βροτὸς καὶ πένης.
Τὸ δεύτερον 'ἀθάνατον θεὸν' ἐξοβελίζειν.

245 'Μακρὸν νῦν Ὄλυμπόν' φησι τὴν ἀρχικὴν οἰκίαν.
'Θεοῖς δὲ ἐπιείκελε,' τοῖς ἄστρασιν ὁμοῖε.

'Ἀλλὰ αἰδέσθητι θεούς·' τίνας ἐνταῦθα λέγει;
Καὶ ψυχικὰς δυνάμεις νῦν, ἤτοι τὰς ἱκεσίας,
καὶ τὰ στοιχεῖα δὲ αὐτά, ἥλιον, γῆν, καὶ τἄλλα.

250 'Οἱ δὲ θεοὶ' πάλιν καὶ 'Ζεὺς' καὶ τοῦ Διὸς τὸ δῶμα
ἀστέρες Εἱμαρμένης τέ εἰσι, καὶ Εἱμαρμένη,
οὔτε θεοῖς, οὔτε βροτοῖς ἐνδόξοις ἢ ἀδόξοις,
εἴτε σοφοῖς ἀνθρώποις τε καί γε τοῖς ζῶσι χύδην.

Θεοὶ Πηλεῖ οἱ δόντες δὲ πάλιν ἡ Εἱμαρμένη.

255 'Καί οἱ θνητῷ ἐόντι θεὰν ποίησαν ἄκοιτιν·'
ἀξίας κατωτέρας τε καὶ τύχης ὑπηργμένῳ
σύζυγον ἐδωρήσαντο θεὰν καὶ βασιλίδα.

'Θεὸς' καὶ 'οὐρανίωνες' πάλιν ἡ Εἱμαρμένη.

'Διόθεν δέ μοι ἄγγελος,' ἐξ οὐρανοῦ σημεῖον.

260 'Ἐξ ὄμβρων τῶν ῥαγδαίων γὰρ καὶ τῶν λοιπῶν ἐγνώκειν·
θεῶν τις ἡγεμόνευε,' χρηστή τις Εἱμαρμένη,
ἢ εὐγενής, γενναῖός τις ἐκ γένους τῶν Ἑλλήνων.

Τὸ δὲ 'Διὸς δ' ἀλίτωμαι τὰς ἐφετμὰς' νῦν νόει·
μὴ πόρρω τι τοῦ λογισμοῦ τοῦ πρέποντος ποιήσω
265 ἢ ὃ οὐ χρῇ τοὺς ἀρχικοὺς ποιεῖν καὶ βασιλέας.

He tells you here that the stillness of the guards was sleep;
for being known to them the guide made them keep quiet,   240
and not raise an alarm, as if a stranger were there.
    '*Old man, I come to you as an immortal god*':
'*god*' means the son of a ruler, not a mortal and poor man.
The second '*immortal god*' should be excised.
    '*High Olympos*' he calls the royal house.   245
    '*Like the gods*' means equal to the stars.
    'But stand in awe of the gods': what does he mean here?
Here he means both the soul's powers, that is, the
        supplications,
and the elements themselves: sun, earth, and the rest.
    'The *gods*' again and 'Zeus' and Zeus's palace   250
are the planets of Destiny, and Destiny,
not for the gods, nor for glorious or inglorious mortals,
nor for wise men and those living indiscriminately.
    The gods that gave <Thetis to> Peleus are Destiny again.
'*And to him who was but a mortal they gave a goddess as his wife*':   255
although he was of lower status and fortune,
they presented him with a goddess and queen as a wife.
    '*God*' and '*heavenly ones*' are Destiny again.
    '*From Zeus came to me a messenger*' means a heavenly sign.
'For I learned it from the violent rains and the rest;   260
some god led me,' means some kind Destiny,
or a noble, brave man of the Greek race.
Here understand '<*I may*> *transgress Zeus's command*':
it means I will not move beyond appropriate reasoning
or that which rulers and kings should not do.   265

'Καὶ γάρ τ' ἠΰκομος Νιόβη ἐμνήσατο σίτου,
τῆπερ δώδεκα παῖδες ἐνὶ μεγάροισιν ὄλοντο,
ἓξ μὲν θυγατέρες, ἓξ δ' υἱέες ἡβώοντες·
τοὺς μὲν Ἀπόλλων πέφνεν ἀπ' ἀργυρέοιο βιοῖο
270 χωόμενος Νιόβῃ, τὰς δ' Ἄρτεμις ἰοχέαιρα,
οὕνεκ' ἄρα Λητοῖ ἰσάσκετο καλλιπαρήῳ,
φῆ δοιὼ τεκέειν· ἡ δ' αὐτὴ γείνατο πολλούς.
Τὼ δ' ἄρα, καὶ δοιώ περ ἐόντ', ἀπὸ πάντας ὄλεσσαν.
Οἱ μὲν ἄρ' ἐννῆμαρ κέατ' ἐν φόνῳ, οὐδέ τις ἦεν
275 κατθάψαι· λαοὺς δὲ λίθους ποίησε Κρονίων.
Τοὺς δ' ἄρα τῇ δεκάτῃ θάψαν θεοὶ οὐρανίωνες.
Ἡ δ' ἄρα σίτου μνήσατ', ἐπεὶ κάμε δακρυχέουσα.
Νῦν δέ που ἐν πέτρῃσιν, ἐν οὔρεσιν οἰοπόλοισιν,
ἐν Σιπύλῳ ὅθι φασὶ θεάων ἔμμεναι εὐνὰς
280 Νυμφάων, αἵ τ' ἀμφ' Ἀχελώϊον ἐρρώσαντο,
ἔνθα λίθος περ ἐοῦσα θεῶν ἐκ κήδεα πέσσει.'
   Ὅμηρος τὴν Νιόβης σοι νῦν ἱστορίαν εἶπεν·
ἡμεῖς δ' ἠλληγορήσαμεν πρὶν τῇ Αὐγούστῃ τάδε,
ὧνπερ σοι παραθήσομεν τὰ χρήσιμα κἀνθάδε.
285   Ἡβρύνετο, ἐκόμπαζε τοῖς τέκνοις ἡ Νιόβη,
ἐφρόνει ὑψηλότερα καὶ κρείττω τοῦ αἰθέρος,
συνέκρινε πρὸς οὐρανὸν αὐτήν τε καὶ τὰ τέκνα,
ἀπένειμε τὸ κρεῖττον δὲ καὶ ἑαυτῇ καὶ τέκνοις,
λέγουσα τάδε πρὸς αὐτήν, καὶ συμβιβῶσα τύφῳ·
290 "Δύο φωστῆρας οὐρανὸς κέκτηται τοὺς μεγάλους·
ἐγὼ δὲ τόσους ζῶντάς τε, λαλοῦντας καὶ ἐμψύχους.
Ἆρ' οὐχὶ κρείττων οὐρανοῦ τελῶ καὶ τοῦ αἰθέρος;"
Τοιαῦτα μὲν ἡ δυστυχὴς παισὶν ἁβρυνομένη·

'For even fair-haired Niobe thought of food,
although twelve children perished in her halls,
six daughters and six sons in their prime;
the sons Apollo slew with shafts from his silver bow,
being angry with Niobe, and the daughters the archer Artemis,   270
because Niobe had equated herself to fair-cheeked Leto,
saying Leto had borne but two, while she was mother to many.
Then they, for all they were but two, destroyed them all.
For nine days they lay in their blood, nor was there any
to bury them; for Kronos's son turned the people to stone.   275
But on the tenth day the gods of heaven buried them.
And Niobe thought of food, when she wearied of tears.
And now amid the rocks, on the lonely mountains,
on Sipylos, where, men say, are the beds of divine
nymphs, that were dancing about Acheloös, there,   280
albeit a stone, she broods over her woes sent by the gods.'

Homer has here told you the story of Niobe,
and we previously allegorized it for the Empress as follows,
the essential features of which we will present here.

Niobe prided herself on and boasted of her children,   285
and thought she was loftier and better than the ether,
and compared herself and her children to the sky,
and declared herself and her children superior;
and she said the following to herself, in her arrogance:
"The sky has two great stars;   290
but I have so many who are living, speaking and animate.
Am I not superior to the sky and the ether?"
Such words the miserable woman <said>, taking pride in
    her children;

ἀντιστρατεύεται δ᾽ αὐτῇ τύχη τις παλαμναία,
295 αὐθημερόν τε θνήσκουσι πάντα λοιμῷ τὰ τέκνα.
Ἀπόλλωνα καὶ Ἄρτεμιν ἔφαν δὲ τούτους κτεῖναι·
ἡλίῳ γὰρ ἀνάκεινται ταῦτα καὶ τῇ σελήνῃ·
ἐκ τοῦ θερμοῦ γὰρ καὶ ὑγροῦ γίνονται τὰ λοιμώδη.
Τὴν δὲ Νιόβην ἔφασαν ἔνδακρυν λίθον εἶναι,
300 ὅτι, παντὸς ἀναίσθητος τῷ πάθει γεγονυῖα,
πρὸς μόνον ἦν τὸ δάκρυον ἄγαν εὐαισθητοῦσα.
Καὶ τοὺς ἀνθρώπους οὕτω μοι τότε νοήσεις λίθους,
ἐκλιθωθέντας συμφορᾷ τῇ γενομένῃ τότε,
εἴτουν τῶν ἀπανθρώπων τε καὶ τῶν σκληροκαρδίων,
305 μὴ συνδραμόντων πρὸς αὐτήν, μὴ κηδευσάντων τούτους.
Θεοὶ δὲ τούτους, βασιλεῖς, ἔθαψαν τῇ δεκάτῃ,
ἤγουν συνηκολούθησαν καὶ βασιλεῖς τῷ πάθει.
Εἰ δ᾽ ὡς σκληροὺς νοήσειας λίθους μοι τοὺς ἀνθρώπους,
θεοὺς τότε μοι νόησον ὑπάρχειν τὰ στοιχεῖα,
310 τοιουτοτρόπως θάψαντας τὰ τῆς Νιόβης τέκνα·
σεισμοί, βρονταί, καταρραγαὶ χαλάζης γεγονυῖαι
τοὺς ἀκαμπεῖς κατέπεισαν θάψαι τοὺς τεθνηκότας.
Ὁ δέ φασιν, ὡς λίθινος δακρύει τῇ Σιπύλῳ,
τοιοῦτον εἶναι νόησον, ὥσπερ ἐγώ σοι φράσω,
315 λίθον ξεσθέντα τεχνικῶς ὥστε δοκεῖν δακρύειν.
‘Θεοῖσι,’ νῦν τοῖς ἄστρασιν, ὡμοίωτο τῇ θέᾳ.
‘Θεοὶ καὶ οἱ ἀνέρες’ δὲ καθεύδοντες ἠρέμουν.
Θεοὺς ἐνθάδε νόησον εἶναί μοι τὰ στοιχεῖα.
‘Ἑρμείας ἐριούνιος,’ ὁ εὐγενὴς ἐκεῖνος,
320 ὁ μεγαλωφελέστατος καὶ ἑρμηνεὺς Πριάμου,
ἢ ὁ τοῦ Νέστορος υἱὸς Ἀντίλοχος, ἢ ἄλλος.

but some adverse fate made war against her,
and on the same day all her children died from a plague.   295
They said that Apollo and Artemis killed them;
for these things are ascribed to the sun and the moon,
for pestilences arise from heat and moisture.
And they said that Niobe was a weeping rock,
because, having lost all sensation in her suffering,   300
she could feel only her tears.
And thus you will understand that the men were stones,
turned into stone by the disaster that happened then,
that is, they were inhuman and cold-hearted,
not running to her assistance, not burying them.   305
The gods, that is, the kings, buried them on the tenth day,
that is, the kings were attentive to her suffering.
If you were to understand from me men as hard rocks,
then understand that the gods are the elements,
who buried Niobe's children in such a way;   310
earthquakes, thunder, and torrents of hail
persuaded the unyielding to bury the dead.
When they say that a stone statue weeps in Sipylos,
you should understand that it is this, as I will tell you:
a stone carved so skillfully that it seems to be weeping.   315
   '*To the gods,*' here means he resembled the stars in
      appearance.
   '*The gods and the men*' were sleeping quietly.
Here understand that the gods are the elements.
   '*The helper Hermes,*' means that nobleman,
the greatest benefactor and interpreter of Priam,   320
or Nestor's son, Antilochos, or someone else.

'Ἑρμείας πρὸς τὸν Ὄλυμπον' ὁ ἀρχικὸς ἐκεῖνος
ἦλθε πρὸς ὕψος τὸ αὑτοῦ πάλιν ἐκ τῆς λατρείας,
τὴν ἣν ἑκὼν ἐλάτρευσε τῷ γέροντι Πριάμῳ.

325 '῾Ικέλη Ἀφροδίτῃ' δέ, ἴση ἐπιθυμίᾳ.

'Τῷ ἴκελος ὃν ἔκτεινεν Ἀπόλλων ἐκτοξεύσας,'
ὁμοῖος ὢν τοῖς θνήσκουσι θανάτῳ τῶν ὀξέων,
ἀλλὰ μὴ πολυχρόνιον νοσήσασι τὴν νόσον.

Ἔχεις τὸν ἆθλον ἅπαντα τοῦτον τῆς Ἰλιάδος
330 ἐν τοῖς ἀλληγορήμασι τῷ Τζέτζῃ τελεσθέντα.

Ἤδη δ' ἐπ' ἄλλον ἄεθλον κράζει καιρός, ὡς κήρυξ.

'*Hermes to Olympos*' means that the ruler
returned to his lofty position after his period of service,
which he willingly performed for the old man Priam.
    '*Resembling Aphrodite*' means resembling desire.   325
    'Like one whom Apollo killed, shooting his arrows'
means similar to those dying a quick death,
who were not afflicted with a long-lasting illness.
    You have the entire epic achievement of the *Iliad*
complete and allegorized by Tzetzes.   330
But time, like a herald, already cries out for another work.

Abbreviations

Byz. Il. = O. Smith and L. Norgaard, eds. *A Byzantine Iliad: The Text of Par. Suppl. Gr. 926.* Opuscula graecolatina, 5 (Copenhagen, 1975)

FgrH = Felix Jacoby, ed. *Die Fragmente der griechischen Historiker* (Berlin, 1923–1958; Leiden, 1954–1964)

L & S = C. T. Lewis and C. Short, eds. *Harper's Latin Dictionary. A New Latin Dictionary Founded on the Translation of Freund's Latin-German Lexicon, ed. by E. A. Andrews, LL.D.* (New York, 1879; repr., 1966)

LbG = E. Trapp, ed. *Lexikon der byzantinischen Gräzität,* 7 fasc. (Vienna, 1994–)

LSJ = H. G. Liddell, R. Scott, and H. S. Jones, eds. *A Greek-English Lexicon, 9th ed. with Supplement* (Oxford, 1968)

ODB = A. Kazhdan et al., eds. *Oxford Dictionary of Byzantium.* 3 vols. (New York, 1991)

RE = *Paulys Real-Encyclopädie der classischen Altertumswissenschaft: Neue Bearbeitung* (Stuttgart, 1894–1980)

Note on the Text

We have used the Greek edition prepared and published by Jean François Boissonade in 1851. It is very sound for a text edited some 150 years ago. Boissonade's edition was based on three manuscripts: Parisinus graecus 2707, dated June 12, 1300/1301 (A); Parisinus graecus 2705, fourteenth century (B); and Parisinus graecus 2644, fourteenth century (C). His text is reproduced in essentially unaltered form, although we have made numerous tacit corrections in punctuation, accentuation, and capitalization and have fixed some typographical errors. In the few places where we have corrected more serious errors or emended his reading, we have so indicated in a note to the text. In cases where Tzetzes quotes the Homeric text verbatim, we have italicized the text and placed single quotation marks around it, in both the Greek text and our translation. The references to the Homeric text are given in the Notes to the Translation. Single quotation marks around text that is not italicized signify that Tzetzes is either paraphrasing Homer or isolating terms for which he provides an explanation immediately afterward.

Notes to the Text

15 *Boissonade's text had* τὴν Ἄθω θάλασσα, *but we opted for the reading of manuscript B, substituting* τόν *for* τήν. *See Tz. Chiliades 1.911:* τὸν δ' Ἄθω δ' ἐθαλάττωσε διώρυγι βαθείᾳ *(he turned Athos into a sea with a deep canal).*

295 *We have opted for* ὅτε *(accent on the penult) instead of Boissonade's* ὁτέ *(accent on the ultima).*

551 *Boissonade's edition has* παῖδε, *which we emended to* παῖδες.

821 *In all ten instances in which the river Axios appears in this text, it is given the wrong accent in the Boissonade edition (and presumably in the MSS as well), as if the nominative form was accented on the antepenult. We have left the accentuation as it is printed in the Boissonade edition.*

933 *We have emended* πρῶτων *to* πρῶτον.

1141 *A very rare use of the double* -λλ- *in* Ἀχιλλεύς.

Book 3

99 *We have changed Boissonade's* ἐρημαίᾳ, *which makes no sense in this context, into* ἠρεμαίᾳ.

Book 5

50 *We have emended* Πολύειδος *of the Boissonade edition to* Πολύιδος, *the reading of the Homeric text.*

BOOK 6

4   *We emended* κατέπαυσαν *to* κατέπαυσεν, *since here Athena is the subject.*

BOOK 8

14   *We corrected the mistakenly spelled* τεθωλομένος *in Boissonade's edition to* τεθολωμένος.

BOOK 9

10   *Boissonade's edition has* ἄνεν *instead of* ἄνευ, *an obvious typographical error.*

128   *We have emended Boissonade's* ποίαν *to* ποιάν.

BOOK 10

77   *We have deleted the nu from* κατεκλίνθησαν *in Boissonade's edition on the assumption that it was an incorrect combination of the present and aorist forms of the verb.*

BOOK 11

108   *We emended Boissonade's* ἀργέτου *to* ἀργεστοῦ, *a Homeric epithet of the south wind (see* Il. *11.306).*

206   *We have emended Boissonade's* εἴτουν *to* ἤτ᾽ οὖν.

BOOK 18

99   *We have corrected Boissonade's* κἄντερ *here.*

108   *We emended* τοῦτον *to* τοῦτο. *This seems to be a typographical error here, especially since the word is rendered correctly at line 363 below.*

304   *We emended* παμμέγιστον *to* παμμέγιστος, *assuming that it refers to the subject Hephaistos. See* Il. *18.410, where Homer describes him as* πέλωρ *(huge).*

363   *See the note on line 108 above.*

746   *We emended Boissonade's* εἴατο *(from the verb* ἐάω, *"to suffer, permit") into* ἤατο *(which is what Homer uses in* Il. *18.509) from the verb* ἧμαι *(to be seated, to sit).*

Book 19

16 *Boissonade notes here there is a lacuna in the text with several lines missing.*

52 *We emended* ἥπερ *to* ἧπερ.

Book 20

76 *Boissonade notes that after* οὕτως *the text of the manuscript becomes illegible.*

136 *We emended Boissonade's* πελμάτων *to* τελμάτων, *as it makes more sense in this context.*

246 *Boissonade's original line included an* οὐκ (τίς διακρίνειν αἰσθητῶς αἰθέρα οὐκ ἰσχύει;), *but since the negative makes no sense in this context, we have decided to omit it.*

294 *Boissonade had* τουτέσι, *but we corrected it to* τουτέστι, *since it is obviously a typographical error.*

Book 21

14 *The last sentence is incomplete. Tzetzes only includes its first part, commencing at the end of the line he wanted to quote.*

77 *We have emended* ὡς *to* ὃς *following the Homeric text,* Il. *21.198.*

139 περιδδείσασ᾿: *Sic in the Loeb edition of the* Iliad.

Book 22

88 *We emended* Δῖος *to* δῖος.

128 *We emended* ἣ *to* ἢ, *as the relative pronoun makes no sense in this context.*

Book 24

85 *We have changed Boissonade's* τὴ (after Δία) *to* τήν, *as this seems to be a typographical error.*

Notes to the Translation

Because the format of the DOML series does not permit comprehensive annotation, we have chosen to gloss only those aspects of the text (names, places, concepts) that are not found in the *Iliad* itself.

PROLEGOMENA

3   Tzetzes here compares the empress to the moon and offers a sartorial metaphor suggesting that just as the empress is wrapped in clothes dyed in purple (the color reserved for and thus metonymic for the imperial family), so too does the moon seem wrapped in the ocean.

4   While φωσφόρος simply means "bringing light," it is assumed that here Tzetzes means φαεσφόρος ἀστήρ, i.e., the morning star, Aphrodite (the planet Venus), but omits the last word.

7   Presumably the famous Kleopatra VII, Queen of Egypt (69–30 BCE).

8   98–138 CE. It is worth noting that Soranos's dates and Kleopatra's do not overlap; presumably this is a mistake on Tzetzes's part.

13   Dexiphanes was the father of Sostratos, builder of the lighthouse in Alexandria. The *Chronicon Paschale* 363.20 states that Dexiphanes created a stone path to link Alexandria with the island of Pharos, where the lighthouse was situated (also quoted by Malalas, *Chronicle* 9.9.8).

18   For Xerxes's plan to bridge the Hellespont, see Herodotus 7.6 and 7.10. For the actual bridging and its aftermath, see Herodotus 7.33–37.

27   *Hyrkanian Sea:* That is, the Caspian Sea.

31   *Red Sea:* For the biblical narrative, see Exodus 13:17–14:29.

38   *Ape-like form:* Tzetzes here is probably referring to the story about the Kerkopes, twin sons of Okeanos and Theia, who annoyed Zeus; as punishment, he turned them into monkeys (see Ovid, *Metamorphoses* 14.88–100).

39   *Doctrine of discretion:* According to the idea of discreet management *(oikonomia),* deeper theological doctrines may remain partially hidden from ordinary Christians and loose discussion of certain sacred themes should be discouraged.

50   *Lineage of the poet:* For Homer's ancestry and native cities, see *The Contest of Homer and Hesiod* 1–4; Pseudo-Herodotus, *On Homer's Origins* 1–5 and *passim;* Plutarch, *Moralia* 605a; Pseudo-Plutarch, *On Homer* 1.3, 2.2; Proklos, *Chrestomathy* 1.2–4; "Hesychios" in the *Suda* o 251; *Vita Romana* 2–3; *Vita Scorialensis* 1.1–2, 2.1; Isaakios Porphyrogennetos, *Praefatio in Homerum* 1.4–7.

64   *Telemachos:* This is Odysseus's son; see *The Contest of Homer and Hesiod* 3; "Hesychios" in the *Suda* o 251.

66   *Meles and Kretheis:* Meles was a river near Smyrna. Some sources say Meles and Kretheis were Homer's parents (see *The Contest of Homer and Hesiod* 2; Pseudo-Plutarch, *On Homer* 2.2; "Hesychios" in the *Suda* o 251; *Vita Romana* 3; *Vita Scorialensis* 1.1, 2.1; Isaak Porphyrogennetos, *Praefatio in Homerum* 1.8–9). Other sources claim that Kretheis was raped by an unknown man and gave birth next to the river Meles (see Pseudo-Herodotus, *On Homer's Origins* 1–3; Pseudo-Plutarch, *On Homer* 1.2).

67   *Pronapides:* For Homer's teachers and their stories, see Diodorus Siculus 3.67ff.

68   See Herodotus 5.58.

76   See Diodorus Siculus 1.12.

79   *Thirteen books:* Different sources attest different lists of books. Some books are missing entirely, others have altered titles (Pseudo-Herodotus, *On Homer's Origins* 24–28; Pseudo-Plutarch, *On Homer* 1.5, 2.4; Proklos, *Chrestomathy* 1.5, 1.9; "Hesychios" in the *Suda* o 251; *Vita Scorialensis* 2.3).

80   *The Goat: The Homer Encyclopedia* combines this work with *The*

Seven on the Shore (l. 83), calling it *Entepaktion Aix, Heptapektos Aix* (Procl. *Vita Homeri*), *Heptapaktike* (Pseudo-Herodotus, *On Homer's Origins*). It notes that nothing more is known of this work.

82   *The Kerkopes:* See Diodorus Siculus 4.31.7, where he speaks of the Kerkopes, a Lydian people, robbers, who were killed or captured by Herakles and brought to Queen Omphale in Oichalia.

83   *The Seven on the Shore: The Homer Encyclopedia* gives several alternatives for the *Seven on the Shore*, calling it, based on a variant edition of Tz. *All. Il., The Seven Against Aktion*.

90   *Homer lived at the same time as Hesiod:* Some sources (both ancient and modern) accept it (e.g., *The Contest of Homer and Hesiod*), others do not (Proklos, *Chrestomathy* 1.6; Tzetzes rejects it in his *Exegesis of Hesiod's* Works and Days 16–17). The anonymous author of the *Vita Romana* 3 simply attests the uncertainty.

91   *Amphidamas:* Hesiod, *Works and Days* 655. Also see *The Contest of Homer and Hesiod* 6ff.; Plutarch, *Moralia* 153f–54a, 675a, fr. 84; Tz. *Exegesis of Hesiod's* Works and Days 16–17.

97   *Arxippos:* See Philochoros, *Attic History* (*FgrH*, 211a).

108   *Dionysios:* Dionysios lived in the third century CE.

111   *Phalaris:* Tyrant in Akragas, Sicily, ca. 570–ca. 549 BCE.

111   *Pythagoras:* Sixth century BCE mathematician and intellectual, believed in antiquity to have founded the philosophical community named after him; he is also believed to have had important influence in the politics of Magna Grecia, especially after his move to Kroton of Sicily circa 530 BCE.

118–19 *Arkadia . . . Kreophylos:* Proklos says Ios, not Arkadia. He also says that, while there, Homer wrote *The Sack of Oichalia,* which was later erroneously attributed to Kreophylos (see Proklos, *Chrestomathy* I.5).

123   *Lice:* The story of the lice appears in four Lives: Proklos, *Chrestomathy* 1.5; *Vita Romana* 6; *Vita Scorialensis* 1.2, 2.5 (all these sources claim he died on the island of Ios); Isaakios Porphyrogennetos, *Praefatio in Homerum* 1.12–14.

140–64 The story of Eris's anger and the tossing of the apple is first attested in Hyginos, *Fables* 92.

165   *Phereklos:* See *Il.* 5.59–68.

172   *Priam:* See Apollodoros, *Library* 3.12.3.

174   *Hekabe:* See Apollodoros, *Library* 3.12.5, for this same formula-
       tion; he also mentions the river Sangarios and Merope. See also
       Il. 16.718 (daughter of Dymas who lived by the Sangarios);
       Virgil, *Aeneid* 7.320 (daughter of Kisseus); Pherekydes 3f136
       (daughter of Dymas); Euripides, *Hekabe* 3 (daughter of Kis-
       seus).

176   *Alexandros:* Much of the following section is drawn from Mala-
       las, *Chronicle,* Book 5; for a similar contemporaneous account,
       see also Manasses, *Synoptic Chronicle* 1119ff. For a subsequent
       account, see Hermoniakos, *Iliad* 1.363ff.

177   *Torch:* For earlier references to Alexandros/Paris as a torch, see
       Pindar, *Fragments, Paean* 8a.27 (wherein it is Hekabe who has
       the dream); Apollodoros, *Library* 3.12.5; Euripides, *Trojan
       Women* 920; Virgil, *Aeneid* 7.320; Ovid, *Heroides* 17.237. For a later
       Byzantine account, see *Byz. Il.* 232ff., where the shepherd's
       name is Selinos.

213   *Parion:* Tzetzes is possibly talking about the city of that name
       founded in the late eighth century BCE, near the entrance to
       the Hellespont.

244   See Introduction, p. xv.

246   *John of Antioch:* Tzetzes may be referring here to Malalas, *Chroni-
       cle* 92.

256   *Erebos and Chaos:* See Hesiod, *Theogony* 116.

262   *Anaxagoras:* A pre-Socratic philosopher from Klazomenai, ca.
       500–428 BCE. Various fragments survive, where Anaxagoras
       explains how life was created from Chaos. On the nature of the
       earth in the beginning, see, e.g., fr. 15–16.

264   *Clay men:* An allusion to the creation of man from earth at
       Genesis 2:7 expressed in the language of Hesiod's Ages of Men
       (*Works and Days* 106ff.). Also, a pun on Mount Pelion (Πήλιον)
       and the word for clay (πηλός).

273   *Finer than it:* That is, finer than the substance of fire.

282   *Empedokles:* Pre-Socratic philosopher from Akragas, ca. 492 to
       432 BCE. For his life and thought, see Diogenes Laertios 8.

Perhaps Tzetzes here refers to Empedokles's cosmological the-
ory of the four elements, which are mixed and separated by the
forces of φιλότης and νεῖκος.

321   This long sentence is not a complete sentence in the original,
and a main verb appears only very late (1.333); we have rendered
the sentence into English accordingly.

341   Though this can also be the sacrificial altar, because of the con-
tent of the rest of the line, we have opted here for the other
meaning, that is, the altar to Dionysos at the theater. LSJ
does not give this translation, but we assume this is Tzetzes's
meaning.

355   *Katreus:* Tzetzes refers to the story in Apollodoros, *Library* 3.2,
where Katreus, the son of Minos and Pasiphaë, married his
daughter Aërope to Pleisthenes (who in this version replaces
Atreus), and they begot Agamemnon and Menelaos.

381   *Aithra:* Theseus's mother. For this story see Hellanikos, fr.134
and 168b; Hyginos, *Fables* 79, 92; Istros, *FgrH* 334 fr.7.

406   *Antimachos:* The *scholion* in C notes that the envoys who came
with Menelaos were going to be killed by Antimachos; see *Il.*
11.122–42.

426   *Thetis:* In the Homeric genealogy, Thetis is the daughter of
Nereus, a sea deity (see *Il.* 18.38ff.). In other mythological rep-
resentations, Cheiron is a centaur and Achilles's tutor (see *Il.*
16.141–44, 19.388–91).

427   *Bulgarian:* Achilles as a Bulgarian is well-attested; see Malalas,
Chronicle 97.

441   *Preferring the sword:* See Statius, *Achilleid* 1.283–818.

468–72 *Thus the whole army:* The translation of these lines is problem-
atic.

474   *Slightly more than fifty:* Forty-six names are mentioned in the
Catalog of Ships in *Iliad* 2.

487   See M. Jeffreys, "The Nature and Origins of the Political Verse,"
149, on Tzetzes's obsession with the notion that he has memo-
rized everything and always works from memory. See also 15.87
below.

505–7 *The details:* There are some descriptions of the heroes' appearance in Malalas, *Chronicle* 5, but the specific characteristics differ in certain details. For an analysis of these descriptions, see E. Jeffreys, "The Beginning of 'Byzantine Chronography'".

511   *Pleisthenes and Kleole:* Malalas (*Chronicle* 5.2.40) states that Menelaos was the son of Pleisthenes and the foster brother of Agamemnon, son of Atreus.

558   *Theokritos:* Bucolic poet of the third century BCE.

658   *As I will . . . teach you:* See Prolegomena 740ff.

685   See Prolegomena 592, where he asserts that Nireus was the most handsome after Achilles.

696   *Coffin in Lombardy:* For the tradition of Diomedes in Italy, see Malkin, *The Returns of Odysseus,* esp. ch. 8, 234–58.

701   *Moderate man:* It is unclear whether this is in regard to age or temperament.

718–19   *Alkestis:* See Euripides, *Alkestis* and Plato, *Symposium* 179a–d.

721   *With furrowed brows:* Σύνοφρυς literally means "with meeting eyebrows," which can be a description of an external characteristic, but also could be perceived as reflecting internal characteristics, i.e., being downcast or preoccupied.

755   *Iphigeneia:* See Euripides, *Iphigeneia in Tauris.*

759–62   *Snake . . . sparrows:* See Proklos, *Chrestomathy* 121–43; also *Il.* 2.299ff.

782   *Myrina:* City north of Kyme, whose founder was reputedly Myrrhine, queen of the Amazons.

905   *Hypoplakian Thebes:* That is, the one at the foot of the Trojan Mount Plakos.

939   *Broad highway of Homer:* The meaning of the "broad highway" is quite obscure; see also 24.133, below, for a similar use of the term.

1056–118   *Palamedes:* For Palamedes's story and the jealousy of Odysseus over the armor, see Virgil, *Aeneid* 2.79f.; Ovid, *Metamorphoses* 13.123–381.

1161   *Rhetorical manner:* See Tz. *Exegesis of the* Iliad 43.15, 44.6, 44.9 on the three different types of allegory: rhetorical, natural, and astronomical; and our Introduction, "Tzetzess's Allegorical Method."

1165   *Skillfully:* The term δεινότης translates as "cleverness/skillful-ness/shrewdness" (see Thucydides, *History* 3.37; Aristotle, *Nicomachean Ethics* 1144a23, etc.). As a rhetorical term, it can mean "intensity/forcefulness," even the "rhetorical power" of one's argument.

1169   *Those women:* See Prolegomena 914ff.

BOOK I

31–32   *Auguring rod . . . augur rod:* Plutarch and Kassios Dion use the same word with two different spellings, akin to the American and British English color/colour variation in spelling. See Plutarch, *Vit. Romulus* 22.1.6; *Camillus* 32.7.2. Tzetzes refers here to Cassius Dio, the Roman senator and historian (2nd–3rd centuries CE). Dio's usage of the word is lost; Tzetzes refers to it in the *Exegesis of the* Iliad p. 76 and this passage.

53–54   *Cause of the disease :* See *Il.* 1.74–83.

65   *Avert this pestilence :* See *Il.* 1.93–100.

74   *We will give you :* See *Il.* 1.122–29.

77   *Captive Briseis :* See *Il.* 1.131–45.

108   *Rules over many people :* See *Il.* 1.250–84.

126   *Slave girl Briseis :* See *Il.* 1.352–57.

137   *Poseidon . . . Athena . . . Hera:* See *Il.* 1.399–406.

142   *My entreaties:* See *Il.* 1.423–27.

150   *He was annoyed:* Alternatively: "He let out a deep sigh as though he were annoyed."

162   *Double-shaped (διπλοειδές):* The word used in the analogous scene in *Il.* 1.584 is ἀμφικύπελλος, always as part of the expression ἀμφικύπελλον δέπας, meaning a double cup, forming a goblet both at the top and at the bottom. Eustathios in his *Commentary on the* Iliad 1.245 explains ἀμφικύπελλος in a similar way and notes that δικύπελλος is a synonym. We are assuming διπλοειδής has the same meaning.

195   *Sigeion:* On Sigeion, see 18.62 and note, below.

201   *Generative elements:* Literally, the "creative elements," i.e., earth, air, and fire, in addition to water.

254 *Feast in Egypt:* In the analogous moment at *Il.* 1.423, Zeus is visiting the Ethiopians. Tzetzes has substituted another group of Africans, the Egyptians, in order to include the Nile River in his meteorological model.

260 *Zeus will come here:* See *Il.* 1.425.

271 *The elements always exist:* See *Il.* 1.495.

285 *Winds are from the earth:* See Anaxagoras, *Testimonia* 86a.

290 *Final and active cause:* Tzetzes may here be alluding to Aristotle's theory of causation, the fourth of which, the final cause, posits that nature has its own aims, for which, see *Physics* 198aff.

330 *Playful:* By "playful," Tzetzes means that Homer is having fun using simple stories about the gods to explain deep truths about the universe and human nature.

348–49 *Lemnos:* See *Il.* 1.586–94.

353–54 *Stars . . . planets:* See Tz. *Exegesis of the* Iliad 454.3–18, where he distinguishes between ἀστήρ (which he identifies as a planet, including the sun and the moon) and ἄστρον (by which he means constellations, "unmoving" stars, and zodiac signs).

360 *Most clear song:* Aristotle in *On the Heavens* 290b disagrees and argues that there is no sound at all; therefore the stars are not self-moved, because otherwise they would produce tremendous noise upon collision.

Book 2

10–16 Tzetzes is paraphrasing the dream of Agamemnon in *Il.* 2.16–34, although Achilles is not mentioned there. The expression μετά + genitive translates as "with," but this is problematic in this context as Achilles will not be there.

18 A paraphrase of *Il.* 2.32–33.

24–25 See *Il.* 2.73–74.

27 See *Il.* 2.83.

39–43 See *Il.* 2.110–41.

53–63 See *Il.* 2.225–42.

66–78 See *Il.* 2.337–68.

BOOK 4

115–20   For Homer's speech, see *Il.* 2.484–93.

122   *Boiotia:* Homer's Catalog of Ships, which begins at *Il.* 2.494, lists first the commanders of the Boiotians.

BOOK 3

16–26   See *Il.* 3.39–57.

29   *Proper sect:* The term αἵρεσις in astrology translates as "sect," a concept that divides the six planets (Sun, Moon, Jupiter, Saturn, Mars, Venus) between "diurnal" and "nocturnal." The division depends on their position on the chart at day and at night; diurnal planets are more beneficial when they appear on the chart during the day, while nocturnal planets are more beneficial when they appear on the chart after sunset. Mercury, the seventh planet, does not have a sect, and it can appear as both diurnal and nocturnal (see Ptolemy, *Tetrabiblos* 1.6).

30   The meaning of this verse is difficult to comprehend.

35   *Ptolemy:* See Ptolemy, *Tetrabiblos* 4.5, on marriage.

38–41   See *Il.* 3.52–57.

43–50   See *Il.* 3.59–66.

53   *Hektor was dark :* See Prolegomena 799 above.

56–63   See *Il.* 3.67–75.

71–74   See *Il.* 3.96–110.

100–104   See *Il.* 3.156–60.

121–29   See *Il.* 3.276–91.

133   *Kronos's son:* That is, Zeus.

137–39   See *Il.* 3.305–9.

164   That is, the planet.

174–77   See *Il.* 3.456–61.

BOOK 4

48   *Psellos:* See Psellos, *Philosophica Minora* I, 42, and Tz. *Homerika* 27n.

60   *All phases:* Φαύσις or φάσις is an astrological term, denoting the appearance of the stars and the moon above the horizon and

the moon's degree of illumination (i.e., first quarter, full moon, last quarter, etc.). See Ptolemy, *Tetrabiblos passim.*

63   *In the phase:* That is, in their rising above the horizon; see previous note.

72   *They are stars:* On Mars and Mercury as stars, see Pythagoras, *Fragmenta Astrologica* (ed. Zuretti), vol. ii.2, p. 125, l. 16.

83   *Zeus:* That is, Jupiter.

86   *The moon:* Athena and Artemis are often allegorized as the moon in Tzetzes.

Book 5

4   *The Dog Star:* That is, Sirius. It is called the Dog Star because it is the largest star in the constellation Canis Major.

10   *Archimedes:* Archimedes, inventor and mathematician, circa 287 to 212 BCE. Born in Syracuse, he died in the immediate aftermath of the city's fall in 212 or 211.

11–12   *Burned Marcellus's ships:* For Archimedes's defense of Syracuse, see Livy, *History of Rome* 24.34; Plutarch, *Marcellus* 15–17; Polybius, *Histories* 8.5–8; Lucian, *Hippias* 2; Galen, *On Temperaments* 3.2; Tz. *Chiliades* 2.109–23.

14–19   *Philon . . . Patrokleus:* Tzetzes gives a list of engineers, many of whom were inventors of military machines. Philon is probably Philon of Byzantion (3rd century BCE), a writer on military technology, and on catapults in particular, whose major work is the *Synthesis of Mechanics,* which includes the *Construction of Catapults.* For Philetairios, see Tz. *Chiliades* 2.34.90, where he speaks of a writer Philetairios, author of Λιμενοποιΐαι. Isoes is apparently unknown. Heron of Alexandria was a mathematician and inventor who lived between 150 BCE and 250 CE; his dates are "one of the most disputed questions in the history of Greek mathematics," according to the biographical sketch in *Greek Mathematical Texts,* vol. 2 (466 n. a), in which a selection of his texts is published. The Loeb attributes several works to him, including the *Pneumatica, Automata,* and *Mechanica.* Dionysios of Alexandria (4th–3rd centuries BCE) invented the repeating catapult. Sostratos was an architect of the third century CE. He was the builder of the lighthouse of Alexandria (see Pliny the Elder, *Natural History* 34.18, and Strabo, *Geography* 17.1.6) and son of the Dexiphanes mentioned in Prolegomena 12 above. Pappos (early 4th century CE) was an Alexandrian mathematical commentator and our source for Heron's work; he wrote the *Mathematical Collection.* Apollodoros of Damascus (1st century CE) was Trajan's builder and architect, to whom the baths and forum of Trajan are attributed; he wrote a work called *Poliorketica.* Ktesibios lived in the third century BCE; among his inventions is listed the pneumatic catapult. Anthemios of Tralleis (6th century CE) wrote on mathematical formulas governing the use of burning-mirrors and on arranging mirrors to point in the same direction. We could not find a reference to Palladas the Athenian or to Patrokleus.

35   *Phereklos:* See Prolegomena 165 above.

60   *Arms of Aphrodite:* See *Il.* 5.314.

Book 6

34–36   See *Il.* 6.67–71.

74   *Astyanax:* The name in Greek means "ruler of the city."

Book 7

7   *Iron club:* This is a pun with the name Κορυνήτης in line 5 and the word κορύνη, which means "club, mace."

23–27   See *Il.* 7.124–69.

40–44   See *Il.* 7.191–99.

83–85   *Sword . . . belt:* For Achilles dragging Hektor with Aias's belt, see Sophocles, *Aias* 1029ff. (disputed lines); for Aias killing himself with Hektor's sword, see *Aias* 815ff.

99–103   See *Il.* 7.368–78.

112–13   *Sardanapalos:* Sardanapalos was the last king of Assyria (668–626 BCE). For his death, see Diodorus Siculus 2.23–28; for Sardanapalos building his tomb in one day, see Arrian, *Alexandros* 2.5.3, and Strabo, *Geography* 14.5.9.

114–16   See *Il.* 7.445–63.

117   *Equinox:* The autumn equinox falls around September 21 to 23.

125–26   See Ammon, *Forecasts* I. The word τροπικός usually signifies a solstitial sign, as opposed to ἰσημερινός, which refers to equinoctial signs. However, LSJ s.v. notes that τροπικός can be used for both equinoctial and solstitial signs.

127   *Zodiac sign of Libra:* The dates of the sign of Libra fall between September 21 and October 21.

129   *October:* October in Latin means of/belonging to the eighth month, and it was originally the eighth month of the Roman year (the first month being March).

BOOK 8

3–11   See *Il.* 8.5–27.

67   See *Il.* 8.139.

77–83   See *Il.* 8.185–97.

89   *Pomerium:* See L & S s.v.: "The open space left free from building within and without the walls of a town, bounded by stones, and limiting the city auspices."

133   See *Il.* 8.367ff.

174   *The dog of Hades:* That is, Kerberos.

180–81   *The sphere has no beginning:* See Aristotle, *On the Heavens* 279a30–b1.

206   Quintus of Smyrna, *The Fall of Troy* 2.

BOOK 9

13–16   See *Il.* 9.17–28.

18–24   See *Il.* 9.32–49.

29–36   See *Il.* 9.53–78.

51   *Gold coins:* Coins had not been invented in the eighth century BCE; Tzetzes here uses νόμισμα, the Byzantine word for coin.

82   *Ptolemy:* See Ptolemy, *Tetrabiblos* 1.3.

83–89   *For he wants:* The translation of these lines is uncertain.

89   *Tyaneus:* This is Apollonios of Tyana, a Neopythagorean philosopher who lived in the first century CE.

102   *Defeated Antony and Kleopatra:* This is a reference to the battle of

BOOK 11

Actium in 31 BCE, where Mark Antony was defeated by Octavian.

120–25   See *Il.* 9.607–19.

127–30   See *Il.* 9.624–42.

134–40   See *Il.* 9.697–709.

BOOK 10

30   *The Lokrian:* That is, Aias the Lesser.

38–40   See *Il.* 10.204–17.

42–43   See *Il.* 10.220–26.

50   *Libel:* The word φάμουσα is used by Anna Komnena, *Alexiad* 13.1.6.6, 13.1.6.8. It derives from the Latin *famosa;* as a foreign word to Anna, she glosses it as λοιδορήματά τινα ἔγγραφα (i.e., abusive documents, therefore libel). Zoïlos of Amphipolis, Cynic philosopher of the fourth century BCE, was a fierce critic of Plato, Isokrates, and Homer. He was the author of *Against Homer* and other works; presumably this is the reason for Tzetzes's accusation of libel against him.

BOOK 11

1   *Tithonos's bed:* Tithonos, a Trojan prince, brother of Priam and son of King Laomedon (see *Il.* 20.237). He was the lover of Eos, or Dawn (see *Il.* 11.1–2; *Od.* 5.1–2); see the *Homeric Hymn to Aphrodite* 218–38 on how Eos abducted him and asked Zeus to grant him immortality, but forgot to ask for youth, resulting in his growing eternally old and never dying.

14   *Kinyres:* Homer does not elaborate on his story, but Eustathios in his *Commentary on the* Iliad 11.16–20 notes that Kinyres had received the Achaians in Cyprus and had promised to send reinforcements to Troy to help their cause. He never did and was for that reason cursed by Agamemnon.

15   *Mountain bronze:* The Greek word used here is ὀρείχαλκος, whose standard English translation is "orichalcum," or "mountain copper." Homer uses the word κυανός, "blue enamel," in the corresponding passage (*Il.* 11.36).

48   *The Dog Star:* The star Sirius, see 5.4n above.

74–76   See *Il.* 11.139, where Menelaos had gone to Troy on an embassy.

82   *Of Homer's words:* See *Scholia in Homerum (scholia vetera)* on *Il.* 11.147. On Tzetzes's interpretation of the word thorax (θώραξ, at 11.80), see *Etymologicum Magnum* 460.15–18; Pollux, *Onomasticon* 2.162.

114   *The Greeks caught their breath:* See *Il.* 11.359 where it says that it is Hektor who is recovering, not the Greeks: "meanwhile Hektor revived again." Tzetzes seems to have misunderstood the Greek here.

159–65   See *Il.* 11.523–30.

191–93   See *Il.* 11.587–91.

212   *Birthwort:* Ἀριστόλοχος, "birthwort," is a plant used by women during childbirth to ease their labor. The word is also used as an epithet of Artemis, since one of her numerous cultic functions was to protect women during childbirth and ease their pain.

BOOK 12

5   *As I said:* See 7.17 above.

50   *Asios . . . drove with his charioteer:* This is not a precise translation of the Greek but is necessary to make sense of what follows. In line 52 the plural pronoun οὗτοι, "they," suggests that Asios is not in fact alone but is accompanied by his charioteer (see *Il.* 12.108).

83   *Fire from the weapons:* See *Il.* 12.177–78, although no weapons are mentioned in Homer (this is Tzetzes's addition). Tzetzes may be thinking of the flash of metal reflecting off the weapons. The Homeric verse is equally unclear, as fire can be used as an offensive strategy against wooden gates or ships, but not stone walls, as is the case here.

104   *Scaling ladders and bolts and siege machines:* Murray translates κρόσσαι as "pinnets" and notes the problem in translating the word with certainty. In 14.35 he translates προκρόσσας as "row behind row"; Herodotus 2.125 uses the word once to denote "the steps of the pyramids." So Murray believes that the word

signifies some part of the fortification (see also *Il.* 12.444, where the word recurs). LSJ translates γόμφος as a "bolt/fastening/dowel" (see *Od.* 5.248) and κρόσφος or γρόσφος as "a kind of javelin" (see Strabo, *Geography* 4.4.3), but we are assuming that here Tzetzes speaks of some sort of siege engines; the meaning of both words is quite obscure.

120–26   See *Il.* 12.322–28.

158   *Which we already mentioned:* See 12.103 above.

BOOK 13

8–11   *Skythians:* On this image of the Skythians, see Strabo, *Geography* 11.8.

12   *Servants of Christ:* This is the only explicit reference to Christ in *All. Il.* For references to Christianity, see Introduction, p. xiv.

14–15   *Bishops of Chalkedon and Kyzikos:* This is not a well-known incident. It could be the case that Tzetzes is making a reference to some incident involving the two bishops taking some public oaths that they later forswore.

50–53   See *Il.* 13.150–54.

104   See *Il.* 13.414–16.

111–12   See *Il.* 13.446–54.

178   *The Lokrian's:* That is, Aias the Lesser.

196–200   See *Il.* 13.810–20.

201–4   See *Il.* 13.824–32.

BOOK 14

51   See *Il.* 14.439, "black night covered his eyes."

71   *Olympos:* The Mount Olympos in Bithynia (Asia Minor), not in Greece.

BOOK 15

25   *Sphere of Fire:* This "Sphere of Fire" supposedly surrounds the atmosphere of the earth; see Aristotle, *Meteorologika* 341b19–20.

29   *Kos:* This is a reference to the sack of the island of Kos by Hera-

537

kles, after he was caught in a storm sent by Hera, lost all his comrades, and was cast ashore there (see *Il.* 14.255, 15.24–30; Pindar, *Isthmian* 6.31, *Nemean* 4.25–26; Plutarch, *Greek Questions* 58; Tz. *Exegesis of the* Iliad 402.112–403.9).

31–32   Tzetzes refers to the events following the sack of Kos. After Herakles was wounded, Zeus rescued him from the island and carried him to safety. See Apollodoros, *Library* 2.7.1; *Il.* 15.29–30.

86   *Iris brings wind:* This fragment of Empedokles (fr. 50DK) is known only from this text.

87   See Prolegomena 487n above.

115   *Soul fell down into his feet:* A Greek idiom meaning "became afraid."

146   *Twenty-two cubits:* A cubit (πῆχυς) is twenty-four *daktyloi,* or the distance from the elbow to the middle finger, approximately one and a half feet. Thus, the twenty-two cubits here are the equivalent of thirty-three feet.

165–66   *Grandsons from your daughter ... from your son:* Greek, unlike English, has separate terms to distinguish these different types of grandchildren.

181–90   See *Il.* 15.504–13.

238–45   See *Il.* 15.733–42.

Book 16

4   *Peisistratos ... Kotertzes:* Peisistratos was a sixth century BCE tyrant of Athens. Traditionally, he is said to have commissioned the *Iliad* and the *Odyssey* in writing for the first time since their composition (the poems were transmitted orally up until that time). In commissioning the completion of *Allegories of the* Iliad, Kotertzes is like Peisistratos in Tzetzes's eyes. On Kotertzes, see Introduction, pp. vii, ix.

55   See Tz. *Exegesis of the* Iliad 43ff.

61   *Palaiphatos:* Palaiphatos in *Peri Apiston* (*Mythographici Graeci* 3.2 [On Bellerophon]) rejects the existence of Pegasos and Chimaira as a winged horse and a monster, respectively. Instead, he explains how Bellerophon was a fugitive from his country and

had a ship named Pegasos, with which he ravaged nearby villages. The king Amisodaros lived in the area, on a high mountain called Chimaira, where a lion lived, terrorizing the natives. Bellerophon set the mountain on fire, and the wild animals fled. Hence the saying "Bellerophon arrived with Pegasos and killed the Chimaira of Amisodaros."

74 *Murexes:* That is, the mollusks from which purple dye was produced.

147 *<The corpse> was prepared:* Line quoted verbatim from Philostratos, *Heroikos* 724.10. Philostratos was a third century BCE sophist. In the *Heroikos,* he claims to offer an account of the Trojan War that is more accurate than the one presented in the *Iliad* and the *Odyssey.*

165 *A youth:* Here Tzetzes allegorizes Hermes as a young man; see *Il.* 16.181.

182–83 See *Il.* 538–47.

234 *Weakened flesh:* Perhaps an allusion to Matthew 26:41: "Watch and pray so that you will not fall into temptation. The spirit is willing, but the flesh is weak."

250 See Tz. *Exegesis of the* Iliad 44.

286–87 See *Il.* 16.707–9.

291–94 See *Il.* 16.721–25.

330–34 See *Il.* 16.830–42.

338–43 See *Il.* 16.844–54.

345 *Popping of chestnuts:* According to the editor of the Greek text, the word κατζανίτζια signifies the popping of chestnuts roasting on the fire. Kriaras does not gloss the word, while Sophocles's dictionary only glosses the word κατζία, which he translates as "brazier." *LbG* glosses the exact word, using Tzetzes as evidence, and translates as "Kastanien" = chestnut.

360–61 *Bravery with a nu:* LSJ translates ἁδροτής (in l. 351) as "vigor, strength" and ἀνδροτής (in l. 353) as "manhood" (sometimes even a synonym of ἀνδρεία).

386 *Homer attested in Book 3:* See *Il.* 3.76–83 on the Greeks shooting their arrows at Hektor; the rest of the scene Tzetzes describes in the following lines.

453–54   See *Il.* 16.850–51. Tzetzes is paraphrasing the line, making the
          Sun third in causality, whereas in Homer, Patroklos names Fate
          first, Apollo second, and Euphorbos third.

BOOK 17

10   *Il.* 17.19.

15–16   See *Il.* 17.75–81.

18–19   See *Il.* 17.175–76.

25   See *Il.* 17.194.

26   See *Il.* 16.381.

34   *Il.* 17.195.

35–36   See *Il.* 17.198–200.

37   See *Il.* 17.263. Διϊπετής means both "originated from Zeus/heav-
          ens" and "swollen by rain."

39   *Karys:* The word κάρυς seems to have been another spelling of
          κόρυς (helmet), as a variation, or perhaps from the influence
          of κόρση (side of the forehead). See Philoxenos, *Gramm. Frag-
          menta* 305.

40–41   *Korythos . . . Sakas . . . Phalax:* Tzetzes is punning on the Greek
          words for helmet, shield, and phalanx, attributing their origins
          to the names of their supposed inventors. Karythos is men-
          tioned as the inventor of the shield by Photios in his *Bibliotheca*
          147b.35, quoting Ptolemaios Hephaistion, *New History*, Book 2.
          We could find no testimony about Sakas or Phalax.

43   See *Il.* 17.269–70.

51   *Il.* 17.274.

52   *Ursa Major:* Ἑλίκη literally means "the thing revolving around
          the pole" but was also a name for Ursa Major.

53   *Toward whom he turns:* Tzetzess is punning here on the verb
          ἑλίσσω, which shares a root with Ἑλίκη.

56   See *Il.* 17.321.

63   *Il.* 17.349.

64   *Il.* 17.366.

73   *Il.* 17.397–98.

85   See 1.185–203 above.

88   *It said to itself:* Tzetzes changes to the feminine participle and pronoun here to refer to Destiny, a feminine noun, as opposed to Kronion (Κρονίων), the subject of the previous part of the sentence, which is masculine.

89–92 See *Il.* 17.443–57.

98   *Il.* 17.469.

100   *Il.* 17.477.

108–10 See *Il.* 17.561–64.

125   *Il.* 17.688.

BOOK 18

8   *Il.* 18.1.

10   See *Il.* 18.8.

12–13 See *Il.* 18.9.

17   *In various places:* See 1.184–203 and 17.85 above.

18   See *Il.* 18.17, 19.

25   See *Od.* 4.230.

28   *Il.* 18.25.

29   See *Il.* 18.23–24.

30   See *Il.* 18.26.

31   See *Il.* 18.27.

38   *Il.* 18.51.

46   *As I said earlier:* See 1.184–203 above.

47   *Thales:* Thales of Miletos (7th–6th centuries BCE), engineer, geometer, astronomer, and one of the Seven Sages. According to Herodotus 1.74.2, he predicted the solar eclipse of 585 BCE. He argued that water is the beginning of all things (see Aristotle, *Metaphysics* 983b20ff.).

62   *Sigeion:* Site near Troy in close proximity to the site called Achilleion, believed throughout classical antiquity to be the place of Achilles's tomb (see Cicero, *Pro Archia Poeta* 24, where he mentions that Alexander the Great sacrificed at the grave of Achilles on Cape Sigeion).

90   *Names of the Nereids:* The Nereids were the fifty daughters of the sea deity Nereus. A list of various attested names (exceeding

fifty) can be compiled via a number of sources (Homer, Hesiod, Apollodoros, Hyginos, Pausanias, Virgil). In what follows, Tzetzes offers the etymology of a few of those names.

91   *Whiteness:* That is, Glauke, the Nereid of "blue-gray" water.

92   *From plants blooming:* That is, Thaleia, the Nereid of the "blooming" sea (also the name of the Muse of Comedy).

93   *From waves:* That is, Kymodoke, the "wave receiver," the Nereid who, together with Kymo and Amphitrite, calms the sea; Nesaie, the Nereid of the islands; Speio, the Nereid of the sea caves; Thoë, "swift," the Nereid of fast voyages.

94   *From brine:* That is, Halia, "brine"; Aktaie, "seashore"; Limnoreia, the Nereid of "salt-marsh," although Tzetzes translates the name as a compound of the words for lake and mountain; Doto, the Nereid of "giving."

95   *From the first:* That is, Proto, the "first."

96   *Carry merchant ships:* That is, Pherousa, the Nereid for "carrying"; Dynamene, the Nereid of the "power" of the sea.

97   *Spreading out to distribute:* The meaning of this clause is obscure, and we are unable to find any Nereid name to which it alludes.

113–14   See *Il.* 18.74–77.

124   See *Il.* 18.80–81.

130   This is an example of Euhemerism; see Introduction, "Tzetzess's Allegorical Method," and Tz. *Exegesis of the* Iliad 47.

138–41   See *Il.* 18.86–88.

142   *Because of transition:* That is, because of "shifting the connection," which is the meaning of μετάβασις *(metabasis)* as a technical rhetorical term.

145–49   *Now, what immense grief . . . mourning:* It is not entirely clear what Tzetzes means here, as the Homeric text to which he seems to refer does not use the same vocabulary (see *Il.* 18.84–87: τὰ μὲν Πηλῆϊ θεοὶ δόσαν ἀγλαὰ δῶρα, / ἤματι τῷ ὅτε σε βροτοῦ ἀνέρος ἔμβαλον εὐνῇ. / αἴθ᾽ ὄφελες σὺ μὲν αὖθι μετ᾽ ἀθανάτης ἁλίῃσι / ναίειν, Πηλεὺς δὲ θνητὴν ἀγαγέσθαι ἄκοιτιν).

154–55   See *Il.* 18.94–96.

157   See *Il.* 18.97.

164   See *Il.* 18.115.

165–68   See *Il.* 18.117–18.

170   *Orpheus:* See 19.62f. below; Tz. *Chiliades* 5.131, and below, line 174.
          See also the *Orphic Hymn to Zeus,* and Orpheus, *Lithika* 7–12, 57;
          also Tz. *Exegesis of the* Iliad 35.4–18, 49.3–5.

174   *The Lithika:* The *Lithika* was a source of mineralogical evidence
          in antiquity, revealing the secret qualities of stones. It seems
          that Tzetzes was the first to claim that Orpheus was the author
          of the work.

182   *Il.* 18.119.

194   *Il.* 18.126.

199–203   See *Il.* 18.127–37.

237   *Polydamas's counsel:* See *Il.* 18.254–83.

240   This line is very hard to interpret.

244–47   *The second Zeus . . . lies in the same place:* As stated in the Introduc-
          tion, the gods can be allegorized in many different ways. Here,
          Zeus is at first allegorized as Destiny and in the next line alle-
          gorized as the storm. Perhaps Tzetzes means that since Zeus
          and Hera are husband and wife, they lie in the same bed, i.e.,
          the two kinds of air can be found at the same part of the ether.

254   *Puts words into their mouths:* Prosopopoiïa is a rhetorical device.
          Authors create imaginary speeches and put them in the
          mouths of characters, adjusting their writing according to the
          personality of the person they are describing (see Quintilian,
          Institutio Oratoria 3.8). Tzetzes in *Exegesis of the* Iliad 106.16–20
          explains *prosopopoiïa* as personification of forces of nature,
          such as the wind, the sea, and the sun.

260   *Il.* 18.369.

269   *\<Allegorize it\> as the elements:* Στοιχειακῶς refers to a type of alle-
          gory, by which the author uses natural elements to allegorize
          characters. See, for example, Tz. *Exegesis of the* Iliad 45.15 and
          82.12–13, where he explains the triple allegory for each of the
          gods' names: psychological, historical, and elemental.

295–303   See *Il.* 18.395–407.

365–66   See *Il.* 18.73–77.

379   *Which is called 'transition':* See note on 18.142 above.

389–90 See *Il.* 18.88–90.

392–93 See *Il.* 18.98.

394   See *Il.* 18.96.

397–416 See *Il.* 18.97–126.

410   *Il.* 18.119. Boissonade's edition has a mistake in the line numbers here; he omits 405–9, and we have followed his erroneous count. This is purely a problem with the edition and does not suggest any omitted text.

449   See 18.240 above.

462   *Il.* 18.369–71.

464   *Braggart from Stageira:* That is, Aristotle. See *On the Heavens* 289a11–a34.

465   *Il.* 18.371.

475   *At the end of Book 1:* See 1.369–70 above.

478   *Time's tripartite division:* See *Il.* 18.473, and Tz. *Exegesis of the* Iliad 153.3–6, 243.9–11, where Tzetzes notes that there used to be a tripartite (not quadripartite) division of time in the past: spring, summer, and winter. See also Diodoros Siculus 1.26.

480   See *Il.* 18.374.

486   See *Il.* 18.375.

489   See *Il.* 18.376.

524   *By using the elements:* See 18.269n above.

534–40 See *Il.* 18.394–403.

551   *Peleus . . . earthy:* This is a pun in the Greek, as "Peleus" and "earthy" are homophones. See Prolegomena 264 and note, above.

558   *Of whom we spoke:* See Prolegomena 260–65 above.

564–66 *Achilles . . . without fodder:* Another pun: "Achilles" and "without fodder" are homophones.

566–69 *Fruitless . . . fruits:* The pun here is that Achilles, whose name is construed here to mean "fruitless," is wailing here not because he lacks armor but because he lacks fruit.

571   *Of which we spoke:* See 1.189 above.

590–93 *Il.* 18.374–76.

596   See *Il.* 18.378.

629–30   See *Il.* 18.434–37, 18.457–60.

656   *Herakleitos and the ape:* Herakleitos (1st century CE) was a Ho-
meric commentator and rhetorician, author of *Homeric Prob-
lems.* In Fragments 82 and 83 DK [= Plato, *Hippias Major* 289A–
B], Socrates suggests that the difference between gods and
men in wisdom and beauty is the same as that between man
and ape.

658   *Cornuti:* Annaeus Cornutus Lucius (1st century CE) was a gram-
marian, rhetorician, and Stoic philosopher, who lived and
taught in Rome and was exiled by Nero.

658   *Palaiphatos:* Palaiphatos (probably a pseudonym), mythographer
(4th century CE?); his work was entitled *On Incredible Things,* of
which just one excerpt survives.

660   *The Queen's zeal:* That is, the empress Eirene, to whom he dedi-
cated the book.

661   *My chronicle:* That is, the *Chiliades.*

671   *Il.* 18.474.

689   *Kalliope:* The muse of epic poetry, addressed in the first line of
the *Iliad.* Also Prolegomena 1180, 1.5, 2.113 above.

690   *The Stageirite:* That is, Aristotle. See 8.180n and 15.25n above.

694   See *Il.* 18.485.

697–98   *Teukros:* Teukros of Babylon (probably Babylon in Egypt), astrol-
oger, first century CE.

701   *Constellations . . . oppress:* A pun based on the shared root of
the Greek words for "constellations" (τείρεα) and "distress"
(τείρω).

704   See *Il.* 18.503.

705   See *Il.* 18.504.

706   *Il.* 18.590.

712   See *Il.* 18.490.

727   *Mandator:* A *mandator* was a class of Byzantine official who also
served as "a guide for foreign officials"; it may be this usage
that Tzetzes is employing here, suggesting that he is guiding
his patron through the foreign Homeric world. See *ODB* s.v.

729   See *Il.* 18.507.

731   See *Il.* 18.507–8.

746   See *Il.* 18.509.

754   *Two shepherds:* Tzetzes is here identifying a discrepancy in the number of shepherds depicted: two at *Il.* 18.525 and four at *Il.* 18.578.

758   *Il.* 18.541.

766   *Knossos and Daidalos:* See *Il.* 18.591–92.

768   See *Il.* 18.604.

775   *Golden old man:* This is a reference to Homer, paralleled in 20.64 and 23.73.

789   *Plentiful* (πολυχιλεύς): Tzetzes is here punning on the verb χιλεύω, meaning to forage or graze, which he renders as the rarely attested noun χιλεύς. He then substitutes the alpha-privative implied in Ἀχιλεύς with the prefix πολυ- to create a neologism with the opposite meaning. See note on 18.569 above.

Book 19

8   *Il.* 19.1.

11   See *Il.* 19.3.

16   *Il.* 19.7. The editor notes that the manuscript is missing many verses after the end of this verse.

25   *As I have said:* See 18.120, 371 above.

26–34   See *Il.* 19.22–28.

35–39   *They said . . . they anointed:* In these lines Tzetzes switches to the third person plural, although in *Il.* 19.28–39 it is Thetis (and not an unspecified "they") who exhorts Achilles to go to battle and anoints the body of Patroklos.

42   *Killed her:* The editor suggests that there are some verses missing in the manuscript. But, since the parallel passage at *Il.* 19.59 refers to Briseïs, we assume, like the editor, that she is meant here. But it is possible that the allusion is to Helen.

46   *Il.* 19.87.

49   *Il.* 19.88. LSJ translates ἄτη as "delusion, blindness, reckless guilt, sin, bane, ruin" and (personified) as "the goddess of mischief, author of rash actions."

56   *King and an astrologer:* For Zeus as king and astrologer, see 18.179
         above.

67–68   See *Il.* 19.101–5.

71   *Consumed all the air:* See Hippokrates, *Fleshes* 6, where he ex-
         plains how a child sucks air and nourishment while in the
         womb. Also, Hippokrates, *Nature of the Child* 30, where he ar-
         gues that nourishment in the womb runs out beyond the tenth
         month when the child is fully grown and ready to be born.
         Since Herakles, due to his size, had sucked all the air in the
         womb, he is causing his mother discomfort. See Tz. *Chiliades*
         2.36.187–89.

73   *Iphikles:* This is Herakles's twin brother.

78   See *Il.* 19.121, where Zeus is called ἀργικέραυνος (lord of bright
         lightning), whereas Tzetzes calls him ἀρχικέραυνος (ruler of
         lightning).

81–82   See *Il.* 19.128–29.

83   See *Il.* 19.126.

85   *Il.* 19.159.

87   See *Il.* 19.186.

88   See *Il.* 19.188.

91   See *Il.* 19.204.

92   See *Il.* 19.224.

93   *Il.* 19.250.

96   *Il.* 19.258.

98   *Il.* 19.264.

99   See *Il.* 19.270.

100   See *Il.* 19.274.

101   See *Il.* 19.286.

104   *Il.* 19.340.

112   See *Il.* 19.350.

123   *Il.* 19.362.

124   *Il.* 19.368.

128   See *Il.* 19.408.

135   *Il.* 19.413.

137   See *Il.* 19.417.

141   See *Il.* 19.418. In Homer the Furies are in the plural, thus justify-
ing the use of the plural verb κατέσχον here.

Book 20

11   Boissonade notes that Tzetzes here is not addressing the em-
press, as he usually does when using the second person, but
rather is emulating Homer, who addresses Achilles in the cor-
responding passage in the *Iliad* (see *Il.* 20.2).

12   See *Il.* 20.3.

13   See *Il.* 20.4–5.

23–25   See *Il.* 20.16–18.

26–32   See *Il.* 20.20–26.

66   See *Il.* 20.4. Themis, according to *Od.* 2.69, "looses and gath-
ers the assemblies of men." *Il.* 15.87–93 is the only other place
where Themis appears in the *Iliad*. Hesiod in *Theogony* 901ff.
makes her the second wife of Zeus.

69   See *Il.* 20.5.

72   *Fixed star:* That is, the Earth. Tzetzes is here using the superla-
tive of ἀπλανής, the term employed by Ptolemy to denote a
"fixed star," the basis of his geocentric theory (see Ptolemy,
Almagest 1.5).

73   *Proklos:* Proclus, *The Theology of Plato* 7 (in *Greek Mathematical
Works* [Loeb]).

75   *Eratosthenes:* Eratosthenes, *Kyreneus,* fr. 15.

76   See *Il.* 20.5. Boissonade notes that he was unable to read the rest
of the line in the manuscript.

85   The meaning of this verse in unclear to us.

89–90   See *Il.* 20.20.

96   *An ascending element:* On the idea of the air as an element "light
and mounting upward," see Chrysippos (3rd century BCE
Stoic philosopher), *Fragmenta Logica et Physica,* fr. 34; criticized
in Plutarch, *Stoic Essays* 1053e. See the same works for the ideas
of fire being an ascending element as well and water "approach-
ing more to the earth" (expressed in the following verses).

100   *Born of Erebos . . . Chaos:* This line makes no sense, since Hesiod's

Theogony 123 states that Erebos came from Chaos. Therefore nothing could have come before Chaos, certainly not Zeus.

111 *Very moist air:* Following the aforementioned idea (see note on l. 96) of water having a tendency to be κατωφερές, a "descending" element.

114 *Il.* 4.21, 8.458.

116 See *Il.* 14. 287–88.

119 *Benevolent:* See *Il.* 20.34, 72. According to LSJ the meaning of the word ἐριούνιος is uncertain; Murray translates it as "helper."

121 See 18.477 above.

122 See 18.548 above.

126 *Mentioned earlier:* See 18.465 above.

160 See *Il.* 20.38.

164 *Il.* 20.39; the word ἀκερσεκόμης literally means "with unshorn hair," i.e., forever young, since young Greeks would wear their hair long until they reached manhood.

210 See *Il.* 20.62.

211 See *Il.* 20.66.

216 *Enyalios:* The word Ἐνυάλιος means "Warlike," an epithet of Ares.

226 *Il.* 20.70.

229 See *Il.* 20.71.

234 *Account of creation:* This might be a reference to the biblical account of creation in Genesis.

241 *Some of them:* That is, the gods.

244 *Oblivion . . . Leto:* Another of Tzetzes's puns: Leto is also spelled Letho, derivative of the root for λανθάνω, "to forget," from which the word ληθεδών comes.

256 *"Strong" . . . "helper":* See *Il.* 20.72, where the expression is σῶκος ἐριούνιος Ἑρμῆς, "the strong helper Hermes."

260 See *Il.* 20.74.

266 See *Il.* 21.329.

269 See *Il.* 21.367.

275 *Psychological understanding:* See 18.269n, above, on psychological and other types of allegory.

286 *Il.* 20.98.

288   *Il.* 20.100.

289   *Il.* 20.104.

291   See *Il.* 20.105.

293   See *Il.* 20.106.

294   *Il.* 20.105.

301   *Il.* 20.125.

309   *Il.* 20.129.

314   See *Il.* 20.130.

317   *Il.* 20.131.

320   That is, *Il.* 20.131.

324   See *Il.* 20.145.

330   *Il.* 20.140.

326–30 See *Il.* 20.134–40.

350   See *Il.* 20.143.

354–55 *Il.* 20.144–45.

360–61 *Il.* 20.149–50.

369   See *Il.* 20.155.

370   *Il.* 20.194.

374   *Il.* 20.215.

378–79 *Il.* 20.234–35.

386   *Il.* 20.242.

391   *Il.* 20.265.

393   See *Il.* 20.270.

398   See *Il.* 20.299.

405   *An argument based on the plot :* The Greek word ὑπόθεσις (hy-
        pothesis) has a variety of meanings, e.g., suggestion, proposal,
        or supposition, but also simply plot or story, which is the
        meaning we have chosen here; see LSJ s.v. The Greek word
        σχῆμα (schema) also has a number of meanings, including fig-
        ure or shape, but here we are using it in its rhetorical meaning
        of type of argument; see LSJ, s.v.

410   See *Il.* 20.306.

412   *Il.* 20.309.

421   See *Il.* 20.321–22.

427–30 See *Il.* 318–29.

434   See *Il.* 20.347.

436   *Il.* 20.358.

438   *Il.* 20.367.

440   See *Il.* 20.376.

444   See *Il.* 20.384.

446   See *Il.* 20.435.

448   See *Il.* 20.439.

450   See *Il.* 20.443.

BOOK 21

11   *Il.* 21.2.

13–14 *Il.* 21.6–7. Tzetzes cuts this quotation in midsentence.

18   *Deadly Fate . . . father Zeus: Il.* 21.83. Tzetzes has omitted the first part of the sentence about "deadly fate," in the previous Homeric verse.

23   *Il.* 21.91.

24   *Il.* 21.93.

26   *Il.* 21.109.

30   *As we said earlier:* See Prolegomena 243 above, and Tz. *Exegesis of the* Iliad 46–47.

31–33 *Il.* 21.136–38.

40–41 See *Il.* 21.128, 131–32.

45   *Il.* 21.141.

49–50 *Il.* 21.184–85. The reference is to Asteropaios, son of Pelegon and grandson of Axios.

54   *Heavenly:* Δῖος (heavenly) and the stem Δι- for the non-nominative/vocative forms of Zeus sound the same.

61   *Shifting the connection:* For other instances of Tzetzess's use of the term *metabasis,* see 18.142 and 379.

64   *Il.* 21.189.

70   *Il.* 21.193.

71–78 *Il.* 21.192–99

84–86 *Il.* 21:211–13.

90   *Il.* 21.215.

91   *Il.* 21.222.

92   *Character study: Ethopoiïa* is a rhetorical exercise, literally trans-

lated as "character drawing." The characters had to be histori-
cal or mythological, but their words were invented by the au-
thors. See Tz. *Exegesis of the* Iliad 106.15–16.

94	*Il.* 21.227.
96–100	*Il.* 21.228–32.
115	*About midday:* See 20.103 above, where darkness fell at midday because of the fog, making it look like late evening.
117	*Il.* 21.248.
118	*Il.* 21.264.
119	*Il.* 21.267.
121	*Il.* 21.273.
127	See *Il.* 21.284.
131	See *Il.* 21.288–97.
135	*Il.* 21.299.
136	*Il.* 21.308.
138	See *Il.* 21.315.
139	*Il.* 21.328.
140	*Il.* 21.330.
150–58	*Il.* 21.387–95.
159–60	*Il.* 21.396.
163–69	*Il.* 21.400–406.
171	*Il.* 21.387.
194	*Il.* 21.405.
196	See *Il.* 21.403–6.
204	*Il.* 21.408.
205	*Alteration:* For the rhetorical device of *metapoiesis,* see Hermogenes, *Rhetoric* 3.5.180.
213	See *Il.* 21.408.
226–27	See *Il.* 21.412–13.
232	See *Il.* 21.413–14.
241–43	*Il.* 21.415–17.
269	*Il.* 21.442.
274	*Il.* 21.444.
281	*The world:* That is, Laomedon.
282	*Il.* 21.445.
290	*Il.* 21.445.

295   *The spinning \<of the world\>:* The meaning of this verse is obscure.

296   *Trojans . . . I flee in fear:* Tzetzes here makes a pun on the verb τρῶ, "I fear," with its homophonic similarity to "Troy" and "Trojans" (Τρῶες).

297   *Il.* 21.464.

305–10   *Il.* 21.453–58. At line 310 Tzetzes cuts off the quotation in mid-sentence.

357   *Argeiphontes: Il.* 21.497. Argeiphontes is an epithet of Hermes, meaning "the slayer of Argos." Argos was a multi-eyed monster, charged by Hera to guard Io (when she was pregnant by Zeus and transformed into a cow by Zeus or Hera). Hermes tricked and killed him, thus gaining the epithet Argeiphontes.

362–63   *Il.* 21.514–15.

Book 22

8–11   *Il.* 22.7–10.

24   *Character depiction:* See note on *ethopoiïa* at 21.92n above.

27   *Il.* 22.41.

28   *Mock modesty:* Εἰρωνεία can be translated as "mock modesty," opposed to ἀλαζονεία, "arrogance." See, for example, Aristotle, *Nicomachean Ethics* 1124b30.

29   *Il.* 22.60.

30   *Il.* 22.61.

31   *Il.* 22.130.

32–36   *Il.* 22.165–69.

42   *In quartile aspect:* See Ptolemy, *Tetrabiblos* 1.13. According to Ptolemy, the zodiac circle can be divided into halves, quarters, thirds, and sixths, and planets can be connected to one another by aspect. The zodiac signs in quartile aspect to one another are called ἀσύμφωνοι, "not harmonious, at variance," because this aspect is composed of signs of opposite kinds, thus creating tensions.

44   *Look down upon:* The verb καθοράω, "look down upon," is a technical term used for the sun, gods, and planets looking down upon men from above.

50   *Positions <of the zodiac>:* For τόπος as a technical term, "position on the zodiac/one of the twelve regions of the zodiac," see Ptolemy, *Tetrabiblos* 3.10, where he notes that sun, moon, horoscope, and one's lot are the more powerful among the regions of the zodiac.

63   *Il.* 22.207.

83   *Tritogeneia:* Tritogeneia means "third birth" and refers to Athena; see *Il.*4.515; *Od.* 3.378; Hesiod, *Theogony,* 895; etc.

85–90   *Il.* 22.202–7.

111   See *Il.* 22.205.

114   *Il.* 22.209.

115   *Il.* 22.209.

116   *Il.* 22.213.

120   *Il.* 22.214.

123   *Il.* 22.254.

125   See *Il.* 22.297.

134   *Il.* 22.279.

135   See *Il.* 22.280.

136   *Il.* 22.285.

140   *Misuse:* The term παράχρησις is a rhetorical term in the form of testimony that uses a direct or indirect quotation and then proceeds to comment upon or judge that quotation. In Aristotle, *Parts of Animals* 688a23, the verb from the same root is translated in LSJ as "to use for a further or subsidiary purpose."

144   *A mean:* See Aristotle, *Nikomachean Ethics* 2.6. It is a reference to Aristotle's theory of the "golden mean."

147   *Zeus . . . Apollo* : See *Il.* 22.302.

153   *Il.* 22.358.

159   *Zeus . . . gods: Il.* 22.366. Zeus is the planet Jupiter.

161   See *Il.* 22.379.

162   See *Il.* 22.394. The reference is to Hektor.

167   See *Il.* 22.403–4.

168   See *Il.* 22.434–35.

169   *Il.* 22.446.

170   *Il.* 22.470.

BOOK 23

7   *Il.* 23.14.

11   See *Il.* 23.33.

12   *Il.* 23.43.

13   *Heart . . . Fate: Il.* 23.78. Here Tzetzes is making a pun with κῆρ,
         "heart," and κήρ, "death/doom," also as personification of the
         goddess of death or doom.

14   See *Il.* 23.92.

19   *Il.* 23.109.

25   *Il.* 23.148.

28   *Il.* 23.177.

29–33   *Il.* 23.184–88.

56   *Delian . . . the sun:* Tzetzes here makes a pun between ἥλιος,
         "sun," and Δήλιος, "Delian," the epithet of Apollo that means
         "coming from the island of Delos."

63–66   *Il.* 23.198–201.

80   See *Il.* 23.202.

95   *Rainbow:* That is, Iris.

97   See *Il.* 23.277.

102   See *Il.* 5.344. When Tzetzes recounts the scene in 5.57, above, he
         omits Apollo's role.

103   *Il.* 23.299.

104   *Il.* 23.307.

109   *Il.* 23.360

111   *Il.* 23.383.

113   *Il.* 23.388.

119   See *Il.* 23.546–47.

121   *Il.* 23.650.

123   *Il.* 23.788.

BOOK 24

12   See 23.61 above.

14   See *Il.* 24.20–21.

34   *Il.* 24.24.

38–40   *Il.* 24.32–34.

63   *Colliding with <the sun>:*See *Il.* 24.55–64, Hera's verbal attack on Apollo.

66   See *Il.* 24.58.

71   See *Il.* 24.61.

93   *Thetis giving a drinking cup to Hera:* In *Il.* 24.101–2, it is Hera who gives the cup to Thetis and Thetis drinks. Boissonade in the apparatus gives variants of Hera in the accusative and the nominative, making her the subject. This, however, does not explain the case-ending of Thetis, which can only function as a subject and has no variants in the manuscript.

97   *Senseless earth:* See *Il.* 24.54 and 7.99 on the idea of senseless, mute earth; Aeschylus, *Phrygians* or *the Ransoming of Hektor,* fr. 266.

105   *Interpreter:* Ἑρμηνέα (*hermenea*): a pun on Hermes, who escorted Priam.

125   *Archilochos:* Archilochos was an iambic and elegiac poet of the seventh century BCE.

129   Archilochos, fr. 215 W.

131–32   Archilochos, fr. 11 W.

133   *Set out on the broad path:* See Plutarch, *Moralia* 33ab, for an anecdotal reference to this incident. The meaning of the "broad path," however, is quite obscure. Perhaps it is an allusion to the "wide gate and easy path that leads to destruction" of Matthew 7:13.

143   *Men's dry element:* See Ptolemy, *Tetrabiblos* 1.6, on masculine and feminine planets. Ptolemy associates the masculine with the dry element and the feminine with the wet element. See also Hippokrates, *Nature of Man* 21, although another doctor in the Hippocratic corpus expresses the opposite opinion, namely that women are not cold and wet, but have warmer blood (see *On the Diseases of Women* 1.1.8.12).

149   See *Il.* 24.130.

157–58   *Godlike . . . equal to a god:* See *Il.* 24.257–58. The epithets in line 157 are in the nominative and in line 158 in the accusative, as they

refer here to two different people: Priam is lamenting the fates
of his sons Mestor and Hektor.

162   See *Il.* 24.287, 290–91.

164   *To Zeus . . . O Zeus:* See *Il.* 24.301, 308, 314. He is referring to Zeus
       in the dative, vocative, nominative, and accusative case.

166   *Name of Hermes:* See Ptolemy, *Tetrabiblos* 2.9, on certain comets
       and streams of stars associated with Mercury. See also *Il.* 24.333.

174   *Interpreter:* For this pun, see 24.105n above.

175–78   *Il.* 24.334–38.

190   *Mercury's effects:* For the effects of planets, including Mercury, on
       various aspects of life, see Ptolemy, *Tetrabiblos* 4 (for friendship,
       for instance, see 4.7).

201–3   See *Il.* 24.334–38.

204   *Their movements:* That is, of the stars and comets.

206   *Such things:* That is, such movements of the stars and comets.

213–14   *Il.* 24.347–48.

219   This verse is very obscure.

226   *Interpreting:* See 18.105n above on pun for Hermes and the word
       for informer.

229   *Il.* 24.372.

230   *Il.* 24.374.

233   *Il.* 24.422.

242   *Il.* 24.460.

244   *Il.* 24.464.

245   *Il.* 24.468.

246   *Il.* 24.486.

247   See *Il.* 24.503.

250   See *Il.* 24.525, 527.

255   *Il.* 24.537.

258   *Il.* 24.538, 547.

259   *Il.* 24.561.

261   See *Il.* 24.564.

263   *Il.* 24.570.

281   *Il.* 24.602–17.

290   I.e., the sun and the moon, Apollo and Artemis.

316	*Il.* 24.630.
317	See *Il.* 24.677.
319	See *Il.* 24.679.
320	For the pun, see above, 24.105 and 174.
322	See *Il.* 24.694.
325	*Il.* 24.699.
326	See *Il.* 24.758.
331	Tzetzes is here alluding to his *Allegories of the* Odyssey.

Bibliography

EDITION OF GREEK TEXT

Boissonade, Jean François. *Tzetzae Allegoriae Iliadis: accedunt Pselli Allegoriae, quarum una inedita.* Paris, 1851; repr., Hildesheim, 1967.

PRIMARY SOURCES

Texts and authors not included in the following list can be found in the Loeb editions.

Ammon, *Forecasts* = Ludwich, Arthur, ed. *Maximi et Ammonis carminum De actionum auspiciis reliquiae: Accedunt Anecdota astrologica,* 51–54. Leipzig, 1877.

Anna Komnena, *Alexiad* = Kambylis, Athanasios, and Dieter R. Reinsch, eds. *Annae Comnenae Alexias.* Corpus Fontium Historiae Byzantinae, vol. 40.1. Berlin, 2001.

Byz. Il. = Smith, Ole, and Lars Norgaard, eds. *A Byzantine Iliad: The Text of Par. Suppl. Gr. 926* [Opuscula Graecolatina, 5]. Copenhagen, 1975.

Cicero, *Pro Archia Poeta* = Marcus Tullius Cicero, *Pro Archia poeta oratio.* In *M. Tulli Ciceronis Orationes,* vol. 6., edited by Albert C. Clark. Oxford, 1911.

Etymologicum Magnum = Lasserre, François, and Nikolaos Livadaras, eds. *Etymologicum magnum genuinum: Symeonis etymologicum una cum Magna grammatica; Etymologicum magnum auctum.* 2 vols. Rome, 1976; Athens, 1992.

Eustathios, *Commentary on the* Iliad = van der Valk, Marchinus, ed. *Commentarii ad Homeri Iliadem pertinentes.* 4 vols. Leiden, 1971–1987.

Galen, *On Temperaments* = Helmreich, Georg , ed. *Galeni de temperamentis libri iii,* 1–115. Leipzig, 1904.

Hermoniakos, *Iliad* = Legrand, Emile, ed. *La guerre de Troie: poème du XIVe siècle en vers octosyllabes.* Paris, 1890.

Il. = Murray, Augustus T., trans. Homer, *The Iliad.* 2 vols. Cambridge, Mass., 1923.

Isaakios Porphyrogennetos, *Praefatio in Homerum* = Kindstrand, Jan F., ed. *Isaac Porphyrogenitus. Praefatio in Homerum,* 27–32. Acta Universitatis Uppsaliensis. Studia Graeca Uppsaliensia, vol. 14. Uppsala, 1979.

John of Antioch = Roberto, Umberto, ed. *Ioannis Antiocheni Fragmenta ex Historia chronica. Introduzione, edizione critica e traduzione.* Texte und Untersuchungen zur Geschichte der altchristlichen Literatur. Berlin, 2005.

Malalas, *Chronicle* = Thurn, Ioannes, ed. *Ioannis Malalae Chronographia.* Corpus Fontium Historiae Byzantinae, vol. 35. Berlin, 2000.

Manasses, *Synoptic Chronicle* = Lampsides, Odysseus, ed. *Constantini Manassis Breviarum Chronicum.* Corpus Fontium Historiae Byzantinae, vol. 36.1. Athens, 1996.

Orpheus, *Lithika* = Halleux, Robert, and Jacques Schamp, eds. *Les lapidaires grecs,* 82–123. Paris, 1985.

Orphic Hymns = Quandt, Wilhelm, ed. *Orphei hymni,* 1–57. Berlin, 1962.

Palaiphatos, *Peri Apiston* = Festa, Nicola, ed. *Palaephati Peri apiston,* 1–72. Mythographici Graeci, vol. 3.2. Leipzig, 1902.

Philochoros, *Attic History* = Jacoby, Felix, ed. *Die Fragmente der griechischen Historiker (FgrH),* III.B, p. 157. Leiden, 1950.

Photios, *Bibliotheca* = Henry, René, ed. and trans. *Photius, Bibliothèque,* vol. 3 (codices 186–222). Paris, 1962.

Pollux, *Onomasticon* = Bethe, Erich, ed. *Pollucis onomasticon* in *Lexicographi Graeci,* vols. 9.1–9.2. Leipzig, 1900–1931.

Psellos, *Philosophica Minora* = Duffy, John M., ed. *Michaelis Pselli Philosophica Minora.* Leipzig, 1992.

Ptolemy, *Almagest* = Claudius Ptolemaeus, *Syntaxis Mathematica.* In *Claudii Ptolemaei opera quae exstant omnia,* 1 vol. in 2 parts, edited by Johan L. Heiberg. Leipzig, 1898.

Pythagoras, *Fragmenta Astrologica* = Zuretti, Carlo O., ed. *Codices Hispanienses.* Catalogus Codicum Astrologorum Graecorum, vol. 11.2. Brussels, 1934.

Suda = Adler, Ada, ed. *Suidae Lexicon.* 5 vols. Leipzig, 1928–1938.

Tz. *All. Il.* = Boissonade, Jean-François, ed. *Tzetzae Allegoriae Iliadis: accedunt Pselli Allegoriae, quarum una inedita.* Paris, 1851; repr., Hildesheim, 1967.

Tz. *Chiliades* = Leone, Pietro L. M., ed. *Ioannis Tzetzae historiae.* Naples, 1968.

Tz. *Exegesis of Hesiod's* Works and Days = Dahlén, Carl, ed. *Zu Johannes Tzetzes' Exegesis der hesiodeischen Erga.* Uppsala, 1933.

Tz. *Exegesis of the* Iliad = Papathomopoulos, Manolis, ed. *Exegesis Ioannou Grammatikou tou Tzetzou eis ten Homerou Iliada.* Athens, 2007.

Tz. *Homerika* = Jacobs, Friedrich, ed. *Antehomerica, Homerica et Posthomerica.* Leipzig, 1793; repr. Osnabrück, 1972.

Vita Romana = West, Martin L., trans. *Homeric Hymns, Homeric Apocrypha, Homeric Lives,* 432–39. Cambridge, Mass., 2003.

Vita Scorialensis = West, Martin L., trans. *Homeric Hymns, Homeric Apocrypha, Homeric Lives,* 440–49. Cambridge, Mass., 2003.

Secondary Literature

Browning, Robert. "Homer in Byzantium." *Viator* 6 (1975): 15–33.

Budelmann, Felix. "Classical Commentary in Byzantium: John Tzetzes on Ancient Greek Literature." In *The Classical Commentary. History, Practices, Theory,* edited by Roy Gibson et al., 141–69. Leiden, 2002.

Cesaretti, Paolo. *Allegoristi di Omero a Bisanzio: Ricerche ermeneutiche (XI–XII secolo).* Milan, 1991.

Cullhed, Eric. "The Blind Bard and 'I': Homeric Biography and Authorial Personas in the Twelfth Century." *Byzantine and Modern Greek Studies* 38.1 (2014): 49–67.

De Jong, Irene. *A Narratological Commentary on the* Odyssey. Cambridge, 2002.

———. *Narrators and Focalizers: The Presentation of the Story in the* Iliad. Amsterdam, 1987.

Finkelberg, Margalit, ed. *The Homer Encyclopedia.* Chichester, 2011.

Gautier, Paul. "La curieuse ascendance de Jean Tzetzès." *Revue des Études Byzantines* 28 (1970): 207–20.

Greenfield, Richard. *Traditions and Belief in Late Byzantine Demonology.* Amsterdam, 1988.

Heinrich, Alfred. "Die Chronik des Johannes Sikeliota der Wiener Hofbibliothek." Verlag des k. k. ersten Staats-Gymnasiums. Graz, 1892.

Hornblower, Simon, and Anthony Spawforth, eds. *Oxford Classical Dictionary,* 3rd ed. Oxford, 2003.

Jeffreys, Elizabeth. "The Beginning of 'Byzantine Chronography': John Malalas." In *Greek and Roman Historiography in Late Antiquity: Fourth to Sixth Century AD,* edited by Gabriele Marasco, 497–527. Leiden, 2003.

———. "Constantine Hermoniakos and Byzantine Education." *Dodone* 4 (1975): 81–109.

———. "The Judgement of Paris in Later Byzantine Literature." *Byzantion* 48 (1978): 112–31.

Jeffreys, Michael. "The Nature and Origins of the Political Verse." *Dumbarton Oaks Papers* 28 (1974): 141–95.

Magdalino, Paul. *The Empire of Manuel I Komnenos.* Cambridge, 1993.

Malkin, Irad. *The Returns of Odysseus: Colonization and Ethnicity.* Berkeley, 1998.

Mavroudi, Maria. "Occult Science and Society in Byzantium: Considerations for Future Research." In *The Occult Sciences in Byzantium,* edited by Paul Magdalino and Maria Mavroudi, 39–96. Geneva, 2006.

McGowan, Andrew et al., eds. *God in Early Christian Thought.* Leiden, 2009.

Oleson, John Peter, ed. *Oxford Handbook of Engineering and Technology in the Classical World.* Oxford, 2008.

Rhoby, Andreas. "Ioannes Tzetzes als Auftragsdichter." *Graeco-Latina Brunensia* 15 (2010): 155–70.

Sassi, Maria Michela. *The Science of Man in Ancient Greece.* Chicago, 2001.

Index

This index includes all the proper names of people and titles of literary works mentioned by Tzetzes, as well as selected toponyms.

Abarbarea, 6.20

Abas, 5.50

Ableros, 6.24

Abydos, pro.16, 815

Achates, pro.843

Achilles, pro.*passim;* 1.*passim;* 2.*passim;* 5.9; 7.84; 9.28, 47, 57, 69–78, 119, 132, 135; 10.54, 57; 11.201, 209; 14.14; 15.64, 148; 16.*passim;* 17.3–4, 25, 84, 78; 18.*passim;* 19.*passim;* 20.*passim;* 21.*passim;* 22.*passim;* 23.*passim;* 24.*passim*

Adamas, 12.69; 13.137–38

Admetos, pro.606

Adrastos (from Lampsakos), pro.812; 6.27

Adrastos (king of Argos), pro.563, 1004; 23.107

Adrastos (Trojan), 16.274

Aerope, pro.510

Agamemnon, pro.*passim;* 1.*passim;* 2.*passim;* 3.*passim;* 4.10; 5.28–29, 73; 6.24–32; 7.22–35, 88; 8.*passim;*

9.*passim;* 10.2; 11.*passim;* 14.3–4, 12; 16.398; 19.3

Agapenor, pro.564

Agasthenes, pro.571–72

Agastrophos, 11.115, 125

Agelaos (killed by Diomedes), 8.100

Agelaos (killed by Hektor), 11.104

Agenor (Greek), 4.24

Agenor (Trojan), 11.45; 12.42; 13.119; 15.133; 21.8, 367, 369; 22.14, 26

Aglaïa, pro.592

Agnete, pro.576

Agrios, pro.649

Aiakos, 18.316; 21.64

Aias (Lokrian), pro.543, 686, 1069, 1099; 2.86; 4.14, 27; 7.30; 8.47, 103; 10.30; 12.110; 13.23–30, 42, 72–74, 174; 14.53, 78; 15.119; 16.73; 17.8

Aias (Telamonian), pro.526, 682, 881, 1069, 1099, 1119; 2.86; 3.108; 4.14; 5.90; 6.10; 7.*passim;* 8.47,

Aias (Telamonian) *(continued)*
103, 107; 9.70, 126; 10.23; 11.140–
48, 161–97; 12.109, 131–40; 13.23–
30, 42, 72, 164, 174, 195–207;
14.31–36, 57, 70; 15.*passim;* 16.84;
17.8, 121–23

Aineias, pro.803; 5.55–65, 74–80;
11.44; 12.44; 13.114–19, 124, 133;
15.131; 17.60; 20.*passim;* 23.102

Aisepos (Trojan), 6.19

Aisymnos, 11.105

Aisytos, 13.106

Aithra, pro.381, 385

Akamas (Greek), pro.402, 550

Akamas (Trojan of Dardania),
pro.806; 11.45; 12.44; 14.62–68;
16.80

Akamas (Trojan of Thrake),
pro.818; 6.11

Aktaios, pro.1015

Akteïs, pro.536

Alastor (Greek), 8.130; 13.105

Alastor (killed by Odysseus), 5.100

Alektor, pro.533

Aleos, pro.1007

Alexandria, pro.11

Alexandros. *See* Paris

Alkandros, 5.101

Alkathoös/Alkathos, 12.42; 13.106,
117

Alkestis, pro.606, 718

Alkimache, pro.546

Alkmaon, 12.145

Alkmene, 15.69; 19.54–77

Alkyone, pro.548

Althaia, 9.95, 98

Amandron. *See* Parion

Amarynkeus, pro.574; 4.36

Amazons 6.54–56; 16.52

Amisodaros, 16.47, 57, 65, 71

Ammon, 7.125

Amphidamas, pro.91

Amphiklos, 16.40

Amphimachos (Elian), pro.568–69;
13.66–71, 75–86

Amphimachos (Karian), pro.830

Amphion, 13.172

Amphios, 5.88

Amphitrite, 18.88

Amphitryon, 19.55

Amphoteros, 16.103

Amyntor, pro.432, 524

Anakyndaraxes, 7.113

Anaxagoras, pro.262; 1.285–86, 289;
9.87; 18.80

Anchiale, 7.112

Anchialos, 5.87

Anchises, pro.803; 13.107; 20.296

Andraimon, pro.583

Andromache, 6.70–81

Andromachos, pro.93

Ankaios, pro.564

Anteia, 6.49

Antenor, pro.408, 807; 3.98; 5.38;
7.94; 11.44; 13.145; 15.193

Anthemios, 5.18

Antikleia, pro.581

Antilochos, pro.669; 4.22; 5.79–83;
6.24; 13.97–99, 122, 134; 14.72;
15.204; 16.42–44; 17.4; 23.18, 105;
24.321

Antimachos, pro.406, 414; 11.75;
13.82

Antiphates, 12.88

Antiphos (Koan), pro.596

Antiphos (Meionian), pro.828

Antiphos (son of Priam), 4.29;
11.71–72

Antony, Mark, 9.102

Aphareus, 9.40; 13.121, 133

Aphios, pro.812

Aphrodite, pro.*passim;* 3.26, 159;
5.57–71; 20.4, 171, 291; 21.242–
52; 22.80, 170–75; 23.20, 30–45,
325

Apisaon, 11.185

Apollo, pro.348, 1186; 1.10, 171, 326,
351; 7.72; 12.8; 15.71, 82, 138; 16.*pas-
sim;* 17.11; 19.136–39; 20.*passim;*
21.*passim;* 22.*passim;* 23.*passim;*
24.11–15, 38, 58, 73

Apollodoros, 5.17

Archelaos, pro.195–232

Archelochos, pro.806; 12.44;
14.58–62

Archeptolemos, 8.60, 122

Archilochos, 24.125

Archimedes 5.10–13, 15

Archippe, 19.60–77

Areïlykos, 14.56; 16.38

Areion, 23.107

Areïthoös, 7.4–5

Ares, pro.538, 1016; 2.105; 5.86,
105; 6.5, 56; 15.79; 16.183–90;
17.74; 18.750; 20.*passim;* 21.*pas-
sim;* 22.47

Aretaon, 6.23

Argeas, 16.104

Argeia, pro.558

Argeiphontes, 21.357; 24.34, 36, 231.
See also Hermes

Aribe, pro.814

Aristotle, 8.179–80; 18.464
20.250

Arkadia, pro.118

Arkesilaos, pro.528 , 534; 15.130

Arteïs, pro.535

Artemis, pro.751; 4.86; 16.164;
19.42; 20.*passim;* 21.330, 352;
22.52; 24.196

Arxippos, pro.97–103

Asaios, 11.103

Asios (Hektor's uncle), 16.289,
419–22; 17.115

Asios (son of Hyrtakos), pro.814;
12.43, 50, 68; 13.95, 104

Askalaphos, pro.537; 9.39; 13.122,
128–29; 15.81

Askanios, pro.827; 13.189

Asklepios, pro.616

Asteropaios, 12.46; 21.4

Asterope, pro.531

Astyalos, 6.22

Astyanax, 6.74

Astynome. *See* Chryseïs

Astynoös, 5.47

Astyoche (daughter of Aktor; mis-
tress of Ares), pro.538

Astyoche (daughter of Itylos),
pro.545

Astyoche (mother of Euryalos),
pro.562

Astyoche (mother of Tlepolemos)
pro.590; 5.96

Athena, pro.*passim;* 1.*passim;* 2.92;
4.5, 86; 5.2, 93; 6.4, 39; 7.11; 8.19,
132–35, 156–57, 176; 11.34; 15.51,
80, 92; 17.74, 104, 108; 18.231, 241,

690;

˛33; 14.76

468, 643, 645, 647,
ɔ2

ι, 16.364–65

ɔ, 11.103; 16.274

ʌiver, pro.821; 16.30; 21.45–

˛59–63

ʌlos, 6.14

Babylon, pro.56
Battle of the Epigonoi, pro.81
Battle of the Mice, pro.80
Bellerophon, 6.48; 16.49–53
Bertha of Sulzbach. *See* Eirene, empress
Bienor, 11.67
Boros, 5.31
Boukolion, 6.20–21
Briareos, 1.245
Briseïs, pro.915–16, 950, 1133, 1168; 1.*passim;* 9.55
Briseus, pro.914, 950, 1133; 9.55

Caesar (Octavian Augustus), 9.101
Cato the Elder, pro.724, 736–39
Chalkedon, 13.15
Chalkodon, pro.548

Chaos, pro.256; 18.541; 20.100
Charis, 18.291, 498, 583, 604
Charopos, pro.592
Charops, 11.133
Cheiron, pro.426, 443; 1.180–84, 207; 18.44, 134, 326, 378, 384
Chersidamas, 11.131
Chimaira, 6.51–57; 16.47–72
Chios, pro.56
Chloris, pro.516; 1.95
Chromios (killed by Teukros), 8.111
Chromios (Lykian), 5.100
Chromios (son of Priam), 5.53
Chromis, pro.824
Chryseïs, pro.909, 946, 1168, 1176, 1181–97; 1.*passim*
Chryses, pro.909, 946, 1185–95; 1.12, 19
Chrysothemis, 9.64
Cornutus (Annaeus Cornutus Lucius), 18.658
Crete, pro.354, 358, 392
Cyprus, pro.460

Daemon, pro.62
Daidalos, 18.766
Daitor, 8.110
Damasos, 12.85
Dardanos, 20.374, 408–9
Dares, 5.25–26
Deïkoön, 5.73
Deïochos, 15.134
Deïopites, 11.129
Deïphobos, 12.43; 13.55, 100–132; 19.140; 22.64, 130

Deïpyle, pro.557, 620

Deïpyros, 9.40; 13.122, 140

Deïtyche, pro.619

Demokoön, 4.32

Demokritos, 9.89

Demonassa, pro.609

Demophon, pro.550

Deukalion, pro.587

Dexios, 7.9

Dexiphanes, pro.12

Dia, pro.649

Diktys, pro.482

Diokles, 5.76

Diomede (mother of Agapenor), pro.564

Diomede (mother of Protesilaos), pro.602

Diomede (Trojan; daughter of Phorbas), pro.904, 942

Diomedes, pro.402, 557, 692, 875; 2.86; 4.17; 5.*passim;* 6.4–7, 14, 43–66; 7.29; 8.*passim;* 9.17, 133–43; 10.*passim;* 11.110–24; 14.3, 6; 21.159; 23.5, 111–18

Dion, Kokkeianos Kassios, 1.32

Dionysios (the cycle writer), pro.108

Dionysios (the engineer), 5.16

Diores/Dioreus, pro.568, 573; 4.36

Dios, pro.823

Dolon, 10.*passim*

Dolopion, 5.41

Dolops (son of Klytes), 11.104

Dolops (son of Lampos), 15.197–200

Doryklos, 11.143

Drakios, 13.172

Dresos, 6.18

Dymas, pro.174

Echemon, 5.53

Echepolos, pro.459, 462; 4

Echios (Greek), 15.133

Echios (killed by Patroklos

Eëtion, pro.906–7; 6.71; 17.

Eioneus, 7.8

Eirene, empress (Bertha of bach), pro.title, 488–90; 18.660; 24.283

Elatos, 6.24

Elephenor, pro.547, 553; 4.24

Eloros, pro.1015

Empedokles, pro.292; 9.88; 15 20.302

Ennomos, pro.824

Enops, 14.54; 16.102

Enyalios, 20.216

Epaltes, 16.103

Epeios, pro.655, 740

Epikinglides, The, pro.83

Epikles, 12.140

Epione, pro.617

Epistrophos (Bithynian), pro.82

Epistrophos (Phokian), pro.540

Eratosthenes, 20.75

Erebos, pro.256–58; 18.541; 20.10

Ereuthalion, 7.24

Eriboia, pro.526

Eriopis, pro.544

Eris, pro.140, 146, 268, 281, 287

Erymas (killed by Idomeneus), 16.82

Glaukos, pro.831; 6.44–66; 7.9;
12.46, 115, 120, 143; 16.114, 170–
80; 17.17
Goat, The, pro.80
Gorge, pro.583
Gorgythion, 8.118
Gouneus, pro.629
Gyrtios, 14.70

Hades, pro.854; 3.122; 6.22; 8.133,
173–74; 13.104; 15.53, 59; 20.207–
10
Haimos, pro.1016
Halios, 5.101
Harpalion, 13.153
Hebe, 4.2, 58
Hekabe, pro.174, 176, 188, 397, 796;
6.38
Hektor, pro.770, 796, 843, 1158;
3.*passim;* 5.86–90, 102, 110; 6.5–7,
37, 67–93; 7.*passim;* 8.*passim;*
10.52, 58; 11.*passim;* 12.*passim;*
13.*passim;* 14.31–51; 15.*passim;*
16.12, 84, 181; 17.*passim;* 18.*passim;*
20.8–9, 52, 404, 440–51; 22.*pas-
sim;* 23.29, 39, 58; 24.1, 16–29, 96,
159
Helen, pro.*passim;* 3.*passim;* 7.94,
96, 101
Helenos (Greek), 5.103
Helenos (Trojan), 6.37; 12.43;
13.140–43
Heniopeus, 8.59
Hephaistos, pro.274, 296; 1.*passim;*
5.27; 15.46–47, 61, 65; 18.*passim;*

INDEX

19.1, 125; 20.3, 20, 80, 123; 21.6,
146, 151, 216, 220; 23.11; 24.75

Hera, pro.*passim;* 1.*passim;* 2.16;
4.69, 84; 5.27; 8.84, 91, 132–35,
156–59; 11.34; 14.8; 15.23, 34, 46,
55–56, 61, 68; 16.118, 128, 143;
18.*passim;* 19.53, 72, 80, 134;
20.*passim;* 21.13, 139, 217, 251;
24.65–93

Herakleitos, 18.656

Herakles, pro.71, 72, 504, 590, 597,
1007; 4.85; 5.96; 8.133, 158; 15.28–
32, 51, 56, 70; 18.167–90, 400,
402; 19.53–77; 20.324, 355

Hermes, pro.152, 248, 313, 316;
4.84–85; 11.63; 16.157; 20.*passim;*
21.333, 338; 24.*passim*

Heron, 5.16

Hesiod, pro.90, 96, 98, 99, 105, 110

Hiera, pro.1010

Hiketaon, 3.97

Hippalkmos, pro.531

Hippasos, 11.133

Hippodameia (daughter of An-
chises), 13.107

Hippodameia (daughter of Bri-
seus). *See* Briseïs

Hippodameia (mother of
Gouneus), pro.630

Hippodameia (mother of Poly-
poites), pro.625; 12.62

Hippodamos, 11.113

Hippokoön, pro.791

Hippolochos (grandfather of Dio-
medes), 6.44

Hippolochos (killed by Agnon), 11.74–80

Hippomachos, 12.87

Hipponoë, pro.616

Hipponoös, 11.105

Hippothoös, pro.816

Hippotion, 13.189; 14.73

Homer, pro.*passim;* 1.1, 200
271, 330, 341, 363; 2.113; 4
5.27, 60; 7.32; 8.24, 140, 1
11.82; 13.85; 14.13; 15.41, 5
16.*passim;* 17.*passim;* 18.*pa*
19.109; 20.*passim;* 21.*pass*
22.*passim;* 23.96; 24.*passim*

Homer (of Byzantium), pr

Homer (the Phokian), pro

Homeric Hymns: to the god
to the Nymphs, pro.84

Hydra, 18.187, 411

Hypeinor, 5.48

Hyperenor, 14.76

Hyperochos, 11.113

Hypsenor, 5.40

Hyrkanian (Caspian) Sea,

Hyrtakes, pro.814

Hyrtios, 14.70

Ialmenos, pro.537; 9.39

Iamenos, 12.68, 89

Iasos, 15.131

Ida (Mount), pro.153, 156,
249, 314, 320, 811; 5.58; 8
71, 137, 148; 12.13; 16.197–
17.117; 21.302; 24.163

Idaia, pro.808

mem-

)3;

;

, 88,

251,

;o, 68;

6, 201;

, 98;

sim;

n;

>93

>4

, pro.82;   755;

;.82–

–96;

ro.27

)7, 201,

;1–22,

)9;   ).246

;

Kadmos, pro.68, 70
Kaineus, pro.627
Kalchas, pro.639, 722, 772, 986;
    1.52, 66
Kalesios, 6.17
Kaletor, 15.152
Kalliope, 1.5; 18.689
Kapaneus, pro.561
Kassandra, 13.94
Kastianeira, 8.117
Kastor, 3.110
Katreus, pro.355
Kebriones, 8.125; 11.157; 12.41;
    13.188; 16.298–305, 429
Kerkopes, The, pro.82
Kinyres, pro.460, 464; 11.14
Kisseus, pro.174
Kleitos, 15.172
Kleoboule (mother of Amphima-
    chos), pro.569
Kleoboule (mother of Arkesilaos),
    pro.534
Kleoboule (mother of Leonteus),
    pro.626; 12.63
Kleoboule (mother of Phoinix),
    pro.432, 524
Kleoboule (mother of Prothoös),
    pro.635
Kleoboulos, 16.73
Kleole, pro.511
Kleopatra (mother of Idomeneus),
    pro.587
Kleopatra (queen of Egypt), pro.7;
    9.102
Kleopatra (wife of Meleager), 9.99

Klonios, pro.529, 536; 15.133
Klymene, pro.641, 901
Klytaimnestra, pro.405
Klytes, 11.104
Klytia, pro.570
Klytios, 3.96; 15.152–60
Knossos, 18.766
Koiranos, 5.100
Kokartos, pro.876
Kollouthos, pro.481
Kolophon, pro.57, 894
Komos, pro.876
Koön, 11.94–97
Kopreus, 15.214
Koronos, pro.626–27; 12.63
Korythos, 17.40
Kotertzes, Konstantinos, 16.4
Kreon, 9.41
Kreophylos, pro.119
Kretheis, pro.66
Krethon, 5.77
Kroismos, 15.196
Kronos, pro.285; 3.133; 15.58, 99;
    16.340; 17.42, 86; 18.258, 448, 557,
    728, 734; 19.104; 20.*passim;* 21.50–
    55, 70, 72, 98, 278; 22.29; 24.162, 275
Kteatos, pro.569; 13.66, 77–83
Ktemene, pro.577
Ktesibios, 5.18
Ktesimache, pro.577
Kyknos, pro.858, 865, 875, 998
Kyzikos, 13.15

Laërtes, pro.581
Lampos, 3.96; 15.197

Lampos (horse), 8.75
Laodamas, 15.193
Laodameia, pro.601, 712, 7█
Laodike (daughter of Agam█
    non), 9.64
Laodike (daughter of Kykn█
    Glauke
Laodike (daughter of Priam█
Laogonos, 16.200
Laomedon, pro.172; 15.72; 21█
    74, 290–91, 304
Leïtos, pro.528, 533; 6.26
Leonteus, pro.624, 626; 12.6█
    72–89
Lesches, pro.481
Lethos, pro.816
Leto, 1.10; 20.*passim;* 21.332–3█
Leukippe, pro.172
Leukos, 4.30
Linos, pro.69, 70, 72
Lithika, 18.174
Lykaon, pro.808; 20.280–81; 2█
Lykomedes, 9.41
Lykon, 16.76–79
Lykophontes, 8.111
Lykophron (of Kythera), 15.168█
Lykophron (writer), pro.481
Lysandros, 11.144

Machaon, pro.614; 4.8; 11.153, █
    203; 14.2
Maion, pro.65
Marcellus, 5.11
Margites, The, pro.80
Maris (brother of Atymnios), 1█

os),

, 851

m-   ;

). See

3.84

1

65–   13.172;

los),

-63,

, 8.130;

357   tilochos),

ukros),

-4

5

.87; 3.passim;
6.27–31;

140; 13.141–

00,   0; 17.2, 6, 14–

-54, 689,

29; 13.71, 171

44   61

Menoitios, pro.430, 525
Menon, 12.89
Mentes, 17.11
Mentor, 13.61
Mercury, 1.358; 4.69, 71; 18.728, 735;
        21.358; 22.80; 24.26, 170, 190–94,
        207, 217–25
Meriones, pro.586, 588, 710; 5.36;
        7.31; 8.104; 9.40; 10.36; 13.55, 88,
        121, 130, 138, 155; 14.73; 15.120;
        16.80, 200; 17.6
Mermeros, 14.72
Merops, pro.813; 11.112
Mesthles, pro.828
Mnesimache, pro.555, 574
Molion, 11.111
Molos, pro.588; 8.104
Morys, 13.189; 14.73
Moses, pro.24, 31
Mousaios, pro.73
Muses, 1.172, 326, 352, 354; 2.113, 115
Mydon, 5.83
Mynes, pro.952
Mynetas, pro.915
Myrina, pro.782
Mysia, pro.passim
Mysos, pro.793

Nastes, pro.830
Nauplios, pro.641, 901, 1130
Neleus, pro.516–17; 1.95–96
Neoptolemos, pro.220
Nereids, 1.121, 199: 18.passim
Nereus, 1.121, 157; 18.passim
Nestor, pro.434, 456, 516, 667,
        1069; 1.95, 109; 2.9, 26, 65, 85, 90;

4.14; 6.33; 7.23–37, 90, 109; 8.48,
65, 81; 9.26, 46; 10.10–13, 27–28,
36–37; 11.152, 156, 200–207; 14.1;
15.218; 16.71; 24.321
Niobe, 24.266–312
Nireus, pro.592, 1009, 1013, 1020
Noëmon, 5.101

Ochesios, 5.104
Odios, 5.29
Odysseus, pro.*passim;* 1.114; 2.45, 51,
64, 87; 3.108, 142; 4.16, 32; 5.99;
6.23; 7.32; 8.52; 9.70, 73; 10.*passim;*
11.6, 111–39; 14.3, 5; 23.6, 122
Odyssey, pro.85
Oïleus, pro.544, 612; 11.68
Oineus (father of Meleager; grand-
father of Diomedes), 6.61; 9.95
Oineus (father of Thoas), pro.583
Oinomaos (Greek killed by Hek-
tor), 5.102
Oinomaos (Trojan companion of
Asios), 12.69; 13.126
Okeanos/Ocean, 15.54–55; 18.299,
771; 20.16; 21.74, 82
Okytos, pro.629
Olympos, Mount (in Bithynia),
pro.825; 14.71
Olympos, Mount (home of the
gods, in Thessaly), 1.140–45,
267–74; 18.206; 19.81; 20.69–76,
94, 301; 21.152; 24.245, 322
Onetor, 16.197–201
Ophelestes, 8.110
Opheltios, 6.18; 11.104
Opites, 11.103

Oresbios, 5.103
Orestes (commanded by A
12.68, 89
Orestes (killed by Hektor),
Orestes (son of Agamemno
Ormenios, pro.647
Ormenos (killed by Odysse
11.130
Ormenos (killed by Polypoi
12.86
Ormenos (killed by Teukros
Ornitho, pro.65
Oros, 11.105
Orpheus, pro.71, 73; 9.87; 18.1
74, 710
Orsilochos (Greek), 5.77
Orsilochos (killed by Teukros
8.110
Orthaios, 13.188
Othryoneus, pro.791; 13.92
Otos, 15.195
Oukalegon, 3.98

Palaiphatos, 16.61; 18.658
Palamedes, pro.*passim*
Palladas, 5.17
Palmys, 13.189
Pandaros, pro.808; 4.6, 75; 5.43
Pandion, 12.138
Pandokos, 11.144
Panopeus, pro.655
Panthoös/Panthos, 3.96; 17.16
Pappos, 5.16
Parion, pro.211, 213, 234, 252, 311
334
Paris/Alexandros, pro.*passim;*

Persia, pro.18

ios),

·2;

.102

), 9.62

s),

ssim;

es), 34, 39,

67;

8.110

o–

.625;

amem-

enelaos),

9; 15.43;

, 95; 18.pas-

, 120; 23.99–

81, 254

54 37, 263

64; 16.76–79

5.104

57–58

15.214

14.75

Peteos, pro.554; 13.171

Phainops, 5.52; 17.115

Phaistos, 5.30

Phalaris, pro.111

Phalkes, 13.188; 14.72

Phausios, 11.185

Phegeus, 5.25

Pheidas, 13.171

Pheidippos, pro.596

Phereklos, pro.165; 5.35

Philetairios, 5.15

Philoktetes, pro.609, 721

Philomedousa, 7.4

Philomela, pro.430, 525

Philon, 5.15

Philonoë, 6.60

Philostratos, 16.146–48

Phoibos. *See* Apollo

Phoinix, pro.432, 523, 677; 9.70, 75, 90, 117–20; 17.106; 23.109

Phorbas, pro.904, 942; 14.65

Phorkys (sea god), 18.88

Phorkys (Trojan), pro.827

Phradmon, 8.100

Phylakos, 6.26

Phylas, 16.163

Phylax, pro.546

Phyleus, pro.576; 16.40

Physics (work of Anaxagoras), pro.262

Pidytes, 6.23

Pleisthenes, pro.511

Plutarch, 1.31

Podaleirios, pro.614

Podarkes, pro.603; 13.172

INDEX

Podes, 17.112

Poias, pro.609

Polites, pro.779; 13.131; 15.133

Polyaimonides, 8.112

Polybos, 11.45

Polyboule, pro.533

Polydamas, pro.793; 8.205; 11.43; 12.33–49, 92–97; 13.183, 187; 14.55–57; 15.132, 173, 195; 18.237–39

Polydeukes, 3.110

Polydore, 16.159

Polydoros, 20.7

Polyidos (Corinthian), 13.159

Polyidos (Trojan), 5.50

Polymede, pro.517; 1.96

Polymela, pro.639; 1.52

Polymele, 16.163

Polyneikes, pro.654, 1003

Polyphoites, 13.188

Polypoites, pro.624; 6.22; 12.61, 72–90

Polyxene, pro.554

Polyxenos, pro.568, 571

Poseidon, pro.858; 1.137, 233; 2.105; 7.114–24; 8.84, 138, 150; 12.8, 21; 13.18, 75–85; 14.8–14; 15.57, 59, 71, 83, 96–98; 18.88; 20.*passim;* 21.*passim;* 23.99, 104

Priam, pro.*passim;* 2.59; 3.73, 80, 84, 95, 105, 115, 135, 140; 4.29, 32; 5.53; 6.21; 7.98; 8.116; 11.71, 143; 13.61–62, 94, 115–16; 15.160; 20.8, 280, 410; 22.33; 23.39; 24.*passim*

Proitos, 6.49

Proklos (Neoplatonist), 20.73

Pronapides, pro.67, 71, 74–75, }

Pronoös, 16.101

Protesilaos, pro.601, 712, 839, 8_ 13.164; 15.224; 16.33

Prothoenor (son of Areïlykos), pro.529, 535; 14.56

Prothoön, 14.75

Prothoös, pro.633

Prytanis, 5.101

Psellos, Michael, 4.48

Ptolemy, 3.35; 9.82

Pylaimenes, pro.822; 5.81

Pylaios, pro.816

Pylartes, 11.144

Pylon, 12.86

Pyraichmes, pro.820; 16.29

Pyrasos, 11.144

Pyres, 16.104

Pythagoras, pro.111; 9.87

Pythagoreans, 4.72

Quintus (of Smyrna), pro.483

Red Sea, pro.26, 31

Rene, pro.612

Rhesos, pro.791; 10.65

Roio, pro.173

Sack of Oichalia, The, pro.82

Sakas, 17.41

Salagos, 5.88

Sardanapalos, 7.112

Sardis, pro.829; 5.31

Sarpedon, pro.831, 1075; 5.72, 95; 12.46, 115–53; 16.*passim;* 18.273

Saturn, 1.356; 4.61; 22.41–47

ˈ7

ˌro.83

; 41

of Hektor). *See*

son of Strophios),

like, pro.858

os, 2.99; 5.41–42; 8.198;
12.15; 20.5, 178–87, 262–63,
35–43; 21.*passim*

e, pro.57, 58, 893

s, 11.134

anos, pro.8

ostratos, 5.16

Sparta, pro.353, 515

Spercheios, 16.157–62; 23.23

Stesichoros, pro.110, 480

Stheneboia, 6.50

Sthenelos, pro.560–61, 702; 5.46;
8.55; 9.24

Stichios, 13.71, 171; 15.130

Strophios, 5.33

Strymo, pro.173

Talthybios, pro.1199; 1.115; 7.77;
9.71; 19.93

Tarsos, 7.112

Tartaros, pro.285; 8.7; 15.49; 18.557;
21.278

Tauropoleia, pro.629

Tekmessa, pro.883; 6.15

Telemachos (proposed father of
Homer), pro.64

Telephos, pro.654, 1006, 1009,
1016, 1023, 1025

Tenthredon, pro.634

Tethys, 15.55

Teukros (Babylonian astrologer),
18.697

Teukros (Greek), 6.23; 8.105–30;
12.131–48; 13.60–65; 14.75; 15.120,
171–79; 23.126

Teuthis, pro.643

Teuthras, pro.882; 5.103; 6.15

Thales, 18.47

Thalpios, pro.568, 570

Thalysios, 4.23, 25

Thamyris, pro.64

Thebaid, pro.81

Thebes (Boeotian), pro.530, 1171,
1181

Thebes (Egyptian), pro.55

Thebes (Hypoplakian), pro.905

Themis, 20.13, 66, 83

Theokritos (poet), pro.558

Thersandros, pro.654, 1003

Thersites, pro.649; 2.49

Theseus, pro.550

Thessalos, pro.596–97

Thestor (father of Kalchas),
pro.639; 1.52

Thestor (son of Enops), 16.102

Thetis, pro.*passim;* 1.*passim;* 8.134,
182; 15.43, 62; 17.79, 84; 18.*passim;*
19.1, 11; 23.7–15; 24.1–2, 68–93,
108–20, 148

Thoas (from Aitolis), pro.583, 706;
4.40; 7.32; 15.118

Thoas (killed by Menelaos), 16.39

Thoön (companion of Asios; killed by Antilochos), 12.69; 13.134
Thoön (killed by Odysseus), 11.130
Thoön (son of Phainops), 5.52
Thoötes, 12.136
Thrasyboule, pro.541
Thrasymedes (brother of Antilochos), 9.39; 16.43
Thrasymedes (charioteer of Sarpedon), 16.107
Thymbraios, 11.110
Thymoites, 3.96
Titans, pro.38
Tithonos, 11.1, 3
Tlepolemos (killed by Patroklos), 16.103
Tlepolemos (son of Herakles; killed by Sarpedon), pro.590; 5.95–98
Trechos, 5.102
Triphiodoros, pro.483
Triton, 18.88
Troizenos, pro.819
Tyaneus, 9.89
Tychios, 7.50

Tydeus, pro.557; 4.17; 5.92; 8.67; 11.118; 14.3
Tyre, pro.394
Tzetzes, John, pro.title, 250, 724; 16.149, 349; 18.649, 753, 766; 20.404; 21.159; 23.78; 24.330

Venus, 1.358; 3.28, 32, 39, 164; 18.728, 733; 22.80

Xanthe, pro.616
Xanthos, 5.52
Xanthos (horse), 8.75; 19.5, 127
Xerxes, pro.17

Zeus, pro.passim; 1.passim; 2.passim; 4.1, 83; 7.114–24; 8.2, 19, 137–38, 150; 9.14; 11.172; 12.20; 13.1–9; 14.15; 15.5, 31–34, 45–50, 59, 68, 98; 16.passim; 17.passim; 18.passim; 19.passim; 20.passim; 21.passim; 22.passim; 23.12, 30, 37, 103–4; 24.passim
Zoïlos, 10.49